Evangelisch-sozial als Lebensaufgabe

ARBEITEN ZUR KIRCHEN- UND THEOLOGIEGESCHICHTE

Begründet von
Helmar Junghans, Kurt Nowak und Günther Wartenberg

Herausgegeben von
Klaus Fitschen, Wolfram Kinzig, Armin Kohnle
und Volker Leppin

Band 38

Nikola Schmutzler

Evangelisch-sozial als Lebensaufgabe

Das Leben und Wirken von Pfarrer Johannes Herz (1877–1960)

EVANGELISCHE VERLAGSANSTALT
Leipzig

Nikola Schmutzler, Dr. theol., Jahrgang 1977, studierte von 1996 bis 2003 Evangelischen Theologie und seit 2005 nebenberuflich Liturgiewissenschaften in Leipzig, Halle, Jena und Erfurt. Seit 2006 ist sie Predigtbeauftragte der Ev.-Luth. Landeskirche Sachsens, und seit 2009 Wissenschaftliche Mitarbeiterin mit den Forschungsschwerpunkten Territorialkirchengeschichte und Kirchenausstattung am Institut für Kirchengeschichte der Universität Leipzig.
Die Autorin wurde mit dieser Arbeit im Jahr 2011 von der Theologischen Fakultät der Universität Leipzig promoviert.

Gedruckt mit freundlicher Unterstützung der
Evangelisch-Lutherischen Landeskirche Sachsens,
der Friedrich-Naumann-Stiftung für die Freiheit und
der Stiftung Sozialer Protestantismus.

Bibliographische Information der Deutschen Nationalbibliothek
Die Deutsche Nationalbibliothek verzeichnet diese Publikation in der
Deutschen Nationalbibliographie; detaillierte bibliographische Daten
sind im Internet über http://dnb.dnb.de abrufbar.

Printed in Germany · H 7606

Das Buch wurde auf alterungsbeständigem Papier gedruckt.

Cover: Jochen Busch, Leipzig
Satz: Dr. Markus Hein, Leipzig
Druck und Binden: Hubert & Co., Göttingen

ISBN 978-3-374-03071-2
www.eva-leipzig.de

Inhalt

Danksagung ... 9

Einleitung ... 11
I Sozialer Protestantismus ... 11
II Gegenstand und Fragestellung ... 14
III Quellen ... 16
IV Sekundärliteratur ... 17
V Technische Hinweise ... 17

Kapitel 1
Biographischer Abriss ... 19
I Studienzeit ... 20
Exkurs: Societas Sorabica – Die Lausitzer Predigergesellschaft ... 22
II Eintritt in den Pfarrdienst ... 27
III Die Sächsische Evangelisch-soziale Vereinigung ... 29
IV Im Großstadtpfarramt ... 32
V Aufgaben in der Zeit der Weimarer Republik ... 48
VI Gegner des Nationalsozialismus ... 55
VII Unter der Diktatur des Proletariats ... 63

Kapitel 2
Arbeitsfelder in der Gemeindearbeit ... 73
I In der Chemnitzer Zeit ... 73
II Das Hildegardstift ... 79
III Das Gemeindehaus ... 82
IV Der Bau der Versöhnungskirche ... 83

Kapitel 3
Der soziale Protestant

Der soziale Protestant ... 93
I Die Sächsische Evangelisch-soziale Vereinigung ... 94
1 Der Streik der Textilarbeiter in Crimmitschau als Initialzündung für die SESV ... 94
2 Die öffentlichen-religiösen Diskussionsabende ... 99
3 Evangelisch-sozial als Bildungsauftrag ... 105
4 Zusammenarbeit mit den Kirchlich-sozialen? ... 108
5 Sozialpfarrer ... 113
Exkurs: »Der Protestantismus und die soziale Frage« ... 117
II Die Arbeit im Evangelisch-sozialen Kongress ... 123
1 Die Kongresstagung in Chemnitz 1910 ... 125
2 Die Kongresstagung in Leipzig 1918 ... 134
3 Die Neuorganisation nach dem Ersten Weltkrieg ... 140
4 Neue Entfaltung und innerkirchliche Auseinandersetzungen in der Weimarer Republik ... 147
5 Das Evangelisch-soziale Institut ... 155
6 Die Arbeit des Evangelisch-sozialen Instituts und des Evangelisch-sozialen Kogresses im Nationalsozialismus ... 157
7 Aufbaubemühungen nach dem Zweiten Weltkrieg ... 167

Kapitel 4
Kirchenpolitisches Engagement

Kirchenpolitisches Engagement ... 173
I Die Neugestaltung der Evangelisch-lutherischen Landeskirche Sachsens ... 173
1 Nach dem Ersten Weltkrieg ... 173
1.1 Der Aktionsausschuss ... 175
1.2 Die Verhandlungen der Zehnten Evangelisch-lutherischen Landessynode im Freistaat Sachsen ... 186
1.3 Die Kirchenaustrittsbewegung ... 204
2 Nach dem Zweiten Weltkrieg ... 208
II Kirchentage und Verbandsarbeit ... 224
1 Der Leipziger Kirchgemeindeverband ... 224
2 Die Freie Volkskirchliche Vereinigung ... 228
3 Der Deutsche Evangelische Kirchentag ... 229
4 Im Verwaltungsrat der Evangelisch-sozialen Schule in Spandau ... 246
5 Das Leipziger Kirchbuchamt ... 247
III Als Mann der »Mitte« ... 248
1 Der Landeskirchenausschuss ... 258
2 Standortbestimmung nach der 17. Durchführungsverordnung ... 264
3 Entzug des Auslandspasses ... 268

IV Religionsunterricht 270
1 Der Religionsunterricht in Sachsen und Reformversuche bis 1918 270
2 Kampf um den Erhalt des Religionsunterrichts nach dem Ersten Weltkrieg 276
3 Der Religionsunterricht in der Zeit des Nationalsozialismus 287
4 Die Situation nach 1945 289

KAPITEL 5
POLITISCHE BETÄTIGUNG 297
I Als linksliberaler Kandidat bei der Landtagswahl 1909 297
II Vom Ende des Ersten Weltkriegs bis zum Ende des Zweiten Weltkriegs 305
1 Als Linksliberaler in der Weimarer Republik 305
2 »Lebensunwertes Leben?« 309
III Kämpfer für den Frieden 312
1 Positionierung der Kirche unter sowjetischer Besatzungsmacht und SED 314
2 Der institutionalisierte Frieden 317

SCHLUSSBETRACHTUNG 331

QUELLEN- UND LITERATURVERZEICHNIS 335
I Archivalien 335
II Gedruckte Quellen und Literatur 336

PERSONENVERZEICHNIS 355

ABBILDUNGSNACHWEIS 368

ABKÜRZUNGSVERZEICHNIS 369

Danksagung

Die vorliegende Untersuchung ist im November 2011 von der Theologischen Fakultät der Universität Leipzig als Dissertation angenommen worden, für den Druck wurde sie geringfügig überarbeitet.

An dieser Stelle habe ich vielen zu danken. Zuerst danke ich meinem Doktorvater Prof. Dr. Klaus Fitschen, der sich mit mir an das Thema wagte und mir großes Vertrauen und ebensolche Bewegungsfreiheit bei der Erarbeitung schenkte. Die Entstehung der Arbeit begleitete er interessiert, kompetent und engagiert. Prof. Dr. Armin Kohnle danke ich für die Erstellung des Zweitgutachtens. Ich freue mich, dass beide Gutachter als Herausgeber die Aufnahme in die Reihe »Arbeiten zur Kirchen- und Theologiegeschichte« befürwortet haben, ebenso Prof. Dr. Volker Leppin und Prof. Dr. Wolfram Kinzig. Mein Dank gilt auch der Evangelisch-Lutherischen Landeskirche Sachsens, der Friedrich-Naumann-Stiftung für die Freiheit und der Stiftung Sozialer Protestantismus, die das Erscheinen mit einem Druckkostenzuschuss unterstützt haben.

Ein weiterer Dank geht an Sebastian Kranich, der mich auf das Thema gestoßen und mir erste Zugänge ermöglicht hat. Bedanken möchte ich mich bei den Mitarbeiterinnen und Mitarbeitern der Archive, in denen ich viel Zeit zur Sichtung der Quellen verbracht habe. Die meist unkomplizierte, in einigen Fällen ausgesprochen zuvorkommende Behandlung hat mir die Arbeit erleichtert. Im gleichen Atemzug will ich die Mitarbeiterinnen der Zweigstelle Theologie der Universitätsbibliothek Leipzig nennen, die ebenfalls unkompliziert und freundlich die Entstehung der Arbeit unterstützt haben.

Prof. Dr. Gerhard Graf gilt mein Dank dafür, dass er über den gesamten Entstehungszeitraum ein wertvoller Gesprächspartner war, der mir mit seinem reichen Wissen über regionale Besonderheiten manche Zusammenhänge erschlossen hat. Ein großer Dank geht an Dipl.-Theol. Mandy Rabe, die unermüdlich Orthographie und Ausdruck korrigiert hat.

Einen wichtigen Anteil daran, dass ich die Zeit der Erstellung der Arbeit auch als Lebenszeit wahrgenommen habe, hat meine »WG«, die mit Spieleabenden und anderer Kurzweil für den nötigen Ausgleich zum Schreibtisch gesorgt hat: Danke dafür.

Der größte Dank gilt meinen Eltern Wolfgang und Brunhilde Schmutzler, die mich in Freiheit und Liebe erzogen haben und mir immer Halt und Stütze waren, sichtbar und unsichtbar, und meiner Schwester Lysann, ihnen widme ich diese Arbeit.

Leipzig, am Reformationsfest 2012 Nikola Schmutzler

Johannes Herz (1877–1960)

Einleitung

I Sozialer Protestantismus

> »Noch immer wird die Ausdehnung und die Kraft der evangelisch-sozialen Bewegung vielfach unterschätzt. Oft genug müssen wir von unseren Gegnern von rechts und von links den Vorwurf hören, daß es nur eine kleine Schar überstiegener Idealisten sei, die um den evangelisch-sozialen Gedanken sich sammle und davon träume, auf religiös-sozialem Wege die innere Einheit von Kirche und Volk herbeiführen zu können.«[1]

Nach zehn Jahren organisierter evangelisch-sozialer Arbeit in Sachsen zog Johannes Herz im Jahr 1914 dieses Fazit.

Die evangelisch-soziale Arbeit prägte das gesamte Wirken von Johannes Herz, und im Gegenzug prägte Johannes Herz die Gestalt evangelisch-sozialer Arbeit in Deutschland im 20. Jahrhundert entscheidend mit. Somit gehört er zu den wichtigsten Vertretern des Sozialen Protestantismus.

Bis heute fehlt eine exakte Definition dieses Begriffs. Eine sehr weit gefasste liegt von Traugott Jähnichen und Norbert Friedrich vor:

> »›Sozialer Protestantismus‹ umschreibt die Vielzahl derjenigen Initiativen des neuzeitlichen Protestantismus, welche die seit den Prozessen der Industrialisierung und Demokratisierung erforderliche Neuorientierung der sozialen Gestaltung sowohl theoretisch wie auch praktisch in Angriff genommen haben.«[2]

Jochen-Christoph Kaiser charakterisiert den Sozialen Protestantismus durch drei Merkmale: 1. den bewussten Versuch, den Protestantismus zu politisieren, um den Einfluss auf die Gesellschaft zu erhalten; 2. die Politisierung zum Ziel zu bringen, indem mithilfe von sozialen Strukturreformen eine Lösung der Sozialen Frage angestrebt wurde; 3. die Verquickung von Volksmission und sozialem Handeln.[3] Der Begriff »Sozialer Protestantismus« erscheint erst nach

---

1 Johannes Herz: Die Bedeutung des evangelisch-sozialen Gedankens. In: Sächsische Evangelisch-soziale Vereinigung (Hg.): Zehn Jahre Evangelisch-soziale Arbeit in Sachsen, Dresden 1914, 50–63, 50.

2 Traugott Jähnichen, Norbert Friedrich: Vorwort. In: Dies. (Hg.): Protestantismus und soziale Frage. Profile in der Zeit der Weimarer Republik, Münster 2000, 7f, 7.

3 Vgl. Jochen Christoph Kaiser: Diakonie als sozialer Protestantismus. In: Sebastian Kranich, Peggy Renger-Berka, Klaus Tanner (Hg.): Diakonissen, Unternehmer, Pfarrer. Sozialer Protestantismus in Mitteldeutschland im 19. Jahrhundert, Leipzig 2009, (HCh Sonderbd; 16), 25–33, 26f.

dem Zweiten Weltkrieg; die bis dahin gängigen Bezeichnungen waren christlich-sozial, evangelisch-sozial oder kirchlich-sozial, wobei die beiden letzten auch kirchenpolitisch gefüllt waren.[4] Das hatte unter anderem zur Folge, dass peinlich darauf geachtet wurde, auf der gesamtkirchlichen Ebene von sozialkirchlicher statt von kirchlich-sozialer Arbeit zu sprechen, wenn es um soziales Engagement der Kirche ging.[5]

Da das Handeln von Johannes Herz unter dem Vorzeichen des Sozialen Protestantismus zu sehen ist, muss dessen Entwicklung hier einleitend kurz dargestellt werden:

Der Soziale Protestantismus war eine Reaktion auf die mit der Industrialisierung brennend gewordene Soziale Frage. Er nahm seinen Anfang in der Erweckungsbewegung; dabei gingen die Rettung der Seelen und die tätige Nächstenliebe nach Mt 25[6] Hand in Hand. Der Fokus lag jedoch auf ersterem. Zunächst handelte es sich um Einzelinitiativen, als Beispiele seien Baron Ernst von Kottwitz, Theodor Fliedner, Wilhelm Löhe und Amalie Sieveking genannt. Eine herausragende Gestalt war Johann Hinrich Wichern mit seiner Rettungsanstalt für verwahrloste und schwer erziehbare Kinder, dem »Rauhen Haus« in Hamburg.

Eine übergeordnete, gesamtdeutsche Organisation gab es nicht, erst im Zuge der Revolution von 1848 wurde nach der bekannten Rede Wicherns auf dem Wittenberger Kirchentag der Centralausschuss für Innere Mission gegründet. In seiner Rede hatte Wichern das Konzept einer umfassenden Erneuerung des kirchlichen Handelns, dessen Ziel die Rechristianisierung der entkirchlichten Massen sein sollte, vorgelegt, dazu gehörte auch die karitative Tätigkeit. Es gelang auf diese Weise, die kirchlich-karitativen Kräfte auf evangelischer Seite in Deutschland zu bündeln. Damit war ein Ausgangspunkt für die weitere soziale Tätigkeit des Protestantismus geschaffen. Im Anschluss an Wichern fanden sich verschiedene protestantische Sozialreformer wie Adolf Stoecker oder Friedrich Naumann, bei denen die Verknüpfung von staatlicher und kirchlicher sozialer Arbeit zu finden ist. Die protestantischen Sozialreformer sahen in den »Kathedersozialisten« ihre fachwissenschaftlichen Partner, die sich als Wirtschaftswissenschaftler und Nationalökonomen der Sozialen Frage angenommen hatten. Angesichts der großen sozialen Not reifte in Stoecker die Erkenntnis, dass die Arbeit der Inneren Mission nicht ausreichen konnte, sondern dass

4 So waren die Begriffe Programm für die beiden großen sozialen Organisationen Evangelisch-sozialer Kongress und Freie Kirchlich-soziale Konferenz. Siehe dazu Kapitel 3.2, 147–152.

5 Vgl. die Soziale Botschaft des Deutschen Evangelischen Kirchentags in Bethel, siehe Kapitel 4.2, 238–241 und die Richtlinien zur Neugestaltung der sozial-kirchlichen Arbeit der Evangelischen Kirche in Deutschland, siehe Kapitel 1, 68.

6 Mt 25,40: Was ihr getan habt einem von diesen geringsten Brüdern, das habt ihr mir getan.

nur mithilfe einer Sozialpolitik, die eine Gesellschaftsreform beinhaltete, auf die Soziale Frage reagiert werden könne. Diese Gesellschaftsreform schien mit der Krönung Wilhelms II. möglich, nämlich nach der Ausrufung eines »Neuen Kurses« und der 1890 erfolgten Aufforderung durch den preußischen Evangelischen Oberkirchenrat an die Geistlichen, sich über ihr Amt und die Arbeit der Inneren Mission hinaus sozial zu engagieren. Das zum Anlass nehmend, gründete Adolf Stoecker in Verbindung mit dem Sozialökonomen und Kathedersozialisten Adolph Wagner und dem liberalen Theologen Adolf von Harnack den Evangelisch-sozialen Kongress (ESK), um Konservative und Liberale zu gemeinsamer Grundlagendiskussion zusammenzubringen, welche die staatliche Politik beeinflussen sollte. »Die sozialen Zustände unseres Volkes vorurteilsfrei zu untersuchen, sie an dem Maßstab der sittlichen und religiösen Forderungen des Evangeliums zu messen und diese selbst für das heutige Wirtschaftsleben fruchtbarer und wirksamer zu machen als bisher« – so lautete der erste Punkt der Satzung des Kongresses. Allerdings sollten eine kirchenpolitische Fixierung und die direkte Einmischung in die Sozialpolitik des Staates vermieden werden. Der ESK war ein viel beachtetes, aber doch nur ein theoretisches, akademisches Forum. Zwar wurden auf den Kongresstagungen alle Probleme, die im Zusammenhang mit der Sozialen Frage standen, erörtert und diskutiert, und es gab eine reichhaltige publizistische Arbeit, den theoretischen Überlegungen folgten jedoch keine praktischen Handlungen – diese blieben jedem Einzelnen überlassen.

Die erste Organisation, die bei dem Versuch, die Kluft zwischen Arbeiterschaft und Kirche zu schließen, konsequent Theorie und Praxis zu verbinden suchte, war die Sächsische Evangelisch-soziale Vereinigung (SESV). Für das Ziel, »die innere Einheit von Kirche und Volk herbei[zu]führen«,[7] wurden – als theoretischer Teil – die gesellschaftliche Situation untersucht, wozu auch die Besuche bei den Jahrestagungen des Evangelisch-sozialen Kongresses dienten. Als praktischer Teil wurden z.B. öffentliche-religiöse Diskussionsabende veranstaltet, bei denen man sich der Arbeiterschaft und ihren Fragen stellte, um gegenseitig Vorurteile abzubauen und sich anzunähern.

Seit Beginn des 20. Jahrhunderts nahm Johannes Herz gestalterisch auf die evangelisch-soziale Arbeit Einfluss, zunächst als Vorsitzender der Chemnitzer Ortsgruppe der SESV, später als Geschäftsführer und Vorsitzender der gesamten Vereinigung. Die SESV war die stärkste und rührigste der Landesvereinigungen des ESK, so wirkte Herz in seiner Eigenschaft als deren Vorsitzender auch auf die Arbeit des ESK. Ganz besonders deutlich wurde das im letzten Kriegsjahr des Ersten Weltkriegs.[8] Als der ESK nach dem Ersten Weltkrieg in Auflösung begriffen stand, wurde an Johannes Herz das Generalsekretariat übertragen.

7 Herz: Die Bedeutung ..., 50.

8 Siehe dazu Kapitel 3.2, 134–140.

Unzweifelhaft ist es Herz zu verdanken, dass der ESK eine zweite Blüte in der Weimarer Republik erlebte.

II Gegenstand und Fragestellung

Die vorliegende Arbeit, die theologie- und organisationsgeschichtliche Aspekte beleuchtet, ist bewusst als Biographie angelegt, um am Beispiel von Johannes Herz die Möglichkeiten und Grenzen eines liberalen und evangelisch-sozial orientierten Theologen in den vier politischen Systemen der ersten Hälfte des 20. Jahrhunderts und den jeweiligen kirchlichen Verhältnissen darzustellen. Zunächst wird in einem biographischen Abriss das Leben von Herz nachgezeichnet, dabei werden bereits Schwerpunkte gesetzt, die in den anschließenden Kapiteln in ihrem entsprechenden weiteren Kontext entfaltet werden.

Da Johannes Herz Pfarrer der Evangelisch-lutherischen Landeskirche Sachsens war und Sachsen auch seinen regionalen Lebensmittelpunkt bildete, nimmt die Neugestaltung der Sächsischen Landeskirche nach den beiden Weltkriegen einen breiten Raum ein. Nach dem Ersten Weltkrieg dominiert dabei die Selbstfindung und Neubestimmung, die durch das Ende des landesherrlichen Kirchenregiments notwendig wurde. Hier gab es vielerlei Initiativen: auf der einen Seite solche auf der Ebene der Gemeinden und Kirchenkreise, wie den »Freien Arbeitsausschuss der sächsischen Evangelisch-lutherischen Landeskirche zur Mitarbeit bei der bevorstehenden kirchlichen Neuordnung« oder auch die »Freie Volkskirchliche Vereinigung«, die dieser Bewegung von unten, besonders auch den Frauen in der Landeskirche, mehr Gewicht und Mitspracherecht geben wollten. Auf der anderen Seite standen diejenigen, die möglichst viele der vorhandenen Strukturen zu erhalten suchten, auch um die Rechtskontinuität der Kirche zu wahren. Als Beispiel sei hier die Diskussion um Urwahlen zur ersten Landessynode genannt, bei der Johannes Herz als Exponent und Sprecher der ersten Gruppe agierte.[9] Es galt in dieser Zeit, eine Verfassung für die Landeskirche zu erarbeiten, ebenso mussten die Personalangelegenheiten vollständig neu geregelt werden. Herz, der Mitglied der Synode und des ständigen Synodalausschuss war, erwies sich dabei als geschickter Organisator mit hoher Sachkenntnis und enormer Materialbereitschaft.[10]

Während der Herrschaft der Nationalsozialisten gehörte Herz weder den Deutschen Christen noch der Bekennenden Kirche, sondern der sächsischen Mitte als führendes Mitglied an. Diese dritte organisierte Gruppe im Kirchenkampf suchte eine ausgleichende Position einzunehmen und besonders die

9 Siehe dazu Kapitel 4.1.1, 192–195.

10 Vgl. Brief von Müller an Herz vom 5. Juni 1920. UAL Na Herz 22/2. Materialbereitschaft beschreibt die Fähigkeit, innerhalb von kurzer Zeit zu einem Thema Informationsmaterial zu sichten, auszuwählen und zur Verfügung stellen zu können.

Gemeinden aus den kirchenpolitischen Kämpfen herauszuhalten. Ihr ist es zu verdanken, dass der Kirchenkampf in Sachsen weniger harsch verlief als in anderen zerstörten Landeskirchen.

Auch nach dem Zweiten Weltkrieg gehörte Herz der Synode an, die der durch den Kirchenkampf zerstörten Landeskirche eine neue Grundlage geben sollte. Dass es sich dabei um eine schwierige Aufgabe handelte, betonte auch Oberlandeskirchenrat Klaus Schurig in einer Rede, die er anlässlich des 60. Jahrestags der Änderung der Verfassung hielt.[11] Wieder dominierte die Frage nach Kontinuität oder Neuanfang, dafür sei hier die Diskussion um die Frauenordination beispielhaft genannt.[12] Zur Neuorganisation der Landeskirche nach beiden Weltkriegen gehörte auch die Frage, ob der Religionsunterricht weiterhin als ordentliches Lehrfach an den öffentlichen Schulen verbleiben konnte.

Als Geistlichem der Sächsischen Landeskirche und langjährigem Pfarramtsleiter fielen Herz natürlich Aufgaben in der Gemeinde zu. Dabei war es besonders in seiner Zeit an der Johanniskirche in Chemnitz seine liberal geprägte Art, die zu Reibereien mit dem Pfarrstelleninhaber und den Vertretern der Landeskirchlichen Gemeinschaft führte. Eine besondere Herausforderung war der Bau der Versöhnungskirche in seiner zweiten Pfarrstelle Leipzig-Gohlis. Herz war für die Ausschreibung verantwortlich und arbeitete mit dem Architekten Heinrich Grotjahn eng zusammen, sodass in der Versöhnungskirche sein Konzept des evangelischen Kirchenraums Gestalt gewonnen hat.

Die Mitarbeit von Herz in evangelisch-sozialen Organisationen begann fast zeitgleich mit seinem Eintritt ins Pfarramt. Auch wenn diese verschiedenen Betätigungsfelder der Übersichtlichkeit halber getrennt dargestellt werden, sind sie doch im Leben von Johannes Herz und damit in ihrer Wechselwirkung zueinander und gegenseitigen Durchdringung nicht zu trennen. Zeitlich besser abgrenzbar ist seine Arbeit in der SESV und dem ESK. Zwar gab es dort auch Überschneidungen und gegenseitige Beeinflussung, aber mit der Übernahme des Generalsekretariats zog sich Herz geordnet aus der Leitung der SESV zurück.

Ausdruck der liberalen Prägung von Herz ist auch sein politisches Engagement. Dabei spielte Friedrich Naumann, den Herz zeitlebens bewunderte, eine entscheidende Rolle. Anders als Naumann gab Herz aber sein Pfarramt nicht auf und zeigte damit, dass Linksliberalismus und organisierter Protestantismus sehr wohl kooperieren konnten. Dazu trug er auch mit seiner Landtagskandidatur in Chemnitz bei. Sein späteres Wirken in der Liberaldemokratischen Partei (LDP) ist kritisch zu betrachten, da unter der Ägide der SED nur zustimmende Blockpolitik möglich war.

---

11 Klaus Schurig: Erinnerung an den 60. Jahrestag der Änderung der Verfassung der Evangelisch-Lutherischen Landeskirche Sachsens vom 13. Dezember 1950. http://www.evlks.de/doc/Erinnerung_an_60_Jahre_Kirchenverfassung.pdf (letzter Zugriff 9. Mai 2011)

12 Siehe dazu Kapitel 4.1.2, 211.

III Quellen

Die Quellenlage zu Johannes Herz ist recht gut. Ein großer Teil seines Nachlasses liegt, da er zuletzt Außerordentlicher Professor der Universität Leipzig war, im Universitätsarchiv Leipzig; ein anderer Teil, der mehr privaten Charakter trägt, befindet sich im Sächsischen Staatsarchiv in der Außenstelle Leipzig. Die Bestände wurden teilweise erst während der Anfertigung der Arbeit erschlossen und sind noch nicht paginiert. Im Nachlass im Universitätsarchiv befinden sich auch sämtliche Verhandlungsprotokolle des Deutschen Evangelischen Kirchentags (DEKT) und des Deutschen Evangelischen Kirchenausschusses (DEKA), des Weiteren die Verhandlungsberichte und Protokolle der Weltfriedensratstagungen. Die Eintragungen im Amtskalender von Johannes Herz enthalten persönliche Notizen, bedauerlicherweise beginnen sie erst 1909 und brechen 1924 ab.

Unverzichtbar für ein stimmiges Bild von Johannes Herz sind die im Staatsarchiv befindlichen privaten Briefe; dabei sind die Rundbriefe an seine Geschwister besonders hervorzuheben, da sie diese über die aktuellen Erlebnisse der Familie informieren sollten. Sie erstrecken sich über den Zeitraum von 1907 bis 1921, ein letzter wurde 1934 geschrieben. Die Rundbriefe, die seine Frau Katharina Herz an ihre Geschwister schrieb und die als Vorlage für die erstgenannten dienten, decken den weit größeren Zeitraum von 1904 bis 1954 ab.

Das Archiv des Evangelisch-sozialen Kongresses befindet sich in der Versöhnungskirchgemeinde Leipzig, dort lagern auch die Akten der Sächsischen Evangelisch-sozialen Vereinigung. Im Ephoralarchiv Leipzig befinden sich außer den Protokollen der Ephoralkonferenzen und Runderlassen des Sächsischen Landeskonsistoriums bzw. des Landeskirchenamtes die Gemeindeakten der Versöhnungsgemeinde und weitere Akten, die Ephorie Leipzig betreffend. In diesen Archiven sind die Akten nur teilweise paginiert. Im Stadtarchiv Leipzig, dem Sächsischen Hauptstaatsarchiv Dresden und in einigen Pfarrarchiven wurden wenige für Herz relevante Akten gefunden.

Bei den gedruckten Quellen ist zunächst auf den Aufsatz im Sammelband »Der Protestantismus der Gegenwart« hinzuweisen. Er stellt die wichtigste Schrift von Johannes Herz dar, deshalb wird er in einem eigenen Exkurs behandelt. Das Gros seiner Veröffentlichungen sind Beiträge und Rezensionen in *Evangelisch-Sozial* (*ES*) und den *Mitteilungen der SESV*, für beide Zeitschriften war Herz eine zeitlang der Herausgeber. Dazu gesellen sich weitere selbständige Veröffentlichungen, die sich pfarramtlichen Themen widmen, wie »Die Aufgabe unserer Kirchgemeinden an der konfirmierten männlichen Jugend«, »Worte Jesu. Eine Mitgabe fürs Leben zur Erinnerung an die Konfirmation« und »Bleibende Wahrheiten im Wechsel der Zeiten. 25 Jahre evangelische Verkündigung in der Großstadt«. Neun seiner Predigten wurden gedruckt und in der Mehrzahl als Beilage im Gemeindeblatt verbreitet. 1918 gab Herz in Zusammenarbeit mit Alfred Jeremias eine »Denkschrift des Freien Arbeitsausschusses der sächsischen evangelisch-lutherischen Landeskirche zur Mitarbeit bei der bevorstehenden kirchlichen Neuordnung« heraus. In dieser Denkschrift ist vor allem Material zur Frage der Trennung von Kirche und Staat gesammelt. Ähnlich angelegt sind die von Herz herausgegebenen Gedenkschriften, die teilweise den Untertitel tragen »Auszug aus N.N.'s Gedankenwelt«. Solche Gedenkschriften gab Herz für Caspar René Gregory, Friedrich Naumann, Georg Liebster und Adolf von Harnack heraus, bei Gregory und Naumann zunächst im Rahmen der Zeitschriften *Evangelisch-Sozial* und *Mitteilungen der SESV*. Die Gedenkschriften sind in der Hauptsache eine Kompilation von Zitaten. Bei dieser dokumentarischen Technik fehlt allerdings die Verflechtung von öffentlichen Äußerungen mit der Biographie. Die Zitate bleiben weitestgehend allein stehen und werden nicht mit dem jeweiligen Entstehungshintergrund in Beziehung gesetzt. Für die zweite Auflage der RGG verfasste Herz die Artikel »Evangelisch- sozial«, »Evangelisch-soziale Schule«, »Sozialpfarrer« und »Wohnungsfrage«, für das Internationale Handwörterbuch des Gewerkschaftswesens die Artikel »Chartismus«, »Evangelisch-sozialer Kongreß« und »Crimmitschauer Streik«. Die reiche Vortragstätigkeit von Johannes Herz schlägt sich in einigen gedruckten Fassungen dieser Vorträge nieder, beispielhaft sei auf »Arbeiterschaft und Kirche nach dem Kriege« und »Deutsches soziales Prophetentum« verwiesen. Beiträge in Festschriften entstanden unter anderem für Martin Rade, Jakob Schoell, Horst Stephan, Karl Heussi und Albrecht Alt. Nach dem Bau der Versöhnungskirche erschienen zu Konzeption und Baugeschichte zwei Broschüren. Eine unvollständige Bibliographie wurde 1952 in der *Theologischen Literaturzeitung* gedruckt.

IV Sekundärliteratur

Zu Johannes Herz existieren lediglich zwei Nachrufe, der erste als Druck des Manuskripts der Gedächtnisvorlesung von Kurt Wiesner, erschienen in der *Wissenschaftlichen Zeitschrift der Karl-Marx-Universität*, der zweite zur hundertsten Wiederkehr des Geburtstags von Johannes Herz in *Standpunkt. Evangelische Monatsschrift*, geschrieben von Bernt Satlow. Das Portrait von Herz in »Namhafte Hochschullehrer der Karl-Marx-Universität« wurde ebenfalls von Satlow verfasst.

Spärliche Verweise auf Johannes Herz sind in der Literatur über die Organisationen, in denen er tätig wurde, und in Arbeiten zur Sächsischen Landeskirche im 20. Jahrhundert zu finden.

V Technische Hinweise

Die Bezeichnungen evangelisch-sozial und kirchlich-sozial werden in der Regel klein geschrieben. Wenn es sich um eine institutionelle Bezeichnung handelt, wird der zeitgenössisch gängigen Schreibweise gefolgt: Evangelisch-sozialer Kongress und Kirchlich-soziale Konferenz, Sächsische Evangelisch-soziale Vereinigung. Eine Ausnahme besteht bei der Zeitschrift des ESK, *Evangelisch-Sozial*, aber auch hier wird der Titel exakt übernommen. Die Schreibweise für die Evangelisch-lutherische Landeskirche Sachsens folgt ebenfalls zeitgenössischen Vorgaben.

Vornamen sind, soweit es möglich war, ermittelt worden. Im Personenregister finden sich Informationen, die sich besonders auf das Verhältnis der jeweiligen Person zu Herz beziehen. Adolf von Harnack wird um der einfacheren Lesart willen bei vollem Namen, immer mit dem Adelsprädikat genannt, obwohl ihm der Titel erst 1914 verliehen wurde.

Verweise werden bei kleineren Absätzen jeweils am Ende des Absatzes gesetzt, bei längeren Absätzen steht der Verweis bereits am Anfang des Absatzes.

Bibelzitate entstammen, wenn nicht anders angegeben, der Lutherbibel in der Revision von 1984, da ihr Wortlaut in der zeitgenössischen Übersetzung für diese Arbeit unerheblich ist.

Kapitel I

Biographischer Abriss

Die Geschichte der Familie Herz in Deutschland begann, als 1735 der im schwedischen Hjertum geborene Olaf Nilsen als Kupferschmiedegeselle nach Görlitz einwanderte, wo er nach einiger Zeit der Obergeselle der Kupferschmiedeinnung wurde. Er deutschte seinen Namen nach seinem Herkunftsort ein und nannte sich Ulrich Nikolaus Hjert; später wurde daraus der Name Herz. Sein ältester Sohn, Christian Traugott, studierte Theologie und wurde Pfarrer in Hermsdorf bei Görlitz. Dessen Enkel, Friedrich Wilhelm, studierte ebenfalls Theologie und wurde Pfarrer in Seelitz bei Rochlitz. Auch der Sohn von Wilhelm Herz, Paul David, studierte Theologie und wurde Pfarrer in Oberleutersdorf in der Lausitz. Er war verheiratet mit Wilhelmine Elisabeth, geb. Reinhard. Am 13. Juni 1877 wurde ihr erster Sohn geboren, Johannes Heinrich Herz. 1879 wurde Reinhard Wilhelm Herz geboren und 1882 Adolfine Elisabeth Herz, nach deren Geburt die Mutter im Kindbett starb.

Im August 1884 heiratete der Vater zum zweiten Mal. Cäcilie geb. Schüttge war im Mai 1884 als Kinderfrau in die Familie Herz gekommen. Schon im Juni verlobte sich Paul Herz mit ihr, er notierte in seinem Amtskalender: »Dem Herrn sei Dank für seine Gnade; Er hat unser Gebet erhört! Ich habe an Cäcilie einen wahren Schatz gewonnen.«[1] Mit ihr hatte Paul Herz noch vier weitere Kinder, Lydia, Magdalena, Ernst und Gertrud.

Paul Herz hatte das Gymnasium in Zittau und die Nikolaischule in Leipzig besucht und dort auch Theologie studiert. Nach dem Studium war er kurze Zeit Sammelschullehrer,[2] danach Lehrer am Landständischen Seminar in Bautzen. Am 13. Juni, genau zwei Jahre vor der Geburt von Johannes Herz, wurde er in Oberleutersdorf ordiniert. 1879 wechselte er nach Zittau, zunächst die sechste, bald die fünfte Pfarrstelle innehabend. Hier entwickelte Paul Herz ein starkes soziales Engagement: »Besonders hat er sich auf dem Gebiet des kirchlichen Vereinswesens und in der Armenpflege verdient gemacht.« Er gründete und leitete den Zittauer Männer- und Jünglingsverein, gehörte dem Vorstand des Sächsischen Landesvereins des Evangelischen Bundes an und führte auch die Geschäfte des Zittauer Zweigvereins; er war der Vorsitzende des Vereins »Her-

1 Eintrag im Amtskalender von Paul Herz vom 27. Juni 1884. StAL Na Herz 1.

2 In dieser Zeit wurde der Begriff Sammelschule für Schulen, in denen Mädchen und Jungen gemeinsam lernen oder in denen mehrere Klassen zu einer zusammengefasst waren, verwendet. Der Begriff wurde erst später als Bezeichnung für überkonfessionelle Schulen gebraucht.

bergen zur Heimat«, Kurator des Gustav-Adolf-Frauenvereins, Vorsitzender des Zweigvereins der Äußeren Mission und bei mehreren Wohltätigkeitsvereinen aktiv. 29 Jahre lang bekleidete er das Amt des städtischen Armenvorstehers, war Gefängnisgeistlicher und Seelsorger in einer Augenheilanstalt und Seelsorger für Taubstumme. In Zittau führte er den Kindergottesdienst ein und teilte die Seelsorgebezirke in der Parochie neu ein, sodass jeder Geistliche einen eigenen, gut zu überblickenden Bezirk zugeteilt bekam.[3] Viele der Aufgaben, denen sich der Vater widmete, finden sich in der späteren Tätigkeit von Johannes Herz wieder.

Die Mutter von Johannes Herz stammte aus einer angesehenen Bürgerfamilie und war die Tochter des Kommerzienrats und Handelskammerpräsidenten Reinhard in Bautzen. Ihr früher Tod am 13. Dezember 1882 war die erste große Zäsur im Leben von Johannes Herz. Obwohl die Stiefmutter sich sehr um die Kinder aus erster Ehe bemühte, auch nachdem sie eigene Kinder bekommen hatte, gab es immer wieder Zusammenstöße von Johannes mit Cäcilie, deren Position im Haus er in Frage stellte. Paul Herz musste schlichtend eingreifen und seinen Sohn zurechtweisen.[4]

I Studienzeit

Nach dem Besuch der höheren Bürgerschule und des Gymnasiums in Zittau, das Johannes Herz Ostern 1896 mit der Gesamtnote 2a abschloss, entschied er sich für das Studium der Theologie. Sein erstes Semester verbrachte er in Tübingen, im zweiten wechselte er nach Leipzig. Die Stadt sagte ihm überhaupt nicht zu. Im Gegensatz zum beschaulichen Tübingen hatte Leipzig alle Nachteile, die eine Großstadt bieten konnte: enge, dunkle Straßen und Höfe, Anonymität und weite Wege ins Grüne. Die Universität konnte die Schwächen nicht aufwiegen, da, so schrieb er in einem Brief an seinen Vater, die Leipziger Professoren ihn nicht zu fesseln vermochten:

> »Bei den Namen (!) Hofman (!), Gregory, Dalmann, Heinrici, Schnedermann ergreift den Studenten ein gelindes Grausen. Es erscheint vielleicht hart und ungerecht, über diese Männer so abzuurteilen und ich bin auch weit entfernt, ihre wiss[enschaftliche] Bedeutung in Frage zu stellen. Aber was nutzt es dem Studenten, wenn ihm haarspaltende Kritik und das Gezänk theologischer Schulen vorgeredet wird, aber niemand den Sinn anregt für die großen Fragen in der Theologie und niemand das Herz begeistert für das Studium.«[5]

3 Vgl. Nachruf von Reinhard Herz im NSKBl 11 (1909), Sp. 172f. dort auch Zitat.

4 Vgl. Eintrag im Amtskalender von Paul Herz vom 11. September und vom 17. Oktober 1898. UAL Na Herz 52.

5 Brief von Johannes Herz an Paul Herz vom 26. Februar 1897. StAL Na Herz 13/2.

Herz lernte Caspar René Gregory später sehr schätzen. Gregory gehörte zu den Exponenten der evangelisch-sozialen Bewegung, die für Herz zu einer Lebensaufgabe werden sollte. Eine Famulatur, die ihm Gustav Adolf Fricke in Leipzig anbot, lehnte Herz ab, weil er beabsichtigte, nach Marburg zu gehen. Marburg galt zusammen mit Berlin, Halle und Heidelberg als Hort neuer, nichtkonfessioneller Theologie.[6]

Zusammen mit seinem Bruder Reinhard verwirklichte Herz im darauffolgenden – seinem dritten – Semester dieses Vorhaben. An diese Zeit erinnerte er sich später immer wieder als eine für ihn besonders schöne und prägende zurück. Mit viel Begeisterung hörte Herz den Systematiker Wilhelm Herrmann. Herrmann hatte in Halle bei Friedrich August Gottreu Tholuck studiert; später stand er in enger Verbindung mit Albrecht Ritschl, zu dessen Schule er zu zählen ist. Ritschl galt als Vater der liberalen Theologie und des Kulturprotestantismus: Gott ist Liebe und wird im Erleben erfahren, die Konsequenz für den Christen ist das sittliche Handeln. Der zornige und strafende Gott wurde ausgeblendet. Bei Hermann wurde der Fokus auf das innere Leben Jesu gelegt, da der historische Jesus nicht in der Lage gewesen sei, eine Religion zu begründen. Der historische Jesus wurde für die liberale Theologie marginal. Durch diesen Fokus wurde sie durch die Erkenntnisse der historisch-kritischen Methode in ihren Glaubensgrundsätzen nicht erschüttert und stand ihr daher aufgeschlossen gegenüber.[7]

Auch der Neutestamentler Adolf Jülicher, ein Wegbereiter der historisch-kritischen Methode, lehrte in Marburg. Zum großen Teil war es sein Verdienst, dass die allegorische Deutung bei der Auslegung von Gleichnissen durch die historisch-kritische Methode abgelöst wurde. Auch Jülicher beeindruckte Herz sehr.

Von Marburg aus fuhren Herz und sein Bruder Reinhard zu Pfingsten 1897 nach Frankfurt, wo sie eine Predigt von Martin Rade hörten: Dessen »Ausführung war ja ungemein eigenartig, geistreich und fesselnd, aber es fehlte meinem Gefühl nach ganz entschieden die rechte Pfingststimmung«.[8] Später nahmen sie an einer Konferenz in Gießen teil, wo Rade einen Vortrag über »Religion und Sittlichkeit, besonders mit Rücksicht auf die Ethik der Bergpredigt« hielt. Martin Rade stammte wie Herz aus der Lausitz, aus Rennersdorf bei Berthelsdorf. Seine Jugend war stark herrnhutisch geprägt. Während seines Studiums

6 Vgl. Paul Drews: Das kirchliche Leben der Evangelisch-Lutherischen Landeskirche des Königreichs Sachsen, Tübingen, Leipzig 1902, 145.

7 Vgl. Gottfried Hornig: Lehre und Bekenntnis im Protestantismus: Kulturprotestantismus und liberale Theologie. In: Carl Andresen, Adolf Martin Ritter (Hg.): Handbuch der Dogmen- und Theologiegeschichte, Bd. 3: Die Lehrentwicklung im Rahmen der Ökumenizität, Göttingen ²1998, 202–209; Gerhard Koch: Johann Wilhelm Herrmann. RGG³ 3 (1959), 275–277.

8 Brief von Johannes Herz an Paul Herz vom 15. Juli 1897. StAL Na Herz 13/2.

der Theologie in Leipzig war Adolf von Harnack für ihn wegweisend gewesen. Nach Pfarrämtern in Schönbach (Lausitz) und Frankfurt/M. wurde er 1900 als systematischer Theologe an die Universität Marburg berufen. 1886 gründetet er zusammen mit Wilhelm Bornemann, Paul Drews und Friedrich Loofs die Zeitschrift *Christliche Welt* (*CW*), ursprünglich mit dem Untertitel »Ev.-luth. Gemeindeblatt für die gebildeten Glieder der evangelischen Kirche«, deren Ziel es war, Bildung und Christentum zu vereinigen. Sie war nicht nur Trägerin der Ritschl'schen Gedanken, sondern auch wohlwollende Stimme für den ESK, zu dessen wichtigen Persönlichkeiten Rade zählte.

Die Mutter von Johannes Herz war mit den Rades in Rennersdorf gut bekannt und lebte einen Sommer lang in der Familie. In ihrem Poesiealbum findet sich eine Eintragung Martin Rades, die eine jugendliche Schwärmerei für sie erkennen lässt.[9] Im Herz-Nachlass ist auch ein Kondolenzschreiben von ihm zu ihrem Tod aufbewahrt. Weitere Berührungspunkte zwischen Rade und der Familie Herz scheint es danach zunächst nicht mehr gegeben zu haben. Während seines ersten Studiensemesters in Leipzig war Herz wieder mit Rade und den »Freunden der Christlichen Welt« in Verbindung gekommen. Die Lektüre der *CW* weitete den Blick von Herz für »die Fragen des kulturellen, ästhetischen, sozialen und politischen Lebens«.[10] Nach dem Semester in Marburg setzten Johannes und Reinhard Herz ihr Studium in Leipzig fort. 1896 trat Johannes Herz der Studentenverbindung Lausitzer Predigergesellschaft[11] bei. Da er dieser sein Leben lang verbunden bleiben sollte, wird sie hier exkursartig vorgestellt.

Exkurs: Societas Sorabica – die Lausitzer Predigergesellschaft

Die Studentenverbindung, die Herz gewählt hatte und der er Zeit seines Lebens treu bleiben sollte, war die Lausitzer Predigergesellschaft. Sie wurde 1716 von sorbischen Theologiestudenten in Leipzig als Wendisches Prediger-Collegium

9 Vgl. Johannes Herz: Grußwort. In: Hermann Mulert (Hg.): Vierzig Jahre »Christliche Welt«. Festgabe für Martin Rade zum 70. Geburtstag 4. April 1927, 93.

10 Johannes Herz: Grußwort. In: Hermann Mulert (Hg.): Vierzig Jahre ..., 93.

11 Dazu: Gerhard Graf: Vom Wendischen Prediger-Collegium zur Landsmannschaft Sorabia: ein Beispiel studentischer Selbsthilfe durch mehr als zwei Jahrhunderte. In: Lětopis 53 (2006) 3–17; ders.: Die Seminare der Lausitzer Prediger-Gesellschaft im Lehrbetrieb der theologischen Fakultät. In: Andreas Gößner, Alexander Wieckowski (Hg.): Die Theologische Fakultät der Universität Leipzig: Personen, Profile und Perspektiven aus sechs Jahrhunderten Fakultätsgeschichte, Leipzig 2005, 323–330; Rainer Haas: Soraborum Saluti! 1716. Sorbische Studenten in Leipzig engagieren sich für ihr Vaterland, 2009.
Der Name wurde von »Wendisches Prediger-Collegium« 1716–1806, in »Lausitzer Predigergesellschaft« 1806–1909 und schließlich in »Sorabia (Lausitzer Predigergesellschaft)« 1909–1936/1942 geändert. Die Zeiten, in denen die Vereinigung sistiert war, sind hier nicht aufgeführt.

gegründet mit dem Ziel, Lausitzer Theologiestudenten die Möglichkeit zu geben, sich in der sorbischen Sprache und Predigt zu üben. Schon im 18. Jahrhundert gehörten der Gesellschaft auch aus der Lausitz stammende, deutschsprachige Theologen an. Später öffnete sich die Gesellschaft noch weiter, ohne dass deshalb die Pflege der sorbischen Sprache aufgegeben worden wäre.

Besonders attraktiv war die Predigergesellschaft wegen ihrer gut organisierten studienbegleitenden Seminare. Die Abgabe einer Probearbeit vor der Aufnahme sicherte das Niveau. Neben sprachlichen Übungen wurden in allen theologischen Disziplinen Seminare gehalten, dazu gehörten das Catecheticum, das Dogmaticum, das Exegeticum, das Hebraicum, das Historicum, das Homileticum, das Sorabicum und zeitweise ein Symbolicum und ein Bibliotheologicum. Für die Seminarleitung wurden Professoren der Theologischen Fakultät gewonnen, die teilweise mit der Ehrenmitgliedschaft der Gesellschaft ausgezeichnet wurden, so Hermann Guthe, Franz Delitzsch, Gustaf Adolf Fricke, Bruno Brückner, Christoph Ernst Luthardt, Rudolf Kittel und Ludwig Ihmels.

Seit 1859 wurde die Gesellschaft eine Korporation mit den Farben blau-gelb, den Stadtfarben der Hauptstadt der Lausitz, Budissin (Bautzen).

Johannes Herz war von 1896 bis 1900 aktiv, danach Alter Herr. Seine Aufnahmearbeit verfasste er zur Theologie Wilhelm Herrmanns. 1897 stand Herz zur Wahl als Senior, wurde jedoch »überraschend« nicht gewählt, was er damit erklärte, dass es in der Zeit innerhalb der Verbindung zwei Strömungen gab. Von Unstimmigkeiten dort berichtet auch ein Brief, den Herz von seinem Leibburschen Theodor Lieschke erhielt:

> »Das hat einen so harten Kampf gekostet, daß darüber, Gott sei's geklagt, die Einigkeit der Soc[ietas] in Stücke gegangen ist. Wohl sind wir äußerlich einig, aber heimlich brütet eine böse Minorität auf Rache. Jeder fühlt's, der Riß ist wieder da.«[12]

Die erste der angesprochenen Strömungen war eher wissenschaftlich orientiert, die zweite eher gesellschaftlich. Da die Zweite aber im allgemeinen Konvent die Mehrheit habe, war der andere Kandidat, der vom »Führer der extremen Partei« vorgeschlagen worden war, gewählt worden.[13] Herz wurde daraufhin für das Jahr 1897/98 Fuchsmajor, später 1. Kneipensenior und schließlich Senior des Historicums. 1898/99 bekleidete er dann das Amt des Seniors. Als solcher war er verantwortlich für den Jahresbericht der Verbindung, sichtete das bis dahin arg vernachlässigte Archiv, ordnete es neu und bat die Alten Herren, vorhandene Lücken schließen zu helfen. Auf dem 180. Stiftungsfest, das am 9. Dezember 1896 gefeiert wurde, lernte Johannes Herz seine zukünftige Frau,

---

12 Brief von Theodor Lieschke an Johannes Herz vom 15. Juli 1897. UAL Na Herz 1/1.

13 Vgl. Johannes Herz Briefe an Paul Herz, Leipzig 10. November 1897 und 29. Januar 1898. StAL Na Herz 13/2.

Katharina Satlow, kennen.[14] Auch einige seiner späteren Weggefährten waren ihm bei der Sorabia begegnet, wie Gerhard Satlow, der Bruder von Katharina, Hermann Mulert, Hans Vogel, sein späterer Kollege an der Versöhnungskirche Feodor Kriewald und Gerhard Bemmann, sein Schwager Paul Luft, aber auch der später in der Bekenntnisgemeinschaft Sachsens führende Johannes Ficker. Martin Rade war ebenfalls Sorabe. Diese Verbindungen sind nicht zu unterschätzen, da man in anderer Weise als sonst üblich miteinander umging.

Nach dem Ersten Weltkrieg, in dem der Großteil der Aktivitas gefallen war, versuchten vornehmlich die Alten Herren, die Sorabia wiederzubeleben. Johannes Herz, der mehr als andere der Sorabia verbunden geblieben und auf die Fortsetzung ihres ursprünglichen Zwecks als theologischer Verbindung bedacht war, rief einen wissenschaftlichen Ausschuss ins Leben und wurde dessen Geschäftsführer. Ziel war die Wiederaufnahme der wissenschaftlichen Arbeit der Sorabia mit Vortragsreihen und theologischen Arbeitsgemeinschaften wie vor dem Krieg.

Herz hielt selbst Seminare, zunächst im Februar 1919 ein Hebraicum, in dem die Psalmen und Gottesknechtslieder behandelt wurden.[15] Später kamen neutestamentliche Seminare hinzu, die in besserem Ruf standen als diejenigen von Johannes Leipoldt an der Theologischen Fakultät, bei denen man »nichts Richtiges« lernen würde, da es zu viel und zu ungeordnet sei. »Deine gedrängte, praktische Art mit Betonung und Hervorhebung der Hauptsachen hat uns sehr gefallen und geholfen.«[16] Eine Vorlesungsreihe »Zur praktischen Einführung in das akademische Studium« für die ersten bis vierten Semester bot Herz 1922 an,[17] außerdem hielt er immer wieder Vorträge.[18]

Die Frage nach der Mensur wurde in der Zeit der Weimarer Republik immer häufiger gestellt, zumal das Angebot von Verbindungen für Theologen inzwischen groß war und die Sorabia so attraktiver zu werden suchte.

> »Wir haben im letzten Semester besonders für eine Entwicklung nach der schlagenden Verbindung hingearbeitet und arbeiten müssen, um unsere altehrwürdige Sorabia zu erhalten.«[19]

Vielen Alten Herren war diese Entwicklung nicht recht. Im Juli 1933 beschloss der Konvent der Sorabia, die Bestimmungsmensur – also schla-

---

14 Vgl. Eintrag im Amtskalender vom 9. Dezember 1916. UAL Na Herz 2/2.

15 Vgl. Einträge im Amtskalender vom 15. Februar und 5. April 1919. UAL Na Herz 2/2.

16 Brief von Friedrich Faßmann an Herz vom 11. August 1926. UAL Na Herz 31/1.

17 Vgl. Einträge im Amtskalender vom 16. Juni und 30. Juni 1922. UAL Na Herz 2/2.

18 Vgl. Sorabia. Mitteilungen aus dem Altherrenverband und der Aktivitas der Sorabia (Lausitzer Predigergesellschaft) zu Leipzig Fortlaufende Nr. 22 (1921) – 53 (1935).

19 Senior Christian Ehrler. Sorabia Nr. 43 (1930).

gend – einzuführen, das heißt, dass Pflichtmensuren zu absolvieren waren. Vorher galt für die Sorabia als theologische Verbindung die Besprechungsmensur.[20] Um nicht aufgelöst zu werden, trat die Sorabia 1934 in die Deutsche Landsmannschaft ein, musste sich aber trotzdem 1936 wie alle Verbindungen selbst auflösen. Im NS-Staat war kein Platz für Verbindungen neben dem Nationalsozialistischen Deutschen Studentenbund. Das »Sorabenhaus«, das dank großzügiger Spenden Alter Herren 1908 eröffnet werden konnte, wurde 1938 dem Studentenbund zur Nutzung übergeben. 1945 wurde das Verbindungshaus beschlagnahmt und später dem »Kulturbund zur demokratischen Erneuerung Deutschlands« übergeben. Johannes Herz, der Vorstandsmitglied des Kulturbunds war,[21] half bei der Sicherstellung des Archivs und war auch an der Vermietung des Gebäudes an das Predigerkolleg St. Pauli beteiligt. 1950 kaufte die Evangelisch-lutherische Landeskirche Sachsens das Gebäude, in dem heute die Evangelische Studentengemeinde zu Hause ist.

Die Sorabia, die 1964 als Gast bei der Landsmannschaft Westfalen Aufnahme fand, besteht seit 1969 mit dieser als Landsmannschaft Sorabia-Westfalen.

Am 26. Februar 1900 beendete Johannes Herz sein Studium mit der Gesamtnote 2a und nahm zwei Monate später eine Hauslehrerstelle bei Familie von Eichel-Streiber auf dem Pflugensberg in Eisenach an, wo er eineinhalb Jahre blieb. Die Entscheidung für die Hauslehrerstelle war Herz nicht leicht gefallen. In mehreren Briefen an seinen Vater diskutierte er das Für und Wider, verglich sein Angebot mit dem anderer Absolventen. Vor allem die Aussicht »weit ab vom Schuß« zu sein, das Gehalt und der Wunsch der Familie von Eichel-Streiber, die Stelle für mindestens zwei Jahre zu vergeben, sprachen dagegen. Dennoch nahm er die Stelle an, vor allem weil es fast keine Alternativen gab.[22] Die Entscheidung bereute er nicht. In der Zeit als Hauslehrer wuchs das Interesse von Johannes Herz an den Fragen des Religionsunterrichtes. In Briefen an den Vater nahm er Stellung zur aktuellen Diskussion um die Schulfrage.[23] Noch von Eisenach aus strebte er für die erste Zeit nach dem Predigerkolleg eine Anstellung als Lehrer an, wie aus diesem Brief hervorgeht:

> »Vom P[rediger]C[olleg] aus würde ich freilich (unbeschadet dessen, daß das geistliche Amt für mich das Ziel bleibt) lieber zunächst eine Schultätigkeit statt des sofortigen Eintritts in den kirchl[ichen] Hilfsdienst erstreben.«[24]

20 Vgl. Bericht über den Konvent der Sorabia vom 17. Juli 1933. UAL Na Herz 31/1.

21 Vgl. UAL Na Herz 18/1.

22 Vgl. Briefe von Johannes Herz an Paul Herz vom 1. März, 26. März und 10. April 1900. StAL Na Herz 13/2.

23 Vgl. Briefe von Johannes Herz an Paul Herz vom 26. September und 10. Dezember 1900. StAL Na Herz 13/2.

24 Brief von Johannes Herz an Paul Herz vom 3. Mai 1901. StAL Na Herz 13/2.

Von Eisenach aus bewarb sich Herz mit Predigten um den Preis der Reinhard-Stiftung der Theologischen Fakultät Leipzig. Im Sommer 1900 gewann er den dritten Preis mit einem Preisgeld in Höhe von 60 M, 1901 gewann er den zweiten Preis, der mit 120 M dotiert war.[25]

Für die Vorbereitung auf das zweite Examen war der Eintritt in das Predigerkolleg St. Pauli in Leipzig nicht verpflichtend, sondern nur eine Möglichkeit. Herz wollte sich auf jeden Fall in einer Universitätsstadt auf das Examen vorbereiten. Er hatte sowohl Marburg als auch Berlin im Sinn. Nach Marburg lockte ihn die Lehrtätigkeit von Jülicher und Rade, und in Berlin lehrte Harnack – allesamt Vertreter einer liberalen Theologie, die Herz in Marburg kennen gelernt hatte. Er selbst sah sich als liberalen Theologen. Von Leipzig hielt ihn unter anderem der »ausgesprochen pietistische [...] Zug« der Lehrer im Kolleg ab, »der [ihm] sehr unsympathisch sein würde«.[26] Nach all diesen Überlegungen favorisierte er dennoch das Leipziger Predigerseminar für die Examensvorbereitung, diese Entscheidung wollte er aber nicht treffen, ohne den Rat des Vaters eingeholt zu haben.[27] Die Antwort von Paul Herz ist nicht erhalten, möglicherweise äußerte er sich zustimmend für Leipzig, denn im Oktober 1901 trat Herz in das Predigerkolleg St. Pauli in Leipzig ein, dessen Direktor zu dieser Zeit Georg Rietschel war, ebenfalls ein Sorabe (ehrenhalber). Das zweite Examen legte er am 9. Mai 1902 in Dresden ebenfalls mit der Gesamtnote 2a ab. Danach nahm er zunächst eine Lehrertätigkeit im Schusterschen Institut in Leipzig auf, wo er Griechisch und Religion unterrichtete. Die Postkarte eines ehemaligen Schülers, der sich für die Vorlesungen über die alttestamentlichen Propheten bedankte, lässt ahnen, welches Talent Herz für das Unterrichten hatte: »die werde ich nicht wieder vergessen. Ich möchte gerne solche Vorträge wieder lesen, giebt es da kein Buch mit ähnlichem Inhalt?«[28] Lehrer blieb Herz sein Leben lang; während der Kriegsjahre und in der Zeit der Weimarer Republik unterrichtete er Religion in verschiedenen Schulen.[29] Mit den Arbeitern setzte er sich bei öffentlichen-religiösen Diskussionsabenden auseinander und hielt Vorträge im Humanistischen Verein in Chemnitz.[30] Für die Soraben hielt er Vortragsreihen und Seminare. Nach dem Zweiten Weltkrieg übernahm er einen Lehrauftrag an der Theologischen Fakultät der Universität Leipzig.

---

25 Vgl. Briefe von Johannes Herz an Paul Herz vom 21. Januar 1901 und 15. Januar 1902. StAL Na Herz 13/2.

26 Brief von Johannes Herz an Paul Herz vom 9. April 1901. StAL Na Herz 13/2.

27 Vgl. Brief von Johannes Herz an Paul Herz vom 9. April 1901. StAL Na Herz 13/2.

28 Karte von Fritz Günther vom 26. Mai 1905. UAL Na Herz 1/1.

29 Vgl. u.a. Eintrag im Amtskalender vom 1. September 1914 und 20. Januar 1921. UAL Na Herz 2/2.

30 Zur Volksbildung siehe Kapitel 3.1, 105–108.

Im März 1903 wurde Herz vom Konsistorium in Dresden gebeten, die verwaiste Pfarrstelle in Waltersdorf in der Lausitz als Pfarrvikar zu übernehmen. Es scheint, als hätte Paul Herz die schwierigen Verhältnisse in Waltersdorf gekannt, die sich durch das mysteriöse Verschwinden des dortigen Pfarrers ergaben: Bereits am 10. Februar 1903 hatte Paul Herz in seinem Tagebuch notiert: »P[farrer] Agsten verließ Waltersdorf auf Nimmerwiedersehen.«[31] Bestätigt wurde dies durch ein Missive des Landeskonsistoriums vom September 1903, welches die Pfarrer davon in Kenntnis setzte, dass Pfarrer Karl Agsten »wegen Dienstvergehen nach § 19, Abs. 3, §§ 20, 21 in Verbindung mit §§ 4, 6 u[nd] 7 der Disziplinarordnung des Dienstes entlassen«[32] worden war. Agsten wurde 1903 für tot erklärt.

Obwohl Johannes Herz sonst viel Wert auf den Rat seines Vaters legte, erklärte er sich trotz starker Bedenken, die Paul Herz geäußert hatte, zur Übernahme der Pfarrstelle bereit. Die Anstellung als Pfarrvikar war nur auf Zeit, erst mit der Übernahme einer Pfarrstelle als Pfarrer, Archidiakon oder Diakon wurde ein lebenslanges Dienstverhältnis begründet.[33]

II Eintritt in den Pfarrdienst

Johannes Herz wurde am 29. März 1903, am Sonntag Judika, von Oberkirchenrat Oskar Meier aus Bautzen unter der Assistenz von Paul Herz als Pfarrvikar in Waltersdorf eingewiesen und ordiniert. Seiner Antrittspredigt hatte er das Gleichnis vom Sauerteig Mt 13,33[34] zu Grunde gelegt. Herz hatte sich zuvor auf

31 Eintragung im Amtskalender von Paul Herz. StAL Na Herz 1/3.

32 Missive VI. des Landeskonsistoriums vom 14. September 1903. Akten des Pfarramts Bannewitz, Register 1607. Vgl. Disciplinarordnung für die evangelisch-lutherische Kirche des Königreichs Sachsen vom 30. Juli 1891. SGVBl 8 (1891), 59–73. (§19 Abs 3: Gröbere Pflichtwidrigkeiten – Dienstvergehen –, welche den Geistlichen der Achtung, des Ansehens und Vertrauens in einem Maße unwert machen, daß sein Verleiben im Amte unthunlich erscheint, insbesondere schwerere sittliche Verfehlungen, fortgesetztes ordnungswidriges Verhalten, hartnäckiger Ungehorsam, beharrliche Nichterfüllung der Berufspflichten, Irrlehre ziehen die Entfernung aus dem Kirchenamt nach sich. § 20: Ein Geistlicher, welcher sich ohne den vorschriftsmäßigen Urlaub längere Zeit von seinem Amte entfernt hält oder den ertheilten Urlaub erheblich überschreitet, ist, wenn ihm nicht besondere Entschuldigungsgründe zur Seite stehen, für die Zeit der unerlaubten Entfernung seines Diensteinkommens verlustig und hat außerdem nach Beschaffenheit des Falles disciplinarisches Einschreiten in Gemäßheit der Vorschriften dieses Gesetzes gewärtigen.)

33 Als Pfarrer wurde nur der pfarramtsleitende Geistliche bezeichnet, die nachgeordneten Stellen waren die des Archidiakons, des Diakons und des Hilfsgeistlichen.

34 Mt 13,33: Ein anderes Gleichnis redete er zu ihnen: Das Himmelreich ist gleich einem Sauerteig, den ein Weib nahm und unter drei Scheffel Mehl vermengte, bis

die Pfarrstelle an der St. Petri-Kirche in Bautzen beworden und war abgelehnt worden. Die Bitte, nach Waltersdorf zu gehen, kam überraschend, und das Konsistorium drängte auf eine Entscheidung, da die Konfirmation anstand, die Herz als erste Amtshandlung zu vollziehen hatte.[35] Sicher spielte auch seine Lausitzer Herkunft eine Rolle dafür, dass das Konsistorium ihn ausgewählt hatte. Seine Schwester Magda wohnte in gewissen Abständen mit in Waltersdorf, um ihm den Haushalt zu führen. Besonders viel Freude hatte Herz in der Gemeinde wohl nicht, denn schon Mitte April 1903 beschwerte er sich über die Unchristlichkeit und Unkirchlichkeit der Waltersdorfer bei der Kreishauptmannschaft Bautzen. Oberkirchenrat Meier tröstet Herz mit der Aussage, dass die Waltersdorfer eben wie Kinder seien und dass Weinbergarbeit immer schwer sei, »dafür schenke der Herr Ihnen viel Geduld, Weisheit und Kraft«.[36]

Auf dieser Stelle verblieb Herz, dessen Anstellung nur eine vorübergehende war, nicht lange, da schon im November ein neuer Pfarrer gewählt wurde. Während dieser Zeit hatte er sich vergeblich auf Pfarrstellen in Bautzen und Dresden beworben. 1904 wurde er dann vom Konsistorium als Hilfsgeistlicher an die Michaeliskirche in Altchemnitz entsandt. Die Altchemnitzer Kirche war eigentlich den Aposteln Petrus und Paulus geweiht. Weil diese Kirche für die gewachsene Gemeinde zu klein geworden war, wurde eine größere gebaut. Der Tag des Kirchweihfestes für die neue, größere Kirche fiel auf den Tag der Eingemeindung von Altchemnitz nach Chemnitz 1894. Eine Weihe auf die Apostel war nicht mehr möglich, weil es in Chemnitz bereits eine Petrus- und eine Paulusgemeinde gab, so entschied man sich stattdessen für den Erzengel Michael als Patron.

Zu Ostern, am 3. April 1904, wurde Herz in Altchemnitz als Hilfsgeistlicher eingeführt. Er predigte zu Ps 118,16–24.[37] Im August stellte er sich in der Johanniskirche mit einer Gastpredigt über Ps 32 vor, wo er schließlich zum dritten Geistlichen gewählt wurde. Die Erleichterung von Paul Herz über die nun ständige Anstellung seines Sohnes kommt in dem Zusatz im Tagebuch »Gelobt

---

es ganz durchsäuert ward.

35 Diesen Grund nannte Herz auch in seinem Dankschreiben auf die Glückwünsche zum 50-jährigen Ordinationsjubiläum an Bischof Hahn. Brief von Herz an Hugo Hahn vom 9. April 1953. UAL Na Herz 3/1.

36 Brief von Meier an Johannes Herz vom 18. April 1903. UAL Na Herz 1/1.

37 Psalm 118,16–24: Die Rechte des HERRN ist erhöht; die Rechte des HERRN behält den Sieg! Ich werde nicht sterben, sondern leben und des HERRN Werke verkündigen. Der HERR züchtigt mich wohl; aber er gibt mich dem Tode nicht. Tut mir auf die Tore der Gerechtigkeit, daß ich dahin eingehe und dem HERRN danke. Das ist das Tor des HERRN; die Gerechten werden dahin eingehen. Ich danke dir, daß du mich demütigst und hilfst mir. Der Stein, den die Bauleute verworfen haben, ist zum Eckstein geworden. Das ist vom HERRN geschehen und ist ein Wunder vor unsern Augen. Dies ist der Tag, den der HERR macht; lasset uns freuen und fröhlich darinnen sein. (Lutherbibel, Revision von 1912).

sei Gott!« hinter der Notiz »Joh[annes] depeschierte, daß er in C[hemnitz] in die Johannisk[irche] gewählt sei«, zum Ausdruck.[38] Mit seinem Amtsantritt in Chemnitz wurde Herz auch Krankenhausseelsorger für die städtischen Kranken- und Pflegeanstalten. Dieses Nebenamt übte er bis 1909 aus, als ein hauptamtlicher Krankenhausseelsorger angestellt wurde.

Am 3. Oktober 1904 heiratete Johannes Herz Paula Katharina Satlow aus Dresden, die er auf dem 180. Stiftungsfest der Lausitzer Predigergesellschaft kennengelernt hatte.

III Die Sächsische Evangelisch-soziale Vereinigung

In den Anfang der pfarramtlichen Tätigkeit von Johannes Herz fiel die Gründung der Sächsischen Evangelisch-sozialen Vereinigung, zu deren Gründungsmitgliedern er gehörte.[39] Die SESV entstand als Reaktion auf das Ergebnis der Reichstagswahlen im Juni 1903, bei denen die SPD in Sachsen 22 der 23 Wahlkreise gewonnen hatte. Die Sozialdemokratie führte einen rigiden Kampf gegen die Kirche, die durch das landesherrliche Kirchenregiment Staatskirche war, und in der die Sozialdemokraten den verlängerten Arm der Obrigkeit sahen, die die Arbeiterschaft in Abhängigkeit halten wollte. In ihrem Erfurter Programm von 1891 erklärte die SPD die Religion zur Privatsache und forderte die »Abschaffung aller Aufwendungen aus öffentlichen Mitteln zu religiösen und kirchlichen Zwecken«. Außerdem sollte die Kirche als private Vereinigung deklariert werden und »ihre Angelegenheiten vollkommen selbständig ordnen«.[40]

Als Reaktion auf die Wahl erschien im *Neuen Sächsischen Kirchenblatt* (*NSKBl*) der Aufruf zur Gründung einer Sächsischen Sozialen Konferenz, um den internationalen, revolutionären und atheistischen Sozialismus durch einen christlichen und nationalen Sozialismus zu überwinden.[41] Der anonym veröffentlichte Aufruf stammte von dem Glauchauer Pfarrer Gerhard Bemmann und sorgte für eine breite Diskussion zu Art und Vorgehensweise einer solchen Konferenz. Die Gründung erfolgte am 17. Februar 1904 in Glauchau. Der Zweck der Vereinigung war es, dass »möglichst viele aus den der Kirche entfremdeten Volksmassen wieder mit dem evangelischen Christentume und unserer Kirche ausgesöhnt werden.«[42] Ein Aktionskomitee wurde mit der Planung einer Organisationsstruktur beauftragt, die Satzung und ein dazu gehaltener Vortrag von Walter Friedrich veröffentlicht. Neben Pfarrern, die gezielt geworben wurden,

38 Eintragung im Amtskalender von Paul Herz vom 1. September 1904. UAL Na Herz 52.

39 Zur SESV siehe Kapitel 3.1.

40 Parteiprogramm der SPD von 1891.

41 Vgl. NSKBl 28 (1903), Sp. 442.

42 Satzung der Sächsischen Evangelisch-sozialen Vereinigung. AESK B III 1.

zählten auch die Professoren Caspar René Gregory, Rudolph Sohm und Otto Kirn zu den ersten Mitgliedern.

Einen starken Schub erhielt die SESV durch ihre Haltung zum Crimmitschauer Textilarbeiterstreik. Bei diesem Streik, in dem die Arbeiter für die Einführung des Zehn-Stunden-Tages kämpften, hatte sich der Ortspfarrer in einem Brief, der in der *CW* veröffentlicht worden war, auf die Seite der Fabrikanten gestellt. Dagegen regte sich auch in evangelisch-sozialen Kreisen Protest. Friedrich Naumann hatte in seiner Zeitschrift *Die Hilfe* nach der Haltung der sächsischen Geistlichen gefragt. Bei einer Besprechung am 20. Januar 1904, die der Gründung vorausgegangen war, hatten die Versammelten eine Erklärung verfasst, in der sie das Recht der Arbeiter betonten, für die Verbesserung ihrer wirtschaftlichen Lage kämpfen zu dürfen.[43] Bei der Gründung der SESV wurde schließlich noch eine Resolution »Im Sinne und zur weiteren Ausführung der Glauchauer Resolution«[44] verabschiedet. Die Aufmerksamkeit, die die SESV dadurch während des Gründungsprozesses erlangt hatte, war so enorm, dass sich die Gründung als eine Folge des Streiks im kollektiven Gedächtnis verankerte.[45]

Es gelang der SESV, sich in Sachsen zu etablieren; in den großen Städten wurden Ortsgruppen gegründet. 1905 erfolgte der korporative Beitritt zum Evangelisch-sozialen Kongress. Die SESV hatte sich mit dem Beitritt schwer getan, da sie um ihre Eigenständigkeit fürchtete. Anders als der ESK hatte die SESV einen praktischen Grundzug und beschränkte sich nicht nur darauf, die sozialen Zustände unseres Volkes, wie es in Punkt 1 der Satzung des ESK hieß, theoretisch zu bedenken.[46]

Mit seiner Versetzung nach Chemnitz verstärkte sich das Engagement von Johannes Herz für die SESV. So warb er bei einem Vortrag, den er am 7. Mai 1904 im Bezirkslehrerverein Augustusburg über »Evangelisch-soziale Bestrebungen, ihre Notwendigkeit, ihr Wesen und ihre Ziele« hielt, für die SESV, woraufhin vier Lehrer und zwei Direktoren der Vereinigung beitraten.[47] Der praktische Grundzug der SESV äußerte sich vor allem in der Veranstaltung von öffentlichen-religiösen Diskussionsabenden, wie es in der Satzung festgelegt war. Die beiden Orte, an denen sich schnell eine Diskussionsarbeit entwickelte, waren Leipzig, wo Georg Liebster schon im 19. Jahrhundert Diskussionsabende veranstaltet hatte, und Chemnitz, hier zunächst unter der Führung des Pfarrers Friedrich Adolf Schwen. Die Abende fanden in Gaststätten, vornehmlich Arbeiterkneipen statt. Schon die Wahl des Ortes war gewagt. Die Kneipe war der Versammlungsort der Arbeiterorganisationen, da diesen bis 1914 der Zugang zu öffentlichen

43 Abgedruckt in ES 1/2 (1904), 181.
44 Vgl. NSKBl 9 (1904), Sp. 141.
45 Vgl. ES 7/8 (1904), 106.
46 Vgl. ES 7/8 (1904), 112.
47 Vgl. Brief von Herz an seine Eltern vom 18. Mai 1904. StAL Na Herz 13/2.

Räumen versagt war. Angehörige des Bürgertums gingen nicht in Kneipen; Militärangehörigen war der Besuch von Kneipen verboten. Es bedeutete einen Tabubruch, wenn ein Pfarrer, der ja dem Bürgertum angehörte, in eine Arbeiterkneipe ging. Es konnte berufliche Konsequenzen haben, wenn der Pfarrer in den Verdacht geriet, in zu großer Nähe zur Sozialdemokratie zu stehen. Auf der anderen Seite betrachteten die Sozialdemokraten den Pfarrer als Eindringling. Die Kneipe als Veranstaltungsort war für den Erfolg der Diskussionsabende aber unumgänglich, da nur dort die Arbeiter erreicht werden konnten. Geworben wurde für die Abende mit Inseraten, Handzetteln und Plakaten.

Die Abende verliefen nach einem festen Schema. Nach der Eröffnung folgte ein Vortrag, der zwischen einer und zwei Stunden dauerte. Die Themen waren bunt gemischt, aber selten als Zyklus aufgebaut, auf eine Systematisierung wurde verzichtet. Johannes Herz ordnete die Themen in seinem Bericht über die Diskussionsabende chronologisch.[48] Dem Vortrag schloss sich eine freie Diskussion an. In der Regel wurde auf eine Beschränkung der Redezeit verzichtet, sodass die Veranstaltung oft bis nach Mitternacht dauerte.

Herz war durch diese Arbeit bei der örtlichen Sozialdemokratie bekannt und wurde auch gezielt zu sozialdemokratischen Veranstaltungen eingeladen, sicher nicht nur aus Sympathie, sondern auch als Provokation, so wie die Teilnehmer der Kongresstagung des ESK 1910 zu sozialdemokratischen Volksversammlungen eingeladen wurden.[49] Wegen des Besuchs von sozialdemokratischen Veranstaltungen musste sich Herz hin und wieder vor Superintendent Johannes Friedrich Hoffmann verantworten, der sich meist als sehr langmütig und verständnisvoll erwies, so auch, als er zu einer Veranstaltung mit dem ehemaligen Prediger Rieber eingeladen war. Rieber sprach über die Kirche als Stütze der Reaktion und des Kapitalismus. Johannes Herz, Martin Eger, Richard Franke und Paul Schwen versuchten in der Diskussion, die Vorwürfe zumindest teilweise zu entkräften:

> »Es war eine tüchtige Arbeit gewesen, von der Joh[anne]s siedeheiß wiederkam, aber schließlich hatten Eger, Franke, Schwen, Joh[anne]s doch Interesse und Stimmung wenigstens zum großen Teil auf ihrer Seite. Dieser Rieber hatte glänzend gesprochen, sodaß es erst böse ausgesehen hatte.«[50]

Im November 1907 wurde Johannes Herz auf der Hauptversammlung in Leipzig in den Vorstand der SESV gewählt.[51] 1912 wurde er stellvertretender Vorsitzender, nachdem er bereits kommissarisch die Aufgaben des Vorsitzenden

48 Vgl. Johannes Herz: Die Chemnitzer öffentlichen Diskussionsabende. ES 4 (1910), 99–114, 111.

49 Zur Kongresstagung in Chemnitz siehe Kapitel 3.2, 125–134.

50 Rundbrief Nr. 166 von Katharina Herz vom 19. April 1907. StAL Na Herz 9/1.

51 Vgl. Eintrag im Amtskalender vom 7. November 1907. UAL Na Herz 2/1.

übernommen hatte. 1915 wurde er Vorsitzender der Vereinigung; dieses Amt übte er aus, bis er es 1924 an Karl Aé übergab.

IV Im Großstadtpfarramt

Im Königreich Sachsen war der Übergang von der Agrar- zur Industriegesellschaft besonders schnell vonstatten gegangen. 1907 stellte es die am stärksten industrialisierte Region in Deutschland dar.[52] Chemnitz war vor allen Dingen der Standort des Maschinenbaus. Das führte zu einem beträchtlichen Wachstum der Stadt in kurzer Zeit. Bereits 1883 war die Einwohnerzahl von 100.000 erreicht, und Chemnitz wurde Großstadt. Zu diesem rasanten Bevölkerungswachstum trugen vor allem Arbeiter bei, die in den Fabriken Beschäftigung suchten. Es entstanden neue Wohnviertel, weshalb auch die Parochien wuchsen.

Das galt besonders für die ehemalige Vorstadtgemeinde St. Johannis. Die neue Johanniskirche war Mitte des 18. Jahrhunderts wegen der Bevölkerungszunahme in den Vorstädten gebaut worden.[53] Emil Sulze, der 1872 dort Pfarrer wurde, setzte hier sein Gemeindemodell durch.[54] Um eine überschaubare und »versorgbare« Gemeinde zu behalten, wurden Tochtergemeinden abgetrennt, vier innerhalb von 25 Jahren.[55] 1900 waren die Teilungsprozesse abgeschlossen.

Die Kirche stand am Johannisplatz, dem verkehrsreichsten Platz in Chemnitz, in unmittelbarer Nachbarschaft des jüdischen Kaufhauses Schocken und der Dresdner Bank. Die Gemeindegrenzen umfassten bürgerliche Bezirke genauso wie Arbeiterviertel. Am Anfang des 20. Jahrhunderts waren der Gemeinde drei Pfarrstellen zugeordnet, in deren dritte, die des Diakonus, Herz 1904 gewählt worden war. Die Stelle des Archidiakonus bekleidete Richard Guido Wilhelm Franke, die (erste) Pfarrstelle Kurt Adolf Lötze. Die Zusammenarbeit der drei Pfarrer war nicht einfach. Namentlich mit Lötze gab es Differenzen. Lötze war bereits 1891 als Hilfgeistlicher in die Gemeinde gekommen und dann stetig aufgerückt. 1904 hatte er nach Diakonat (1893) und Archidiakonat (1900) die erste Stelle übernommen.

Herz, der durch die Marburger Theologen Herrmann und Jülicher geprägt war, sah sich als einen Vertreter der liberalen Theologie, ebenso Franke und auch dessen Nachfolger Gustav Otto Roßbach. Mit Franke und Roßbach war das

52 Das ergab die reichsweite Volks- und Gewerbezählung von 1907, vgl. Rainer Karlsch; Michael Schäfer: Wirtschaftsgeschichte Sachsens im Industriezeitalter, Dresden, Leipzig 2006, 134.

53 Vgl. Sächsische Kirchengalerie, 175.

54 Teilung der riesigen Gemeinden, Einführung von Seelsorgebezirken, Aktivierung der Gemeinden, Verantwortlichkeit der Gemeindeglieder füreinander. Vgl. Wilhelm Jannasch: Emil Sulze. RGG[3] (1962), Sp. 522f.

55 1875 Petri und Paulus, 1891 Markus, 1900 Luther.

Verhältnis herzlich. Mit Lötze gab es dauerhaft Reibereien; der junge Geistliche und seine neuen Ideen waren dem Arrivierten verdächtig. So vermerkte Herz in seinem Amtskalender über die Konfirmation 1909: »Lötze war wieder einmal verborgen als Kontrolle da.« »Abends 8 Uhr eine Kirchenvorstandssitzung, in der ich wieder durch Lötze sehr wenig schön behandelt wurde.« In einem späteren Eintrag heißt es: »In der letzten Zeit haben sich die Intrigen Lötzes gegen P[astor] Roßbachs und meine Arbeit und Person und die Beweise seiner Unwahrhaftigkeit wieder einmal recht gehäuft.«[56] Auch die Amtsbrüder der Ephorie standen Herz anfangs skeptisch gegenüber.[57] Das Ressentiment der Kollegen, die ständigen Sticheleien und die böse Nachrede sorgten dafür, dass sich die Familie Herz in Chemnitz nicht besonders wohlfühlte.

> »An Johannis in Ch[emni]tz wünsche sich nur niemand. Wir gehen auch bald wieder. Es giebt unbegreifliche Leute, wo man überhaupt nicht mehr weiß, was man denken soll. Mutterl, da bin ich doch froh, daß wir beim 1. Mal Lügen als Kinder solche Haue bekamen. Da merkt man sich's fürs Leben.«[58]

1907 wurde der erste Sohn geboren und auf den Namen Heinz Paul Johannes getauft. 1913 wurde der zweite Sohn Ulrich Wilhelm geboren und 1916 Wilfried, außerdem erlitt Katharina Herz mehrfach Fehlgeburten.

In einem Pfarrhaus die Balance zwischen Dienst und Privatleben zu halten, war keine leichte Angelegenheit. Zum einen, weil Johannes Herz viele Aufgaben übernahm, sich engagierte und vielfach interessierte, zum anderen, weil Gemeindeglieder den Pfarrer als immer ansprechbar wähnten. So klagte Herz in einem Brief an seine Stiefmutter, dass er viel zu wenig Zeit für die Familie habe:

> »Entweder es klingelt gleich wieder und man wird fortgerissen (jetzt war es sogar einmal recht eingerissen, daß die Leute mittags oder abends zur Essenszeit kamen) oder man hat den Kopf voller Gedanken.«[59]

Entlastet wurde Herz im Januar 1909 durch den neu eingeführten Krankenhausgeistlichen, der die Stelle, die Herz im Nebenamt mit geführt hatte, übernahm.

Nachdem Franke Chemnitz im Februar 1909 verlassen hatte, hätte Herz nach der üblichen Praxis ins Archidiakonat aufrücken können, wenn der Kirchenvorstand dem zustimmte, was nach Lage der Dinge und Lötzes Einfluss keine Selbstverständlichkeit war. Katharina Herz schrieb an ihre Geschwister über die entscheidende Kirchenvorstandssitzung:

56 Einträge im Amtskalender vom 4. April 1909, 5. Oktober 1910 und 12. September 1914. UAL Na Herz 2/2.

57 Vgl. Rundbrief Nr. 541 von Katharina Herz vom 1. Oktober 1915. StAL Na Herz 11/1.

58 Rundbrief Nr. 150 von Katharina Herz Weihnachten 1906. StAL Na Herz 11/1.

59 Brief von Johannes Herz an Cäcilie Herz vom 15. Juni 1909. StAL Na Herz 10/3.

»Es ist eben 8 Uhr des Abends, der Zeitpunkt, wo man unten im Gemeindesaal anfängt über unser Schicksal zu entscheiden. Johannes ist nach Leipzig geflüchtet, eine Flucht wurde ihm nahe gelegt, kommt erst morgen zurück. P[astor] Eger verließ mich eben mit den Worten: ›Was für Sie geschehen konnte, ist geschehen, aber freilich, die Übermacht ist groß.‹ Die Menschen denken uns alle in zitternder Erwartung, was doch gar nicht ist, das Schlimmste und Schmerzlichste bleibt uns doch Frankes Weggang. [...] Um uns herum züngelt es jetzt von Intrigen und böser Rede, gut, daß wir nichts dabei zu tun haben, als abzuwarten.«[60]

Der Kirchenvorstand beschloss am 27. Januar 1909 mit acht zu fünf Stimmen bei einer Enthaltung, Herz aufrücken zu lassen. Die Stadt als Patron aber hatte die Stelle bereits zur Besetzung ausgeschrieben. Treibender Keil dabei scheint Lötze gewesen zu sein, der »durch Quertreibereien«[61] das Aufrücken von Herz zu lange hinausgezögert hatte. Herz musste sich nun zur Wahl gegen zwei weitere Kandidaten stellen. Vor der Wahl kam es im Verfassungsausschuss der Kirchgemeinde noch einmal zu einer scharfen Auseinandersetzung zwischen Herz und Lötze, die sich in der Frage zuspitzte, ob Lötze überhaupt mit Herz zusammenarbeiten wolle, wobei man sich darauf einigte, im Falle einer Wahl von Herz kollegial zusammenzuwirken.[62] Am 28. April wurde Herz mit acht von 13 Stimmen gewählt. Die Belastung für Herz war groß, die Erleichterung dementsprechend. »Wir sind nun Archi[diaconu]s, denkt Euch,« schrieb Katharina Herz im Rundbrief.

»Heiß war der Kampf, der bis zur letzten Stunde tobte. Ich kann und will Euch nicht das alles auftischen, jedenfalls wars für uns eine schwere Zeit mit immer neuen Aufregungen. Joh[anne]s war schon drauf und dran überhaupt zu verzichten, davon wollte aber der Super[intendent] durchaus nichts wissen. Zuletzt entstand noch eine Hetze gegen Joh[anne]s von der [Landeskirchlichen] Gemeinschaft aus, die natürlich von ihm übel Wollenden kräftig benutzt wurde. Durch das und vieles andere haben wir uns schließlich in der Wahlsache, die uns erst gar nicht so wichtig war, schrecklich geärgert. Gestern war nach 2 Verfassungsausschußsitzungen die endgültig letzte, es kam wie wir gedacht, ½ 11 klingelte es schrill durch das nächtliche Haus und ein Gratulante stand und nahm Joh[anne]s mit aufs Schlachtfeld, wo Sieger und Besiegte ihm freudigst die Hand drückten.«[63]

An seine Familie schrieb Herz zwei Wochen später:

»Zunächst sei Euch kundgetan, daß ich nun endlich – nachdem sich die Sache durch 4 Monate hingezogen hatte – zum ›Archidiaconus‹ gewählt worden bin.«[64]

---

60 Rundbrief Nr. 259 von Katharina Herz vom 26. Januar 1909. StAL Na Herz 11/1.
61 Rundbrief von Herz an seine Geschwister vom 24.2.1909. StAL Na Herz 9/1.
62 Vgl. Eintrag im Amtskalender vom 27. April 1909. UAL Na Herz 2/2.
63 Rundbrief Nr. 273 von Katharina Herz vom 29. April 1909. StAL Na Herz 11/1.
64 Rundbrief von Herz an seine Geschwister vom 11. Mai 1909. StAL Na Herz 9/1.

Eine andere Front, der sich Herz damals gegenüber sah und die in dieser sensiblen Zeit aktiv war, war eben die Landeskirchliche Gemeinschaft. Bei Superintendent Hoffmann war eine Beschwerde eingegangen, weil Herz sich am Zweiten Osterfeiertag Weglassungen und Änderungen beim Verlesen der Epistel und des Evangeliums erlaubt habe. Hoffmann bat daraufhin Herz zu einer Aussprache, in der sich der Superintendent nach der Einschätzung von Herz »liebenswürdig« verhielt.[65] Herz nutzte zugleich diese Gelegenheit, um sich gegen das durch Lötze und die Landeskirchliche Gemeinschaft geschaffene Überwachungssystem zu verwahren. Eine Aussprache zwischen Herz und dem Vertreter der Gemeinschaft, Paul Kleemann, sollte bewirken, dass bei Unstimmigkeiten künftig Herz der erste Adressat für eine Beschwerde sein solle. Doch schon drei Tage später lag dem Kirchenvorstand von St. Johannis ein Beschwerdebrief von Kleemann gegen die theologische Position von Herz vor. Zu einer Lösung dieses Problems kam es während der Chemnitzer Zeit nicht, die Gemeinschaft agierte in unterschiedlicher Intensität gegen Herz.

Das Frühjahr 1909 brachte für Herz eine außergewöhnliche Erfahrung. Am 24. April suchten ihn Vertreter des Freisinnigen Volksvereins auf und baten ihn, eine Landtagskandidatur zu übernehmen.[66]

> »Da alle die besonderen Bedingungen, die ich in einem ausführlichen Schreiben an den Vorstand gestellt hatte (mit der Bitte, wegen dieser Bedingungen doch lieber von meiner Person abzusehen) akzeptiert wurden und der Vorstand und Ausschuß in einer Sitzung am Abend einstimmig beschloß, an meiner Kandidatur festzuhalten, erklärte ich mich schließlich unter diesem Rahmen zur Annahme der Kandidatur bereit.«[67]

Die Kandidatur und die damit verbundenen Wahlkampfveranstaltungen erlaubten Herz einen Einblick in die Mechanismen der Politik. Bei den Wahlen im Oktober erlangte er knapp 3000 von 20500 Stimmen, das schlechteste Ergebnis im Wahlkreis. Vom Freisinnigen Volksverein zog er sich nach einer Auseinandersetzung um eine Wahlparole für die anstehende Stichwahl zwischen dem sozialdemokratischen und dem nationalliberalen Kandidaten zurück. Das ermunterte die Presse zu der Meldung, dass sich Herz einer Disziplinaruntersuchung wegen sozialdemokratischer Neigungen durch das Landeskonsistorium stellen müsse. Obwohl Herz eine Gegenerklärung verfasste, verbreitete sich die Nachricht im ganzen Reich.[68] Aber, so Herz, die zuständigen Behörden, das Landeskonsistorium, der Superintendent und der Bürgermeister von Chemnitz,

65 Vgl. Eintrag im Amtskalender vom 22. April 1909. UAL Na Herz 2/1.

66 Ausführlich dazu Kapitel 5.1.

67 Eintrag im Amtskalender vom 17. Mai 1909. UAL Na Herz 2/1.

68 Herz erhielt Zeitungen aus Dresden, Berlin und Königsberg, die diese Meldung brachten. Vgl. Eintrag im Amtskalender vom 8. November 1909. UAL Na Herz 2/1 und Rundbrief von Herz an seine Geschwister vom 24. November 1909. StAL Na Herz 9/1.

hätten »sich tadellos gezeigt [...] und sind höchst objektiv geblieben und haben mich trotz allem ertragen, ja gedeckt«.[69] Die im Wahlkampf gemachten Erfahrungen empfand Herz als bereichernd für seine Arbeit, auch sah er darin ein mögliches Arbeitsfeld für die Kirche, denn

> »das habe ich jedenfalls gesehen, daß die Achtung vor der Kirche und den Geistlichen nicht durch [...] politische Passivität, sondern nur durch eine offene, gerechte und moralisch unangreifbare Stellung zu den politischen Fragen gefördert wird«.[70]

Trotzdem kehrte er dem politischen Geschäft zunächst den Rücken, da ihn »der tiefe Eindruck von der völligen geistigen und sittlichen Versumpfung unseres politischen Lebens«[71] abgestoßen hatte.

Unter der Leitung des Rektors der Chemnitzer Oberrealschule Dr. Richard Olbricht versammelten sich am 28. Juni 1909 Chemnitzer Vereinsvorstände und Interessierte, um über Veranstaltungen von Volksvorlesungen zu beraten, mit dem Ergebnis, dass ein Ausschuss für Volksbildung gegründet wurde.[72] Diesem Ausschuss gehörte auch Herz an; am 20. September 1909 wurde er dessen stellvertretender Vorsitzender. Am 22. November fasste der Ausschuss den Beschluss zur Konstituierung eines förmlichen Vereins für Volksbildung. Das Programm sollte dazu dienen, zur Hebung der Volksbildung Wissensstoffe populär darzustellen. Es umfasste Themen zum Recht, zur Psychologie, zu Kunst und Kultur. Eine Vorlesung, die in jedem Jahr neu angeboten wurde, war die zu den bürgerlichen Rechnungsarten.[73] Ihre Teilnehmerzahl war beschränkt; sie fand wegen der großen Nachfrage statt, an der sich der Bedarf an Nachschulungen auf diesem Gebiet ablesen ließ. Herz schrieb über den Beginn der Arbeit des Vereins: »Recht erfreulichen Erfolg haben die Volksnachschulungen, die wir in diesem Winter begonnen haben.«[74] Die Sache erwies sich als so erfolgreich, dass man im Wintersemester 1911/12 volkstümliche Kammermusikabende, Einzelvorträge und Veranstaltungen für »Jünglinge« durchführte, außerdem wurde eine »Auskunftei«, eine Stelle für Nachschlagewerke aller Art, eingerichtet.[75]

---

69 Brief an Gottfried Naumann vom 12. November 1909. AESK B III 7, 94.

70 Rundbrief von Herz an seine Geschwister vom 24. November 1909. StAL Na Herz 9/1.

71 Rundbrief von Herz an seine Geschwister vom 24. November 1909. StAL Na Herz 9/1.

72 Siehe dazu Kapitel 3.1, 106–108.

73 Als bürgerliche Rechnungsarten bezeichnet man besonders einfache und zusammengesetzte Dreisatzaufgaben, Prozent-, Zins-, Rabatt-, Gewinn- und Verlustrechnung, haus- und volkswirtschaftliches Rechnen.

74 Rundbrief von Herz an seine Geschwister vom 24. November 1909. StAL Na Herz 9/1.

75 Vgl. Programm für Volksbildungskurse WS 1911/12. UAL Na Herz 11.

Zusammen mit seinen Kollegen Richard Wolf und Georg Wustmann war Herz am 8. November 1909 in die »Kommission zur Reform des Memorierstoffs für Konfirmanden« gewählt worden. Sie verlangte viel zeitintensive und inhaltsschwere Arbeit, denn es sollten die im Konfirmandenunterricht zu erlernenden Bibelstellen und Gesangbuchverse hinsichtlich ihrer Lebensnähe geprüft und auch verändert werden. Die Kommission war nicht zimperlich damit, Verse, die sie für nicht mehr der Zeit und den Lebensumständen der Konfirmanden entsprechend hielt, zu streichen und dafür neue Verse aufzunehmen.

> »Sie haben sehr viel Altes gestrichen und Neues aufgenommen. Es ist noch eine Besprechung (sie dauert von ½ 9 – 1 mit einer Frühstückspause, in der die jeweilige Pastorfrau eine Riesenschüssel Belegte [Brote] hereinschiebt) dann tritt die Kommission damit vor die Konferenz.«[76]

Nachdem die Predigerkonferenz den Vorschlag der Kommission gebilligt hatte, fiel Herz die Aufgabe der Schlussredaktion zu, der »umfänglichste und auch technisch schwierigste Teil«.[77] Am 30. Mai 1910 erschien dann das Ergebnis im Druck, ein 40-seitiges Heft unter dem Titel »Spruch- und Liederschatz«.

Etwa zur gleichen Zeit, in der die Kommission ihre Arbeit aufnahm, fing Herz an, mit viel Energie eine andere Idee umzusetzen. Er hatte nach dem Weggang Frankes die Leitung der »Kolportage der Vereinigten Chemnitzer Kirchenvorstände« übernommen und versuchte diese zu modernisieren und eine »Hauskolportage zur Bekämpfung der Schundliteratur«[78] aufzubauen: Neben verschiedenem Schrifttum sollten gute und preiswerte Bilder gedruckt werden. Später firmierte die Kolportage unter dem Namen »Chemnitzer evangelische Buchhandlung«.[79] Während des Ersten Weltkriegs übernahm die Buchhandlung eine besondere Aufgabe. Von ihr wurden Feldpostpakete mit erbaulichen Inhalten an die Frontsoldaten geschickt und Traktate an durchfahrende Truppen verteilt.[80]

Für Johannes Herz gehörten die Volksvorlesungen, die Arbeit der Kolportage, die öffentlichen-religiösen Diskussionsabende und auch die Neugestaltung des Memorierstoffs folgerichtig zur evangelisch-sozialen Arbeit, die auch den Bildungsgedanken einschließt. Ziel war es, ein besseres Verständnis der verschiedenen Volksschichten füreinander zu entwickeln, was zu einem ver-

76 Rundbrief Nr. 310 von Katharina Herz vom 27. Februar 1910. StAL Na Herz 11/1.

77 Rundbrief von Herz an seine Geschwister vom 25. April 1910. StAL Na Herz 9/1.

78 Rundbrief von Herz an seine Geschwister vom 24. November 1909. StAL Na Herz 9/1.

79 Vgl. Eintrag im Amtskalender vom 25. Februar 1913. UAL Na Herz 2/2. Siehe auch Kapitel 2, 78f.

80 Vgl. Die Jahresberichte der Chemnitzer christlichen Buchhandlung 1909–1913 in UAL Na Herz 11.

ständnisvolleren Umgang miteinander führen sollte. Später kamen noch die Sozialkurse für »kirchliche Berufsarbeiter«[81] hinzu.

Der Evangelisch-soziale Kongress tagte in der Pfingstwoche 1910 in Chemnitz.[82] Hierdurch erwuchs Johannes Herz eine große organisatorische Aufgabe, da er als Vorsitzender der Chemnitzer Ortsgruppe der SESV die Tagung vorzubereiten hatte. Für die Vorbereitung der Tagung sollte in Chemnitz ein Ortsausschuss gegründet werden, jedoch ließ die Beteiligung von Repräsentanten des Chemnitzer Bürgertums lange zu wünschen übrig. Katharina Herz bemerkte in einem Brief: »Bis jetzt arbeitet Joh[anne]s ganz alleine.«[83] Im März gab es dann die erste Versammlung des Ortsausschusses mit eingeladenen Mitgliedern. Der Bürgermeister Johannes Hübschmann hatte aus gesundheitlichen Gründen den Vorsitz abgelehnt, dieser Posten wurde dann von Heinrich Oskar Wend, Stadtverordneter und Lehrer an den technischen Staatslehranstalten, übernommen. Die Aufgaben des Vorsitzenden lagen vor allen Dingen im repräsentativen Bereich, die Organisation blieb bei Herz, der zum stellvertretenden Vorsitzenden des Ortsausschusses gewählt war. Bis zuletzt liefen die Vorbereitungen auf Hochtouren. Das Programm war reichhaltig und auf die besonderen sozialen Chemnitzer Verhältnisse zugeschnitten.

Der Abschluss der Tagung war von einer großangelegten Gegenaktion der Sozialdemokraten geprägt. Sie hatten zu drei großen Versammlungen eingeladen, auf denen Paul Göhre, Max Maurenbrecher und Paul Pflüger sprachen. Auch den Kongreßteilnehmern war eine Einladung zugegangen, die aber nicht von vielen angenommen wurde. Vornehmlich Mitglieder der SESV, denen solche Situationen durch die öffentlichen-religiösen Diskussionsabende nicht fremd waren, nahmen daran teil. Herz war auf der Versammlung mit Pflüger in Chemnitz-Kappel zugegen. In der Eigenwahrnehmung hatten die Evangelisch-sozialen dadurch bei den anwesenden Sozialdemokraten einen Achtungserfolg erzielt.[84] Auch bei der Kongressleitung, dem Aktionskomitee, hatten Vorbereitung und Durchführung Beifall gefunden.[85]

Zu den pfarramtlichen Aufgaben von Johannes Herz zählte auch die Jugendarbeit, hauptsächlich in Gestalt des Jünglingsvereins, dessen Leitung er als jüngster der Gemeindegeistlichen gemäß einer ungeschriebenen Regel bei Amtsantritt übernommen hatte. Rückblickend schrieb er nach vier Jahren dazu: »Überhaupt beginnt mein Jugendverein, nachdem ich in den ersten Jahren damit

81 Siehe Kapitel 4.2, 237, 241f.

82 Siehe dazu Kapitel 3.2, 125–134.

83 Rundbrief Nr. 310 von Katharina Herz vom 27. Februar 1910. StAL Na Herz 11/1.

84 Vgl. Eintrag im Amtskalender vom 19. Mai 1910. UAL Na Herz 2/1.

85 Vgl. Eintrag im Amtskalender vom 21. Mai 1910. UAL Na Herz 2/1.

viel Ärger hatte, sich jetzt recht erfreulich zu entwickeln.«[86] Als Vorsitzender des Jünglingsvereins konnte Herz vom 23. Mai bis 23. Juni 1910 an einer von der Nationalvereinigung der evangelischen Jünglingsbündnisse Deutschlands[87] veranstalteten Studienreise nach England, Schottland und Wales teilnehmen. Das sächsische Landeskonsistorium bewilligte sechs Wochen Urlaub und einen Reisekostenzuschuss von 200 M; dafür sollte Herz einen Reisebericht abliefern. Die Reise, an der Vertreter der Jugendarbeit aus ganz Deutschland teilnahmen, sollte vor allem dazu dienen, die eigenen Arbeitsmethoden zu bereichern und die Zusammenarbeit in der Nationalvereinigung der Jungmännerarbeit zu stärken. Ein dritter Reisezweck war die Kundgebung der freundlichen Gesinnung des deutschen Volkes. Dieser Reisezweck der Friedenskundgebung wurde von den Engländern sehr stark betont und äußerte sich in Empfängen durch den Londoner Bischof der Anglikanischen Kirche, Arthur Winnington-Ingram, Parlamentsmitglieder und verschiedene Bürgermeister in Rathäusern. Auch die Presse feierte den Besuch als Unterpfand des Friedens und versicherte gleichzeitig die friedlichen Absichten Englands. Diese Stimmung hatte laut Herz ihren Ursprung in einer starken Angst vor einer deutschen Invasion in England.[88] Bei der gespannten politischen Lage zwischen den europäischen Großmächten, die geprägt war von der Marokkokrise, dem Flottenwettrüsten (was die Engländer als besondere Bedrohung empfanden) und den Schwierigkeiten auf dem Balkan, schien der Besuch tatsächlich ein Indiz für ein friedliches Miteinander zu sein.

Über die Reise hielt Herz Vorträge in verschiedenen Gruppen. Beeindruckt hatte ihn das Verhältnis von Arbeiterschaft und Kirche. Selbst im Gespräch mit den Sozialdemokraten (und dabei immer unter den kritischen Augen der Kirchenbehörden) war er davon fasziniert, dass in England ein Pfarrer Mitglied in einer sozialistischen Partei sein konnte, ohne deshalb gemaßregelt zu werden. Von Seiten der Arbeiterschaft gebe es anscheinend keine Feindschaft gegenüber der Kirche, und die drei sozialistischen Parteien[89] seien nicht antireligiös, wofür Herz zwei Gründe nannte: Zum einen sei das englische Volk zur politischen Freiheit erzogen und würde »nicht wie unser Volk in allen Dingen des öffentlichen Lebens gegängelt und geleitet«. Daher lasse es sich auch nicht von Parteiführern bevormunden. Zum anderen hätten die Engländer einen praktischen Sinn für Wirklichkeit. Trotz eines klaren Blicks für das, was sie

86 Rundbrief von Herz an seine Geschwister vom 5. Dezember 1908. StAL Na Herz 9/1.

87 Vgl. Leopold Cordier: Die evangelische Jugend und ihre Bünde. Eine geschichtliche Einführung, Schwerin 1927; Hermann Giesecke: Vom Wandervogel bis zur Hitlerjugend. Jugendarbeit zwischen Politik und Pädagogik, München 1981.

88 Vgl. Reisebericht von Johannes Herz. UAL Na Herz 6 und 34/2.

89 Es ist anzunehmen, dass Herz dabei an die Socialist Labour Party, Socialist Party of Great Britain und Social Democratic Federation gedacht hat.

an der Kirche störe, würden sie nie vergessen, was die Kirche geleistet habe und für das praktische Leben wert sei. Sie seien jedem Dogmatismus und jeder grauen Theorie abhold.[90] Diesen Dogmatismus bemängelte Herz dagegen bei den deutschen Sozialdemokraten, da dieser eine Verständigung verhindern würde. Die Erinnerung an die ESK-Tagung in Chemnitz und das Verhalten der Sozialdemokratie, besonders der sozialdemokratischen Presse, waren bei ihm noch frisch.

Einen wichtigen Eindruck, den Herz von den englischen Kirchen mitnahm, sollte er später beim Bau der Versöhnungskirche Leipzig-Gohlis in das architektonische Konzept einfließen lassen: Der Prediger ist von jedem Platz aus gut zu sehen und zu verstehen.

Außerdem hatten Herz die in England veranstalteten religiösen Männerversammlungen beeindruckt. Der Versuch, solche Versammlungen in Chemnitz zu etablieren, scheiterte allerdings nach einigen Anläufen.[91]

Dagegen entstand durch rege Bemühungen von Johannes Herz 1912 ein Heim für die Jugendarbeit der Kirchgemeinde St. Johannis, das erste seiner Art in Chemnitz.[92] Überhaupt war Herz sehr rührig, was den Aufbau einer zeitgemäßen Jugendarbeit in der Kirche anbelangte, bei der er zugleich den neuen Erkenntnissen der Psychologie Beachtung schenkte. Seine Gedanken und Anregungen zur Jugendarbeit legte er in dem 1914 erschienenen Büchlein »Die Aufgaben unserer Kirchgemeinden an der konfirmierten männlichen Jugend« nieder.[93]

In Sachsen versammelten sich die Pfarrer in zusätzlichen Konferenzen, die neben den Ephoralkonferenzen bestanden. Die bekannteste war die Meißner Konferenz. Sie wurde von Bruno Brückner 1859 als Pastoralkonferenz ins Leben gerufen mit dem Ziel, eine Verbindung zwischen der Leipziger Theologischen Fakultät und der sächsischen Geistlichkeit zu halten, damit wissenschaftliche Theologie und Praxis nicht nebeneinander bestünden. Seit 1899 stand sie unter der Leitung des Universitätsprofessors Rietschel, der diese von seinem Kollegen Fricke übernommen hatte. Die Konferenz tagte jährlich. In der Regel wurden zwei Vorträge gehalten, der eine war aktuell wissenschaftlich orientiert, der andere galt einem Gebiet aus dem kirchlichen Leben. Johannes Herz nahm an den Tagungen dieser Konferenz teil.

In Chemnitz tagten zwei weitere große Konferenzen. Die Chemnitzer Konferenz, die ihre Entstehung einer Bewegung für Kirchen- und Lehrzucht verdankte, war streng konfessionell und versuchte, gegen »unionistische, sektiererische und separatistische Bestrebungen« und gegen die liberale Theologie, das luthe-

90 Vgl. Reisebericht über die Englandreise. UAL Na Herz 6.

91 Zu den religiösen Männerversammlungen siehe Kapitel 2, 77.

92 Siehe dazu Kapitel 2, 74–76.

93 Vgl. Johannes HERZ: Die Aufgaben unserer Kirchgemeinden an der konfirmierten männlichen Jugend, Berlin 1914.

rische Bekenntnis in der Landeskirche zu stärken. An dieser Konferenz nahm Herz nur sporadisch teil.[94]

Herz schloss sich der anderen in Chemnitz tagenden Konferenz, der Sächsisch-kirchlichen Konferenz an, die auch den Namen Meyersche Konferenz trug, nach ihrem Gründer und langjährigen Vorsitzenden Friedrich Meyer.[95] Meyer hatte 1898 als Chemnitzer Pfarrer die Konferenz als Gegenpol zur konfessionellen Chemnitzer Konferenz und als Ergänzung zur Meißner Konferenz gegründet und leitete sie auch noch, nachdem er Superintendent in Zwickau geworden war. Das Profil der Konferenz war ausgesprochen liberal. Die Bibel wurde als »lebensvolle Urkunde für die geschichtliche Offenbarung Gottes in Jesus Christus« und als »Richtschnur für Glauben und Leben« anerkannt, die Aufgabe der Theologie sei es,

> »die geschichtliche Zuverlässigkeit dieser Urkunde immer aufs Neue zu prüfen. [...] Sie tritt daher für die Berechtigung einer Theologie ein, welche, um der Kirche zu dienen, nach den ihr als Wissenschaft gegebenen Gesetzen unbeirrt fortarbeitet.«

Neben der Pflege der Wissenschaft lagen praktisch-kirchliche Fragen im Fokus. Dazu zählten ein zeitgemäßer Religionsunterricht, mehr Selbständigkeit und Einfluss für die Kirchenvorstände und mehr Aufmerksamkeit für die soziale Frage. Die Geistlichen der Landeskirche sollten sich »innerhalb der Schranken des christlichen Gewissens und des kirchlichen Taktes auf allen Gebieten des wissenschaftlichen und praktischen Lebens« ohne weitere Beschränkungen bewegen können.[96]

Diese zumindest programmatisch sehr liberale Ausrichtung entsprach dem eigenen theologischen Standpunkt von Johannes Herz. In seinen Aufzeichnungen finden sich aber auch Unmutsäußerungen über die geistige Enge der Konferenz: Anspruch und Wirklichkeit klafften mehr als zehn Jahre nach der Gründung auseinander. So schrieb er im Rundbrief an seine Geschwister über die Konferenz im April 1911, dass

> »am Nachmittag die Verhandlungen über die Denkschrift zu Religionsunterrichtsfragen stattfanden, wobei es in der Debatte drüber und drunter ging, die ansehnliche Minorität geradezu mundtot gemacht wurde[97] und man wieder einmal merkte, daß unsereiner eigentlich in der Meyerschen Konferenz kein Existenzrecht mehr hat«.[98]

---

94 Vgl. Eintrag im Amtskalender vom 1. Februar 1910. UAL Na Herz 2/1.

95 Zu Meyer vgl. Franz Blanckmeister: Friedrich Meyer. Ein Leben im Dienst der Kirche, Leipzig 1912; Bernt Satlow: Meyer, Friedrich. NDB 17 (1995), 338f.

96 Vgl. Blankmeister: Friedrich Meyer ..., 164f. dort auch Zitate.

97 In seinen Einträgen im Amtskalender wurde Herz deutlicher und benannte den »alten Meyer« als Handelnden. Eintrag im Amtskalender vom 26. April 1911. UAL Na Herz 2/2.

98 Rundbrief von Herz an seine Geschwister vom 31. Mai 1911. StAL Na Herz 9/1.

Herz gehörte dieser »ansehnlichen Minorität« an, die sich gegen die Verkirchlichung des Religionsunterrichts wandte, und hatte als deren Redner die Freiheit des schulischen Religionsunterrichts von der Kirche und stattdessen den Ausbau des Konfirmandenunterrichts gefordert. Herz, der seit seiner Zeit als Hauslehrer ein fortwährendes Interesse an Schulfragen zeigte, blieb diesem Thema bis ins hohe Alter verbunden. Er gehörte 1911 vorerst als erstes Chemnitzer Mitglied dem sächsischen Schulverein für die Reform des Religionsunterrichts an. Die Bitte, dessen Vorsitz zu übernehmen, lehnte er ab, ließ sich aber im April 1912 in den Vorstand der Chemnitzer Ortsgruppe des sächsischen Schulvereins zur Reform des Religionsunterrichts wählen.[99]

Als Theologe mit liberaler Prägung und mit noch jugendlichem Überschwang stellte Herz auch überkommene Strukturen in Gottesdienst und Agende in Frage. In die Zeit seiner Tätigkeit in Chemnitz fiel der »Fall Jatho«. Carl Jatho, seit 1891 Pfarrer an der Christuskirche in Köln, war 1911 seines Amtes enthoben worden, weil er in seinen Predigten Pantheismus lehre und die kirchlichen Dogmen ablehne.[100]

Adolf von Harnack hatte sich gegen die Amtsenthebung geäußert, auch wenn er mit der Lehre Jathos nicht einverstanden war. Harnack selbst war schon 1892/93 im so genannten Apostolikumsstreit in Streitigkeiten um Bekenntnisse und kirchliche Praxis angesichts der Entwicklung in Wissenschaft und Gesellschaft verwickelt gewesen. Angestoßen von der Entlassung des württembergischen Pfarrers Christoph Schrempf, von dem eine Taufe ohne Apostolikum durchgeführt worden war, hatte Harnack in einer Schrift zum Apostolikum die Benutzung desselben hinterfragt und die Forderung aufgestellt, stattdessen ein alternatives Bekenntnis zu benutzen.[101]

Schon der Apostolikumsstreit und später der »Fall Jatho« waren der Auslöser für vielfältige Diskussionen zur kirchlichen Praxis. Bei der ESK-Tagung im Juni 1911 in Danzig wurde ausführlich über den »Fall Jatho« gesprochen.[102] Zurückgekehrt nach Chemnitz blieb das Thema für Herz aktuell. Er wurde von der Redaktion der *Chemnitzer Neuesten Nachrichten* gebeten, einen Artikel dazu zu schreiben, der am 15. Juli 1911 veröffentlicht wurde. Nach einer Darstellung des Falls folgte als Fazit, das preußische Irrlehregesetz, das Grundlage für das Verfahren gegen den Pfarrer Carl Jatho war, sei unanwendbar. Obwohl es dazu gedacht war, die Kirche zu retten, so habe es ihr doch mehr geschadet, da der Prozess um Jatho und im Nachgang der gegen Gottfried Traub ein schlechtes

99 Vgl. Eintrag im Amtskalender vom 2. April 1912. UAL Na Herz 2/1.

100 Vgl. Bernd WILDERMUTH: Carl Jatho. BBKL II (1990), Sp. 1579f.

101 Vgl. Adolf VON HARNACK: Das apostolische Glaubensbekenntnis. Ein geschichtlicher Bericht nebst einer Einleitung und einem Nachwort. In: Kurt Nowak, Hanns-Christoph Picker (Hg.): Adolf von Harnack als Zeitgenosse. Reden und Schriften aus den Jahren des Kaiserreichs und der Weimarer Republik, Berlin 1996, 500–544.

102 Vgl. Einträge im Amtskalender vom 6. und vom 8. Juni 1911. UAL Na Herz 2/1.

Licht auf die Kirche im Umgang mit ihren Pfarrern geworfen habe.[103] Als Jatho in Schönau bei Chemnitz einen Vortrag über »Die religiöse Bedeutung der Person Jesu« hielt, sollte Herz für die *Neuesten Nachrichten* darüber berichten. An diesem Abend schlossen Jatho und Herz persönliche Bekanntschaft. Auf der Hauptversammlung der SESV im Oktober 1911 wurde ein Antrag an die Synode, ein Formular[104] ohne Apostolikum betreffend, abgelehnt »wegen Bedenken einiger ängstlicher Mitglieder«.[105]

So wie Jatho und viele Theologen dieser Zeit gehörte auch Herz zu denen, die im Apostolischen Glaubensbekenntnis eine Anfechtung für den denkenden Menschen, vor allem im Bekenntnis der Jungfrauengeburt, sahen. Sie waren der Meinung, dass die Kirche, wenn sie in ihren alten Strukturen verharrt, erstarren würde und die Menschen nicht mehr erreichen könnte. Dem abzuhelfen, gab es seit 1912 Bemühungen, einen Bund für kirchliche Reform zu gründen, der dazu beitragen sollte, dass sich die Kirche aus ihrer Erstarrung löse, um wieder Volkskirche zu werden. Zu den Zielen zählte auch, die Gewissensfreiheit gegen den Zwang des Apostolikums zu bewahren. Für diese Reformbestrebungen interessierte sich Herz sehr. Er selbst schrieb an seine Geschwister, dass die Kirche sich mehr den Bedürfnissen der Menschen anpassen und für verschiedene Menschen auch verschiedene Formulare für Gottesdienst und Kasualien bereithalten müsse.[106] In seinem späteren Wirken tauchten diese Gedanken wieder auf, so bei der Frage der Nachkonfirmation in den 20er Jahren und als das Politbüro der DDR die Jugendweihe als Gegenstück zur Konfirmation installiert hatte. Als die Versöhnungskirche in Leipzig-Gohlis gebaut wurde, war es Herz wichtig, dass es neben dem großen Kirchenraum eine »Feierkirche« für kleinere Gesellschaften gibt.[107]

Die Stellung von Johannes Herz zum Apostolischen Glaubensbekenntnis lässt sich aus einem Vortrag mit dem Titel »Bekenntniszwang oder Freie Volkskirche« ablesen. Diesen Vortrag hat Herz in der Nachkriegszeit, als die evangelische Kirche ihren Platz in der Gesellschaft neu bestimmen musste, wiederholt gehalten.[108] Zunächst legte Herz darin dar, dass Bekenntnisse unhistorisch, unsachlich und einer evangelischen Kirche nicht angemessen seien. Nach den Erkenntnissen der Naturwissenschaft könne sich kein Gebildeter mehr dem Bekenntniszwang unterwerfen, darum sei das Apostolikum aus der Agende zu streichen. Da das Bekenntnis der neutestamentlichen Überlieferung und dem Willen Jesu Christi widerspreche und eher als eine Fahne zu verstehen sei, um

103 Vgl. Chemnitzer Neueste Nachrichten vom 15. Juli 1911. UAL Na Herz 16/1.

104 Gemeint sind die Agenden für Gottesdienst und Amtshandlungen.

105 Eintrag im Amtskalender vom 10. Oktober 1911. UAL Na Herz 2/1.

106 Vgl. Rundbrief von Herz an seine Geschwister vom 6. Mai 1912. StAL Na Herz 9/1.

107 Siehe dazu Kapitel 2, 88.

108 Zur Sächsischen Landeskirche nach dem Ersten Weltkrieg siehe Kapitel 4.1.1.

die man sich schart, sollte eine freie Volkskirche ohne Bekenntniszwang geschaffen werden, etwa nach dem Vorbild der Thüringischen Landeskirche.[109]

Angesichts dieser Ausführungen verwundert es nicht, dass Herz sich um ein eigenes Formular zur Konfirmation ohne Apostolikum bemühte, allerdings ohne dauerhaften Erfolg. Der Vollzug wurde zwar geduldet, ein regelrechter Dispens wurde aber vom Landeskonsistorium nicht erteilt.[110]

Die vielen Aufgaben wirkten sich ungünstig auf die Gesundheit von Johannes Herz aus. Im Herbst 1912 war eine leichte Herzerweiterung bei ihm festgestellt worden. Die relativ langwierige Behandlung beinhaltete kohlesaure Bäder, Kissinger-Rakoczy-Brunnen als Morgentrunk und nach Möglichkeit weniger Arbeit. Daraufhin hatte Herz 1913 den Vorsitz der Ortsgruppe Chemnitz der SESV, den er seit dem 12. November 1905 geführt hatte, wegen Überlastung niedergelegt, in der Folgezeit auch den Vorsitz der Chemnitzer Evangelischen Buchhandlung am 26. Mai 1914. Auch später hatte Herz immer wieder mit Herzerweiterungen zu kämpfen.

Den Kriegsbeginn 1914 erlebte Herz im Urlaub in Ragaz im Kanton St. Gallen in der Schweiz, wo er kurte. Seine Familie war im Urlaub in Bad Sulza. Die im Amtskalender festgehaltenen Eindrücke der ersten Kriegstage waren alle national und euphorisch. Er notierte am 4. August, dass eine »denkwürdige Reichstagssitzung« stattgefunden habe.[111] Bei dieser Sitzung stimmten die Sozialdemokraten unerwartet der Bewilligung der für die Kriegsführung notwendigen Kredite zu. Noch im Juli 1914 hatte der Parteivorstand im Parteiorgan *Vorwärts* einen Aufruf drucken lassen, in dem es unter anderem hieß: »Gefahr ist im Verzuge! Der Weltkrieg droht! [...] Wir wollen keinen Krieg! Nieder mit dem Kriege!« Zur Kriegserklärung veröffentlichte der Parteivorstand dann eine Erklärung, in der er betonte, dass das Proletariat alle Kraft angestrengt habe, um den Krieg zu verhindern, aber der Gewährung der Kredite schließlich habe zustimmen müssen.[112]

Die Kriegsbegeisterung hielt auch bei Herz eine zeitlang vor. Er meldete sich zum Landsturm, wurde als 1a Infanterist gemustert, wurde aber zurückgestellt, da er Geistlicher war.[113] Außerdem verzeichnete er in den ersten Wo-

109 Vgl. »Bekenntniszwang oder Freie Volkskirche« Vortrag vom 5. Februar 1921. UAL Na Herz 4.

110 Für 1925 ist das mit einem Briefwechsel belegt. UAL Na Herz 22/1. In seinen Amtskalender schrieb Herz: »Die Konfirmation vollzog ich in meiner üblichen Weise.« 16. März 1913. UAL Na Herz 2/1. Eine von Herz erstellte Konfirmationsordnung in UAL Na Herz 4.

111 Vgl. Eintrag im Amtskalender 4. August 1914. UAL Na Herz 2/2.

112 Vgl. Vorwärts. Centralorgan der Sozialdemokratie Deutschlands vom 25. Juli und 1. August 1914.

113 Vgl. Einträge im Amtskalender vom 17. August 1914 und 16. April 1915, UAL Na Herz 2/2. Zum Landsturm 1 gehörten alle wehrpflichtigen Männer zwischen 17

chen des Krieges verschiedene Kriegserfolge des deutschen Heeres in seinem Amtskalender.

In der Gemeinde wurden regelmäßig Kriegsgebetsstunden gehalten. Die Namen der einberufenen Gemeindeglieder wurden gesammelt, ihnen wurden regelmäßig Feldpostpakete mit erbaulichen Schriften und einem besonderen Gemeindebrief gesendet, wobei die Kolportage bei der Herstellung und Versendung eine wichtige Rolle spielte.

Im September 1914 beschloss der städtische Jugendausschuss in Chemnitz, die Jugendlichen zwischen 16 und 20 Jahren militärisch nachzuschulen. Auch der Jünglingsverein der Johanniskirchgemeinde übernahm eine solche Ausbildungsabteilung. Herz berichtete unter anderem von einem Nachtmarsch mit anschließender Geländeübung, bei der ihm und seiner Abteilung der Durchbruch gelang. Auch ein neues Luftgewehr hatte er für den Verein besorgen können. Die Aufzeichnungen dazu lassen seinen Stolz auf diese Leistung sichtbar werden.[114]

Auf die Schwierigkeiten bei der Zusammenarbeit mit Lötze ist oben schon hingewiesen worden, ebenso auf die Einschätzung von Katharina Herz, dass sie nicht lange in Chemnitz bleiben wolle. Herz bewarb sich während seiner Chemnitzer Zeit auf Pfarrstellen in Frankfurt/Main 1911 und 1914, 1913 in Leipzig auf das Andreaspfarramt und 1914 in Dresden auf das Pfarramt St. Petri. Keine dieser Bewerbungen war erfolgreich. Im Februar 1913 hatte sich Herz auf die Pfarrstelle der gerade gegründeten Gemeinde Gohlis-Nord beworben. Die Gemeinde hatte sich für Gottfried Naumann entschieden, dieser wurde aber 1915 als Professor nach Straßburg berufen. Daraufhin besuchten sechs Kirchvorsteher aus Gohlis den Bußtagsgottesdienst von Herz und baten danach um ein Gespräch. Außer Herz hatten sie noch zwei weitere Geistliche besucht. Danach legte der Kirchenvorstand in einem Schreiben an die Stadt Leipzig, dem Patron der Gemeinde, dar, dass er, in der Annahme, dass es in der Kriegszeit schwierig sei, »einen Geistlichen zu gewinnen, der als Prediger, Seelsorger und Organisator den eigenartigen schwierigen Aufgaben unserer jungen aufblühenden Kirchgemeinde in jeder Hinsicht gewachsen ist«, selbst aktiv geworden sei und Johannes Herz als neuen Pfarrer für die Gemeinde in Aussicht genommen habe. Der Rat der Stadt möge Herz ohne Gast- und Probepredigt in die Pfarrstelle berufen.[115] Für Herz war der Besuch überraschend gewesen, da seine Bewerbung bereits zwei Jahre zurücklag. Gottfried Naumann,

---

und 39 Jahren, die nicht im Heer oder der Marine dienten.

114 Vgl. Einträge im Amtskalender vom 5. November und 13. Dezember 1914. UAL Na Herz 2/2.

115 Vgl. Brief des Kirchenvorstandes der Gemeinde Gohlis-Nord an den Rat der Stadt Leipzig vom 11. März 1915. Akten der Kirchgemeinde Leipzig Gohlis-Nord F I, dort auch Zitat.

der Herz aus der gemeinsamen Arbeit in der SESV kannte, gratulierte Herz am 19. Mai schon inoffiziell zur Wahl:

> »Ich freue mich außerordentlich, da Ihr Kommen mir meinen Weggang sehr erleichtert. Nun weiß ich, daß meine Arbeit fortgesetzt wird und zwar in aufsteigender Linie.«[116]

Am 2. Juni erreichte Herz ein Telegramm des Kirchenvorstands Gohlis-Nord, in dem ihm die Wahl offiziell mitgeteilt wurde. Am nächsten Tag teilte Herz Superintendent Hoffmann mit, dass er nach Leipzig-Gohlis wechseln würde, am 9. Juni wurde der Kirchenvorstand der Johannisgemeinde darüber informiert.

Am 19. September 1915 hielt Herz seine Abschiedspredigt in der Johanniskirche.

> »Erst Joh[annes]s Abschiedspredigt am 19. September, wo er viel Liebe und viel Trauer um sein Weggehen erfahren hat [...]. Dann kam der unvergeßliche Abschied in der Predigerkonferenz. Darüber kann man gar nicht schreiben. Es schien uns fast zuviel, was da aus treuem Herzen kam. Wir haben es oft in diesen Tagen gedacht und gesagt, wie anders dies Ende wie der Anfang war, wo Johannes einsam stand und sich erst Vertrauen und die Wertschätzung gewinnen mußte. Leicht war es damals nicht für uns beide.«[117]

Als Pfarrer der Gemeinde Gohlis-Nord wurde Herz am 3. Oktober 1915 eingeführt, er predigte über 1Kor 4,1f.[118] Im Gohliser Pfarramt setzte sich die »Kriegsarbeit« in ähnlicher Weise fort mit Kriegsgebetsstunden und Feldpostpaketen an einberufene Gemeindeglieder. Ein prominentes Gemeindeglied war Caspar René Gregory, der sich im hohen Alter freiwillig als Soldat gemeldet hatte. Von ihm existiert ein Dankschreiben für die erbauliche Post.[119] Schon im Dezember 1915 änderte Herz den Kindergottesdienst in seiner neuen Gemeinde von Grund auf. Er stellte eine Reihe neuer Helferinnen ein, nahm eine neue Gruppeneinteilung der Kindergruppen vor und führte eine andere Gottesdienstordnung ein.[120] 1917 nahm ein weiteres Projekt in der Gemeinde Gestalt an. Auf Initiative von Johannes Herz und dem Frauenverein wurde eine Kleinkinderbewahranstalt gegründet, die den Kindern, deren Väter eingezogen waren und deren Mütter arbeiteten, tagsüber einen Aufenthaltsort bieten sollte.[121] Diese Arbeit lag Herz bis zu seinem Tod am Herzen. Sein Vorgänger schrieb ihm:

---

116 Brief von Gottfried Naumann an Herz vom 19. Mai 1915. UAL Na Herz 1/1.

117 Rundbrief Nr. 541 von Katharina Herz vom 5. Oktober 1915. StAL Na Herz 11/1.

118 1Kor 4,1f.: Dafür halte uns jedermann: für Christi Diener und Haushalter über Gottes Geheimnisse. Nun sucht man nicht mehr an den Haushältern, denn daß sie treu erfunden werden.

119 Vgl. UAL Na Herz 1/1.

120 Vgl. Eintrag im Amtskalender vom 5. Dezember 1915. UAL Na Herz 2/2.

121 Siehe dazu Kapitel 2, 79–82.

»Und was Sie in der Gemeinde eingeführt haben (Mitteilungen, Anfragen wegen Kriegsteilnehmern, Kinderbewahranstalt) ist ganz vortrefflich und wird gewiß Gohlis-Nord – wie mir jemand von dort letztens schrieb – zur ›best organisierten Gemeinde‹ in Leipzig machen.«[122]

Spätestens im Jahr 1917 hatte sich die Haltung von Johannes Herz zum Krieg radikal geändert. Er gehörte zu den Unterzeichnern der im Oktober 1917 verabschiedeten »Erklärung der deutschen Protestanten zur Friedensfrage«, welche das sofortige Ende des Krieges forderte. Seit dieser Zeit engagierte sich Herz bis zu seinem Tod für die Friedensarbeit, in besonderem Maße nach dem Zweiten Weltkrieg.[123]

Während des Krieges hielt Herz verschiedene Vorträge, unter anderem »Arbeiterschaft und Kirche nach dem Krieg«[124] und »Die Aufgaben der Frau nach dem Krieg«. In Letzterem führte er aus, dass der Krieg mehr Emanzipation geschaffen habe als 50 Jahre Frauenbewegung. Als er im November 1916 zu einem Vortrag über »Soziale Fragen nach dem Krieg«, den er auf einem vom städtischen Kriegsausschuss veranstalteten Volksabend in Chemnitz halten sollte, reiste, wurde er zur Polizei geladen, um über den Vortrag Rechenschaft zu geben.[125] Die Militärbehörden waren, je länger der Krieg währte und je schwieriger die deutsche Lage wurde, umso argwöhnischer, wenn es öffentliche Vorträge oder Reden zum Thema Frieden oder »nach dem Krieg« gab.[126]

Die Arbeit des ESK war im Laufe des Krieges beinahe zum Erliegen gekommen, die jährlichen Kongresstagungen waren ausgesetzt worden. Erst im April 1917 wurde wieder eine »Kriegstagung« in Berlin gehalten. Auf Drängen von Johannes Herz und der SESV wurde im Oktober 1918 eine Tagung in Leipzig veranstaltet. Die SESV fürchtete, dass die sozial interessierten Sachsen durch die Konkurrenz der Freien kirchlich-sozialen Konferenz (FKSK), die ihre Arbeit im Krieg nur unwesentlich reduziert hatte, von der SESV zur FKSK wechseln würden. Aus diesem Grund entstand auch ein eigenes Mitteilungsblatt der Vereinigung im Mai 1918. Die Leipziger Kongresstagung wurde mit einem Volksabend zur gegenwärtigen Lage eröffnet, zu dem 2500 Zuhörer erschienen.[127]

---

122 Brief von Gottfried Naumann an Herz vom 20. März 1917. UAL Na Herz 1/1.

123 Siehe dazu Kapitel 5. 3.

124 Dieser Vortrag ist als Broschüre gedruckt worden. Johannes Herz: Arbeiterschaft und Kirche nach dem Kriege. Als Sonderdruck aus den Mitteilungen der Konferenz für evangelische Gemeindearbeit herausgegeben von der Sächsischen Evangelisch-sozialen Vereinigung, Darmstadt 1916.

125 Vgl. Eintrag im Amtskalender vom 8. November 1916. UAL Na Herz 2/2.

126 Vgl. auch die Bemerkungen von Schneemelcher bei der Themenfindung für die Leipziger ESK-Tagung. Brief von Schneemelcher an Herz vom 20. Juli 1918. AESK A III 2.

127 Siehe dazu Kapitel 3.2, 134–140.

V Aufgaben in der Zeit der Weimarer Republik

Das Ende des Ersten Weltkriegs bedeutete nicht nur Zusammenbruch, sondern auch Veränderung, Neuordnung und Reorganisation in allen Lebensbereichen, privat und öffentlich. Zu den Linien, die gerade nach der Zäsur des Krieges in einer gewissen Kontinuität weitergeführt werden mussten, gesellten sich für Herz neue Aufgabenfelder.

Persönlich bedeuteten die Trennung von Kirche und Staat sowie die allgemeine wirtschaftliche Situation nach dem Krieg große finanzielle Einschnitte für Herz. Zum einen weigerte sich die sächsische Landesregierung, an die ehemaligen kirchlichen Staatsbeamten Gehälter zu zahlen, sodass viele Pfarrer eine Nebentätigkeit aufnehmen mussten und auf Hilfe aus dem Ausland angewiesen waren, um ihr Auskommen zu sichern. Außerdem brachte die Inflation große Not. Durch den Krieg hatte die Wohnungsnot besonders in den Großstädten stark zugenommen. Im Krieg war die Bautätigkeit beinahe eingestellt gewesen, sodass keine neuen Häuser gebaut und baufällige nicht in Stand gesetzt wurden, zudem kamen Flüchtlinge aus den besetzten Gebieten, die eine Wohnung suchten. Das führte dazu, dass der Wohnraum durch staatliche Kontrolle vergeben wurde, also Wohnungslose bei anderen Familien einquartiert wurden.[128] Um einer Zwangseinquartierung zu entgehen, nahm Familie Herz eine Pensionärin aus Chemnitz in ihre Wohnung auf.[129]

Die Gemeinde Gohlis-Nord pachtete ein Soldatenheim auf der Ulanenstraße, das zum Gemeindehaus ausgebaut wurde. Im April 1920 konnte es eingeweiht werden. Der Kirchenvorstand hatte beschlossen, der Gemeinde den Namen »Versöhnungsgemeinde« zu geben. Im neuen Gemeindehaus erhielten die Jugendvereine einen Raum, Bibel- und Konfirmandenstunden wurden im kleinen Saal gehalten, Wohnungen für die Gemeindeschwester und Kirchenbeamte wurden eingerichtet.[130] Im Gemeindehaus fand auch die Kinderbewahranstalt ihre neuen Räume.[131]

Für die evangelischen Landeskirchen, so auch für die sächsische, standen eine innere Neuordnung und eine Neubestimmung ihrer Stellung im öffentlichen Leben an, letztere unter dem Stichwort »Trennung von Kirche und Staat«. In Sachsen hatten die Sozialdemokraten die Regierung übernommen. Es wurde ein sehr rigider Kurs gegen die Kirchen gefahren, der die Verdrängung kirchlichen Lebens aus der Öffentlichkeit zum Ziel hatte. Aufgrund der Wahrnehmung, dass das Konsistorium angesichts der neuen Situation in eine untätige Starre verfallen war, wurde von den Vorsitzenden der beiden sächsischen

---

128 Vgl. Johannes Herz: Wohnungsfrage. RGG^2 (1931), Sp. 2005.

129 Vgl. Eintrag im Amtskalender vom 22. April 1921. UAL Na Herz 2/2.

130 Vgl. Versöhnungsgemeinde und Versöhnungskirche. Festschrift zur Weihe der Versöhnungskirche in Leipzig-Gohlis, Leipzig 1932, 12.

131 Siehe dazu Kapitel 2, 82f.

sozialen Vereinigungen – Johannes Herz für die SESV und Alfred Jeremias für die FKSK – eine Versammlung einberufen, die einen Aktionsausschuss wählte, dem sowohl Herz als auch Jeremias angehörten. Dieser Ausschuss erarbeitete eine »Denkschrift des freien Arbeitsausschusses der sächsischen Evangelisch-lutherischen Landeskirche zur Mitarbeit bei der bevorstehenden kirchlichen Neuordnung« und suchte außerdem Gespräche mit dem Konsistorium und dem Volksbeauftragten und Minister für Kultus und Unterricht und späteren Ministerpräsidenten Wilhelm Buck. Ziel war eine möglichst schmerzlose Trennung von Kirche und Staat; vor allem sollte die Kirche als Volkskirche erhalten und nicht zu einer Bekenntnis- oder Freikirche werden.[132]

Sehr schwierig war dabei die Frage des Religionsunterrichts.[133] Bereits seit Beginn des 20. Jahrhunderts gab es verstärkt Forderungen der Lehrer nach dem Ende der geistlichen Schulaufsicht. Der sächsische Lehrerverein hatte bereits 1908 die Zwickauer Thesen formuliert. Sie forderten eine liberal-christliche Ausrichtung des Religionsunterrichts, die Abschaffung des Katechismusunterrichts, Freiwilligkeit und einen Lehrplan, der auf pädagogisch-psychologische Grundsätze aufgebaut war, sowie die Abschaffung der geistlichen Schulaufsicht. Von der sächsischen Regierung und der Kirchenleitung waren sie vor dem Krieg strikt abgelehnt worden.

Da das Konsistorium, das Gros der Geistlichkeit und die Synode die Reformpläne der Lehrer vor dem Ersten Weltkrieg vehement abgelehnt hatten, waren Gespräche oder gar eine Einigung mit der Lehrerschaft in der neuen Situation kaum möglich. Der Leipziger Lehrerverein hatte im März 1919 die Leipziger Thesen verabschiedet, in denen die weltliche Schule gefordert wurde; diesen Thesen schlossen sich viele der sächsischen Lehrer an.

Wie groß die Verstimmung auf Seiten der Lehrer war, zeigt ein Spottgedicht, das auf dem Stiftungsfest des Leipziger Lehrervereins gesungen worden war:

> »Als rings die Welt in Brand und Blut, fand das die Kirche recht und gut.
> Wie war sie still, wie war sie zahm, als es ein schlimmes Ende nahm.
> Doch heute tut die milde auf einmal äußerst wilde.
> Von Kanzeln und Kathedern schreit's, an Zetteln und Plakaten schneits,
> durch Straßen und in Häuser geht's, selbst in den Leipziger Neu'sten stehts:
> Die radikalen Lehrer, das sind die Friedensstörer!
> Nanu? Wieso? Die woll'n doch bloß die Schule von der Kirche los;
> verlangen Wahrheit, Klarheit, Licht! Ja, das verträgt die Kirche nicht!
> Denn leichter rückst du Berge nach vorwärts – als die Kärche.
> Auf einmal ist – wie sonderbar! – die Sittlichkeit schwer in Gefahr,

132 Zur Frage Volkskirche oder Freikirche siehe Kapitel 4.1.1, 173–176. Zu Buck vgl. Mike SCHMEITZNER: Wilhelm Buck. Moderator des »linksrepublikanischen Projekts« 1920–1923. In: Mike Schmeitzner, Andreas Wagner (Hg.): Von Macht und Ohnmacht. Sächsische Ministerpräsidenten im Zeitalter der Extreme 1919–1952, Beucha 2006, 89–124.

133 Zum Religionsunterricht siehe Kapitel 4.4, 276–287.

der Lehrer schlecht und rot gesinnt – o Bürger schütz dein armes Kind!
Jetzt musst du dich entscheiden: Hier Christen und dort Heiden!
Der Landgerichtsrat Hering ist der Feldmarschall und Oberchrist;
der Bischof und der SuperIdent, die reichen schmunzelnd sich die Händ.
Wirf sie zum Höllenpfuhle, die kirchenfreie Schule!
Fort Lebenskunde und Moral! Bleibt nur bei Spruchbuch und Choral!
Denn wer es anderswie probiert, wird nicht gefirmt, nicht konfirmiert.
Und schließlich, ohne Zweifel, holt ihn dann noch der Teifel.
Der brave Pastor Leonhard, der zeigt euch rechte Christenart;
mit dem bewußten heil'gen Zorn nimmt er die Gauner schön aufs Korn.
Das ist kein schöner Titel, doch lobt der Zweck die Mittel.
In diesem Fall, wie allemal, hält sich das Schulamt ganz neutral.
Das ist nicht leicht, denn immerzu heißt's: Ackermann, was sagst'n nu?
Auch Jeremiä Jammer schwer widerstehen ka'mer.
Wenn man die Lehrer, das wär nett, erst wieder mal in Zwickau hätt;
dann wär der halbe Sieg schon da und Finsterbergen ziemlich nah.
Denn das Terräng von Zwicke war schon einmal zum Glicke.
Kollegen tretet Mann an Mann für eure gute Sache an!
Sei keiner, der vom Wege biegt! Die Wahrheit siegt! Die Wahrheit siegt
trotz Haß- und Wutgeschnaube und das sei unser Glaube!«[134]

Nur wenige Geistliche waren bereit, ein Gespräch und einen Kompromiss zu suchen. Zu diesen zählte Johannes Herz, der sich ja bereits vor dem Krieg für eine Reform des Religionsunterrichts eingesetzt hatte. Über seine Bemühungen schrieb Herz: »Es gilt jetzt, [...] in Zusammenarbeit mit der Lehrerschaft in der schwierigen Schulfrage gewisse Richtlinien zu gewinnen.«[135] Wie aufgeheizt die Stimmung war, illustriert ein Briefzitat von Katharina Herz:

»Ulrich geht nun noch nicht in die Schule. Wir wurden dieses Entschlusses von Neuem froh, als wir neulich eine fürchterliche Lehrerversammlung mitgemacht hatten. So etwas hatte man selber in Parteiversammlungen [der SPD] noch nicht erlebt, wenigstens unsereiner. Jedes Wort für die Kirche wurde mit Hohn und Spott begossen, die sprechenden Geistlichen ausgelacht und gepfiffen, Johannes rissen sie beinahe vom Podium, ein Gejohle so unanständig und ungebildet wie möglich. Alle Nicht-Lehrer, die man sprach, waren entsetzt über diesen Verlauf. Und man hätte weinen können, daß man solchen Menschen seine Kinder anvertrauen muß.«[136]

Am 22. Juli 1919 wurde von der sächsischen Volkskammer mit dem Übergangsgesetz für das Volksschulwesen der Religionsunterricht aus dem Lehrplan gestrichen. Durchgesetzt wurde das Gesetz nicht, zumal das Reichsgericht es am 4. November 1920 teilweise für ungültig erklärte. Der Religionsunterricht fand

134 »Die neueste Schlacht von Leipzig« auf dem Stiftungsfest des Leipziger Lehrervereins als Tafellied gesungen. EphA I – C 177, Schrank 1, Fach 17, Bl. 273.

135 Rundbrief von Herz an seine Geschwister vom 17. Januar 1919. StAL Na Herz 9/1.

136 Rundbrief Nr. 657 von Katharina Herz vom 19. April 1919. StAL 13/1.

dennoch nicht geregelt statt, da viele Lehrer sich weigerten, ihn zu erteilen. So kam es, dass der Unterricht von Pfarrern übernommen wurde; auch Johannes Herz unterrichtete an zwei Schulen.

Nicht nur der Verbleib des Religionsunterrichts an den Schulen wurde als notwendig zur Erhaltung der Kirche als Volkskirche angesehen, sondern auch die Frage, wie man mit Konfirmanden umgehen sollte, die keinen Religionsunterricht besucht hatten, gehört in diesen Zusammenhang. Um die daraus erwachsende Unkenntnis wettzumachen, wurde in weiten Teilen Sachsens der zweijährige Konfirmandenunterricht eingeführt.

Dass der Konflikt um den Religionsunterricht keineswegs beigelegt war, sondern noch lange weiter tobte, veranschaulicht ein Artikel im Leipziger Gemeindeblatt zum neuen Reichsschulgesetzentwurf, der im Oktober 1927 berichtete, dass Lehrer Bibeln und Gesangbücher öffentlich verbrannten.[137]

In der für die Evangelisch-lutherische Landeskirche Sachsens schwierigen Lage nach dem Ersten Weltkrieg wurde Herz Mitglied der Landessynode, die im Mai 1919 zusammentrat. Sie sollte eine Verfassung für die Landeskirche ausarbeiten. Er gehörte dem sogenannten Freien Verfassungsausschuss an, der vom Landeskonsistorium als Beirat für die ganze Verfassungsreform gebildet worden war. Am Schluss dieser Synode wurde Herz in den ständigen Synodalausschusses gewählt, der zusammen mit dem Landeskonsistorium das Kirchenregiment bildete, das die Aufgaben der vier Staatsminister *in evangelicis* übernahm. Der Synode und dem Synodalausschuss gehörte Herz bis 1920 an. Darüber hinaus arbeitete er in Zusammenarbeit mit drei weltlichen Kirchvorstehern eine neue Besoldungsordnung aus und wurde in den Personalausschuss zur Erledigung aller Personal- und Beamtenfragen im Leipziger Kirchgemeindeverband gewählt.[138]

Für die bevorstehende Landtagswahl war 1918 ein kirchlicher Wahlausschuss, in dem auch Herz mitarbeitete, gebildet worden, der die Parteien hinsichtlich ihrer Stellung zur Kirche befragte und dafür warb, dass sie sich für den Erhalt der Landeskirche als öffentliche Anstalt einsetzten. An die Gemeindeglieder wurden von diesem Ausschuss Wahlempfehlungen gegeben. Noch im Dezember 1918 war Herz als Berater für Kirchenfragen »ohne jedes Zutun«[139] in den Leipziger Vorstand der Deutschen Demokratischen Partei (DDP) gewählt worden, später trat er in die Partei ein, deren Mitglied er bis zu ihrer Aufhebung 1933 blieb. 1945 gründete er ihre Nachfolgepartei, die LDP (seit 1951 LDPD), in Leipzig mit.[140]

137 Vgl. Hans Vogel: Der Reichsschulgesetzentwurf. Gemeindeblatt für die Leipziger Gemeinden Oktober (1927), 74f.

138 Siehe dazu Kapitel 4.1.1, 186–202.

139 Eintrag im Amtskalender vom 23. Dezember 1918. UAL NA Herz 2/2.

140 Siehe dazu Kapitel 5.2, 305–309.

Für den Evangelisch-sozialen Kongress bedeutete das Ende des Kaiserreichs eine radikale Zäsur. Wichtige Führungspersönlichkeiten wie Caspar René Gregory, Rudolph Sohm oder Friedrich Naumann waren während oder in Folge des Krieges gestorben, die Mitgliederzahlen sanken rapide. Wurde eine Institution wie der ESK in der neuen Republik, die sozialpolitische Reformen in ihrem Programm hatte, noch gebraucht? Wie sollte die Arbeit weitergehen? In diesem Zuge wurde auch eine Öffnung zu den Religiösen Sozialisten erwogen, letztendlich aber abgelehnt. Eine Folge dieser Diskussion war der Rücktritt des Vorsitzenden Otto Baumgarten. Den Vorsitz übernahm ein Drei-Männer-Kollegium, bestehend aus Ferdinand Rahlwes, Paul Wilhelm Julius Schubring und Hans Schlemmer, denen es aber nicht gelang, die Kongressarbeit wieder anzufachen. Auch die Arbeit des Generalsekretärs des ESK, Wilhelm Schneemelcher, war ungenügend; die Kongresszeitschrift *Evangelisch-Sozial* erschien nur sporadisch, die Tagungsprotokolle gar nicht.[141]

Am 19. Januar 1923 wurde Johannes Herz mit der Leitung und Wiederbelebung des Kongresses als dessen Generalsekretär betraut. Er übernahm das Amt nicht ohne Bedenken, dennoch gelang es ihm, den Kongress erneut zu etablieren. Zugleich übernahm er auch die Schriftleitung der Zeitschrift *Evangelisch-Sozial*. Seit 1923 fanden auch die Kongresstagungen wieder regelmäßig statt.[142]

Schon seit dem 19. Jahrhundert gab es im Sinne der Nationalbewegung Bestrebungen zur Schaffung einer einheitlichen Reichskirche. In Parallelität zur Paulskirchenversammlung wurde 1848 ein Kirchentag in Wittenberg einberufen, um die Verfassung einer Reichskirche auszuarbeiten. Dieser Versuch scheiterte jedoch.[143]

Im Zuge der Neuordnung nach dem Ersten Weltkrieg trat der Gedanke einer Reichskirche wieder in greifbare Nähe. Um darüber zu beraten, wurde 1919 ein Vorkirchentag in Kassel einberufen, an dem Herz als Delegierter des Freien Arbeitsausschusses der Sächsischen evangelisch-lutherischen Landeskirche teilnahm.[144] Die Pläne zur Schaffung einer Nationalkirche wurden jedoch schon hier abgelehnt, auch Pläne für einen Kirchenbund wurden erst einmal zurückgestellt und erst auf dem zweiten Kirchentag in Stuttgart 1921 wieder aufgenommen. Der erste Deutsche Evangelische Kirchentag nach dem Ersten Weltkrieg wurde

141 Während 1914 noch sieben Nummern erschienen, waren es 1915 und 1916 nur noch jeweils drei, danach erschienen Hefte im Juli 1917, im Juli 1918, im Oktober 1918 und im September 1921, danach übernahm Herz mit dem Generalsekretariat auch die Herausgeberschaft.

142 Siehe dazu Kapitel 3.2, 140–146.

143 Vgl. Friedrich Wilhelm GRAF: Kirchenbund. RGG[4] 2 (1999) Sp. 711; Wolf-Dieter HAUSCHILD: Deutsche Evangelische Kirche. RGG[4] 2 (1999) Sp. 703f.; DERS.: Deutsche Evangelische Kirche. TRE 10 (1982) 656–667.

144 Zum Arbeits- bzw. Aktionsausschuss siehe Kapitel 4.1.1, 175–186.

1919 nach Dresden einberufen.[145] An diesem, wie an den weiteren nahm Herz als Delegierter teil, zunächst in seiner Funktion als Vorsitzender des Freien Arbeitsausschusses der Evangelisch-lutherischen Landeskirche Sachsens, seit 1924 als Generalsekretär des ESK. Er leitete die liberale Kirchentagsgruppe, die zunächst mit der Nummer II, als es zu einer weiteren Differenzierung kam, mit der Nummer III gekennzeichnet war. Seit 1924 gehörte Johannes Herz auch dem Deutschen Evangelischen Kirchenausschuss, dem geschäftsführenden Organ des Deutschen Evangelischen Kirchenbundes, an. Von ihm wurde er 1924 als Teilnehmer für die 1925 stattfindende Stockholmer Konferenz für Praktisches Christentum »Life and Work« unter der Leitung Nathan Söderbloms ausgewählt. Als Vertreter des DEKA war Herz 1931 außerdem in den Verwaltungsrat der Evangelisch-sozialen Schule Spandau entsandt worden.[146]

In der neuen Situation nach dem Krieg hatte die Sächsische Landeskirche sich mit der bis dahin wenig in den Blick gekommenen Arbeiterschaft auseinanderzusetzen. Dazu wurden nach einem Auftrag des DEKT in Bethel 1924 Sozialpfarrämter eingerichtet. Auf dem Kirchentag in Bethel wurde eine Soziale Botschaft verabschiedet, daher wurde er auch als Sozialer Kirchentag bezeichnet. Die Auswirkungen der Botschaft waren nicht weitreichend. Das erste Sozialpfarramt war schon 1921 in der rheinischen Provinzialkirche eingerichtet worden, Amtsinhaber war Wilhelm Menn.[147] Anders als im Rheinland wurde in Sachsen nicht eine landeskirchliche Pfarrstelle eingerichtet, sondern es wurde in jedem Kirchenbezirk ein Pfarrer nebenamtlich mit dem Sozialpfarramt betraut. Diese Pfarrer sollten sich im sozialen Bereich weiterbilden und als Berater für verschiedene Gremien zur Verfügung stehen. Das Landeskirchenamt nahm Kontakt mit Menn auf, um von den Erfahrungen aus der rheinischen Kirche zu profitieren. Für den Kirchenbezirk Leipzig-Stadt übernahm Johannes Herz die Führung des Sozialpfarramtes. Ein erstes Treffen der neuen Sozialpfarrer Sachsens fand am 3. Dezember 1924 in Dresden statt, bei dem Herz einen Vortrag mit dem Thema: »Welche praktische Aufgaben stellt die soziale Botschaft des Deutschen Evangelischen Kirchentags an Geistliche unserer Landeskirche?« hielt.[148]

145 Der von 1919–1930 bestehende Kirchentag war eine kirchenamtliche Zusammenkunft. Siehe dazu Kapitel 4.2, 231.

146 Zur Evangelisch-sozialen Schule siehe Kapitel 4.2, 246f. Zu den Kirchentagen siehe Kapitel 4.2, 229–246.

147 Vgl. dazu Wilhelm MENN: Soziale Pfarrämter. ES 4/1924, 44 und Kordula SCHLÖSSER-KOST: Wilhelm Menn – der erste Sozialpfarrer des deutschen Protestantismus. Kirche im Wohlfahrtsstaat von Weimar. In: Traugott Jähnichen; Norbert Friedrich (Hg.): Protestantismus und soziale Frage. Profile in der Zeit der Weimarer Republik, Münster 2000, 29–40.

148 Zum Sozialpfarramt siehe Kapitel 3.1, 113–115.

Insgesamt gaben die zwanziger Jahre des 20. Jahrhunderts Johannes Herz die Möglichkeit, sein soziales Engagement voll zu entfalten. Als seine wichtigste Schrift entstand damals der Aufsatz »Der Protestantismus und die soziale Frage«.[149] Hinzu gesellten sich Artikel für die RGG² und das »Internationale Handwörterbuch des Gewerkschaftswesens« und immer wieder kleinere Aufsätze.

Im gleichen Jahr (1927) wurde Johannes Herz vom Landeskonsistorium für die Teilnahme am Lehrkurs am Deutschen Evangelischen Institut für Altertumswissenschaft des Heiligen Landes in Jerusalem vorgeschlagen.[150] Herz hatte sich Zeit seines Lebens immer wieder exegetischen Untersuchungen gewidmet und, nachdem er die Pfarrstelle in Gohlis übernommen hatte, an der Theologischen Fakultät Lehrveranstaltungen besucht: aramäische und hellenistische Übungen und verschiedene exegetische Seminare.[151] Eine der Voraussetzungen für die Teilnahme war der Nachweis weiterer wissenschaftlicher theologischer Arbeit nach dem Studium.

Herz nahm an dem dreimonatigen Kurs unter der Leitung von Albrecht Alt teil, der mit einer Studienreise durch Ägypten und nach Athen endete. Herz selbst bezeichnete sie als seine dritte Studienreise nach dem Besuch von Großbritannien 1910 und Schweden 1925. Während des Aufenthalts am Deutschen Evangelischen Institut für Altertumswissenschaften des Heiligen Landes in Jerusalem betrieb er Studien zu den Evangelien und zur Apostelgeschichte. Auch Herz machte, wie vorher z.B. Friedrich Naumann, die Erfahrung, dass der Besuch der Originalschauplätze der Bibel das Verständnis der biblischen Texte grundlegend änderte.

In den zwanziger Jahren hielt Herz viele Vorträge. In sein Repertoire, das bis dahin hauptsächlich soziale Themen und soziale Gestalten wie Gregory, Harnack und Naumann umfasste, nahm er – wie schon 1910 nach seiner Englandreise – den Reisebericht »Palästina in seiner Gegenwart und Geschichte« und »Aus 4000 Jahren ägyptischer Religionsgeschichte«, jeweils mit Lichtbildern von seiner Reise, auf.

In Anerkennung seiner Leistungen auf evangelisch-sozialem Gebiet wurde Herz 1927 die Ehrendoktorwürde der Theologischen Fakultät Universität Jena verliehen.

---

149 Johannes HERZ: Der Protestantismus und die soziale Frage. In: Gotthilf Adolf Schenkel (Hg.): Der Protestantismus der Gegenwart, Leipzig 1926, 411–452; 2. Aufl., Stuttgart 1927, 467–508.

150 Zum Deutschen Verein zur Erforschung Palästinas vgl. Ulrich HÜBNER: Palaestina exploranda. Studien zur Erforschung Palästinas im 19. und 20. Jahrhundert anläßlich des 125-jährigen Bestehens des Deutschen Vereins zur Erforschung Palästinas, Wiesbaden 2006.

151 Vgl. u.a. Eintragung im Amtskalender vom 2. Mai 1916 und 15. Dezember 1921. UAL Na Herz 2/2.

Als im folgenden Jahr der ESK auf seiner Tagung in Dresden 1928 beschlossen hatte, ein Evangelisch-soziales Institut (ESI) zu gründen, betraute man daher Herz als ausgewiesenen Fachmann mit der Verwaltung und der geschäftlichen Leitung. Den Vorsitz übernahm Walter Goetz. Am Institut wurden neben Arbeitsgemeinschaften auch Besichtigungen von Betrieben durchgeführt. Studenten – besonders Theologen – und soziale Berufsarbeiter sollten dadurch in soziale Fragen eingeführt und zu sozial-kirchlichen Mitarbeitern geschult werden.[152] Das ESI wurde 1936 in das Institut für Praktische Theologie der Theologischen Fakultät eingegliedert. Beim Luftangriff auf Leipzig im Dezember 1943 wurde zusammen mit dem Gebäude der Theologischen Fakultät die Bibliothek des ESI vernichtet.[153]

Am Ende der 20er Jahre ging für die 1913 entstandene Gohliser Versöhnungskirchgemeinde ein lang gehegter Wunsch in Erfüllung: der Bau einer Kirche. Einen ersten Entwurf gab es bereits kurz nach der Gründung. Die Stadt Leipzig überließ dazu als Patron der Gemeinde ein Grundstück, doch machten der Erste Weltkrieg und die Inflation die Anstrengungen der Gemeinde ein ums andere Mal zunichte. Durch stete Bemühungen, Spenden und einen Kredit des Leipziger Kirchgemeindeverbands konnte der Bau einer Kirche endlich in Angriff genommen werden. Die Versöhnungskirche entstand nach einem Entwurf von Heinrich Grotjahn in den Jahren 1929–1932. Zentral für den Bau war der sozial orientierte Versöhnungsgedanke, der durch Johannes Herz als den für den Bau verantwortlichen Pfarramtsleiter in das Konzept eingebracht worden war.[154]

VI Gegner des Nationalsozialismus

Dem Nationalsozialismus stand Johannes Herz von Anfang an skeptisch gegenüber. Das zeigte sich schon im November 1931, als eine Beschwerde des Architekten Robert Koppe bei Oberkirchenrat Gerhard Hilbert über das Verhalten von Johannes Herz gegenüber einer nationalsozialistischen Schülerzeitung einging.[155] Vorausgegangen waren ein Besuch im Oktober 1931 von Johannes Herz und einigen anderen Herren beim Rektor der Thomasschule, die seine beiden jüngeren Söhne besuchten, sowie ein Aufruf an die Eltern, mit dem Herz gegen *Parole. Kampfblatt der Leipziger Jugend,* das Organ des nationalsozialistischen Schülerbunds (NSS), ein Verbot erwirken wollte, da darin die Autorität von Schule, Lehrern und Elternhaus untergraben werde. Zudem führe die aggressive politische Agitation zu einer Verrohung innerhalb der Schüler-

152 Vgl. UAL Na Herz 22/2.

153 Zum Evangelisch-sozialen Institut siehe Kapitel 3.2, 155–159.

154 Zum Bau der Versöhnungskirche siehe Kapitel 2, 83–94.

155 Vgl. Brief von Koppe an Hilbert vom 2. November 1931. EphAL I – B 131, Schrank 8, Bl. 30.

schaft. In der Schule sei es Schülern durch ministerielle Verordnung verboten, Abzeichen politischer Parteien zu tragen und politische Zeitschriften zu lesen, zu kaufen, zu verkaufen und sich überhaupt parteipolitisch zu betätigen,[156] der NSS aber dürfe ungehindert arbeiten.

Die meisten Eltern reagierten zurückhaltend. Allerdings wurde auch der Vorwurf laut, dass Herz sich der Sache nur annehme, weil sein Bruder Reinhard, der an der Thomasschule unterrichtete, Ziel eines Angriffs der *Parole* gewesen sei. In einem Brief wurde Herz ermahnt, seine eigenen Söhne zu politischer Zurückhaltung anzuhalten, da die anderen Schüler sich durch Heinz und Ulrich Herz herausgefordert fühlten.[157] Herz wies diesen Vorwurf zurück, seine Söhne gehörten zwar der Deutschen Freischar an, die aber sei grundsätzlich unpolitisch. Darüber hinaus hätten Heinz und Ulrich lediglich einmal ein Heil auf Hitler verweigert und sich einmal für die Friedensbewegung eingesetzt.[158]

Dem Redakteur der *Parole*, Horst Knöpke, war die Aktion von Herz nicht verborgen geblieben. In der folgenden Ausgabe titelte er daher »Verbot des NSS? Ist das wahr, Herr Pfarrer Herz?« Unter dieser Überschrift behauptete Knöpke, dass Herz Unterschriften für ein Verbot des NSS sammle. Diese Aussage war verbunden mit der Anfrage an die Kirchenbehörde, ob sie dieses Vorgehen billige und ob auch die evangelische Kirche gedenke, sich auf Kriegsfuß mit dem Nationalsozialismus zu begeben.[159]

Dieser Artikel hatte schließlich zu der Beschwerde des Architekten Koppe gegen Herz geführt. Solches Verhalten würde die Jugend von der Kirche abstoßen. In seiner Antwort stellte sich Hilbert vor Herz, diesem falle es nicht ein, ein Verbot des NSS herbeizuführen. Der Besuch beim Rektor habe rein pädagogische Gründe gehabt, da es durch politische Agitation zur Verrohung der Schüler gekommen sei. Es sei keine politische Aktion gewesen.[160]

In der übernächsten Ausgabe der *Parole* wurde Herz erneut angegriffen. Unter der Überschrift: »Pfarrer Herz, ein Kommunistenfreund?« wiederholte Knöpke den schon im *Freiheitskampf* erhobenen Vorwurf, der Glasmaler Tattenpach, der an der Ausgestaltung der Versöhnungskirche beteiligt war, sei eingeschriebenes Mitglied der Kommunistischen Partei Deutschlands,[161] und ergänzte:

> »Die Familie Herz wird allmählich zu einem öffentlichen Skandal. [...] Wie lange bleibt Herr Dr. Herz noch evangelischer Pfarrer? Im dritten Reich ist für

---

156 Vgl. Brief von Dr. jur. Kremnitzer an Herz vom 14. Oktober 1931. UAL Na Herz 32/1.

157 Vgl. Brief von Otto Schütz an Herz vom 21. Oktober 1931. UAL Na Herz 32/1.

158 Vgl. Brief von Herz an Schütz vom 2. November 1931. UAL Na Herz 32/1.

159 Vgl. Parole. Kampfblatt der Leipziger Jugend Nr 10/ 1931, 1f. Ein Exemplar befindet sich im EphAL I – B 131, Schrank 8, Bl. 31.

160 Vgl. Brief von Hilbert an Kotte vom 10. November 1931. EphAL I – B 131, Bl. 32.

161 Siehe zu Tattenpach und den Vorwürfen Kapitel 2, 88–90.

solche Herren kein Platz mehr! Wann greift die zuständige Kirchenbehörde nun endlich ein?«[162]

Daraufhin stellte Herz in Berufung auf die Notverordnung des Reichspräsidenten zur Verstärkung des Ehrenschutzes am 8. Januar 1931 Strafantrag gegen den verantwortlichen Schriftleiter Knöpke. Da dieser eine von Herz eingesandte Berichtigung druckte, wurde die Anzeige hinfällig.[163]

Katharina Herz hatte diese Vorgänge mit Besorgnis verfolgt und schrieb mit großem Weitblick im März 1933 an ihre Geschwister:

»Nun ist die Gewaltherrschaft in unserem Vaterland aufgezogen, ›und willst du nicht mein Bruder sein, so schlag ich dir den Schädel ein.‹ Wer weiß, was noch vor uns liegt.«[164]

Die Herrschaft Hitlers und der Nationalsozialisten warf ihre Schatten auch auf die Kirche. Sie sollte wie alles andere gleichgeschaltet werden. Dazu nutzte Hitler den Wunsch nach einer Reichskirche. Im Juli 1933 wurden reichsweit Kirchenwahlen durchgeführt, bei denen die Glaubensgemeinschaft Deutsche Christen (DC)[165] überlegen gewann und damit die kirchenleitenden Gremien wie Kirchenvorstand und Synode besetzen konnte. Die DC hatten massive Unterstützung von der NSDAP erhalten. Für die meisten Gemeinden waren Einheitslisten aufgestellt worden, deren Zusammensetzung vor allem durch die DC diktiert worden war.[166] Johannes Herz überlegte, in der Versöhnungsgemeinde tatsächliche Wahlen durchführen zu lassen. »Aber nun habe ich Deinen Andeutungen entnommen, daß doch eine möglichst große Sache aufgezogen und ein ›richtiger Kampf‹ entfacht werden soll«, schrieb ihm sein Kollege an der Versöhnungskirche Hermann Steiner und schloss die Frage an, ob sich dieser Kampf lohne, da mit einer Korrektur »von oben« zu rechnen sei. Auch mache er sich große Sorgen um das Wohlbefinden von Herz, da dieser sich von einem Kampf in den nächsten stürze, ohne sich Ruhe zu gönnen.[167] Am 20. Juli 1933 wurden die Wahlliste der DC und der kirchgemeindliche Wahlvorschlag zurückgezogen, sodass nur noch die Einheitsliste als Wahlvorschlag übrig blieb und sich damit eine Wahl erübrigt hatte.[168]

162 Parole 12/ 1931, 4.

163 Vgl. UAL Na Herz 32/1.

164 Rundbrief Nr. 1008 von Katharina Herz vom 9. März 1933. StAL Na Herz 11/2.

165 Zu den Deutschen Christen vgl. Kurt Meier: Die deutschen Christen. Das Bild einer Bewegung im Kirchenkampf des Dritten Reiches, Halle (Saale) 1967.

166 Vgl. Brief von Herz an Walter Kluge vom 29. August 1933. Akten der Kirchgemeinde Leipzig Gohlis-Nord F 1.

167 Vgl. Brief von Steiner an Herz vom 18. Juli 1933. UAL Na Herz 31/1, dort auch Zitat.

168 Vgl. Brief des Pfarramts der Versöhnungsgemeinde an das Bezirkskirchenamt Leipzig-Stadt vom 21. Juli 1933. Akten der Kirchgemeinde Leipzig Gohlis-Nord F 1. Zur Kirchenwahl 1933 siehe Kapitel 4.3, 248–250.

Für die evangelische Kirche begann 1933 der »Kirchenkampf« zwischen der Glaubensgemeinschaft Deutsche Christen und der Bekennenden Kirche (BK). Die BK war als Solidaritätsgemeinschaft mit Pfarrern und Kirchenbeamten jüdischer Abstammung zunächst als Pfarrernotbund Ende September 1933 von Martin Niemöller gegründet worden, nachdem am 6. September 1933 das Gesetz zur Wiederherstellung des Berufsbeamtentums mit Paragraph 3, dem »Arierparagraph«, in der Kirche der Altpreußischen Union eingeführt worden war. Dabei stellte sich die grundsätzliche Frage, ob staatliches Recht und nationalsozialistische Ideologie von den Kirchen einfach übernommen werden durften. Außerdem sind als Wurzeln der BK die Dialektische Theologie Karl Barths und der Kampf um eine an die Heilige Schrift und das evangelische Bekenntnis gebundene Kirche zu nennen. In einigen Landeskirchen galt das von der BK gegen die Herrschaft der DC ausgerufene Dahlemer Notrecht nicht, weil die DC bei den Kirchenwahlen keine Mehrheit erringen konnten und es keine durch den Staat verordneten Veränderungen in der Kirchenleitung gegeben hatte. Zu diesen intakten Landeskirchen zählten: Bayern, Hannover, Provinz Westfalen und Württemberg.

Neben den beiden Exponenten DC und BK sammelte sich auch eine große Gruppe von »Zwischenfrontlern«, die sich in Sachsen Ende November 1934 als »Gruppe der Mitte« konstituierten.[169] Diese Mitte stellte nach eigener Aussage nicht die Menge der Unentschlossenen dar, die sich weder zur BK noch zu den DC bekennen wollten, sondern sie versuchte, gleichzeitig auf dem Boden des Evangeliums – anders als die DC[170] – und des Gesetzes – anders als die BK[171] – zu stehen. Ungefähr ein Drittel der Pfarrer der Sächsischen Landeskirche zählte sich dazu. Ziel der Mitte war es insbesondere, ein Schisma der Sächsischen Landeskirche zu vermeiden und den Kirchenkampf von den Gemeinden fernzuhalten. Faktisch arbeitete sie aber mit der BK zusammen. Herz schrieb 1937, dass durch diese Zusammenarbeit in Sachsen weitgehend Friede und Ordnung herrsche.[172]

Johannes Herz gehörte zur Führung der Mitte, dem »Kleeblatt«, zusammen mit den Leipziger Pfarrern Heinrich Schumann (Thomaskirche), Oskar Bruhns (Nikolaikirche) und Fritz Mieth (Pfarrer der Inneren Mission). Vom »Kleeblatt« war Ende 1934 auch ein Misstrauensvotum gegen den DC-Landesbischof Friedrich Coch organisiert worden. Circa zwei Drittel der sächsischen Pfarrer sprachen sich dabei gegen das Verbleiben von Coch im Amt aus. Dieser erkannte die Abstimmung jedoch nicht an. Eine Abschrift des Misstrauensvotums ging an den Reichskirchenminister Hanns Kerrl, der im November 1935 einem

169 Zur Mitte siehe ausführlich Kapitel 4.3.

170 Vgl. den Beschluss der 28 Thesen der Synode. Kapitel 4.3, 250f.

171 Vgl. die Einführung des Dahlemer Notrechts. Kapitel 4.3, 251.

172 Vgl. Brief von Herz an Meißner vom 2. August 1937. UAL Na Herz 33/2.

Landeskirchenausschuss die Leitung der Sächsischen Landeskirche übertrug und damit Landesbischof Coch entmachtete. BK und Mitte bildeten einen Vertrauensrat, der die Arbeit des Landeskirchenausschusses unterstütze. Dem Vertrauensrat gehörten Johannes Herz, Heinrich Schumann, Oskar Bruhns und Fritz Mieth von der Mitte und Hugo Hahn, Karl Fischer, Georg Prater und Hermann Klemm von der BK an, den Vorsitz übernahm Bruhns.[173]

Die Kirchenausschusspolitik von Kerrl scheiterte, weshalb die Leitung des Landeskirchenamts im August 1937 Johannes Klotsche, dem ehemaligen »Adjutanten« Cochs, übertragen wurde. Auch Coch wurde wieder installiert, allerdings ohne kirchenleitende Befugnisse, sondern »nur« als geistliche Leitung. Darin wurde er jedoch von den meisten der Pfarrer nicht anerkannt. Darum sorgte die Berufung Schumanns ins Landeskirchenamt zur Bearbeitung von Personalangelegenheiten für Verstimmung bei Coch, da er Schumann als Eindringling in sein Arbeitsfeld ansah. Diese Verstimmung vermochte Schumann durch persönliche Gespräche auszuräumen.

Die immer auf sehr wackligen Füßen stehende Koalition von Mitte und BK zerbrach mit dem Erlass der 17. Durchführungsverordnung (DVO) des Gesetzes zur Sicherung der Deutschen Evangelischen Kirche im Dezember 1937.[174] Mit der 17. DVO wurde die Leitung der Sächsischen Landeskirche dem Leiter der obersten kirchlichen Verwaltungsbehörde übertragen. Der Landeskirchenausschuss wurde damit außer Dienst gestellt, Klotsches Macht gefestigt und das Landeskirchenamt eine reine Verwaltungsbehörde. Klotsche versuchte die Anerkennung seiner Position mit Disziplinarmaßnahmen durchzusetzen. Dagegen verfassten die Vertreter der BK eine Kanzelabkündigung, die allerdings kaum Wirkung entfaltete, weil die Mitte sich dagegen sperrte, sodass die Erklärung von weniger als der Hälfte der Pfarrer verlesen wurde.

Von den Pfarrern der Versöhnungsgemeinde war Feodor Kriewald DC-Mitglied. Er sah sich als Bindeglied zwischen den DC-Gemeindegliedern und den anderen beiden Pfarrern und machte »seine Deutschchristen Sache auf eigene Faust«. Die »braunen Bataillone« der SA, die gemäß der Kirchenpolitik Hitlers von der NSDAP gezielt in die Gemeinden geschickt worden waren, um die Kirchenvorstände zu übernehmen, tauchten schon im November 1933 in den Gottesdiensten nicht mehr auf, »auch in denen von den Deutschen Christen nicht«.[175]

Am 20. Oktober 1935 predigte Johannes Herz über Mt 10,32f zum »Christlichen Bekenntnis«. Die Predigt wurde gedruckt und dem Gemeindeblatt bei-

173 Siehe dazu Kapitel 4.3, 258–261.

174 Vgl. 17. Verordnung zur Durchführung des Gesetzes zur Sicherung der Deutschen Evangelischen Kirche, 10. Dezember 1937. In: Dokumente zur Kirchenpolitik, Bd. III, Nr. 64, 149f.

175 Rundbrief Nr. 1024 von Katharina Herz vom 14. November 1933. StAL Na Herz 11/2.

gelegt. Darin argumentierte Herz mit ähnlichen Thesen, die er einst bereits in seinem Vortrag »Bekenntniszwang oder Freie Volkskirche«[176] verwendet hatte, zugespitzt auf die damalige kirchenpolitische Situation, in der die eine Partei sich Bekenntnisfront nenne, die andere versichere, dass sie das Bekenntnis nicht antasten wolle, wobei beide es vermieden, »Bekenntnis« inhaltlich zu füllen. Bekennen sei nach neutestamentlicher Überlieferung nicht die Zustimmung zu einem Lehrsatz, sondern ein Beziehungsgeschehen. Man bekenne sich immer zu jemandem. Bekennen geschehe im Sinne von Mt 10,32 »Wer sich zu mir bekennt vor den Menschen, zu dem will auch ich mich bekennen vor meinem himmlischen Vater«; das meine, »daß man sich klar und deutlich in Wort und Tat zu ihm [Jesus Christus] bekennt, zu seiner göttlichen Sendung und zu seinen Grundsätzen und Gedanken,« nicht still und heimlich, sondern öffentlich. »Darauf kommt gerade auch heute, wo das Christentum in schweren Kämpfen steht, alles an.« Jesus Christus lasse sich nicht aus der Geschichte des deutschen Volkes ausstreichen. Besonders die konfirmierte Jugend, die in hohem Maße christusfeindlicher und christentumsfeindlicher Propaganda ausgesetzt sei, solle nicht achtlos und gleichgültig danebenstehen, wenn Christus angegriffen werde.[177]

Die Gemeindesituation wurde durch Maßnahmen des Staates weiter erschwert. Der Religionsunterricht an den Schulen war stillschweigend eingestellt und konfessionelle Schulen waren seit 1937 geschlossen worden,[178] der Kindergarten der Kirchgemeinde musste der Nationalsozialistischen Volkswohlfahrt (NSV) unterstellt werden,[179] außerdem veranstaltete die Hitlerjugend ihre Zusammenkünfte sonntags, die Jugendlichen wurden auf diese Weise der Kirche entfremdet.

Dass Herz mit seiner Ablehnung gegenüber dem NS-Staat und Hitler in der Gemeinde nicht nur auf Zustimmung stieß, zeigt eine gegen ihn gerichtete Beschwerde deutlich: Der Leiter des Kirchlichen Gemeindevereins Leipzig-Gohlis-Nord (Versöhnungsgemeinde) e.V., Curt Friedel, schrieb am 10. Februar 1937 an Reichskirchenminister Kerrl, dass bei den meisten Gemeindemitgliedern eine »ganz große Abneigung« gegen Herz und auch seinen Kollegen Steiner bestehe, weshalb bereits viele ausgetreten seien. Dazu komme, dass das »politische Verhalten des D. Herz [...] eine direkte Herausforderung gegen den nationalen Staat« sei. Er flagge nicht mit der Hakenkreuzflagge und lehne es ab, Mitglied der Nationalsozialistischen Volkswohlfahrt zu werden, darüber hinaus hinge im großen Saal des Gemeindehauses kein Hitlerbild. Unmittelbarer Anlass der Beschwerde sei, dass der Gemeindeverein eine Ehrenhalle für

176 Siehe oben, 43f.

177 Vgl. Predigt vom 20. Oktober 1935. Beilage zum Gemeindeblatt für die Leipziger Kirchgemeinden November 1935, dort auch Zitate.

178 Zum Religionsunterricht in der NS-Zeit siehe Kapitel 4.4, 287–289.

179 Zum Kindergarten Hildegardstift siehe Kapitel 2, 79–82.

die gefallenen Soldaten der Gemeinde errichten wollte, aber Herz das ganze Verfahren verschleppt, dann jedoch plötzlich mit dem Kirchenvorstand einen Auftrag zur Ausgestaltung eines Ehrenhofes[180] an den »Logenbruder höheren Grades« Alf Brumme[181] vergeben habe, um das Projekt des Gemeindevereins zu blockieren.

> »Ich bitte den Herrn Reichsminister unsere Gemeinde recht bald von solchen Quertreibern und Volksschädlingen zu befreien, damit unsere Kirche vor weiterem Schaden bewahrt bleibe.«[182]

Das Reichskirchenministerium gab das Schreiben mit der Bitte um Erledigung an den Landeskirchenausschuss, dieser reichte es an die Superintendentur Leipzig-Stadt zur Klärung weiter, von dieser erhielt Herz eine Abschrift, um gegen die Vorwürfe Stellung nehmen zu können.

Herz arbeitete zunächst mit nüchternen Zahlen, die den »massenhaften Austritt« widerlegten, erklärte dann, dass an »allen Tagen, an denen das Beflaggen öffentlicher Gebäude [...] angeordnet worden ist«, Kirchturm und Gemeindehaus mit der Hakenkreuzfahne beflaggt worden seien, was er als Pfarramtsleiter auch kontrolliere. Er gehöre sehr wohl der NSV an und zahle zudem noch Mitgliedsbeiträge für »eine Reihe arbeitsloser oder in bedrängter Wirtschaftslage befindlicher Volksgenossen meines Seelsorgebezirks«. Im Gemeindesaal befinde sich noch gar kein Bild, allerdings sei die Stiftung eines »würdigen Bildes des Führers« durch den Gemeindeverein willkommen. Die Vorwürfe wegen des Ehrenhofs führte Herz auf eine Intrige des zur Gemeinde gehörenden Architekten Georg Staufert zurück, der sich auch an der Ausschreibung für die Planung der Versöhnungskirche beteiligt hatte, dessen Entwurf aber nicht gewählt worden war. Dieser hatte als stellvertretender Vorsitzender des Gemeindevereins dem Kirchenvorstand mitgeteilt, dass der Gemeindeverein für das seit Baubeginn der Kirche geplante Kriegerdenkmal Geld gesammelt habe und gleichzeitig einen Entwurf für eine Ehrenhalle übersandt, die nicht in den vorgesehenen Ehrenhof, sondern ins Sockelgeschoss der Kirche hineingebaut werden solle. Diese sollte der Kirchenvorstand genehmigen. »Eine Ablehnung oder Einschränkung wird nicht erwartet, da dies Unverständnis und Verärgerung in der Gemeinde auslösen würde.« Die Kirchgemeindevertretung, der Kirchenvorstand und Johannes Herz wiesen das Ansinnen und die Anschuldigungen gemeinsam strikt zurück.[183]

---

180 Zum Ehrenhof siehe Kapitel 2, 89.

181 Brumme war an der Ausgestaltung der Versöhnungskirche beteiligt, siehe Kapitel 2, 86–88.

182 Vgl. Abschrift des Briefs von Curt Friedel an Reichsminister Kerrl vom 10. Februar 1937. EphAL I-B 131, Schrank 8, Bl. 36, dort auch Zitate.

183 Vgl. Brief von Herz an die Superintendentur Leipzig-Stadt vom 22. März 1937. EphAL I-B 131, Schrank 8, Bl. 39–42, dort auch Zitate.

Superintendentur und Landeskirchenausschuss sahen die Angelegenheit damit als erledigt an, das sei dem Beschwerdeführer durch die Superintendentur mitzuteilen. Der Landeskirchenausschuss behielt sich sogar weitere Schritte gegen den Beschwerdeführer vor, falls dieser seine Anschuldigungen aufrecht erhalten wolle. Allerdings sei noch zu klären, ob sich der Vorwurf, Herz würde nicht flaggen, auf seine Privatwohnung beziehe.[184] Dazu gibt es keine Quellen, aber da Herz dem Regime ablehnend gegenüberstand, ist anzunehmen, dass er an seiner Wohnung keine Hakenkreuzflagge zeigte. So betete er zwar im Gottesdienst stets für Deutschland, aber nie für Hitler.[185]

Im April 1937 wurde Herz der Auslandspass entzogen. Mehrere Einsprüche und eine Anfechtungsklage zur Wiedererlangung blieben wirkungslos, da die Gestapo der Ansicht war, Herz zähle zur BK; die Gestapo war mit der Unterscheidung der kirchenpolitischen Richtungen wohl überfordert. Mehrfach war Herz zu Verhören durch die Gestapo abgeholt worden.

Der durch den Arierparagraphen und durch die Nürnberger Rassengesetze geschaffene Zwang, die arische Herkunft nachzuweisen, war Auslöser für die Schaffung des kirchlichen Archivs (Kirchbuchamt) in Leipzig 1937. Die Daten aus den Archiven der Leipziger und Umlandgemeinden wurden so an zentraler Stelle gesammelt. Leiter des Archivs wurde Johannes Herz, der schon während seiner Sorabenzeit ein Faible für Archivarbeit und Archivierung gezeigt hatte und auch das Archiv der Versöhnungskirche tadellos führte.[186] Die Leitung des Kirchbuchamts durch Herz ist kritisch zu betrachten; es handelte sich dabei nicht nur um eine Herausforderung für Archivpfleger, sondern der vom NS-Staat propagierte »Schutz des deutschen Blutes« wurde durch die zentrale Kartierung gefördert.[187]

Der ESK war den Gleichschaltungsbestrebungen nicht zum Opfer gefallen. Gleichwohl bekam auch er die neue Politik zu spüren. Nachdem der Präsident Walter Simons 1936 aus Altersgründen zurückgetreten war, wurde Johannes Herz stillschweigend vom Aktionskomitee zu seinem Nachfolger ernannt, um keinen Anlass zu liefern, die Existenz des ESK in Frage zu stellen. Die jährlichen Tagungen durften fortgesetzt werden, auch das 50-jährige Bestehen wurde 1940 gefeiert. Die Tagung in Königsberg 1941 wurde jedoch untersagt, weil die Sicherheit der Teilnehmenden nicht mehr gewährleistet werden könne. Daraufhin wurde die Kongressarbeit in regionale Arbeitsgemeinschaften verlegt, die durch den Vorsitzenden Johannes Herz abgehalten wurden, der dazu in die

184 Vgl. Brief des Landeskirchenausschusses an die Superintendentur Leipzig-Stadt vom 2. April 1937. EphAL I-B 131, Schrank 8, Bl. 43.

185 Vgl. anonymer Brief an Herz vom 16. März 1943. UAL Na Herz 32/1.

186 Vgl. Bericht des Archivpflegers für den Kirchenkreis Leipzig-Stadt vom 6. Juli 1953. EphAL I-B131, Schrank 8.

187 Vgl. Sorabia 24 (1899), 33–37. Zum Leipziger Kirchbuchamt siehe Kapitel 4.2, 247.

jeweiligen Städte reiste. Die Kongresszeitschrift *Evangelisch-Sozial* musste mit dem 1. Juni 1942 wegen Papiermangels, so die offizielle Begründung, eingestellt werden. Johannes Herz wurde von der Reichsschriftleiterliste gestrichen, auch hier brachten Eingaben und Klagen keinen Erfolg.

Bei dem schweren Luftangriff auf Leipzig im Dezember 1943 wurde die Wohnung von Johannes Herz so stark beschädigt, dass er mit seiner Frau in ein Notquartier ziehen musste; erst nach anderthalb Jahren konnten sie in ihre Wohnung zurückkehren. Die Kriegsjahre hatte er aber nach eigener Aussage gesundheitlich gut überstanden.[188] Bei Kriegsende war Herz 67 Jahre alt.

VII Unter der Diktatur des Proletariats

Der Zweite Weltkrieg endete für die Leipziger mit dem Beschuss und anschließendem Einmarsch amerikanischer Verbände am 18. April 1945. Gemäß den Vereinbarungen der Konferenz von Jalta, bei der Deutschland zunächst in drei, später dann in vier Besatzungszonen aufgeteilt worden war, übergaben die Amerikaner die Stadt am 1. Juli 1945 den sowjetischen Besatzern.

Wie schon nach dem Ende des Ersten Weltkriegs galt es, eine neue politische und gesellschaftliche Ordnung in Deutschland aufzubauen, diesmal unter anderen und durchaus schwierigeren Bedingungen. Unter dem Stichwort Entnazifizierung begann die »Reinigung«, bei der die sowjetische Militäradministration, später die SED, nicht zimperlich war; so wurden z.B. auch einfache NSDAP-Mitglieder aus dem Staatsdienst entlassen. Noch schlimmer erging es anderen, die für Kleinigkeiten verhaftet wurden oder den neuen Machthabern einfach missliebig waren. Einige der nationalsozialistischen Konzentrationslager wurden als Internierungslager weitergeführt.

Nach dem Ersten Weltkrieg hatte die Evangelisch-lutherische Landeskirche Sachsens mit einer sozialdemokratischen Landesregierung zu kämpfen, wusste aber die Reichsregierung auf ihrer Seite. Jetzt sah sich die Kirche in der Sowjetischen Besatzungszone (SBZ) einer Regierung gegenüber, die umfassenden Anspruch auf die Menschen erhob und neben der eigenen keine andere Weltanschauung gelten ließ. Die Kirchenpolitik war in vielen Zügen und in ihrer Wechselhaftigkeit der Politik des nationalsozialistischen Staates ähnlich.[189] Zunächst wussten die Machthaber sich auf die Hilfe der Kirche beim Aufbau angewiesen, dann wurde der Kurs härter; dabei waren die sowjetische Militäradministration und ihr folgend die Regierung der DDR nie unabhängig von der Entwicklung in der Sowjetunion.

Die Sächsische Landeskirche war beauftragt worden, sich selbst von nationalsozialistischen Pfarrern zu reinigen. Wenn man vergleicht, wie rigoros die

188 Vgl. Brief von Herz an Siegmund-Schultze vom 15. Juni 1947. UAL Na Herz 3/1.
189 Vgl. Hirtenbrief von Dibelius vom 1. Juni 1949.

Besatzer in anderen Bereichen vorgingen, bedeutete dies ein großes Entgegenkommen gegenüber der Kirche. In jeder Ephorie sollte dafür ein Kollegium aus vier bis fünf Pfarrern, geistliche Vertrauenskreise genannt, gebildet werden. Johannes Herz war in den Vertrauenskreis, der für die Selbstreinigung in der Ephorie Leipzig-Stadt zuständig war, gewählt worden.[190] Die Selbstreinigung geschah allerdings sehr seelsorgerlich, immer wieder wurde die Landeskirche von den Besatzern gedrängt, härter bei der Entnazifizierung durchzugreifen und das ganze Prozedere schneller zu beenden.[191]

Johannes Herz übernahm bei der Neugestaltung der Landeskirche wieder Verantwortung. Nach dem krankheitsbedingten Rücktritt von Oskar Bruhns wurde Herz im Dezember 1945 zum stellvertretenden Superintendenten für den Kirchenbezirk Leipzig-Stadt gewählt. Auf landeskirchlicher Ebene arbeitete er im Verfassungsausschuss mit und war Synodaler der 16. Sächsischen Landessynode, wo er sich wieder besonders den sozialen Themen verpflichtet sah. In die Synode der Evangelischen Kirche in Deutschland (EKD[192]) wurde Herz nicht gewählt, obwohl er ursprünglich auf der sächsischen Liste stand.[193]

Wie nach dem Ersten Weltkrieg wurde die Frage des Religionsunterrichts an den Schulen diskutiert, wobei diese Frage zunächst noch bei der Kirche verblieb. Herz wurde von der Superintendentur Leipzig-Stadt beauftragt, für die Volks- und höheren Schulen Lehrpläne zu entwerfen.[194] Dabei bewegte ihn der Gedanke, wie das Thema Frieden in der Schule und im Konfirmandenunterricht zu behandeln sei.[195] Auch für die Einführung eines allgemeinen deutschlandweiten Friedenssonntags setzte sich Herz mit viel Elan ein. Der 1. Sonntag nach Epiphanias sollte ab 1948 wiederkehrend durch ein Friedensproprium charakterisiert werden. Bei der sächsischen Kirchenleitung stieß er damit auf wenig Resonanz; diese reagierte verhalten und verwies auf die EKD, in deren Rat eine solche Einführung zunächst zu besprechen sei. Die zögerliche Reaktion der Kirche lag nicht in der Ablehnung der Thematik Frieden an sich

---

190 Vgl. Georg WILHELM: Die Diktaturen und die evangelische Kirche. Totaler Machtanspruch und kirchliche Antwort am Beispiel Leipzigs 1933 – 1958, Göttingen 2004. (AKiZ B; 39), 241.

191 Vgl. dazu ausführlich Markus HEIN: Die sächsische Landeskirche nach dem Ende des Zweiten Weltkriegs (1945–1948). Neubildung der Kirchenleitung und Selbstreinigung der Pfarrerschaft, Leipzig 2002. (HCh Sonderbd.; 6).

192 Hauschild verweist darauf, dass die offizielle Abkürzung bereits seit 1945/46 EKD und nicht EKiD ist, trotzdem fand die Abkürzung EKiD lange, auch in offiziellen Schreiben und Akten Verwendung. Vgl. Wolf-Dieter HAUSCHILD: Evangelische Kirche in Deutschland: 6. Die Evangelische Kirche in Deutschland (EKD) 1945–1948. TRE 10 (1982), 668.

193 Zur kirchlichen Neugestaltung siehe Kapitel 4.1.2.

194 Vgl. Brief an Aé vom 10. Januar 1946. AESK A II 25b, 49 und Brief an Martens-Edelmann vom 15. Oktober 1946. UAL Na Herz 36/3.

195 Vgl. einen Briefwechsel mit Lau zum Thema von 1947. UAL Na Herz 36/3.

begründet, sondern in der unheiligen Allianz, die man dabei eingehen musste, da die SED aus jeder positiven Äußerung ein Bekenntnis für den Sozialismus, aus jeder Teilnahme an einer Kundgebung eine Resolution machte.[196] Unter den überwachenden Augen der SED wurde die staatlich verordnete Friedensbewegung und Friedenspropaganda zum Instrument der Unterwerfung, wodurch das Wort Frieden eine negative Konnotation erhielt: »Friedens-Pfarrer« galt in kirchlichen Kreisen bis in die 70er Jahre als Synonym für einen politischen Kollaborateur.[197]

Die Chance, das Thema Frieden zu ihrem eigenen zu machen, hatte die evangelische Kirche in der Nachkriegszeit nach 1945 versäumt. Welche Zugkraft das Thema haben konnte, zeigte sich, als in den 80er Jahren die kirchliche Friedensarbeit unter dem biblischen Motto »Schwerter zu Pflugscharen« unabhängig von der staatlichen Friedenspolitik aufblühte, was von der SED mit großem Unbehagen verfolgt wurde.

Das für Herz seit 1917 wichtige Eintreten für die Erhaltung des Friedens[198] bekam in den Jahren nach dem Zweiten Weltkrieg also einen starken Schub und eine ganz neue politische Heimat. Die neuen Machthaber, zuerst die sowjetische Militäradministration, später die SED-Diktatur, hatten sich die Bewahrung des Friedens auf ihre Fahnen geschrieben und inszenierten sich bald als seine ausschließlichen Bewahrer gegen die westlichen »imperialistischen Aggressoren«. Herz sah seine Ansichten zur Erhaltung des Friedens auf einer Linie mit der verordneten Politik der SED. Unterstützer ihrer Sache erkannte die SED sehr schnell, vor allem wenn sie aus Bevölkerungsschichten kamen, die nicht zu ihrer eigentlichen Klientel zählten,[199] und suchte diese in ihr System zu integrieren und dienstbar zu machen. Johannes Herz wurde von den Machthabern zu den sogenannten »fortschrittlichen«, der Sache des Sozialismus aufgeschlossenen, Pfarrern gerechnet. Im Wintersemester 1947/48 erhielt er einen Lehrauftrag für Sozialethik und Sozialpädagogik an der Theologischen Fakultät der Universität Leipzig. Das Thema Frieden dominierte in seinen Vorlesungen und tauchte mit dem Sommersemester 1949 erstmalig auf.

196 Vgl. die Bedenken kirchlicherseits beim Volksbegehren für einen Volksentscheid zur Einheit Deutschlands, 1948; Bericht Konferenz »Waffen oder Verständigung« in Leipzig organisiert vom Christlichen Arbeitskreis beim Deutschen Friedensrat vom 30. November 1954: »Um der Erfahrung willen, daß solche Teilnehmerschaft namensmäßig auch für Resolutionen ausgenützt wird, kehrten diese Interessenten wieder um.« UAL Na Herz 35/3.

197 Vgl. Erhart Neubert: Geschichte der Opposition in der DDR 1949–1989, Bonn [2]2000, 96.

198 Zum Engagement für den Frieden siehe Kapitel 5.3.

199 Sehr anschaulich dargestellt in: Wolfgang Leonhard: Die Revolution entlässt ihre Kinder, Frankfurt/M., Berlin, Wien 1978. Bekannt ist der Satz Walter Ulbrichts, dass es demokratisch aussehen, die Macht aber unangefochten in den Händen der Kommunisten liegen müsse, 294.

Politisch war Johannes Herz in der Nachfolgepartei der DDP, der LDP, zu Hause und zählte zu ihren Gründungsmitgliedern. Die LDP hatte sich bei den ersten Wahlen in der SBZ im September und Oktober 1946 im Wahlkampf klar vom Sozialismus abgegrenzt. Die Folge der unerwartet niedrigen Ergebnisse, die die SED bei diesen Wahlen errungen hatte, war die Einführung einer Einheitsliste mit Kandidaten der sogenannten Nationalen Front. Herz war auf Kreis- und Bezirksebene der LDP aktiv, noch 1960 erhielt er ein Schreiben des Parteivorstands mit der Bitte, wieder für den Zentralvorstand zu kandidieren.[200] Auch bei seiner Tätigkeit für die LDP war das Augenmerk von Herz auf die sozialen Fragen gerichtet.

Als Vorsitzender des ESK wurde Johannes Herz zum Volkskongress nach Berlin, der am 2. Dezember 1947 tagte, und ebenso zur eine Woche später stattfindenden Volkskongresstagung – der Variante auf Länderebene – nach Dresden eingeladen. Die Volkskongressbewegung für Einheit und gerechten Frieden, so ein DDR-Lexikon, war 1947 auf Betreiben der SED gegründet worden und »verband den Kampf gegen die Spaltungspolitik mit dem für die Festigung der revolutionären Errungenschaften in der SBZ«.[201] Die SED wollte sich damit als treibende Kraft für einen einheitlichen deutschen Staat darstellen. Die Vorsitzenden der (Ost-) CDU, Jakob Kaiser und Ernst Lemmer, sprachen sich gegen die Bewegung aus, weil sie die rein propagandistische Absicht erkannt hatten. Sie wurden daraufhin durch Otto Nuschke, der in der Weimarer Republik noch der DDP angehört hatte, ersetzt. Als klar wurde, dass die Volkskongressbewegung statt auf Einheit auf eine Teilstaatenlösung zielte, zogen sich die kirchlichen Vertreter aus der Bewegung zurück. Das war der SED-Führung nicht recht, weil sie Wert darauf legte, dass in der Außenwahrnehmung die Kirche die Politik der SED unterstützte. Darum waren Landesbischof Hugo Hahn und Johannes Herz als Vertreter im Präsidium der sächsischen Volkskongressbewegung vorgesehen, ein Amt, das keiner von beiden antrat.[202]

Aus dem dritten Volkskongress ging die Volkskammer hervor, die die Verfassung der DDR in Kraft setzte.[203]

Die Kirchenleitung hatte zur Vorsicht aufgerufen, wenn es um politische Betätigung von Pfarrern ging, zu frisch waren die im Dritten Reich gemachten Erfahrungen mit zu großer Nähe zum Staat. Im Runderlass 89 vom 29. Juli 1946 riet das Landeskirchenamt Pfarrern dringend davon ab, sich für Wahlen aufstellen zu lassen und sich parteipolitisch zu betätigen. Seit 1949 fand die

200 Vgl. UAL Na Herz 50/1.

201 Art. Deutsche Geschichte: 1945 bis 1949, BI Universallexikon Leipzig 1988, 159.

202 Vgl. Wilhelm: Die Diktaturen ..., 283–285.

203 Einen kurzen Überblick bietet Wolfgang Benz: Zwei Staatsgründungen auf deutschen Boden. Deutschland 1945–1949. Informationen zur politischen Bildung (Heft 259). http://www.bpb.de/popup/popup_druckversion.html?guid=SMEYWR (letzter Zugriff 9. Mai 2011).

»Friedensarbeit« in der SBZ/DDR institutionelle Formen. So wurden staatlich organisierte Friedenskundgebungen gehalten. Dafür waren auch Pfarrer als Redner eingeladen, diese sollten dabei aber nach dem Willen der Kirchenleitung größte Zurückhaltung üben.[204] Johannes Herz ließ sich durch diese Weisungen und Ermahnungen nicht in seinem Eifer für die Friedenssache bremsen, immer wieder betonte er die Überparteilichkeit dieser Arbeit. Seine Friedensarbeit fand in den Friedensgremien der DDR ihre institutionelle Anbindung. So gehörte er dem Kreisfriedensrat und dem Kreisfriedenskomitee Leipzig, dem Landesfriedenskomitee Sachsen bis 1952, danach dem Bezirksfriedensrat[205] und dem Deutschen Friedensrat (DFR) an. An den Deutschen Friedensrat angebunden war der christliche Arbeitskreis für die Erhaltung des Friedens, dessen Mitbegründer und zeitweiliger Vorsitzender Herz war.

Seinen Höhepunkt erreichte Herz' »Kampf um den Frieden« 1950, als er auf dem Weltfriedenskongress von Warschau als deutscher Vertreter in den Weltfriedensrat (WFR) gewählt wurde. Christliche Existenz, so der Tenor seiner Äußerungen in dieser Zeit, muss geprägt sein von dem unbedingten Willen zum Frieden. Als Vertreter des Deutschen Friedensrats äußerte sich Herz immer wieder zum politischen Geschehen, wobei er die Politik der westlichen Länder oft verurteilte, weil sie seines Erachtens unweigerlich in einen neuen Krieg führen würde. Dem gegenüber stehen viele positive Aussagen über die Politik der DDR und der Sowjetunion.[206]

Mit dem Kriegsende flammte die Hoffnung auf, den ESK wiederbeleben zu können.[207] Energisch ging Johannes Herz an diese Aufgabe. Er hatte nach dem Ersten Weltkrieg den Kongress wieder aufgebaut. Es könnte ihm auch ein zweites Mal gelingen, schrieb er, wenn die Kongressmitglieder ihm dazu ihr Vertrauen aussprächen.[208] Zwei Schwierigkeiten stellten sich diesem Versuch in den Weg: zum einen die Zonengrenzen, die den Reise-, Post- und Geldverkehr in hohem Maße hemmten, wenn nicht unmöglich machten, zum anderen die fehlende Neuausrichtung. Es gelang Johannes Herz nicht, eine Konzeption für den Kongress zu entwickeln, die der Zeit nach dem Zweiten Weltkrieg und der Trennung Europas in einen Ost- und einen Westblock angemessen war.

---

204 Vgl. Protokoll der Ephoralkonferenz vom 18. März 1949. EphAL I – C 18, Schrank 1, Fach 2, Bl. 217.

205 1952 waren die Länder aufgelöst und in Bezirke eingeteilt worden.

206 Vgl. Briefwechsel mit Wilhelm Nitsch Dezember 1954 – Februar 1955. UAL Na Herz 35/3; Rede auf dem 7. Parteitag der LDPD 1957. UAL Na Herz 51/2; außerdem verschiedene Beiträge in der LVZ z.B. vom 18. November 1951. Eine Sammlung dieser Zeitungsartikel in EphAL.

207 Zu diesem Versuch siehe Kapitel 3.2, 167–171.

208 Vgl. Mitteilung an die Mitarbeiter und Freunde des Evangelisch-sozialen Kongresses vom 21. Februar 1947. UAL Na Herz 29/1 und AESK A II 25b, 43.

Für soziale Fragestellungen wurde Johannes Herz trotzdem weiter zu Rate gezogen. So verfasste er die Richtlinien zur Neugestaltung der sozial-kirchlichen Arbeit der Evangelischen Kirche in Deutschland[209] und erhielt einen Sitz in der Kammer für soziale Ordnung der EKD.[210]

Im Jahr 1953 bat Johannes Herz das Landeskirchenamt um seine Emeritierung zum 30. September,[211] gewährt wurde sie zum 31. Oktober, damit Herz noch an der letzten Tagung der 16. Landessynode teilnehmen und die in diesem Jahr neu gewählten Kirchvorsteher in ihr Amt einführen konnte. Als Gründe für sein Gesuch um Versetzung in den Ruhestand führte er neben seinem hohen Alter die zusätzliche Belastung durch die Universitätsdozentur an. Wahrscheinlich spielte auch die kurz zuvor geschehene Übertragung des Superintendentenamts auf Herbert Stiehl, einen engen Vertrauten des Landesbischofs Hahn und Vertreter der BK, eine nicht unwesentliche Rolle bei dieser Entscheidung. Nachdem Leipzig während der Herrschaft der Nationalsozialisten und auch nach dem Ende des Krieges eine Hochburg der Mitte gewesen war,[212] kam die Ernennung Stiehls einer verspäteten Machtübernahme durch die BK gleich.[213] Bis zu seiner Emeritierung am 1. November 1953 verwaltete Johannes Herz trotz seines hohen Alters, bei seiner Emeritierung war er 76 Jahre alt, das Pfarramt der Versöhnungsgemeinde.

1952 wurde im Zuge des auf der II. Parteikonferenz der SED beschlossenen Aufbaus der Grundlagen des Sozialismus der Ton gegen die Kirche schärfer, was sich besonders in Angriffen gegen die Junge Gemeinde äußerte.[214]

Von Herz, der als »fortschrittlicher« Pfarrer geführt wurde und der dem Regime scheinbar nahestand, existiert eine Predigt vom August 1952[215], die sehr klare Worte gegen die antikirchlichen Maßnahmen der DDR fand. In der Predigt, die Herz zu Jak 1,2–12 mit dem Leitvers »Selig ist der Mann, der der Anfechtung stand hält«, hielt, heißt es: »Neben den persönlichen Anfechtungen stehen die Anfechtungen unseres Christentums, die heute wieder einmal besonders stark geworden sind. Was wird gegenwärtig nicht an Verdächtigungen und Entstellungen, Lüge und Verleumdung gegenüber dem Christentum aufgeboten. Weithin besteht das Bestreben, der christlichen Kirche das Leben schwerer zu machen und sie möglichst ganz aus dem öffentlichen Leben herauszudrängen.

209 Vgl. AESK A II 25b und UAL Na Herz 29/1. Die Richtlinien entstanden in Zusammenarbeit mit Prälat Schoell.

210 Vgl. Protokolle des Rates der EKD vom 22. März 1949, 113.

211 Vgl. Brief von Herz an das Ev.-luth. Landeskirchenamt Sachsens vom 29. Mai 1953. Akten der Kirchgemeinde Leipzig Gohlis-Nord F I.

212 Siehe dazu Kapitel 4.3 und 4.1.2, 208.

213 Vgl. Wilhelm: Die Diktaturen ..., 493.

214 Vgl. u.a. Ellen UEBERSCHÄR: Junge Gemeinde im Konflikt. Evangelische Jugendarbeit in SBZ und DDR 1945–1961, Stuttgart 2003. (Konfession und Gesellschaft; 27)

215 9. Sonntag nach Trinitatis, Predigtreihe IV, 10. August 1952.

Da gilt es für uns, alle diese Kämpfe tapfer durchzuhalten, unverdrossen und gewissenhaft auf dem Platz, auf den Gott uns gestellt hat, unsere Pflicht zu tun und den geistigen Auseinandersetzungen unserer Tage nicht auszuweichen, sondern sie tapfer durchkämpfen.«[216]

Im Nachlass von Johannes Herz befindet sich eine Akte, in der er Zeitungsausschnitte, nicht nur aus Leipziger Zeitungen, über das Thema »Kampf gegen die Junge Gemeinde« gesammelt hat. Seine Nichte, Christine Herz, die als Jugendwartin in Werdau arbeitete, war in die Schusslinie der Behörden geraten. Johannes Herz schrieb für sie ein Leumundszeugnis, in dem er sehr vorsichtig erklärte, dass er sich nicht vorstellen könne, dass sie Staatshetze betreibe.[217]

Johannes Herz hatte nach der Neugründung der Universität einen Lehrauftrag für Sozialethik und Sozialpädagogik an der Theologischen Fakultät der Universität Leipzig erhalten.[218] Seine Vorlesungen waren sehr mäßig besucht, die Einschreibelisten weisen selten mehr als zwei Namen auf.[219] Herz wurde wohl in zu großer Nähe zum System gesehen, ein Eindruck, der sich mit dem Eintritt von Emil Fuchs 1949 in die Fakultät noch verstärkte. 1948 konnte Herz auf eine Einladung als Gastdozent hin nach einem langwierigen Genehmigungsverfahren nach Schweden reisen.[220] Das bedeutete für ihn vor allem, seinen Sohn Ulrich, der 1934 aus politischen Gründen nach Schweden emigriert war, nach langer Zeit wiederzusehen und seine Schwiegertochter und seine Enkelin kennenzulernen.[221] Themen der Vorlesungen in Uppsala waren: »Die sozial-ethische Gedankenwelt des Neuen Testaments«, »Die Geschichte der Evangelisch-sozialen Bewegung in Deutschland von Wichern bis zur Gegenwart«, »Die Mitwirkung der evangelischen Pfarrerschaft an der evangelisch-ethischen Aufbauarbeit und an der sozial-pädagogischen Volkserziehung« und »Die äußere und innere Lage der EKD in der Gegenwart«.

---

216 UAL Na Herz 2/3.

217 Vgl. UAL Na Herz 19/1.

218 Zur Geschichte der Theologischen Fakultät vgl. Klaus Fitschen: Theologische Fakultät. In: Ulrich von Hehl, Uwe John, Manfred Rudersdorf (Hg): Geschichte der Universität Leipzig 1409–2009, Bd. 4: Fakultäten, Institute, Zentrale Einrichtungen, Leipzig 2009, 35–100. Zur Geschichte der Universität unter der sozialistischen Diktatur vgl. Klaus Fitschen: Wissenschaft im Dienste des Sozialismus. Die Universität Leipzig vom Mauerbau bis zur Friedlichen Revolution 1961–1989. In: Ulrich von Hehl, Uwe John, Manfred Rudersdorf (Hg.): Geschichte der Universität Leipzig 1409–2009, Bd. 3: Das zwanzigste Jahrhundert 1909–2009, Leipzig 2010, 567–778; Nikola Schmutzler: Die Geschichte der Universität zwischen zwei Neuanfängen 1945–1991. In: Sebastian Richter (Hg.): Universität Leipzig – eine Welt – viele Welten: Katalog in Text und Bild zur Ausstellung Studentische Perspektiven im Rahmen der 600-Jahrfeier der Universität Leipzig, Magdeburg 2012, 75–84.

219 Vgl. Einschreibelisten. UAL Na Herz 53.

220 Vgl. Brief von Herz an Siegmund-Schultze vom 15. Juni 1947. UAL Na Herz 3/1.

221 Zur Schwedenreise und den Gastvorträgen vgl. UAL Na 14 und UAL Na 34/1.

Als 1951 vom Staatssekretär für Hoch- und Fachschulwesen eine Studienplankommission für das Theologiestudium an den Theologischen Fakultäten der DDR einberufen wurde, gehörte dieser neben Erich Hertzsch und anderen auch Johannes Herz an. Zu seinem 75. Geburtstag wurde ihm der Titel eines Professors verliehen. Als Emil Fuchs an der Fakultät installiert wurde,[222] entstand ein Religionssoziologisches Institut, in das auch Johannes Herz eingeordnet wurde, dessen Lehrauftrag sich damit um das Fach Religionssoziologie erweiterte. Bei den Studierenden wurden Fuchs und Herz nunmehr als »fortschrittliche« Einheit wahrgenommen, eine Perspektive, die durch Fuchs durchaus geteilt, von Herz aber, wenn auch nicht laut, abgelehnt wurde. Zur Gruppe der »fortschrittlichen« Professoren zählte noch Johannes Leipoldt. Der Versuch, über die FDJ-Gruppe und die »fortschrittlichen« Professoren die Studierenden politisch zu beeinflussen, schlug fehl. In Erklärungsversuchen an das Staatssekretariat für Hoch- und Fachschulwesen wurde das Problem darin gesehen,

> »daß Prof. Fuchs' theoretische Konzeption als Verrat am Christentum, als unzulässiger Kompromiß betrachtet und angegriffen wird. Ähnlich verhält es sich mit den Prof. Leipoldt und Herz, denen man vorwirft, durch ihre Teilnahme und Mitarbeit in Volkskammer und Weltfriedensrat sich zu Instrumenten der Feinde des Christentums gemacht zu haben.«[223]

Wie in der DDR üblich, wurden politisch geeignete öffentliche Personen mit Auszeichnungen und Ehrungen überhäuft. Johannes Herz war als »fortschrittlicher« Pfarrer, Dozent, Befürworter der Nationalen Front[224] und Mitglied im Weltfriedensrat als dafür würdig ausersehen. Bereits 1952 erhielt er den Professorentitel, 1954 wurde ihm der Vaterländische Verdienstorden in Silber, 1959 dann der Vaterländische Verdienstorden in Gold verliehen. Daneben erhielt er als weitere Ehrungen 1948 die Ernst-Moritz-Arndt-Medaille, 1955 die Deutschen Friedensmedaille und 1957 die Wilhelm-Külz-Ehrennadel.

Johannes Herz blieb – trotz der schon sehr frühen Einstufung als »fortschrittlich«[225] und der Ehrungen, die er erhalten hatte – nicht von der Überwachung durch das DDR-Regime verschont. Seine Kaderakte war am 1. Juli 1958 von einem Genossen der Staatssicherheit (Stasi) abgeholt worden, was nur auffiel, weil die Akte bei der Stasi verlorenging.[226]

---

222 Vgl. Fitschen: Theologische Fakultät ..., 58.

223 Einschätzung der Theologischen Fakultät der KMU vom 18. Oktober 1955. StAL Akten der SED Kreisleitung KMU IV/ 4/ 14/ 064, Bl. 2. Ähnlich auch der Bericht von Friedhilde Krause, vgl. Friedemann STENGEL: Die theologischen Fakultäten in der DDR als Problem der Kirchen- und Hochschulpolitik des SED-Staates bis zu ihrer Umwandlung in Sektionen 1970–71, Leipzig 1998 (AKThG; 3), 106.

224 Siehe Kapitel 5.3, 317–322.

225 Wilhelm: Die Diktaturen ..., 285.

226 Vgl. Personalakte von Johannes Herz. UAL PA 2254.

Nach kurzer und schwerer Herzkrankheit starb Katharina Herz am 13. März 1955. Ihr Tod traf Johannes Herz schwer. Er sei nunmehr allein, wie er in mehreren Briefen tieftraurig mitteilte.[227] Am 6. November 1960 starb Johannes Herz in Leipzig. Er wurde in dem Familiengrab auf dem Gohliser Friedhof, in dem bereits sein Sohn Wilfried, sein Bruder Reinhard und seine Frau Katharina lagen, beigesetzt. Herz hinterließ folgende Abschiedsworte:

> »Als bestes Erbteil hinterlasse ich meinen Söhnen und Nachkommen den Geist unerschütterlichen Gottvertrauens und selbstloser Dienstbereitschaft, der in unserer Familie durch Generationen hindurch vorbildlich gewesen ist, den ich von meinem Vater übernommen und in meiner ganzen Lebensarbeit weiterzugeben mich bemüht habe. Gott gebe, daß dieser Geist zuversichtlichen Glaubens und sozialer Verpflichtung auch den kommenden Generationen unserer Familie niemals verloren gehe, sondern in allem Wechsel der Zeiten als wertvolles Gut erhalten bleibe. Ich danke meinen Söhnen, an denen ich viel Freude gehabt habe, ich danke allen Verwandten und Bekannten für alle Freundlichkeit und Treue, die sie mir bewiesen haben. Ich bitte Gott um Vergebung für alles, worin ich in meinem Leben schuldig geworden bin. Ich vertraue auf die Gnade Gottes und auf ein ewiges Leben.«[228]

227 Vgl. UAL Na Herz 3/4.

228 Abschiedsworte von Johannes Herz. UAL Na Herz 52.

Abb. oben: Die Versöhnungskirche nach ihrer Fertigstellung 1932.
Abb. unten: Innenraum, Blick zum Altarraum mit Kanzel, Altar, Altarplastik und Orgelempore 2009 (mit freundlicher Genehmigung des Fördervereins Versöhnungskirche Leipzig-Gohlis e. V., © Bertram Kober).

Kapitel 2

Arbeitsfelder in der Gemeindearbeit

Johannes Herz war über 50 Jahre als Gemeindepfarrer tätig, seit 1915 als Pfarramtsleiter. Dabei gehörten sonntägliche Gottesdienste, Kasualien, Seelsorgebesuche, Kinder- und Jugendarbeit zum Arbeitsalltag von Herz genuin dazu,[1] ebenso wie Verwaltungsaufgaben und Kirchenvorstandssitzungen. In diesem Kapitel sollen darüber hinausgehend die außergewöhnlichen Herausforderungen für Herz in der Gemeindearbeit zur Sprache kommen.

I In der Chemnitzer Zeit

Nach kurzer Zeit als Pfarrvikar in Waltersdorf war Johannes Herz vom Konsistorium in die seit dem Ende des 19. Jahrhunderts rasant wachsende Großstadt Chemnitz entsandt worden. Er wurde am 3. April 1904 als Hilfsgeistlicher an der Michaeliskirche in Altchemnitz eingewiesen, wo er allerdings nur einige Monate tätig war, da der Kirchenvorstand der Johannisgemeinde ihn am 1. September zum dritten Geistlichen wählte. Die Einweisung in sein neues Amt als Diakonus erfolgte am Reformationsfest des Jahres 1904.

Die Johanniskirche ist eine der ältesten Kirchen der Stadt Chemnitz, deren erste urkundliche Erwähnung 1264 datiert. Nach dem Abriss durch Moritz von Sachsen im Schmalkaldischen Krieg wurde sie 1566 wieder aufgebaut. Im 18. Jahrhundert zog die Gemeinde in die ›neue Johanniskirche‹, die spätere Paulikirche um; die alte Johanniskirche wurde nur noch als Begräbniskapelle für den sie umgebenden, damals einzigen Friedhof der Stadt genutzt. Im Zuge des industriellen Aufschwungs und raschen Wachstums der Stadt wurde die alte Johanniskirche von 1876 bis 1881 neugotisch umgebaut und wieder zur Pfarrkirche. Während der Tätigkeit von Johannes Herz kam es erneut zu einer völligen Veränderung der Kirche. Im April 1912 hatte der Kirchenvorstand beschlossen, die Kirche vom Architekturbüro Zapp-Basarke im Jugendstil umbauen zu lassen.[2] Im Süden wurde ein Seitenschiff mit Empore angefügt, des Weiteren eine Taufkapelle und eine Brauthalle, die Decke im Innenraum wurde

1 Einen guten Einblick darüber gibt Herz selbst. Vgl. Johannes Herz: Bleibende Wahrheiten im Wechsel der Zeiten. 25 Jahre evangelische Verkündigung in der Großstadt, Leipzig 1940 und sein Verzeichnis zu gehaltenen Predigten und kirchlichen Handlungen. UAL Na Herz 2/3.

2 Vgl. Eintrag im Amtskalender vom 24. April 1912. UAL Na Herz 2/1. Ausführender Architekt war Erich Basarke.

durch ein Tonnengewölbe ersetzt. Wie stark Johannes Herz am Baugeschehen beteiligt war, war nicht zu ermitteln. Er sammelte allerdings hier erste wichtige Erfahrungen, auf die er später beim Bau der Versöhnungskirche in Leipzig-Gohlis zurückgreifen konnte.[3] Die Gemeinde feierte während der Bauzeit ihre Gottesdienste in der Markuskirche. Die Weihe der umgebauten Kirche wurde am 7. September 1913 gefeiert.

Mit der neuen Pfarrstelle in St. Johannis war die nebenamtliche Tätigkeit als Krankenhausseelsorger in den städtischen Kranken- und Pflegeanstalten verbunden. Diese Arbeit war geeignet, den Blick von Johannes Herz für die soziale Not und das damit verbundene persönliche Elend vieler Menschen zu schärfen. Dazu kamen die Begegnungen und Gespräche mit dem Pflegepersonal. Welchen Eindruck seine Arbeit bei diesen gemacht hatte, zeigte sich, als Herz am 7. Januar 1909 zum letzten Mal im Krankenhaus predigte: Die Krankenschwestern schenkten ihm zum Abschied Blumen und ein Gemälde.[4]

Seine Arbeit im Krankenhaus und die Seelsorgebesuche in seinem Bezirk bestärkten bei Herz die für den Sozialen Protestanten typische Ansicht, dass die Bemühungen um das Seelenheil der Menschen einhergehen müssten mit den Bemühungen um erträgliche Lebens- und Arbeitsbedingungen. Die Umsetzung dieser Erkenntnis gelang Johannes Herz in seinen Predigten, die »nicht in Phrasen, Versen und Bibelstellen über die Köpfe der Menschen hinweggingen«,[5] sondern die Menschen in ihren Situationen persönlich ansprachen, was eine Reihe von Briefen, die er nach seinem Weggang aus Chemnitz erhielt, zeigt. Interessant ist dabei, dass das Spektrum der begeisterten Predigthörer alle Sozial-, Bildungs- und Altersschichten durchzog.[6]

Im Sommer 1910 nahm Johannes Herz als Vorsitzender des Jünglingsvereins seiner Gemeinde an einer Studienreise nach England, Schottland und Wales teil, um Anregungen für die eigenen Arbeitsmethoden zu erhalten.[7] Zurück in Deutschland hielt er Vorträge über das in England Erlebte[8] und versuchte das Interesse für die Jugendarbeit zu stärken: »Johannes hat viele Sitzungen, es handelt sich jetzt fast immer um die Jugendfürsorge, die ja beinah zur ›Bewe-

3 Siehe unten, 83–91.

4 Vgl. Eintrag im Amtskalender vom 7. Januar 1909. UAL Na Herz 2/1.

5 Brief von dem Gemeindeglied Clara Neche an Herz vom 17. August 1915. UAL Na Herz 1/3.

6 Vgl. UAL Na Herz 1/1-3. Margarete Ebert, ein Gemeindeglied aus dem Bezirk Neugablenz, der nicht zu den Herzschen Bezirken zählte, war trotzdem häufig mit ihrem Mann bei Herz im Gottesdienst. Seitdem ihr Mann eingezogen worden war, schrieb sie ihm aus dem Gedächtnis eine Zusammenfassung der Herzschen Predigten ins Feld, was ihrem Mann sehr wichtig war. Brief von Margarete Ebert an Herz vom 19. September 1915. UAL Na Herz 1/3.

7 Siehe dazu Kapitel 1, 38–40.

8 Z.B. »Was können wir von der englischen Jugendarbeit lernen?« bei der Thüringischen Konferenz für Innere Mission am 16. Mai 1911. UAL Na Herz 6.

gung‹ wird, erfreulicherweise«, schrieb Katharina Herz an ihre Geschwister.[9] In der Diözesanversammlung[10] Chemnitz I sprach Herz im Mai 1911 über »Die Aufgaben unserer Kirchgemeinden an der konfirmierten männlichen Jugend«[11] und verlas einige eigene Anträge zur Verbesserung der Jugendarbeit in Chemnitz, die von der Versammlung angenommen wurden. Daraufhin wurde ein Ausschuss für Jugendarbeit für die Stadt gegründet, dessen Vorsitz man Herz antrug, den er aus Zeitgründen aber ablehnte.[12]

In der eigenen Gemeinde setzte Herz den Gedanken, dass mit der Konfirmation die Fürsorge nicht enden dürfe, um, indem er die konfirmierte männliche und die konfirmierte weibliche Jugend seines Seelsorgebezirks, allerdings getrennt, »auf besondere gedruckte Einladung« in den Gemeindesaal einlud. Diese wurde gut angenommen und der Wunsch nach Wiederholung ausgesprochen.[13] Allerdings reduzierte sich die Zahl der Teilnehmenden, besonders bei der männlichen Jugend.[14] Johannes Herz folgte mit diesen Einladungen einem Trend der evangelischen Jugendarbeit. Am 31. März 1910 hatte die erste Jahresversammlung des auf einen Antrag des Deutschen Protestantenvereins auf dem Deutschen Protestantentag in Bremen 1909[15] gegründeten Bundes deutscher Jugendvereine stattgefunden. Der Bund hatte es sich zur Aufgabe gemacht, für das Wohl der schulentlassenen männlichen Jugend in einem evangelisch freien und volkstümlichen Geiste – im Entwurf hieß es noch »in evangelisch-sozialem Sinne« – zu sorgen.[16] Von den Einzelgemeinden forderte der Bund: 1. grundsätzliche Anerkennung der Pflicht zur Jugendarbeit; 2. Die Schaffung von Jugendheimen und Anstellung von Jugendsekretären und 3. Schaffung von Pfarrstellen für Jugendgeistliche in der Großstadt.[17] Als der ESK 1910 in Chemnitz tagte, stand eine der Sonderkonferenzen unter dem Thema Jugendarbeit.[18]

---

9 Rundbrief Nr. 357 von Katharina Herz vom 4. März 1911. StAL Na Herz 11/1.

10 Die Diözesanversammlung wurde jährlich vom Superintendenten einer Ephorie einberufen. An der Versammlung sollten außer den Geistlichen zumindest ein Kirchvorsteher jeder Gemeinde teilnehmen. Es wurden die Aufgaben der Kirchenvorstände und der Zustand der Ephorie verhandelt. Vgl. Drews: Das kirchliche Leben ..., 64.

11 1914 erschien eine Broschüre unter dem gleichen Titel.

12 Vgl. Eintrag im Amtskalender vom 29. Juni 1911. UAL Na Herz 2/1.

13 Vgl. Eintrag im Amtskalender vom 19. und 27. November 1911. UAL Na Herz 2/1.

14 Vgl. Einträge im Amtskalender vom 19. Februar 1912 und 12. September 1915. UAL Na Herz 2/2.

15 Deutscher Protestantentag in Bremen vom 21.–24. September 1909.

16 Vgl. § 1 der Satzung des Bundes Deutscher Jugendvereine. Vgl. CCW 17 vom 18. April 1910, 194f.

17 Vgl. CCW 17 vom 18. April 1910, 194f.

18 Zur Kongresstagung in Chemnitz siehe Kapitel 3.2, 125–134.

Im März 1912 wurde in der Johannisgemeinde auf Betreiben von Herz ein Jugendausschuss gegründet, dessen Vorsitz er auch übernahm. Im Erdgeschoss des Hauses Rudolfstraße 7 wurden Räume gemietet, um ein Jugendheim für die Arbeit mit dem Jünglingsverein der Gemeinde zu eröffnen. Es wurden in kurzer Zeit die nötigen Umbauten vorgenommen, sodass bereits drei Wochen später, am 14. April, das Jugendheim eröffnet werden konnte. In einem Brief von Herz an seine Stiefmutter lässt sich ablesen, wie stark er sich für die Schaffung eines solchen Heims eingesetzt hatte:

> »Ich hatte in den letzten Wochen viel zu tun mit der Einrichtung eines neu geschaffenen ›Jugendheims‹ für unseren Jünglingsverein, ein Doppelzimmer im Parterre eines Mietshauses, das den jungen Leuten als Lese- und Schreibraum jeden Sonntag Nachmittag von 2-8 Uhr sowie jeden Wochentag Abend von 7-9 Uhr offen steht. Die Ausstattung des Raumes mit dem nötigen Inventar lag ganz allein mir ob. Es galt, das nötige Geld dafür durch freiwillige Beiträge aufzubringen und dann alles einzukaufen und einzurichten und nichts dabei zu vergessen. Da gab es viel Wege und viel Mühe. Es ist nun aber auch alles sehr hübsch und gemütlich geworden und am Sonntag vor 8 Tagen haben wir das Heim einweihen können.«[19]

Das Engagement von Herz in dieser Angelegenheit war mitbegründet durch das Wissen um den ungenügenden Wohnraum und die schwierigen Wohnverhältnisse, die es gerade den Zugezogenen unmöglich machten, in Chemnitz[20] und damit auch in der jeweiligen Kirchgemeinde »heimisch« zu werden, weil ihnen ein wirkliches »Heim« fehlte. Das Jugendheim sollte diesem Mangel nach Möglichkeit entgegenwirken. So war es mit einem Schreibraum, in dem Schreibmaterial zur Verfügung stand, und einem Leseraum ausgestattet. Im Leseraum gab es neben Zeitungen und Zeitschriften eine Hand- und Nachschlagebibliothek. Besonders zu benennen ist ein Spieleraum, in dem es Brett- und Kartenspiele gab, da sich hier die Bemühung, ein »Heim« für Jugendliche zu schaffen, am deutlichsten abzeichnet.[21] Bei der ersten Versammlung der älteren Abteilung des Jünglingsvereins stiftete Herz »zur Feier des Tages Brühwürfel, Semmel, Getränke.«[22]

---

19 Brief von Herz an Cäcilie Herz vom 25. April 1912. StAL Na Herz 10/3.

20 Für die Tagung des ESK in Chemnitz war eine Broschüre »Chemnitz in seiner sozialen Arbeit. Ein Gruß an den Evangelisch-Sozialen Kongreß 1910« angefertigt worden, die einen Aufsatz »Statistisches von Chemnitz« vom Leiter des städtischen Statistischen Amtes H. Schöbel enthielt. Unter Punkt drei werden dort »Einkommens- und Wohnungsverhältnisse« beschrieben. Vgl. H. SCHÖBEL: Statistisches von Chemnitz. In: Martin Eger (Hg.): Chemnitz in seiner sozialen Arbeit. Ein Gruß an den Evangelisch-Sozialen Kongreß 1910, 84–93.

21 Vgl. dazu die Einträge im Amtskalender vom 25. März 1912 und 14. April 1912. UAL Na Herz 2/1.

22 Eintrag im Amtskalender vom 2. Mai 1912. UAL Na Herz 2/1.

Neben den Anregungen für die Jugendarbeit hatte Johannes Herz auf seiner Reise nach England, Schottland und Wales weitere, ihn sehr stark prägende Eindrücke sammeln können. Der Blick über die deutschen Grenzen stärkte sein bereits liberal geprägtes Profil. Über das entspannte Verhältnis von Arbeiterschaft und Kirche in England war er verblüfft, schlichtweg begeistert von der englischen kirchlichen Männerarbeit. Es gab spezielle Männergottesdienste für Angehörige des Arbeiterstandes, deren Teilnehmer in sogenannten »Brotherhoods«, der seinerzeit mächtigsten und erfolgreichsten religiösen Bewegung in England, zusammengeschlossen waren. Das Gepräge dieser Sonntagnachmittaggottesdienste, ›pleasant Sunday afternoons‹, war sehr frei und ohne liturgische Enge gehalten, meist oblag Laien der Verkündigungsteil:

> »Das gehörte nach dem Urteil aller Reiseteilnehmer zu den tiefsten und packendsten Eindrücken, die wir vom religiösen Leben Englands gewonnen haben [...]. Ein Weg schien uns hier gezeigt, eins der größten und schwierigsten kirchlichen Probleme unserer Tage, die Wiedergewinnung der Männerwelt für Kirche und Gottesdienst, zu lösen.«[23]

Dieses Konzept versuchte Herz auch für Chemnitz umzusetzen.

> »Nachmittags 11 Uhr fand im Arbeitervereinshaus die erste der von mir angeregten rel[igiösen] Männerversammlungen nach engl[ischem] Vorbild statt. Der Besuch war, da die Propaganda noch unzureichend war, mäßig: ca. 40 Männer. Die Leitung hatte Schlosser Wollenhaupt, die Schriftverlesung R[echts]A[nwalt] Rothe, dann Sologesang eines blinden Baritonisten Bär, dann die treffliche Ansprache von Wustmann über Ebr. 13,14[24] mit kurzem Gebet, zum Schluß wie am Anfang Liedvers, ganz am Schluß Segen. Das Ganze dauerte knapp ¾ Stunden. Unter den Besuchern waren viele, die offenbar von der kirchl[ichen] Verkündigung nicht erreicht wurden. Eine Reihe von Männern erklärte sich am Schluß (nach ein paar Worten von mir) zur Mitarbeit bereit. Die Tellersammlung ergab M 4,70. Unser Gedanke fand bei den Teilnehmern viel Zustimmung.«[25]

Die nächste religiöse Männerversammlung war trotz intensiver Vorbereitung und »viel Werbung« ebenfalls nur schwach besucht.[26] Insgesamt konnte sich das Konzept in Chemnitz nicht durchsetzen, sodass diese Gottesdienstform nach relativ kurzer Zeit wieder eingestellt wurde.[27]

---

23 Reisebericht über die Studienreise nach England, Schottland und Wales. UAL Na Herz 6.

24 Ebr. = Hebr 13,14: Denn wir haben hier keine bleibende Stadt, sondern die zukünftige suchen wir.

25 Eintrag im Amtskalender vom 20. November 1910. UAL Na Herz 2/1. Vgl. auch die Schilderung in Rundbrief von Herz an seine Geschwister vom 29. November 1910. StAL Na Herz 9/1.

26 Herz zählte 20 Besucher. Vgl. Eintrag im Amtskalender vom 26. November 1911. UAL Na Herz 2/1.

27 Vgl. Sächsische Evangelisch-soziale Vereinigung. Bericht über die Zeit vom 1. April 1909 bis 31. März 1911 und von Ostern 1911 bis Ostern 1913, herausgegeben von Johannes Herz, Leipzig 1911 und 1913.

Einem anderen Experiment von Johannes Herz war mehr Erfolg beschieden. Als sein Kollege Franke 1909 eine Pfarrstelle in Schöneck im Vogtland angenommen hatte, übernahm Herz von ihm den Vorsitz der »Kolportage der Vereinigten Chemnitzer Kirchenvorstände«. Ihm schwebte vor, die Kolportage zu modernisieren und zu einer »Hauskolportage zur Bekämpfung der Schundliteratur« auszubauen. Neben christlichen Blättern und Zeitschriften, Volks- und Jugendkalendern, Bibeln und Neuen Testamenten, Gesangbüchern und Verteilschriften sollte auch eine Reihe von »billigen und guten Bildern« hergestellt und vertrieben werden.[28] Unter der Leitung von Herz entwickelte sich die Kolportage, die im Februar 1913 in »Evangelische Buchhandlung« umbenannt worden war,[29] zu einer beachtlichen Größe.[30] Herz sorgte auch dafür, dass zu bestimmten Anlässen Schriften verteilt wurden, die ein eher kirchenfernes Publikum erreichen sollten. So veranlasste er z.B., dass am Totensonntag[31]

28 Vgl. Rundbrief von Herz an seine Geschwister vom 24. November 1909. StAL 9/1. Eintragung im Amtskalender vom 18. November 1909. UAL Na Herz 2/1.

29 Vgl. Eintrag im Amtskalender vom 25. Februar 1913. UAL Na Herz 2/2.

30 Vgl. Jahresberichte der Chemnitzer christlichen Buchhandlungen 1909–1913. UAL Na Herz 11.

31 Ein evangelischer Gedenktag für die Verstorbenen war von Friedrich Wilhelm III. 1816 für die Gebiete der altpreußischen Union festgelegt worden. Die anderen Landeskirchen folgten diesem Beispiel. In Sachsen wurde die Feier des »Todtenfestes« 1833 auf den 2. Adventssonntag gelegt, um eine Kollision mit anderen kirchlichen Festen zu vermeiden. Diese Regelung wurde 1840 wieder aufgehoben und das »Todtenfest« auf den letzten Trinitatissonntag zurückverlegt. Erst durch die neuere liturgische Bewegung, beispielhaft sei hier die Berneuchner Bewegung genannt, wurde in der Agende I in den 1950er Jahren der letzte Sonntag des Kirchenjahres als »Ewigkeitssonntag« charakterisiert. Dies nimmt eine mittelalterliche Praxis auf. Im Evangelischen Gottesdienstbuch gibt es für den letzten Sonntag des Kirchenjahres neben dem Proprium als Ewigkeitssonntag ein alternatives zum Gedenktag der Entschlafenen. Vgl. Codex des im Königreiche Sachsen geltenden Kirchen- und Schulrechts mit Einschluß des Rechts der frommen Stiftungen und der Ehe. Unter Genehmigung des Königl. hohen Ministerium des Cultus mit Erläuterungen aus ungedruckten Verordnungen versehen. Leipzig 1840, 351f. und Verordnung zum 4. October 1833, Supplement zum Codex des im Königreiche Sachsen geltenden Kirchen- und Schulrechts mit Einschluß des Rechts der frommen Stiftungen und der Ehe. Enthaltend die neuere einschlagende Gesetzgebung seit dem Jahre 1840 und Berichtigungen und Nachträge zum Hauptwerke mit Erläuterungen aus ungedruckten Verordnungen versehen. Sammt vollständigen chronologischen und alphabetischen Registern. Bearbeitet von Eduard Schreyer, Secretair im Königl. Ministerio des Cultus und öffentlichen Unterrichts, Leipzig 1852, 260; Agende für evangelisch-lutherische Kirchen und Gemeinden. Bd. 1 Der Hauptgottesdienst mit Predigt und heiligem Abendmahl und die sonstigen Predigt- und Abendmahlsgottesdienste, Hannover 1955; Evangelisches Gottesdienstbuch, Berlin 2000.

Trostschriften an die Friedhofsbesucher auf allen Chemnitzer Friedhöfen verteilt wurden.[32] Besonders intensiviert wurden solche Verteilaktionen, nachdem der Erste Weltkrieg begonnen hatte. Die durch Chemnitz fahrenden Truppen erhielten Schriften der Buchhandlung. Häufig stand Herz selbst am Bahnhof, um die Verteilung zu übernehmen.[33] Außerdem erfragte er in den städtischen Krankenhäusern die Namen sämtlicher Einberufener und Kriegsteilnehmer, um an die Truppenteile mit Chemnitzer Soldaten Feldpostpakete mit erbaulichen und unterhaltsamen Schriften zu versenden.[34] Erstmalig geschah das am 17. November 1914. Herz führte diese Arbeit bis zum Ende des Krieges weiter, auch nachdem er als Pfarrer in die Leipziger Gemeinde Gohlis-Nord berufen worden war. Regelmäßig schickte er einen Osterbrief an die Kriegsteilnehmer seines Bezirks und einen Weihnachtsbrief an alle Kriegsteilnehmer der Gemeinde.[35]

II Das Hildegardstift

Im Januar 1917 trug Johannes Herz im Frauenverein der Gemeinde Gohlis-Nord die Idee zur Gründung einer Kleinkinderbewahranstalt vor. Die Bezeichnungen variieren, so wurde auch von einem Kinderhort, einem Kindertagesheim und später auch von einem Kindergarten gesprochen. Herz war aufgefallen, dass zu viele Kinder unbeaufsichtigt zu Hause blieben, weil der Vater im Krieg war und die Mutter arbeiten gehen musste – dem sollte abgeholfen werden. Hier wird das Handeln von Herz als sozial-protestantisch erkennbar, weil er nach dem Wahrnehmen eines sozialen Missstands nicht nur versucht, diesem zu wehren, sondern gleichzeitig die Verkündigung des Evangeliums und die Einbindung in die Kirche bzw. Gemeinde damit verknüpft. Der Verein nahm die Idee freudig auf und beschloss, eine Kinderbewahranstalt zu gründen. Bereits in der nächsten Kirchenvorstandssitzung wurde über die Gründung beraten. In der bald darauf folgenden Finanz- und Bauausschusssitzung wurden dafür 600 M jährlich und weitere 600 M einmalig bewilligt. Am 26. Januar fand die konstituierende Sitzung des Vorstands für die Bewahranstalt statt. Neben Herz als Vorsitzendem gehörten die Kirchvorsteher Alfred Schmidt und Max Seyfarth, Lehrer Fetschel, Frau Prof. Kröber, die Gemeindeschwester Käte Meisel und

32 1913 wurden 23.800 Exemplare verteilt. Vgl. Eintrag im Amtskalender vom 24. November 1912. UAL Na Herz 2/2. Vgl. Jahresbericht der Evangelischen Buchhandlung Chemnitzer Kirchgemeinden 1913. UAL Na Herz 11.

33 Vgl. die wiederkehrenden Einträge im Amtskalender so u.a. am 18. August., 19. August, 22. August, 15. September 1914. UAL Na Herz 2/2.

34 Vgl. Eintrag im Amtskalender vom 17. November 1914. UAL Na Herz 2/2.

35 1917 erhielten 400 Gemeindeglieder den Osterbrief und 1500 den Weihnachtsbrief. Einträge im Amtskalender vom 27. März und 21. Dezember 1917. UAL Na Herz 2/2. Einige Antworten von Gemeindegliedern hat Herz aufgehoben, so auch ein Dankschreiben von Caspar René Gregory. UAL Na Herz 1/1.

ein Fräulein Schmidt dazu. Als Räumlichkeiten für die Kinderbewahranstalt sollte eine Wohnung in der Ulanenstraße 2, heute Hoepnerstraße, ab dem 1. April gemietet werden. Ein Fräulein Margarete Richter wurde als Kinderhelferin gewählt.

Herz hatte seine Idee mit dem Kirchenvorstand umgesetzt und dabei wohl den Frauenverein übergangen, was zu einiger Verstimmung führte.

> »Ich berichtete über die Schritte zur Gründung einer K[inder]B[ewahr]A[nstalt]. Da Frau Steiger (die Frauenvereinsvorsitzende) u[nd] P[astor] Strauß sich ganz zu unrecht dabei übergangen glaubten, sprachen sich beide sehr nervös u[nd] gereizt g[e]g[en] die neue Sache aus, und es kam zu einer sehr unerfreulichen Debatte,«

schrieb Herz über die Generalversammlung des Frauenvereins am 30. Januar in seinen Amtskalender.[36] Auch im Vorstand des Frauenvereins musste Herz sein eigenmächtiges Handeln erklären.

Am 24. Februar teilte die Fabrikantenwitwe Hildegard Bleichert Herz mit, dass sie für die Kinderbewahranstalt 10.000 M stifte, was in der Folge dazu führte, dass die Einrichtung nach ihr benannt wurde. Die Einweihung erfolgte am 16. April 1917. Die Kinderbewahranstalt bot 40 Kindern Platz. Herz' Interesse am Hildegardstift blieb immer groß. So hörte er auch Vorträge zur Kleinkinderpflege, über hygienische Bedingungen, die an eine Kinderbewahranstalt gestellt würden, über die Kleinkindernährung während des Krieges und über die Psychologie des Kindes. Nachdem das Soldatenheim als Gemeindehaus gepachtet werden konnte,[37] zog die Anstalt in diese Räume um. Wegen der Inflation im Jahre 1923 wurde es nötig, das Hildegardstift zu schließen, da die Betriebskosten nicht mehr aufzubringen waren. Wiedereröffnet werden konnte das Stift am 6. Oktober 1924.

Eine Entmündigung der Gemeinde als Trägerin erfolgte 1941. Im Dezember 1940 hatte der sächsische Minister des Innern, Karl Fritsch, eine Verordnung erlassen, die die Gemeinde zwang, das Stift der NSV[38] mit einer NS-Leiterin zu unterstellen, 1941 erfolgte ein Runderlass des Reichsministers des Innern über die Zusammenarbeit der Gemeinden und Landkreise mit der NSV zur Förderung der Kindertagesstätten. Verschiedene Eingaben durch die Kirchenkanzlei an den Reichsminister des Innern, Wilhelm Frick, wurden mit der Antwort

---

36 Vgl. Eintrag im Amtskalender vom 30. Januar 1917. UAL Na Herz 2/2.

37 Siehe unten, 82f.

38 Die NSV war am 18. Mai 1932 gegründet worden, hatte seit März 1933 unter der Führung von Erich Hilgenfeldt stark an Bedeutung gewonnen und war die maßgebliche Größe bei der Gleichschaltung der Wohlfahrtsverbände. Durch die Einrichtung und Zwangsübernahme von Kindergärten konnten bereits Kleinkinder im nationalsozialistischen Sinne indoktriniert werden. Die Zwangsübernahmen betrafen nicht nur Sachsen, sondern das gesamte Reichsgebiet.

bedacht, dass die Maßnahmen gebilligt und dem oben erwähnten Runderlass entsprechen würden:

»In diesem Erlaß wird klargestellt, dass die Betreuung der Kinder in den Kindertagesstätten der NSV im Rahmen der allgemeinen Menschenführungsaufgabe der Partei obliegt und daß daher die Übernahme der nicht von Gemeinden betriebenen Kindertagesstätten ausschließlich Aufgabe der NSV ist. Durch die Überführung der kirchlichen Kindertagesstätten auf die NSV erleidet die Betreuung keinerlei Unterbrechung. Hinzu kommt, daß die Art der Betreuung der Kinder in den von der NSV betriebenen Kindertagesstätten gegenüber dem Zustande zur Zeit des Betriebes der Kindertagesstätten durch die kirchlichen Stellen namentlich in gesundheitsfürsorgerlicher Hinsicht eine bessere sein wird, da der NSV [...] reichlichere Mittel zur Verfügung stehen.«[39]

Katharina Herz schrieb an ihre Geschwister:

»Wir kranken noch an unserem Kindergarten-Begräbnis von vorletzter Woche. Gut, daß es hinter uns liegt. Beim Abschied sagte der Kassierer, der auch von 1917 an dieses Amt hatte, das Hildegardstift sei Pfarrer Herzens 4. Kind gewesen, er frage sich nur, ob es vor den 3 Jungen oder nach ihnen gekommen wäre.«[40]

Der Stiftungsvorstand beschloss im Juli 1941, die Stiftung aufzulösen. In diesem Fall wäre der Gemeinde die Stiftung als unangreifbare Hildegard-Bleichert-Stiftung zugefallen. Die Auflösung wurde jedoch verwehrt, sodass der Stiftungsertrag weiterhin für den Betrieb der Kinderbewahranstalt genutzt werden konnte. Da diese aber der NSV unterstellt war, entfiel der gemeinnützige Zweck, somit war eine Körperschaftssteuer zu entrichten. Um diese Steuer zu umgehen, empfahl der Leipziger Oberbürgermeister, Alfred Freyberg, den Stiftungsvorstand durch die NSV zu bilden und die Stiftung und die Anstalt an die Stadt zu übergeben. Stiftungsvorstand und Beirat konnten diesem Vorschlag nicht zustimmen, »da das eine Preisgabe des kirchlichen Charakters der Stiftung [...] bedeuten würde.«[41] Herz wandte sich sogleich an das Kreiskirchenamt mit der Bitte um Unterstützung zur Wahrung der kirchlichen Rechte und Interessen. Superintendent Heinrich Schumann vermerkte handschriftlich unter dem Schreiben, dass es sich dabei um eine grundsätzliche Entscheidung handele, die in anderen Fällen als Beispiel dienen könne, deshalb sei das LKA einzuschalten.

Die Stiftung blieb bei der Versöhnungsgemeinde. Die Erträge wurden jedoch nach Abzug der Verwaltungsauslagen und der Körperschaftssteuer an die NSV überwiesen.

---

39 Deutsche Evangelische Kirchenkanzlei KK III 608/41 vom 6. Juni 1941. Akten des Pfarramts Bannewitz.

40 Rundbrief Nr.1188 von Katharina Herz vom 18. März. 1941. StAL Na Herz 11/1.

41 Schreiben an das Ev.-luth. Kreiskirchenamt vom 19. Februar 1942. EphAL I-B 130, Schrank 8, Bl. 240.

Nach dem Zweiten Weltkrieg wurde der Gemeinde das Kindertagesheim von den amerikanischen Behörden zurückgegeben. Das bombengeschädigte Gemeindehaus war soweit instand gesetzt worden, dass am 2. Juli 1945 das Hildegardstift wieder als kirchlicher Kindergarten eröffnet werden konnte; es wurde der Inneren Mission unterstellt. Die Zeit der SED-Diktatur brachte neue Repressalien mit sich. Da die kirchlichen Einrichtungen sich nicht dem »Sozialistischen Bildungs- und Erziehungsplan« unterstellt hatten, sondern die Kinder im christlichen Glauben zu selbständig denkenden Menschen erziehen wollten, standen sie dem sozialistischen Anspruch auf den ganzen Menschen und der ideologischen Indoktrinierung von Kindesbeinen an im Weg. Das Hildegardstift wurde zum Lehrkindergarten für die Ausbildung zur Kinderdiakonin. Diese Ausbildung war staatlicherseits geduldet, aber nicht anerkannt.

> »Die Ausbildung zur Kinderdiakonin erfolgte an den Seminaren für kirchlichen Dienst in Wolmirstedt, Greifswald, Berlin-Weißensee, Bad Lausick, Dessau und Eisenach. Sie befähigte vor allem zur pädagogischen Arbeit im evangelischen Kindergarten, allerdings auch, im Gegensatz zur Kindergärtnerin, zur pädagogischen Arbeit mit Kindern bis zum 10. Lebensjahr. [...] Unter dem Berufsbild der Kinderdiakonin wurde eine sozialpädagogische und religionspädagogische kirchliche Mitarbeiterin im Verkündigungsdienst verstanden, ›die mit ihrer Person und ihrer täglichen Arbeit dazu beiträgt, den Kindern und ihren Eltern das Evangelium als Lebenshilfe und Orientierung erfahrbar zu machen‹.«[42]

Wie begehrt ein solcher Rückzugsort vom real existierenden Sozialismus war, zeigen die stets wachsenden Kinderzahlen, die seit 1953 mehrere Erweiterungsarbeiten nötig machten.

III Das Gemeindehaus[43]

Seit ihrer Ausgründung aus der Friedensgemeinde war die Gemeinde Gohlis-Nord auf der Suche nach geeigneten Gemeinderäumen. Nach dem Ersten Weltkrieg konnte man ein auf dem Gemeindegebiet liegendes Soldatenheim, Treitschkestraße 20, heute Hans-Oster-Straße, zu mieten. Es sollte eine Übergangslösung sein, mit einer eigenen Kirche sollten zugleich eigene Gemeinderäume gebaut werden. Der Kirchenvorstand stimmte zu, nachdem der Verein »Soldatenheim« bereit war, nicht nur Teile, sondern das ganze Gebäude zu vermieten. Der Rat der Stadt, dem das Land als Erbbaugelände gehörte, stimmte auch deshalb zu, weil durch die

---

42 Iris RUPPIN: Kinderdiakoninnen im Transformationsprozess. Beruflicher Habitus und Handlungsstrategien im Kindergarten, Wiesbaden 2008, 54; 60.

43 Für diesen Abschnitt vgl. Eine moderne evangelische Kirche und die Versöhnungsgemeinde, hrsg. vom Ev.-luth. Kirchenvorstand der Versöhnungsgemeinde Leipzig-Gohlis, Leipzig 1994, 55–59; und Akten der Superintendentur. EphAL I-B 130, Schrank 8, Bl. 84f.

Verlegung der Pfarramtskanzlei, des Hildegardstifts und der Wohnungen von Gemeindeschwester und Kirchdiener vier andere Wohnungen frei wurden.

Das Haus befand sich in einem so schlechten Zustand, dass viele Renovierungs- und Erneuerungsarbeiten notwendig waren, außerdem musste es, um den Anforderungen der Gemeinde zu entsprechen, umgebaut werden. Für diese Zwecke bewilligte der Kirchenvorstand 40.000 M, wovon 20.000 M als Darlehen aufzunehmen waren, was durch den Kirchgemeindeverband und die Kircheninspektion genehmigt wurde.

Am 27. Februar 1920 wurde der Mietvertrag geschlossen. Damit hatte die Gemeinde ein Zentrum für die Gemeindearbeit. Welche Bedeutung und identitätsstiftende Wirkung diese eigenen Räume für die Gemeinde hatten, lässt sich daran erkennen, dass der Kirchenvorstand beschlossen hatte, der Kirchgemeinde zum Anlass der Weihe des Gemeindehauses einen Namen zu geben. Unter dem starken Eindruck des Ersten Weltkriegs entschied man sich für den Namen »Versöhnungsgemeinde«. Die Weihe mit Namensgebung erfolgte am 25. April 1920. Das als Übergangslösung gedachte Gemeindehaus in der Treitschkestraße wurde zu einer Dauerlösung, es dient heute noch unter dem Namen Dietrich-Bonhoeffer-Haus als Gemeindehaus der Versöhnungsgemeinde Leipzig-Gohlis.

IV Der Bau der Versöhnungskirche[44]

Die Gemeinde Gohlis-Nord war nach ihrer Gründung aus der Friedensgemeinde in Ermangelung eigener Gebäude auf einen Betsaal als Gottesdienstraum, die Aula der IV. Höheren Bürgerschule in der Halleschen Straße 60, heute Georg-Schumann-Straße, angewiesen. Dieser lag am Rande des Gemeindegebiets, befand sich im zweiten Stock und war für große Festgottesdienste wie Konfirmationen zu klein, es fehlten Glocken und Orgel. Nachdem 1921 mit der Pachtung des Soldatenheims der Wunsch nach eigenen Gemeinderäumen Realität geworden war, wurde der Bau einer eigenen Kirche vorangetrieben. Bereits bei der Ausgründung aus der Friedensgemeinde 1913 war der Wunsch nach einem eigenen Gotteshaus entstanden. Die Stadt Leipzig hatte, um das

44 Zum Bau der Versöhnungskirche und zu ihrer Ausstattung sind zwei zeitgenössische Publikationen erschienen: Versöhnungsgemeinde und Versöhnungskirche. Festschrift zur Weihe der Versöhnungskirche in Leipzig-Gohlis. Leipzig 1932, und: Architekt B. D. A. Hans Heinrich Grotjahn: Ein moderner evangelischer Kirchenbau. Die Versöhnungskirche in Leipzig. Mit einer Einleitung von Johannes Herz. Berlin 1932. Dazu kommen zwei neue Publikationen: Eine moderne evangelische Kirche ... und: Henrike Dietze, Dieter Michel, Sieghard Mühlmann (Hg.): Die Versöhnungskirche in Leipzig-Gohlis. Geschichte und Gegenwart eines Bauwerks der klassischen Moderne, Leipzig 2009.

Kollaturrecht[45] zu erhalten, der Gemeinde den Baugrund am Viertelsweg als Patronatsgeschenk überlassen. Die vollständige Übereignung wurde am 23. Oktober 1920 ins Grundbuch eingetragen. Die Gemeinde sammelte Spenden, ein Bauplan wurde erstellt, aber durch den Ersten Weltkrieg und die Inflation in den zwanziger Jahren musste das Vorhaben immer wieder aufgeschoben werden. Das Geld für den Bau wurde aufgebracht aus Spenden aus der Gemeinde, sowohl von einzelnen Personen als auch den Gemeindekreisen, einer Baukollekte, die seit Bestehen der Gemeinde Gohlis-Nord an jedem ersten Sonntag im Monat gesammelt wurde, und durch ein Darlehen des Kirchgemeindeverbands Leipzig.

Als schließlich 1929 der Bau der Kirche beantragt wurde, empfahl das Bezirkskirchenamt Leipzig-Stadt der Gemeinde den Bau einer Notkirche. Da die Gemeinde den Bau einer Notkirche bereits selbst in den Jahren 1918 und 1925 erwogen und verworfen hatte, waren die Argumente gegen einen Notbau schnell und sachlich dargelegt: Der Kostenaufwand stünde in keinem Verhältnis zur Dauerhaftigkeit des Gebäudes, das Inventar könnte in einem späteren Kirchenbau nicht verwendet werden, da der Versöhnungsgemeinde nur das Bauareal am Viertelsweg zur Verfügung stehe, müsste die Notkirche erst abgebrochen werden, ehe ein Neubau errichtet werden könnte, damit wäre die Gemeinde ca. drei Jahre ohne Gotteshaus.[46] Außerdem war die Gemeindegliederzahl durch Neubauten auf dem Gemeindegebiet seit 1925 um 3000-4000 Gemeindeglieder angewachsen, und das Areal der Neubauten lag sehr weit vom Betsaal entfernt.

Für den Bau der Versöhnungskirche wurde am 15. Juli 1928 ein Wettbewerb unter den Leipziger Architekten ausgeschrieben. Dabei waren im Ausschreibungstext klare Vorgaben gemacht worden, da der Kirchenvorstand und vor allem Johannes Herz sich intensiv mit dem modernen evangelischen Kirchenbau beschäftigt hatten, was auch in der Weiheschrift klar zum Ausdruck kommt, wenn es heißt, dass die »leitenden und für den Kirchbau in erster Linie verantwortlichen Persönlichkeiten [...] sich mit den Fragen des neueren evangelischen Kirchenbaus« eingehend vertraut gemacht hätten. Dass Herz dabei in erster Linie an die eigene Person denkt, steht hier außer Frage.[47]

45 Kollaturrecht bezeichnet das Recht, die geistlichen Stellen in der Gemeinde zu besetzen und als Patron zu fungieren.

46 Vgl. Brief des Kirchenvorstands der Versöhungsgemeinde Gohlis an die Superintendentur Leipzig-Stadt vom 8. Juni 1929, EphAL I-B 130, Schrank 8, Bl. 130.

47 Ausführlich erläuterte Herz in der Festschrift zur Weihe, dort S. 26 auch Zitat, des Neubaus und in dem Heft: Grotjahn: Ein moderner evangelischer Kirchenbau, die theologischen und praktischen Argumente, die diesen Vorgaben und dem späteren Bau zugrunde lagen. Auf diese Ausführungen wird im Folgenden zurückgegriffen.

»Im Aufbau wird eine würdige, in geschlossenen Formen gehaltene Architektur gewünscht, die eine gute städtebauliche Wirkung der Gesamtanlage gewährleistet.«[48]

Neben der Kirche, die auch Gemeinderäume beherbergen sollte, sollten zeitlich versetzt noch ein Gemeindehaus und ein Pfarrhaus mit Dienstwohnungen entstehen.

Zwei von Architekt Hans Heinrich Grotjahn eingereichte Entwürfe wurden prämiert, ein weiterer Entwurf von ihm angekauft. Daraufhin wurde ihm die Durchführung des Baus übertragen. Allerdings musste Grotjahn aufgrund der sich verschlechternden wirtschaftlichen Situation einen vereinfachten Entwurf erarbeiten; ebenfalls aus Kostengründen wurde als Baumaterial Beton gewählt.[49] Obwohl bei öffentlichen Bauten in den zwanziger Jahren häufiger verwendet, war dieses Material für den Kirchbau doch sehr neu und ungewöhnlich. In dem Heft »Ein moderner evangelischer Kirchenbau« stellte Herz den Einsatz dieses Materials überaus positiv und beabsichtigt dar:

»Als Baumaterial wurde Beton gewählt, und zwar nicht nur aus Ersparnisgründen, sondern auch aus der Erwägung heraus, daß der moderne protestantische Kirchenbau der Verwendung der neuen Baustoffe der Gegenwart nicht grundsätzlich ablehnend gegenüberstehen darf, sondern versuchen soll, auch diese Baustoffe seinen Zwecken dienstbar zu machen. Die Ausführung hat den Beweis geliefert, daß der Betonbau mit seinen ruhigen, klaren Linien und seinen straffen architektonischen Formen auch für einen Kirchbau wohl geeignet ist und bei richtiger Anwendung auch den sakralen Charakter des Gebäudes weder im Inneren noch im Äußeren beeinträchtigt. Daß auch im Kircheninneren die tragende Betonkonstruktion nicht verkleidet oder verdeckt worden ist, sondern überall zutage tritt, hat dem Innern eine eigenartige, aber durchaus nicht unkirchliche, sondern vielmehr sehr eindrucksvolle Raumwirkung und namentlich durch den Wegfall aller tragenden Säulen dem Kirchenraum einen geschlossenen Charakter gegeben, der den Gemeindegliedern von jedem der 800 Plätze aus unbeschränkten Blick auf Altar und Kanzel ermöglicht.«[50]

Die Hoffnung, dass Beton der Verwitterung besser als Sandstein oder Ziegel trotzen würde und damit Reparatur- und Instandhaltungskosten gering blieben, bewahrheitete sich nicht, was besonders am Turm schnell deutlich wurde, da sich die »schlanken Betonquerschnitte [...] mit den damaligen technischen Mitteln der Betontechnologie nicht in der erforderlichen Qualität herstellen ließen.« Das blieb nicht der einzige Sanierungsbedarf. Bereits 1933 wurden Schäden festgestellt, die dadurch entstanden waren, dass durch das Dach, auf dem die Kupferbleche nicht sorgfältig genug verlegt waren, Wasser eindrang.

48 Wettbewerbsausschreibung zur Erlangung von Entwürfen einer Kirchenanlage mit Pfarrhaus und Gemeindehaus für die Versöhnungsgemeinde in Leipzig-Gohlis-Nord. 2. A. zitiert nach: Grotjahn: Ein moderner ..., 27.

49 So Herz in der Festschrift: Versöhnungsgemeinde und ..., 25.

50 Grotjahn: Ein moderner ..., 9f.

Eine nicht beachtete Baufuge im Stahlbetonskelett führte aufgrund von Bewegungen der Konstruktion Ostern 1938 dazu, dass sich eine Putzschicht von der Decke löste und auf die Gottesdienstbesucher herabfiel. In dem Gemeindeglied und Architekten Georg Staufert hatte der Kirchenvorstand einen ständigen Wächter und Mahner im Blick auf die Mängel am Bau.[51]

Nachdem am 9. Juli 1930 der erste Spatenstich gesetzt worden war, wurde am 31. August der Grundstein der Versöhnungskirche gelegt. In der Ansprache erinnerte Johannes Herz an die langjährigen Bemühungen um den Kirchenbau, außerdem an die Angriffe, denen sich die Kirche seit der Entstehung der Weimarer Republik ausgesetzt sah, und an die schwierige Wirtschaftslage.

> »Darf man in einer Zeit«,

so fragte Herz,

> »harter politischer Kämpfe um den inneren Neubau des Vaterlandes, darf man in einer Zeit schwerer wirtschaftlicher Sorgen und Nöte, wo Tausende unter Wohnungsnot und Arbeitslosigkeit leiden, darf man in einer Zeit, in der viele der Kirche gleichgültig gegenüberstehen, ja von Kirche und Christentum sich losgesagt haben, darf man in einer Zeit, wo vielfach das Christentum als veraltet erscheint und wo ein modernes Heidentum mitten in unserem Großstadtleben emporgewachsen ist, darf man in einer solchen Zeit an einen Kirchbau denken? Aber wir haben gerade aus ernstester und gewissenhaftester Prüfung der Lage heraus diese Frage doch immer wieder mit einem freudigen und zuversichtlichen Ja beantwortet.«

Gerade in einer so spannungsreichen Zeit sollten Menschen in der Kirche Orientierung und seelischen Halt finden können, das sei die neue Missionsaufgabe, der sich auch die Versöhnungsgemeinde mit ihrer neuen Kirche stellen sollte. Der »ernsten und schweren Zeit,« in die der Bau fiel, wurde mit der nüchternen und sachlichen Ausführung Rechnung getragen.[52]

Besonders durchdacht und den evangelischen Bedürfnissen angepasst, so Herz, war die Innenraumgestaltung, an der der Leipziger Künstler Alf Brumme maßgeblich beteiligt war sowohl in ihrer Anordnung als auch in ihrer Ausgestaltung. Die Gedanken des Wiesbadener Programms waren aufgenommen und weitergedacht worden. Das Wiesbadener Programm forderte die Einheit von Altar, Kanzel und Orgel, möglichst auf der Mittelachse des Kirchenraums.[53] So kam es in der Versöhnungskirche zu einer Konzentration von Kanzel, Altar und

51 Gerhart H. W. PASCH: Sanierung und Umbauten nach 1932. In: Dietze, Michel, Mühlmann (Hg.): Die Versöhnungskirche ..., 140f. dort auch Zitat.

52 Ansprache bei der Grundsteinlegung der Versöhnungskirche Leipzig-Gohlis am 31. August 1930. EphAL I-B 130, Schrank 8, Bl. 151f. Dort auch Zitate.

53 Zum Wiesbadener Programm: Harold HAMMER-SCHENK: Kirchenbau IV. 19. und frühes 20. Jahrhundert. 4. Die großen Pfarrkirchen. 3. Das Wiesbadener Programm, TRE 18 (1989), 507. Die Philippuskirche in Leipzig ist die einzige Kirche in Sachsen, die nach Wiesbadener Programm gebaut wurde.

Orgel mit Sängerempore im Chorraum. Die Kanzel war nicht axial angebracht worden, um den Blick auf den Altar nicht einzuschränken, aber trotzdem nahe der Mittelachse, weil die Predigt der zentrale Ort im protestantischen Gottesdienst ist. Die Kanzel ist in die Mauer des Chorraums integriert. Orgel und Sängerempore sind gegenüber der Kanzel im Chorraum angebracht, eine zu dieser Zeit in Deutschland seltene Lösung. Hintergrund dafür ist der Gedanke, dass Pfarrer, Gemeinde und Orgel/Chor sich während des Gottesdienstes im Gespräch befinden, dem, so Herz, würde ein Aufstellen der Orgel hinter der Gemeinde abträglich sein. Der bis auf schlanke Marmoreinlagen schmucklose Altar aus Cottaer Sandstein, »der keineswegs entbehrt werden kann, sondern für die Liturgie, wie für die Abendmahlsfeier und die sonstigen kirchlichen Handlungen seine Bedeutung behält«,[54] war freistehend in der Mitte des Chorraums aufgestellt worden, um Abendmahlsumgänge zu ermöglichen.

> »Besondere Sorgfalt wurde in engem Zusammenwirken zwischen dem bauleitenden Architekten, namhaften Künstlern und dem Pfarramtsleiter [Johannes Herz] als Vertreter der kirchlichen Körperschaften der künstlerischen Ausstattung des Kirchenraums zugewendet.«[55]

Der Innenraum sollte nicht mit »altchristlichen, der heutigen Gemeinde unverständlichen und zur Schablone gewordenen Symbole[n] – Monogramm Christi, A und O, Taube, Fisch, Ähre, Weintraube u.s.w. – sowie [den] üblichen aus der katholischen Zeit überkommenen Altar- und Kanzelbehänge[n]«[56] überfrachtet werden. Die Anlage konzentriert sich auf die vier Meter hohe Christusplastik, die sich über dem Altar erhebt. Christus ist als der Überwinder von Kreuz und Tod dargestellt, dessen rechte Hand zum Himmel und damit auf das Reich Gottes weist. Die transzendentale Wirkung wurde durch ein nicht sichtbares Oberlicht verstärkt. Die Haltung der linken Hand kann als Segensgeste gedeutet werden. Zur Interpretation der Plastik sind die Weihepredigt und die Ausführungen von Johannes Herz heranzuziehen. Darin wird besonders der Versöhnungsgedanke betont: Christus ruft den Gläubigen »Versöhnt euch!« zu. Unterstützt wird der Gedanke durch die beiden Reliefs, die links und rechts unterhalb der Plastik angebracht sind. Sie zeigen das Gleichnis vom verlorenen Sohn (Lk 15) und das Gleichnis vom barmherzigen Samariter (Lk 10). Mit dem Relief vom verlorenen Sohn soll zur Versöhnung mit Gott, mit dem Relief vom barmherzigen Samariter die Versöhnung mit den Mitmenschen, die sich besonders in der sozialen Versöhnung zeigt, gemahnt werden.[57] Ein letztes Relief

54 Grotjahn: Ein moderner ..., 3.

55 Grotjahn: Ein moderner ..., 23. Zur ikonographischen Bedeutungslinie von Bau und Innenausstattung besonders Christian Mai: »Die künstlerische Ausstattung der Versöhnungskirche durch M. Alf Brumme.« In: Dietze, Michel, Mühlmann (Hg.): Die Versöhnungskirche ..., 48–57.

56 Grotjahn: Ein moderner ..., 23.

57 Vgl. Versöhnungsgemeinde und ..., 45f.

befindet sich an der Kanzel. Es zeigt einen Säemann, der als Allegorie auf den Prediger zu verstehen ist. Die Graffiti, die den Eingang zur Feierkirche rahmen, gehören nicht zur ursprünglichen Gestaltung, sondern sind ein Geschenk Alf Brummes zur Konfirmation seines Sohnes 1936.

Bei der Feierkirche handelt es sich um einen extra abgeteilten Raum unter der Orgelempore. Er ist für ein im Anschluss an den Gottesdienst stattfindendes Abendmahl oder Kasualien gedacht, bei denen die Teilnehmerzahl eher gering ausfällt.[58] Auch der Altar der Feierkirche wurde von Brumme gestaltet. Das Kreuz erinnert an romanische Darstellungen des *signum Dei vivi* und bleibt damit thematisch auf der Linie des Christus in der Predigtkirche, der den Tod überwunden hat. Taufstein und Abendmahlsgerät der Feierkirche sind ebenfalls von Brumme entworfen worden und fügen sich stilgerecht ein.

Besondere Beachtung verdienen die Fenster der Versöhnungskirche, die bis auf die Sakristeifenster von Odo Tattenpach entworfen worden waren.[59] Die Fenster von Feierkirche und Sakristei sind mit figürlichen Darstellungen ausgeführt, dagegen wurde in der Predigtkirche bewusst auf figürliche Darstellung verzichtet. Die Fenster der Feierkirche rahmen den Altar und zeigen die Geburts- und Taufszene auf der einen, die Einsetzung des Abendmahls und das Pfingstereignis auf der anderen Seite. Ein fünftes Fenster an der Südseite zeigt den Gläubigen in der Großstadt. Es ist wahrscheinlich, dass dieses Bildprogramm durch den Kirchenvorstand und besonders den Vorsitzenden Johannes Herz vorgegeben war.[60]

Johannes Herz beschreibt in der Festschrift zur Weihe die Intention und Wirkung der Fenster folgendermaßen:

> »Eigenartig auf den ersten Blick, aber immer stärker bei längerem Betrachten wirken die Glasmalereien in den Fenstern der Feierkirche, für die der Kunstmaler Tattenpach die Entwürfe geliefert hat. In einem geschlossenen Bilderkreis stellen die vier Fenster links und rechts des Altars die großen Hauptdaten der evangelischen Geschichte, die Geburt Jesu, die Berufung Jesu bei seiner Taufe, das letzte Mahl mit seinen Jüngern und das Pfingstereignis dar. Gesichter und Hände der einzelnen Personen sprechen hier zu dem, der sich in diese Darstellungen hineinversenkt, eine außerordentlich eindrucksvolle Sprache. Das fünfte, für sich stehende Fenster möchte die in sich geschlossene Feierkirche gleichsam mit der Außenwelt verbinden. Es zeigt auf dem Hintergrund der Großstadt mit ihrem Getriebe die Prophetengestalt des gläubigen Menschen, der aus der Unruhe und dem Kampf des Alltags in den stillen Frieden der Kirche mit ihrer Botschaft von der Versöhnung hineinruft.«[61]

---

58 Das angeschlossene Abendmahl war die seinerzeit übliche Form. Abendmahlsfeiern im Hauptgottesdienst waren die Ausnahme.

59 Ausführung durch die Firma Ernst Wilhelm Mewes, Leipzig.

60 So Rainer BEHRENDS: Die farbigen Glasfenster der Versöhnungskirche. In: Dietze, Michel. Mühlmann (Hg.): Die Versöhnungskirche ..., 98.

61 Versöhnungsgemeinde und ..., 46–49.

Die Fenster in der Sakristei zeigen das Gleichnis vom Sämann (Mt 13,3-7).[62] Der Entwurf stammte von Curt Metze.[63] Auffällig ist die gleiche Bildthematik an der Kanzel und in der Sakristei, die die Arbeit des Predigers mit der des Sämanns vergleicht. Auch hier lässt sich die theologische Mitarbeit von Johannes Herz am Bildprogramm gut erkennen. Allerdings sind neben der Assoziation vom vierfachen Acker bei der Figur des Sämanns als Deutung des Predigers auch andere Bezüge gut denkbar, so das Gleichnis von der selbstwachsenden Saat (Mk 4,26-29), oder das vom Unkraut unter dem Weizen (Mt 13,24-30).

Die Fenster der Predigtkirche sind farbig gefasst. Ins Auge fällt das große Kreuzfenster an der Südseite der Kirche.[64] Das Kreuz in der Fassade erhebt sich raumgreifend über dem auf dem Grundstein der Kirche errichteten Altar des Ehrenhofs. Von außen ist das Kreuz gut zu erkennen, innen behindert die Empore die Gesamtansicht des Kreuzes. Um diesem Problem zu begegnen, hatte Tattenpach mit Hilfe von senkrechten und waagerechten Streifen die Kreuzansicht innen zu verstärken gesucht. Das von Tattenpach entworfene Fenster ist nicht mehr erhalten. Anfang der 70er Jahre waren die Schäden so groß, dass sich die Gemeinde entschloss, das Fenster neu anfertigen zu lassen. Das Kreuzfenster in seiner heutigen Gestalt ist nach Entwürfen von Matthias Klemm mit veränderten Farbtönen gefertigt. Die senkrechten und waagerechten Linien wurden durch Kreise ersetzt.[65]

Der unter dem Straßenniveau angelegte Ehrenhof war als Gefallenenehrenmal konzipiert. In seiner Mitte steht ein Altar mit der Inschrift. »LASST EUCH VERSOEHNEN«. Die für den Altar vorgesehene Plastik wurde nicht aufgestellt, da die Stadt Leipzig die Baugenehmigung für ein Gefallenenehrenmal nicht erteilte.[66] Über dem leergebliebenen Altar erhebt sich das Kreuzfenster. Zu dessen ikonographischer Aussage schreibt Behrends:

> »Die Absicht des Architekten [war es], über dem tiefer gelegenen Ehrenhof kraftvoll plastisch und dominierend die doppelte Kreuzform aufragen zu lassen, sozusagen aus den Tiefen der Verstrickung in Schuld und Sünde ein Zeichen der Versöhnung aufsteigen zu lassen.«[67]

---

62 Das Gleichnis vom vierfachen Acker: Der Sämann sät auf vier Untergründen, aber nur auf »dem guten Land« kann die Saat aufgehen.

63 Ausgeführt von der Firma Richter Römer, Leipzig.

64 Die seit dem 5. Jahrhundert im Abendland übliche Ostung der Kirchen war in der Bauausschreibung nicht verlangt worden. Das lag unter anderem am Baugrund, der der Gemeinde zur Verfügung stand und eine Nord-Süd Ausrichtung nötig machte. Der praktische Nutzen, betonte Herz, läge darin, dass die Gemeinde nicht geblendet würde. Vgl. Grotjahn: Ein moderner ..., 8.

65 Zur Deutung des neuen Kreuzfensters: Behrends: Die farbigen ..., 97

66 In der Zeit des Nationalsozialismus gab es Bestrebungen eines Gemeindevereins, ein Ehrenmal bauen zu lassen. Siehe dazu Kapitel 1, 60–62.

67 Behrends: Die farbigen ..., 63.

An der nord-westlichen Ecke der Kirche erhebt sich ein schlanker, 40 Meter hoher Turm, in dem Wohnungen für Glöckner und Hausmeister, Räume für kirchliche Vereinzwecke sowie ein Technikraum und der Glockenstuhl untergebracht waren. Über der Uhr leuchtet ein vier Meter hohes vergoldetes Kreuz als Wahrzeichen der Kirche über die Stadt.[68]

Die Frage, ob ein Kirchenbau in einer wirtschaftlich so schwierigen Zeit gerechtfertigt werden könne, die Johannes Herz in seiner Ansprache bei der Grundsteinlegung angesprochen hatte, stellten auch andere. In der in Leipzig verlegten *Sächsischen Arbeiterzeitung* war am 7. Februar 1931 ein Artikel unter der Überschrift »2 ¾ Millionen Mark für Kirchenneubau« erschienen, in dem der »pompöse Kirchenneubau« angeprangert wurde, der aus Steuermitteln bestritten worden sei, obwohl es in der Gemeinde schon drei Kirchen und vier Gemeindehäuser gäbe. Dagegen legte Herz schriftlich Protest ein und verlangte eine Richtigstellung. Der Kirchenneubau koste 500.000 M, die nicht aus laufenden Steuermitteln, sondern aus Rücklagen und Spenden stammten. Außerdem habe die Versöhnungsgemeinde keine eigenen Gemeinderäume, sondern nur ein angemietetes Gemeindehaus.[69]

Neben diesen pekuniären Vorwürfen wurden auch politische laut. Der in Dresden herausgegebene *Freiheitskampf – Amtliche Tageszeitung der N.S.D.A.P. Gau Sachsen* hatte in seiner Ausgabe vom 14. November 1931 die Behauptung aufgestellt, dass Tattenpach eingeschriebenes Mitglied der Kommunistischen Partei sei. Auch dagegen legte Herz Widerspruch ein und verlangte eine Berichtigung. Tattenpach sei evangelisch und »hat uns aufs Bestimmteste erklärt, daß er niemals eingeschriebenes Mitglied der kommunistischen Partei gewesen ist und zu dieser Partei überhaupt keine Beziehungen hat.«[70] Der Druck der Berichtigung wurde zwar zugesagt, aber lange verschleppt; der Vorwurf blieb lange Thema in der regionalen nationalsozialistischen Propaganda. Tattenpach wurde später wegen Ablehnung der NS-Kulturpolitik – nicht wegen der Mitgliedschaft in der Kommunistischen Partei – die Aufnahme in die Reichskulturkammer verwehrt.[71]

Nachdem schon seit Anfang des Jahres 1932 der Gemeindebrief als neues Emblem ein Bild der neu entstandenen Versöhnungskirche trug, konnte am Sonntag Lätare, dem 6. März, die Kirche nach fast zweijähriger Bauzeit mit einem Gottesdienst geweiht werden. Nach der Weiherede und Segensworten von Superintendent Hilbert hielt Johannes Herz die Predigt auf Grundlage von 2Kor 5,18-20[72] mit der klaren Betonung der Versöhnungsbotschaft:

---

68 Vgl. Grotjahn: Ein moderner ..., 12.

69 Abschrift in der Superintendentur. EphAL I-B 130, Schrank 8, Bl. 149f.

70 Abschrift in der Superintendentur. EphAL I-B 130, Schrank 8, Bl. 165.

71 Vgl. Behrends: Die farbigen ..., 102 und 105.

72 2Kor 5,18–20: Aber das alles von Gott, der uns mit sich selber versöhnt hat durch Christus und uns das Amt gegeben, das die Versöhnung predigt. Denn Gott selbst

»Dieser Bau wäre nichts und unserer Gemeinde zu nichts nütze, wenn nicht durch ihn und in ihm das Evangelium verkündet würde, die frohe Botschaft Jesu von der Versöhnung. Und das will unsere Kirche, das ist die letzte und tiefste Absicht derer gewesen, die sie schufen, die Botschaft von der Versöhnung in die Welt hinein zu rufen. ›Laßt Euch versöhnen‹, so steht es in schlichten Buchstaben als Predigt unserer Kirche an die Öffentlichkeit draußen auf dem Altar im Freien.«

Doch Versöhnung untereinander, soziale Versöhnung, so Herz weiter, kann nur gelingen, wenn zuvor die Versöhnung mit Gott stattgefunden hat. Etwas vereinfachend wurden die Versöhnung mit Gott und »die neue Lebensschau von Gott her« als Universallösung gegenüber »den schreienden Ungerechtigkeiten, den bitteren Enttäuschungen, den unverständlichen Geschehnissen, den tragischen Schicksalsschlägen« dargestellt. Wer mit Gott und seiner Lebenssituation versöhnt ist, der kann auch Versöhnung mit anderen anstreben: ein dringendes Anliegen, da sich am Ende der Weimarer Republik der Gegensatz zwischen Parteien und sozialen Milieus immer weiter verschärft hatte.[73]

war in Christus und versöhnte die Welt mit sich selber und rechnete ihnen ihre Sünden nicht zu und hat unter uns aufgerichtet das Wort von der Versöhnung. So sind wir nun Botschafter an Christi Statt, denn Gott ermahnt durch uns; so bitten wir nun an Christi Statt: Laßt Euch versöhnen mit Gott!

73 Auszug aus der Predigt zur Weihe der Versöhnungskirche am 6. März 1932. Beigabe zum Gemeindebrief der Versöhnungsgemeinde Leipzig-Gohlis-Nord März 1932, 21. Jahrgang. Dort auch Zitate.

Abb. oben: Vorstand des ESK bei der Tagung in Duisburg 1931 (v.l.n.r. unten: Vorsitzender D. Dr. Walter Simons (Reichsgerichtspräsident a.D.), Dr. Gerda Simons, Geheimrat Prof. D. Otto Baumgarten, Generalsekretär Pfr. D. Johannes Herz; mitte: Elsbeth Krukenberg, Prof. Dr. Waldemar Zimmermann, Pfr. Lic. Wilhelm Geibel; oben: Pfr. Johannes Steude, Sozialpfarrer Lic. Wilhelm Menn, Pfr. Immanuel Voelter).
Abb. unten: Präsentation der Zeitschrift Evangelisch-Sozial auf der Internationalen Presseausstellung 1928 in Köln (mit freundlicher Genehmigung des Fördervereins Versöhnungskirche-Leipzig-Gohlis e. V., © Bertram Kober).

Kapitel 3

Der soziale Protestant

Das soziale Engagement von Johannes Herz kam nicht von ungefähr. Bereits sein Vater war sozial außerordentlich aktiv,[1] ebenso der Großvater,[2] sodass Herz früh mit sozialen Anliegen und auch sozialistischen Anschauungen in Berührung kam.[3] Sein Studium nutzte er, um weitere Einblicke zu bekommen. So hörte er während seines Semesters in Tübingen unter anderem einen Vortrag über »Die Entwicklung des Sozialismus«.[4] Sein Studienaufenthalt in Marburg brachte ihn mit liberalen Theologen wie Wilhelm Herrmann und Adolf Jülicher zusammen. Auch die Beziehung zu Martin Rade wurde während seines Studiums geknüpft. Besonders ein Vortrag Rades auf einer Konferenz in Gießen 1897 fesselte Herz und seinen Bruder Reinhard. Später schrieb Herz über dieses Ereignis:

> »Seitdem ist Rade uns ein geistiger Führer und die ›Christliche Welt‹ eine treue Begleiterin geblieben. Als Student, Kandidat und junger Pfarrer habe ich die ›Christliche Welt‹ so eifrig, wie keine andere Zeitschrift studiert und dadurch nicht nur theologisch mannigfache Förderung erfahren, sondern vor allem auch einen weiten Blick gewonnen für alle die Fragen des kulturellen, ästhetischen, sozialen und politischen Lebens.«[5]

Durch die Mitgliedschaft in der Lausitzer Predigergesellschaft lernte er spätere evangelisch-soziale Weggefährten kennen, so Hermann Mulert, Gerhard Bemmann und Gerhard Satlow. Daran, dass all sein soziales Handeln nur evangelisch-sozial motiviert sein konnte, bestand für Herz kein Zweifel. So gehörte er zu jenen, die auf den Aufruf im *Neuen Sächsischen Kirchenblatt*[6] reagierten und an der Gründung der Sächsischen Evangelisch-sozialen Vereinigung beteiligt waren.

1 Zu Paul David Herz siehe Kapitel 1, 19f. und den Nachruf NSKBl 11 (1909), Sp. 172f.

2 Vgl. Eintrag im Amtskalender von Paul Herz vom 13. Februar 1895. UAL Na Herz 52.

3 Vgl. Eintrag im Amtskalender von Paul Herz vom 9. März 1893. UAL Na Herz 52.

4 Vgl. Brief von Herz an seine Eltern Herz vom 26. April 1896. StAL Na Herz 13/2.

5 Johannes Herz: Grußwort. In: Hermann Mulert (Hg.): Vierzig Jahre ..., 93.

6 NSKBl 28 (1903), Sp. 442; siehe oben, 29.

I Die Sächsische Evangelisch-soziale Vereinigung

Zur Entstehung und Entwicklung der Sächsischen Evangelisch-sozialen Vereinigung (SESV) hat Sebastian Kranich 2006 eine aufschlussreiche Untersuchung vorgelegt.[7] Sie zeichnet die Entwicklung von 1903 bis zum Ersten Weltkrieg nach. Für die Zeit nach dem Krieg gibt es außer einigen zeitgenössischen Selbstdarstellungen keine weiteren Arbeiten. In der vorliegenden soll das Augenmerk auf die Bedeutung von Johannes Herz für die Vereinigung gelegt werden, also vornehmlich auf die öffentlichen-religiösen Diskussionsabende und die Aktivitäten unter seinem Vorsitz von 1915 bis 1923.

Nachdem bei den Reichstagswahlen 1903 die SPD 22 von 23 sächsischen Wahlkreisen gewonnen hatte, erschien im *NSKBl* der anonyme Aufruf, eine »Sächsische kirchliche Konferenz« zu gründen, um

> »durch soziale Männer die Sozialdemokratie aufzuhalten. Der internationale, revolutionäre und atheistische Sozialismus muß und wird mit Gottes Hilfe überwunden werden von einem christlichen und nationalen Sozialismus – oder unser Volk ist verloren.«

Der Aufruf war so gehalten, dass sich die verschiedenen kirchenpolitischen Richtungen angesprochen fühlen konnten. Er endete mit der Forderung: »Sachsenvolk, wach auf zur gemeinsamen sozialen Arbeit!«[8] Als Mitglieder war primär an Geistliche gedacht, Juristen, Mediziner und Lehrer sollten ergänzend hinzutreten. Dem Aufruf folgte eine rege Diskussion, die mündlich, schriftlich und über das *NSKBl* geführt wurde. Der Leipziger Neutestamentler Caspar René Gregory sprach die Empfehlung aus, die Konferenz als Landesvereinigung an den ESK anzuschließen.[9] Andere forderten einen Anschluss an die Freie Kirchlich-soziale Konferenz[10] oder an die Gesellschaft für Soziale Reform.[11]

1 Der Streik der Textilarbeiter in Crimmitschau als Initialzündung für die SESV

Unbeabsichtigte Schützenhilfe bei der Entstehung leistete der Streik der Crimmitschauer Textilarbeiter, der am 17. August 1903 begann. Die Arbeiter forderten die Einführung des 10-Stunden-Arbeitstags. Nachdem 600 Arbeiter die Arbeit niedergelegt hatten, sperrten die Fabrikanten als Antwort darauf

7 Sebastian KRANICH: Die Sächsische Evangelisch-Soziale Vereinigung. Von der Gründung 1903 bis zum Beginn des Ersten Weltkriegs 1914. Eine historisch-systematische Studie, Gütersloh 2006.

8 Gerhard Bemmann: Aufruf zur Gründung einer Sächsischen Sozialen Konferenz. Anonym veröffentlicht im NSKBl 28 (1903), Sp. 442.

9 Vgl. Brief von Gregory an Liebster vom 31. Juli 1903. AESK B III 1, 4.

10 Zur FKSK siehe Kapitel 3.2, 148–152.

11 Vgl. Walter FRIEDRICH: Von der Sächsischen Evangelisch-sozialen Vereinigung. ES 7/8 (1904), 105.

alle Arbeiter aus. Die Polizeikräfte wurden aufgestockt, sodass von einer Stadt unter Belagerungszustand gesprochen wurde. Seinen Höhepunkt erreichte der Streik, als durch ein Versammlungsverbot auch die von den Arbeitern geplanten »Christbescherungen« verboten wurden. Erst dadurch wurde der Streik auch zu einer Sache der Kirche. Ein Brief des Ortspfarrers Robert Schink wurde in der *CW* veröffentlicht. Darin stellte Schink sich deutlich auf die Seite der Arbeitgeber, sprach den Arbeitern in materieller und formeller Beziehung das Recht auf den Streik ab und fand, dass »die letzte Ursache des Streiks [...] wirklich nicht die Lohn- und Arbeitszeitfrage [ist], sondern die Frage, wer in der Fabrik Herr sein soll, also die Machtfrage.« Herren ihrer Fabriken seien die Arbeitgeber.[12] Als sich reichsweit Proteste regten, stellten sich die Mitglieder der Crimmitschauer Pastoralkonferenz geschlossen hinter ihren Kollegen. Rade antwortete in der *CW* mehrfach auf Schinks Brief und stellte sich letztendlich auf die Seite der Arbeiter. Friedrich Naumann hatte in *Die Hilfe* nach der Haltung der sächsischen Pfarrer gegenüber Schink und seinen Amtsbrüdern gefragt.[13] Sicher auch als Reaktion auf diese Anfrage Naumanns entstand bei einem Treffen zur endgültigen Gestaltung der zu gründenden Vereinigung am 20. Januar 1904 in Glauchau, das in der Nähe von Crimmitschau liegt, eine Erklärung zum Streik. Darin distanzierte man sich klar von der Position Schinks und betonte das Recht der Arbeiter, für die Verbesserung ihrer wirtschaftlichen Lage zu kämpfen.[14] Diese Erklärung wurde von der Crimmitschauer Textilarbeitergewerkschaft als Flugblatt verbreitet, so wie der Brief Schinks zuvor auf einem Flugblatt der Fabrikanten verbreitet worden war. Die Reaktionen in der Presse waren breit gefächert. Während die Erklärung von konservativer Seite »zum Teil [als] gegenstandslos, zum Teil wertlos«[15] bezeichnet wurde, nannte die *Sozialkorrespondenz. Organ des Zentralvereins für das Wohl der arbeitenden Klassen* sie einen »mannhaften Protest.«[16] Außerdem wurde verbreitet, dass gegen die Unterzeichner vom Konsistorium Disziplinarmaßnahmen eingeleitet worden seien. Diese Forderung war von den Crimmitschauer Fabrikanten tatsächlich erhoben worden. Für diesen Fall hatte der ESK seine Unterstützung zugesagt. Es handelte sich jedoch um eine Falschmeldung, denn das sächsische Landeskonsistorium hatte sich nicht zum Eingreifen drängen lassen.[17] Die Aufmerksamkeit, die die im Entstehen begriffene SESV dadurch erlangt hatte,

12 Vgl. CW 18 (1904) Sp. 41–44, dort auch Zitat.

13 Die Hilfe 3 (1904), 3f. und 4 (1904), 2f.

14 Abgedruckt in ES 1/2 (1904), 181.

15 Deutsche Tageszeitung Berlin 25. Januar 1904. AESK B III 2a.

16 Sozialkorrespondenz. Organ des Zentralvereins für das Wohl der arbeitenden Klassen Nr. 8, 26. Februar 1904.

17 Vgl. Friedrich: Von der Sächsischen ... ES 7/8 (1904), 106.

war so enorm, dass sich die Gründung als eine Folge des Streiks im kollektiven Gedächtnis verankerte.[18]

Die Gründung erfolgte am 17. Februar 1904 in Chemnitz. Johannes Herz, der in dieser Zeit Pfarrvikar in Waltersdorf bei Zittau war, reiste extra an. An der vorausgehenden Gründungsphase nahm er aufgrund der Entfernung nur postalisch teil. Zunächst wurde von der Versammlung eine zweite Resolution als Erklärung und Ergänzung zu der in Glauchau verfasst, in der die Koalitionsfreiheit der Arbeiter und eine Arbeitszeitverkürzung gefordert und die Christenpflicht der ausgleichenden Gerechtigkeit sowie das Gefühl der gemeinsamen Zusammengehörigkeit betont wurden.[19]

Danach wurde die vorgeschlagene Satzung[20] mit geringen Änderungen angenommen. Es handelte sich um einen Text von Walter Friedrich, der auf einer Besprechung in Zwickau im Oktober 1903 als Entwurf akzeptiert worden war[21] und nun, ergänzt um die Ausgestaltung zur Organisation, als Satzung angenommen wurde. Die primäre, in Paragraph eins der Satzung festgeschriebene Aufgabe der Sächsischen Evangelisch-sozialen Vereinigung war die Rückgewinnung der der Kirche entfremdeten Volksmassen. Paragraph zwei beschreibt, wie das geschehen sollte: Man wollte die Gründe für die Entfremdung aufdecken, über Mittel und Wege zur Rückgewinnung beraten und die eigene Überzeugung möglichst zur Überzeugung der ganzen Landeskirche machen. In Paragraph drei wurden die praktischen Mittel zur Erlangung des Ziels festgelegt. Die SESV wollte darauf hinwirken, dass diese innerhalb der ganzen Landeskirche eingesetzt würden. Dazu zählten vor allem die öffentlichen-religiösen Diskussionsabende, die in mehreren sächsischen Städten veranstaltet wurden und die in Leipzig und Chemnitz die größte Resonanz hervorriefen.[22] Ausdrücklich sollten die »antisozialen Einrichtungen« der Kirche, namentlich die Gebührenklassen, beseitigt werden. Friedrich ergänzte in seinem Bericht über die SESV in *Evangelisch-Sozial* noch das Auftreten einiger Geistlicher in Arbeiterbildungsvereinen, wo sie Vorträge zu religiösen Themen hielten.[23] Paragraph fünf enthält die bemerkenswerte Festlegung, dass die Höhe des Mitgliederbeitrags von jedem Mitglied selbst festgelegt werden könne. Die weiteren

---

18 Vgl. Kranich: Die Sächsische ..., 57.

19 Abgedruckt bei Kranich: Die Sächsische ..., 318f.

20 Die verschiedenen Satzungen und Satzungsentwürfe finden sich im Archiv des ESK. AESK B III 1; 2 a–c.

21 Das Einverständnis von Johannes Herz, der an der Zwickauer Besprechung nicht teilnehmen konnte, wurde nachträglich eingeholt.

22 Die öffentlichen-religiösen Diskussionsabende sind in § 3 der Satzung erst als vorletzte unter Buchstabe d genannt, in der Realität entwickelten sie sich schnell zum wichtigsten Merkmal der Vereinigung.

23 Vgl. Friedrich: Von der Sächsischen ... ES 7/8 (1904), 108.

Paragraphen regeln vor allem organisatorische Fragen, wie die Leitungsstruktur der Vereinigung oder die Tagesordnung für Versammlungen.

Eine starke Konkurrenz erwuchs der SESV durch das Ausgreifen der Freien kirchlich-sozialen Konferenz auf Sachsen. Deren Generalsekretär Reinhard Mumm hatte Ernst Gustav Steude[24] das Angebot unterbreitet, dass sich die evangelisch-sozialen Kreise im Zusammenhang mit der FKSK organisieren könnten.[25] Steude beantragte auf der konstituierenden Sitzung am 17. Februar tatsächlich den Anschluss an die FKSK. Andere führende Köpfe wie Georg Liebster, Walter Friedrich und Gottfried Naumann sahen das Werben Mumms skeptisch und wollten die SESV klar von der »stöckerschen Richtung« abgrenzen.

Die Abgrenzung gegen die FKSK brachte die Vereinigung schnell in die Nähe des ESK. Caspar René Gregory hatte schon im Entstehungsprozess für einen Anschluss an den ESK votiert. Der Vorstand hatte bei seiner Sitzung am 19. April 1904 in Dresden beschlossen, unter voller Wahrung der Selbständigkeit mit dem ESK in Beziehung zu treten.[26] Gregory, selbst Mitglied des Aktionsausschusses des ESK, übernahm die Vermittlerrolle. Er drängte auf einen schnellen Anschluss. Auf der ersten Hauptversammlung am 6. Juni 1904 in Leipzig wurde über das Verhältnis zum Evangelisch-sozialen Kongress diskutiert. Dem Kongress fühle man sich durch die politische Neutralität und die gediegene theologische Arbeit auf sozialem Gebiet verbunden, schrieb Friedrich in *Evangelisch-Sozial*.[27] Zu einem Anschluss kam es allerdings nicht. So sehr die wissenschaftliche Arbeit des ESK geschätzt wurde, sie reichte nach Meinung der Mitglieder der SESV nicht aus. Es müsse die praktische Arbeit dazutreten, welche eine der Grundlagen der SESV sei. Durch einen Beitritt zum ESK, dessen theoretischer Charakter weithin bekannt sei, würde der Charakter der SESV zu weit in den Hintergrund treten und wäre für außenstehende Interessierte nicht zu erkennen. Ein weiterer Grund, der allerdings nicht im Vordergrund stand, war die theologische Ausrichtung. Während der ESK als ein Gremium liberaler Theologie bekannt war, hatte sich die SESV auch in theologischer Hinsicht Neutralität auf die Fahnen geschrieben und wollte für alle theologischen und kirchenpolitischen Richtungen offen sein.

> »Wir legen Wert darauf, daß alle, die mit uns im Evangelium von Jesus Christus, dem Glaubensgrund unserer Kirche, das Heilmittel für die Irreligiosität unserer Tage sehen, gemeinsam in unserer Vereinigung an der Rückgewinnung der

24 Steude, zu dieser Zeit Seminardirektor in Waldenburg, war als Vorstandsmitglied der SESV in Aussicht genommen. Als Unterzeichner der Crimmtitschauer Petition war er vom Kultusministerium gemaßregelt worden und verzichtete daher auf einen Sitz im Vorstand. Vgl. Brief von Steude an Friedrich vom 21. Februar 1904. AESK B III 2b, 75.

25 Vgl. Brief von Mumm an Steude vom 11. Februar 1904. AESK B III 2b, 8.

26 Vgl. Protokoll der Ausschusssitzung vom 19. April 1904. AESK B III 2b, 121.

27 Vgl. Friedrich: Von der Sächsischen ... ES 7/8 (1904), 111f.

> Entchristlichten arbeiten, auch wenn ihre theologischen Meinungen sonst weit voneinander abweichen, und wir freuen uns, daß tatsächlich von Anfang an Männer verschiedener Richtung sich bei uns die Bruderhand gereicht haben«.[28]

Eine Verbindung zum ESK wurde derart hergestellt, dass die Mitglieder der SESV die Kongresszeitschrift *Evangelisch-Sozial* zu einem ermäßigten Preis beziehen und auf Wunsch auch über die SESV volles Mitglied des ESK werden konnten. Gregory gab nach dieser Absage, sich dem Kongress anzuschließen, die Vermittlerrolle auf. Auch der Generalsekretär des ESK, Wilhelm Schneemelcher, reagierte gereizt: »Der Kongreß ist keine alte Jungfer, der sich von selber anbieten müßte, weil er sonst sitzen bleibt.«[29] Trotz dieser Reaktion war es Schneemelcher, der die SESV weiter umwarb und versuchte, die Gemeinsamkeiten beider Organisationen aufzuzeigen, ohne die geistige Abhängigkeit vom ESK und gleichzeitig die Eigenständigkeit im Programm der SESV zu negieren.

> »Ihre V[ereini]g[ung] ist zweifellos aus dem Geiste und den Tendenzen unseres Kongresses heraus geboren, u[nd] ist doch ebenso zweifellos etwas Neues, Ursprüngliches, da sie eben bestimmte Dinge praktisch angefaßt u[nd] dadurch geklärt, dadurch doch eigentlich zuerst entdeckt hat.«[30]

Schließlich trat die SESV im Herbst 1905 dem ESK als korporatives Mitglied bei. Vier sächsische Vertreter, Walter Friedrich, Georg Liebster, Gottfried Naumann und Bernhard Gay wurden in das Aktionskomitee des Kongresses gewählt, die Vereinigung auf der Kongresstagung in Jena 1906 durch Gottfried Naumann ausführlich vorgestellt.

Dabei gab die SESV ihre Eigenständigkeit nicht auf, sondern veranstaltete weiterhin eigene Versammlungen und Tagungen. Bezeichnend für das unbedingte Festhalten an einer gewissen Eigenständigkeit ist die Art und Weise, wie der Vorschlag Liebsters im Vorstand abgelehnt wurde, 1906 auf eine eigene Frühjahrsversammlung zu verzichten und stattdessen die ESK-Tagung in Jena zu besuchen, obwohl in Jena immerhin die SESV vorgestellt wurde: Friedrich warnte davor, dass durch den Verzicht auf eine eigene Tagung der Eindruck entstehen könne, dass die SESV sich »schrittweise [...] an den Kongreß verkaufen« würde.[31]

---

28 Friedrich: Von der Sächsischen ... ES 7/8 (1904), 111.

29 Karte von Schneemelcher an Gregory vom 11. Juni 1904. AESK B III 2b, 205.

30 Brief von Schneemelcher an Friedrich vom 26. Februar 1905. AESK B III 3a, 77.

31 Beitrag von Friedrich im Vorstandsrundschreiben an die Vorstandsmitglieder der Sächsischen Evangelisch-sozialen Vereinigung von Gottfried Naumann mit Antworten der Vorstandsmitglieder vom 9. Dezember 1905. AESK B III 3b, 153.

2 *Die öffentlichen-religiösen Diskussionsabende*

Nachdem Herz 1904 Pfarrer in Chemnitz geworden war, erhöhte sich ortsbedingt sein Anteil an der Arbeit der SESV. Unter der Leitung des Röhrsdorfer Pfarrers Adolf Schwen versammelte sich im August 1904 erstmals eine Ortsgruppe der Vereinigung in Chemnitz mit dem erklärten Ziel, die in der Satzung festgeschriebene Diskussionsarbeit ins Rollen zu bringen. Einen großen Schub erhielt die Sache, als bei der ersten Hauptversammlung der SESV, die am 28. September 1904 in Chemnitz stattfand, »geradezu stürmisch«[32] die Forderung laut wurde, über die gehörten Referate von Gottfried Naumann: »Warum ist unsere Kirche nicht volkstümlich?« und von Karl Oskar Wehrmann: »Wie kann unsere Kirche volkstümlich werden?« zu diskutieren. Schwen versprach daraufhin, dass die Chemnitzer Ortsgruppe einen Diskussionsabend organisieren werde, um die beiden Vorträge zur Debatte zu stellen. Der Diskussionsabend wurde am 2. November 1904 gehalten. Trotz Werbung mit Plakaten, Anzeigen und Zeitungsartikeln fiel der Besuch geringer aus als erwartet, dafür waren unter den Anwesenden zahlreiche Sozialdemokraten, auch der damalige Redakteur der Chemnitzer *Volksstimme* und spätere Reichstagsabgeordnete Gustav Noske. Resümierend schrieb er in der *Volksstimme*, dass jede Verständigung ausgeschlossen sei; auch wenn die Evangelisch-sozialen aus besten Absichten handelten, wären ihre Bemühungen zwecklos.[33] Entgegen der Sorge der Veranstalter, dass die Diskussionsabende dadurch schnell ihr Ende finden würden, war der 300 Personen fassende Saal des Lokals »Zum Goldenen Anker«, in dem der nächste Abend stattfand, diesmal vollbesetzt, zu einem Drittel von Arbeitern. Die Teilnehmerzahlen stabilisierten sich – immer waren Arbeiter anwesend – schwankend war die Teilnahme der regionalen Führer der Sozialdemokratie.

Zum Publikum der Diskussionsabende zählten nicht nur Arbeiter, die die vornehmlichen Adressaten waren, sondern auch »allerhand Sekten und Sonderbündeleien, [...] Spiritisten und Antisemiten«,[34] die in den Abenden eine gute Plattform sahen, um ihre Gedanken in einem größeren Kreis zu äußern. Immer wieder waren auch Vertreter der Landeskirchlichen Gemeinschaft je nach Thema in größerer Zahl vertreten, so z.B. als Paul Schwen über die Frage: »Ist die Bibel Gottes Wort?« sprach. Man hatte sie anfangs zu den Abenden extra eingeladen, nun bildeten sie zusammen mit den Konservativen eine zweite Front neben der Arbeiterschaft.[35]

32 Johannes HERZ: Die Chemnitzer öffentlichen Diskussionsabende. ES 4 (1910), 103.

33 Vgl. Die Volksstimme Nr. 257 vom 4. November 1904.

34 Herz: Die Chemnitzer ... ES 4 (1910), 105.

35 Das Bild vom (evangelisch-sozialen) Pfarrer, der zwischen zwei Heeren steht, nutzte bereits Noske in seinem Bericht über den ersten Diskussionsabend in Chemnitz. Vgl. Die Volksstimme Nr. 257, 2. Beilage vom 4. November 1904.

Auch von den beiden Chemnitzer Superintendenten Johannes Friedrich Hoffmann und Ludwig Fischer wurden die Arbeit der SESV und die Diskussionsabende mit Argwohn verfolgt. Pfarrer, die sich mit Sozialdemokraten einließen, waren verdächtig, ebenso wie die Ortswahl der Arbeiterkneipe.[36] Fischer hatte Schwen gebeten, in der Diözesanversammlung über die neue Gruppe zu referieren; von Amtsbrüdern, die bereits einen Diskussionsabend besucht hatten, erntete Schwen Zustimmung. Fischer selbst tat seine Meinung in einem Brief an Adolf Schwen kund. Es sei für einen Geistlichen, der einen Religionseid[37] geleistet hat, unmöglich, solche Konzessionen an die Arbeiterschaft zu machen. Derartige Zugeständnisse würden nur als Schwäche ausgelegt.[38]

Die Diskussionsarbeit musste nun auf einem schmalen Grat stattfinden. Auf der einen Seite stand die Arbeiterschaft mit ihren führenden Köpfen, die man zu erreichen suchte: Wie konnte man trotz der Negierung traditioneller Auffassungen wie der Jungfrauengeburt, die gerade bei den liberalen Theologen dieser Zeit Hochkonjunktur hatte,[39] den bleibenden Wert des Evangeliums und des christlichen Glaubens betonen und weitergeben? Auf der anderen Seite standen die Superintendenten, konservative Kollegen und besonders die Gemeindeglieder und auch die Mitglieder der Landeskirchlichen Gemeinschaft, die man auch nicht vor den Kopf stoßen wollte. Um diese Fragen wurde in der

36 Vgl. Kapitel 1, 30f.

37 Das »Juramentum Religionis« war 1601 von Christian II. bei seinem Regierungsantritt und später als Mandat eingeführt worden, um die evangelische Lehre rein und unverfälscht in Sachsen – besonders gegen kryptocalvinistische Einflüsse – zu erhalten und war von allen Kirchen-, Hof-, Schul- und anderen Bediensteten zu leisten. Vgl. Mandat, die Subscription des Concordienbuchs betreffend vom 1. August 1602, zitiert nach Codex des im Königreiche Sachsen geltenden Kirchen- und Schulrechts mit Einschluß des Rechts der frommen Stiftungen und der Ehe. Unter Genehmigung des Königl. hohen Ministerium des Cultus mit Erläuterungen aus ungedruckten Verordnungen versehen. Leipzig 1840, 53. Der Religionseid war mehreren Modernisierungen unterworfen, seit 1811 waren nur noch Geistliche, Religionslehrer und Professoren der Theologischen Fakultät zur Leistung des Religionseids verpflichtet. Die für Johannes Herz gültige Formel lautete: »Ich gelobe vor Gott, daß ich das Evangelium von Christo wie dasselbe in der Heiligen Schrift enthalten und in der ersten, ungeänderten Augsburgischen Konfession und sodann in den übrigen Bekenntnisschriften der evangelisch-lutherischen Kirche bezeugt ist, nach bestem Wissen und Gewissen lauter und rein lehren und verkündigen will.« SGVBl 12 (1871), 181.

38 Vgl. Abschrift eines Briefs von Fischer an Schwen vom 7. Januar 1905. AESK B III 3a, 2a.

39 Vgl. dazu z.B. den Apostolikumsstreit und den »Fall Jatho«. Auch Herz zählte zu den Theologen, die sich schwer damit taten, kirchliche Bekenntnisse gegen die Erkenntnisse der Naturwissenschaft zu behaupten.

SESV hart gerungen, und dies war genau der Streit zwischen den theologischen Richtungen, den man eigentlich vermeiden wollte.[40]

Die Gratwanderung in der Diskussionsarbeit bedeutete in der Konsequenz, keine Konzessionen nach der linken Seite zu machen, die die rechte verprellen könnte. Gerade Adolf Schwen war sich des Problems bewusst und suchte, eine gemeinsame »dogmatische« Grundlinie für die Abende festzulegen. Schließlich wollte man die Arbeiterschaft wieder für die Kirche gewinnen, nicht ihr noch Argumente gegen sie liefern. Auch Superintendent Hoffmann äußerte nach den ersten Diskussionsabenden, man dürfe die Gegner nicht noch mit der Nase darauf stoßen, was an der Kirche auszusetzen sei.[41] Für den zweiten Diskussionsabend wurde an Johannes Herz die Parole ausgegeben, so »positiv«, wie es ihm möglich sei, zu reden.

Die Lage spitzte sich noch einmal zu, als der letzte Abend des ersten Zyklus anstand. An diesem Abend, dem 4. April 1905, sollte auf Fragen geantwortet werden, die im Verlauf des Winters an die Veranstalter herangetragen worden waren. So sprach Adolf Schwen zur »Jungfrauengeburt«, Johannes Herz zur »Himmelfahrt«, Heinrich Adolf Clemens Stiehler zur »Auferstehung des Fleisches« und Martin Eger zur »Prophetie«. Die Herangehensweise der Referenten war unterschiedlich. Schwen beschränkte sich darauf, wissenschaftliche Positionen zu referieren und dem einzelnen Zuhörer eine Wertung und Entscheidung zu überlassen. Eger aber, der das Referat von Schwen mit einem Diskussionsbeitrag ergänzte, erklärte, dass Josef der Vater Jesu gewesen sei, was dessen göttlicher Würde aber keinen Abbruch täte. Herz betonte beim Thema »Himmelfahrt« die religiöse Symbolik der Geschichte. Der Abend schlug noch im Nachhinein hohe Wellen, was Herz in einem Brief an seine Eltern auf einen Zeitungsbericht seines Amtskollegen Lötze zurückführte:

> »Durch einen sehr unvollständigen und einseitigen Zeitungsbericht, der die Verhandlungen etwas ungeschickt darstellte u[nd] die Betonung der positiven Elemente vermissen ließ, war in Gemeinschaftskreisen u[nd] bei einzelnen Kollegen eine gewisse Beunruhigung entstanden.«[42]

Die verharmlosende Rede von »einer gewissen Beunruhigung« war sicher dazu gedacht, die Eltern nicht in Sorge zu versetzen, allerdings waren die Wellen der Entrüstung inzwischen einigermaßen abgeebt. Auch Katharina Herz schrieb an ihre Geschwister eher ironisch als in Sorge:

40 Zur Frage, welche theologischen Richtungen in der SESV ihren Platz haben, siehe unten, 102f.

41 Vgl. Brief von Adolf Schwen an Friedrich vom 12. November 1904. AESK B III 2c, 110.

42 Brief von Herz an seine Eltern vom 9. Mai 1905. StAL Na Herz 13/2.

»Johannes hat jetzt mit der hohen Superintendentur zu tun wegen des letzten Diskussionsabends. Die Gemeindekreise und einige liebenswürdige Kollegen haben Spektakel gemacht.«[43]

Direkt nach dem Erscheinen des Berichts in der Zeitung war die Entrüstung jedoch sehr stark zu spüren. Ein Leserbrief an die *Chemnitzer Allgemeine Zeitung* sah die Grundpfeiler der Kirche bedroht, wenn die Jungfrauengeburt aus dem Glaubensbekenntnis gestrichen würde, da mit ihr die wahre Gottessohnschaft Christi fiele.[44] Herz persönlich bekam den Zeitungsbericht Lötzes, versehen mit Randnotizen wie »Sie sind ein Lügner und Heuchler, elender Pfaffe. Schämen und fürchten Sie sich nicht am Altar d[as] Glaubensbekenntnis zu sprechen...?«[45] anonym zugeschickt. Auch Superintendent Hoffmann lud Herz und Eger zum Gespräch wegen des Abends vor, dieses blieb für die beiden jedoch ohne Konsequenzen.[46] Das war nicht selbstverständlich, da von verschiedenen Seiten der Vorwurf der Amtsverletzung erhoben worden war. So schrieb das *Sächsische Kirchen- und Schulblatt*, es sei »hohe Zeit, solchem Treiben, das sich zur gelobten Amtsführung in direktem Widerspruch befindet, entgegen zu treten.«[47]

Anders sah es innerhalb der Vereinigung aus. Die Auseinandersetzungen um die Chemnitzer Diskussionsabende führten auf der Hauptversammlung in Dresden am 26. und 27. April 1905 zu einer Diskussion über die verschiedenen theologischen Richtungen. Man versuchte, einen gemeinsamen Grundkonsens zu finden, allerdings kam man über die Einigung, dass die verschiedenen Richtungen zusammenwirken könnten, wenn man gegenseitig seine Berechtigung und den »gemeinsamen religiösen Besitz« anerkenne, nicht hinaus. Eine Lösung war damit nicht erreicht, denn während die ausgesprochen liberalen Mitglieder meinten, dass jeder reden dürfe, was er wolle, es würde schon etwas Rechtes bei den Zuhörern entstehen, wollten die konservativen den Schwerpunkt auf die »Betonung des gemeinsam Positiven« legen, bei einer möglichst wertfreien Darstellung der verschiedenen theologischen Positionen.[48] Der Konflikt schwelte weiter und führte mehr und mehr zum Austritt konservativer Mitglieder. Zinßner, ehemals Vorstandsmitglied der SESV, schrieb zu seinem Austritt, dass durch die Diskussionsarbeit den Arbeitern der letzte Respekt

43 Rundbrief Nr. 46 von Katharina Herz vom 3. Mai 1905. StAL Na Herz 9/1.

44 Vgl. Chemnitzer Allgemeine Zeitung Nr. 100 vom 2. Mai 1905. AESK A VI 1a.

45 Chemnitzer Allgemeine Zeitung Nr. 82 vom 8. April 1905, adressiert an Herz und versehen mit Randnotizen. AESK A VI 1a.

46 Auch von Seiten des Konsistoriums wurden die Referenten der Diskussionsabende nicht gemaßregelt.

47 Sächsisches Kirchen- und Schulblatt 16 (1905), Sp. 227f.

48 Vgl. Paul RÖTHIG: Die Hauptversammlung der SESV zu Dresden am 26. und 27. April 1905. ES 5/6 (1905), 121–127, Zitat 125f. und Brief von Herz an seine Eltern vom 9. Mai 1905. StAL Na Herz 13/2.

vor dem Christusglauben und den Gemeindegliedern das Vertrauen in ihre Pfarrer zerstört werde.[49]

In der Tat sollte die SESV an der Frage um die Art und Methode der Diskussionsabende fast zerbrechen. Allen voran ging der Leipziger Georg Liebster mit seiner Forderung nach einer rein wissenschaftlichen Ausrichtung der Diskussionsabende, weil die Mehrzahl der Besucher aus Bildungsinteresse käme. Dagegen erhoben sich Stimmen, die meinten, damit würden nur sozialdemokratische Vorurteile bedient und die Feinde der Kirche in ihrem Weltbild gestärkt.[50] Um dem Hauptziel der SESV, der Wiedergewinnung der kirchlich Entfremdeten, treu zu bleiben, müssten religiös-ethische Themen verhandelt werden. Auf der Hauptversammlung 1906 in Freiberg wurde sogar ein Antrag gegen die Art der Leipziger Diskussionsarbeit gestellt.[51] Auch der Vorsitzende Friedrich betonte in seinem Referat, dass die SESV nicht nur theologisch aufklärerisch, sondern auch evangelistisch an den Entfremdeten wirken wolle. An die Stelle wissenschaftlich-theologischer Vorträge sollten evangelistische Reden treten auf der Grundlage einer traditionellen Gemeindetheologie.[52] Auf der Versammlung kam es jedoch nicht zu einer Verurteilung der Leipziger Methode. Gerade Adolf Schwen unterstützte die Leipziger mit dem Argument, wenn alle theologischen Richtungen in der SESV arbeiten sollten, dann müsse es auch Platz für die Leipziger geben.

Trotzdem dachten Johannes Herz und Carl Mensing über einen Austritt nach, da sie für sich als liberale Theologen keine Perspektive mehr in der SESV sahen. Obwohl der Vorsitzende Gottfried Naumann am Ende der Hauptversammlung feststellte, dass jeder nach Person und Ort in seiner Weise reden könne und müsse, war die theologische Diskrepanz zwischen Konservativen und Liberalen nicht überwunden. Im Jahresbericht wurde beinahe beschwörend festgehalten, dass

> »trotz dieser erregtesten Debatte [...] kein Riß in unsere Vereinigung gekommen [ist]. Das soziale Interesse ist ein zu fester Kitt. Unsere Vereinigung liefert den Beweis, daß Vertreter der verschiedenen Richtungen zusammenarbeiten können, wenn sie nur nicht engherzig sind.«[53]

---

49 Vgl. Brief von Zinßner an Gottfried Naumann vom 3. Februar 1906. AESK B III 4a, 27.

50 Prägnant ist die überlieferte Bemerkung eines Arbeiters: »Wenn man lernen will, daß es mit dem Neuen Testament nischt is, dann brauch man nur nach Volkmarsdorf zu Liebstern gehen.« Sächsisches Kirchen- und Schulblatt 14 (1906). Sp. 188.

51 Vgl. Antrag an die Haupt-Versammlung der sächs. Evangel.-socialen Vereinigung in Freiberg, verfasst von Gerhard Bemmann am 14. April 1906. AESK B III 4a, 85.

52 Vgl. gedruckte Leitsätze zum Referat von Friedrich »Das Verhältnis der ›religiösen‹ und sozialen Aufgaben unserer Vereinigung«. AESK B III 4a, 89.

53 Gottfried Naumann (Hg.): Sächsische Evangelisch-soziale Vereinigung. Bericht über die Zeit vom 1. Januar 1906 bis 31. März 1907, Leipzig 1907, 4.

Gerade im letzten Halbsatz aber zeigt sich das ganze Problem. Wollte die SESV bestehen, mussten die theologischen Kontroversen zurückgestellt werden.[54]

Neben der Verständigung über die Methode und die theologische Linie war auch die Frage der Finanzierung der Abende ein Problem. Ende des Jahres 1905 hatte Schwen den Vorsitz der Ortsgruppe aus gesundheitlichen Gründen niedergelegt; ihr neuer Vorsitzender wurde Johannes Herz. Um die Diskussionsarbeit fortsetzen zu können, musste nach einem Weg gesucht werden, diese finanziell abzusichern. Es wurde eine Vereinigung für öffentliche-religiöse Diskussionsabende gegründet, die zwar aus der Ortsgruppe der SESV hervorgegangen, ihr gegenüber aber selbständig war. So war es möglich, auch Kreise anzusprechen und zur Mitfinanzierung zu bewegen, die sich zwar für die Diskussionsarbeit interessierten, der SESV aber nicht beitreten wollten. Das Konzept schien zu greifen, da sich »daraufhin [...] viele, auch aus der Masse, zum Beitritt gemeldet [haben]«.[55]

Die Verbindung zur SESV blieb durch die zum Teil der Ortsgruppe angehörenden Vorstandsmitglieder Rechtsanwalt Rothe und Herz bestehen. Die Finanzierung blieb jedoch ein ständiges Problem. So wurde die Werbung für die Diskussionsabende drastisch reduziert. Man verzichtete auf Inserate in der Zeitung; die wenigen Plakate, die gedruckt wurden, wurden gezielt an größere Fabriken geschickt. Für die Diskussionsabende des Winters 1907/08 entschloss man sich, am Ausgang Tellersammlungen vorzunehmen. Gegen diese Finanzierungsmöglichkeit hatte sich die Vereinigung lange gesträubt, da sie meinte, sie würde Besucher, gerade aus ärmlichen Verhältnissen stammende, abschrecken. Diese Sorge bewahrheitete sich nicht, wie Herz in seinem Artikel in *Evangelisch-Sozial* extra betonte.[56]

1910 zog Herz das Fazit, dass die Diskussionsabende gelungen seien, da sie den beteiligten Pfarrern und SESV-Mitgliedern einen tiefen Einblick in die Volksseele und die religiöse Gedankenwelt der Arbeiter ermöglicht hätten, besonders das Zweite sei bisher ein verschlossenes Gebiet gewesen. Auch habe man mit den Abenden Menschen erreicht, die von der herkömmlichen religiösen Verkündigung nie erreicht worden wären. Gerade die »anerkannten Führer« der Sozialdemokratie hätten sich rege beteiligt. Auch wenn es keinen in Zahlen messbaren Erfolg gegeben habe, so habe man doch der religiösen Verständigung gedient.[57]

---

54 Vgl. Protokoll der Versammlung vom 20. April 1906 in Freiberg. AESK B I; Reinhard LIEBE: Osterzusammenkunft in Freiberg i. Sa. 19. und 20. April. ES 3/4 (1906), 56f.

55 Vgl. Rundbrief Nr. 83 von Katharina Herz vom 29. November 1905. StAL Na Herz 11/1.

56 Vgl. Herz: Die Chemnitzer ... ES 4 (1910), 107.

57 Vgl. Herz: Die Chemnitzer ... ES 4 (1910), 112f.

Zwei Jahre später schwang ein neuer Ton im Blick auf die Diskussionsabende mit:

> »Etwas skeptischer habe ich auf Grund neuerer Erfahrungen über die rel[igiösen] Diskussionsabende zu denken gelernt. Ich halte sie gewiß immer noch für gut und nötig, um Vertrauen zu erwecken, Mißverständnisse zu beseitigen und die Schwankenden zu stärken. Aber die Parteifanatiker aller Richtungen bleiben im Grunde davon doch unberührt und dreschen immer wieder ihr altes Stroh. Das haben wir auch diesen Winter bei uns wieder gesehen, nun bereits der achte Winter, daß wir hier in C[hemnitz] die Diskussionsabende haben.«[58]

Ob es einen aktuellen Anlass für diese Äußerung gab, war nicht zu eruieren; vom allgemeinen sozialdemokratischen Boykott der Diskussionsabende war Chemnitz kaum betroffen.[59] Möglich scheint auch, dass Herz angesichts der nur langsam vorangehenden und immer wieder stockenden Annäherung an die Arbeiter dieser Arbeit müde geworden war. Ein aktueller Anlass als Auslöser ist wahrscheinlicher, da Herz von »neueren Erfahrungen« schreibt und die Diskussionsarbeit unter Beteiligung von Herz weiter fortgesetzt wurde, wenn sie auch kriegsbedingt zeitweilig unterbrochen war. Im November 1920 wurde über die Wiederaufnahme der Diskussionsabende im Vorstand der SESV beraten, und am 4. Februar 1921 wurde in Leipzig der erste Abend nach dem Krieg gehalten mit einem Vortrag von Georg Liebster zu »Religion als Privatsache«. Der Abend sei gut besucht und die Diskussion ausgezeichnet und sachlich gewesen.[60] Die Diskussionsarbeit fand nach dem Krieg allerdings zu keiner neuen Blüte und wurde nach einigen Versuchen wieder eingestellt.

> »Die Verschärfung der politischen und sozialen Gegensätze und die ganze geistige Zeitlage schienen für die Fortsetzung solcher Diskussionen zunächst keinen geeigneten Boden zu bieten.«[61]

3 Evangelisch-sozial als Bildungsauftrag

Eine Sonderform evangelisch-sozialer Bildung und religiöser Diskussionsarbeit hatte sich seit 1907 durch eine Kooperation der SESV mit dem Humanistischen Volksbildungsverein etabliert. Mitglieder der SESV hielten in diesem Verein, dessen Mitglieder im Wesentlichen Sozialdemokraten und Freireligiöse waren, Vortragszyklen über ethische und religiöse Grundfragen. Für den ersten Zyklus hatte sich die Ortsgruppe unter Führung von Herz noch angeboten. Im Folgejahr

58 Rundbrief vom Herz an seine Geschwister vom 14. Februar 1912. StAL Na Herz 9/1.

59 Vgl. zum Boykott Kranich: Die Sächsische ..., 272.

60 Vgl. Eintragungen im Amtskalender vom 15. November 1920 und 4. Februar 1921. UAL Na Herz 2/2.

61 Johannes Herz: 25 Jahre Sächsische Evangelisch-soziale Vereinigung. Mitteilungen der Sächsischen Evangelisch-sozialen Vereinigung 20 (1929), 6–16, 15.

kam die Anfrage zur Neuauflage des Zyklus vom Vorstand des Vereins. Herz und Eger traten dabei regelmäßig als Redner in Erscheinung. Drei Abenden mit einzelnen Vorträgen[62] folgte ein Abend, der als Diskussionsabend über den ganzen Zyklus gedacht war,

> »an dem allerdings weniger der Gegenstand der Vorträge, als vielmehr die großen Grundfragen der Weltanschauung (Religion, Gottesbegriff, Unsterblichkeit) zur Verhandlung kam.«[63]

Auf eine Belastungsprobe wurde die SESV durch die Landtagskandidatur von Johannes Herz 1909 gestellt.[64] Die Vereinigung hatte sich bereits 1906 mit der Frage beschäftigt, ob sich Pfarrer parteipolitisch betätigen dürften; dabei war die Unabhängigkeit der Geistlichen in der Vertretung ihrer politischen und sozialen Gesinnung eingeräumt worden. Später wurde eine Resolution verabschiedet, die die parteipolitische Neutralität der SESV betonte. Das Problem wurde in der Wirkung gesehen, die ein aktives Mitglied der SESV, das Kandidat einer Partei wäre, z.B. als Leiter oder Referent auf einem Diskussionsabend, hervorrufen könnte. Einige sahen dadurch die gesamte Arbeit gefährdet. Herz selbst hatte erst die Kandidatur ablehnen wollen, wenn sie seiner Arbeit in der SESV schaden könnte, entschloss sich aber dann, eher die Konsequenzen innerhalb der SESV zu tragen, als auf die Kandidatur zu verzichten. Für seinen Verbleib im Vorstand der SESV trotz der Kandidatur setzte sich sogar Wilhelm Schneemelcher ein.

Auf der Herbsttagung der SESV in Plauen am 26. und 27. September 1909 war die Frage nach der politischen Neutralität das beherrschende Thema. Zu einer grundsätzlichen Einigung kam man nicht, man zog sich auf den kleinsten gemeinsamen Nenner, den Vereinsgrundsatz, dass sich der Einzelne politisch betätigen dürfe, die SESV jedoch immer neutral bleibe, zurück.

Ebenfalls im Jahr 1909, am 28. Juni, hatte der Rektor der Oberrealschule Dr. Richard Olbricht die Chemnitzer Vereinsvorstände und andere Interessierte zu einer Sitzung eingeladen, um über die Veranstaltung von Volksvorlesungen zu beraten. Der Einladung folgten der Frauenbildungsverein, die Sächsische Evangelisch-soziale Vereinigung, der Deutschnationale Handlungsgehilfenverband, der Christliche Verein Junger Männer, der Bildungsverein Deutschland, der Evangelische Arbeiterverein – Gruppe Chemnitz Schloß, der Humanistische Volksbildungsverein, der Pädagogische Verein, der Chemnitzer Arbeiterverein,

62 Als Beispiele seien genannt: Hat die Philosophie für unsere Zeit noch irgendwelche Bedeutung?; Die neueren Philosophen als Kritiker alter Wahrheiten; Die neueren Philosophen als Schöpfer neuer Gedankensysteme; Religion und Moral; Individual- und Sozialethik; Der Einfluß des Griechentums auf unsere geistige Kultur.

63 Gottfried NAUMANN (Hg.): Sächsische Evangelisch-soziale Vereinigung. Bericht über die Zeit vom 1. April 1907 bis 31. März 1908, Leipzig 1907, 8f.

64 Zur Landtagskandidatur von Johannes Herz siehe Kapitel 5.1.

außerdem Oberstleutnant Maaß und Realgymnasiallehrer Dr. Keller. Als Vertreter der Sächsischen Evangelisch-sozialen Vereinigung war Johannes Herz als deren Ortsgruppenführer und besonderer Exponent für Bildungsfragen eingeladen worden. Schon als Herz vom Freisinnigen Volksverein als Landtagskandidat aufgestellt wurde, waren dafür besonders sein evangelisch-soziales Engagement, seine Haltung zur Reform des Schul- und Religionsunterrichts und sein Auftreten bei den öffentlichen-religiösen Diskussionsabenden, bei denen er mehr den Bildungsansprüchen der Leipziger Linie zuneigte, ausschlaggebend gewesen.

In der Sitzung wurde festgestellt, dass es ein großes Bildungsbedürfnis in Chemnitz gebe, es aber im Reigen der Bemühungen der Volksbildungsvereine und öffentlicher Stellen an einer Vortragsreihe, in der Wissensstoffe populär dargestellt würden, fehle. Zunächst wurde am 28. Juni 1909 durch die Anwesenden ein Ausschuss für Volksbildung gegründet, um gemeinsam Volksbildungskurse zu veranstalten.[65] Am 22. November 1909 fasste der Ausschuss den Beschluss, einen Verein für Volksbildung zu konstituieren.

Als Zweck des Vereins wurde in der Satzung die Hebung der Volksbildung unter Ausschluss jeder politischen und kirchlichen Parteibestrebung festgehalten. Allen Personen männlichen und weiblichen Geschlechts, die das 17. Lebensjahr erreicht hatten, war gegen eine Gebühr von einer Mark der Besuch der Lehrgänge und Vortragsreihen gestattet. Die Themen waren weit gefächert. Für den ersten Winter war folgendes Programm vorgesehen:

»1. Prof. Ohorn: Die ältere deutsche Dichtung
2. Prof. Olbricht: Die bürgerlichen Rechnungsarten
3. Prof. Uhle: Die neueste Geschichte seit 1789
4. Schuldirektor Max Berger: Die häusliche Erziehung des Kindes auf psychologischer Grundlage
   a. Vorstellungsbildung durch die nächste Umgebung des Kindes. Spielzeug, Bilderbücher, Fröbelsche Beschäftigungsspiele, Kinderlieder
   b. Die Erweiterung des Vorstellungskreises, Ausflüge, Märchenerzählung, Bildung rel. Vorstellungen
   c. Bildung der Gefühle und Affekte, Kinderfehler und ihre Beseitigung
   d. Bildung des Willens
5. Realprogymnasiumslehrer Dr. Keller: Der Werdegang der modernen Physik
6. Rechtsanwalt Dr. Hentschel: Einführung in das deutsche Staatsrecht
7. Oberlehrer Kuhnert: Betrachtung und Erläuterung hervorragender Werke der Malerei des 19. Jahrhunderts an Hand zahlreicher Lichtbilder«[66]

65 Vgl. 1. Bericht über die Volksbildungskurse zu Chemnitz Winter 1909/10. UAL Na Herz 11.

66 1. Bericht über die Volksbildungskurse zu Chemnitz Winter 1909/10. UAL Na Herz 11.

Die SESV gehörte dem Verein für Volksbildung als körperschaftliches Mitglied an. Katharina und Johannes Herz waren als Privatpersonen in den Verein eingetreten und besuchten den Lehrgang über »Die häusliche Erziehung des Kindes«. Herz gehörte als stellvertretender Vorsitzender auch dem geschäftsführenden Ausschuss an. Der Initiator Olbricht war zum Vorsitzenden gewählt worden, der Chemnitzer Oberbürgermeister Sturm zum Ehrenvorsitzenden ernannt.

Nach dem unerwarteten Tod Olbrichts 1912 sollte Herz den Vorsitz übernehmen, er lehnte aber wegen zu großer Arbeitsbelastung ab und schlug den Schriftführer des Vereins Keller als neuen Vorsitzenden vor. Keller wurde gewählt, Herz blieb stellvertretender Vorsitzender.[67]

Als Herz im Herbst 1915 Chemnitz verließ, wurde er zum Ehrenvorsitzenden des Volksbildungsvereins ernannt.[68]

Johannes Herz wurde 1915 zum Vorsitzenden der SESV gewählt, nachdem er bereits seit Mai 1912 als stellvertretender Vorsitzender das Amt kommissarisch ausübte, da Gottfried Naumann darum gebeten hatte, vom Amt des Vorsitzenden aufgrund zu hoher Arbeitsbelastung entbunden zu werden.[69]

4 Zusammenarbeit mit den Kirchlich-sozialen?

Während des Ersten Weltkriegs kam es zu einer Annäherung der beiden sozialen Vereinigungen in Sachsen, der FKSK und der SESV. Angeregt worden war die Annäherung durch den Geheimen Konsistorialrat von Zimmermann. Dieser suchte Johannes Herz am 16. Dezember 1916 zu einem Gespräch über dessen Broschüre »Arbeiterschaft und Kirche« auf. Obwohl von Zimmermann mehrfach betonte, nicht mit amtlichem Auftrag zu handeln, erschien es Herz dennoch so. Herz fasste das Gespräch dahingehend zusammen, dass das Konsistorium zwar die Kritik der Vereinigung nicht gern höre, aber inzwischen einsehe, dass die Kirche in sozialer Beziehung manches versäumt habe. Daran müsse man etwas ändern, darum wolle man mit den Evangelisch-sozialen auf Tuchfühlung gehen, schon um den Ton etwas zu mildern. Von Zimmermann regte an, eine »auf die Öffentlichkeit berechnete Tagung größeren Stils mit bedeutenden Referenten« zusammen mit der Kirchlich-sozialen Konferenz in Sachsen abzuhalten. Das Interesse, die persönliche Teilnahme und eine materielle Unterstützung von Seiten des Konsistoriums seien dieser Tagung sicher.[70] Dass die Kirchlich-sozi-

---

67 Vgl. Eintrag im Amtskalender vom 6. September 1912. UAL Na Herz 2/2.

68 Vgl. Eintrag im Amtskalender vom 14. September 1915. UAL Na Herz 2/2 und die Urkunde über den Ehrenvorsitz, UAL Na Herz 52.

69 Vgl. Eintrag im Amtskalender vom 7. Mai 1912 und 21. April 1915. UAL Na Herz 2/2.

70 Vgl. Vorstandsrundschreiben an die Vorstandsmitglieder der Sächsischen Evangelisch-sozialen Vereinigung von Johannes Herz mit Antworten der Vorstandsmitglieder vom 30. Januar 1917. AESK B III 13, 1, dort auch Zitat.

alen vom Landeskonsistorium massiv protegiert würden, war der Eindruck von Mensing, der über eine Ephoralkonferenz berichtete, in der von Zimmermann »mit Pauken und Trompeten« für die FKSK warb und erklärte, dass sie »nun auch in Sachsen eine Macht werden« müsse.[71]

Herz stellte dieses Ansinnen dem Vorstand zur Diskussion. Er selbst sah in der Durchführung einer Tagung, wie von Zimmermann sie wünschte, eine gute Möglichkeit zur Propaganda für die evangelisch-soziale Sache. Auch die Beteiligung der FKSK sah er als Chance zur Umsetzung sozialer Anliegen, die ohne die Beteiligung der FKSK sofort auf Ablehnung oder zumindest Misstrauen stoßen würden.

Liebster schrieb:

> »Im allg[emeinen] habe ich von der Sache keine große Meinung. Wir Evangelisch-sozialen dürfen uns nicht ins Schlepptau nehmen lassen. Unsere Bedeutung liegt in unserer Unabhängigkeit. Die aber leidet leicht Schaden, wenn wir uns zu sehr mit der Behörde[72] verquicken.«

Eine Zusammenarbeit mit der FKSK schloss er grundsätzlich aus, wofür er klare Worte fand. Er führte an, dass sich ihr einziges soziales Handeln darin erschöpfe, mit Geld, das von auswärts komme, Arbeitersekretäre für christliche Gewerkschaften zu bezahlen.

> »Diese Leute haben in Sachsen persönlich gänzlich wenig gemacht, werden dann aber in Dresden den großen Mund haben und uns an die Wand drücken, denn sie als Konservative dürfen alles sagen, aber wir als nach obenhin Unabhängige müssen einen Eiertanz aufführen, um die Kammerdiener der Generäle nicht zu erzürnen. Also keine Harmonieduselei.«[73]

Die meisten Vorstandsmitglieder sahen die Vorteile einer Tagung, die vom Konsistorium unterstützt würde, sofern die eigene Unabhängigkeit gewahrt werde. Zur Vorsicht riet die Mehrzahl hinsichtlich einer Zusammenarbeit mit den Kirchlich-sozialen. Dezidiert dafür sprach sich der Chemnitzer Polizeisekretär Richter aus:

> »Mein Standpunkt als Laie: Es scheint mir vorteilhaft, wenn Kreise wie evangelisch-sozial und kirchlich-sozial trotz aller grundsätzlichen Verschiedenheit es einmal mit gemeinschaftlicher Arbeit versuchen. Beide wollen ja sozial wirken, also ein Ziel, wenn auch die Wege zum Ziele verschiedene sind. Vielleicht

71 Vgl. Beitrag von Mensing im Vorstandsrundschreiben an die Vorstandsmitglieder der Sächsischen Evangelisch-sozialen Vereinigung von Johannes Herz mit Antworten der Vorstandsmitglieder vom 30. Januar 1917. AESK B III 13, 1, dort auch Zitat.

72 Gemeint ist das Landeskonsistorium.

73 Beitrag von Liebster im Vorstandsrundschreiben an die Vorstandsmitglieder der Sächsischen Evangelisch-sozialen Vereinigung von Johannes Herz mit Antworten der Vorstandsmitglieder vom 30. Januar 1917. AESK B III 13, 1.

würden beide Richtungen durch gemeinsame Arbeit einander näher gebracht und das erscheint mir wertvoll. Nicht Gegensätze sollen in dieser Zeit bei aller Wahrung der Grundsätze vertieft, sondern das Gemeinsame, die gleichartigen Ziele herausgearbeitet und betont werden.«[74]

Nach dieser Einschätzung organisierte Herz eine gemeinsame Besprechung mit den Vertretern der FKSK und der SESV. Die Besprechung fand am 12. März 1917 in Dresden unter der Leitung von Herz statt. Nach einer kurzen Erklärung von beiden Seiten, im Allgemeinen einer Zusammenarbeit zuzustimmen, brachte Regierungsrat von Loeben einen strittigen Punkt zur Sprache, der schon bei der Terminabsprache aufgefallen war. Für die Kirchlich-sozialen sei die Gewerkschaftsfrage programmatisch; sie setzen auf die christlichen Gewerkschaften im Kampf gegen die Sozialdemokratie, die eine Weltanschauung sei, die dem Christentum widerstrebe. Superintendent Müller hielt dem entgegen, dass die Evangelisch-sozialen die Einheit von Kirche und Volk erstrebten, und zu zweitem gehöre auch die Sozialdemokratie. Die Förderung einer bestimmten, nämlich der christlichen Gewerkschaftsbewegung könnte in anderen Gewerkschaften organisierte Arbeiter abstoßen. Ziel der Vereinigung sei es, in allen Gewerkschaften Verständnis für die Bedeutung der christlichen Religion für das Volksleben zu erwecken, darum verhalte man sich gegenüber den Gewerkschaften neutral.[75]

Diese Stellung zu den Gewerkschaften war bereits kurz nach der Gründung auf der ersten Hauptversammlung in Chemnitz beschrieben worden: »Ein Eintreten für eine bestimmte Gruppe seitens unserer Vereinigung wurde für untunlich und als unsern Zwecken nicht dienlich bezeichnet.«[76]

Für eine Zusammenarbeit zwischen FKSK und SESV bedeutete dieser Gegensatz in der Frage nach der Stellung zu den Gewerkschaften das Aus. Eine gemeinsame Tagung wurde abgelehnt. Man verständigte sich darauf, sich gegenseitig zu öffentlichen Tagungen einzuladen und einen Verständigungsausschuss zu bilden. Dieser sollte aus Johannes Herz und Alfred Jeremias bestehen, einen gemeinsamen sozialen Appell an die Synode und die Öffentlichkeit vorbereiten und ein gemeinsames Vorgehen beider Gruppen von Fall zu Fall erwägen.[77]

74 Beitrag von Richter im Vorstandsrundschreiben an die Vorstandsmitglieder der Sächsischen Evangelisch-sozialen Vereinigung von Johannes Herz mit Antworten der Vorstandsmitglieder vom 30. Januar 1917. AESK B III 13, 1.

75 Vgl. Protokoll der Besprechung eines gemeinsamen Vorgehens der Sächsischen Evangelisch-sozialen Vereinigung mit der Kirchlich-Sozialen Konferenz am 12. März 1917. AESK B III 13, 10.

76 Johannes SIEGERT: Sächsische Evangelisch-soziale Vereinigung. Hauptversammlung zu Chemnitz am 28. September 1904. ES 9/10 (1904), 145–148, 147.

77 Vgl. Protokoll der Besprechung eines gemeinsamen Vorgehens der Sächsischen Evangelisch-sozialen Vereinigung mit der Kirchlich-Sozialen Konferenz am 12. März 1917. AESK B III 13, 16.

Diese Vereinbarung hatte während des Krieges keine Folgen, als sich aber mit Kriegsende und Revolution die Lage für die Kirche in Sachsen zuspitzte, agierte der Verständigungsausschuss schnell und gemeinsam.[78]

Gottfried Naumann kommentierte aus Straßburg das Scheitern einer Zusammenarbeit mit den Kirchlich-sozialen: »Es ist wohl gut so, daß sich das Zusammengehen mit den kirchl.-sozialen zerschlagen hat. Wir wären einander nur im Weg gewesen.«[79]

Nachdem eine gemeinsame Tagung ausgeschlossen war, führten beide Vereinigungen große Werbetagungen durch. Die SESV plante diese in Dresden in der Woche nach Pfingsten, am 6. Juli 1917, in Rücksichtnahme auf die vielen Lehrer, die Mitglieder der Vereinigung waren. Die FKSK führte ihre Werbetagung schon am 23. April 1917 ebenfalls in Dresden durch. Die Tagung schien mit soviel Aufwand vorbereitet und beworben worden zu sein, dass Herz hoffte, dass »die Kirchlich-sozialen durch eifrige Werbung und entsprechende Protektion uns nicht allzu starke Konkurrenz machen.«[80] Diese Sorge wurde von den anderen Vorstandsmitgliedern geteilt. Bemmann meinte, dass gegen die Kirchlich-sozialen »entschieden« alle Kräfte anzustrengen seien. Die Tagung sei mit der größtmöglichen Agitation vorzubereiten, besonders in und um Dresden müssten »massenhaft« Einladungen verschickt und es müsse auch persönlich eingeladen werden. Herz solle möglichst schnell zumindest den Entwurf eines Anschreibens an die Kirchenvorstände schicken. Müller schrieb, dass er, so wie alle Superintendenten, als »Abgeordneter der Ephorie« eine Reisekostenbeihilfe von der FKSK erhalten habe. »Sie fühlt sich schon halbamtlich.« Müller hatte einen Betrag von 20 Mark erhalten. Die Vereinigung müsse sich dringend um Freunde in der Synode bemühen. Liebster verstärkte den Vorschlag von Herz, dass die Einladung nicht nur an die Kirchenvorstände gehen dürfe, sondern alle Geistlichen eingeladen werden sollten, da besonders die Diakone der evangelisch-sozialen Arbeit verbunden seien. In der Einladung müsse vermerkt sein, dass die Geistlichen interessierte Laien mit nach Dresden bringen sollten, denn »die wichtigen Leute sitzen fast nie im Kirchenvorstand«. Wie wichtig der Erfolg der Werbetagung und die Angst vor der Konkurrenz der FKSK waren, zeigt sich auch darin, dass als Redner mehrfach Friedrich Naumann vorgeschlagen wurde.[81]

---

78 Siehe dazu Kapitel 4. 1.1, 175–186.

79 Brief von Gottfried Naumann an Johannes Herz vom 20. März 1917. UAL Na Herz 1/1.

80 Vorstandsrundschreiben an die Vorstandsmitglieder der Sächsischen Evangelisch-sozialen Vereinigung von Johannes Herz mit Antworten der Vorstandsmitglieder vom 14. April 1917. AESK B III 13, 22.

81 Vgl. Vorstandsrundschreiben an die Vorstandsmitglieder der Sächsischen Evangelisch-sozialen Vereinigung von Johannes Herz mit Antworten der Vorstandsmitglieder vom 14. April 1917. AESK B III 13, 22, dort auch Zitate.

Um die Tagung zu finanzieren, hatte sich Herz an den ESK gewandt und beantragt, dass die Vereinigung aufgrund der Inaktivität des Kongresses und des nur sporadischen Erscheinens der Kongresszeitschrift in der Kriegszeit einen Teil der Mitgliederbeiträge, die sonst von der SESV an den ESK geflossen wären, für die Abhaltung der Tagung einbehalten dürfe. Bemmann hatte schon im Januar 1917 dafür plädiert, die Zuschüsse der SESV zum Kongress, »der völlig aus der Hand geraten« sei und für den man »fast kein Interesse mehr« sehe, für 1916 und 1917 um die Hälfte zu kürzen. Während der ESK-Tagung 1917 in Berlin fand eine Besprechung zwischen von Broecker, Schubring, Schneemelcher und Herz statt, in der Schneemelcher betonte, dass der Kongress auf die Aktivität der Landesvereinigungen angewiesen sei und auch darauf rechne.[82] Für die Abhaltung der Werbetagung in Dresden wurden vom ESK 300 Mark bewilligt.

Die Konkurrenz durch die FKSK wuchs jedoch weiter. Im Gegensatz zum ESK, mit dem die SESV verbunden war, veranstaltete die FKSK weiterhin Tagungen und war auch in der Öffentlichkeit als soziale Konferenz präsent.

> »Gerade die Tatsache der Kirchlich-sozialen Konferenz zwingt uns nach meiner Meinung, in nächster Zeit von unserer Seite aus, eine möglichst große Aktivität zu entfalten, um nicht ganz in den Hintergrund gedrückt zu werden. Es ist sehr bedauerlich, daß der Kongreß, dessen vollständiger Schlaf während des Krieges bes[onders] auch hinsichtlich der Zeitschrift, die seit 1 Jahr ganz zu erscheinen aufgehört hat, mir unverständlich bleibt (die Kirchlich-soziale Konferenz beweist doch, daß auch während des Kriegs in der breiten Öffentlichkeit sozial gearbeitet werden kann), und uns dabei ganz im Stich lässt.«[83]

Die Auswirkungen des Ersten Weltkriegs auf die Vereinsorganisationen scheinen – wie das Beispiel der FKSK zeigt – deren Arbeit nicht übermäßig eingeschränkt zu haben. Dass der ESK in »vollständigen Schlaf« gefallen war, lag wohl eher darin begründet, dass die Hauptverantwortlichen zu sehr durch persönliche Aufgaben gebunden waren.

Diese Starre des ESK veranlasste Herz, neben beständigem Drängen auf die satzungsmäßig vorgeschriebenen Tagungen des ESK[84] und das regelmäßige Abhalten der Tagungen der SESV, ein Mitteilungsblatt für die Mitglieder der SESV herauszugeben. Die *Mitteilungen der Sächsischen Evangelisch-sozialen*

82 Vgl. Vorstandsrundschreiben an die Vorstandsmitglieder der Sächsischen Evangelisch-sozialen Vereinigung von Johannes Herz mit Antworten der Vorstandsmitglieder vom 14. April 1917. AESK B III 13, 22; Eintrag im Amtskalender vom 13. April 1917, UAL Na Herz 2/2.

83 Vorstandsrundschreiben an die Vorstandsmitglieder der Sächsischen Evangelisch-sozialen Vereinigung von Johannes Herz mit Antworten der Vorstandsmitglieder vom 18. März 1918. AESK B III 13, 142.

84 Dass der Kongress 1917 in Berlin und 1918 in Leipzig eine Tagung veranstaltete, sah Herz als Ergebnis des Drängens der SESV.

Vereinigung sollten kleine Artikel zur sozialen Frage, Berichte und Hinweise für die Mitglieder enthalten und zweimal im Jahr erscheinen. Finanziert wurde die erste Nummer durch die Bezugskosten für die nicht erschienene Zeitschrift des Kongresses. Darüber hinaus wurde der »im Vergleich zu anderen Vereinigungen sehr bescheidene«[85] Mitgliederbeitrag von zwei auf drei Mark erhöht, um die laufenden Kosten zu decken. Die *Mitteilungen* wurden unentgeltlich verschickt. Vorteilhaft war, dass die *Mitteilungen* auch den Mitgliedern der SESV zugingen, die *Evangelisch-Sozial* nicht bezogen.

Auf der Hauptversammlung im Frühjahr 1922 wurde über das Fortbestehen der Vereinigung gesprochen. Eine große Mehrheit sprach sich dafür aus, die Arbeit fortzusetzen. Die Mitgliederzahl sei stabil, und die finanzielle Lage erlaube es, zweimal jährlich die *Mitteilungen* erscheinen zu lassen. Besonders hervorgehoben wurden die Punkte, dass die SESV eine Art Wächteramt innehabe, um über die politische Neutralität der Kirche zu wachen, dass man die Pflege des sozialen Gedankens innerhalb der Kirche keinesfalls der kirchlich-sozialen Richtung überlassen und außerdem dazu beitragen wolle, den Evangelisch-sozialen Kongress »wieder zum Leben zu erwecken.«[86] Denn während die SESV auch in der Nachkriegszeit ausgesprochen aktiv war,[87] schien es für den Kongress nicht möglich, sich in der neuen Zeit und unter den neuen Bedingungen zu etablieren. Ein letzter Versuch wurde 1923 unternommen, indem Johannes Herz zum Generalsekretär des ESK gewählt wurde – und tatsächlich verhalf er dem ESK zu einer weiteren Blütezeit.[88] Die neue Aufgabe machte es für Herz zwingend notwendig, den Vorsitz der Sächsischen Evangelisch-sozialen Vereinigung und auch die damit verbundene Herausgeberschaft der Mitteilungen niederzulegen. Die Absicht vom Vorsitz zurückzutreten hatte er wegen zu hoher Arbeitsbelastung bereits früher erklärt. Vollzogen werden sollte der Rücktritt auf der Hauptversammlung der Vereinigung im Frühjahr 1922, da man sich aber auf keinen anderen Kandidaten einigen konnte, führte Herz den Vorsitz bis Anfang 1924 weiter. Nach Herz wurde Karl Aé neuer Vorsitzender. Er übernahm auch die Herausgeberschaft für die *Mitteilungen*, die seit 1925 unter dem Titel *Sächsische evangelisch-soziale Blätter* erschienen.

---

85 Johannes Herz: Unseren »Mitteilungen« zum Geleit. Mitteilungen der Sächsischen Evangelisch-sozialen Vereinigung 1 (1918), 2.

86 Johannes Herz: Die Zukunft der Vereinigung. Mitteilungen der Sächsischen Evangelisch-sozialen Vereinigung 10 (1922), 1.

87 Siehe dazu Kapitel 4.1.1, 175–186.

88 Siehe dazu Kapitel 3.2, 140–146.

5 Sozialpfarrer

Der Deutsche Evangelische Kirchentag hatte 1924 in Bethel einen Antrag angenommen, der den Landeskirchen empfahl, soziale Pfarrämter einzurichten und sonstige soziale Berufsarbeiter anzustellen.[89] Dieser Empfehlung und einer Eingabe der SESV zur Einrichtung eines sozialen Pfarramts folgte die sächsische Landeskirche, als sie am 15. August 1924 beschloss, dass in jeder Ephorie ein Pfarrer nebenamtlich als Sozialpfarrer tätig werden sollte. Für die Ephorie Leipzig I (Stadt) fiel diese Aufgabe Johannes Herz zu; Sozialpfarrer für die Ephorie Leipzig Land wurde Georg Liebster. Die Hauptaufgabe der Sozialpfarrer war es,

> »die sozialen Fragen und sozialen Verhältnisse [...] ernsthaft zu studieren, die einschlägigen Bücher und Zeitschriften zu verfolgen und die gewonnenen Erkenntnisse in sozialen Kursen an Pfarrer, Studenten und Kirchgemeindevertreter oder auch in Vorträgen an die Glieder unserer kirchlichen Vereine weiterzugeben«.[90]

An den Rechenschaftsberichten, die Herz jedes Jahr vorlegte, lässt sich ablesen, dass die Aufgabenbereiche in den Jahren 1924–1932 im Wesentlichen gleichblieben. Im Rechenschaftsbericht für 1933 stand anstelle von »Veröffentlichungen und Soziale Korrespondenz« der Punkt »Soziale Korrespondenz mußte zum Ende 1933 hin eingestellt werden, wegen fehlender finanzieller Mittel.« Ergänzt wurde 1933 der Punkt »Verschiedene Eingaben an Superintendentur bei besonders auffälliger Verletzung der Sonntagsruhe«.[91]

1934 stellte Johannes Herz den Antrag an den Kirchgemeindeverband,[92] die Position für das soziale Pfarramt im Haushaltsplan zu belassen, da soziale Pfarrämter, im Gegensatz zu anderen kirchliche Einrichtungen im Zuge der Gleichschaltung unter der Diktatur Hitlers und der Kirchenregierung der Deutschen Christen, nicht ausdrücklich aufgehoben worden seien.[93] Mindestens bis 1937 blieb das Sozialpfarramt bestehen.[94]

Nach einem schwungvollen Anfang tat sich die Landeskirche schwer, die begonnene Arbeit fortzusetzen. Herz notierte 1927: »Die kirchlichen Mittelbehörden und die Innere Mission hemmen wohl aus Angst vor Autoritätsverlust

---

89 Siehe Kapitel 4.2, 241f.

90 Johannes HERZ: Soziale Pfarrämter. Jahr des Herrn. Kirchliches Jahrbuch für die evangelischen Gemeinden Leipzigs (JdH) 2 (1926), 92–94, 93.

91 Rechenschaftsberichte des Sozialen Pfarramts für die Ephorie Leipzig-Stadt 1924–1933. UAL Na Herz 27/1.

92 Zum Leipziger Kirchgemeindeverband siehe Kapitel 4.2, 224–228.

93 Vgl. Brief von Herz an den Leipziger Kirchgemeindeverband vom 18. Juni 1934. UAL Na Herz 27/1.

94 Vgl. Kleiner Führer durch das kirchliche Leipzig. Neuwerk Kalender. Ausgabe für die Leipziger Kirchgemeinden 1937.

den Ausbau sozialkirchlicher Arbeit in Sachsen.«[95] Ähnlich bemerkte auch Gerhard Bemmann:

> »Der wohl einstimmige Beschluss der Synode – Anstellung von 2 Sozialpfarrern betr[effend] (die Mittel sind bewilligt) – stößt auf einen dauernden, geheimnisvollen Widerstand, obwohl kaum ein Land den Sozialpfarrer notwendiger braucht als Sachsen.«[96]

Dass sich die Situation nicht besserte, lässt ein Brief von 1930 von Herz an Bemmann erkennen, in dem es heißt:

> »[D]as zeigt, wie unbequem dem Konsistorium im Grunde die ganze Einrichtung der ephoralen Sozialpfarrer ist, und wie man am liebsten dieses ganze Institut wieder beseitigen oder doch kaltstellen möchte.«[97]

Die Einführung eines hauptamtlichen Sozialpfarrers für ganz Sachsen, wie es in der Rheinischen Kirche schon 1921 geschehen war, erfolgte erst nach dem Zweiten Weltkrieg. Erster Sozialpfarrer für Sachsen wurde Gerhard Wildfeuer.

Zum 25-jährigen Bestehen der Sächsischen Evangelisch-sozialen Vereinigung schrieb Herz für die *Sächsischen evangelisch-sozialen Blätter* den Rückblick auf die Arbeit der Vereinigung. Darin betonte er den Wandel, den die Arbeit seit der Nachkriegszeit[98] genommen hatte. Lagen in den ersten 20 Jahren vor allem die öffentlichen-religiösen Diskussionsabende und die Beseitigung unsozialer kirchlicher Einrichtungen und Maßnahmen, z.B. das Gebührenwesen, im Fokus der Vereinigung, änderte sich dies aufgrund der neuen äußeren Bedingungen, da sich sowohl der Staat als auch die sächsische Landeskirche für soziale Fragen zuständig sahen. So traten seit der Nachkriegszeit besonders die Siedlungs- und Wohnungsfrage, Berufsethik und Freude an der Arbeit, Frauenerwerbsarbeit, Lebens- und Arbeitsverhältnisse der Jugendlichen,[99] Geburtenrückgang und Sittlichkeit in den Vordergrund.

Mit dem Erstarken der Nationalsozialisten nahm auch die SESV in den *Sächsischen evangelisch-sozialen Blättern* Stellung zu diesem Thema. Die Unbekümmertheit, mit der viele Christen auch in führenden kirchlichen Positionen dem »Ruf der NSDAP« und dem von ihr proklamierten »positiven Christentum«

---

95 UAL Na Herz 27/2.

96 Gerhard Bemmann: Der Evangelisch-soziale Kongreß. (1910 Chemnitz – 1928 Dresden). Sächsische evangelisch-soziale Blätter 18 (1928), 1–5, 3.

97 Brief von Herz an Bemmann vom 18. März 1930. UAL Na Herz 27/2.

98 Herz rechnet die Nachkriegszeit bis zum Inflationsjahr 1923. Vgl. Johannes Herz: 25 Jahre Sächsische Evangelisch-soziale Vereinigung. Sächsische evangelisch-soziale Blätter 20 (1929), 14.

99 Zu den Lebens- und Arbeitsverhältnissen der Jugend hatte der ESK 1926 eine umfassende Studie angefertigt. Siehe Kapitel 3.2, 145f.

folgten, wurde kritisch hinterfragt.[100] Im August 1932 hatte die Vereinigung dem Landeskonsistorium eine Erklärung übergeben, in der sie sich gegen »parteipolitische Entgleisungen« von landeskirchlichen Pfarrern wendete: »Wir sehen [...] in diesen Erscheinungen einen beklagenswerten kirchlichen Schaden.«[101] Eine Abordnung der SESV war im November 1932 im Landeskonsistorium vorstellig geworden, um das Anliegen der Überparteilichkeit der Kirche nochmals zu unterstreichen.

Diese kritische Haltung änderte sich 1933, als der Vorsitz an Johannes Müller ging. Müller war ein Weggefährte von Herz, er wendete sich aber immer mehr der nationalsozialistischen Bewegung zu. Im *Gemeindeblatt für die Leipziger Kirchgemeinden* veröffentlichte er eine Stellungnahme zur Anerkennung des Reichsbischofs Bodelschwingh durch die »Mehrheit der kirchlichen Verbände Sachsens«, ausgesprochen von dem Direktor des Evangelisch-lutherischen Landesschulvereins Kropatscheck. Die Sächsische Evangelisch-soziale Vereinigung widerspreche jeglicher Verlautbarung,

> »die den Anschein verstärken könnte, daß die um die verehrungswürdige Person des Herrn D. von Bodelschwingh geschehenen kirchenpolitischen Aktionen irgendwie legitimiert wären; vielmehr ist der kirchenpolitische Coup, zu dem der Name Bodelschwingh hat dienen müssen, um der Sache und um der Folgen willen zu beklagen, nicht minder, wie das gegen Bodelschwinghs Eignung sprechende Faktum, daß er sich so voreilig in seiner Rolle produziert hat.«[102]

1935 schrieb Herz, dass Müller früher »dazugehört« habe, inzwischen aber eine ganz andere kirchenpolitische Entwicklung genommen habe. Er sei ein Außenseiter und schwer zu tragen.[103] Nach dem Ende des Zweiten Weltkriegs ernüchtert, gewann Müller eine distanzierte Sicht auf das neue System und warnte Herz davor, sich zu sehr darauf einzulassen.[104] Nach dem Krieg blieb Müller bis zu seinem Ruhestand 1950 Pfarrer in Leipzig-Thekla.

Ein letztes Lebenszeichen der SESV war der von Müller verfasste Artikel im *SKBl* zum 30-jährigen Bestehen der Vereinigung. Er schilderte kurz die Entstehung und den Werdegang und blickte dann in die Zeit, in der »Adolf Hitler endlich Nationalismus und Sozialismus vereint« habe. Die Frage, ob die SESV nun durch den neuen Staat überflüssig sei, müsse er verneinen. Es sei

---

100 Vgl. LEISTNER: »Politische« und »politisierte« Kirche. Sächsische evangelisch-soziale Blätter 23 (1932), 7–16, bes. 9; Fritz HEIDLER: Die Kirche und das Dritte Reich. Sächsische evangelisch-soziale Blätter 24 (1932), 2–4; Fred HÖNTZSCH: Finis ecclesiae? Sächsische evangelisch-soziale Blätter 24 (1932), 4–9.

101 Vgl. Karl AÉ: Zum Hefte. Sächsische evangelisch-soziale Blätter 24 (1932), 1, dort auch Zitat.

102 Johannes Müller: Von der Sächsischen Evangelisch-sozialen Vereinigung. Gemeindeblatt für die Leipziger Kirchgemeinden Juli (1933), 54.

103 Vgl. Brief von Herz an Faut vom 22. Dezember 1935. UAL Na Herz 33/3.

104 Siehe Kapitel 5.3, 322 und Na Herz 35/2.

die Aufgabe »die herrliche Bewegung dieser Zeit in die senkrechte Totalität des Reiches Gottes ein[zubauen], und [...] damit dem Reich der Deutschen den ewigen Glanz [zu geben], den diese suchen.« Trotz der Beteuerung, dass diese »Gedächtnisworte zum Jubiläum [...] kein ehrenvoller Leichenstein sein« sollten,[105] endete die Arbeit der SESV im Dritten Reich.

Exkurs: »Der Protestantismus und die soziale Frage«

Für den Sammelband »Der Protestantismus in der Gegenwart«, der 1926 von Gotthilf Schenkel herausgegeben wurde, verfasste Johannes Herz den Aufsatz »Der Protestantismus und die soziale Frage«.[106] Das Buch erlebte einen so reißenden Absatz, dass bereits im folgenden Jahr die zweite Auflage erschien. Zweifellos war der Aufsatz von Herz einer der zugkräftigsten, da es ihm nach Anfrage untersagt worden war, diesen als Einzelschrift zu veröffentlichen.[107] Herz, der als Generalsekretär des ESK weithin bekannt war, galt als der beste Kenner der sozialen Lage in Deutschland und darüber hinaus. Nicht umsonst hatte ihn der Deutsche Evangelische Kirchenausschuss zur Stockholmer Weltkirchenkonferenz für praktisches Christentum »Life and Work« entsandt, er leitete den sozialen Ausschuss des DEKA und verfasste für die zweite Auflage der RGG die Artikel »Evangelisch-sozial«, »Evangelisch-soziale Schule«, »Sozialpfarrer« und »Wohnungsfrage«. Als Sozialpfarrer der Sächsischen Landeskirche gehörte es seit 1924 zu seinen Aufgaben, sich über die neueste Literatur zu sozialen Themen zu informieren.[108] Da es sich um den umfangreichsten und wichtigsten Aufsatz von Herz zur sozialen Frage handelt, soll er hier eigens vorgestellt werden. Obwohl Herz an vielen Stellen hinter oft seitenlangen Zitaten verschwindet, wie es auch bei anderen Schriften von ihm der Fall ist,[109] so kommt doch in Darstellung und Gewichtung des Stoffs seine eigene Haltung zum Ausdruck. So steht dieser Aufsatz exemplarisch für andere Aufsätze von Herz zum sozialen Thema.

Herz gibt einen detaillierten Überblick über das Verhältnis des Protestantismus zur sozialen Frage und zeichnet es in einem Gang durch die Geschichte nach. Er verortet die soziale Verantwortung in der Verkündigung Jesu und im Neuen Testament und weist in großen Linien Kontinuitäten und Brüche in der Geschichte des Christentums nach, in der die Vernachlässigung des sozialen

---

105 Vgl. Johannes Müller: 30 Jahre Sächsische Evangelisch-soziale Vereinigung. SKBl Nr. 48 (1934), Sp. 761–764, Zitat 764.

106 Vgl. zum ganzen Exkurs Johannes Herz: Der Protestantismus und die soziale Frage. In: Gotthilf Schenkel: Der Protestantismus in der Gegenwart, Leipzig 1926, 411–452.

107 Vgl. Briefwechsel mit Schenkel 1924–1930. UAL Na Herz 18/2.

108 Zu den Aufgaben des Sozialpfarrers siehe Kapitel 3.1.5., 113–115.

109 Z.B. die Gedenkschrift für Friedrich Naumann und die für Adolf von Harnack.

Auftrags durch die Kirche dominiert. Die Protagonisten seit dem 19. Jahrhundert stellt er je nach Gewichtung ausführlicher vor, um dann den Blick auf die Organisationen zu richten. Diese werden in ihrer Entstehung, Aufgabe und Arbeitsweise dargestellt und danach kritisch gewürdigt, wobei die Arbeit von ESK und SESV als förderlichste herausgehoben werden. Darauf folgt eine kurze Darstellung über das Thema in anderen Ländern und schließlich als Resümee und Ausblick die Stockholmer Weltkirchenkonferenz, die die Weichen für ein neues Verhältnis der Kirche zu den sozialen Fragen der Gegenwart gestellt habe.[110]

Die Verkündigung Jesu Christi sei von einem starken sozialen Zug geprägt gewesen, der sich bei Paulus fortsetzte und das Christentum zu einer sozialen Religion machte. Auch in den anderen neutestamentlichen Schriften trete das hervor, Gottesliebe und Nächstenliebe würden in eins gesetzt. Die Stellung der Frau sei gehoben worden, und die Liebestätigkeit habe eine umfassende Organisation erfahren. Allerdings verschwand mit der Verweltlichung der Kirche ihr sozialer Zug.

Erst in der Reformation seien die sozialen Gedanken des Evangeliums Jesu Christi wieder lebendig geworden. Luther habe die großen sozialen Zusammenhänge erkannt, auch wenn sein erstes und letztes Ziel gewesen sei, die Seele durch die Rechtfertigung »frei und froh« zu machen. Der einbrechende Bauernkrieg habe durch seine blutigen Gräuel die vollständige »Durchdringung der äußeren Ordnung dieser Welt«[111] verhindert. Anders sei es im Calvinismus, der durch seine Prädestinationslehre die sichtbare göttliche Ordnung in der Welt fordere: »Die heilige Gemeinde muß die Ordnungen der Welt zu einem Ausdruck göttlichen Willens und zu einer Stätte der Herrschaft Christi gestalten«[112] und damit auch sozial-karitative Tätigkeit verbinden. Die Auswirkungen würden im gegenwärtigen[113] sozialen Handeln der englischen und amerikanischen Kirchen erkennbar werden.

In den deutschen lutherischen Landeskirchen sei auf die Reformation eine Zeit »sozialer Gleichgültigkeit und Unfruchtbarkeit« gefolgt, durch die »vollkommene Abhängigkeit der evangelischen Kirchen vom staatlichen Absolutismus«. In dieser Zeit entstanden die unsozialen Einrichtungen der Kirche, die bis in die Gegenwart nicht überwunden seien.[114] Die lutherische Orthodoxie sei in Lehr-

110 Zur Stockholmer Weltkirchenkonferenz »Life and Work« siehe unten Kapitel 3.2, 147f.

111 Zitate zu Luther, Herz: Der Protestantismus ..., 469f.

112 Herz: Der Protestantismus ..., 471.

113 Man beachte die Entstehungszeit.

114 Zu den unsozialen Einrichtungen der Kirche vgl. Kranich: Die Sächsische ..., 125–220.

streitigkeiten versunken, der Pietismus zu weltabgewandt gewesen, lediglich in der Herrnhuter Brüdergemeine sei »ein wirklich sozialer Geist lebendig«.[115]

Zum wirklichen Problem wurde die soziale Ignoranz der Kirche – so Herz – erst, als mit der industriellen Revolution die sozialen Unterschiede immens wurden, also in der Zeit, als die soziale Frage entstand. Erste Ansätze zur Lösung sah Herz bei Victor Aimé Huber, der mit der Begründung des Genossenschaftswesens »die arbeitende Klasse zur Selbsthilfe«[116] aufgerufen habe. Nach der Erwähnung von Gustav Werner und seinem Modell der christlichen Fabrik führte Herz die erste große Persönlichkeit des Sozialen Protestantismus ein, Johann Hinrich Wichern, dem sich durch seine soziale Arbeit die Not des ganzen Volkes erschlossen habe. Auf dem Wittenberger Kirchentag 1848 hielt er die Rede, die, in der Denkschrift »Die innere Mission der deutschen evangelischen Kirche. Eine Denkschrift an die deutsche Nation« verschriftlicht, zur Gründung des Centralvorstands der Inneren Mission geführt hat; und so »ist Wichern zum Begründer der christlich-sozialen Bewegung in Deutschland geworden«.[117] Seine Gedanken fanden aber durch die einsetzende staatliche Reaktion zu wenig Widerhall. Die Kirche habe »die proletarische Masse in ihren sozialen Kämpfen sich selbst« überlassen und sie damit »dem unheilvollen Einfluß der materialistischen Weltanschauung«[118] ausgeliefert. Auch als die Sozialdemokratische Partei gegründet wurde, habe es die Kirche versäumt, nach den Ursachen zu forschen und die seelische und wirtschaftliche Lage der Arbeiter zu ergründen. Herz führt als Beispiel den Streik von Bergarbeitern im Saargebiet an, die 1872 erfolglos gegen den Wegfall des Morgengebets vor dem Einfahren streikten, wozu die Kirche sich nicht positionierte.

Nur wenige hätten kirchlicherseits Anteil an den sozialen Nöten und Fragen der Arbeiter genommen, zu ihnen habe Friedrich von Bodelschwingh gehört. Er habe durch seine Arbeit in den Betheler Anstalten »mehr als irgend ein anderer zur praktischen Lösung der sozialen Frage beigetragen«.[119] Danach nannte Herz Rudolf Todt, der »zum ersten Mal auf deutschem Boden eine Verbindung zwischen den Forderungen des Neuen Testaments und den Gedanken der Arbeiterwelt herzustellen versucht hat«.[120] Todt war jedoch nur Vorläufer für den nächsten großen Sozialen Protestanten, Adolf Stoecker.

Stoecker, der einen scharfen Blick für die Nöte der Arbeiter gehabt habe, sah, dass die Lösung der sozialen Frage nur durch eine Sozialpolitik, die eine Gesellschaftsreform bedeutete, zu verwirklichen sei. Er gründete darum eine christlich-soziale Arbeiterpartei. Herz schrieb: »Die berühmte Eiskel-

115 Herz: Der Protestantismus ..., 472.
116 Herz: Der Protestantismus ..., 473.
117 Herz: Der Protestantismus ..., 474.
118 Herz: Der Protestantismus ..., 475.
119 Herz: Der Protestantismus ..., 477.
120 Herz: Der Protestantismus ..., 478.

lerversammlung Anfang des Jahres 1878 brachte dem glänzenden Redner und volkstümlichen Agitator den ersten großen Erfolg.«[121] Hier verklärt Herz die Situation, denn in der Eiskellerversammlung, auf der die Arbeiterpartei gegründet werden sollte, war Stoecker in der Diskussion dem Berliner Sozialdemokraten Johann Most haushoch unterlegen. Die Versammlung schloss mit einer Resolution, die allein der Sozialdemokratischen Partei bescheinigte, die politischen und wirtschaftlichen Unfreiheiten beseitigen zu können; die Idee einer christlich-sozialen Arbeiterpartei wurde verworfen, die Gründung der Partei erfolgte später geheim und unter Polizeischutz. Der Erfolg der Partei war eher mäßig. Erschwerend für eine sozial-kirchliche Arbeit kam die Politik des Kaisers Wilhelm I. mit dem Erlass des Sozialistengesetzes hinzu. Auch hier verwies Herz wieder auf die tragische Verflechtung von Politik und Kirche, die zur Lähmung der sozialen Ansätze geführt habe. Auch wenn Stoecker sich in der Parteipolitik immer mehr von seinen alten Zielen entfernt habe, so dürfe seine große Bedeutung nicht vergessen werden. »Stöcker ist es zu verdanken, daß in christlichen und konservativen Kreisen der Blick auf die sozialen Fragen gelenkt und das soziale Gewissen geweckt wurde.«[122] Ebenso seien die Sozialgesetzgebung des Deutschen Reiches und die Denkschrift des Zentralausschusses der Inneren Mission über die »Aufgaben der Kirche in den wirtschaftlichen und gesellschaftlichen Kämpfen der Gegenwart« von 1884 auf seinen Einfluss zurückzuführen.

Als zweite große Persönlichkeit dieser Zeit tritt Friedrich Naumann in den Blick. Auch Naumann erlangte durch seine Arbeit als Pfarrer im Erzgebirge und als Vereinsgeistlicher der Inneren Mission in Frankfurt/M. die Erkenntnis, dass der Massenverelendung nicht mit Einzelaktionen, sondern nur durch staatliche Gesetzgebung beizukommen sei. Naumann sei »zum geistigen Führer eines sozial interessierten jüngeren Geschlechts von Theologen und Nichttheologen geworden«.[123] Naumann wechselte ebenso wie Stoecker vom Pfarramt in die Politik mit der Gründung des Nationalsozialen Vereins 1896, zunächst mit ebenso wenig Erfolg wie Stoecker, was sich erst nach dem Zusammenschluss mit der liberalen Freisinnigen Vereinigung geändert habe. Nach der Erkenntnis, dass aus dem Evangelium keine unmittelbaren Richtlinien für die Sozialpolitik zu gewinnen seien, wie sie Naumann unter anderem aus einer Orientreise gewonnen hatte, habe er auf eine religiöse Begründung seiner sozialpolitischen Forderungen verzichtet. Allerdings sei durch die politische Tätigkeit Naumanns sein Einfluss auf die kirchlichen Kreise und die kirchliche Entwicklung gehemmt worden. Doch habe Naumann sich bis zuletzt der Kirche verbunden gefühlt, was sich ausdrücklich in der Verankerung evangelisch-sozialer Gesichtspunkte

121 Herz: Der Protestantismus ..., 478.
122 Herz: Der Protestantismus ..., 481.
123 Herz: Der Protestantismus ..., 482.

und der Stellung der Kirche in der Weimarer Verfassung widerspiegelte, an der Naumann maßgeblich Anteil hatte.[124] Und wie schon bei Luther, Wichern und Stoecker verhinderte laut Herz auch bei Naumann eine »politische und soziale Reaktionsperiode«[125] die Durchsetzung seiner evangelisch-sozialen Gedanken mit dem Nationalsozialen Verein. Der Kirche warf Herz vor, mehr auf den Staat als auf die prophetische Stimme[126] ihrer großen sozialen Führer gehört zu haben.

1890 schien ein Wandel einzutreten und das soziale Gewissen der Kirche zu erwachen, nachdem Wilhelm II. in seiner sozialpolitischen Botschaft mehr soziales Engagement von »seinen« Pfarrern forderte, was der Evangelische Oberkirchenrat (EOK) sofort weitergab:

> »Wo irgend möglich, ist es auch zu versuchen, daß der Geistliche in freien Versammlungen, verbunden mit Rede und Gegenrede, den Arbeitern unter die Augen tritt und Vorurteile zerstreut.«[127]

Auf diese Aufforderung hin entstand unter anderem der ESK, den Herz aber erst später bei den Organisationen behandelte. Zunächst stellte er noch die Rücknahme der wilhelminischen Sozialpolitik 1896 dar, die in dem Telegramm Wilhelms II. an Geheimrat Hinzpeter so endgültig formuliert war: Politische Pastoren seien ein Unding und christlich-sozial Unsinn. Das führte zu einem Zurückrudern des EOK und bedeutete für die kirchlich-soziale Arbeit einen herben Rückschlag, da man fortan »in der evangelischen Kirche gegenüber den sozialen Fragen die größte Zurückhaltung«[128] geübt habe.

In der Darstellung folgen nun die Organisationen, die aus der christlich-sozialen Bewegung entstanden waren, allerdings ohne die Innere Mission. Die Evangelischen Arbeitervereine seien die ältesten; 1893 stellten sie ein soziales Programm auf, das eine ganze Reihe von sozialen Reformen forderte wie die Einschränkung der Sonntagsarbeit und Maßnahmen zum Arbeitsschutz. Die evangelischen Arbeitervereine erlangten jedoch keinen großen Einfluss.

Als zweite Organisation wurde der Evangelisch-soziale Kongress vorgestellt, der besonders herausgehoben wurde. An die knappe Darstellung der Gründung schlossen sich Ziel,[129] Zielgruppe und Arbeitsweise an. Mit besonderem

124 Vgl. auch Werner Fritsch, Heinz Herz: Die Deutsche Demokratische Partei. In: Dieter Fricke (Hg.): Die bürgerlichen Parteien in Deutschland. Handbuch der bürgerlichen Parteien und anderer bürgerlicher Interessenorganisationen vom Vormärz bis zum Jahre 1945, Bd. 1 Alldeutscher Verband – Fortschrittliche Volkspartei, Leipzig 1968, 302–332.

125 Herz: Der Protestantismus ..., 485.

126 Der Vergleich von Stoecker und Naumann als Propheten auch bei Johannes Herz: Deutsches soziales Prophetentum. Vortrag in der Aula der Universität Leipzig beim Herbstkonvent der Sorabia am 14. Oktober 1935. ES 4 (1935), 113-130.

127 Zitiert nach Herz: Der Protestantismus ..., 486.

128 Herz: Der Protestantismus ..., 487.

129 Zum Ziel des ESK siehe Kapitel 3.2, 123.

Augenmerk auf das gebildete Bürgertum und die kirchlichen Kreise suchte der Kongress,

> »Einsicht in das komplizierte Getriebe des Wirtschaftslebens [zu gewinnen ...] und aus dem Evangelium heraus die Antriebe für eine vertiefte ethische und psychologische Erfassung der sozialen Frage [zu] gewinnen«.[130]

Die Arbeit des ESK blieb eine theoretische, ein Sozialprogramm oder eine besondere Wirtschaftsform habe er aus dem Evangelium nie abzuleiten versucht. Fortschrittlich war der ESK in der Behandlung der Emanzipation, er war die erste evangelische Versammlung, in der 1895 eine Frau zu Männern zur sozialen Lage der Frauen sprechen durfte, seither war man bemüht, immer auch eine Referentin bei den Tagungen zu finden. Als besondere Form der Kongressarbeit nannte Herz die in einigen Landesvereinigungen des ESK durchgeführten öffentlichen-religiösen Diskussionen mit der Arbeiterschaft, wobei er die SESV als Hauptträgerin dieser Arbeit vorstellte.

Die Freie kirchlich-soziale Konferenz (nach dem Ersten Weltkrieg der Kirchlich-soziale Bund, KSB), die von Stoecker nach seinem Ausscheiden aus dem ESK gegründet worden war, sei neben dem ESK die andere große Organisation, die sich mit der sozialen Frage befasste. Anders als der ESK sei sie parteipolitisch und kirchenpolitisch gebunden. Doch habe sie gerade in kirchlich-konservativen Kreisen und im christlichen Gemeinschaftswesen das Interesse für die soziale Frage wecken können. Der FKSK nahestehend seien die Soziale Geschäftsstelle für das evangelische Deutschland und die Evangelisch-soziale Schule in Spandau, in der unter anderem soziale Kurse für kirchliche Angestellte durchgeführt wurden. Eine enge Verbindung bestehe auch zu den Christlichen Gewerkschaften, die um »die wirtschaftliche, geistige und sittliche Hebung« bemüht seien.

> »Brachte auch die Gründung besonderer ›christlicher‹ Gewerkschaften in die Gewerkschaftsbewegung eine bedauerliche Spaltung, so war sie bei dem Sichfestlegen der freien Gewerkschaften auf eine christentumsfeindliche Weltanschauung und auf den Klassenkampfgedanken eine Notwendigkeit.«[131]

In den Ausführungen von Herz folgt nun die Darstellung der verschiedenen Gruppen der Religiösen Sozialisten, von denen er drei unterscheidet, deren größte die 1924 entstandene Arbeitsgemeinschaft religiöser Sozialisten sei, die zur Kirche eine kritische, jedoch keine feindliche Stellung einnähme. Die Religiösen Sozialisten ständen in der Gefahr, die Verbindung zu den Landeskirchen zu verlieren und zur Sekte zu werden, und ob »der ganzen Bewegung ein Erfolg beschieden sein«[132] wird, sei abzuwarten. Es schließen sich Betrachtungen zur Behandlung der sozialen Frage im west- und nordeuropäischen Ausland an.

---

130 Herz: Der Protestantismus ..., 489.
131 Zitate zu den Christlichen Gewerkschaften, Herz: Der Protestantismus ..., 493.
132 Herz: Der Protestantismus ..., 499.

In Deutschland, so Herz weiter, habe die Trennung von Kirche und Staat nach dem Ersten Weltkrieg die soziale Verantwortung der Kirche geschärft, und die Bildung des Deutschen Evangelischen Kirchenbundes ermögliche es, das soziale Handeln deutschlandweit zu koordinieren und in den sozialen Fragen gemeinsam vorzugehen. Das belegt Herz mit der Sozialen Kundgebung des Kirchentags von 1924, einer Kundgebung des Sozialen Ausschusses beim Evangelischen Kirchenausschuss zur Wohnungsnot und den Antrag zur Einführung von Sozialpfarrern. So sehr sich der deutsche Protestantismus seiner sozialen Verantwortung bewusst geworden sei, so sehr habe er sich auch davor gehütet, soziale Rezepte auszugeben, allerdings habe der DEKA Richtlinien für die sozial-kirchliche Arbeit an alle Landeskirchen versandt. Diese neuen sozialen Züge, die sich im deutschen Protestantismus finden, seien im Wesentlichen die Gedanken, die der ESK schon lange vertreten habe »und die hier zu kirchlicher Anerkennung gekommen sind«.[133]

Zusammenfassend beschreibt Herz, dass die sozial-kirchliche Arbeit noch viel Nachholbedarf hat. Der nächste Schritt sei die »soziale Erziehung unserer Kirchgemeinden und ihrer einzelnen Glieder«.[134] Einen starken Impuls in diese Richtung habe die Stockholmer Weltkirchenkonferenz für praktisches Christentum gegeben, auf der betont wurde, dass die soziale Botschaft der Kirche nicht außerhalb ihrer religiösen Arbeit liege. Stockholm habe einen wichtigen Beitrag zur Vernetzung und damit zur Bestätigung der sozial Gesinnten in den deutschen Landeskirchen geleistet.

> »Es ist ein langer und weiter Weg, auf dem wir das Verhältnis des Protestantismus zur sozialen Frage von Luther bis in die Gegenwart hinein verfolgt haben, ein Weg mit viel Hemmungen und Rückschlägen, Fehlern und Versäumnissen, aber ein Weg, der doch eine deutliche und stetige Aufwärtsbewegung zeigt [...].«[135]

Der Aufsatz entstand in einer Hochzeit für soziale Betätigung in Kirche und Politik, in der auch Johannes Herz viel Achtung und sein ausgeprägtes Engagement dafür erfuhr. Mit dem Aufsatz erwies sich Herz als ausgezeichneter Kenner der Materie, der in der Lage war, die Thematik der sozialen Frage aus der Geschichte heraus im christlichen Umfeld zu verorten und für die Tagespolitik aktuell erscheinen zu lassen. Interessant ist dabei die enge Verknüpfung, die Herz zwischen Naumann und Stoecker hergestellt hat, die er ähnlich auch in seinem Vortrag »Deutsches soziales Prophetentum« aufzeigte, obwohl es zwischen beiden in der Realität viele Reibungspunkte gegeben hatte; erinnert sei nur an den Austritt Stoeckers aus dem ESK.

---

133 Herz: Der Protestantismus ..., 505.
134 Herz: Der Protestantismus ..., 506.
135 Herz: Der Protestantismus ..., 508.

II Die Arbeit im Evangelisch-sozialen Kongress

Der Evangelisch-soziale Kongress war mit dem Ziel,

> »die sozialen Zustände unseres Volkes vorurteilsfrei zu untersuchen, sie an dem Maßstab der sittlichen und religiösen Forderungen des Evangeliums zu messen und diese selbst für das heutige Wirtschaftsleben fruchtbarer und wirksamer zu machen«,[136]

von Adolf Stoecker zusammen mit Adolf Wagner und Adolf von Harnack 1890 ins Leben gerufen worden.

Die Geschichte des ESK ist Gegenstand mehrerer Veröffentlichungen. Für die Zeit bis 1940 liegen vor allem Beiträge von Kongressmitgliedern vor. Bereits 1896 gab es Veröffentlichungen aus den Reihen des ESK.[137] Viele der späteren Veröffentlichungen gehen ebenfalls auf Mitglieder des ESK zurück, so die Artikel in RE von Gregory und RGG² von Herz. Auch die zum Jubiläum 1940 entstandene Schrift: »Evangelisches Ringen um soziale Gemeinschaft«[138] ist Eigengeschichtsschreibung. Dazu kann in gewisser Weise auch der Artikel von Heinz Herz gerechnet werden, der 1968 in »Die bürgerlichen Parteien in Deutschland« erschien. Allerdings war Dr. jur. Dr. rer. pol. Heinz Herz zu dieser Zeit Professor mit vollem Lehrauftrag am Historischen Institut der Friedrich-Schiller-Universität Jena. Diese Stellung war nur durch Linientreue zum SED-Regime zu erreichen, auch die Sprache bedient sich eines typisch sozialistischen Jargons. Eine sachgerechte Betrachtung scheint daher ausgeschlossen.[139]

Daneben sind die laufenden Veröffentlichungen des ESK eine wichtige Quelle. Hier sind die Verhandlungsberichte der Kongresstagungen zu nennen, ebenso die vom jeweiligen Generalsekretär herausgegebene Kongresszeitschrift, zuerst in loser Folge erschienen unter dem Titel *Mitteilungen des Evangelisch-sozialen Kongresses*, seit 1904 als Monatsschrift *Evangelisch-Sozial (ES)* und nach der Übernahme des Generalsekretariats durch Johannes Herz schließlich mit neuem Konzept seit 1925 als Vierteljahresschrift erscheinend. Die Zeitschrift *Evangelisch-Sozial* wurde während des Krieges eingestellt, als letztes erschien

---

136 Punkt 1 der Satzung des Evangelisch-sozialen Kongresses.

137 Zu den wichtigsten zählen: Paul GÖHRE: Die evangelisch-soziale Bewegung. Ihre Geschichte und Ziele, Leipzig 1896; Adolf HARNACK, Hans DELBRÜCK: Evangelisch-Sozial, Berlin 1896; Moritz August NOBBE: Der Evangelisch-soziale Kongreß und seine Gegner, Göttingen ²1897.

138 Martin RADE; Johannes HERZ (Hg.): Evangelisches Ringen um soziale Gemeinschaft. 50 Jahre Evangelisch-sozialer Kongreß, Leipzig 1940.

139 Vgl. Heinz HERZ: Evangelisch-sozialer Kongreß. In: Fricke: Die bürgerlichen Parteien ..., 792–797. Schon in der Einleitung, 792, heißt es: »Er war eine bürgerliche Vereinigung, die durch Forderungen nach sozialpolitischen Teilreformen, dem Klassenkampf der Arbeiter entgegentrat.« Es folgen Schlagwörter wie »scharfmacherische Vertreter großkapitalistischer Interessen«, »wissenschaftlicher Sozialismus«, »klassen-bewußte Arbeiter«.

das 2. Heft April/Juni 1941.[140] Zwischen 1927 und 1933 erschien zusätzlich die *Soziale Korrespondenz* des Evangelisch-sozialen Kongresses als Einlegeblatt für Tageszeitungen, Kirchenzeitungen und Gemeindeblätter.

Einen ausführlichen Überblick über den Forschungsstand zur Arbeit des ESK gibt Sebastian Kranich.[141] Die meisten Veröffentlichungen zum ESK betrachten seine Geschichte nur bis zum Beginn des Ersten Weltkrieges. Eine neuere Forschung für die zweite große Blütezeit in der Weimarer Republik fehlt.[142]

Das folgende Kapitel will die vorhandenen Lücken nicht schließen, sondern einige Bausteine über die Tätigkeit von Johannes Herz im Kongress[143] hinzufügen. Das Augenmerk soll dabei auf den von Herz organisierten Kongresstagungen 1910 in Chemnitz und 1918 in Leipzig, auf der Aufbauarbeit nach dem Ersten Weltkrieg, auf dem Jubiläumskongress 1940 in Leipzig, auf der erzwungenen Einstellung der Kongressarbeit im Krieg und auf den Versuchen, die Arbeit nach dem Zweiten Weltkrieg wiederzubeleben, liegen.

1 Die Kongresstagung in Chemnitz 1910

Johannes Herz war durch seine Mitgliedschaft in der SESV zugleich Mitglied des ESK.[144] Für die jährliche Kongresstagung war 1910 Chemnitz als Tagungsort vorgesehen. In einem Schreiben vom 3. Mai 1909 legte Herz in einem Brief dem Generalsekretär Wilhelm Schneemelcher die Chemnitzer Verhältnisse und Bedingungen dar und äußerte Bedenken, die Tagung finanziell bewältigen zu können. Hinsichtlich der Finanzen beruhigte Schneemelcher Herz, da bei den bisherigen Tagungen immer ein Überschuss erzielt worden war. Andererseits wies Schneemelcher darauf hin, dass zum 20-jährigen Bestehen des ESK eine besonders glanzvolle Tagung abgehalten werden sollte. Daraufhin beschloss die Chemnitzer Ortsgruppe, den Kongress zu bitten, die Tagung in Chemnitz erst im darauffolgenden Jahr zu veranstalten. Die städtischen Behörden bevorzugten ebenfalls 1911, da in diesem Jahr die Umbauarbeiten an Bahnhof und Rathaus fertig gestellt sein würden.[145] Letztlich fand der Kongress doch 1910 in Chemnitz statt.

Obwohl Chemnitz als Tagungsort für 1910 noch nicht fest stand,[146] liefen die Vorbereitungen weiter, die in den Händen von Herz als Vorsitzendem der Chem-

140 Zum Prozess um die Einstellung der Zeitschrift siehe unten, 153–166.

141 Vgl. Kranich: Die Sächsische ..., 19–26.

142 Vgl. dazu auch Klaus Erich Pollmann: Evangelisch-sozialer Kongreß. TRE 10 (1982), 650.

143 Die Bezeichnung »Kongress« ist irreführend, da sowohl der ESK als Körperschaft als auch die jeweiligen Tagungen gleichermaßen mit »Kongress« bezeichnet werden.

144 Vgl. Kapitel 3.1, 97f.

145 Vgl. Brief von Herz an Gottfried Naumann vom 23. Mai 1909. AESK B III 7, 26.

146 Chemnitz wurde erst im November 1909 als Tagungsort bestätigt. Vgl. Brief von Herz an Gottfried Naumann vom 12. November 1909. AESK B III 7, 94.

nitzer Ortsgruppe der SESV und dem Chemnitzer Pfarrer Martin Eger lagen. Als Friedrich Naumann zum Zweck einer Wahlkampfveranstaltung wegen der Landtagswahl 1909 Chemnitz besuchte, nahmen Herz und er die Gelegenheit wahr, über mögliche Referate bei der Kongresstagung zu sprechen.[147] Auf der Hauptversammlung der SESV in Plauen im September 1909 waren auf dieser Grundlage Themenvorschläge für die Hauptreferate erarbeitet worden, die Herz an Schneemelcher weiterleitete. Als soziales Thema war »Tarifverträge«, als ethisches »Die soziale Bedeutung der Volksschule« und als religiöses »Die Bedeutung des Monismus für die Arbeiterbewegung« vorgeschlagen worden. Das letzte Thema war gegen den Vorschlag von Friedrich Naumann, der an ein Referat über die öffentlichen-religiösen Diskussionsabende dachte, eingebracht worden, da es in Chemnitz eine sehr aktive Ortsgruppe des deutschen Monistenbundes gab. Für den Volksabend gingen die Themen »Wie kann ein Arbeiter seine Mußezeit gut anwenden?« oder »Was ist das Prinzip der Stunde: Liebe oder Gerechtigkeit?« zur Auswahl an Schneemelcher. Darüber hinaus schienen die Volksbildungskurse, die 1909 in Chemnitz unter Mitarbeit der SESV ins Leben gerufen worden waren, ein angemessener Diskussionsgegenstand für den Kongress zu sein.[148]

Tagungsort sollte das Kaufmännische Vereinshaus werden, das »für den fabelhaft billigen Preis von 125 M für alle drei Tage«[149] gemietet werden konnte.

Am 20. Januar 1910 schickte Schneemelcher einen als Muster erstellten Durchführungsplan an Herz zur Orientierung für die Kongressvorbereitung, zusammen mit der Bitte, dass er sich weiterhin ausdrücklich für die Vorbereitung des Kongresses verantwortlich fühlen solle: »Einer muß dabei sein, der die Sache als seine ansieht. Ich würde mich für uns sehr freuen, wenn Sie der eine wären, und hoffe das recht von Herzen.«[150] Zunächst galt es, »einen Ortsausschuß a) einflussreicher b) arbeitsamer Interessierter« nach Möglichkeit unter dem Vorsitz des Oberbürgermeisters zusammenzubringen.[151] Eine offizielle Einladung durch die Stadt Chemnitz, wie es der Wunsch des Aktionskomitees war, war nicht ausgesprochen worden, da das den Chemnitzer Gepflogenheiten nicht entspräche, wie der Oberbürgermeister mitteilen ließ. Allerdings hatte der Oberbürgermeister Sturm seine Bereitschaft erklärt, den

147 Vgl. Eintragung im Amtskalender vom 13. September 1909. UAL Na Herz 2/1. Zur Landtagswahl siehe Kapitel 5.1, besonders 300.

148 Vgl. Brief von Herz an Gottfried Naumann vom 12. November 1909. AESK B III 7, 94. Zu den Volksbildungskursen siehe Kapitel 3.1, 106–108.

149 Brief von Herz an Gottfried Naumann vom 12. November 1909. AESK B III 7, 94.

150 Brief von Schneemelcher an Herz vom 20. Januar 1910. AESK A III 1a.

151 Brief von Schneemelcher an Herz vom 10. Januar 1910. AESK A III 1a. Am Rand findet sich die handschriftliche Notiz von Herz: »auf – auf!«.

Kongress zu begrüßen.[152] Diese Bereitschaft wertete Herz als zumindest einer Einladung gleichwertig: »Wenn aber gleichzeitig Sturm erklärt, daß er den Kongreß gern begrüßen würde, so kommt das ja schließlich einer offiziösen Einladung nahezu gleich.«[153]

Der Ortsausschuss zur Vorbereitung der Kongresstagung traf sich erstmalig am 10. März 1910. Für den Vorsitz wurde Bürgermeister Johannes Hübschmann vorgeschlagen, der diesen jedoch aus Gesundheitsgründen ablehnte.[154] An seine Stelle trat der Stadtverordnete und Professor an der Königlichen Gewerbeakademie Heinrich Oskar Wend, zum stellvertretenden Vorsitzenden wurde Herz gewählt.[155] Dem Vorsitzenden oblagen die repräsentativen Pflichten, dem Stellvertreter die deutlich aufwändigere »innere Arbeit«, die Herz sehr viel Zeit und Anstrengung kostete, wie er an seine Geschwister schrieb:

> »[Es galt,] gleichzeitig den Aufruf mit dem endgültigen Programm sowie die Kongreßnummer von ›*Evangelisch-Sozial*‹ herauszubringen. Nun das war eine tüchtige Arbeit – die Ordnung und Zusammenstellung der über 300 Namen mit allen Titeln etc. machte viele Mühe. Noch während des Satzes kamen von Naumann und Schneemelcher mehrfach Telegramme mit Ergänzungen. Auch das Programm erfuhr immer wieder Abänderungen und es war fast unmöglich, die Fülle der Veranstaltungen unterzubringen. Dazu galt es noch den Artikel für ›*ES*‹ über unsre Chemnitzer Diskussionsabende zu schreiben und, da Schneemelcher unterwegs war, in der Hauptsache die Korrekturen für die Nummer zu lesen. Kurz, es war ein gehöriges Durcheinander. Nur gut, daß Schneemelcher und ich uns telephonisch wiederholt verständigen konnten, sonst hätte sich alles bis zu diesem Termin gar nicht schaffen lassen. [...] Wir haben versucht, alles zu tun, was in unseren Kräften liegt, um mit Ehren neben den vorangegangenen Tagungen bestehen zu können. Wir geben eine besondere, die sozialen Verhältnisse und Veranstaltungen in Chemnitz behandelnde Festschrift[156] heraus

152 Brief von Sturm an Herz vom 23. November 1909. AESK A III 1a.

153 Brief von Herz an Schneemelcher vom 24. November 1909. AESK A III 1a.

154 Vgl. Eintrag im Amtskalender vom 14. März 1910. UAL Na Herz 2/1.

155 Vgl. Eintrag im Amtskalender vom 10. März 1910 und vom 22. März 1910. UAL Na Herz 2/1.

156 Die Festschrift »Chemnitz in seiner sozialen Arbeit. Ein Gruß an den Evangelisch-sozialen Kongreß 1910« enthält folgende Aufsätze: »Vom Werden und Sein der Versammlungsstadt Chemnitz« von Oberlehrer Weinhold; »Die städtischen gemeinnützigen Anstalten« von Pastor Frieling; »Wie in Chemnitz die Kirche sozial ausgleichend wirkt« von Pastor Nicolai; »Die Chemnitzer freie Vereinstätigkeit auf sozialem Gebiet von Lehrer Schwefler; »Die Arbeitervereine von Chemnitz« von Pastor Johannes Siegert; »Statistisches von Chemnitz« von dem Direktor des Statistischen Amtes der Stadt Chemnitz H. Schöbel.

und haben auch eine ganze Reihe interessanter Besichtigungen[157] vorgesehen. Hoffentlich ist der Besuch von außen ein guter.«[158]

Der Kongress tagte vom 17. bis zum 19. Mai 1910 in Chemnitz. Die Hauptvorträge hielten Georg Liebster (Sozialistische Weltanschauung und christliche Religion), Heinrich Herkner (Käuferpflichten) und Marie Baum (Fabrikarbeit und Frauenleben). Eine Teilnahmekarte für die ganze Tagung kostete 2,00 Mark, Tageskarten 1,00 Mark, eine Abendkarte für den Mittwochabend 0,50 Mark. Ermäßigte Karten, für die Herz plädiert hatte, gab es nicht, da »Arbeiter, auf die bei Herabsetzung immer gerechnet würde, [...] doch nicht [kommen].«[159]

Georg Liebster hatte für seinen Vortrag die These aufgestellt, dass Christentum und Sozialismus sich nicht vermischen könnten, weil ihre Ziele unterschiedlich seien. Das Erste suche die Verbindung mit dem Überweltlichen und Ewigen, das Zweite eine gerechte Verteilung des Arbeitsproduktes. Da aber beide jeweils Faktoren des gegenwärtigen Geisteslebens seien, müssten sie in Beziehung gesetzt werden und sich gegenseitig durchdringen.

> »Dabei erfolgt eine Umgestaltung der die christliche Religion begleitenden Weltanschauung im Sinne der Dialektik und aus der sozialistischen Weltanschauung verschwindet der Materialismus. Damit wird das beseitigt, was bisher hinderte, gleichzeitig Christ und Sozialist zu sein.«[160]

Liebster wandte sich damit deutlich gegen den von August Bebel in der Debatte mit dem katholischen Theologen Wilhelm Hohoff geäußerten und im sozialistischen Milieu zur Redewendung gewordenen Satz: »Christentum und Sozialismus stehen sich gegenüber wie Feuer und Wasser.«[161]

In der Diskussion sprach auch Johannes Herz, der herausstellte, dass die Kluft zwischen Christentum und Sozialismus nicht so unüberbrückbar sei; hinderlich sei vielmehr die Einklammerung von Christentum und Sozialismus in den Institutionen Kirche und Sozialdemokratie. Es bestehe eine tiefe Verwandtschaft zwischen beiden in der Hoffnung auf eine bessere Zukunft, in der Selbstverleugnung und im revolutionären Gedanken. Darum solle sich das Christentum von allen Verschüttungen befreien und zum Ursprünglichen

157 Im Programm erscheinen als gemeinsame Besichtigungen: die Königliche Landesanstalt für Blinde und Schwachsinnige, die Sächsische Maschinenfabrik Richard Hartmann und die Werkstätten für Präzisionsmechanik und Elektrotechnik Max Kohl. Daneben gab es die Möglichkeit, nicht näher benannte soziale Anstalten zu besichtigen.

158 Rundbrief von Herz an seine Geschwister vom 25. April 1910. StAL Na Herz 9/1.

159 Brief von Schneemelcher an Herz vom 9. März 1910. AESK A III 1a.

160 Thesen zum Vortrag Sozialistische Weltanschauung und christliche Religion von Georg Liebster. AESK A III 1a.

161 Christentum und Sozialismus. Eine religiöse Polemik zwischen Herrn Kaplan Hohoff in Hüffe und August Bebel (1873/74). In: Ausgewählte Reden und Schriften, Bd. 1, München 1995, 281–299, 298.

zurückkehren; die Sozialdemokratie solle sich vom Materialismus lösen, der ihrem Zukunftsglauben, ihrer Ethik und auch ihren revolutionären Gedanken das Rückgrat brechen würde. Seine Begründung für diesen vorgetragenen Idealismus, der mit viel Beifall bedacht wurde, lautete:

> »Weil ich meine Kirche, mein Christentum lieb habe, und weil ich gleichzeitig mein Volk liebe, in das ich hineingeboren bin – und dieses Volk besteht nicht nur aus den oberen Zehntausend, sondern das Volk, das ich lieb habe, sind die großen Massen der Zehntausende und der Hunderttausende – darum kann ich von meiner Hoffnung nicht lassen, wenn mir auch jemand sagt: christliche Weltanschauung und sozialistische Weltanschauung, die können zusammen nicht kommen, das Wasser ist viel zu tief; sondern darum habe ich den Glauben: die beiden müssen zusammenkommen und werden zusammenkommen, und wir wollen arbeiten, daß sie zusammenkommen.«[162]

Das Echo in der örtlichen Presse war groß. Sowohl die Chemnitzer *Neuesten Nachrichten* als auch die sozialdemokratische *Volksstimme* begleiteten den Kongress mit ausführlichen Artikeln. Noch vor Tagungsbeginn wurde in der *Volksstimme* ein Artikel von Paul Göhre, dem ehemaligen Generalsekretär, zur Geschichte des Kongresses gedruckt. Der ESK, gegründet durch den »vielgewandten und verschlagenen Hofprediger Stöcker«, sei eine Diskutierinstitution, die durch die politische Entwicklung der vergangenen 20 Jahre als eine indirekte Veranstaltung des Liberalismus anzusehen sei. Zumindest sei der ESK nie ein geschworener Feind der Sozialdemokratie gewesen und habe »in manchen bürgerlichen und kirchlichen Kreisen mehr soziales Verständnis« verbreitet. Doch seien die Gegensätze zur Sozialdemokratie unübersehbar, da der ESK Staat und Gesellschaft in ihren Grundzügen erhalten und nur im Kleinen reformieren wolle und die Ansicht vertrete, dass »Kirche und Christentum in möglichster Stärke und Einflußkraft dem ganzen Volke erhalten werden müsse.«[163] Während in den Chemnitzer *Neuesten Nachrichten* der Kongress als ein für Chemnitz bedeutendes Ereignis gewürdigt wurde,[164] erklärte die sozialdemokratische *Volksstimme* in ihrer täglichen Berichterstattung, dass keine Kongresstagung so misslungen, so konservativ, so staats- und industriehörig gewesen sei wie die Chemnitzer. Dafür wurden mit Vorliebe Herz, Eger, Liebster, Gregory und einige andere als Kronzeugen angeführt. Der Kongress habe noch vor seinem Beginn die Chance vertan, den Klassenkampf zu entschärfen, der in Chemnitz besonders deutlich zutage trete, da »nicht Pastor Herz, nicht einmal Oberpfarrer Eger, sondern ein nationalliberaler Landtagskandidat Prof. Wendt [sic]« zum

162 Diskussionsbeitrag Johannes Herz zum Vortrag von Georg Liebster. Verhandlungsbericht des 21. Evangelisch-sozialen Kongresses, Göttingen 1910, 48f.

163 Die Volksstimme. Organ für das arbeitende Volk des 10., 15., 16., 17. und 19. sächsischen Reichstags-Wahlkreises. Nr. 109 vom 14. Mai 1910, 20. Jg.

164 Es wurde über die »hochbedeutsame Tagung« berichtet. Chemnitzer Neueste Nachrichten Nr. 111 vom 18. Mai 1910.

Vorsitzenden des Ortsausschusses gewählt worden sei. Die Festschrift sei so schlecht, dass »Pastor Herz sich ihrer schämen und jede Teilnahme daran ablehnen« müsse. Schlussendlich wurde konstatiert, dass

> »diese Chemnitzer Tagung des Evangelisch-sozialen Kongresses als schwärzestes Blatt in seiner Geschichte erscheint. Im Herzen stimmen die Herz und Bröcker, Fuchs und Traub, Liebster und Gregory diesem Urteil zu.«[165]

Den Höhepunkt der sozialdemokratischen Flankierung des Kongresses bildeten die vom örtlichen sozialdemokratischen Verein organisierten Volksversammlungen, die am Abend des 19. Mai stattfanden. In den drei Versammlungen sprachen Paul Göhre, Max Maurenbrecher und der Züricher sozialistische Pfarrer Paul Pflüger. An den Kongress war eine Einladung ergangen,[166] die Harnack an die Kongressteilnehmer weitergab mit der Bemerkung, dass man sich lebhaft beteiligen werde, natürlich als Einzelne. Harnack selbst bedauerte, der Einladung nicht Folge leisten zu können.

> »Es wird, wie ich weiß, eine ganze Reihe von unseren Mitgliedern an diesen Versammlungen teilnehmen, und ich kann nur wiederholen: es ist erfreulich. Daß man natürlich zu solchen Diskussionen, wo man uns nicht das Schlußwort geben kann, sondern wo Sozialdemokraten das Schlußwort haben, von vornherein mit gedämpften Aussichten hingeht, versteht sich von selbst.«[167]

Die Stimmung gegenüber der sozialdemokratischen Einladung verschlechterte sich, als Ernst Heilmann, der Redakteur der *Volksstimme*, während des Kongresses Harnack in einem Artikel angriff:

> »Ungleich schlimmer aber ist die mehr als seltsame Rolle, die Harnack als Vorsitzender spielt. Harnack ist echt konservativ geworden und äußerst gehässig gegen jeden, der in sozialen Forderungen oder evangeliumskritischen Betrachtungen über ihn hinausgeht. So behandelte er den Pastor Liebster höchst unfreundlich[168] und sprach selbst eine rein manchesterliche Eröffnungsrede. Selbst das neue Sozialistengesetz, die Reichsversicherungsordnung genannt, überschüttet er mit törichten Ueberschwenglichkeiten der Anerkennung. Schließlich vergaß er sich soweit, Drews und Maurenbrecher, die nicht an seinen Christus glauben, als Kosaken zu beschimpfen.«[169]

---

165 Die Volksstimme Nr. 114 vom 21. Mai 1910.

166 Vgl. Brief von Ernst Heilmann an Herz vom 13. Mai 1910. AESK A III 1a. Es wurde nicht nur die Einladung ausgesprochen, sondern auch darum gebeten, mitzuteilen, mit wie vielen Teilnehmern des ESK zu rechnen sei. Aus dem Brief ist zu entnehmen, dass auch Schneemelcher eine persönliche Einladung erhalten hatte. Harnack verwies darauf, dass er keine persönliche Einladung erhalten habe. Verhandlungsbericht des 21. ESK ... 1910, 90.

167 Verhandlungsbericht des 21. ESK ... 1910, 90.

168 Wahrscheinlich zielte der Autor auf die Unterbrechung durch Harnack während des Liebsterschen Vortrags. Vgl. Verhandlungsbericht des 21. ESK ... 1910, 18f.

169 Die Volksstimme Nr. 112 vom 19. Mai 1910.

An diese Eröffnung schloss sich die Beschreibung einer Reglementierung an, die Heilmann als Jurastudent der Universität Berlin durch den damaligen Rektor Harnack erfahren hatte, weil er sich 1901 für Petersburger Studenten eingesetzt hatte, die von Kosaken drangsaliert worden waren. Harnack verlas den Artikel auszugsweise während der Kongressverhandlung und wies die Vorwürfe zurück. Eine Vielzahl von Kongressteilnehmern meinte daraufhin, die Einladung zu den sozialdemokratischen Versammlungen nicht mehr annehmen zu können. Andere ließen sich nicht davon abhalten, unter ihnen viele Mitglieder der SESV. Der Vorstand der SESV hatte einen regelrechten Schlachtplan entworfen.[170]

Herz nahm an der sozialdemokratischen Versammlung in Chemnitz-Kappel teil, auf der Paul Pflüger sprach. In der *Volksstimme* wurde dieser Abend als Triumph der Sozialdemokratie über die Kirche und den Kongress gefeiert, da an ihm aufgezeigt worden sei, dass »alles ewig Große und Gute aus den Religionen längst vom Sozialismus übernommen worden ist.«[171] Ausführlich wurden durch die *Volksstimme* Rede und Gegenrede in den drei Versammlungen beschrieben: Pflüger erklärte zunächst, dass Christentum und Sozialismus miteinander verwandt seien, so in der Vorwärtsgewandheit und der Solidarität, es aber auch große Unterschiede gebe und die Kluft besonders durch die reaktionäre Haltung von Kirche und Geistlichkeit vertieft würde. Das habe auch der Kongress gezeigt. Als über die Not der Frauen in der Fabrikarbeit gesprochen wurde, habe Adolf Wagner mit dem Satz reagiert: »Lasst alle Hoffnung fahren!« Dagegen sei der Achtstundentag nicht thematisiert worden. Das Christentum sei romantisch, aber der Sozialismus baue an der Zukunft. Darum, so das sozialdemokratische Blatt, sei der Arbeiter für die Kirche nicht wiederzugewinnen. Ernst Heilmann warf in der Diskussion dem Kongress soziale Rückständigkeit vor. Er habe sechs Kongresse erlebt, und jeder sei reaktionärer geworden. Davon nahm er nur wenige vorwärtsstrebende Mitglieder aus, zu denen er auch Herz zählte. Johannes Herz verwahrte sich gegen die Art der Äußerungen Heilmanns und bat die Menge, den Kongress nicht ungerecht zu beurteilen. Dieser könne nicht auf sozialpolitische Äußerungen Einzelner, seien es auch Adolf von Harnack und Hermann Freiherr von Soden, festgelegt werden. Pflüger hatte in seinem Referat behauptet, dass Geistliche den streikenden Webern in Crimmitschau die Weihnachtsfeier unmöglich gemacht hätten.[172] Diese Behauptung korrigierte Herz dahingehend, dass die Evangelisch-soziale Vereinigung mit einer öffentlichen Erklärung für die Streikenden eingetreten sei. Außerdem hielt er den Sozialdemokraten ihren viel beschworenen Freigeist vor und forderte sie auf, endlich aus den parteipolitischen Zwängen auszubrechen:

170 Vgl. dazu die Darstellung bei Kranich: Die Sächsische ..., 291–293.

171 Die Volksstimme 1. Beilage zu Nr. 114 vom 21. Mai 1910.

172 Zum Crimmitschauer Streik siehe Kapitel 1, 30f. und Kapitel 3.1, 94–96f.

»Aber wir wollen Sie wirklich nicht herüberziehen. Wenn Sie keine andere Stellung zur Kirche finden, so treten Sie doch nur endlich aus. Nur nicht diese stumpfe und dumpfe Gleichgültigkeit! Wir verkennen ihre großen schönen Ideale nicht, aber erst müssen Sie gerechter werden, das Schema, den Parteigeist, das materialistische Dogma abstreifen.«[173]

Martin Rade schrieb allerdings in seinem Rückblick, dass die sozialdemokratischen Versammlungen von Ruhe, Sachlichkeit und »Erweisung persönlicher Andacht« geprägt gewesen seien. Die Vertreter des ESK seien ausführlich zu Wort gekommen. Diese Versammlungen hätten den Kongress so bereichert, dass jeder mit einer solchen abgeschlossen werden sollte.[174] Auch Johannes Herz war mit dem Abend zufrieden:

»Die Versammlungen verliefen bei allem G[e]g[en]satz und aller schroffen Ablehnung des Kongresses durch die Sozialdemokratie doch durchaus ruhig und wir erzielten mit unserem Auftreten einen sichtlichen Achtungserfolg.«[175]

Katharina Herz schrieb an ihre Geschwister über den Abend:

»Am letzten Abend hatten die Sozis 3 Riesenversammlungen einberufen mit auswärtigen Rednern: Pflüger, Göhre, Maurenbrecher. Die Kongreßler waren dazu eingeladen. Ihr könnt Euch denken, daß das wie ein Stich ins Wespennest wirkte. Die Spannung war an diesem Tag sicher die stärkste. Leider war Johannes nicht dafür, daß wir 3 Mädchen hingingen, die Männer kamen kampfesheiß ½ 3 nachts nach Hause. Vielleicht habt Ihr davon gelesen, in jeder der 3 Versammlungen 12–1500 Menschen und darunter vielleicht 2 Dutzend von unseren Leuten. Aber sie haben sich nicht als die Geschlagenen gefühlt, im Gegenteil. Schlimm ist nur, daß die Sozis nicht bei der Wahrheit bleiben und nun Äußerungen, die getan worden sind, (natürlich allemal muß Johannes es büßen) verdrehen, sodaß der schönste Zeitungsklatsch anhub, gerade als Johannes wegfuhr.«[176]

Der Eindruck der Kongressteilnehmener war demnach ein ganz anderer als der in der *Volksstimme* wiedergegebene. So erklärte der Vorsitzende des Ortsausschusses Heinrich Oskar Wend in seinem Schlusswort:

»Daß unsere Tagung in Chemnitz von dem Erfolg, den wir erhofften, hinaus begleitet gewesen ist, das, meine verehrten Damen und Herren, möchte auch ich namens des Ortsausschusses konstatieren. Ich meine, allein schon der Ton, in welchem die gegnerische Presse über unsere Veranstaltung berichtete, ist der bedeutsamste Beweis für den Erfolg, den diese Tagung mit sich gebracht hat.«[177]

173 Zum ganzen Absatz, darin auch die Zitate: Die Volksstimme 1. Beilage zu Nr. 114 vom 21. Mai 1910.

174 Vgl. Martin Rade: Der Evangelisch-soziale Kongreß in Chemnitz. CW 22; 23 (1910), Sp. 520–525. 540–543.

175 Eintrag im Amtskalender vom 19. Mai 1910. UAL Na Herz 2/1.

176 Rundbrief Nr. 322 von Katharina Herz vom 24. Mai 1910. StAL Na Herz 11/1.

177 Verhandlungsbericht des 21. ESK ...1910, 143.

Familiärer schrieb es Katharina Herz an ihre Geschwister:

»Schade, daß ihr nicht unsere hiesige *Volksstimme* lesen könnt. Sie können nicht oft genug ›der gänzlich mißglückte Kongreß‹, den man aufgeben sollte, und Ähnliches schreiben. Aber gerade, weil sie es so aufdringlich betonen, wird er nicht ohne günstigen Eindruck geblieben sein.«[178]

In der Mitgliederversammlung der SESV wurde von Johannes Herz ebenfalls ein Fazit gezogen. Bemängelt wurde das Fehlen von Chemnitzer Industriellen, Kaufleuten und Offizieren. Der Begrüßungsabend sei zu langatmig gewesen und Liebsters Referat über die Köpfe hinweggegangen. In der Diskussion bei den Versammlungen der Sozialdemokraten sei ein »völliger Sieg« davongetragen worden. Außerdem habe bisher keine Kongresstagung ein solch intensives Presseecho erreicht. Die Einsprüche von links und rechts zeigten, wie treffend die Themen des ESK gewesen seien. Auch mit der Zahl der neugewonnenen Mitglieder könne man zufrieden sein.[179]

Nach der abschließenden Besprechung der Kongresstagung im Aktionskomitee schrieb Johannes Herz in seinen Amtskalender: »Der Kongreß war gut verlaufen, hatte aber für mich als den verantwortlichen Haupt-Arrangeur große Anstrengung mit sich gebracht.«[180]

Die Chemnitzer Kongresstagung hatte einen wegweisenden Charakter für das Verhältnis von SESV und ESK. Nach ihrer Gründung hatte die SESV zwar die Nähe des ESK gesucht, aber trotzdem gezögert, sich ihm anzuschließen. Sie war schließlich 1905 als korporatives Mitglied beigetreten.[181] Auf der Tagung in Chemnitz, besonders mit dem Auftreten der Evangelisch-sozialen Vertreter auf den Veranstaltungen der Sozialdemokraten, war die Kluft zwischen dem ESK, so wie er unter Harnack seine Richtung mit seinem reflektierenden Charakter genommen hatte, und der sehr auf Aktionen bedachten SESV deutlich geworden.[182] Allerdings war die SESV nach dieser Tagung als wichtige und gestaltende Kraft im ESK nicht mehr zu übersehen. Der Kongress, so wie ihn Harnack verstanden und geprägt hatte, hatte

»den Höhepunkt seiner Reputation und seiner Öffentlichwirksamkeit erreicht und überschritten [...]. Auf Dauer reichten der sozialpolitische Diskurs und die Strategie der sozialen Pazifizierung durch Gesinnungs- und Bildungspflege nicht aus.«[183]

178 Rundbrief Nr. 322 von Katharina Herz vom 24. Mai 1910. StAL Na Herz 11/1.

179 Vgl. Protokoll der Mitgliederversammlung der SESV vom 3. Oktober 1910. AESK B I.

180 Eintrag im Amtskalender vom 21. Mai 1910. UAL Na Herz 2/1.

181 Zu diesem Prozess siehe Kapitel 3.1. und Kranich: Die Sächsische ..., 69–75.

182 Hier ist besonders auf die öffentlichen-religiösen Diskussionsabende zu verweisen.

183 Kurt Nowak: Sozialpolitik als Kulturauftrag. Adolf von Harnack und der Evangelisch-soziale Kongreß, in: Jochen-Christoph Kaiser, Wilfried Loth (Hg.): Soziale Reform

Harnack fühlte sich als Vorsitzender nicht mehr voll unterstützt und meinte, dass der linke Flügel im ESK seine Ablösung wünsche.[184] Dazu hatte der oben aufgeführte Zeitungsartikel, den Harnack nicht als Angriff auf den Kongress allgemein, sondern gegen sich persönlich gerichtet sah, erheblich beigetragen, ebenso die Äußerung von Johannes Herz und einer ähnlichen von Martin Eger bei den sozialdemokratischen Volksabenden, dass Harnacks Meinung eine Einzelmeinung sei. Rade verteidigte die sächsischen Pfarrer,

> »die in den soz[ial]dem[okratischen] Versammlungen fortwährend Ansehen u[nd] Stellung riskieren, [sie] müssen wohl ein anderes Temperament und eine andere Stellung haben als Du.«[185]

In der Standortbestimmung des ESK gegenüber der Sozialdemokratie ergänzte Harnack daraufhin die Aufgaben des ESK um

> »das Werk [...], welches die Sächsische Pastorengruppe [...] betreibt, die einzelnen Sozialdemokraten zu freier Aussprache in religiösen u[nd] sozialen Fragen aufzurufen und ihnen zu beweisen, daß man auch ›in der verdammten Kutte‹ wie im Arbeiterkittel ein rechter Christ sein kann«.[186]

Damit war die Arbeit der SESV in die Aufgaben des ESK integriert und so auch die SESV im ESK endgültig etabliert.

Adolf von Harnack zog sich 1911 vom Vorsitz zurück, ein Schritt, den er zwar ausschließlich mit Arbeitsüberlastung begründete, der aber nicht zuletzt in den oben beschriebenen Ereignissen eine Ursache hat. Der neue Vorsitzende Otto Baumgarten stand der Diskussionsarbeit der Sachsen eher reserviert gegenüber, auch der Generalsekretär Wilhelm Schneemelcher sah in den Volksversammlungen die Grenzen der öffentlichen-religiösen Diskussionsarbeit aufgezeigt. Wie wichtig die Arbeit der SESV für den ESK wurde, zeigte sich am Ende des Ersten Weltkriegs.

2 Die Kongresstagung in Leipzig 1918

Die Arbeit des Kongresses war wegen des Krieges fast vollständig zum Erliegen gekommen. Die in der Satzung festgelegte jährliche Tagung fand während des Krieges nur einmal, vom 11.–12. April 1917 in Berlin, statt, die Monatsschrift *ES* erschien sporadisch. Johannes Herz, inzwischen Vorsitzender der SESV, drängte den Generalsekretär Wilhelm Schneemelcher, die Arbeit neu zu beleben. Die Konkurrenz im sozialen Bereich war rege tätig, so veranstal-

---

im Kaiserreich. Protestantismus, Katholizismus und Sozialpolitik, Stuttgart 1997, 79–93, 91.

184 Vgl. Postkarte von Harnack an Rade vom 31. Mai 1910. In: Johanna JANTSCH (Hg.): Der Briefwechsel zwischen Adolf von Harnack und Martin Rade. Theologie auf dem öffentlichen Markt, Berlin 1996, 645f.

185 Brief von Rade an Harnack vom 4. Juni 1910, in: Der Briefwechsel ..., 648

186 Brief von Harnack an Rade vom 11. Juni 1910, in: Der Briefwechsel ..., 650.

tete die Freie Kirchlich-Soziale Konferenz im April 1917 eine groß angelegte Werbetagung in Dresden und 1918 eine Tagung ebendort.[187] Die Sorge um die Abwerbung von Mitgliedern war groß. Schneemelcher hielt sich allerdings bedeckt. Er meinte, die Konkurrenz sei für die SESV größer als für den Kongress und führte die »gewaltigen« Kosten, die durch den Krieg bedingten Sorgen und andere Belastungen ins Feld.

> »Ich bedauere es mit Ihnen, daß wir keine Tagung haben, aber ich kann mir noch immer nicht viel davon versprechen. Das Echo ist zu gering, und ich selber empfinde andere Interessen, die nationalpolitischen, als die alles überwiegenden.«[188]

Daran knüpfte er die Bitte an Herz an, die »unwilligen Freunde« zu beruhigen und auf später zu vertrösten.

Vom Vorstand der SESV war in der Zwischenzeit beschlossen worden, den Mitgliedern eine Druckschrift zu senden, um sie »zusammenzuhalten«. Es sollten kurze Artikel zu den sozialen Problemen der Zeit erscheinen, darin sollten keine Allgemeinplätze, sondern einzelne Tatsachen zur Bevölkerungsfrage, Wohnungsfrage, der religiösen Haltung der Arbeiterschaft und der Friedensarbeit zur Sprache kommen. Auch an Nachrichten aus den Ortsgruppen war gedacht. Bezahlt werden sollte der Druck von der jährlich an den ESK abgehenden Bezugsgebühr für *ES* von 130 Mark.[189] Die erste der *Mitteilungen der Sächsischen Evangelisch-sozialen Vereinigung* erschien im Mai 1918 mit dem Geleitwort:

> »Und den anderen [Mitgliedern], die es mit uns beklagen, daß die Kongreßzeitschrift während des Krieges nur ganz spärlich und unregelmäßig erschienen ist, ja seit Jahresfrist ihr Erscheinen leider ganz eingestellt zu haben scheint, möchten wir mit unseren ›Mitteilungen‹ wenigstens einigen Ersatz bieten.«[190]

Herz hatte Schneemelcher die erste Nummer geschickt, der sich nach deren Erhalt bedankte, wohl aber die »kritische Spitze gegen *Evangelisch-Sozial*« bemerkt hatte. Nicht seit Jahresfrist sei die Zeitschrift nicht mehr erschienen, das wäre erst am 1. August der Fall. Gleichzeitig bat er Herz um ein Treffen, um über eine mögliche Herbsttagung in Leipzig zu sprechen. Für die Abhaltung einer solchen sollte Schneemelcher sich in der nächsten Vorstandssitzung stark machen. Der Grundton des Briefes schwankt zwischen voller Zustimmung und abgerungenem Zugeständnis an eine drängende Landesvereinigung.

187 Zum Verhältnis von Kirchlich-Sozialer Konferenz und Sächsisch Evangelisch-sozialer Vereinigung siehe Kapitel 3.1, 108–113.

188 Brief von Schneemelcher an Herz vom 30. März 1918. AESK A III 2.

189 Vgl. Rundschreiben von Johannes Herz an den Vorstand der SESV mit Antworten der Vorstandsmitglieder vom 18. März 1918. AESK B III 7, 142, darin Zitat.

190 Mitteilungen der Sächsischen Evangelisch-sozialen Vereinigung 1 (1918), 2.

»Ich halte sie [die Tagung] nicht für eine sachliche Notwendigkeit im Interesse des Kongresses, aber es scheinen auf Ihrer Seite praktische Dringlichkeiten vorzuliegen, daran ich nicht gleichgültig vorübersehen darf um unserer Zukunft willen. [...] Aber es wird für Sie in Leipzig eine schwere Sache werden. [...] Ich denke, es wird mit der Tagung werden. Dann wird auch die Stimmung gegenüber dem Kongreß wieder besser werden, die bei einer kleinen Minderheit im K[öni]gr[eich] Sachsen [...] z[ur] Z[eit] keine freundliche ist.«[191]

Der Vorstand beschloss, die Tagung im Oktober in Leipzig abzuhalten. In der Ortsausschusssitzung schlug Herz den 16. Oktober vor. Aus Rücksicht auf die Kriegszeit sollte es nur einen Verhandlungstag geben. Rade hatte sich für Anfang Oktober ausgesprochen, da während der Michaelisferien die Lehrer und Akademiker leichter den ESK besuchen könnten. Gegen den frühen Termin sprach unter anderem, dass das Semester noch nicht angefangen hatte und damit »die Studenten und Studentinnen, auf deren Beteiligung wir großen Wert legen,«[192] fehlten. Außerdem war Herz bis Ende August im Urlaub und konnte mit den Vorbereitungen erst im September beginnen. Als Verhandlungstag käme nur Mittwoch in Frage, da der Nachmittag an diesem Tag schulfrei war, sodass die Lehrer den zweiten Hauptvortrag besuchen könnten. Man einigte sich schließlich mit Rücksicht auf die fleischlose Woche[193] und auch auf andere Veranstaltungen auf den 16. Oktober 1918.[194]

Johannes Herz hatte den Vorsitz des Ortsausschusses übernommen. Durch die Vorbereitung des Chemnitzer Kongresses war ihm die Technik noch vertraut, auch die »Anweisung«, den musterhaften Durchführungsplan, besaß er noch.[195] Als Veranstaltungsort für den Volksabend wurde der Saal im Zoologischen Garten gebucht, für die Tagung selbst das Kaufmännische Vereinshaus in der Schulstraße, heute Ratsfreischulstraße. Mit dem Theologieprofessor Karl Thieme besuchte Herz die »Oberen Leipzigs«, um für den Kongress zu werben, und fand »liebenswürdige Aufnahme«.[196] Außerdem warb Herz einige Sponsoren, da die Finanzierungsfrage eine schwierige war.

Schneemelcher war für die inhaltliche Ausgestaltung verantwortlich. Schnell war Julius Ziehen für das Thema »Der Aufstieg der Begabten« gewonnen, über welches er im zweiten Hauptvortrag, zu dem viele Lehrer erwartet wurden,

---

191 Brief von Schneemelcher an Herz vom 24. Mai 1918. AESK A III 2.

192 Brief von Herz an Schneemelcher vom 13. Juli 1918. AESK A III 2.

193 Bei der fleischlosen Woche handelte es sich um eine in der Kriegszeit eingeführte, reichsweit einzuhaltende Woche, in der es wegen der Lebensmittelknappheit kein Fleisch gab. 1918 gab es vier fleischlose Wochen.

194 Vgl. Brief von Schneemelcher an Herz vom 10. Juli und vom 12. Juli 1918. Brief von Herz an Schneemelcher vom 13. Juli 1918. Brief von Herz an Baumgarten vom 16. Juli 1918. AESK A III 2.

195 Vgl. Brief von Herz an Schneemelcher vom 13. Juli 1918. AESK A III 2.

196 Eintrag im Amtskalender vom 22. Juli 1918. UAL Na Herz 2/2.

referieren sollte. Schwieriger gestaltete sich die Referentenfrage für den ersten Hauptvortrag zum Thema »Wiederannäherung der Völker«. Adolf Deißmann hatte zunächst dafür zugesagt, dann aber wieder abgesagt, da er kurz vor der ESK-Tagung in Uppsala weilte. Den Vortrag übernahm der damalige Direktor des städtischen Jugendamtes von Berlin, Friedrich Siegmund-Schultze, den Schneemelcher für einen kompetenten Ersatz hielt,

> »der in der Sache steht und in christlichen und sozialen Kreisen, bei allen die mit Jugend und Sozialdemokratie umgehen, recht zugkräftig ist. Vor allem: er ist jung und das will einmal etwas bedeuten. Wir müssen im Kongreß unter vollster Ehrung der alten Autoritäten ein neues Geschlecht zum Reden und Handeln heranziehen.«[197]

Bei der Chemnitzer Tagung hatte Schneemelcher noch Bedenken gegen die sächsische Art der evangelisch-sozialen Arbeit, die ihren Schwerpunkt auf das praktische Handeln gelegt hatte, geäußert. Nun sah er darin und in der Verjüngung des ESK einen überlebensnotwendigen Schritt.

Der erste Hauptvortrag über »die Bedeutung der evangelischen und sozialen Gedanken für die künftige Wiederannäherung der Völker« sorgte für Bedenken bei dem zuständigen General in Leipzig, der die Tagung genehmigen musste. Trotz der Versicherung von Seiten des Ortsausschusses, keinen Pazifismus propagieren zu wollen, bat er um besondere Zurückhaltung in dieser Hinsicht.[198]

Johannes Herz und der Ortsausschuss in Leipzig schlossen schnell ihre Vorbereitungen ab. Die Hotels waren vorgebucht, für das Aktionskomitee des ESK der »Fürstenhof« neben der Reformierten Kirche, wo auch ein Sitzungszimmer zur Verfügung stand, sogar einige Freiquartiere hatte man einrichten können; für Verpflegungsmöglichkeiten war gesorgt worden. Zu Beginn der Tagung sollte eine Motette durch den Thomanerchor aufgeführt werden, die keine zusätzlichen Kosten verursachte, ergänzt durch eine kurze Ansprache von Liebster. Die SESV hatte als Gruß und Festgabe die zweite Nummer ihrer *Mitteilungen* erscheinen lassen, deren Deckblatt als Einladung zur Kongresstagung in Leipzig gestaltet worden war. Die wichtigen organisatorischen Informationen folgten auf Seite zwei. Daran schlossen sich elf Aufsätze bekannter Mitglieder der SESV über die Arbeit der Vereinigung an. Außerdem hatten sich die drei großen Leipziger Tageszeitungen bereit erklärt, Leitartikel über den ESK zu bringen, geschrieben von Adolf von Harnack, Otto Baumgarten und Friedrich Naumann.

Verzögerungen gab es dagegen immer wieder von Schneemelchers Seite. Herz schrieb mehrfach drängend nach Berlin: »Für Plakate und Annoncen möchten wir recht bald noch ein paar zugkräftige Namen von Rednern für den Volksabend haben.« Herz mahnte im gleichen Brief, dass die organisatorischen Angaben zur Kongresstagung aus den *Mitteilungen* in *ES* zu übernehmen

---

197 Brief von Schneemelcher an Herz vom 19. Juli 1918. AESK A III 2.

198 Vgl. Brief von Herz an Schneemelcher vom 28. September 1918. AESK A III 2.

seien.[199] 14 Tage später schrieb Herz erneut, um die noch ausstehenden Namen zu erfahren.[200] Im Brief vom 8. Oktober fragte Herz, wann die Kongressnummer von *ES* erscheinen wird:

»Wir warten sehr schmerzlich darauf und es kommen fortwährend deswegen von außerhalb Sachsens Anfragen an mich. Unsere Sächs[isch] Ev[angelisch] soz[ialen] Vereinigungsmitglieder sind ja im Wesentlichen durch No. 2 unserer ›*Mitteilungen*‹ unterrichtet, die vorige Woche ausgegangen ist und die auch Sie erhalten haben werden. Aber die übrigen Kongreßmitglieder müssen doch unbedingt durch ›*Evangelisch-Sozial*‹ in Kenntnis gesetzt werden. Besonders auch die Mitglieder in der Provinz Sachsen und Anhalt haben sich darauf verlassen und darum in der Sept[ember]-Nummer ihrer ›*Volkskirche*‹ das Programm des Kongresses nicht veröffentlicht. Auch die von hier für die Kongreßnummer beigesteuerten Beiträge lokalen Inhalts möchten nicht unter den Tisch fallen. Das könnte sonst leicht bei einigen empfindlichen Herren böses Blut geben.«

Falls Schneemelcher absehen könnte, dass die Zeitschrift nicht mehr vor der ESK-Tagung erscheinen würde, so müssten die Kongressmitglieder dringend durch eine besondere Zuschrift auf die Tagung aufmerksam gemacht werden. Ganz deutlich schwingt der Ärger über die Nachlässigkeit Schneemelchers mit:

»Wir haben uns bemüht, trotz der Schwierigkeiten der Zeit hier Freiquartiere und gute Hotelunterkünfte zu schaffen, aber es gehen keine Anmeldungen ein, weil eben die Kongreßmitglieder von all dem noch nicht unterrichtet sind. Ich fürchte, daß dadurch der Besuch des Kongresses beeinträchtigt werden wird.«

Die durchschimmernde Frage nach dem Erhalt der Nummer zwei der *Mitteilungen* lässt, ebenso wie der Inhalt der Karte vom 4. Oktober, die die wesentlichen Punkte des Briefes vom 8. Oktober vorwegnimmt, vermuten, dass Herz in dieser Zeit keine Zuschriften von Schneemelcher erhalten hat.[201] Es sind keine entsprechenden, eventuell verspätet angekommenen Briefe im ESK-Archiv vorhanden. Der Ärger und die Sorge von Herz, dass auf Grund der spät ergehenden Einladung die Beteiligung der unter den Kriegsbedingungen vorbereiteten Kongresstagung leiden würde, sind leicht nachvollziehbar. Katharina Herz schrieb ihren Geschwistern:

»Nebenher wirft der Kongreß äußerlich seine Wogen. Johannes hat besondere Not, alle die Druckereien[202] bez[iehungsweise] Korrekturen zur rechten Zeit in die Hände zu bekommen. Nichts mehr funktioniert in normaler Weise. Und die Post geht verloren oder kommt zu spät an. Und doch haben viele ein Bedürfnis

199 Brief von Herz an Schneemelcher vom 28. September 1918. AESK A III 2.

200 Vgl. Karte von Herz an Schneemelcher vom 4. Oktober 1918. AESK A III 2.

201 Vgl. Brief von Herz an Schneemelcher vom 8. Oktober 1918, darin Zitate; Karte vom 4. Oktober 1918. AESK A III 2.

202 Gemeint sind Drucksachen.

nach dem Kongreß und versprechen sich gerade in diesen schweren Zeiten viel davon.«[203]

In Wilhelm Schneemelchers Antwort klingt weniger Sorge an. Die Verspätung der Zeitschrift sei der Arbeitsweise der Druckereien geschuldet. Die meisten Interessenten wüssten ja bereits aus den *Mitteilungen* von der Tagung, andere hätten sich erkundigt. Er rechnete hauptsächlich mit Teilnehmern aus dem Königreich und der Provinz Sachsen sowie aus Anhalt. »Auf Besuch von weiterher dürfen wir m[eines] E[rachtens] nur ausnahmsweise zählen.« Dass die Hauptarbeit bei dem Leipziger Ortsausschuss und namentlich bei Herz lag, hob Schneemelcher lobend hervor.[204]

Die ESK-Tagung fand unter größerer Beteiligung statt, als Schneemelcher und auch Herz angenommen hatten.[205] Eröffnet wurde sie durch eine Motette der Thomaner, bei der die Kantaten »Fürchte dich nicht!« von Johann Sebastian Bach und »Warum toben die Heiden?« von Felix Mendelssohn-Bartholdy aufgeführt wurden. Georg Liebster hielt eine Ansprache auf der Textgrundlage von Jes 52,7: »Wie lieblich sind auf den Bergen die Füße der Freudenboten, die da Frieden verkündigen, Gutes predigen, Heil verkündigen, die da sagen zu Zion: Dein Gott ist König!« Beim Volksabend sprachen der sächsische Staatsminister Hans August Kurt Freiherr von Berlepsch zu dem Thema »Was schulden wir unserem Volke«, Geheimrat Walter Goetz über »Die Verantwortung der Gebildeten und der Masse vor unserem Volke« und Otto Baumgarten zu »Umsonst gekämpft und gefallen?«. Auch Adolf von Harnack und Friedrich Naumann hatten ihr Kommen und eine Rede angekündigt, waren aber durch die politische Entwicklung am Kommen gehindert worden. Am 3. Oktober 1918 war die neue, erstmals parlamentarische Regierung unter Prinz Max von Baden vom Kaiser ernannt worden, die nun schnellstmöglich eine neue Verfassung erarbeitete. Da Harnack Berlin in dieser kritischen Lage nicht verlassen konnte, schickte er einen Brief mit »einem Wort der Stärkung«, das der Generalsekretär Schneemelcher verlas. Unter dem wiederkehrenden Ruf »Werft Euer Vertrauen nicht weg« forderte er die Kongressteilnehmer auf, moralisch standhaft zu bleiben, auch wenn sich die Niederlage Deutschlands bereits klar abzeichnete, was er auch ausdrücklich benannte.[206]

---

203 Rundbrief Nr. 634 von Katharina Herz vom 11. Oktober 1918. StAL Na Herz 11/1.

204 Vgl. Brief von Schneemelcher an Herz vom 12. Oktober 1918, darin Zitate. AESK A III 2.

205 Der Volksabend war von ca. 1800 Menschen besucht. Am Mittwochvormittag waren 550, am Nachmittag noch 450 Kongressteilnehmer anwesend, insgesamt waren 581 Eintrittskarten verkauft worden. Mitglieder des ESK und der SESV (sowie der Arbeitervereine) hatten freien Eintritt.

206 Vgl. AESK A III 2 und Verhandlungsbericht des 27. und 28. Evangelisch-sozialen Kongresses abgehalten in Leipzig und Berlin. Göttingen 1921, 12.

Der eigentliche Kongresstag begann mit dem oben schon erwähnten Vortrag von Friedrich Siegmund-Schultze zur Wiederannäherung der Völker. In der Debatte stand die Frage im Mittelpunkt, ob und inwieweit ein deutscher Christ die Schuld des deutschen Volkes bejahen und davon zu den Feinden reden dürfe. Aktueller Hintergrund war die Friedensnote, die die neue deutsche Regierung an den Präsidenten der USA Woodrow Wilson gesendet hatte. Darin wurde um einen Verhandlungsfrieden nach Wilsons 14-Punkte-Programm vom Januar 1918 gebeten. Dabei bildeten sich schnell zwei Fronten heraus. Auf der einen Seite standen diejenigen, die den Krieg grundsätzlich ablehnten und den Standpunkt vertraten, dass aus dem Christentum heraus zur Verständigung mit den Völkern und zum unbedingten Friedenswillen zu streben sei. Zu ihnen gehörten neben Herz unter anderem Rade, von Broecker und Classen. Die andere Position vertraten unter anderem der Leipziger Superintendent Cordes, die Professoren Thieme und Ihmels und Dr. jur. Margarete Siebert: Auch als Christ sei man der nationalen Ehre und Würde verpflichtet, die verbiete, dem unbelehrbaren Feind nachzulaufen. Baumgarten nahm eine vermittelnde Position ein.[207]

Der Vortrag von Ziehen über »Die Förderung der Begabten im Lichte der Volkserziehungswissenschaft« wurde von einem Vertreter des sächsischen Lehrervereins stark kritisiert, besonders Ziehens Ausführungen zur Begabtenauslese durch eine experimentell-psychologische Methode. Vom pestalozzischen Bildungsideal sei bei dem Vortrag nicht viel übrig geblieben. Der Mensch sollte um des Menschen willen erzogen werden, das sei das Bildungsziel des wirklichen Kulturstaates. Bisher sei Bildung eine Sache der Kaufkraft, das dürfe nicht so bleiben.[208] Rückblickend schrieb Hans Schlemmer, dass das Referat »völlig überholt« und »ausgesprochen reaktionär« gewesen sei.[209] Johannes Herz zog kurz nach der Tagung eine positive Bilanz. Die Referate hätten eine Fülle wertvoller Anregungen geboten und die Aussprachen ein selten hohes Niveau erreicht. Der Bericht von Herz in den *Mitteilungen* entstand jedoch unter dem Eindruck der Wirren, die durch die Revolution und das Ende des Krieges entstanden waren. Nach der kurzen positiven Darstellung des Kongresses und der Betonung der nachhaltigen Wirkung für die evangelisch-soziale Arbeit in Sachsen, die man von ihm erwarten konnte, folgt der Hinweis, dass die Revolution vom 9. November, die einschlug wie ein Blitz und alles Vergangene schroff und unvermittelt abbrach, den Kongress in Vergessenheit geraten ließ und es auch »verschuldet« habe, dass bisher kein Kongressprotokoll erschienen sei.[210]

207 Vgl. Verhandlungsbericht des 27. und 28. ESK ... 1921, 21–23.

208 Vgl. Verhandlungsbericht des 27. und 28. ESK ... 1921, 30–47.

209 Vgl. Hans SCHLEMMER: Der Evangelisch-soziale Kongreß 1918–1940. In: Rade; Herz (Hg.): Evangelisches Ringen um soziale Gemeinschaft ..., Leipzig 1940, 79.

210 Vgl. Mitteilungen der Sächsischen Evangelisch-sozialen Vereinigung 3 (1919), 2.

3 Die Neuorganisation nach dem Ersten Weltkrieg

Tatsächlich war der ESK mit dem Kriegsende in eine Krise geraten. Wichtige Persönlichkeiten wie Caspar René Gregory, Rudolf Sohm und Adolf Wagner waren 1917 gestorben, 1919 starb Friedrich Naumann. Die Mitgliederzahlen sanken in den ersten Jahren nach dem Krieg rapide. Über die Arbeit des ESK in der neuen Situation wurde lange gestritten, schließlich schienen die sozialpolitischen Ziele durch die Revolution überholt zu sein. Wurde eine Institution wie der ESK in der neuen Zeit überhaupt benötigt? Eine Auflösung wurde ernsthaft erwogen, doch wurde dagegen auch viel Protest laut.[211]

Eine wichtige Frage bei der Neuorientierung galt der Öffnung gegenüber den Religiösen Sozialisten. So redeten auf der Kongresstagung in Berlin 1920 neben drei evangelisch-sozialen Referenten auch drei Vertreter dieser Richtung. Schlemmer charakterisierte diese Tagung als vollständig misslungen. Die Debatte hätte sich lediglich um die religiös-sozialen Redner und deren »sensationelle Thesen« gedreht, sodass Baumgarten in der Mitgliederversammlung vorschlug, diesen die Arbeit gänzlich zu überlassen.[212] Herz hatte von der Berliner Tagung einen ähnlich schlechten Eindruck wie Schlemmer: »Ich fürchte fast, daß der Kongreß aus Mangel an Führungen einschlafen wird, wenn nicht noch in letzter Stunde eine gründliche Reorganisation an Haupt und Gliedern gelingt,« schrieb er an seine Geschwister.[213]

Der Vorschlag Baumgartens, die Kongressleitung in die Hände der Religiösen Sozialisten zu legen, stieß auf viel Widerstand. 1921 legte er sein Amt als Vorsitzender nieder, was Klaus Erich Pollmann in direktem Zusammenhang mit den Auseinandersetzungen um die Religiösen Sozialisten sieht.[214] Diesen Zusammenhang stellte schon Heinz Herz her.[215] Die Auseinandersetzung um die Religiösen Sozialisten war aber nicht der einzige Grund.

Auch Schneemelchers Engagement hatte unter den Zeitumständen, seiner sich verschlechternden Gesundheit und seinen anderen Aufgaben gelitten. Nach dem Weltkrieg erschien nur noch eine Nummer der Kongresszeitschrift *ES* im

211 Vgl. Kurt Nowak: Evangelische Kirche und Weimarer Republik: Zum politischen Weg des deutschen Protestantismus zwischen 1918 und 1932, Weimar 1981. (AKG; 7), 139f.

212 Vgl. Schlemmer: Der Evangelisch ..., 81.

213 Rundbrief von Herz an seine Geschwister vom 9. Oktober 1920. StAL Na Herz 9/1.

214 Vgl. Schlemmer: Der Evangelisch ..., 80f. und Pollmann: Evangelisch ..., 649. Das von Pollmann angegebene Jahr des Rücktritts Baumgartens 1920 ist falsch. Herz nennt den 25. April 1921 als Rücktrittstermin. Eintrag im Amtskalender vom 25. April 1921. UAL Na Herz 2/2, ebenso Schneemelcher in ES September 1921, 24f., Schlemmer und Nowak: Evangelische Kirche ..., 139, wobei sich Nowak auf Schlemmer bezieht.

215 Vgl. Heinz Herz: Evangelisch-sozialer Kongreß ..., 795.

September 1921. Darin schrieb Herz über die »Möglichkeit und Notwendigkeit evangelisch-sozialer Arbeit in der neuen Zeit«. Er wies auf die Arbeit der SESV hin, die während und nach dem Ende des Krieges fortgesetzt worden war, obwohl die äußeren Umstände für das Reich mit denen für Sachsen vergleichbar waren. Die besonders in Sachsen gepflegten öffentlichen Diskussionsabende seien unverzichtbar für die Fortsetzung der Arbeit des ESK. Letztere sei auch in der aktuellen Zeit notwendig. Unüberhörbar war der Grundtenor: Wenn es in den Landesvereinigungen – besonders in der sächsischen – möglich war und ist, evangelisch-sozial wirksam zu sein, wieso sollte es nicht reichsweit im ESK möglich sein?

> »Die Landesvereinigungen, die die Sache und die Gedanken des Kongresses durch die Stürme der Kriegs- und Revolutionszeit hindurch getragen haben, warten darauf, daß der Kongreß seine alten Freunde in allen Teilen Deutschlands wieder sammelt und neu organisiert, daß er die Führung evangelisch-sozialer Arbeit wieder in die Hand nimmt und die geachtete Stellung im öffentlichen Leben unseres Volkes wieder gewinnt, die er so lange gehabt hat.«[216]

Mit diesem Artikel erhob Herz, wenn auch indirekt, Vorwürfe gegen die Kongressleitung und zeigte anhand der Tätigkeit der SESV, deren Vorsitzender er seit 1915 war, dass trotz der Umstände evangelisch-soziale Arbeit möglich war. Mit diesen Unmutsäußerungen über die Untätigkeit der Kongressleitung brachte er sich – möglicherweise absichtlich – ins Gespräch für die Übernahme der Führung des ESK.

Aus der Antwort Baumgartens auf den Herzschen Artikel ist herauszulesen, dass er die Kritik wohl verstanden hatte. Nach einer kurzen Erklärung, dass er bei der Vorbereitung der Berliner Tagung und bei der Leitung des Kongresses durch die Berliner Mitglieder des Aktionskomitees allein gelassen worden war und dass sich sein Wohnort Kiel auf die Ausübung des Vorsitzes nachteilig auswirkte, erklärte er seinen Rücktritt.[217] Dass Baumgarten sich nicht allein für die schlechte Situation des ESK verantwortlich fühlte, zeigte sich während des Kirchentags in Stuttgart 1921. Als Mitglieder des ESK unter Rades Leitung zusammenkamen, um über neue Wege zur Belebung des Kongresses zu beraten, wurde Schneemelchers Arbeit für den ESK von Baumgarten scharf angegriffen und kritisiert.[218]

---

216 ES, September 1921, 18–23, 22f.

217 Vgl. ES, September 1921, 23f. Datiert ist die Antwort auf den 10. März 1921, den Mitgliedern des Aktionskomitees wurde der Entschluss bei der Sitzung am 25. April 1921 mitgeteilt. Vgl. Eintrag im Amtskalender vom 25. April 1921. UAL Na Herz 2/2.

218 Vgl. Eintrag im Amtskalender vom 11. September 1921. UAL Na Herz 2/2.

Nach dem Rücktritt Baumgartens übernahm ein Drei-Männer-Kollegium[219] als »letzten Versuch zur Wiederbelebung«[220] den Vorsitz provisorisch.

> »Die einzige Tat des neuen Kollegiums war die Einberufung des Kongresses nach Erfurt (6. Oktober 1921); auch er wurde ein Misserfolg. Bedeutsam auf ihm war nur, daß im Schlußgottesdienst der Leipziger Pfarrer Herz die Predigt hielt; er war der kommende Mann des Kongresses.«[221]

Die Erfurter Kongresstagung war schlecht besucht, wofür es neben der allgemein schwierigen Lage des Kongresses weitere Gründe gab. Eine Werbung vor Ort fand nicht statt, weil die Buchdrucker unvermutet einen Streik ausgerufen hatten und so keine Plakate gedruckt werden konnten, außerdem kam *Evangelisch-Sozial*, in der die Einladung abgedruckt war, zum Teil spät oder gar nicht bei den Abonnenten an. Die Predigt im Schlussgottesdienst hielt Herz auf der Textgrundlage von Röm 14,16–18 mit folgender Disposition: Das Reich Gottes ist Gerechtigkeit und nur wo Gerechtigkeit ist, ist Gottes Reich.[222]

Tatsächlich schien der ESK sein Ende erreicht zu haben. Rade hatte schon im März 1921 seinen Austritt aus dem Aktionskomitee des ESK erklärt. Dabei nannte er als Grund das Nichterscheinen der Verhandlungsprotokolle der Kongresstagungen und der Kongresszeitschrift. Außerdem kam der politischen Gesinnung eine immer bedeutendere Rolle im ESK zu, der in ein Lager der Nationalen und in eines der Demokraten zu zerfallen drohte. Rade begründete auch mit seinem Engagement für die DDP, das für »wertvolle Mitglieder« des ESK eine Anfechtung sei, sein Ausscheiden aus dem Aktionsausschuss.[223]

Schneemelcher suchte dem Zerfallen entgegenzuwirken, als er in *ES* 1921 schrieb, dass sich alle, gleich ob Nationale (DNVP) oder Demokraten (DDP), an der Wiederaufnahme der Arbeit des Kongresses beteiligen sollten und könnten, da der ESK kein politischer Kongress sei.[224] Diese Aufforderung zeigte kaum Wirkung, die politische Gesinnung der einzelnen Mitglieder blieb für die Ent-

219 Ferdinand Rahlwes, Paul Wilhelm Julius Schubring und Hans Schlemmer. Zum weiteren Leitungskreis gehörten weiterhin Schneemelcher als Generalsekretär und Harnack, der allerdings mehr nominell.

220 Rundbrief von Herz an seine Geschwister vom 28. Juni 1921. StAL Na Herz 9/1.

221 Schlemmer: Der Evangelisch ..., 81.

222 Vgl. Die Verhandlungbericht des 29. und 30. Evangelisch-sozialen Kongresses abgehalten in Erfurt und Iserlohn, Iserlohn 1923, 4–7. Röm 14,16–18: Es soll doch nicht verlästert werden, was ihr Gutes habt. Denn das Reich Gottes ist nicht Essen und Trinken, sondern Gerechtigkeit und Friede und Freude in dem heiligen Geist. Wer darin Christus dient, der ist Gott wohlgefällig und bei den Menschen geachtet.

223 Vgl. Brief von Martin Rade an Wilhelm Schneemelcher vom 29. März 1921. AESK A II 2.

224 Vgl. ES September (1921), 2.

wicklung des ESK noch eine ganze Weile mitbestimmend und zwar nicht nur bei der Frage des Umgangs mit den Religiösen Sozialisten.

Die auf der Kongresstagung in Erfurt versuchte Neuausrichtung – mit den Zielen Kampf gegen die soziale Unkultur und schrankenlosen individualistischen Kapitalismus, Stärkung des sozialen Gemeinschaftsgefühls und Eingehen auf die religiöse Sehnsucht des Proletariats – brachte keinen Aufschwung. Schlemmer war 1922 aus dem Drei-Männer-Kollegium ausgetreten, da er dessen Arbeit als ungenügend zur Erhaltung des ESK ansah.

Am 18. November trafen sich Walter Goetz und Johannes Herz, um über die Zukunft und Neugestaltung des Kongresses zu sprechen. Dabei wurde unter anderem über eine Verlegung der Leitung nach Leipzig nachgedacht. Die Frage, ob der Sitz des ESK zu verlegen sei, wurde aber auch reichsweit diskutiert.[225] Nicht alle sahen in der Verlegung nach Leipzig die beste Lösung für das Fortbestehen des Kongresses, so auch Georg Liebster, der sich nicht vorstellen konnte, »daß uns in Leipzig eine Totenerweckung gelingen soll, wenn in Berlin das Experiment ohne Auswirkung blieb«. Außerdem sei die finanzielle Lage der Kirche in Sachsen so kritisch, dass von ihrer Seite keine Hilfe erwartet werden könne.[226] Der ESK müsse außerdem programmatisch auf ganz neue Grundlagen gestellt werden. Die neue Aufgabe des ESK sah Liebster in der »ausschließlichen [...] geistigen Auseinandersetzung mit den Sozialisten und Kommunisten.«[227]

Anderen erschien eine Wiederbelebung des ESK nur möglich, »wenn sich eine Persönlichkeit findet, die gewillt ist, sich ganz für diese Sache einzusetzen. Ist eine solche Persönlichkeit gefunden, dann verlege man die Geschäftsstelle dorthin.« Der jetzige Vorstand solle zurücktreten, der Kongress nach Leipzig verlegt werden. Dabei wurde der Name »Herz« immer wieder genannt.[228]

Auch während der Sitzung des Aktionskomitees am 19. Januar 1923 wurde lange über die Zukunft des Kongresses und dessen mögliche Verlegung nach Leipzig diskutiert. Arthur Titius sah Schneemelcher und Baumgarten in der Verantwortung für den desolaten Zustand des ESK.[229] In Berlin sei das Fortbestehen des ESK unmöglich, in Sachsen sehe er dagegen durch die bestehende feste

225 Vgl. dazu die Korrespondenz des ESK im Jahr 1923 mit Zuschriften u.a. aus Berlin, Dresden, Essen, Halle, Hamburg, Hannover, Jena, Mannheim, Reutlingen, Saarbrükken, Weimar. AESK A II 3.

226 Vgl. dazu Kap. 4.1.1, 202–204.

227 Karte von Liebster an Schneemelcher vom 9. Januar 1923. AESK A II 3.

228 Vgl. Brief von Frau Glaue an Schneemelcher vom 14. Januar 1923, darin Zitat, und Brief von Schlemmer an Schneemelcher vom 18. Januar 1923. AESK A II 3.

229 Im Protokoll ist an der Stelle später und mit anderer Handschrift, wohl der Schneemelchers, eine Zeile eingefügt worden, die lautet: »und überhaupt nicht nur bei Personen, sondern an den Dingen,« die wohl die vorherige Aussage, »die Schuld an den jetzigen Zuständen liege nicht nur bei Schneemelcher, sondern auch bei Baumgarten« mildern sollte. Protokoll der Sitzung des erweiterten Ausschusses des ESK vom 19. Januar 1923. AESK A I 3.

Organisation bessere Chancen. Ein scharfer Verfechter für den Standort Berlin war Schneemelcher, der während der Sitzung erklärte, dass er das Amt des Geschäftsführers niederlege. Er gab mit Thieme zu bedenken, dass Herz und Goetz Demokraten seien, was für weite Kreise des Kongresses ein Hindernis bedeuten würde. Herz verwies darauf, dass jemand provisorisch mit der Geschäftsführung beauftragt werden müsse, da Schneemelcher das Generalsekretariat niedergelegt habe. Außerdem sei die Mitgliederzahl des Aktionskomitees auf zehn zu erhöhen. Geibel beantragte, Herz mit der Geschäftsführung zu betrauen.

»Nach längerer Debatte wird festgestellt, daß der Sitz des Kongresses in Berlin bleibt [...], sodann [wird] Pf[arrer] Herz mit der Geschäftsführung vorläufig beauftragt und in das Aktionskomitee gewählt.«[230]

Die Aufgabe übernahm Herz nach eigener Aussage nicht ohne Bedenken,[231] doch konnte die Beauftragung keine allzu große Überraschung gewesen sein, da er bereits vorher als Kandidat gehandelt worden war. Neben Herz wurden Titius, Schubring, Geibel, Stier und Thieme zusätzlich in das Aktionskomitee gewählt.

Die erste große Bewährungsprobe für Herz war die Kongresstagung in Iserlohn 23. bis 25. Mai 1923.[232] Diese war eigentlich für 1922 angesetzt gewesen, aber für das nationalökonomische Referat zum Thema »Mittelstand und Staat« war wegen der kurz zuvor stattfindenden 50. Jahresversammlung des Vereins für Socialpolitik kein Redner gefunden worden; darum war die Tagung auf Mai 1923 verlegt worden. Man hatte sich bei der Januarsitzung darüber verständigt, dass die Tagung für den Erhalt des ESK notwendig sei.[233] Die Referate hielten Gerhard Kessler zum Thema »Die Not des Mittelstandes und die deutsche Gesellschaft« und Walter Classen zu »Deutschlands Zukunft und seine Jugend«. Der Kongress in Iserlohn sollte zugleich den Anfangspunkt der neuen Kongressarbeit markieren. Johannes Herz war am 23. Mai 1923 zum neuen Generalsekretär gewählt worden. Er nutzte die Eröffnungsansprache als Antrittsrede. Nach einem knapp gehaltenen Rückblick auf die vergangene Kongressarbeit wandte er sich der Gegenwart und den neuen Aufgabenstellungen des ESK zu. Der Auffassung, dass die sozialen Forderungen des ESK durch die Neuordnung der sozialen Verhältnisse, die die Nachkriegszeit gebracht hatte, erfüllt seien, widersprach er heftig, ebenso den Stimmen, die »zur Gesundung

230 Protokoll der Sitzung des erweiterten Ausschusses des ESK vom 19. Januar 1923. AESK A I 3.

231 Vgl. Eintrag im Amtskalender vom 19. Januar 1923. UAL Na Herz 2/2.

232 Nowak datiert diese Kongresstagung fälschlicherweise auf 1925. Vgl. Nowak: Evangelische Kirche ..., 141.

233 Vgl. Protokoll der Sitzung des erweiterten Ausschusses des ESK vom 19. Januar 1923. AESK A I 3 und Mitteilungen der Sächsischen Evangelisch-sozialen Vereinigung 10 (1922), 2.

unserer Verhältnisse nicht mehr, sondern weniger Sozialismus«[234] zu brauchen meinten. Denn die Hauptaufgabe des ESK sei es seit jeher gewesen, das Soziale mit dem Geist des Evangeliums in Verbindung zu bringen. Auf diese Art sei es aus der wirtschaftlichen Isolierung in den größeren Zusammenhang des ethischen und religiösen Lebens hineingestellt worden. Nicht einzelne soziale Errungenschaften wie der Acht-Stunden-Tag sicherten die innere Freiheit und das Glück eines Volkes. Herz betonte hier das Grundanliegen eines Sozialen Protestantismus, nämlich die Sorge um den Leib und die Seele der Menschen. Eine Analyse der Nachkriegszeit erweise, dass die Arbeit des ESK keineswegs überholt oder überflüssig sei, da die großen sozialen Ungerechtigkeiten geblieben oder gar verschärft worden seien. Als Punkte, auf die der ESK zukünftig besonderes Augenmerk zu legen habe, nannte Herz das Wohnungswesen und die Arbeitsverhältnisse speziell der Jugendlichen. Durch den Krieg hatten sich die Wohnverhältnisse drastisch verschlechtert, ein Zustand, der bis zum Ende der 20er Jahre anhielt. Mit den Wohn- und Arbeitsverhältnissen der Jugendlichen beschäftigte sich der ESK in einer großen Studie, die 1926 veröffentlicht wurde.[235] Auf Seiten der Kirche sah Herz die Gefahr, dass diese aus ihrer finanziellen Notlage heraus wieder zu dem alten »unsozialen« Gebührenwesen zurückkehren könnte.[236] Die Aufgabe des ESK sei es,

> »sich als das soziale Gewissen zu erweisen und die Verhältnisse in Staat, Kirche und Gesellschaft immer wieder von neuem an den sittlichen und religiösen Maßstäben des Evangeliums zu messen.«[237]

Einer Neuausrichtung des ESK weg von einem »Diskutierklub« zu mehr praktischer Tätigkeit, so etwa im Versuch der Einflussnahme auf die Gesetzgebung, um in die Entwicklung der Verhältnisse einzugreifen, stand Herz mit Vorbehalt gegenüber. Neue Wege seien erst sorgfältig zu prüfen, um der Gefahr einer Vereinnahmung zu entgehen. Die große Stärke des ESK sei seine Überparteilichkeit, die auf jeden Fall erhalten werden müsse.[238]

In der geschlossenen Mitgliederversammlung wurde eine für die weitere Arbeit des ESK wichtige Vereinbarung getroffen. Das Verhältnis zur jüngeren Generation, namentlich zu den verschiedenen Richtungen der Religiösen Sozialisten und den ihnen nahestehenden Kreisen, wurde diskutiert. Das Protokoll nennt Otto Baumgarten, Artur Titius, Martin Rade, Dora Rade – Martin Rades Frau und die Schwester von Friedrich Naumann –, den rheinischen Sozialpfarrer

---

234 Verhandlungsbericht des 29. und 30. ESK ... 1923, 14.

235 Vgl. Erhebung über die Lebens- und Arbeitsverhältnisse der erwerbstätigen Jugend. AESK A VI 2. Auch hier nennt Nowak ein falsches Jahr (1924/25). Vgl. Nowak: Evangelische Kirche ..., 141.

236 Zum Gebührenwesen vgl. Kranich: Die Sächsische ..., 127–136.

237 Verhandlungsbericht des 29. und 30. ESK ... 1923, 15.

238 Vgl. Verhandlungsbericht des 29 und 30. ESK ... 1923, 13–16.

Wilhelm Menn, Johannes Herz und andere als Redner. Man einigte sich darauf, dass die Kongressleitung zu einer Zusammenarbeit mit diesen bereit sei.[239]

Zu den von Herz eingeleiteten Maßnahmen gehörte auch die Neukonzeption der Kongresszeitschrift *ES*. Aus der monatlich erscheinenden Zeitschrift wurde eine Vierteljahresschrift. Dieses Konzept setzte Herz konsequent durch, was sich seit 1927 auch im Namen widerspiegelte: *Evangelisch-Sozial. Vierteljahresschrift für die sozial-kirchliche Arbeit.* Mit der Wahl von Reichsgerichtspräsident Walter Simons zum Präsidenten des ESK im Juni 1925 war die Neuorganisation abgeschlossen, die Wiederbelebung des ESK war geglückt.

4 Neue Entfaltung und innerkirchliche Auseinandersetzungen in der Weimarer Republik

In den Zwischenkriegsjahren erlebte der ESK eine zweite Blüte. Innerhalb der kirchlichen Körperschaften hatte er einen festen Platz. So war der Generalsekretär des ESK Mitglied des Deutschen Evangelischen Kirchentages, seit 1924 nahm Johannes Herz als Delegierter an den Kirchentagen teil.[240] Als Vertreter des ESK wurde er in den Zentralausschuss der Inneren Mission gewählt, obwohl diese Wahl in »konfessionellen« Kreisen mancherlei Anfeindung hervorrief.[241] Auf dem Kirchentag in Bethel wurde er in den Deutschen Evangelischen Kirchenausschuss gewählt und von diesem zum Delegierten der Weltkonferenz »Life and Work« in Stockholm bestimmt. Die von dem schwedischen Erzbischof Nathan Söderblom einberufene Konferenz war ökumenisch angelegt gewesen und hatte ein großes Echo gefunden, denn außer der russischen hatten alle orthodoxen Kirchen Vertreter geschickt. Die römisch-katholische Kirche hatte eine Beteiligung abgelehnt. Die Konferenz wollte

> »unter Verzicht auf eine Behandlung von Bekenntnis- und Verfassungsfragen die Einigung der verschiedenen Kirchen in gemeinsamer praktischer Arbeit [erreichen]. Sie will dem christlichen Gewissen innerhalb der großen geistigen Bewegungen unserer Zeit eine Ausrucksmöglichkeit schaffen und tritt dafür ein, daß die Grundsätze des Evangeliums bei der Lösung der gegenwärtigen sozialen und internationalen Fragen zur Geltung kommen.«[242]

---

239 Vgl. Verhandlungsbericht des 29 und 30. ESK ...1923, 40.

240 Zur Tätigkeit von Johannes Herz beim DEKT siehe Kapitel 4.2, 229–246.

241 Vgl. Mitteilungen der Sächsischen Evangelisch-sozialen Vereinigung 20 (1924), 2.

242 Adolf Deissmann (Hg.): Die Stockholmer Weltkirchenkonferenz. Vorgeschichte, Dienst und Arbeit der Weltkonferenz für Praktisches Christentum 19. – 30. August 1925. Amtlicher deutscher Bericht, Berlin 1926, 1. Vgl. auch Reinhard Slenczka: Dogma und Kircheneinheit: »Communio in serviendo oecumenica« – Die Bewegung für Praktisches Christentum (Life and Work). In: Carl Andresen, Adolf Martin Ritter (Hg.): Handbuch der Dogmen- und Theologiegeschichte, Bd. 3: Die Lehrentwicklung im Rahmen der Ökumenizität, Göttingen ^{2}1998, 447–468.

Der ESK ließ ein Sonderheft von *ES* zur Weltkonferenz für Praktisches Christentum in Stockholm als Gruß an die Stockholmer Konferenz erscheinen, in dem die Geschichte des ESK von Artur Titius und seine »Gedankenwelt« – also die Grundzüge seiner inhaltlichen Arbeit – von Wilhelm Schneemelcher dargestellt wurden. Johannes Herz erarbeitete eine Aufstellung der auf den Kongresstagungen gehaltenen Referate, die die Bandbreite der geistigen Arbeit des ESK verdeutlichen sollte und damit eine Verbindungslinie zur Konferenz in Stockholm herzustellen suchte, die sich mit ähnlichen Fragestellungen befasste. Daran schlossen sich Aufsätze zu Einzelfragen an, so zum Thema Weltarbeitsrecht, zur Kundgebung des Nationalen Christenrates der evangelischen Kirchen Chinas und zum zweiten Evangelisch-sozialen Kongress des Schweizer Verbandes Evangelischer Arbeiter und Angestellter in Zürich. Diese Aufsätze betonten besonders die Weltoffenheit des ESK.[243]

Im März 1926 erreichte Herz ein Brief Martin Rades, in dem dieser ihm mitteilte, dass Herz aus Anlass seiner Teilnahme an der Weltkirchenkonferenz für seine Verdienste um den ESK mit der Ehrendoktorwürde ausgezeichnet werden sollte. Allerdings gab es einen Quertreiber im Kollegium, sodass dies von Marburg aus nicht möglich sei. Rade fragte nun nach den Verbindungen zu Karl Heussi in Jena, noch besser sei es, wenn die Leipziger Fakultät die Würdigung vornähme.[244] In der Leipziger Fakultät gab es für den Vorschlag keine Mehrheit, stattdessen sorgte Heussi dafür, dass Herz die Ehrendoktorwürde der Jenenser Theologischen Fakultät verliehen bekam.[245]

Der Aufschwung, den der ESK in der Zeit der Weimarer Republik erlebte, zeigte sich unter anderem in der Anerkennung, die er von staatlicher und offizieller kirchlicher Seite erhielt. Ministerien, Kirchenleitungen und kirchliche Körperschaften schickten Vertreter zu den Tagungen und entschuldigten sich, wenn sie fern blieben. Nachdem z.B. der SESV zu ihrer Gründungsveranstaltung die Leipziger Thomaskirche als Gottesdienstraum verweigert worden war, weil man sie in der Nähe des (zu) liberalen ESK vermutete, stellte die eingetretene Änderung in der Wahrnehmung sowie im Umgang eine Genugtuung dar.[246]

Ein weiteres Indiz für das Wiedererstarken des ESK ist die Auseinandersetzung mit innerkirchlichen Gegnern. Seit ihrer Gründung stellte die Freie

243 Vgl. ES. Sonderheft zur Weltkonferenz für praktisches Christentum in Stockholm August 1925.

244 Vgl. Brief von Martin Rade an Johannes Herz vom 26. März 1926. UAL Na Herz 31/1.

245 Vgl. Karte von Karl Heussi an Johannes Herz o.D. UAL Na Herz 14.

246 Vgl. Rundbrief Nr. 888 von Katharina Herz vom 27. Mai 1928. StAL Na Herz 11/1. Bemmann: Der Evangelisch-soziale ... Sächsische evangelisch-soziale Blätter 18 (1928), 1–5.

kirchlich-soziale Konferenz[247] »den klerikalen Gegenspieler«[248] für den ESK dar.[249] Gegründet 1897 von Adolf Stoecker nach dessen Ausscheiden aus dem Evangelisch-sozialen Kongress wegen zu starker Differenzen mit den liberal Orientierten – beispielhaft genannt seien Adolf von Harnack und Friedrich Naumann, wurde die FKSK zum Hort des protestantischen Kulturkonservativismus. Enge Kontakte gab es zu den christlichen Gewerkschaften und der konfessionellen Frauenbewegung, ebenso zur Inneren Mission. Anders als im ESK blieb die sozialethische und politische Arbeit immer kirchlich-missionarisch und praktisch ausgerichtet. Für das Einhalten dieser Linie sorgte nach dem Tod Stoeckers 1909 sein Schwiegersohn Reinhard Mumm, der seit 1900 Generalsekretär der Konferenz war. Auf ihrer dritten Hauptversammlung 1898 hatte sich die Konferenz Arbeitsrichtlinien gegeben: betreffs der Kirche, betreffs der Gemeinschaft und betreffs des Sozialen, wobei auffällt, dass das Soziale erst an dritter Stelle genannt wurde und in seiner Bestimmung sehr vage und offen gefasst war. Im ersten Unterpunkt hieß es dort, dass die Jünger Jesu nicht nur am Geschick des Einzelnen, sondern am »Gesamtzustand des Volkes« anteilnehmen sollen. Im zweiten Unterpunkt wurde festgehalten, dass Christus die Stellung des Menschen zum irdischen Gut als wichtig für die Entscheidung zum Himmel anerkannt habe. Der dritte Unterpunkt lautete:

> »Das Soziale ist in unseren Tagen einerseits als Hindernis des Glaubens für weite Schichten des Volkes, andererseits als Bethätigung der Bruderliebe und Gerechtigkeit für die lebendigen Christen besonders zu berücksichtigen.«[250]

Geschäftlicher Mittelpunkt war die 1904 durch den Mitbegründer der FKSK Ludwig Weber in Berlin eröffnete Soziale Geschäftstelle für das evangelische Deutschland.

Während des Ersten Weltkrieges kam es zu Annäherungsversuchen zwischen FKSK und ESK. In den ersten Kriegsmonaten hatten beide Vereinigungen einen gemeinsamen Aufruf zur Einführung der Brotkarte verfasst, der eben diese nach sich zog. Im Herbst 1916 dachte man von Seiten des Kongresses über eine gemeinsame Tagung nach. Anknüpfend an den Erfolg bei der Ein-

---

247 Allgemein zur Freien kirchlich-sozialen Konferenz vgl. Friedrich Mahling: Kirchlich-soziale Konferenz. RGG² 3 (1929), Sp. 1041–1045; Günter Brakelmann: Adolf Stoecker. TRE 32 (2001), 195f; Reinhard Mumm: Kirchlich-soziale Konferenz. RE³ 10 (1910), 670–675; Traugott Jähnichen, Norbert Friedrich: Geschichte der Sozialen Ideen im deutschen Protestantismus. In: Walter Euchner, Helga Grebing (Hg.): Geschichte der sozialen Ideen in Deutschland. Sozialismus, katholische Soziallehre, protestantische Sozialethik. Ein Handbuch, Essen 2005, 958–968.

248 Nowak: Evangelische Kirche ..., 142.

249 Vgl. oben, 134f., die Sorge von Johannes Herz, dass die Kirchlich-sozialen Mitglieder des ESK abwerben könnten, weil der ESK, namentlich die Führung, in untätige Starre gefallen war.

250 Zitiert nach RE³ 10 (1901), 672.

führung der Brotkarte schrieb Mumm im Juni 1918 an Schneemelcher, ob in der kommenden Friedenszeit ein Zusammenarbeiten auf »denjenigen Gebieten, auf denen wir gemeinsames vertreten,« vorstellbar sei. Zugleich schrieb Mumm von einer geplanten Neuanstellung zweier Arbeitskräfte an der Sozialen Geschäftsstelle, »um dadurch den evangelischen Verbänden auf dem sozialen Felde besser dienen zu können«. Er erachtete es als wünschenswert, wenn sich der ESK finanziell an der Anstellung beteiligen würde.[251] Zu einer wirklichen Zusammenarbeit kam es jedoch nicht. In welch existenziellen Schwierigkeiten sich der ESK befand, ist oben beschrieben worden.[252] Die Freie kirchlich-soziale Konferenz, die ab 1918 ihren Namen in Kirchlich-sozialer Bund geändert hatte, überstand die Nachkriegszeit besser, auch weil es keinen personellen Bruch in der Führung gab. Des Weiteren war der Präsident des KSB, Reinhold Seeberg, 1923 auch Präsident des Central-Ausschusses der Inneren Mission geworden, sodass die Verbindungen dahin noch enger wurden.

In Sachsen hatten sich Vertreter von FKSK und SESV 1917 getroffen und sondiert, ob eine Zusammenarbeit auf bestimmten sozialen Gebieten möglich sei. Zunächst scheiterten die Gespräche an der Gewerkschaftsfrage, aber nach Kriegsende waren beide Vereinigungen auf dem Plan, um an der kirchlichen Neuordnung mitzubauen. Allerdings hielt diese Koalition nicht lang.[253] Nach der Konsolidierung ihrer Institutionen suchten beide, die Vormachtstellung und die Deutehoheit für die sozialen Fragen der Zeit zu erlangen. Auf dem Königsberger Kirchentag war ein Antrag zur besseren sozialen Ausbildung der Theologen besprochen und angenommen worden.[254] Herz schrieb nachträglich an Wilhelm Menn, dass der von Mumm in den Antrag eingebrachte Bezug zur Evangelisch-sozialen Schule in Spandau besonders durch das Betreiben des Arbeitersekretärs Johannes Duske herausgefallen sei.[255] Die Evangelisch-soziale Schule war eng mit dem KSB verbunden, sodass bei einer in Spandau stattfindenden sozialen Ausbildung der Theologen der Einfluss des KSB maßgeblich geworden wäre.

Zuvor hatte Menn Herz einen mit Mumm geführten Briefwechsel mit folgendem Hinweis zukommen lassen: »[I]n der Anlage erhalten [Sie] 2 Dokumente zu dem letzten Fall Mumm. Ich brauche nicht erst um ihre streng vertrauliche Behandlung zu bitten, vor allem Mumm selbst gegenüber.«[256] Mumm hatte

251 Vgl. Brief von Mumm an Schneemelcher vom 4. Juni 1918. AESK A III 2, dort auch Zitate.

252 Siehe oben, 140–146.

253 Vgl. dazu Kapitel 3.1, 108–113 und Kapitel 4.1.1, 175f.

254 Vgl. Kapitel 4.2, 241f.; Verhandlungen des deutschen ... 1927, 270f.; ES 3 (1927), 126f.

255 Vgl. Brief von Herz an Menn vom 18. Juli 1927. AESK A II 7, 138. Zur Evangelisch-sozialen Schule siehe Kapitel 4.2, 246f.

256 Brief von Menn an Herz vom 20. Juni 1927. AESK A II 7, 135.

Menn zu »einer ersten Konferenz der Sozialpfarrer nach Bethel bei Bielefeld« eingeladen, die Kosten für Fahrt und Unterkunft übernehme der KSB.[257] Menn, selbst Mitglied des KSB, hatte strikt abgelehnt, da er die Sozialpfarrerkonferenz unabhängig von der Trägerschaft einer großen Organisation sah: Auch wenn eine vergleichbare Anfrage vom ESK erfolgen würde, würde er ablehnen.[258] Menn hatte eine Abschrift seines Briefwechsels mit Mumm an alle Sozialpfarrer gehen lassen, um den Anschein einer bestehenden Trägerschaft der Sozialpfarrerkonferenz durch den KSB gar nicht erst aufkommen zu lassen. Herz beurteilte den

> »Mumm'schen Versuch, die Sozialpfarrersache mit einer gewissen Selbstverständlichkeit unter die Fittiche des Kirchlich-sozialen Bundes zu nehmen, [als] eine naive Dreistigkeit nicht nur uns Evangelisch-sozialen, sondern namentlich auch Duske und seiner amtlichen Konferenz der sozialen Facharbeiter gegenüber.«

Im gleichen Brief wurde die gespannte Lage zwischen ESK und KSB deutlich, als Herz Menn bat aufzupassen,

> »daß unsere evangelisch-soziale Sache von Mumm und seinen Leuten nicht allzu sehr bei Seite geschoben wird. Auf der Hut müssen wir jedenfalls sein, denn gerade je mehr die Kirchlich-sozialen merken, daß sie sich an den leitenden kirchlichen Stellen nicht durchsetzen können und gerade in letzter Zeit manche Niederlage zugezogen haben, umso größer wird ihre Vielgeschäftigkeit in allerlei kleinen Aktionen, die den Unkundigen doch immer wieder Sand in die Augen streuen und ein falsches einseitiges Bild geben.«[259]

Nach der Machtübernahme der Nationalsozialisten trafen sich der Leiter der Evangelisch-sozialen Schule Friedrich Brunstädt vom KSB, Walter Simons und Johannes Herz vom ESK am 29. Dezember 1933 in der Sozialen Geschäftsstelle, um sich mit einer gemeinsamen Stellungnahme gegen die Einschmelzung in das im November 1933 neu gegründete Deutsche evangelische Männerwerk[260], dessen Präsident Karl Themel war, zu wehren. Es wurde erörtert, dass Themels einzige Möglichkeit, ESK und KSB unter seinen Dachverband zu bekommen, darin bestehe, sie bei der Reichsregierung oder der NSDAP als politisch verdächtig zu denunzieren. Ein solches Vorgehen schlossen Simons und Herz für den ESK aus; Brunstädt hielt es für den KSB für höchst unwahrscheinlich. Bei der gemeinsamen Stellungnahme wurde aber klar betont, dass es weder zu einer Fusion

257 Vgl. Abschrift eines Briefs von Mumm an Menn vom 14. Juni 1927. AESK A II 7, 131.

258 Vgl. Abschrift eines Briefs von Menn an Mumm vom 20. Juni 1927. AESK A II 7, 133.

259 Brief von Herz an Menn vom 18. Juli 1927. AESK A II 7, 138.

260 Das Deutsche evangelische Männerwerk war eine Organisation der Deutschen Christen.

der Verbände noch zur Zusammenlegung der Zeitschriften *Evangelisch-Sozial* und *Kirchlich-soziale Blätter* kommen würde.[261] Sowohl der Evangelisch-soziale Kongress als auch der Kirchlich-soziale Bund blieben selbständig. Die Soziale Geschäftsstelle wurde zunächst 1933 in das Deutsche Evangelische Männerwerk eingegliedert und 1938 schließlich aufgelöst. Der KSB, der sich 1940 in »Adolf-Stoecker-Gesellschaft« umbenannt hatte, verlor jeglichen Einfluss, da er seinen Wirkkreis auf den innerkirchlichen Bereich beschränkte, um der drohenden Gleichschaltung zu entgehen. Trotzdem wurde er 1943 liquidiert, nachdem die Gestapo ihn im Vorjahr aufgelöst und das Vermögen beschlagnahmt hatte. Dem Arbeitersekretär Gustav Hülser war die Abwicklung übertragen worden. An diesen wendete sich Johannes Herz, um die Namen ehemaliger Mitglieder des KSB zu erfahren, die er für den ESK werben wollte, da dieser die einzige im Reich verbliebene sozialkirchliche Organisation sei. Herz empfahl weiter, die Akten und das Schrifttum an das Archiv der Deutschen Evangelischen Kirche unter Johannes Hosemann zu geben, um ihren Bestand zu sichern. Hülser antwortete mit der Warnung, keine Mitgliederwerbung zu unternehmen, da sonst die Gestapo auch auf den ESK aufmerksam werden könnte, dem dann das gleiche Schicksal wie dem KSB drohe. Der ESK solle sich besser bis zum Ende des Krieges ruhig verhalten.[262]

Neben den Kirchlich-sozialen waren die Religiösen Sozialisten eine innerkirchliche Konkurrenz, auch wenn das von Seiten des ESK lange anders wahrgenommen worden war. Der Religiöse Sozialismus erwuchs aus der christlich-sozialen Bewegung des 19. Jahrhunderts. Seine Ausformung verdankt er den Schweizer Pfarrern Hermann Kutter und Leonhard Ragaz. In Deutschland entwickelte sich der Religiöse Sozialismus nach dem Ersten Weltkrieg unsystematisch und blieb eine marginale Bewegung. Erst 1926 wurde der »Bund der religiösen Sozialisten Deutschlands« durch Erwin Eckert[263] gegründet, dem Bund gehörten 17 Landesverbände an. Er war aufgeteilt in einen norddeutschen unter der Leitung Paul Piechowskis, einen mitteldeutschen unter Emil Fuchs, einen westdeutschen unter Georg Fritze und einen süddeutschen Kreis unter der Leitung von Eckert. Das *Sonntagsblatt des arbeitenden Volkes*, dessen Schriftleiter ebenfalls Eckert war, war das Organ des Bundes.

Wie oben schon beschrieben, war man sich in den Reihen des ESK uneinig, wie man mit dieser Bewegung umzugehen habe. Trotz der Distanzierung in

261 Vgl. Bericht über das Gespräch in der Sozialen Geschäftsstelle für das Evangelische Deutschland vom 29. Dezember 1933. UAL Na Herz 27/1. Vgl. auch die Diskussionen bei der Vorstands- und Ausschusssitzung am 22. und 23. Mai 1934. AESK A I 3.

262 Vgl. Briefwechsel von Herz und Hülser zur Auflösung des KSB. UAL Na Herz 27/1.

263 Zu Eckert siehe auch Kap. 4.2, 245f. Herz arbeitete nach dem Zweiten Weltkrieg zusammen mit Eckert im Weltfriedensrat, Herz als Vertreter der DDR, Eckert als Vertreter der BRD.

der Neuorientierungsphase nach dem Krieg schienen die Ziele ähnlich zu sein, und man meinte auf Seiten des ESK eine Annäherung wahrzunehmen, zumal man durch die Religiösen Sozialisten einen Zugang zum Proletariat zu finden hoffte. Diese Annahme wurde durch Mitglieder des ESK, die zugleich bekannte Religiöse Sozialisten waren, wie Emil Fuchs, sowie durch die Teilnahme von Religiösen Sozialisten an Kongresstagungen gestützt.

Dass diese Wahrnehmung des ESK aus Sicht der Religiösen Sozialisten eine Selbsttäuschung war, wurde dem ESK im Zusammenhang mit der Hamburger Kongresstagung 1927 ernüchternd vor Augen geführt. Das Thema der Hamburger Tagung war der Sozialismus. Das erste Hauptreferat, das der Sozialist und Nationalökonom Robert Wilbrandt hielt, galt den neueren Entwicklungen im Sozialismus. Das Korreferat wurde von Friedrich Mahling (Berlin) gehalten. Schon am Volks- und Begrüßungsabend forderte Pfarrer Florian Geyer in seiner Ansprache einen Sozialismus über den Parteien. Herz nannte im Rückblick auf die Tagung die Zusammensetzung der Teilnehmer richtungweisend, da viele Studenten, vornehmlich der Theologie und Nationalökonomie, anwesend waren, ebenso eine Reihe Religiöser Sozialisten.

> »Wir brauchen die junge Generation und hoffen auf ihre Mitarbeit. Und wir suchen durch den Religiösen Sozialismus Verbindung mit der sozialistischen Arbeiterschaft und der Welt des Proletariats, der wir vielfach noch so fern und fremd gegenüberstehen. Ich habe den Eindruck, daß in beiden Richtungen – in der Zusammenarbeit mit den Religiösen Sozialisten und in der Gewinnung der jungen Generation für unsere evangelisch-soziale Sache – die Hamburger Tagung ihre besondere Bedeutung hat und weitgehende Perspektiven für die Zukunft eröffnet.«[264]

Ermutigt war Herz sicher durch die rege Beteiligung der Religiösen Sozialisten an den Diskussionen, die den Referaten folgten. Auch das Presseecho war vielfach freundlich, da teilweise sogar die sozialdemokratischen Blätter positive Meldungen brachten. Georg Fritze hatte in der Rheinischen Zeitung einen Artikel veröffentlicht, der in positiver Weise über den ESK und die Tagung berichtete, auch weil »der klare sozialistische Klang zur Geltung« kam. Diesen Artikel hatte Herz zwar in der im Rückblick auf den Kongress üblichen Presseschau als kritische Stimme bezeichnet, ihn aber vollständig in *ES* nachgedruckt.

Die Ernüchterung folgte im Oktober. Erwin Eckert hatte im *Sonntagsblatt des arbeitenden Volkes* einen Bericht über die Tagung des KSB in Düsseldorf veröffentlicht, in dem auch einige abschätzige Bemerkungen über den ESK eingeflochten waren.[265] Das *Sonntagsblatt* hatte bis dahin nichts über die ESK-Tagung gebracht. Herz reagierte mit einem empörten Brief. Er könne den

264 ES 3, 1927, 106.

265 Der Bericht Eckerts ist im Archiv des ESK nicht aufzufinden.

Artikel im *Sonntagsblatt* nicht unwidersprochen hinnehmen, da in »schiefer und oberflächlicher Weise« über die Hamburger Tagung geurteilt und der ESK »mit den Kirchlich-Sozialen in einen Topf geworfen« worden sei. Zeugen für die engagierte und notwendige Arbeit des Kongresses seien die Religiösen Sozialisten, »die wie Heimann, Göring und Fritze und andere in Hamburg mitgearbeitet« hätten. Einen Artikel »zur Klarstellung und Berichtigung« hatte Herz beigelegt mit der Bitte, ihn im *Sonntagsblatt* zu veröffentlichen.[266] Er stammte von Gottfried Kretschmar und betonte, »daß der Evangelisch-soziale Kongreß nach seinem Wiederaufleben überall die größte Beachtung genießt und als Notwendigkeit erkannt wird.« Dem Religiösen Sozialismus sei ein großer Dienst erwiesen worden, als seine Vertreter auf der Tagung sprechen durften, aber es sei ja ein Anliegen des Kongresses, dass »diese ernste Stimme bei den Bürgerlichen [nicht] ungehört« bliebe, dazu sei die Bewegung als »viel zu ernst und zukunftsweisend« erkannt worden. Ergänzend wurden wieder die auf der Tagung anwesenden Religiösen Sozialisten als Gewährsmänner für die positive Bewertung des ESK angeführt. Die Vorwürfe, die Arbeit des Kongresses geschehe aus politischen oder wirtschaftlich selbstsüchtigen Motiven, wurde als naiv und eng zurückgewiesen. Abschließend wurde die in Hamburg entstandene Freundschaft zwischen Kongress und Religiösen Sozialisten beschworen.[267] Die Antwort Eckerts fiel klar und unmissverständlich aus:

> »Es ist mir nicht möglich, den mir von Ihnen zur Verfügung gestellten Artikel im Sonntagsblatt abzudrucken, weil er in direktem Gegensatz zu unseren Auffassungen steht. Der von Ihnen zitierte Artikel [...] ist mit vollem Bewusstsein und mit voller Absicht so geschrieben. [...] Ich kenne die Geschichte des evangelisch sozialen Kongresses genau und weiss, dass er als eine bürgerlich liberale Organisation aufzufassen ist, mit der wir als klassenbewusste Sozialisten nichts gemein haben können.«

Die als Gewährsmänner angeführten Religiösen Sozialisten gehörten entweder nicht zum Bund der Religiösen Sozialisten oder seien ungehalten über die ihnen unterstellte Mitarbeit am Kongress. Bernhard Göring wolle dafür sorgen, dass keine »Beschickung des Kongresses durch irgend welche Unterverbände der freien Gewerkschaften« mehr erfolge. Der Brief endet mit den Sätzen:

> »Fassen Sie meine Antwort als einen Versuch auf, die klare und eindeutige Scheidung zwischen evangelisch sozialem Kongress und dem Bund der Religiösen Sozialisten herbeizuführen. [...] Wir [werden] sowohl dem evangelisch sozialen Kongress wie dem kirchlich sozialen Bund in entschlossener Gegnerschaft gegenüberstehen.«[268]

---

266 Vgl. Brief von Herz an Eckert vom 22. November 1927. AESK A II 7, 241, dort auch Zitate.

267 Vgl. AESK A II 7, 240, dort auch Zitat.

268 Brief von Eckert an Herz vom 29. November 1927. AESK A II 7, 242.

Zur gleichen Zeit hatte Herz ein Austrittssschreiben von Emil Fuchs erhalten. Fuchs sah sich nicht in der Lage, den Mitgliederbeitrag zu bezahlen. Herz bot ihm, wie vielen anderen in der Zeit nach dem Krieg, an, auch ohne die Zahlung des Beitrags Mitglied bleiben zu können. Davon machte Fuchs zunächst Gebrauch und offenbarte Herz gleichzeitig, welche Gründe für ihn für das Verbleiben im Kongress und welche dagegen sprächen. Zu ersteren zählten die Verbundenheit zu Friedrich Naumann und anderen Freunden sowie die Achtung vor der Arbeit des ESK, zu den anderen der Eindruck, dass immer mehr Männer dem ESK aus Prestigegründen angehörten. Schlimmer aber wiege, »dass unsere Zugehörigkeit [...] so aufgefasst wird, dass wir eben doch gar nicht so fern stehen [...]. So hat man oft das Gefühl, dass man direkt zur Abstumpfung des socialen Pflichtgefühls beiträgt.« Die Kongressleitung nahm Fuchs dabei dezidiert aus.[269]

Seinen endgültigen Austritt erklärte Fuchs im April 1928, den er damit begründete, dass der Kongress durch Männer, die in ihrer privatkapitalistischen Weltanschauung stehen, bestimmt werde. Wiederum nahm er Herz und einige andere von diesem Vorwurf aus.[270]

Die Gründe, die Fuchs und Eckert gegen eine Zusammenarbeit mit dem ESK anführten, waren zwar von unterschiedlicher Heftigkeit, dafür inhaltlich stark übereinstimmend vorgetragen worden und können insofern als Standortbestimmung des Bundes der Religiösen Sozialisten gegenüber dem ESK gelten:

> »In dem wir aber immer wieder dabei bleiben, verstärken wir in Ihnen den Irrtum, dass Sie gegen uns gerecht und verständnisvoll sind. Wir verstärken ausserdem den Irrtum, dass Sie den Sozialismus wirklich verstehen, ihm wirklich gerecht werden und eine wirklich unparteiische Stellung der Kirche ihm gegenüber fördern [...].«[271]

5 Das Evangelisch-soziale Institut

Bereits auf dem Vorkirchentag in Stuttgart 1921 war eine bessere soziale Ausbildung von Theologen und anderen kirchlichen Berufsarbeitern beantragt worden.[272] Solche sozialen Kurse veranstaltete die Evangelisch-soziale Schule in Spandau. Da diese eng mit dem KSB verbunden war, fürchteten einige Evangelisch-soziale eine zu starke Beeinflussung der Kursteilnehmer von dieser Seite. Um dem etwas entgegenzusetzen, hatte der ESK auf seiner Tagung in Dresden 1928 beschlossen, ein Evangelisch-soziales Institut in Leipzig zu errichten, das »der akademischen Jugend, vor allem den Theologen die Kenntnis der

269 Vgl. Brief von Fuchs an Herz vom 29. November 1927. AESK A II 7, 243, dort auch Zitat.

270 Vgl. Brief von Fuchs an Herz vom 17. April 1928. AESK A II 7, 245.

271 Brief von Fuchs an Herz vom 17. April 1928. AESK A II 7, 245.

272 Zum Stuttgarter (Vor-)Kirchentag 1921 siehe auch Kapitel 4.2, 234–238.

sozialpolitischen Probleme vermitteln und den sozialen Geist der gebildeten Schicht stärken«[273] sollte. Die Arbeit sollte unabhängig von allen politischen Parteien und allen wirtschaftlichen Gruppen erfolgen. Den Vorsitz hatte Walter Goetz übernommen; dem Kuratorium gehörten die Theologieprofessoren Franz Rendtorff, Horst Stephan und Karl Thieme, die Philosophieprofessoren Hans Freyer, Gerhard Keßler und Theodor Litt sowie als Vertreter des ESK Walter Simons und Johannes Herz an. Die ersten Kurse waren für das Wintersemester 1928/29 geplant, mussten aber verschoben werden, da es Schwierigkeiten gab, geeignete Räumlichkeiten zu mieten. Schließlich bekam man einen Raum im Institut für Mittel- und Südost-Europäische Wirtschaftsforschung in der Schillerstraße 7, also in unmittelbarer Nähe zur Universität. Der Raum beherbergte die Bibliothek und war zum Abhalten von Arbeitgemeinschaften in kleiner Runde geeignet. Für größere Vorträge standen Räume in der Universität zur Verfügung.[274]

Nachdem die geplante Eröffnung in Zeitungen bekanntgemacht worden war, meldete sich der Geschäftsführer der Evangelisch-sozialen Schule in Spandau, Alexander von Viebahn, bei Herz. Er monierte die Berichterstattung in verschiedenen Zeitungen, die von einem evangelischen München-Gladbach[275] schrieben und die Schaffung des Evangelisch-sozialen Instituts mit »noch nie dagewesen« und »erstmalig« kommentierten. Der ESK erhebe damit den Anspruch auf eine Vorreiterrolle, die ihm nicht zukomme, da die Evangelisch-soziale Schule Spandau schon seit Mitte der 20er Jahre regelmäßig Kurse für Studenten anbiete und es mit ihrem 1927 geschaffenen Archiv ermögliche, einen Überblick über den »Gesamtumkreis der Probleme« zu bieten. Kräftig verteidigte von Viebahn den Anspruch der Evangelisch-sozialen Schule als Primus der kirchlich sozialen Ausbildung, mit dem sich die später entstandenen wie das Institut für Sozialethik und Wissenschaft der Inneren Mission an der Berliner Universität und das Evangelisch-soziale Institut abzustimmen hätten. Deshalb sandte er mit dem Schreiben an Herz das Register des Archivs der Evangelisch-sozialen Schule, »mit der Bitte, davon Kenntnis zu nehmen und vielleicht zu erwägen, ob wir uns nicht bei dem einen oder anderen Stoffgebiet in der Bearbeitung ergänzen können«.[276]

Die Antwort von Herz begann zunächst bejahend. Er stimme von Viebahn vollständig zu: Die Berichterstattung der Zeitungen sei irreführend, und er bedauere dies lebhaft, allerdings könne die Leitung des ESK dafür nicht verantwortlich gemacht werden, denn deren Ankündigung in der *Sozialen Korrespondenz* sei sachlicher Natur gewesen. Dann änderte sich der Ton: Von

273 Soziale Korrespondenz vom 15. Juli 1928.

274 Vgl. AESK A X 1; Soziale Korrespondenz vom 15. April 1929.

275 Zentrum der katholischen sozialen Ausbildung, seit 1960 Mönchengladbach.

276 Brief von Viebahn an Herz vom 5. September 1928. AESK A X 1.

Seiten des ESK sei eine verständnisvolle Zusammenarbeit der verschiedenen Organisationen in der kirchlichen Sozialarbeit erwünscht. Wenn die Evangelisch-soziale Schule noch mehr, als das bisher der Fall gewesen sei, mit dem ESK zusammenarbeiten wolle, könne von Viebahn dazu Vorschläge einbringen. Nicht der ESK und das von ihm auf den Weg gebrachte Evangelisch-soziale Institut habe sich mit der Evangelisch-sozialen Schule abzustimmen, sondern umgekehrt, da der Kongress seit 38 Jahren soziale Arbeit leiste.[277]

Diese heftige Reaktion gründete sich möglicherweise auf den Auftritt des ESK auf der 1928 in Köln stattfindenden Internationalen Presseausstellung, kurz Pressa, zu welcher der Kongress zur Präsentation seiner Zeitschrift *Evangelisch-Sozial* eingeladen war. Dort war die FKSK als Trägerin sozial-kirchlich Arbeit in Deutschland vorgestellt und die Rolle des ESK im direkten Vergleich marginalisiert worden.

Auf die Nachricht der Eröffnung reagierte auch das Deutsche Evangelische Kirchenbundesamt mit dem Hinweis, dass es bereits das Institut für Sozialethik in Berlin und die Evangelisch-soziale Schule gebe. Um Reibereien und doppelte Arbeit zu vermeiden, wurde vorgeschlagen, die Arbeitsgebiete klar zu trennen.[278] Hier wirkt die Antwort von Herz etwas vage: Das Institut sei keine eigentliche Gründung des ESK, sondern auf Anregung von Walter Goetz entstanden, der es auch leite. Der Einfluss, den Herz auf die ganze Angelegenheit habe, sei gering. So weit es aber in seiner Macht stehe, werde er mit den anderen kirchlich-sozial tätigen Ausbildungsstätten Fühlung aufnehmen.[279]

Das Evangelisch-soziale Institut nahm seine Arbeit im Sommersemester 1929 auf. Anders als aus dem Brief an das Deutsche Evangelische Kirchenbundesamt zu vermuten, war Herz mit der Verwaltung und geschäftlichen Leitung des Instituts betraut und veranstaltete auch Arbeitsgemeinschaften, z.B. Untersuchungen zum Problem der Arbeitslosigkeit, zum wirtschaftlichen, geistigen und seelischen Leben des Industriearbeiters oder zu Friedrich Naumanns evangelischem und nationalem Sozialismus, außerdem bot er Besichtigungen von Fabriken und Betrieben an.[280] Andere behandelte Themen von Arbeitsgemeinschaften waren beispielsweise Sexualethik als soziales Problem, die Geschichte des Religiösen Sozialismus, die Ethik der Weltreligionen, die Wertgrundlagen

277 Vgl. Brief von Herz an Viebahn vom 11. September 1928. AESK A X 1.

278 Vgl. Brief von Gisevius an Herz vom 8. Oktober 1928. AESK A X 1.

279 Vgl. Brief von Herz an das Deutsche Evangelische Kirchenbundesamt vom 22. Oktober 1928. AESK A X 1.

280 Vgl. Anfrage für Besichtigungen an Betriebe vom 29. März 1932, 5. April 1933. AESK A X 1; Brief von Herz an Alt vom 27. April 1942 für die Besichtigung des Palästina-Instituts. Alt-Nachlass im Institut für Alttestamentliche Wissenschaft der Theologischen Fakultät der Universität Leipzig. Die Bitte an Alt erging, da die Besichtigung von Betrieben während des Krieges fast unmöglich war.

der Sozialpolitik und des Arbeitsrechts, Großstadt, Religion und Kirche,[281] die deutsche bündische Jugend und ihre soziale Bewegtheit. Finanziert wurde das Institut in der Hauptsache durch den ESK. Das Landeskonsistorium und der Leipziger Kirchgemeindeverband[282] beteiligten sich mit halbjährlich bzw. jährlich bewilligten Zuschüssen, dazu kam die Institutsgebühr der Teilnehmer, die jedoch nur ein Zehntel der Kosten deckte. Die Hoffnung, dass sich Mäzene aus der Industrie und der geistigen Elite fänden, erfüllte sich nicht.[283]

6 Die Arbeit des Evangelisch-sozialen Instituts und des Evangelisch-sozialen Kongresses im Nationalsozialismus

Von den Gleichschaltungsversuchen der nationalsozialistischen Regierung seit 1933 blieb der Evangelisch-soziale Kongress naturgemäß nicht verschont, die Bedrohung einer Eingliederung oder Auflösung war besonders in den ersten Wochen und Monaten groß, danach entspannte sich die Lage etwas; so kam es zu einer Verquickung des ESK mit dem Evangelisch-sozialen Institut. Im Juli 1933 schrieb Herz an Artur Titius und Adolf Deißmann, dass es wahrscheinlich notwendig werden würde, dass das Evangelisch-soziale Institut die »gesamte wissenschaftliche Arbeit des Evangelisch-sozialen Kongresses« formell zu tragen habe, »um sie vor Eingriffen von außen her sicherzustellen.«[284] Aus diesem Grund hatten sich Simons und Herz darauf verständigt, möglichst eine Personalunion von Kongressvorstand und Kuratorium des Instituts zu erreichen. Simons hatte zwar sein Amt als Vorsitzender aus gesundheitlichen und Altersgründen niederlegen wollen, ließ sich allerdings durch »die Notlage, in der sich der ESK und das Evangelisch-soziale Institut« befanden, dazu bewegen weiterzumachen, wobei er darauf zählte, »dass mir die Arbeit durch Sie [Johannes Herz] [...] im Wesentlichen abgenommen wird.«[285] Durch diese Maßnahme blieben die Existenz von ESK und Institut zunächst gesichert.

Allerdings machte sich der politische Umschwung auch anderweitig im Evangelisch-sozialen Institut bemerkbar. In der halbjährlichen Bittschrift um finanzielle Beihilfe an das Landeskirchenamt betonte Herz 1934, dass das Institut sich mit seiner Arbeit bewusst auf den Boden des Staates und der Deutschen Evangelischen Kirche stelle, man verhandele die Themen Familie und Familienpolitik, außerdem habe Heinz Erich Eisenhuth, der Kreisleiter

281 Das ist auch das Thema der Fenster in der Feierkirche der Versöhnungsgemeinde. Siehe Kapitel 2, 88f.

282 Zum Leipziger Kirchgemeindeverband siehe Kapitel 4.2, 224–228.

283 Vgl. Brief von Herz an das Evangelisch-lutherische Landeskonsistorium Dresden vom 5. März 1931. AESK A X 1.

284 Brief von Herz an Titius und Deißmann vom 29. Juli 1933. AESK A X 2.

285 Brief von Simons an Herz vom 29. Juli 1933. AESK A X 2.

der volksmissionarischen Bewegung Sachsens,[286] die Leitung einer Arbeitsgemeinschaft übernommen.[287] Eisenhuth, der Assistent bei Horst Stephan war, war im Sommer 1933 in den weiteren Beirat des Instituts berufen worden. Er war Nationalsozialist und Deutscher Christ und sollte als Verbindungsglied zu diesen Kreisen dienen. Eisenhuth hatte durch Fürsprache Stephans einen Lehrauftrag für Religionsphilosophie und Sozialethik beim Volksbildungsministerium erhalten. Als das Volksbildungsministerium daraufhin genauere Erkundigungen über das Evangelisch-soziale Institut einzog, fürchtete Herz um die Selbständigkeit und das weitere Bestehen desselben.[288] Die Befürchtungen bewahrheiteten sich allerdings nicht.

Eine andere Schwierigkeit stellte die Kündigung des vom Institut für Mittel- und Südosteuropäische Wirtschaftsordnung vermieteten Zimmers, das als Bibliothek und Arbeitsraum gedient hatte, zum Ende des Wintersemesters 1936 dar. Ein neuer Raum sollte nach Möglichkeit wieder in Universitätsnähe gefunden werden, daher bat Herz Stephan zu prüfen, ob die Theologische Fakultät einen Raum zur Verfügung stellen könnte. Als Anreiz stellte er 400 Mark Miete jährlich in Aussicht. Die Verhandlungen mussten möglichst unauffällig geführt werden und sollten erst nach erfolgreichem Abschluss dem Universitäts-Rentamt gemeldet werden, da dieses sonst die Miete vollständig für sich beansprucht hätte. Aufnahme fand das Institut in der Bibliothek des Seminars für Praktische Theologie. Das Universitäts-Rentamt stimmte der Vereinbarung zu und legte als Entschädigung für Reinigung und Beleuchtung einen jährlichen Betrag von 60 Mark fest.[289] Das Institut bot kontinuierlich weiter Arbeitsgemeinschaften und Besichtigungen an, obwohl nach Ausbruch des Krieges die Besichtigung von Fabriken und Betrieben kaum noch möglich war. Bei dem Luftangriff auf Leipzig am 4. Dezember 1943 wurde auch die Bibliothek des Evangelisch-sozialen Instituts vernichtet. Die Arbeit fand damit faktisch ihr Ende.

Der ESK hatte sich erfolgreich gegen alle 1933 begonnenen Gleichschaltungspläne behaupten können. Trotzdem stand die Frage im Raum, ob es in einem Staat, der von sich behauptete, nationalsozialistisch zu sein, den Kongress brauche. Simons und Herz bejahten die Weiterexistenz des Kongresses und begründeten das mit der immer wieder proklamierten Neutralität. Da der ESK weder durch politische noch wirtschaftliche Verflechtungen gebunden sei, könne er immer wieder den christlich-ethischen Standpunkt erarbeiten. Außerdem wurde betont, dass die Arbeit des Kongresses eine notwendige Voraussetzung der Mitarbeit der Kirche an der Gestaltung der Volksgemeinschaft

286 So lautete die offizielle Bezeichnung der Deutschen Christen in Sachsen.

287 Vgl. Brief von Herz an das Evangelisch-lutherische Landeskirchenamt vom 14. März 1934. AESK A X 2.

288 Vgl. Brief von Herz an Simons vom 3. Januar 1935. AESK A X 2.

289 Vgl. AESK A X 2.

sei.[290] Dieser Kunstgriff überzeugte, der ESK blieb bestehen, allerdings wurde seine Arbeit immer weiter eingeschränkt. So wurde das Erscheinen der *Sozialen Korrespondenz* noch 1933 eingestellt. Die Kongresstagungen waren ebenfalls betroffen. 1934 fand keine Tagung statt; 1935 und 1936 gab es eher kleine Versammlungen. Dem Gedankengut des Nationalsozialismus konnte sich der ESK nicht entziehen. Zum einen gab es glühende Anhänger in den Kongressreihen, zum anderen war Anpassung ein Schritt, um das Überleben zu sichern. Die Barmer Theologische Erklärung wurde, dem eigenen lutherischen Konzept treu bleibend, verworfen, und der Kongress schmückte sich damit, »Wegbereiter und Vorkämpfer des nationalsozialistischen Sozialprogramms« geworden zu sein.[291] Die nationalsozialistische Familien-, Bevölkerungs- und Rassenpolitik wurde unterstützt, ebenso das zuvor verworfene Modell der Betriebsgemeinschaft;[292] zu verlockend war der Gedanke einer Volksgemeinschaft, die alle Klassengegensätze überwinden könnte.[293] Diese Tendenzen zeigen sich auch bei der Wahl der Themen der Kongresstagungen.[294]

Selbst Johannes Herz, der bereits vor 1933 als Gegner des Nationalsozialismus gebrandmarkt war und in dessen Korrespondenz sich immer wieder Hinweise darauf finden, dass er die Herrschaft der Nationalsozialisten als Bedrohung sah,[295] vermied offene Konfrontationen und versuchte, innerhalb des Staates und dessen vorgegebener Ordnung zu leben und zu arbeiten; auch das nationalsozialistische Vokabular verwendete er zumindest in Veröffentlichungen ohne Bedenken, um die ihm wichtigen Anliegen weiterhin verbreiten zu können.

Auf der Kongresstagung 1936 in Berlin-Steglitz trat der hochbetagte Walter Simons, nachdem er das mehrfach angekündigt hatte, aus gesundheitlichen und Altersgründen vom Vorsitz zurück. Heinz Herz verortete den Grund für den Rücktritt Simons in seiner ständigen Überwachung durch die Gestapo. Simons habe den Vorsitz niedergelegt, um den Kongress nicht zu gefährden.[296] Die von Simons selbst angeführten Gründe scheinen plausibler. Agnes von

290 Vgl. ES 1 (1934), 1.

291 Vgl. Pollmann: Evangelisch ...., 650.

292 Zur Betriebsgemeinschaft vgl. Friedrich Karrenberg: Betriebsgemeinschaft. ES 4 (1939), 97–105 und Waldemar Zimmermann: Der Betrieb als Pflegestätte sozialpolitischer Gemeinschaft. ES 4 (1939), 106–115.

293 Vgl. Pollmann: Evangelisch ..., 650 und das Schreiben von Herz an das Evangelisch-lutherische Landeskirchenamt Sachsens vom 14. März 1934. AESK A X 2, 33.

294 1935: Vor welche sozialethischen Aufgaben stellt uns das Gesetz zur Verhütung erbkranken Nachwuchses?, 1936: Die sozialethischen Aufgaben der evangelischen Kirche im nationalsozialistischen Staat, 1937: Der Dienst des Staates und der Kirche an der Volksgemeinschaft, 1938: Die Bedeutung der Schwachen für die Volksgemeinschaft.

295 Vgl. Kapitel 1, 55–57 und Kapitel 4.3.

296 Vgl. Heinz Herz: Evangelisch-sozialer Kongreß ..., 796.

Zahn-Harnack stellte bei dieser Tagung den Antrag, den ESK aufzulösen, da der ESK keine Stätte freier Diskussion mehr sei.[297] Herz erwiderte, dass es keine Nötigung zur Auflösung von außen gäbe, und da er keine andere Stelle sehe, die das soziale Aufgabengebiet des ESK übernehmen könne, sei er strikt gegen eine Auflösung. Interessant ist in diesem Zusammenhang, dass bereits 1934 Walter Simons eine Selbstauflösung angeregt hatte, um einer Auflösung durch staatliche Stellen zuvorzukommen.[298]

Der Antrag auf Selbstauflösung wurde 1936 von den Mitgliedern mit der Gegenstimme der Antragstellerin abgewiesen. Agnes von Zahn-Harnack zog die Konsequenz und trat aus dem ESK aus.[299] Der Vorsitz wurde auf Wunsch von Simons an Herz übertragen, Schlemmer wurde zu seinem Stellvertreter ernannt, Generalsekretär wurde der Leipziger Pfarrer Kurt Herberger. Dies geschah in aller Stille, um kein Aufsehen zu erregen und zu verhindern, dass der ESK aus diesem Anlass von staatlichen Stellen aufgelöst würde. Rade nannte das »die einzig richtige Lösung«.[300] Herz antwortete Rade, dass die Lage für den Kongress trotzdem noch höchst unsicher sei. Die meisten Kirchenausschüsse hätten kein Interesse, und »wie lange andere Mächte uns gewähren lassen werden,« wisse er nicht.[301] Die größte Sorge sei die finanzielle. Die Mitgliederzahlen hatten abgenommen, auch die Zahl der Zeitschriftabonnenten hatte sich verringert. Der Generalsuperintendent der Kirche der Altpreußischen Union und Vorsitzende des Reichskirchenausschusses, Wilhelm Zoellner, stand dem Kongress ablehnend gegenüber, sodass auf eine materielle oder auch ideelle Unterstützung von Seiten der Kirchenregimente im Reich und Preußen nicht zu hoffen war.[302]

Der letzte Glanzpunkt des Evangelisch-sozialen Kongresses war die Jubiläumstagung vom 25-27. Mai 1940 zum 50-jährigen Bestehen in Leipzig. Es erschien eine Festschrift »Evangelisches Ringen um soziale Gemeinschaft«, die die Geschichte des ESK nachzeichnete und zugleich einen Überblick über die

297 Ein Forum der freien Diskussion zu sein, gehörte zum Selbstverständnis des ESK. Vgl. Pollmann: Evangelisch ..., 647.

298 Vgl. Protokoll der Vorstands- und Ausschusssitzung am 22. und 23. Mai 1934. AESK A I 3.

299 Zur Person Agnes von Zahn-Harnack und ihrer Haltung zum ESK vgl.Gisa Bauer: Agnes von Zahn-Harnack, Leipzig 2006 (AKThG; 17), besonders 294. Bauer bezeichnet die Haltung von Zahn-Harnacks als innere Emigration. Auf den Antrag von Zahn-Harnacks bezieht sich der Satz Schlemmers in der Festschrift »Evangelisches Ringen ...«, dass, wenn der Kongreß nicht mehr so arbeiten könne wie früher, er sich lieber auflösen solle. Schlemmer: Der Evangelisch ..., 112.

300 Brief von Rade an Herz vom 12. Juni 1936. AESK A II 16, 117.

301 Vgl. Brief von Herz an Rade vom 10. Juli 1936. AESK A II 16, 118. Zur Kirchenausschusspolitik von Reichskirchenminister Hanns Kerrl siehe Kapitel 4.3, 258-263.

302 Vgl. Brief von Herz an Titius vom 13. Juni 1936. AESK A II 16, 109.

auf den Tagungen verhandelten Themen bot, um zu zeigen, in welcher Bandbreite der Kongress die soziale Frage bearbeitet hatte. Sie enthielt auch eine Aufstellung der in *Evangelisch-Sozial* erschienenen Aufsätze. Das Geleitwort hatte Martin Rade kurz vor seinem Tod verfasst – er starb am 9. April 1940. Die Tagung war bedingt durch den Krieg nur mäßig besucht. In die Anwesenheitslisten, die zu beiden Hauptversammlungen ausgelegt worden waren, hatten sich 215 Teilnehmer eingetragen, nur wenige nicht aus Sachsen oder Mitteldeutschland stammende Gäste waren erschienen. Besser besucht war der öffentliche Vortragsabend, zu dem über 700 Menschen kamen.[303]

In der Eröffnungsrede pries Johannes Herz die dem ESK so oft als seine größte Schwäche ausgelegte Neutralität gegenüber Staat und Wirtschaft, die auch auf jede praktische soziale Arbeit verzichtete, als diejenige Tugend, die den Kongress über 50 Jahre hinweg erhalten habe. Er erläuterte anhand der eingangs genannten Zielsetzung des ESK, dass sein Fortbestand unverzichtbar sei, da »für jede fruchtbare soziale Gesetzgebung [...] die vorurteilslose Untersuchung der sozialen Zustände unerläßliche Voraussetzung« sei.[304] Hier kam auch die selbst zuerkannte »Wegbereiter-Funktion« für das Sozialprogramm des Nationalsozialismus zum Ausdruck.

Den ersten Hauptvortrag unter der Überschrift »Sozialpolitik – Volksschicksal – Weltschicksal« hielt das NSDAP-Mitglied Waldemar Zimmermann. Darin feierte er den Nationalsozialismus und im gleichen Atemzug den italienischen Faschismus als Erfüllung sozialpolitischer Forderungen mit Vorbildfunktion für die anderen Länder der Erde.

> »Der gegenwärtige Krieg wird [...] diesen Ausbreitungsprozeß eines nationalen Sozialismus der Pflicht und des gemeinnützigen Leistungsdienstes aller in vielen Staaten des Erdballs noch beschleunigen und vertiefen.«

Jedem arbeitsamem Volk müsse das Recht auf »ausreichenden selbständigen Nahrungsspielraum« zugeeignet werden. Im Schlusssatz mäßigte sich der Ton, als Zimmermann forderte, dass das »soziale Feuer« helfen solle, Licht und Wärme unter allen Völkern zu verbreiten.[305]

Den zweiten Hauptvortrag hielt Hans Schlemmer über den Geist der Technik und das Evangelium. Auf den ersten Blick ein unabdingbares Miteinander propagierend, war der Vortrag doch letztendlich ein Bekenntnis zur evangelischen Volkskirche[306] gegen eine Vergötzung der Technik, aber auch gegen die neuheid-

303 Vgl. ES 3 (1940), 49.

304 So der erste Punkt der Satzung des ESK.

305 Waldemar Zimmermann: Sozialpolitik – Volksschicksal – Weltschicksal, ES 3 (1940), 60–71, 68–70.

306 Zum Begriff der Volkskirche siehe Kapitel 4.1.1, 174.

nischen Strömungen. Der Vortrag schloss mit den Gedanken, dass Gott allein der Schöpfer ist, Jesus der alleinige Erlöser und der Geist allein heiligt.[307]

Zum Vortragsabend sprachen drei Referenten über das Thema »Das Evangelium und die soziale Welt« in unterschiedlichen Zeiten, bei Martin Luther, Johann Hinrich Wichern und Friedrich Naumann.[308] Johannes Herz eröffnete den Abend mit einer einleitenden Rede, in der er die drei als soziale Propheten[309] Deutschlands bezeichnete, die der Forderung Christi, Salz der Erde und Licht der Welt zu sein, gehorcht hätten, da sie alle »Nöte und Probleme des sozialen Lebens sahen und die mit dem Geist und den Kräften des Evangeliums in dieses Leben hineinzuwirken und es zu gestalten versuchten«. Sie sollten als Vorbilder für die Christen »in unserer großen und ernsten Gegenwart« dienen.[310]

Das von Johannes Herz gezogene Fazit, das die Tagung als einen »verheißungsvollen Auftakt zu ungehinderter und fruchtbarer Weiterarbeit des Kongresses in der Zukunft«[311] bezeichnete, sollte sich nicht bewahrheiten.

Für den 8. Juni 1941 hatte der Kongress nach Königsberg zur Tagung eingeladen. Im Vorfeld war Bonn als Tagungsort von Schlemmer strikt abgelehnt worden, da die Theologische Fakultät dort »rein DC« und eine zu enge Fühlung mit ihr daher weder wahrscheinlich noch wünschenswert sei.[312] Die Wahl Königsbergs wurde in der Einladung mit der Wiedergewinnung des alten deutschen Siedlungslandes in den Ostgebieten begründet, die dadurch eine besondere wirtschaftliche und soziale Bedeutung gewonnen hätten. Der Kongress wolle auch dort seinen sozialethischen Dienst tun. Hauptthema der auf einen Tag beschränkten Zusammenkunft sollte die Wohnungsfrage sein.[313] Doch dazu kam es nicht, denn die Tagung war kurzfristig verboten worden, mit der offiziellen Begründung, dass nicht für die Sicherheit der Teilnehmer garantiert werden könne. Dies verwundert nicht, wenn man bedenkt, dass für den 22. Juni 1941 das »Unternehmen Barbarossa«, der Angriff auf die Sowjetunion, geplant war. Diese Mitteilung erreichte die Mitglieder des ESK als Stempel auf

307 Vgl. Hans Schlemmer: Der Geist der Technik und das Evangelium. Für die Veröffentlichung gekürzte Fassung. ES 3 (1940), 71–80.

308 Heinrich Bornkamm sprach zu Luther, Fritz Mieth zu Wichern und Gertrud Bäumer zu Naumann.

309 Vgl. zum Begriff »Soziale Propheten« den Vortrag, den Herz auf der Herbstkonvent der Sorabia in Leipzig im Oktober 1935 hielt: Herz: Deutsches soziales Prophetentum. ES 4 (1935), 113–130.

310 Vgl. Johannes Herz: Die 50-Jahrfeier des Evangelisch-sozialen Kongresses. ES 3 (1940), 59f. Zitat dort.

311 Johannes Herz: Die 50-Jahrfeier des Evangelisch-sozialen Kongresses. ES 3 (1940), 60.

312 Vgl. Protokoll der Vorstandssitzung des ESK vom 9. Dezember 1940. UAL Na Herz 29/2.

313 Vgl. Einladung zur Jahrestagung des Evangelisch-sozialen Kongresses in Königsberg am 8. Juni 1941. ES 2 (1941), 25.

dem im 2. Heft 1941 von *ES* eingeklebten Zettel, auf dem die Einstellung der Zeitschrift bekanntgegeben wurde.

In einem Schreiben vom 25. April 1941 war Johannes Herz mitgeteilt worden, dass aus kriegswirtschaftlichen Gründen der Präsident der Reichspressekammer angewiesen habe, mit sofortiger Wirkung den Papierbezug für *ES* einzustellen. »Damit entfällt für Ihre Zeitschrift die Möglichkeit des Erscheinens ab 1. Juni 1941.« Der noch vorhandene »pressemäßige Papierbestand« sei zu melden und werde gegebenenfalls eingezogen.[314] *ES* teilte damit das Schicksal vieler Zeitungen und Zeitschriften in dieser Zeit. Johannes Herz antwortete, dass er den Brief erst am 11. Mai erhalten habe und der noch vorhandene Papierbestand von 17 kg dazu benötigt würde, um den Lesern »in der vorgeschriebenen Form« Mitteilung vom Einstellen der Zeitschrift zu machen.[315] Ob es sich bei dem Hinweis, dass das Schreiben der Reichspressekammer erst am 11. Mai angekommen sei, um einen Trick handelte, um das Erscheinen des 2. Hefts der Zeitschrift, das Anfang Mai gedruckt worden war, noch zu ermöglichen, lässt sich nicht ermitteln, da der Brief der Reichspressekammer nur als Abschrift ohne Eingangsstempel im Archiv des ESK erhalten ist.

Die direkte Folge der Anweisung der Reichspressekammer war die Löschung von Johannes Herz aus der Berufsliste der Schriftleiter durch den Leiter des Landesverbandes Sachsen im Reichsverband der deutschen Presse, Hoffmeister, verbunden mit der Aufforderung, den Schriftleiterausweis zurückzugeben.[316] In die Berufsliste der Schriftleiter war Herz 1936 eingetragen worden, nachdem *ES* als politische Zeitschrift eingestuft worden war.[317]

Herz erhob Einspruch, da die Einstellung wegen kriegsbedingten Papiermangels keine Entscheidung über den Fortbestand der Zeitung sei. Des Weiteren führte er an, dass er, obwohl er schriftstellerisch tätig sei, von einer Mitgliedschaft in der Reichsschrifttumskammer befreit sei, da er als Schriftleiter der Reichspressekammer angehöre. Wenn er von der Berufsliste der Schriftleiter gestrichen werden solle, dann könne dies nur in Absprache mit der Reichsschrifttumskammer geschehen.[318] Zusammen mit seinem Einspruch sendete Herz einen Brief an den Reichsverband der evangelischen Presse, um

314 Vgl. Schreiben der Reichspressekammer Papierwirtschaftsstelle an Herz vom 25. April 1941. AESK A VII 4c, dort auch Zitat.

315 Vgl. Brief von Herz an die Reichspressekammer Papierwirtschaftsstelle vom 30. Mai 1941. AESK A VII 4c.

316 Vgl. Schreiben des Leiters des Landesverbandes Sachsens im Reichsverband der deutschen Presse, Hoffmeister, an Herz vom 14. August 1941. AESK A VII 4c.

317 Vgl. Protokoll der Vorstands- und Ausschusssitzung des ESK vom 6. Juni 1936. AESK A I 3 und Brief von Herz an den Reichsverband der evangelischen Presse vom 9. April 1936. AESK A II 16, 48a.

318 Vgl. Brief von Herz an den Landesverband Sachsen im Reichsverband der deutschen Presse vom 19. August 1941. AESK A VII 4c.

Schützenhilfe zu erlangen.[319] Die Antwort fiel allerdings enttäuschend aus. Das Verfahren sei so üblich, alle »Hauptschriftleiter im Nebenberuf [werden] in der Berufsliste gelöscht, wenn sie ihre Tätigkeit vorübergehend oder dauernd nicht ausüben.« Eine Erneuerung der Mitgliedschaft sei auf Antrag beim Wiedererscheinen der Zeitschrift ohne weiteres möglich.[320]

Der Einspruch von Herz gegen die Löschung aus der Schriftleiterliste und die Rückgabe des Schriftleiterausweises hatte auch den Grund, dass er zum Zeitpunkt der Drucklegung des dritten Vierteljahresheftes eine Genehmigung für den Druck der Zeitschrift zu erlangen suchte. Er schrieb an den Präsidenten der Reichspressekammer und wies ihn auf den besonderen Charakter von *Evangelisch-Sozial* hin. Es handele sich um eine wissenschaftliche Fachzeitschrift zu sozialen Fragen, nicht etwa eine konfessionelle oder erbauliche.

> »Da andere praktisch-theologische Zeitschriften [...] aufrecht erhalten werden konnten, muß es befremdlich erscheinen, daß gerade die praktisch-theologische Zeitschrift, die ihrer ganzen Absicht und ihrem ganzen Inhalt nach dem nationalsozialistischen Gedankengut am nächsten steht, mit unter die Zeitschriften eingereiht worden ist, die ihr Erscheinen haben einstellen müssen.«

Weiterhin verwies Herz auf die Mitarbeit von »hervorragenden Parteimitgliedern« an der Zeitschrift, die Verpflichtungen zu Rezensionen gegenüber Verlagen und den geringen Umfang, um ein Wiedererscheinen zu ermöglichen.[321] Auch an Theodor Steimle, Mitglied des ESK, Autor für *Evangelisch-Sozial*, NSDAP-Mitglied und Reichshauptstellenleiter für Kommunalpolitik in München, schrieb Herz, damit dieser sich an geeigneter Stelle für die Genehmigung stark mache.[322] Dieser rief auch umgehend in der Papierwirtschaftsstelle an und unterstützte das Anliegen. Um die Dringlichkeit zu unterstreichen, fuhr Herz selbst nach Berlin. Dort wurde er freundlich angehört und mit dem Bescheid entlassen, dass »auch bei geringem Bedarf die verfügten Einschränkungen und Verbote [...] aufrecht erhalten werden müßten«. Der Antrag auf Wiederaufnahme der Zeitschrift könne aber gestellt werden, sobald sich die Papierversorgungslage verbessert hätte. Gegenüber Steimle äußerte Herz, dass er den Eindruck habe, dass die Stilllegung von Zeitschriften weder nach wirtschaftlichen, noch nach geistigen oder wissenschaftlichen Gesichtspunkten erfolge, sondern dass

319 Vgl. Brief von Herz an den Reichsverband der evangelischen Presse, Hinderer, vom 19. August 1941. AESK A VII 4c.

320 Vgl. Brief vom Reichsverband der evangelischen Presse an Herz vom 21. August 1941. AESK A VII 4c, dort auch Zitat

321 Vgl. Brief von Herz an den Präsidenten der Reichspressekammer vom 24. September 1941. AESK A VII 4c, dort auch Zitat.

322 Vgl. Brief von Herz an Steimle vom 24. September 1941. AESK A VII 4c.

weltanschauliche Fragen dabei eine nicht zu unterschätzende Rolle gespielt hätten.[323]

Um die Löschung von Herz aus der Berufsliste der Schriftleiter entspann sich ein Gerichtsverfahren. Für Herz war klar, dass eine Löschung aus der vorübergehenden Stilllegung der Zeitschrift eine dauerhafte machen würde. Der Landespresseverband argumentierte damit, dass Herz die Schriftleitertätigkeit zum Zeitpunkt der Löschung nicht ausgeübt habe und die Löschung damit rechtsgültig sei.[324] Herz hielt dagegen, dass er weiterhin vom ESK mit der Schriftleitung beauftragt bleibe, da die Einstellung von *Evangelisch-Sozial* kein eigener Beschluss gewesen sei, sondern kriegsbedingt. Daraus folge, dass Herz die Schriftleitertätigkeit vorübergehend zwar nicht ausüben könne, die Beauftragung aber noch bestehe.[325] Juristischen Beistand hatte sich Herz bei einem Freund, dem Rechtsanwalt und Notar Bernhard Jarubowsky, gesucht. Dieser übernahm den Fall gern, auch gegen ein geringes Honorar, »weil du mein Freund bist und das Recht auf deiner Seite ist. Wenigstens das wahre Recht«.[326] Trotz des professionellen Beistandes verlor Herz den Prozess. Das Gerichtsurteil des Bezirksgerichts der Presse in Dresden, das am 10. Dezember 1941 erging, folgte in seiner Begründung den Ausführungen von Hoffmeister und verwarf den Einspruch von Herz.[327] Gegen dieses Urteil leitete Herz ein Rechtsbeschwerdeverfahren ein, sodass der Fall vom Pressegerichtshof in Berlin erneut aufgerollt wurde. Auch hier wurde der Einspruch von Herz abgelehnt, aber die Urteilsbegründung des Dresdner Gerichts war immerhin aufgehoben und negiert worden. Jarubowsky schrieb, als er Herz die Ausfertigung des Urteils sandte: »Man kann wohl sagen, daß wir ehrenvoll unterlegen sind.«[328] Herz schickte am 5. Mai 1942 seinen Schriftleiterausweis an den Landesverband Sachsen zurück mit dem ausdrücklichen Hinweis, dass ihm in der mündlichen Verhandlung des Pressegerichtshofs versichert worden sei, dass er bei Wiedererscheinen von *Evangelisch-Sozial* ohne erneutes Aufnahmeverfahren der Schriftleiterliste wieder hinzugefügt werden würde.[329]

---

323 Vgl. Brief von Herz an Steimle vom 3. Oktober 1941, darin auch Zitat. AESK A VII 4c.

324 Vgl. Brief des Landesverbandes Sachsen im Reichsverband der deutschen Presse an das Bezirksgericht der Presse in Dresden vom 30. September 1941 und 7. November 1941. AESK A VII 4c.

325 Vgl. Brief von Herz an das Bezirksgericht der Presse in Dresden vom 23. Oktober 1941 und 4. Dezember 1941. AESK A VII 4c.

326 Brief von Jarubowsky an Herz vom 19. Dezember 1941. AESK A VII 4c.

327 Vgl. Ausfertigung des Urteils vom 17. Dezember 1941. AESK A VII 4c.

328 Brief von Jarubowsky an Herz vom 29. April 1942. AESK A VII 4c.

329 Vgl. Brief von Herz an den Landesverband Sachsen im Reichsverband der deutschen Presse vom 5. Mai 1942. AESK A VII 4c.

Die Einstellung der Zeitung traf den ESK besonders hart, da nach dem Verbot der Königsberger und in der Folge aller weiterer Tagungen die Zeitschrift das einzige Mittel war, um den Kontakt mit den Mitgliedern aufrechtzuerhalten und die evangelisch-soziale Arbeit fortzusetzen. Zwar hatte der Vorstand beschlossen, die Arbeit in Form von Arbeitsgemeinschaften in verschiedene Städte wie Berlin, Heidelberg, Stuttgart, Frankfurt, Nürnberg und Görlitz zu verlagern, in denen der Vorsitzende regelmäßig Tagungen abhalten sollte, was allerdings eine enorme Reisetätigkeit für Johannes Herz mit sich brachte, die mit fortschreitendem Krieg immer schwieriger wurde. Der Kontakt zu den Mitgliedern wurde lose durch unregelmäßige Rundschreiben gehalten.

Das Verbot der großen Tagungen und der Zeitschrift brachte die Arbeit des ESK im Prinzip zum Erliegen, auch wenn er der Auflösung durch staatliche Organe entging.[330]

7 Aufbaubemühungen nach dem Zweiten Weltkrieg

Nach dem Ende des Krieges war die Hoffnung zunächst groß, die zwangsläufig stillgelegte Kongressarbeit wieder aufnehmen zu können. Die Lage der Hauptgeschäftsstelle des ESK in der Sowjetischen Besatzungszone erwies sich dabei durch die vielfältigen Einschränkungen besonders im Interzonenverkehr für den Wiederaufbau als Nachteil.

Zuerst galt es jedoch, die Genehmigung für die Fortsetzung der Arbeit zu erlangen. Auch für das Evangelisch-soziale Institut war eine solche Genehmigung beantragt worden. Als die Universität Leipzig im Februar 1946 wieder eröffnet worden war, schien auch die Wiedereröffnung des Instituts nur noch eine Formsache zu sein.[331] Herz hoffte zudem auf eine enge Zusammenarbeit mit der Universität durch die Erteilung eines Lehrauftrags für Sozialethik.[332] Die Genehmigung wurde bis 1947 nicht erteilt, obgleich der Rektor, Hans Georg Gadamer, den Antrag unterstützt hatte. Seit dem Wintersemester 1947/1948 war Johannes Herz allerdings mit einem Lehrauftrag für Sozialethik und Religionssoziologie betraut und sah darin den Fortgang der Arbeit des Evangelisch-sozialen Instituts gewahrt.[333]

---

330 Anders der KSB, siehe oben, 151f.

331 Zur Geschichte der Universität Leipzig und ihrer Theologischen Fakultät Fitschen: Theologische Fakultät ...; Ders.: Wissenschaft im Dienste ...; Schmutzler: Die Geschichte der Universität ....

332 Vgl. Brief von Herz an Heuss vom 19. April 1946. AESK A II 25b, 2.

333 Vgl. Mitteilung an die Mitarbeiter und Freunde des Evangelisch-sozialen Kongresses vom 10. August 1950. UAL Na Herz 29/1. »Die Arbeit des Instituts hat aber dadurch seine Fortsetzung gefunden, daß dem Vorsitzenden des Kongresses und früheren Leiter des Instituts seit dem Wintersemester 1947/48 an der Theologischen Fakultät der Universität Leipzig ein Lehrauftrag für Sozialethik und Sozialpädagogik erteilt worden ist.«

Das Verfahren für die Bewilligung der Fortsetzung der Arbeit des Evangelisch-sozialen Kongresses zog sich weiter hin. Auch die Aufteilung Deutschlands in vier Besatzungszonen erschwerte die Bemühungen erheblich. Herz hatte in Erwägung gezogen, neben der Hauptgeschäftsstelle in Leipzig für die anderen Besatzungszonen Nebengeschäftsstellen im Anschluss an die Landesvereinigungen Württemberg und Hamburg einzurichten, die die Adressen der Mitglieder, die nicht auf ein erstes Rundschreiben geantwortet hatten, prüfen und gegebenenfalls veränderte Anschriften ermitteln sollten.[334]

In einem Brief an Waldemar Zimmermann äußerte Herz, dass er in seinem Alter die Arbeit, den Kongress neu aufzubauen, gern jüngeren Kräften überlassen hätte, aber dass es unter den jungen Theologen nur wenige mit genügend Erfahrung gäbe, die nicht von der BK oder der Barthschen Theologie[335] beeinflusst wären und der sozialkirchlichen Arbeit nicht gänzlich ablehnend gegenüberständen. Daneben betonte er allerdings, dass er bereits nach dem Ersten Weltkrieg die Arbeit des ESK wieder aufgebaut und die sozialkirchliche Arbeit in der Deutschen Evangelischen Kirche maßgeblich mit organisiert habe.[336] Dass Herz die Arbeit nur ungern einem anderen überlassen hätte, wird auch in der im Februar 1947 verfassten »Mitteilung an die Mitarbeiter und Freunde des Evangelisch-sozialen Kongresses« deutlich, in der Herz schrieb:

> »Ich habe schon einmal nach dem ersten Weltkrieg die damals eingestellte Kongreßarbeit vom Jahre 1923 ab als Generalsekretär des Kongresses wieder in Gang gebracht und trotz aller Hemmungen die alten Kongreßfreunde wieder gesammelt, dem Kongreß neue Mitglieder zugeführt und seiner Arbeit in der Deutschen Evangelischen Kirche wieder zu einer geachteten Stellung verholfen. Ich will auch jetzt unter den weit schwierigeren Verhältnissen der Gegenwart [...] als Vorsitzender des Kongresses das noch einmal tun, wenn unsere Mitglieder mir weiterhin ihr Vertrauen schenken.«[337]

Der Wiederaufbau des ESK wurde durch innerkirchliche Konkurrenz erschwert. Im März 1946 hatte der ehemalige Arbeitersekretär und Mitglied des Kirchlich-sozialen Bundes, Gustav Hülser, dem Rat der Evangelischen Kirche in Deutschland und den Leitungen der Landeskirchen Darlegungen über die Wiederaufnahme der kirchlich-sozialen Arbeit vorgelegt. Darin regte er an, den KSB wiederzubeleben und ihn mit der kirchlich-sozialen Arbeit der EKD zu betrauen. Johannes Herz war vom sächsischen Landeskirchenamt aufgefordert

334 Vgl. Brief von Herz an Zimmermann vom 20. Februar 1946. AESK A II 25b, 20.

335 Die dialektische Theologie Karl Barths stand in scharfem Gegensatz zum Kulturprotestantismus und der liberalen Theologie, den Hauptträgern des ESK, obgleich Barth Schüler Hermanns war. Anders als Ritschl, der den zornigen Gott aus seiner Theologie verbannt hatte, fand die dialektische Theologie Gott im Gericht.

336 Vgl. Brief von Herz an Zimmermann vom 19. Januar 1947. AESK A II 25b, 9.

337 Mitteilung an die Mitarbeiter und Freunde des Evangelisch-sozialen Kongresses vom 21. Februar 1947. UAL Na Herz 29/1 und AESK A II 25b, 43.

worden, dazu eine Stellungnahme zu verfassen. Er äußerte erhebliche Bedenken gegen Hülsers Ausführungen und fügte eigene Gedanken und Richtlinien für die Neugestaltung der sozial-kirchlichen Arbeit der Evangelischen Kirche in Deutschland bei.[338] Außerdem unterstrich er, dass die Orientierung für den Neuaufbau sozial-kirchlicher Arbeit aus der SBZ kommen müsse, da dort die Lage am schwierigsten sei.[339] Die Richtlinien, die Herz an alle Landeskirchen geschickt hatte, waren ein Rückgriff auf alte evangelisch-soziale Einsichten und Errungenschaften,[340] was zwangsläufig den ESK als bestmöglichen Träger sozial-kirchlicher Arbeit empfahl, als der er auch benannt wurde. Im Begleitschreiben wurde dagegen der KSB als möglicher Träger hinterfragt, da er, weil er während des Krieges aufgelöst worden war, zunächst neu gegründet und organisiert werden müsse und außerdem eine zu enge Verbindung mit politischen Parteien und christlichen Gewerkschaften eingegangen sei, sodass eine Fortsetzung der Arbeit schlechterdings unmöglich schien.[341]

Der ESK war inzwischen in eine »Wissenschaftliche Gesellschaft zur Behandlung der sozialen Fragen vom sozial-ethischen Standpunkt des Evangeliums aus« umgewandelt worden. Die modifizierte Aufgabe lautete nun, die sozialen Zustände des Volkes vorurteilsfrei zu untersuchen, an den Maßstäben des Evangeliums zu messen und dessen Forderungen für das Gemeinschaftsleben fruchtbarer zu machen. Die Organisation war aufgrund der Hemmungen im Reise-, Post- und Geldverkehr durch die Zonengrenzen verändert worden. Für jede der Besatzungszonen war ein Zonenleiter aus dem Vorstand des ESK benannt worden, für die sowjetische Zone Hans Schlemmer in Potsdam, für die amerikanische Zone Walter Goetz in München, für die englische Zone Waldemar Zimmermann in Hamburg und für die französische Zone Wilhelm Menn in Andernach. Diese Zonenleiter sollten durch je vier Vertrauensmänner unterstützt werden. Auf diese Weise sollte die Arbeit des Kongresses den jeweiligen regionalen Umständen entsprechend weitergeführt, neue Mitglieder und auch finanzielle Mittel zur Weiterführung der Arbeit geworben werden.[342] Herz schrieb an die Kirchenleitungen, um finanzielle Unterstützung zu erhal-

338 Vgl. AESK A II 25b und UAL Na Herz 29/1. Die Richtlinien entstanden in Zusammenarbeit mit Prälat Schoell.

339 Vgl. Brief von Herz an das Evangelisch-lutherische Landeskirchenamt Sachsens vom 26. Oktober 1946. UAL Na Herz 29/1.

340 Überparteilichkeit, Anknüpfung an internationale sozial-kirchliche Arbeit (Stockholm), Gründung eines Sozialen Ausschuss bei der EKD, Gründung Evangelisch-sozialer Institute in Verbindung mit den theologischen Fakultäten, Anstellung haupt- und nebenamtlicher Sozialpfarrer.

341 Vgl. Brief von Herz an die 26 Kirchenregierungen in Deutschland vom 21. Januar 1947. AESK A II 25b, 13.

342 Vgl. Rundschreiben von Herz vom 21. Februar 1947. UAL Na Herz 31/2 und AESK A II 25b.

ten.[343] Die Reaktionen waren unterschiedlich. Einige Kirchenleitungen wie in Hannover, Stuttgart und München begrüßten das Vorhaben, auch der Rat der EKD stand den Bemühungen des Kongresses aufgeschlossen gegenüber,[344] andere hingegen hielten die Wiederaufnahme der Arbeit aus der Ostzone für wenig erfolgversprechend, so der EOK in Berlin und die Kirchenleitungen in der Rheinprovinz und in Westfalen.

Je weiter die Zeit der Zonentrennung fortschritt, umso weniger aussichtsreich erschien das Vorhaben, den ESK als einheitliche sozial-kirchliche Institution der EKD zu etablieren, zumal Herz die eigene Forderung nach Neutralität gegenüber allen politischen und kirchenpolitischen Richtungen missachtet und als Präsident des ESK im Dezember 1947 am »Ersten Deutschen Volkskongress für Einheit und gerechten Frieden« in Berlin sowie an der Volkskongresstagung in Dresden teilgenommen hatte.[345]

So häuften sich die Stimmen von außen und aus den eigenen Reihen, die das Ende des ESK gekommen sahen. Waldemar Zimmermann schrieb im Oktober 1948 an Herz, dass er die Neuorganisation des ESK für schwierig und überlebt halte, da die Jugend kein Interesse daran habe. Dagegen gäbe es in Hamburg eine Evangelische Akademie, an der Zimmermann als wissenschaftlicher und sozialpolitischer Mitarbeiter tätig sei, die eine würdige und angemessene Nachfolgerin des ESK wäre und außerdem wirksamer unter den neuen Verhältnissen sei.[346] Ebenso war in Hessen eine evangelisch-soziale Arbeitsgemeinschaft Frankfurt/Main entstanden, die den Anspruch auf die Nachfolge des ESK erhob.[347]

Auch der Berliner Bischof Otto Dibelius hielt die Wiederbelebung für gescheitert: »1. weil die Russen es nicht erlauben, 2. weil eine neue Zeit neue Formen finden muß«.[348] An den neuen Formen fehlte es tatsächlich. In allen Veröffentlichungen und Stellungnahmen wurden immer wieder die alten Ziele, alte Tagungsthemen oder alte Aufsätze aus *ES* hervorgeholt. Aus diesem Grund, dass nicht die notwendig neuen Wege beschritten wurden, scheiterten ebenfalls die mit dem Verlagsleiter von Vandenhoeck und Ruprecht, Günter Ruprecht,

343 Mitteilung an die Mitarbeiter und Freunde des Evangelisch-sozialen Kongresses vom 21. Februar 1947. UAL Na Herz 29/1 und AESK A II 25b, 43.

344 Herz hatte sich direkt an Wurm, den er aus der gemeinsamen Arbeit im Deutschen Evangelischen Kirchenausschuss kannte, gewandt. Vgl. Brief von Herz an Wurm vom 28. April 1947. AESK A II 25b, 132.

345 Vgl. Brief von Herz an Martens-Edelmann vom 27. Januar 1948. UAL Na Herz 36/3.

346 Vgl. Brief von Zimmermann an Herz vom 5. Oktober 1948, UAL Na Herz 29/1.

347 Vgl. UAL Na Herz 31/3.

348 Brief von Dibelius an Herz vom 6. April 1949, UAL Na Herz 30/1.

geführten Verhandlungen zur Neuauflage von *Evangelisch-Sozial*, obwohl Ruprecht signalisiert hatte, eine Neuauflage zu fördern.[349]

Einen Partner beim Versuch der Wiederbelebung fand Herz in dem Frankfurter Pfarrer Erich Meyer. Meyer hatte im September 1948 den »Bund für freies Christentum« für alle freiprotestantischen Organisationen gegründet. Herz ließ sich als Person und den ESK als Körperschaft als Mitglieder aufnehmen. Der Bund für freies Christentum richtete für den ESK ein Konto in Frankfurt ein, auf das Spenden für den Kongress aus der Westzone eingezahlt werden konnten. Im Gegenzug richtete der ESK für den Bund in Leipzig ein Konto für Spenden und die Bezugsgelder für das Mitteilungsblatt des Bundes, *Freies Christentum*, aus der SBZ ein. Überweisungen über die Zonengrenze hinweg waren nicht möglich.[350] Von den Konten wurden neben Porto- und Geschäftskosten auch Aufenthaltskosten bezahlt, wenn zu Vorträgen oder Tagungen die jeweils andere Zone besucht wurde. Auch einige theologische Literatur, die Herz für seinen Lehrauftrag benötigte, ließ er über das Frankfurter Konto bezahlen.[351]

Von einer gelungenen Wiederbelebung des Evangelisch-sozialen Kongresses nach dem Zweiten Weltkrieg kann nicht gesprochen werden. Zwar gab es noch einige alte Anhänger, aber einen neuen Mitgliederstamm vermochte der ESK nicht aufzubauen. Die Teilung Deutschlands in Besatzungszonen stellte freilich eine Hemmnis für die Aufbauarbeit dar, aber sie war letztlich nicht der Grund für das Scheitern. Es war dem Kongress unter der Leitung von Johannes Herz nicht gelungen, sich auf die neue Situation nach dem Zweiten Weltkrieg einzustellen und angemessen zu reagieren.

349 Der Schriftwechsel mit dem Verlagshaus befindet sich in UAL Na Herz 31/1.

350 Der Schriftwechsel von Herz und Meyer befindet sich in UAL Na Herz 29/3.

351 Vgl. Brief von Herz an das Volkspolizeipräsidium Leipzig vom 6. März 1951. AESK A II 28.

Abb.: Glasfenster »Der Gläubige in der Großstadt« in der Feierkirche der Versöhnungskirche (mit freundlicher Genehmigung des Fördervereins Versöhnungskirche-Leipzig-Gohlis e. V., © Bertram Kober).

Kapitel 4

Kirchenpolitisches Engagement

I Die Neugestaltung der Evangelisch-lutherischen Landeskirche Sachsens

1 Nach dem Ersten Weltkrieg

Wie im gesamten Deutschen Reich kam es in den ersten Novembertagen des Jahres 1918 auch in Sachsen zu Aufständen und zur Bildung von Arbeiter- und Soldatenräten. Der sächsische König Friedrich August III. erklärte am 13. November seinen Thronverzicht. In diesem Zusammenhang wurde ihm der Satz »Machd doch eiern Drägg alleene« in den Mund gelegt.[1] Bereits fünf Tage später wandte sich die Übergangsregierung mit einem Aufruf »[a]n das sächsische Volk«, in dem sie verlauten ließ, dass es die Aufgabe der neuen Regierung sei, »das Land über die großen Schwierigkeiten der gegenwärtigen Lage hinauszuführen [...] und die wirtschaftliche Umgestaltung nach sozialistischen Grundsätzen zu sichern.« Als anstehende Aufgabe wurde in dem Aufruf ausdrücklich benannt: »Die Trennung der Kirche vom Staat ist durchzuführen, den Religionsgemeinschaften wird volle Freiheit gewährt. Die Schule ist von politischer und kirchlicher Bevormundung zu befreien.«[2]

Für die Evangelisch-lutherische Landeskirche Sachsens bedeutete dies einen schwerwiegenden Einschnitt und die Notwendigkeit einer völligen Neuorientierung. Obwohl durch den Konfessionswechsel Augusts des Starken 1697 und mit ihm des Herrscherhauses Wettin der sächsische König der Landeskirche nicht mehr als *summus episcopus* vorstand, wurde das *ius circa sacra* durch die beauftragten Minister *in evangelicis* wahrgenommen.[3] Das Landeskonsistorium war bis 1918 eine Staatsbehörde, die Landeskirche eine Staatskirche. Die neue sozialistische Regierung wollte allerdings keine Staatskirche. Sehr

---

1 Das Zitat lässt sich für Friedrich August III. nicht nachweisen, es ist allerdings Allgemeingut. Vgl. Walter Fellmann: Der volkstümliche Monarch. In: Hans-Peter Lühr (Hg.): Das »Rote Königreich« und sein Monarch, Dresden 2004, (Dresdner Hefte; 80), 98.

2 Aufruf »An das sächsische Volk!« unterzeichnet vom Gesamtministerium Buck, Fleißner, Geyer, Gradnauer, Lipinski, Schwarz. SGVBl 22 (1918), 364–366.

3 Die Stelle des *summus episcopus*, des obersten Bischofs, wurde nach der Reformation und dem Wegfall der römisch-katholischen Bischöfe vom Landesherrn eingenommen. Das *ius circa sacra* (Recht über das Heilige) bezeichnet die staatlichen Kirchenhoheitsrechte. Von den Staatsministern *in evangelicis* gehörte je einer dem Finanz-, Rechts- Kultus- und Innenministerium an.

schnell wurden von ihr die Weichen für die Trennung von Kirche und Staat gestellt. So beschnitt Kultusminister Wilhelm Buck schon im Dezember per Verordnung den Religionsunterricht.[4] Außerdem sollten alle finanziellen Zuwendungen an die Kirche so schnell als möglich abgelöst werden, die Friedhöfe aus kirchlichem in staatlichen Besitz übergehen. Ebenso wurde der neue Status der Kirche diskutiert, also ob sie Körperschaft öffentlichen Rechts oder ein Verein werden sollte.

So schnell wie die Regierung handelte, konnte das Konsistorium nicht auf die veränderte Situation reagieren, urteilten einige Pfarrer im Land. Aus dem Kommentar, den Herz im Rundbrief an seine Geschwister darüber verfasste, lässt sich seine Einstellung deutlich ablesen:

> »Es gilt jetzt vor allem, eine aktionsfähige gewählte Vertretung unserer Landeskirche zu schaffen, wofür ich einen Entwurf ausgearbeitet habe, und weiter in Zusammenarbeit mit der Lehrerschaft in der schwierigen Schulfrage gewisse Richtlinien zu gewinnen. Es ist eine Fülle von Arbeit, die da vor uns liegt, die aber notwendig ist, da das Konsistorium leider fast ganz versagt und wenn es einmal zu irgend einem Beschluß sich aufrafft, meist so Verkehrtes macht, daß es weiterhin Ablenkung findet.«[5]

Zentral in den Bemühungen, sowohl des Landeskonsistoriums als auch der verschiedenen Gruppen wurde der Begriff »Volkskirche«. Er war allerdings unterschiedlich konnotiert. Aus der kirchlichen Tradition heraus meinte Volkskirche das Selbstverständnis der Kirche, aus dem Volk und für das Volk zu sein, wozu auch eine gesetzlich anerkannte öffentlich-rechtliche Stellung im Volk gehörte. Als Mitglied der Volkskirche galt jedes neugeborene Kind, dabei war die Kindertaufe als selbstverständlich folgend mitgedacht. So war jeder Mensch eines Volkes Mitglied der Volkskirche, wenn er nicht ausdrücklich seinen Austritt erklärt hatte. Das Gegenteil war die Vereins- oder Freikirche, zu der man seine Mitgliedschaft ausdrücklich erklären musste.[6] Hauptsächlich mit dieser Konnotation wurde der Begriff gegenüber der neuen Regierung gebraucht.

Innerkirchlich war bereits eine zweite Bedeutung wichtig geworden: Volkskirche sollte die Kirche des Volkes sein, in der die Laien, insbesondere die Frauen mehr Anteil an Entscheidungsprozessen und Gestaltung von Landeskirche und Gemeinden haben, wozu die Kirchenvorstands- und Synodalwahlord-

---

4 Da das Thema Religionsunterricht über die Zeit der Weimarer Republik hinaus von Bedeutung ist, wird es hier nur angeschnitten und gesondert unter Kapitel 4.4 verhandelt.

5 Rundbrief von Herz an seine Geschwister vom 17. Januar 1919. StAL Na Herz 9/1. Als Herz diesen Brief verfasste, blickte er schon auf drei Monate Arbeit von Konsistorium und seinem Ausschuss zurück.

6 Vgl. dazu Martin SCHIAN: Volkskirche. RGG 5 (1913), Sp. 1745f.

nungen geändert werden mussten. Mit der Verantwortung der Gemeindeglieder sollte auch das Interesse an der Kirche wieder wachsen.[7]

1.1 Der Aktionsausschuss

Die Vertreter der beiden sächsischen sozialen Gruppen, des sächsischen Landesverbands der Kirchlich-sozialen Konferenz und der Sächsischen Evangelisch-sozialen Vereinigung, hatten sich schon am 11. November getroffen, um über ein gemeinsames Vorgehen angesichts der drohenden Trennung zu beraten. Dieses schnelle Treffen war möglich, weil bereits 1917 eine gemeinsame Sitzung von Vertretern beider Gruppen stattgefunden hatte.[8] Auf dieser war vereinbart worden, dass loser Kontakt gepflegt werden sollte. Ergebnis der Besprechung war eine Einladung an »eine Anzahl tätiger Mitglieder beider Gruppen unter Hinzuziehung einiger anderer für ein sofortiges energisches Vorgehen in Betracht kommender Persönlichkeiten«[9] für den 18. November. Den Text der Einladung hatte Johannes Herz verfasst. Ganz deutlich wird darin neben der Erhaltung der Kirche als Volkskirche bei der bevorstehenden Trennung auch eine Erneuerung gefordert.

> »Dabei wird ernsthaft zu erwägen sein, wie unsere kirchliche Verfassung und Verwaltung den neuen Verhältnissen der voraussichtlichen Trennung von Kirche und Staat am besten anzupassen ist, vor allem, wie die Autonomie der Einzelgemeinde ausgebaut und die kirchliche Selbstverwaltung in den Gemeinden, den Kirchenkreisen und der Landeskirche auf eine wesentlich breitere Grundlage gestellt werden muß und wie die Zeit auf das Dringendste grundlegende Reformen des kirchlichen Lebens und der kirchlichen Ordnung erfordert. Dabei werden wir nicht auf das Vorgehen der bestehenden kirchlichen Behörden und Vertretungen warten dürfen, sondern in allen diesen Fragen werden nach Lage der Sache rascher und energischer, unabhängiger und vielleicht auch erfolgreicher freie Zusammenkünfte solcher Vertreter der Kirche handeln können, die ohne Pessimismus und auf den Boden der neuen Verhältnisse sich stellend, auch in der gegenwärtigen Krisis für unsere Kirche zu arbeiten und zu kämpfen entschlossen sind.«[10]

Der Einladung nach Leipzig waren trotz der schwierigen Verkehrsverhältnisse, die nach Kriegsende herrschten, 41 Theologen und Laien gefolgt. Gleich bei der Eröffnung sagte Herz, dass alle theologischen und kirchenpolitischen Unterschiede in den Hintergrund treten müssten, um mit vereinten Kräften die

---

7 Vgl. Johannes HERZ, Alfred JEREMIAS (Hg.): Denkschrift des freien Arbeitsausschusses der sächsischen ev.-luth. Landeskirche zur Mitarbeit bei der bevorstehenden kirchlichen Neuordnung, Leipzig 1918, 26–34; Nowak: Evangelische Kirche ..., 63f.

8 Siehe Kapitel 3.1, 108–1113.

9 Herz, Jeremias (Hg.): Denkschrift ..., 3.

10 Herz, Jeremias (Hg.): Denkschrift ..., 4.

Kirche als Volkskirche in die neue Zeit zu führen.[11] Die Ämter der *in evangelicis* beauftragten Staatsminister wären mit der Novemberrevolution beseitigt worden und damit stünden auch das Landeskonsistorium, die Synode und die Verfassung der Landeskirche auf schwachen Füßen, denn ihre rechtliche Stellung sei unklar. Demgegenüber sahen sich die in Leipzig Zusammengekommenen in der besseren Position und demzufolge in der Pflicht zu handeln. Verschiedene Varianten für das Vorgehen wurden diskutiert, unter anderem die Bildung eines »Volkskirchenrats« mit Kirchenvertretern aller Stände, auch der Arbeiterkreise; die Synode sollte einberufen werden, um sofort eine neue Synode nach direktem, allgemeinem und freiem Wahlrecht zu wählen.[12] Die neugewählte Synode könne dann unbelastet und rechtlich abgesichert den Neubau der Kirche angehen. Auch die Einberufung einer allgemeinen Kirchenversammlung wurde vorgeschlagen. Als erstes konkretes Ergebnis der Zusammenkunft wählte man einen Aktionsausschuss bzw. Arbeitsausschuss.[13] Diesem gehörten Alfred Jeremias und Johannes Herz als gleichberechtigte Vorsitzende, außerdem Hugo Hickmann, Regierungsrat Jeremias, Lehrer Kunifß und Gottfried Naumann an. Später wurden Georg Liebster, Gewerkschaftsführer Voigt, Carl Mensing und Arno Spranger dazugewählt.

Der Aktionsausschuss, so wurde es auch immer wieder betont, sah sich und seine »Aktionen« und Neuerungsvorschläge auf dem Boden und als Teil der Landeskirche. Auch deshalb suchten Vertreter des Aktionsausschusses schnell das Gespräch mit dem Präsidenten des Landeskonsistoriums Böhme. Zum Treffen kam es am 25. November 1918. Die Wortführer von Seiten des Aktionsausschusses waren Herz und Alfred Jeremias. Letzterer eröffnete das Gespräch mit dem Hinweis, dass der Aktionsausschuss als helfende Hand des Konsistoriums verstanden werden wolle. Gleichzeitig verwies er auf die Gründe, die nach eigener Auffassung den Aktionsausschuss berechtigten, so zu handeln: In den sozialen Vereinigungen seien beide theologischen Richtungen vertreten. Die Vereinigungen hätten als einzige Kontakt zu allen Kreisen, »bis in die niederen Arbeiterkreise« hinein und seien somit die Vertreter des ganzen Kirchenvolks. Außerdem hätten sie die meiste Fühlung mit den neuen Machthabern, zumal sie annehmen dürften, dass »jeder verständige Kirchenvorsteher und Pastor sich zu einer von beiden Gruppen hingezogen fühlt.«[14] Daran lässt sich gut das Selbstverständnis des Ausschusses als wahre Vertretung der Interessen

11 Den Versuch, unter dem Stichwort Volkskirche die Laien stärker zu beteiligen, gab es reichsweit. Vgl. dazu Nowak: Evangelische Kirche ..., 63f.

12 Der Gedanke der Volkskirchenräte stammte von Martin Rade. Vgl. Nowak: Evangelische Kirche ..., 65.

13 Die Bezeichnung ist uneinheitlich und wechselt zwischen Aktions- und Arbeitsausschuss.

14 Verhandlungsniederschrift Arbeitsausschuss-Konsistorium am 25. November 1918. Dok. 8, Bl. 1f. In: Walter Feurich: Materialien zum Lebenswerk von Carl Mensing

des Kirchenvolkes erkennen. Um dem Anschein der Illegalität seines Handelns entgegenzuwirken, wurde nochmals darauf hingewiesen, dass der Ausschuss reformieren wolle. Ohne eine »Neuordnung« gehe es nicht, denn die Kirche solle forthin nicht mehr Staatskirche, sondern Volkskirche sein.[15] Die geschichtliche und rechtliche Kontinuität der Kirche sollte allerdings bewahrt werden, dafür stehe das Konsistorium als Rest des vergangenen Kirchenregiments. Die 1911 gewählte Synode sei jedoch nicht mehr legitimiert, weil, so Herz, einige der Mandate erledigt und unbesetzt geblieben wären, die Minister *in evangelicis* die Synode nun nicht mehr ordnungsgemäß einberufen könnten und die soziale Zusammensetzung nicht mehr das Vertrauen des Kirchenvolkes genösse. Außerdem sollten die Stimmen der Frauen und der Laien in der Synode gestärkt werden. Herz benutzte an dieser Stelle sogar den Begriff von der Reformation der Kirche, weil er auf tiefgreifende Veränderungen hoffte, weg von der Pastorenkirche hin zu einem praktizierten Priestertum aller Gläubigen.

Böhme bedankte sich und versicherte, dass er das Ansinnen des Aktionsausschusses verstehe und dass er das Handeln keinesfalls als illegal ansehe. »Wir stehen schon mitten drin im Existenzkampf. Jede Hand, die uns hilft, wollen wir mit Dank annehmen.« Gleichzeitig stellte er klar, dass das Konsistorium keineswegs gelähmt sei, sondern in der Situation der Revolution mit »doppelter Anstrengung und Kraft« arbeite. Mit dem Volksbeauftragten für Kultus und öffentlichen Unterricht stehe man in enger Fühlung. Dabei habe dieser, Buck, die Form »stets durchaus gewahrt«, die angekündigte Trennung von Kirche und Staat jedoch bald in Aussicht gestellt, was im Klartext bedeute, dass die Staatszuschüsse wegfallen sollten, der Religionsunterricht aus der Schule entfernt würde und die Friedhöfe in staatlichen Besitz übergingen. Geplant sei die Trennung für das Ende des Etatjahres, also den 1. April 1919, wobei Buck versichert habe, unnötige Härten vermeiden zu wollen. Allerdings könne noch nichts Genaues gesagt werden, da die Zukunft des Landes Sachsen im Deutschen Reich unklar sei. Böhme betonte gegenüber dem Aktionsausschuss, dass es für die Verhandlungen mit der neuen Regierung wichtig sei, zwischen der Rettung der jetzigen Kirche und einem Neubau zu unterscheiden. Das Konsistorium fühle sich in erster Linie dazu verpflichtet, so viel als möglich vom alten Bestand in die neue Zeit zu überführen. Damit nahm er dem Aktionsausschuss teilweise den Wind aus den Segeln, denn dieser hatte die Erneuerung, die Reformation der Kirche, als besonders wichtige Aufgabe betrachtet. Am Ende der Besprechung einigte man sich schließlich auf die Einberufung eines Kirchentages. Das war rechtlich problemlos möglich, da eine solche Veranstaltung eher Vereinscharakter trug und darum anders als die Synode vom Konsistorium

(1863–1953): ein Beitrag zur neueren Kirchengeschichte Sachsens. 2 Bde: Bd. 1: Dissertation. Bd. 2: Dokumente. Diss. theol. MS, Halle/Saale 1977.

15 Zum Begriff siehe oben, 174f.

einberufen werden konnte. Außerdem sollte die Gründung eines Laienbundes vorangetrieben werden. Der Entwurf für die Einladung des einzuberufenden Kirchentages wurde von Herz verfasst.[16]

Mit dem Einverständnis Böhmes hatte der Aktionsausschuss um eine Audienz bei Buck gebeten, die für den 5. Dezember erteilt wurde. Die Besprechung begann mit dem Ausdruck der Verwunderung bei Buck, da er eine offizielle Vertretung der sächsischen Geistlichkeit erwartet hatte. Jeremias und Herz erklärten ihren Status als Sprecher von Vereinigungen, die besonderen Kontakt zu den breiten Massen pflegten und die überdies eine Demokratisierung der Kirche zur Volkskirche betrieben. Der Ausschuss kam, »um das Recht der Kirche zu wahren und um zu hören, unter welchen Gesichtspunkten die Trennungsfrage hier angesehen werde.«[17] Buck reagierte freundlich, erklärte den Herren aber bestimmt, dass er sich intensiv in die Materie eingearbeitet habe und außerdem in enger Fühlung mit Böhme und anderen kirchlichen Kreisen stehe. Regierungsrat Jeremias erläuterte ihm dessen ungeachtet die Mindestanforderungen bei der Trennung, die der Aktionsausschuss erarbeitet hatte. Das waren: a) der Zeitpunkt der Trennung: nicht vor der Einberufung einer Volksvertretung [Volkskammer]; b) die rechtlichen Fragen des Trennungsaktes: Bestätigung der Kirche und der Einzelgemeinden als Körperschaften öffentlichen Rechts; c) die Schulfrage: Sicherung des christlichen Religionsunterrichts; d) Finanzfragen: Ablösung der Staatsleistungen in angemessener Höhe, wenn zeitlich zumutbar, Weiterzahlung der Witwen- und Rentengelder; e) die künftige Selbstverwaltung: Recht auf Steuererhebung. Hinzu kamen noch einige Forderungen zur Anerkennung der Kirche im öffentlichen Leben: das Benutzen der Glocken, die Sonntagsruhe, der Erhalt der Theologischen Fakultäten und die seelsorgerliche Versorgung von Heer und Krankenhäusern. Buck erwiderte den Herren, dass die Trennung auf jeden Fall vollzogen würde. Er hatte eine Konferenz der Kultusminister der deutschen Länder angeregt, um gemeinsam mit ihnen die Frage der Trennung vorzubereiten, da noch weitgehende Unsicherheit darüber herrsche, welche Staatsform Deutschland erhalten soll, entweder ein Einheitsstaat oder aber eine föderalistische Republik. Er kündigte dem Aktionsausschuss an, dass auf wirtschaftliche Härte verzichtet werden solle. Es sei noch unklar, ob der Kirche der Status der Körperschaft öffentlichen Rechts verliehen werde oder ob man die Gemeinden als Vereine behandeln werde. Die Friedhöfe sollten in die öffentliche Hand überführt werden. An dieser Stelle ist zu erkennen, dass Buck dem Aktionsausschuss ähnliche Auskünfte gegeben hat wie vorher schon Böhme. Des Weiteren informierte er die Herren über bereits getroffene Maßnahmen: Die Ortschulaufsicht sollte aufgehoben

16 Vgl. zum ganzen Absatz Verhandlungsniederschrift ..., Dok. 8, Bl. 1–22. In: Feurich: Materialien ..., Bd. 2, dort auch Zitate.

17 Herz, Jeremias (Hg.): Denkschrift ..., 10.

und die Dissidentenkinder von der Teilnahme am Religionsunterricht befreit werden.[18] Interessant ist der Zusammenhang, in dem Buck über die Zukunft des Religionsunterrichts sprach. Er war – nach eigener Aussage – der beste Schüler seiner Volksschulklasse gewesen, auch in Religion. Er konnte alle Memoriersprüche auswendig. Genützt habe ihm dies im Leben jedoch nichts. Dort sei er nach Dingen gefragt worden, die er nicht in der Schule gelernt hatte. Daher sehe er den Wegfall der vier Religionsunterrichtsstunden als Chance, den Lehrplan in den Elementarfächern auszubauen. Die sittliche Reife sollten die Kinder durch einen Lebenskundeunterricht erlangen. Doch »erst wenn dieser Ersatz geschafften ist, [...] können wir die Trennungsfrage von Kirche und Schule regeln.«[19] Zum Zeitpunkt des Gesprächs hatte Buck bereits die Verordnung zur Einschränkung des Religionsunterrichts erlassen, erwähnte das gegenüber dem Aktionsausschuss allerdings nicht.[20]

In allen vom Aktionsausschuss angesprochenen Punkten – die Schulfrage ausgenommen – signalisierte der Volksbeauftragte Wohlwollen und die Absicht, die Trennung so zu vollziehen, dass die Existenz der Kirche als Volkskirche gewahrt bliebe. Über das Gespräch veröffentlichte der Aktionsausschuss einen Artikel, in dem er eine Erklärung Bucks hervorhob, derzufolge

> »nach seiner Ansicht die Trennung nicht eher erfolgen solle, als bis eine feste Fundierung des Staatswesens erfolgt und durch Besprechungen und Vereinbarungen der deutschen Kultusminister und Regierungen eine gewisse Einheitlichkeit der Durchführung gewährleistet sei.«[21]

Der Artikel wurde von Buck gegengezeichnet mit dem ausdrücklichen Hinweis, dass andere Veröffentlichungen in der deutschen Tagespresse über die Unterredung mit Kirchenbeamten am 22. November 1918 sachlich unrichtig seien.

Eine zweite Tagung des Aktionsausschusses fand am 9. Dezember in Dresden statt. Anwesend waren

> »die beiden sozialen Vereinigungen, der Synodalausschuss, die Ephorenkonferenz, der Sächsische Pfarrerverein, die Konferenz für Religionslehrer an hö-

18 Siehe dazu Kapitel 4.4, 277f.

19 Dok. 13, Bl. 26. In: Feurich: Materialien ..., Bd. 2.

20 Vgl. Verordnung des sächsischen Kultusministeriums an die Bezirksschulinspektoren über den Unterricht in Biblischer Geschichte und den Katechismusunterricht in den Volksschulen vom 2. Dezember 1918. Vgl. Ernst Rudolf Huber, Wolfgang Huber: Staat und Kirche im 19. und 20. Jahrhundert, Bd. IV: Staat und Kirche in der Zeit der Weimarer Republik. Dokumente zur Geschichte des deutschen Staatskirchenrechts, Berlin 1988, Bd. IV, 78 (Nr. 60). Zum ganzen Absatz vgl. Dok. 13. In: Feurich: Materialien ..., Bd. 2 und Herz, Jeremias (Hg.): Denkschrift ..., 10–12.

21 Erich Stange: Merkbuch zur Kirchentrennungsfrage in Sachsen, Dresden 1919. (Beiträge zur Kirchentrennungsfrage; 2), 6; In Herz, Jeremias (Hg.): Denkschrift ..., 9–20 wurde ein Protokoll des Gesprächs veröffentlicht.

> heren Lehranstalten, die theologische Studentenschaft der Universität Leipzig, der Sächsische Hauptmissionsverein, der Landesverband für Innere Mission, der Landesverband für Kindergottesdienst, der Landesverband für christlichen Frauendienst, der Bund ev.-luth. Männer- und Jünglingsvereine, der Landesverband ev.-luth. Jungfrauenvereine, der Evangelische Landespressverband, der Gustav-Adolf-Verein, der Gotteskasten, der Landesverein des Evangelischen Bundes, der Landesverband evangelischer Arbeitervereine, der Landesverband evangelischer Arbeiterinnenvereine, die Allgemeine lutherische Konferenz, die Landeskirchlichen Gemeinschaften, der Bund für Gegenwartschristentum, der Bund für kirchlichen Fortschritt, der Protestantenverein, die Hochkirchliche Vereinigung, die Landesgruppe des Deutschen Evangelischen Frauenbundes, die Sächsische kirchliche Konferenz, die Chemnitzer Konferenz, der Ev.-luth. Schulverein zur Reform des Religionsunterrichts, das *Neue Sächsische Kirchenblatt*, das *Sächsische Kirchen- und Schulblatt*, dazu eine ganze Anzahl von Ephorien und Pastoralkonferenzen durch beauftragte Abgeordnete«.[22]

Insgesamt waren es 158 Teilnehmer. Die Breite des Teilnehmerfeldes lässt erkennen, dass der Arbeitsausschuss als handlungsfähiges Werkzeug innerhalb der Trennungssituation anerkannt wurde. Die Tagung wurde von Herz und Jeremias abwechselnd geleitet. In der Eröffnung wies Herz erneut darauf hin, dass der Arbeitsausschuss nicht gegen, sondern für die Landeskirche arbeiten wolle. Die Tagesordnung sah einen Bericht über das Gespräch im Konsistorium vor, ebenso eine Aussprache und Beratung über die weiteren Schritte, auch über den Besuch bei Kultusminister Buck wurde berichtet. Herz hatte eine Denkschrift ausgearbeitet, um eine sächsische Kirchenversammlung einzuberufen, die auf der Tagung vorgelegt wurde. Auch die Gründung eines Laienbundes wurde besprochen.

Nach der Eröffnung wurde ein Antrag angenommen, durch den sich die Versammlung zum »freien Arbeitsausschuss der Landeskirche zur Mitarbeit bei der kirchlichen Neuordnung« konstituierte. Ein Vertreter der Landeskirchlichen Gemeinschaft stellte den Anschluss der Gemeinschaft in Aussicht. Der Vorsitzende des Brüderrates für landeskirchliche Gemeinschaftspflege in Sachsen, Hermann Scharwächter, hingegen lehnte die Berufung in den Aktionsausschuss vorläufig ab. Letztlich wurde die Gemeinschaft innerhalb der Landeskirche als eigenständige Gruppe erhalten.[23] Im Fortgang erläuterte Herz seinen Entwurf über die Einberufung einer allgemeinen, außerordentlichen Kirchenversammlung.[24] Dabei sollte an die bereits bestehende Organisation der Landeskirche in Ephorien angeknüpft werden. Darüber hinaus sollten aber auch andere kirchliche Arbeitszweige, wobei vor allem an die kirchlichen Vereinigungen

---

22 Herz, Jeremias (Hg.): Denkschrift ..., 21.

23 Vgl. auch Synodalbericht Nr. 14, Akten der zehnten Evangelisch-lutherischen Landessynode, Dresden 1919, 24 und Verhandlungen der zehnten Evangelisch-lutherischen Landessynode, Dresden 1919, 270–273.

24 Der Entwurf ist abgedruckt in Herz, Jeremias (Hg.): Denkschrift ..., 25–33.

und Konferenzen gedacht war, eine Vertretung finden. Das Laienelement sollte besonders gestärkt werden, wie schon in der Besprechung mit Böhme deutlich gemacht wurde. Auf jeden geistlichen Abgeordneten sollten zwei Laien kommen, insgesamt sollte die Kirchenversammlung aus 70 Geistlichen und 140 Laien zusammengesetzt sein.

Bei der Diskussion um die Einberufung einer solchen Kirchenversammlung sprachen sich die anwesenden Synodalen nachdrücklich für die Einberufung einer außerordentlichen Synode aus, wobei unklar blieb, auf welcher rechtlichen Grundlage dies geschehen könne. Herz versuchte zu vermitteln und erklärte, dass die geplante Kirchenversammlung nicht im Gegensatz zur Synode stehen solle; außerdem würden die Synodalen, wenn sie das Vertrauen ihrer Kirchenkreise besäßen, auch in die Kirchenversammlung gewählt werden oder könnten von Vereinigungen und Konferenzen als Teilnehmer entsandt werden. Die geistlichen Synodalen ließen sich davon jedoch nicht überzeugen und stimmten gegen den Entwurf.

Von anderer Seite wurde der Entwurf dagegen sehr begrüßt; von Loeben wollte ihn ergänzt wissen um den Zusatz, dass die kirchlich gesinnte Arbeiterschaft in besonders hohem Maße heranzuziehen und ihr in der Kirchenversammlung »eine größere Anzahl von Sitzen einzuräumen« sei. Dieser Zusatz wurde angenommen. Im Anschluss daran beschloss die Versammlung gegen die fünf Stimmen der geistlichen Synodalen folgenden Antrag:

> »Die Versammlung ist der Überzeugung, daß ein Neubau der kirchlichen Verfassung nicht durch das Rumpfparlament der schon 1911 gewählten Synode, sondern nur durch eine auf breiterer Grundlage gewählte und vor allem auch Vertreter der kirchlichen Vereinigungen und Konferenzen umfassende, allgemeine, außerordentliche Kirchenversammlung geschehen kann.«

Dem Landeskonsistorium wurde das Material zur Berücksichtigung übergeben.[25]

Der letzte Tagungspunkt befasste sich mit der Gründung eines volkskirchlichen Laienbundes. Dieser Laienbund wollte als Zusammenschluss von Männern und Frauen aus allen Bereichen der Landeskirche »in der gegenwärtigen Entscheidungszeit mit Wort und Tat [der Landeskirche] Hilfe leisten«, damit die religiös-sittlichen Grundlagen erhalten blieben.[26] Ein Brief mit der Bitte um Werbung für den Bund wurde an alle Superintendenten gesandt. Die Idee war einfach, aber wirkungsvoll: Wenn der Laienbund viele Mitglieder umfasste, so wäre er eine starke Stimme des Volkes, die Druck auf die Regierung und die noch zu wählende Volksversammlung ausüben könnte.

Im Nachgang der Tagung verfassten Herz und Jeremias ein Schreiben an die Mitglieder des Synodalausschusses. Darin benannten sie den Beschluss,

25 Vgl. Herz, Jeremias (Hg.): Denkschrift ..., 24, dort auch Zitate.

26 Aufruf abgedruckt in Herz, Jeremias (Hg.): Denkschrift ..., 35.

eine allgemeine, außerordentliche Kirchenversammlung einzuberufen, wobei sie ausdrücklich betonten, dass der Entwurf für die Einberufung einer solchen Versammlung von Präsident Böhme erbeten worden war. Außerdem stellten die Verfasser klar, dass der Aktionsausschuss mit einer Kirchenversammlung nicht die Synode übergehen wolle, sondern um der Erhaltung der Kirche willen schnell zu handeln versuche. Im zweiten Teil des Schreibens wurden freilich etwas schärfere Töne angeschlagen, da auf der Dresdner Tagung durchgesickert war, dass der Synodalausschuss die Einberufung einer außerordentlichen Synode plane, die sich ebenfalls mit der Einberufung einer allgemeinen Kirchenversammlung befassen solle. Hier sah der Aktionsausschuss seine Kompetenzen beschnitten. Herz und Jeremias monierten, dass sie nichts davon gewusst hätten, wiewohl Herz doch vom Konsistorium mit der Ausarbeitung des Entwurfs betraut worden war. Des Weiteren bezweifelten sie, dass die Synode schnell genug handeln könne angesichts der Eile, die dringend geboten sei.[27]

Der Redakteur des *NSKBl* hatte nach der Tagung in einem Artikel zu den Ergebnissen des Gesprächs mit Buck geschrieben: »Lauten sonach die Worte des Ministers verhältnismäßig beruhigend, so wiege man sich doch deshalb nicht in Sicherheit. Die Dinge sind im Fluß und können sich rasch ändern«.[28] Wie schnell die Stimmung umschlagen konnte, zeigte sich, als bekannt wurde, dass Buck durch eine Verordnung festgelegt hatte, dass ab Jahresbeginn 1919 der Religionsunterricht auf zwei Wochenstunden begrenzt und der Katechismusunterricht vollständig abgeschafft werden sollte. Aufgrund des Protokolls der Unterredung zwischen Kultusminister Buck und den Vertretern des Aktionsausschusses ist davon auszugehen, dass letztere von Buck zu diesem Zeitpunkt nicht über die verordneten Einschränkungen des Religionsunterrichts informiert waren. Zu der Verordnung über die Einschränkung des Religionsunterrichts gesellten sich noch eine Verordnung, die Dissidentenkinder vom Religionsunterricht befreite, und eine zur Aufhebung der Ortsschulaufsicht.[29] Über die beiden letztgenannten hatte Buck den Aktionsausschuss aufgeklärt und war damit auf Sympathie gestoßen. Über die Einschränkung des Religionsunterrichts hatte er nur andeutungsweise gesprochen.[30] Als jetzt die Verordnungen in der Öffentlichkeit bekannt wurden, erhob sich lauter Protest. Für den 29. Dezember war eine Versammlung im Zirkus Sarrasani in Dresden angekündigt worden, die so großen Zulauf fand, dass sie auf die Dreikönigskirche und die Frauenkirche ausgeweitet werden musste. Es fanden sich 7000 evangelische und katholische Christen zusammen. Folgende Resolution wurde verabschiedet:

---

27 Der Brief ist datiert 12. Dezember 1918. Herz, Jeremias (Hg.): Denkschrift ..., 33f.

28 NSKBl 52 (1918), Sp. 670.

29 Vgl. SGVBl 24 (1918), 385f. und 389f.

30 Vgl. oben, 178f. und Kapitel 4.4, 277.

»Die heute, Sonntag, den 29. Dezember 1918, im Zirkus Sarrasani tagende Versammlung evangelischer und katholischer Männer und Frauen Dresdens bestreitet aufs entschiedenste den gegenwärtigen Machthabern im Land und Reich das Recht, über das Schicksal von Christentum und Kirche Entscheidungen zu treffen, für die allein die Nationalversammlung zuständig ist.«[31]

Die Antwort ließ nicht lange auf sich warten. Am 9. Januar 1919 erschien in der *Dresdner Volkszeitung* unter der Schlagzeile »Kirchliche Kreise auf dem Kriegspfade« ein Artikel vom Volksbeauftragten Buck.[32] Darin heißt es:

»In letzter Zeit hat in Sachsen eine lebhafte Agitation, speziell von Geistlichen beider christlichen Konfessionen geführt, gegen den jetzigen Leiter des Kultusministeriums, den unterzeichneten Volksbeauftragten, eingesetzt.«

Mit dem Artikel beabsichtigte Buck »einiges Wesentliche« gegen »unwahre und unsinnige Behauptungen« aus seiner Sicht richtig zu stellen. In der Einleitung erklärte Buck, dass die Trennung von Kirche und Staat nicht erst durch die Revolution virulent geworden, sondern bereits länger und von verschiedenen Stellen thematisiert worden sei. Des Weiteren erwähnte er die Aufrufe der sächsischen Volksbeauftragten, »die durch die Revolution mit Machtbefugnissen beauftragt« seien, vom 12. und 18. November 1918 und verwies auf die darauf folgenden Gespräche mit dem Präsidenten des Landeskonsistoriums Böhme, dem katholischen Titularbischof Franz Löbmann und anderen. Schließlich kam er zu seinem Kernanliegen: Diese Agitationen

»sind Mittel, um die Wählerschaft von den Ursachen des Elends, in die das deutsche Volk durch einen vierundeinhalbjährigen Krieg hineingestürzt wurde, abzulenken und den Ausfall der Wahlen im reaktionären Sinne zu beeinflussen.«

Hier zeigt sich, dass Buck bereits die anstehenden Landtagswahlen im Blick hatte und doch einen Stimmungsumschwung zu Gunsten der »reaktionären Kräften« wenn nicht fürchtete, so doch für möglich hielt.[33] Der Artikel ist demnach als ein Instrument im Landtagswahlkampf zu sehen. Im Artikel spielte Buck schnell und taktisch geschickt den Ball wieder den kirchlichen Vertretern und Befürwortern zu, indem er schrieb:

»Wer an die Kraft der religiösen Lehren glaubt, wird seiner Kirchengemeinschaft auch die Treue wahren, wenn die Religionsgesellschaften ihre eigenen Angelegenheiten auch finanziell selbständig regeln müssen; also weshalb die Furcht vor der Trennung von Kirche und Staat?«;

und fast polemisch heißt es weiter:

»Zeigt also, ihr Rufer im Wahlkampfe, daß euch euere Religion mehr wert ist als ein Wahlkampfmittel, zeigt, daß ihr auch bereit seid, für euere Kirchengemein-

31 »Kirchliche Massenkundgebung in Dresden«. NSKBl 2 (1919), Sp. 27f.

32 Abgedruckt in Stange: Merkbuch ..., 7–9. Der Artikel ist auf den 7. Januar datiert, dort auch Zitate.

33 Die sächsische Volkskammer wurde am 2. Februar 1919 gewählt.

schaft und euere religiöse Überzeugung finanzielle Opfer zu bringen; versteht das Gebot der Stunde!«

Die *Dresdner Volkszeitung* brachte den Artikel am 9. Januar 1919.

Mit zeitlich deutlichem Abstand antworteten Herz und Jeremias mit einem Offenen Brief an Buck am 14. Januar.[34] Herz war mit dem Landtagswahlkampf vertraut. 1909 hatte er als Kandidat der Freisinnigen Volkspartei selbst um Stimmen geworben,[35] aber auch in den aktuellen Wahlkampf war er eingebunden. Zum einen war er am 23. Dezember 1918 in den Vorstand der DDP als Berater in kirchlichen Fragen gewählt worden, ohne dass er zu diesem Zeitpunkt der Partei angehörte. In diesem Amt nahm er auch als Redner an einigen Wahlkampfveranstaltungen teil. Zum anderen hatte sich ein kirchlicher Wahlausschuss aus Vertretern der kirchlichen Vereine gebildet,

> »der die verschiedenen Parteien über ihre Stellung zu den kirchl[ichen] Fragen und Forderungen befragt, mit einschlägigem Material versorgt und mit den aufgestellten Kandidaten Verbindung sucht. Ich [Herz] gehöre auch diesem Ausschuß an «.[36]

In dem an Buck gerichteten Offenen Brief warfen ihm die Verfasser Wortbruch vor. Bei dem Vorwurf ging es weder um die Befreiung der Dissidentenkinder vom Religionsunterricht, noch um die Aufhebung der Ortsschulaufsicht, sondern um die Einschränkung des Religionsunterrichts auf zwei Wochenstunden ab dem 1. Januar und um die Einführung der Simultanschule ohne Sicherstellung des konfessionell getrennten Religionsunterrichts ab dem Schuljahr 1919/20. Obwohl die Einschränkung des Religionsunterrichts schon verordnet war, hatte Buck nur erwähnt, welchen Ersatz er sich für frei werdende Religionsunterrichtstunden vorstellen könne. Dazu gehörte auch die Zusage, nicht in die öffentliche Ordnung eingreifen zu wollen, ehe eine Volksvertretung gewählt sei.[37] Nun aber wolle der Volksbeauftragte mit den Verordnungen Tatsachen in der Angelegenheit der Trennung von Kirche und Staat schaffen, die den Entscheidungen von Nationalversammlung und Länderkammern unberechtigt vorgriffen. Bei der Landtagswahl am 2. Februar 1919 erhielten die MSPD 42, die USPD 15 und die DDP 22 Mandate; diese Parteien hatten sich für eine Trennung von Kirche und Staat ausgesprochen. Dagegen erhielten die Deutschnationale Volkspartei (DNVP) 13 und die Deutsche Volkspartei (DVP) nur 4 Mandate. Fast folgerichtig führte die Volkskammer die Maßnahmen des

34 Abgedruckt in Stange: Merkbuch ..., 9f. und NSKBl 4 (1919), 49f.

35 Siehe Kapitel 5.1.

36 Rundbrief von Herz an seine Geschwister vom 17. Januar 1919. StAL Na Herz 9/1.

37 Vgl. Bekanntmachung am 27. November 1918.

Volksbeauftragten fort. Der Aktionsausschuss hatte mit seinem Vorwurf, Buck würde der Entscheidung der Volkskammer vorgreifen, Recht behalten.[38]

Die kirchliche Neuorganisation setzte sich auf dem am 11. und 12. Februar 1919 in Dresden stattfindenden Kirchentag fort. Herz war als Vertreter der SESV angereist und notierte in seinen Amtskalender:

> »Mittags fuhr ich als Delegierter der SESV nach DD zum Kirchentag, der auf Drängen unseres Freien Ausschusses u[nd] wesentlich nach meinen Vorschlägen betr[effs] Einberufung einer allg[emeinen] Kirchenversammlung vom Landeskonsistorium einberufen worden war.«[39]

Über den Verlauf findet sich bei Herz lediglich die Notiz, dass am 11. Februar zwei disparate Resolutionen zum Thema Religionsunterricht angenommen wurden.[40]

Bei den Verhandlungen am 12. Februar, bei denen es um die Reform des Wahlrechts für die Synode und die Kirchenvorstände ging, referierte Herz. Er hatte schon in der Denkschrift für die Einberufung der Kirchenversammlung einen Entwurf für die Neustrukturierung der Synode vorgelegt. Der vom Kirchentag gefasste Beschluss wies in die von Herz vorgeschlagene Richtung:

> »Die Wahlen zur Synode sind in möglichster Verteilung der Mandate nach dem Verhältnis der Seelenzahl zu direkten Wahlen der Kirchgemeinde durch ihre Kirchvorsteher umzugestalten [...] und die Zahl der Laien in der Synode ist ungefähr auf das Doppelte der Zahl der geistlichen Abgeordneten zu erhöhen.«[41]

Der Aktionsausschuss hatte sich für eine Kirchenversammlung eingesetzt, die nicht nur die Kirche in die neue Zeit führen, sondern sie auch der neuen Zeit gemäß gestalten sollte, wie es in der Einladung zur ersten Zusammenkunft des Arbeitsausschusses zu lesen war. Als Präsident Böhme auf dem Kirchentag seinen Rechenschaftsbericht vorlegte, hatte er den Schwerpunkt anders gesetzt. Er sah die Aufgabe der neuen Zeit nicht darin, eine neue Kirche zu bauen, sondern die

---

38 Anders Walter Feurich, der feststellt: »Die weiteren Verordnungen zum Religions- und Moralunterricht waren nichts weiter als die verständliche Folge dieser Maßnahme [Aufhebung der Ortsschulaufsicht].« Walter Feurich: »Überleitung« oder Neuanfang? Zur kirchlichen Umgestaltung in Sachsen 1918/19. In: Walter Bredendiek (Hg.): Zwischen Aufbruch und Beharrung. Der deutsche Protestantismus in politischen Entscheidungsprozessen, Berlin 1978, 82.

39 Eintrag im Amtskalender vom 10. Februar 1919. UAL Na Herz 2/2.

40 Es handelte sich um einen Antrag von der von Nostitz-Wallwitz geführten Gruppe, der sich für den konfessionellen Religionsunterricht aussprach und einen von der von Jeremias geführten Gruppe, zu der auch Herz gehörte, der für Verhandlungen mit den Lehrern eintrat. Vgl. Eintrag im Amtskalender vom 11. Februar 1919. UAL Na Herz 2/2.

41 Feurich: Materialien ..., Bd. 1, 150.

»vorhandene auf vierhundertjährigem Grunde ruhende evangelisch-lutherische Landeskirche Sachsens mit ihrem vielen religiösen und weltlichen Besitzstand hinüberzuführen in den neuen Zustand. Es handelt sich heutzutage um eine Revolution des Staates, nicht um eine Revolution der Kirche.«[42]

Diese Haltung wurde von der Mehrheit des Kirchentages unterstützt, sicher auch, weil sich die politischen Verhältnisse mit der Volkskammerwahl sehr deutlich in Richtung der antikirchlichen Sozialdemokraten gefestigt hatten und die Erhaltung der Kirche als Volkskirche innerhalb der Gesellschaft auf dem Spiel stand.

Die reformwilligen Kräfte waren von diesem Ausgang sehr enttäuscht. Er gab die Richtung vor, in der sich die Neuorganisation nun in der Landessynode fortsetzen sollte.

1.2 Die Verhandlungen der Zehnten Evangelisch-lutherischen Landessynode im Freistaat Sachsen

Die Synode trat am 19. Mai 1919 zum ersten Mal ohne Einberufung durch die Staatsminister *in evangelicis* zusammen. Sie war für die Landeskirche sehr wichtig, weil sie die im Vorfeld so vielbeschworene Rechtskontinuität herstellen sollte. Johannes Herz war bei den Wahlen zur Synode am 31. März 1919 gegen die Pfarrer Schmidt und Jeremias als Abgeordneter des Wahlkreises Leipzig-Ost gewählt worden und gehörte dem erweiterten Synodalausschuss an. Er hatte sich der Freien Synodalen Vereinigung angeschlossen, die unter dem Vorsitz von Superintendent Müller (Zwickau) und dem Stellvertreter Geheimer Rat Vogel tagte. Dass es für Herz, obwohl durch viele Tagungen der SESV und des ESK und die öffentlichen-religiösen Diskussionsabende als Redner erprobt, doch etwas Besonderes war, der Synode anzugehören und auf ihr zu sprechen, lässt sich aus der Eintragung in seinen Amtskalender ersehen: »Ich ergriff bei einer Aussprache zur Agenden- und Perikopenfreiheit zum ersten Mal im Plenum das Wort.«[43] Herz wünschte, dass in ebensolcher Klarheit, wie von der Perikopenordnung statt eines Perikopenzwangs gesprochen wurde, auch von einer Agendenordnung statt eines Agendenzwangs gesprochen werde. Er begründete das mit den Bedürfnissen der Nachkriegssituation, in der eine andere liturgische Form gebraucht würde. Darin klingt aber auch deutlich die bereits vor dem Ersten Weltkrieg geführte Diskussion um den Umgang mit den altkirchlichen Bekenntnissen an, als exponiertes Beispiel ist der Apostolikumsstreit zu nennen. Über den »Fall Jatho« hatte Herz in den *Chemnitzer Neuesten Nachrichten* im Juli 1911 einen Bericht veröffentlicht und klar eine liberale Position bezogen. Ein Wort seitens der Synode gegen den Agendenzwang könnte es ermöglichen, dass »man in dieser Weise doch den Entwicklungen in

42 NSKBl 8 (1919), Sp. 122.

43 Eintragung im Amtskalender 26. Mai 1919. UAL Na Herz 2/2.

der Gegenwart Rechnung trüge.«[44] Der Eindruck, dass Herz mit seiner Äußerung mehr im Blick hatte als die Gottesdienstordnung, verstärkt sich, da er später, 1925, versuchte, von der neuen Konfirmationsordnung entbunden zu werden. Dies wurde ihm allerdings verweigert.[45]

Als am nächsten Tag eine Aussprache über den Umgang mit sozialistischen Pfarrern eröffnet wurde, sprach Herz sich für die politische Neutralität der Kirche aus. Eigene Erfahrung im Umgang mit politischen Pfarrern hatte Herz 1909 gemacht, als er für den sächsischen Landtag kandidiert hatte. In der SESV hatte es währenddessen eine Grundsatzdebatte zur Neutralität gegeben. Das Ergebnis lautete, dass die SESV neutral bleibe, der Einzelne aber das Recht auf politische Betätigung habe.[46] Die Frage nach dem Umgang mit sozialistischen Pfarrern war auf der im Mai 1919 stattfindenden Tagung der SESV ebenfalls diskutiert worden. In der Synode vertrat Herz die Meinung, dass die Kirche, wenn sie den Parteien unabhängig gegenüberstehe, ihren Pfarrern nicht verbieten könne, in eine Partei einzutreten, selbst wenn es sich um die SPD handelte. Im Gegenteil seien sozialdemokratische Pfarrer ein Beweis für die politische Neutralität der Kirche.[47]

In der Synode war Herz in den Verfassungsausschuss gewählt worden.

> »Ich war Schriftführer d[es] Verfassungsausschusses, der die Hauptarbeit bei der ganzen Synodaltagung zu leisten hatte und täglich Dauersitzungen hielt, und Mitberichterstatter über die beiden Wahlvorlagen, gehöre außerdem auch dem sogenannten Freien Verfassungsausschuß an, der vom Landeskonsistorium als Beirat für die ganze Verfassungsreform gebildet worden ist und in dem ich das Referat über die Verfassung der Gemeinden habe. So habe ich mich gründlich in die kirchl[ichen] Verfassungsfragen einarbeiten müssen und dabei gemerkt, wie verwickelt und schwierig auf diesem Gebiet die Dinge liegen – viel schwieriger als die Außenstehenden meist ahnen.«[48]

Eine erste Besprechung des erweiterten Synodalausschusses fand schon am 10. April 1919 statt. Es wurde über die Vorlage des Konsistoriums zur Reform der Kirchenvorstands- und Synodalordnung, die Herz als unbefriedigend bezeichnete, diskutiert. Herz, Hickmann und Löbner sprachen sich gegen die Vorlage aus, sie hatten eine Neuordnung des Wahlrechts erwartet. Die Vorlage sah lediglich in einigen Punkten Veränderungen vor. Als der Entwurf für die neue Kirchenvorstands- und Synodalordnung in der Synode zur Debatte kam,

44 Verhandlungen der zehnten Landessynode ..., 82.

45 Vgl. Briefwechseln mit LKA 1925. UAL Herz 22/1, außerdem findet sich im Amtskalender die Notiz vom 31. Januar 1925: »Bespr[echung] im Petrigemeindehaus zum Vorgehen in der Konfirmationsfrage«, Eintragung im Amtskalender vom 31. Januar 1925. UAL Na Herz 2/2.

46 Siehe dazu Kapitel 5.1.

47 Vgl. Verhandlungen der zehnten Landessynode ..., 82 und 99f.

48 Rundbrief von Herz an seine Geschwister vom 3. November 1919. StAL Na Herz 9/1.

wurden die starken Gegensätze zwischen denen, die erneuern wollten und denen, die möglichst viel aus der alten Zeit übernehmen wollten, deutlich. In den Berichterstattungen trat das besonders an einem Punkt zutage, der in der Vorlage kaum strittig war. Als Ausschlussgrund wurde die neue Formulierung der »Verächtlichmachung der Religion oder der evangelisch-lutherischen Kirche«[49] eingebracht, die die alte, die von der »Verachtung des Wortes Gottes« sprach, ersetzen sollte. Der Berichterstatter, Superintendent Johannes Neumann, erklärte, dass es im Verfassungsausschuss durchaus Stimmen gegeben habe, die die alte Formulierung beibehalten wollten. »Man wollte vornehmlich die notorischen Verächter des göttlichen Wortes, die durch Verachtung öffentliches Ärgernis gegeben haben, von der Aufnahme in die Wählerliste ausschließen.«[50] Da das aber in der Praxis schwer durchführbar sei, habe man sich auf die neue Formulierung geeinigt, die eine inhaltliche Änderung gegenüber der alten darstelle. Johannes Herz als Mitberichterstatter griff ebenfalls die Neuformulierung »Verächtlichmachung der Religion oder der evangelisch-lutherischen Kirche« auf und verwies auf die historische Bedeutung des Ausdrucks, der das Fernbleiben vom Gottesdienst meine. Das, so Herz, sei ein nicht mehr zeitgemäßer Ausschlussgrund vom Wahlrecht, weil er die Realität nicht wahrnehme. Dagegen sollten diejenigen, »die sich irgendwie in verächtlicher Weise über Religion und Kirche geäußert haben«, ausgeschlossen werden können, denn »die werden bisher nicht getroffen.«[51] Exemplarisch für die Situation in der Landeskirche standen sich hier zwei Lager gegenüber, von denen das eine an den überlieferten Werten und Gesetzen zum Teil auch unreflektiert festhalten wollte und das andere in der Zwangssituation der Trennung eine Chance erkannte, bestehende Gesetze und Normen auf den Prüfstand zu stellen und sie den Erfordernissen der Zeit entsprechend zu verändern.

Hinsichtlich der Vorlage für die Synode war der Verfassungsausschuss gespalten. Einig war man sich hingegen darin, dass auch Frauen das aktive und passive Wahlrecht erhalten sollten. Damit würde man der kirchlichen Wirklichkeit ein Stück gerechter, in der die Frauen schon über längere Zeit die weitaus aktiveren Gemeindeglieder waren. Darüber hinaus sollte der Empfang von Armenunterstützung nicht mehr vom Wahlrecht ausschließen. Vor allem mit dem letzten Punkt war eine schon länger bestehende Forderung der SESV erfüllt worden.[52] Die Begrenzung der »Ausschließungsgründe«[53] auf rein kirchliche und konfessionelle Gründe war ein wichtiger Schritt für die

49 Nr. 16 Bericht des Verfassungsausschusses zur Vorlage Nr. 8, den Entwurf eines Kirchengesetzes zur weiteren Abänderung der Kirchenvorstands- und Synodalordnung betreffend. I, Art. II, Ziffer 4. Akten der zehnten Landessynode ..., 28.

50 Verhandlungen der zehnten Landessynode ..., 279.

51 Verhandlungen der zehnten Landessynode ..., 284.

52 Vgl. Kranich: Die Sächsische ..., 136–144.

53 SGVBl 14 (1919), 134f.

Befreiung aus politischen Strukturen und die Entflechtung von politischer und kirchlicher Gemeinde.

Widerspruch gab es bei der Frage, ab wann das Wahlrecht erteilt werden sollte. Die Vorlage des Landeskonsistoriums sah die Volljährigkeit – das 21. Lebensjahr – für das aktive und für das passive Wahlrecht das 25. Lebensjahr vor und folgte damit den Forderungen des Kirchentags, der im Februar getagt hatte. Der Mehrheitsausschuss schlug dagegen für das aktive Wahlrecht ein Alter von 25 Jahren vor, um »das Hereinfluten unreifer Elemente in den kirchlichen Wahlkörper«[54] zu verhindern. Das passive Wahlrecht sollte erst bei einem Alter von 30 Jahren liegen, denn schließlich sollten Kirchvorsteher

> »Kirchenälteste sein, Leute von bewährtem christlichem Sinn, von kirchlicher Einsicht und Erfahrung, und davon wird man bei Fünfundzwanzigjährigen, seien es Männer oder Frauen, mit Fug und Recht noch nicht reden können.«[55]

Der Minderheitsausschuss favorisierte dagegen das in der Vorlage vorgeschlagene Alter, für das aktive Wahlrecht sogar das 20. Lebensjahr. Den Einwand des Hereinflutens »unreifer Elemente« wollte Herz als Berichterstatter des Minderheitenausschuss nicht gelten lassen. Durch die im Vorfeld der Wahl vorgesehene Einschreibung in Wählerlisten sei eine genügend hohe Hürde gegen »unreife Elemente« gegeben. Herz forderte, mehr Vertrauen zu den jungen Gemeindegliedern zu haben. Dafür sprächen innere Gründe: Die kirchliche Mündigkeit sei bereits mit 15 Jahren erreicht, dann dürfe das Patenamt ausgeübt werden. Darum sei es nicht einzusehen, dass das kirchliche Wahlrecht erst 10 Jahre später erteilt werden sollte. Des Weiteren seien die jugendlichen Gemeindeglieder noch mehr im Gemeindeleben durch kirchliche Jugendvereine und Bibelkränzchen verankert als die 25-Jährigen. Als für ihn wichtigsten Grund, das Wahlalter herabzusetzen, nannte Herz die Kriegsteilnehmer.

> »Es ist vielfach peinlich und schmerzlich empfunden worden, daß man aus dem Felde zurückgekehrte junge Leute, die draußen sich bewährt hatten und die nun den brennenden Eifer hatten, im kirchlichen Leben mitzuwirken, weil sie noch nicht 25 Jahre waren, vom Wahlrecht ausschließen mußte. Ich habe selbst vor einigen Wochen bei den Kirchenvorstandswahlen in meiner Gemeinde erlebt, daß zwei solcher junger Leute mit ihren Vätern kamen, zwei Leute, die die Kriegszeit hindurch mit unserer Gemeinde in Austausch gestanden hatten und denen ich nun sagen mußte: wir bedauern, aber zur Ausübung des Wahlrechts sind Sie noch nicht berechtigt.«[56]

---

54 Verhandlungen der zehnten Landessynode ..., 279.
55 Verhandlungen der zehnten Landessynode ..., 281.
56 Verhandlungen der zehnten Landessynode ..., 286.

In ähnlicher Form würden Frauen durch das hohe Wahlalter benachteiligt, da

> »Frauen [...] eher reif und selbständig [werden]. [...] Wir haben zwanzigjährige Frauen und Mütter, denen wir die Erziehung unserer Kinder anvertrauen. Ich meine, wir können solche nicht gut für das kirchliche Wahlrecht für nicht reif erklären.«[57]

Besonders aber beim passiven Wahlrecht seien Frauen benachteiligt. Gerade jüngere Frauen nähmen aktiv am kirchlichen Leben teil. Mit 30 Jahren seien die meisten dann durch häusliche Pflichten so gebunden, dass sie für eine Wahl nicht mehr in Frage kämen. Ihnen gegenüber stünden 25- und 26-jährige Pfarrer, denen trotz ihrer Jugend zugetraut wird, den Kirchenvorstand und die Gemeinde zu leiten. Herz hatte ja schon im Entwurf für die Einberufung eines Kirchentages die Stärkung des Laienelements gefordert, jetzt in seinem Bericht brachte er es auf die kurze Formel: Was den Pastoren recht ist, ist den Laien billig.

Neben den inneren führte er auch äußere Gründe an: Sowohl der Kirchentag als auch mehrere Petitionen,[58] die an das Landeskonsistorium gegangen waren, forderten die Herabsetzung des Wahlalters. Der Kirchentag, so Herz, war eine vom Landeskonsistorium auf legale Weise einberufene Versammlung von Vertretern aller kirchlichen Gemeinden und Gruppen in Sachsen und damit ein auch in seinen Entschließungen und Forderungen ernst zu nehmendes Gremium. Einen weiteren Grund hatte die Landeskirche selbst geschaffen, indem sie die »Resolution Cordes«,[59] mit deren Hilfe Unterschriften gesammelt wurden, die die Trennung von Kirche und Staat in die Hände einer gewählten Nationalversammlung und nicht einer Revolutionsregierung legen wollten, auch von 20-Jährigen unterzeichnen ließ, ihnen also hier die Reife für eine kirchenpolitische Entscheidung zuerkannte. Und nicht zuletzt bot nach der Überlegung von Herz das Steuersystem einen triftigen Grund für die Herabsetzung des Wahlalters: Wenn man von jugendlichen Gemeindegliedern Kirchensteuern verlangen würde, dann erwarteten diese auch im Gegenzug das Wahlrecht. Grundlage für das der Jugend entgegengebrachte Vertrauen sollte die kirchliche Jugendpflege sein, die die Fortbildung über die Konfirmandenzeit hinaus im Blick habe.[60] Kirche und Gemeinden müssten sich verstärkt der Jugendlichen annehmen und ihnen das Gefühl der Zugehörigkeit vermitteln.

Im Schlusswort brachte Herz die liberalere der beiden gegeneinanderstehenden Positionen in treffender und programmatischer Weise zum Ausdruck:

---

57 Verhandlungen der zehnten Landessynode ..., 285f.

58 Die Petitionen sind abgedruckt im Bericht Nr. 28 Akten der zehnten Landessynode ..., 62f.

59 Stange: Merkbuch ..., 49f. Die Resolution war von Oberkirchenrat Seth Cordes auf den Weg gebracht worden.

60 Das Thema der Arbeit mit der konfirmierten Jugend war für Herz nicht neu. Vgl. Herz: Die Aufgabe unserer Kirchgemeinden ...

»Alle äußeren Sicherungen, die wir unserer Kirche geben, sind nichts. Wichtiger sind die inneren Sicherungen: treue Gemeindearbeit und innerer Aufbau unserer Gemeinden. Ich habe keine Angst um unsere Kirche, wenn wir, dem Zuge der Zeit folgend, äußere Schranken und Sicherungen fallen lassen. [...] Ihre Geschicke stehen nicht in unserer Hand, sondern in eines Höheren Hand. [...] Aber ich habe die ernste Sorge, daß in dieser ernsten Zeit von unserer Kirche nichts versäumt werden möchte, um unser Kirchenvolk mit Vertrauen zu unserer Kirche zu erfüllen und unserem Kirchenvolk und der Welt zu zeigen: Unsere Kirche will sich den Forderungen des Tages nicht verschließen. Nicht mit Kautelen[61] können wir unsere Kirche bauen, nicht damit, daß wir Stück für Stück, wie es so manches Mal geschehen ist, irgendwelche ›Konzessionen‹ uns abringen lassen, sondern nur damit, daß wir in freier Freudigkeit des Vertrauens unserem Kirchenvolk einmal etwas schenken, etwas schenken in guter Hoffnung, daß die inneren Kräfte unseres Christentums daraus etwas Gutes und etwas Ganzes bauen.«[62]

Wenn Neumann und Herz in dieser Sitzung als Vertreter der beiden Pole auftraten, so war die Wortmeldung von Oberkirchenrat Cordes Beispiel für das Ringen um die richtige Entscheidung. Cordes hatte im Verfassungsausschuss einen Vermittlungsantrag eingebracht, in dem das Wahlrecht allen volljährigen Gemeindeglieder gewährt werden sollte, die an einer »geordneten kirchlichen Fortbildung (insbesondere einem kurzen Lehrgang zur Einführung in das kirchliche Leben)« teilgenommen hatten. Der Antrag war gegen fünf Stimmen abgelehnt worden.[63] Daraufhin hatte Cordes für die Verleihung des Wahlrechtes ab 25 gestimmt. In seinem Redebeitrag äußerte er als Sorge, »es könnten durch die schrankenlose Preisgabe des Wahlrechtes an die breiten jugendlichen Massen schlimme Zustände eintreten.« Auf der anderen Seite sah er auch die Außenwirkung, die von dem Mehrheitsbeschluss ausgehen würde. Die Synode würde als rückständige Körperschaft eingestuft werden, was unweigerlich Auswirkungen auf das Ansehen der Kirche in der Bevölkerung hätte, und

»es wird eine sehr böse Agitation einsetzen, wenigstens in den Städten und in deren Vororten, und die Kosten dieser Agitation wird nicht nur die Synode, sondern letztlich die Kirche zu tragen haben. Auf die Gewinnung der Arbeiterschaft für die Kirche werden wir dann dauernd verzichten müssen. Darum kann ich mir kaum denken, daß sich in der Synode eine Mehrheit finden wird für die Festhaltung des Wahlfähigkeitsalters von 25 Jahren. Sollte es doch so geschehen, so würde ich das lebhaft beklagen.«[64]

In seinen weiteren Ausführungen griff Cordes auf die Argumente von Herz zurück und warb anschließend um die Unterstützung seines Antrags. Trotz

61 Rechtliche Vorsichtsmaßnahmen.

62 Verhandlungen der zehnten Landessynode ..., 287f.

63 Vgl. Berichte Nr. 16. Akten der zehnten Landessynode ..., 32.

64 Verhandlungen der zehnten Landessynode ..., 289.

seiner inhaltlichen Nähe zu den Argumenten der Minderheit konnte sich Cordes nicht dazu durchringen, für deren Antrag zu votieren.[65] Zwar erschien ihm eine Herabsetzung des Wahlalters notwendig, aber die Furcht, damit der »breiten jugendlichen Masse« Tür und Tor zu öffnen, überwog. In der Kampfsituation, in der sich die Kirche befand, hatte er den Willen, aber nicht den nötigen Mut und das nötige Vertrauen zur grundlegenden Veränderung. Auch sein Antrag fand keine Mehrheit in der Synode. Das aktive Wahlrecht wurde den volljährigen Gemeindegliedern erteilt, das passive erst ab einem Alter von 30 Jahren zuerkannt.

Die noch zu Vorlage Nr. 8 gehörenden Artikel IV und V, beide die Synodalwahl betreffend, waren auf die Herbstsynode, die im September zusammenkommen sollte, vertagt worden.[66] Schon bei der Diskussion im Verfassungsausschuss waren die Differenzen so groß, dass darüber zwei ausführliche Berichte in die Synodalakten aufgenommen wurden, welche die verschiedenen Positionen kennzeichneten. Auch bei diesen Ausschusssitzungen hatte sich eine Gruppe gebildet, die vehement für eine Erneuerung der Wahlpraxis, statt nur eines möglichst starren Festhaltens an der bis dahin üblichen, eintrat. Zu dieser gehörte wieder Johannes Herz, dazu kamen noch Löbner, Müller (Zwickau) und Schwede. Noch bevor die inhaltliche Diskussion begonnen hatte, äußerte Herz seine Verärgerung darüber, dass es vom Konsistorium keine neue Gesetzesvorlage gegeben hatte, sondern die dem Verfassungsausschuss schon im Frühjahr vorgelegte wieder zur Verhandlung kam. Diese hatte von den Forderungen des sächsischen Kirchentages nur die nach dem Frauenwahlrecht aufgenommen. Deshalb hatten er, Löbner und Hickmann eine Petition verfasst, die eine neue Gesetzesvorlage verlangte.[67] Auch in dem Bericht der Minderheit des Verfassungsausschusses wurde festgehalten, die Erwartung bestehe, dass »die Wahlen zur verfassungsgebenden Synode auf eine neue und wesentlich breitere Grundlage gestellt« würden.[68] Das Kirchenregiment sah allerdings keine Veranlassung, über die Vorlage Nr. 8 hinaus etwas zu ändern, weil diese noch immer »zutreffend und zweckmäßig« sei, und hatte daher mit Vorlage Nr. 12 lediglich eine Wiederholung des Art. V[69] der Vorlage Nr. 8 vorgelegt. Intensiver Streit entbrannte schließlich über der Frage nach dem Wahlmodus. Die Vorlage, der die Mehrheit des Ausschusses zustimmte, sah vor, erstmals die Synode in direkter, geheimer und persönlicher Wahl durch die geistlichen und weltlichen Kirchvorsteher wählen zu lassen. Bisher war die Synode von Wahlmännern gewählt worden. Die vielfachen Forderungen nach »Urwahlen« wurden im Bericht Nr. 28 als der Kirche nicht angemessen abgelehnt, denn

65 Die Abstimmung war auf Antrag Löbners hin namentlich erfolgt.
66 Wegen der thematischen Nähe werden sie schon an dieser Stelle verhandelt.
67 Vgl. Petition Nr. 6, Berichte usw. Nr. 28. Akten der zehnten Landessynode ..., 63.
68 Vgl. Bericht Nr. 29. Akten der zehnten Landessynode ..., 67–70.
69 Der Artikel IV hatte sich mit dem Gesetz vom 22. Juli 1919 erledigt.

»maßgebend zu sein habe, was der christliche Charakter der Landeskirche erfordere. Nicht ein staatliches Gebilde sei zu organisieren, sondern die auf ihren eigenen Grundlagen und Erfordernissen ruhende Kirche. Es sei darum ausgeschlossen, etwa einer augenblicklich herrschenden politischen Zeitströmung zu folgen oder ihr sich anzupassen.«[70]

Die Synode sei die Vertretung der Gemeinden, dadurch sei die Wahl durch die Kirchvorsteher angemessen. Urwahlen würden die Gefahr der Parteiherrschaft und der Einflussnahme von kirchenfeindlichen Elementen auf kirchliche Entscheidungsprozesse in sich bergen. Auch der im September tagende Deutsche Evangelische Kirchentag habe den Landeskirchen in dieser Frage volle Freiheit gewährt. Bei aller Mühe um Erneuerung müsse die Rechtskontinuität der Landeskirche gewahrt bleiben, wie es durch den vorgelegten Wahlmodus der Fall sei.

Breiten Raum nahm im Bericht Nr. 28 auch die Erklärung des Konsistorialpräsidenten Böhme ein, der alle als erforderlich erkannten Änderungen wie Zusammensetzung, Zuständigkeit und Wahlkreiseinteilung der Synode erst nach der endgültigen Neuordnung des Verhältnisses von Kirche und Staat regeln wollte. Zu groß seien die Unsicherheiten, insbesondere die Frage nach den Finanzen. Die für das Fortbestehen der Landeskirche unerlässliche Verfassung »müsse eine gute, gründliche und dauerhafte Schöpfung werden,«[71] deren rechtliche Grundlage nicht zweifelhaft sein dürfe.[72] Die aktuelle Vorlage sei eine organische Entwicklung des bestehenden Synodalrechts und biete diese Gewähr.

Der Minderheitenausschuss verlangte für die Synode die Urwahlen, Herz führte dazu die Begründung in seinem Bericht aus. Alle in den Kirchenvorstandswählerlisten stehenden Gemeindeglieder sollten die Synode wählen können. Dies würde einhergehen mit den Forderungen des Sächsischen und auch des Deutschen Evangelischen Kirchentages, das Laienelement zu stärken[73] und die Wahlkreise nach dem Anteil der evangelischen Bevölkerung neu einzuteilen. Bei dem in der Vorlage vorgesehenen Wahlrecht gebe es jedoch zwei entscheidende Probleme. Zum einen würden von der Wahl sowohl Frauen als auch die »kirchlich gesinnten Kreise der Arbeiterschaft« quasi ausgeschlossen, weil der Anteil von Frauen und Arbeitern in den Kirchenvorständen noch verschwindend gering sei. Das wiederum würde nicht nur »die Freudigkeit zu kirchlicher Mitarbeit hemmen, sondern vor allem auch kirchenfeindlichen Kreisen ein bequemes und zugkräftiges Agitationsmittel gegen die Kirche bieten«. Das andere Problem sei die Benachteiligung von großen Gemeinden, die aus dem Wahlverfahren resultiere, da sich die

70 Bericht Nr. 28 (54–66). Akten der zehnten Landessynode ..., 56.

71 Bericht Nr. 28. Akten der zehnten Landessynode ..., 58.

72 Wieder erscheint das Wort Rechtskontinuität.

73 Es war an ein Verhältnis Laien zu Geistlichen von 2 zu 1 gedacht.

Anzahl der Kirchvorsteher nicht nach der Größe der Gemeinde richte. Große Gemeinden hätten in der Relation weniger Stimmrecht als kleine, das gelte ähnlich für das Verhältnis Stadt zu Land.[74] In seinem Bericht vor der Synode ging Herz ausführlich auf die Probleme ein. Dabei forderte er zur Genauigkeit im Umgang mit den Begriffen auf:

> »Der Ausdruck ›Urwahlen‹ ist gegenwärtig zu einem kirchenpolitischen Schlagwort geworden. Schlagworte sind aber immer gefährlich, und die politischen und kirchenpolitischen sind vielleicht am gefährlichsten, denn die verdunkeln meist die klare Erkenntnis der Sache.«[75]

Die angestrebten »Urwahlen« zur Synode seien anders als die in Parteien oder Gewerkschaften durchgeführten, denn nicht jeder dürfe wählen, sondern nur die Gemeindeglieder, die auch zur Kirchenvorstandswahl zugelassen seien. Es sei uneinsichtig, weshalb ihnen das Recht abgesprochen werde, die Synode zu wählen. In anderen Landeskirchen seien auch auf diese Weise die Synoden gewählt worden. Dass Frauen und Arbeiter durch das vom Konsistorium vorgeschlagene Wahlrecht von der Wahl fast vollständig ausgeschlossen würden, stünde einer Kirche, die zur Hälfte aus Frauen und zu zwei Dritteln aus Angehörigen des Arbeiterstandes bestehe, nicht gut zu Gesicht. Die geplante Ausweitung des Wahlrechts auf alle Kirchvorsteher hätte ganz andere, oben bereits beschriebene Konsequenzen, die Herz sehr ausführlich und mit Zahlen unterlegt darstellte. Diese Zahlen waren ihm nicht vom Konsistorium zur Verfügung gestellt worden, sondern er hatte sie sich erst selbst beschaffen müssen. Nicht zuletzt mahnte Herz an, dass die Laien stärker eingebunden und beteiligt werden müssten, und zwar gerade in der verfassungsgebenden Synode.

> »Soll das Feuer der Laienbegeisterung, am Neubau unserer Kirche unmittelbar mitarbeiten zu können, das hier und da entbrannt ist, wieder erlöschen, weil wir jetzt im Unterschiede wohl zu allen übrigen deutschen Landeskirchen sagen: abwarten, wenn der Neubau fertig ist, dann lassen wir euch in größerer Zahl und mit stärkerem Einfluß als jetzt in unser Haus herein!«[76]

Während der Debatte ging es hoch her. Im Hinblick auf die stärkere Beteiligung der Laien erzählte Franz Rendtorff, was ein Mitreisender im Zug geäußert habe und was die Wahrnehmung der Laienbeteiligung in der Bevölkerung widerspiegele:

---

74 So hatte die Gemeinde St. Jakobi Freiberg mit 9000 Gemeindegliedern 10 Stimmberechtigte und die Gemeinde Niederschöna mit 2000 Gemeindegliedern 15. Verhandlungen der zehnten Landessynode ..., 413.

75 Alle Zitate Verhandlungen der zehnten Landessynode ..., 410f.

76 Verhandlungen der zehnten Landessynode ..., 409f.

»[D]as allgemeine Priestertum sei zwar ein hohes Ehrengut der evangelischen Landeskirche, es werde aber meistens in goldenem Schrein aufbewahrt, hin und wieder als kostbares Juwel vorgezeigt, aber praktisch nicht in Gebrauch gesetzt.«[77]

Trotzdem, führte er weiter aus, gebe es ernste Bedenken gegen Urwahlen, denn die Kirche sei nicht ein aus Einzelnen bestehender Haufen, in dem jeder eine Stimme habe, sondern ein aus den Gemeinden gebildeter Organismus. Darum entspräche die Vorlage der Mehrheit dem Charakter der Kirche und der Aufgabe der Synode, die Vertretung der Gemeinden zu sein. Der Arbeitersekretär Gey griff die Aussage zur Vertretung der Arbeiterschaft in der Synode, zu der lediglich drei Vertreter der Arbeiterschaft gehörten, auf. Wie ein »Reklame-Arbeitervertreter« käme Gey sich vor. Da zwei Drittel der Kirchgemeindeglieder dem Arbeiterstand angehörten, müsse es eine deutliche Erhöhung ihrer Vertreter in der Synode geben. Sein auf Arbeiterversammlungen gewonnener Eindruck sei, dass sich die kirchlich gesinnte Arbeiterschaft Wahlen nach dem Antrag der Minderheit wünsche. In seinem Schlusswort verwies Herz noch einmal auf die Bedeutung der nächsten Synodalwahl, weil die verfassungsgebende Synode gewählt werde. Darum sei es nötig, jetzt das Wahlrecht auf die in den Wählerlisten stehenden Gemeindeglieder auszudehnen, um eine hohe Beteiligung von Laien, Frauen und Arbeitervertretern zu erreichen und so dem drohenden Ungleichgewicht bezüglich der Stimmenzahl der kleinen Gemeinden zu wehren.

Der Antrag wurde von der Synode mit großer Mehrheit abgelehnt. Der von Herz und anderen erhoffte Neuanfang und die Umgestaltung zu einer Volkskirche mit einem starken Laienelement wurden nicht vollzogen. Die Kräfte, die bestrebt waren, die Landeskirche in der neuen Zeit in möglichst großer Kontinuität zu erhalten, hatten überwogen.

Die Verhandlungen um die Kirchenvorstands- und Synodalordnung waren nicht die einzigen, in denen Herz aktiv auftrat. Genauso engagiert zeigte sich der Soziale Protestant bei zwei weiteren Anträgen.

Der erste Antrag, der von der SESV eingereicht worden war, forderte die Schaffung eines Lehrauftrags für soziale Fragen an der Theologischen Fakultät der Universität Leipzig.[78] Der Antrag wurde zusammen mit einer Eingabe der Oschatzer Pastoralkonferenz, die Stellung der Kirche zur sozialen Frage und die Ausbildung besonderer Geistlicher für soziale Arbeit betreffend, verhandelt. Darüber, dass der Kirche der Bezug zur »breiten Masse« fehle, war man sich in der Debatte einig, ebenso, dass die Stellung der Kirche zur Sozialen Frage dazu beigetragen habe. Mehrfach wurde geäußert, dass in eben dieser Stellung

77 Verhandlungen der zehnten Landessynode ..., 415.

78 Vgl. Antrag Nr. 11, Berichte usw. 21. Akten der zehnten Landessynode ..., 222-240.

die besondere Feindschaft der Arbeiterschaft gegenüber der Kirche begründet liege.[79] Konsistorialpräsident Böhme erinnerte an die »Resolution Wach«, die eine Warnung gewesen sei,[80] aber von einigen Pfarrern als Verbot der sozialen Betätigung aufgefasst worden war. Die Lösungsvorschläge divergierten aber entsprechend den theologischen Richtungen, wobei die Notwendigkeit, die angehenden Geistlichen und kirchlichen Mitarbeiter in sozialen Fragen zu schulen, von allen erkannt wurde. Herz erläuterte in seinem Diskussionsbeitrag, dass die soziale Ausbildung der Theologen, die es seit kurzer Zeit gab, bei weitem noch nicht ausreichend sei. Neben der praktischen Schulung in sozialen Fragen müsste es auch eine wissenschaftliche Bildung geben. Dazu rechnete er die Nationalökonomie und forderte, dass für die Zulassung zum Ersten Theologischen Examen ein Nachweis über einen Vorlesungsbesuch in diesem Fach zu erbringen sei. Außerdem wollte er die noch recht junge Wissenschaft der Sozialethik und der Sozialpsychologie in das theologische Curriculum aufgenommen wissen, denn »je mehr man das Volk kennt, je mehr man in seiner Seele zu lesen vermag, um so mehr wird man an die Seele des Volkes und an die Seele des einzelnen Menschen herankommen.«[81] Herz und die SESV sahen in ihrem Ehrenvorsitzenden Gottfried Naumann dafür den geeigneten Lehrer, der mit dem Ende des Ersten Weltkriegs aus Straßburg, wo er eine Professur für Praktische Theologie innehatte, nach Leipzig zurückgekehrt war. Im Schlusswort drängte Herz die Synodalen dazu, den Antrag »zur Berücksichtigung« an das Landeskonsistorium weiterzugeben. Der Vorschlag der SESV, einen Lehrauftrag oder eine Professur einzurichten, wurde schnell aus formalen Gründen abgelehnt, da die Landeskirche keinen Einfluss auf die Ausstattung und Besetzung der Lehrstühle an der Theologischen Fakultät habe. Der in der Synode zur Abstimmung gekommene Antrag verwies die Anregungen der SESV sowie der Oschatzer Pastorenkonferenz an das Landeskonsistorium »zur Erwägung«. Die Variante »zur Berücksichtigung« war mit großer Mehrheit abgelehnt worden.

---

79 So Giertz, Verhandlungen der zehnten Landessynode ..., 224; Oberkirchenrat Jentsch »[...] die Kirche [stellt] eine Vertreterschaft der herrschenden Klasse dar [...]«, 232; Arbeitersekretär Gey »[...] der Kirche [...] [ist] der Vorwurf des Unsozialen gemacht worden, der Vorwurf eine Kirche der oberen Zehntausend zu sein [...]«, 233; Lic. Kühn »[...] in weiten Schichten des Volkes sind es durchaus nicht olle Kamellen, daß die Kirche noch unsozial denke und unsozial handle [...] die Kirche hat schwere Schuld getragen [...]«, 237.

80 »Es hat sich damals nur um eine Warnung gehandelt an die Geistlichen, sich nicht berufen zu fühlen, in den politischen sozialen Kämpfen Führerrollen zu übernehmen oder Agitatorenstellungen einzunehmen.« Verhandlungen der zehnten Landessynode ..., 230.

81 Verhandlungen der zehnten Landessynode ..., 234.

Der zweite Antrag betraf die finanzielle Versorgung der Emeriti und der Pfarrwitwen und -waisen, die den Erfordernissen der Zeit folgend angehoben werden sollte. Bereits beim Einbringen des Antrags fand Herz viele Unterstützer unter den Synodalen – der Antrag trägt 36 Unterschriften. In der Begründung des Antrags im Plenum legte Herz anhand von Zahlen dar, dass das Ruhegehalt der Geistlichen und in besonderem Maße der Pfarrwitwen in vielen Fällen unangemessen niedrig ausfiel, obwohl es bereits einige Erhöhungen gegeben hatte. Dazu kam die prekäre wirtschaftliche Lage in der Nachkriegszeit. Herz appellierte an das soziale Gewissen: »Sozial sein heißt ja nicht das Wort Sozialismus im Munde zu führen, sondern soziale Taten zu tun. Sozial sein heißt nicht zuerst an sich selber denken, sondern immer zuerst an die anderen.«[82] An diesen Maßstäben werde gemessen, ob die Zeit sozial sei. Ihr diese soziale Verpflichtung ins Gewissen zu rufen, sei Aufgabe der Kirche. Auf das soziale Gewissen der Zeit und vor allem des Staates war man dabei angewiesen, denn die Landeskirche konnte die Ruhegehälter noch nicht selbst aufbringen, da auch ihre finanzielle Lage noch in der Schwebe war.[83] Die Ruhegehälter sollten vom Land Sachsen bezahlt werden, was als logische Folge erschien, weil die Geistlichen vor dem Krieg Staatsbeamte gewesen waren. Trotzdem hing die Zahlung der Ruhegehälter durch das Land Sachsen vom Willen der Volkskammer und der Regierung ab. Den Willen der Synode hatte Herz bei diesem Antrag hinter sich. Er wurde einstimmig angenommen.

Eine brennende Frage war, in welchem Verhältnis sich die Landeskirchliche Gemeinschaft in Zukunft zur Landeskirche positionieren würde. Wenn sich die Landeskirchliche Gemeinschaft von der Landeskirche löste, um eigenständig zu werden, würde das eine große Abwanderung von Gemeindeliedern zur Folge haben. Verhandlungen mit dem Bruderrat waren im Gange, und die Synode wollte ein programmatisches Wort verabschieden.[84] Es lag ein Antrag vor, eine Erklärung folgenden Inhalts abzugeben:

> »Die Synode erkennt dankbar die mannigfache Befruchtung an, welche das kirchliche Leben durch die landeskirchlichen Gemeinschaften erfahren hat, und begrüßt freudig das den Gemeinschaften nach der Vorlage vom Landeskonsistorium bewiesene Entgegenkommen. Sie erwartet dabei, daß die kirchliche Ordnung insbesondere hinsichtlich der Verwaltung von Wort und Sakrament auch weiterhin aufrecht erhalten wird, und gibt der Zuversicht Ausdruck, daß

82 Verhandlungen der zehnten Landessynode ..., 474. Nach 40 Dienstjahren erhielt ein Geistlicher reichlich 5000 M, ein ungelernter Friedhofarbeiter wurde 1919 mit 4000 bis 6000 M entlohnt. Ebd., 473f.

83 Zur Finanzsituation siehe unten, 202–204.

84 Der Leiter der Landeskirchlichen Gemeinschaft, Gustav Emil Zeißig, war wie Herz Sorabe.

die Angehörigen der Gemeinschaften sich allenthalben als treue Glieder der Kirchgemeinde betätigen werden.«[85]

Neben anderen ergriff auch Johannes Herz in der Debatte das Wort. Er war in seiner Chemnitzer Zeit den Angriffen durch Vertreter der Landeskirchlichen Gemeinschaft ausgesetzt gewesen, weil er eine liberale Theologie vertrat. Herz wies vorsichtig, aber mit Nachdruck darauf hin, dass es eine Unart der Gemeinschaftsprediger sei, die Pfarrer in »gläubige« und »nichtgläubige bzw. ungläubige« einzuteilen. Nach einem Verweis auf die Geschichte, in der die Türken die Ungläubigen waren, Reformierte und Schwärmer die Andersgläubigen, bat er, dass mit dem verletzenden Sprachgebrauch Schluss gemacht werde, der Katholiken und Nichtchristen als Andersgläubige, Pfarrer mit einer anderen Theologie als der in der Landeskirchlichen Gemeinschaft bevorzugten als Ungläubige bezeichne. Zugleich nahm er eine Äußerung des Berichterstatters auf, der gesagt hatte, dass eine »ganze Reihe von Pastoren vom Bekenntnis abgewichen seien«, um zu erklären, dass wohl »kaum einer in unserer Kirche der Gegenwart« sei, der allen in den Bekenntnissen gemachten Aussagen zustimmen könne.[86] Herz selbst hatte sich immer wieder an einzelnen Aussagen in den Bekenntnissen – wie der Jungfrauengeburt – gerieben und versucht, sie bei Amtshandlungen zu vermeiden oder zu umgehen, indem er eigene Ordnungen und Formulare verwendete.[87]

Während der Synodalverhandlungen sprach Herz noch zu folgenden Themen: »Zusammenschluss der deutschen evangelischen Landeskirchen und die Einberufung eines deutschen evangelischen Kirchentages betreffend« und »Wechsel im Vorsitz des Kirchenvorstands und in der Pfarramtsleitung«. Beim ersten Thema warb Herz dafür, das gesamtdeutsche Gremium Kirchentag bei seiner konstituierenden Tagung voll zu unterstützen und nicht nur »unter Vorbehalt«, wie die Vorlage es vorgeschlagen hat, Vertreter zum Kirchentag zu senden. Dass der erste Kirchentag noch ein Provisorium sein wird, liege in der Natur der Sache, solle aber nicht davon abhalten, diese erste Versammlung ernst zu nehmen und zu erkennen, wie zukunftsträchtig die gemeinsame Arbeit in einem Deutschen Kirchenbund sei.[88]

Als über den Antrag Leipziger Pfarrer, den Wechsel im Vorsitz des Kirchenvorstandes und der Pfarramtsleitung zu ermöglichen, diskutiert wurde, sprach sich Herz für diese Möglichkeit aus. Da er selbst in Großstadtgemeinden mit mehreren Pfarrern tätig gewesen war und in Chemnitz immer unter der Bevormundung und Kontrolle des ersten Pfarrers Lötze gelitten hatte, verstand er gut, dass Pfarrer in zweiten, dritten und weiteren Pfarrstellen

85 Antrag Nr. 14, in Berichte usw. Akten der zehnten Landessynode ..., 24.
86 Vgl. Verhandlungen der zehnten Landessynode ..., 272, dort auch Zitate.
87 Siehe dazu Kapitel 1, 42–44.
88 Vgl. Vorlage Nr. 10, Akten der zehnten Landessynode ..., 337.

eine Aufwertung und Anerkennung ihrer Arbeit verlangten.[89] Besonders die Gleichstellung der Pfarrer betonte Herz in seinem Beitrag – nicht nur in der Verwaltung, sondern auch bei der Verteilung der Predigten und Seelsorgebezirke. Außerdem wusste er als Pfarramtsleiter in Gohlis, wie viel zusätzliche Arbeit von den Pfarramtsleitern zu leisten ist, und sah im Wechsel eine Chance zur Entlastung.[90]

Eine für Herz persönlich schöne Erfahrung, die er während der Herbstsynode machte, und die an dieser Stelle nicht unerwähnt bleiben soll, hielt er mit folgenden Worten in seinem Amtskalender fest: »Sup[erintendent] Müller bot mir Bruderschaft an.«[91]

In der Schlusssitzung der Synode wurde die für die Handlungsfähigkeit der Landeskirche wichtige Wahl des Synodalausschusses vorgenommen. Die drei weltlichen Synodalen, Friedrich Seetzen, Hofrat Löbner, Alfred von Nostitz-Wallwitz und die drei geistlichen, Superintendent Johannes Neumann, Johannes Herz und Ludwig Ihmels, bildeten zusammen mit fünf Vertretern des Landeskirchenamtes das neue Kirchenregiment.

> »Bis zu anderweitiger Regelung der Verfassung der Evangelisch-lutherischen Kirche in Sachsen werden die in der kirchlichen Gesetzgebung bisher in den *in evangelicis* beauftragten Staatsministern zugewiesenen Geschäfte vom Evangelisch-lutherischen Landeskonsistorium gemeinsam mit dem ständigen Synodalausschuß [...] wahrgenommen.«[92]

Die Ausführungsverordnung regelte die Zusammensetzung. Präsident blieb Böhme, um die Rechtskontinuität zu gewährleisten.[93] Über seine eigene Wahl schrieb Herz im Rundbrief an seine Geschwister, dass er zu seiner »und einiger anderer Leute Überraschung in den ständigen Synodalausschuß und damit in das provisor[ische] Kirchenregiment gewählt« worden sei, was er sich

> »noch vor kurzem nicht hätte träumen lassen. Es ist ja freilich fraglich, ob man an diesem Platze einigen Einfluß wird ausüben können. Vielleicht kann man aber

89 Zum Verhältnis zu Lötze siehe Kapitel 1, 32–35.

90 Vgl. Verhandlungen der zehnten Landessynode ..., 356.

91 Eintrag im Amtskalender vom 26. September 1919. UAL Na Herz 2/2. Gemeint ist Paul Georg Müller, Superintendent in Zwickau.

92 Vgl. VBl. 11 (1919), 77f. Hier zitiert nach 2. Dok. 21, Bl. 2 . In: Feurich: Materialien ..., Bd. 2.

93 Am 29. Mai 1923 wurde von der Landesregierung das »Gesetz über eine Altersgrenze und über die Pensionsdienstzeit der Beamten und Lehrer« erlassen, durch das auch Böhme als Präsident und Ihmels als Vizepräsident des Landeskonsistoriums in den Ruhestand gezwungen wurden, weil das Landeskonsistorium noch staatliche Behörde war. Die gewünschte Rechtskontinuität stand damit in Frage. Erst nach einer Entscheidung des Reichsgerichtshofes zum 1. Januar 1924 konnten beide ihre Arbeit wieder aufnehmen.

doch wenigstens dies oder jenes verhindern und in Bahnen lenken, die unseren kirchenpolit[ischen] Zielen einigermaßen entgegenkommen.«[94]

»Unsere kirchenpolitischen Ziele« waren die der liberalen und sozial gesinnten Theologen, die bei dem anstehenden Neubau der Kirche die Chance zur Reformierung und Erneuerung nutzen wollten.[95]

Nachdem die 10. Landessynode den Weg für die verfassungsgebende 11. Landessynode geebnet hatte, musste die Verfassung selbst weiter vorbereitet werden. Herz gehörte dem Freien Verfassungsausschuss an, der vom Landeskonsistorium als Beirat für die Verfassungsreform gebildet worden war, in dem er das Referat über die Kirchgemeindeverfassungen innehatte. Im März 1920 stellte er seine Leitsätze den Leipziger Synodalen und einigen Kollegen vor.[96] Im Juni tagte das Kirchenregiment, um über die neue Kirchgemeindeordnung zu beraten. Herz hielt dazu fest: »Einige Abänderungsanträge von Löbner und mir fanden Zustimmung, in anderen uns wesentlichen Punkten vermochten wir unsere Anschauungen nicht durchzusetzen. Im Ganzen war das Ergebnis für uns wenig befriedigend.«[97] An welche Änderungswünsche Herz gedacht hatte, ist nicht mehr zu ermitteln; möglicherweise ging es um die Stärkung der Gemeindeglieder im Kirchenvorstand. Nach der erlassenen Ordnung verblieb die letzte Entscheidungsgewalt beim Ortsgeistlichen, der damit für die Wahrung der kirchlichen Ordnung zuständig und zugleich Vorsitzender im Kirchenvorstand war. Ein Brief von Müller lässt auch vermuten, dass es sich um die Stellung der Kirchgemeindevertretung/-versammlung gegenüber dem Kirchenvorstand handeln könnte,[98] deren Einfluss durch die letztendlich beschlossene Verfassung ausgeschaltet war.

Eine weitere Enttäuschung hielt das Ergebnis der Synodalwahl 1920 bereit: Herz war nicht wieder in die Synode gewählt worden. Er führte das auf unlauteren Wahlkampf seiner Konkurrenz zurück:

»P[farrer] Stange mit 102 Stimmen gegen 83, die auf mich fielen, gewählt. Dieses Resultat wurde durch eine rege Agitation der Gegenseite (unter Verwendung nicht immer einwandfreier Mittel) und die Lauheit der Arbeit unserer Freunde hervorgerufen. Von vielen Seiten wurde mir das Bedauern über meine Nichtwiederwahl zum Ausdruck gebracht.«[99]

94 Rundbrief von Herz an seine Geschwister vom 3. November 1919. StAL Na Herz 9/1.

95 Vgl. dazu auch die Einladung zur ersten Tagung des Freien Arbeitsausschusses oben, 175.

96 Vgl. Eintrag im Amtskalender vom 10. März 1920. UAL Na Herz 2/2. Die Kollegen waren Gottfried Naumann, Erich Stange, Andreas Fröhlich und Johannes Vogel.

97 Eintrag im Amtskalender vom 10. und 11. Juni 1920. UAL Na Herz 2/2.

98 Vgl. Brief von Müller an Herz vom 5. Juni 1920. UAL Na Herz 22/2.

99 Eintragung im Amtskalender vom 1. Juni 1920. UAL Na Herz 2/2.

Im Rundbrief an seine Geschwister ist der Ton schärfer, da schreibt Herz, dass

> »meine Nichtwiederwahl in die Synode [...] durch eifrige und skrupellose Agitation meiner kirchenpolit[ischen] Gegner erreicht wurde, [sie] hat mich dann der weiteren aktiven Beteiligung an der Kirchengesetzgebung überhoben und mir wieder die Rolle des unbeteiligten Zuschauers zugeteilt, damit aber auch gleichzeitig die Möglichkeit freier Kritik wieder eröffnet.«[100]

Die letzte Möglichkeit, weiterhin der Synode anzugehören, wäre die Berufung durch das Landeskonsistorium gewesen. Dieses

> »setzte [jedoch] die Wiederberufung aller bisher Berufenen durch und lehnte damit meine Berufung, die von 90 Kirchenvorstehern beider Leipziger Kreise erbeten worden war, ab. Ich scheide damit aus dem Kirchenregiment aus.«[101]

Superintendent Müller bezeichnete das Ausscheiden von Herz als den »schwerste[n] Verlust, de[r] unsere Gruppe treffen konnte.« Die ganze Arbeit der Synode sei durch »dein Ausscheiden aufs schwerste geschädigt. [...] An Deine Sachkenntnis und Materialbereitschaft reicht niemand heran. Ich bedauere die geringe Tatkraft, die unsere Freunde entwickelt haben«. Dem Gerücht, dass vor der Synodalwahl von Geheimrat Wirthgen in Leipzig die Berufung von Herz in die Synode als sicher dargestellt wurde, wollte Müller auf den Grund gehen und bei dessen Bestätigung die Gültigkeit der Leipziger Synodalwahl wegen unzulässiger Wahlbeeinflussung durch kirchliche Behörden anfechten.[102] Wirthgen bestritt, die Berufung von Herz als sicher bezeichnet zu haben. »Es müsse ein ihm völlig dunkles Missverständnis walten.« Klar aber war, dass auf dem Leipziger Gemeindetag, der im Vorfeld der Synode stattgefunden hatte, die Berufung von Herz in die Synode als gewiss verbreitet wurde. Müller sah allerdings auch bei Herz einen Anteil. Dieser war für den Vorschlag des sächsischen Bildungsministers Seyfert zum Schulfrieden eingetreten und hatte außerdem einen Werbeaufruf an Pfarrer für die DDP unterschrieben; das habe ihn in kirchlichen Kreisen und bei den Amtsbrüdern verdächtig gemacht.[103] Auch die Eingabe von Müller ermöglichte die Rückkehr von Herz in die Synode nicht.

Bei Feurich klingt an, dass Johannes Herz als erster liberaler Theologe, der ins Kirchenregiment gewählt worden war, doch zu liberale Thesen vertrat, um weiterhin einen Platz in der Synode oder der Kirchenleitung behalten zu können.[104]

100 Rundbrief von Herz an seine Geschwister vom 9. Oktober 1920. StAL Na Herz 9/1.

101 Eintragung im Amtskalender vom 19. Juni 1920. UAL Na Herz 2/2.

102 Vgl. Brief von Müller an Herz vom 5. Juni 1920. UAL Na Herz 22/2, dort auch Zitate.

103 Vgl. Brief von Müller an Herz vom 17. Juni 1920. UAL Na Herz 22/2, dort auch Zitat.

104 Vgl. Feurich: Materialien ..., Bd. 1, 155; ders.: »Überleitung« ..., 86.

Herz selbst schrieb an seine Geschwister, dass ihm die Rolle des Außenstehenden angenehmer wäre, zumal »unsereiner doch auch ziemlich einflußlos war.« Aber sowohl seine heftige Reaktion auf die Nichtwiederwahl als auch die Aufgaben, die er im Auftrag des Landeskonsistoriums weiter übernahm, lassen Zweifel an dieser Aussage aufkommen.

Die neue Kirchgemeindeordnung wurde am 2. März 1921 verabschiedet. In ihr wurde unter anderem den einzelnen Kirchgemeinden der Status einer Körperschaft öffentlichen Rechts verliehen. In Kraft treten sollte die Kirchgemeindeordnung am 1. Januar 1922, tatsächlich geschah das aber erst am 1. April 1922. Diese Verzögerung sorgte für Unsicherheit und Unmut in den Gemeinden und der kirchlichen Presse.[105] Aufgrund der angespannten Erwartung und der Bedeutung, die die neue Verfassung für die Landeskirche hatte, ist es verständlich, dass sie möglichst aus einem Guss sein sollte. Zuerst musste also die grundlegende Frage geklärt werden, ob eine Kirche Jesu Christi sich überhaupt eine Verfassung geben dürfe. Die Frage wurde schließlich mit ja beantwortet, wobei klar betont wurde, dass die Verfassung eine Folge der Veränderungen der Verfassungen der Weimarer Republik und des Freistaates Sachsen sei. In sich klärte die Verfassung des Freistaates Sachsen das Verhältnis von Staat und Kirche allerdings nicht, weil die Länderverfassungen nach § 17 der Weimarer Reichsverfassung (WRV) Teil der Reichsverfassung waren und die Artikel der WRV entsprechend galten. Lediglich Artikel 50 der Verfassung des Freistaates Sachsen definiert, dass die Regierung die staatliche Aufsicht nach den Landesgesetzen über die Religionsgesellschaften ausübe. In der Verfassung der Landeskirche wurde besonders hervorgehoben: »§2 (1) Das evangelisch-lutherische Bekenntnis der Landeskirche bleibt unverändert. (2) Sein Inhalt ist nicht Gegenstand der kirchlichen Gesetzgebung.«[106] In der Synode fanden drei Lesungen des Verfassungsentwurfs statt. Das entsprach zwar nicht der Geschäftsordnung, war aber durch Beschluss der Synode und unter Zustimmung des Kirchenregiments zulässig. Am 23. Februar 1922 beschloss die Synode die Verfassung gegen eine Stimme, die Verabschiedung erfolgte am 29. Mai 1922. In Kraft treten konnte die Verfassung allerdings erst 1926, nachdem der sächsische Landtag das »Gesetz über die Aufhebung von Behörden der Evangelisch-lutherischen Landeskirche« am 17. Juli 1926 ratifiziert und damit die bisherigen staatlichen Kirchenbehörden aufgelöst sowie die Fortzahlung der bisherigen Staatsleistungen zugesichert hatte.[107]

Die Auseinandersetzungen, die es um die Höhe und die Ablösung der Staatsleistungen gab, waren dadurch jedoch nicht beendet. Die Finanzfrage war

105 Vgl. den Artikel »Kirchengesetzgebung auf Vorrat«. NSKBl 14 (1921), 298–290.

106 Huber, Huber: Staat und Kirche ..., Bd. IV, 644 (Nr. 290).

107 Vgl. SGVBl 23 (1926), 153. Nachdem sich das Land Sachsen 1920 eine Verfassung gegeben hatte, wechselte die Bezeichnung von Volkskammer in Landtag.

eine besonders schwierige. Die WRV verlangte, dass die Trennung von Kirche und Staat auch in finanzieller Hinsicht erfolgen sollte und gab auch Normen für die Ablösung der Staatsleistungen vor. Zu einem reichsweit geregelten Ablöseverfahren kam es aber nicht. Die sächsische Regierung hatte schon zeitig angekündigt, dass mit dem Wegfall aller Staatsleistungen zu rechnen sei. Vor allem die Gehaltszuschüsse zu den Pfarrgehältern stießen auf wenig Gegenliebe bei der neuen Regierung. Die im Herbst 1919 einsetzende Teuerung ließ die Gehälter unter das Lebenshaltungsniveau sinken.[108] Die sächsische Regierung reagierte mit einer Teuerungszulage und einer Neuordnung der Besoldung für ihre Beamten, die im Februar 1920 erlassen wurde. Ein Antrag des Landeskonsistoriums, das nun auch die Pfarrgehälter in dieser Weise anpassen wollte, wurde von der Volkskammer abgelehnt, ebenso die Erhöhung der Staatszulagen von knapp vier Millionen auf 14 Millionen Mark. Genehmigt wurden zehn Millionen Mark, allerdings nur als vollverzinsliches Darlehen. Da auch die Erhebung einer Landeskirchensteuer noch nicht genehmigt war, sah sich die Landeskirche in einer bedrängten Situation, die sie durch eine neue Besoldungsordnung aufzufangen suchte.[109] Diese Besoldungsordnung war von Johannes Herz mit ausgearbeitet worden.[110] Das Recht zur Besteuerung ihrer Mitglieder war für Religionsgesellschaften schon 1919 in Artikel 137 der WRV festgeschrieben worden, doch erst im Sommer 1921 verabschiedete die Volkskammer ein Gesetz über das Steuerrecht der öffentlich-rechtlichen Religionsgesellschaften, das die Erhebung einer Landeskirchensteuer als Teil der Einkommenssteuer ermöglichte.[111] Herz war deshalb am 9. September 1922 im Landesfinanzamt zu einer Besprechung über das geplante Steuerabkommen mit Dr. Steinbeck gewesen. Herz hielt das geplante Steuerabkommen nicht für den besten Weg.[112]

Eine mit der Kirchensteuergesetzgebung verbundene Welle von Kirchenaustritten führte zu weiteren finanziellen Einbußen. Durch die steigende Inflation verschärfte sich die Notlage der Landeskirche und der einzelnen Gemeinden immer mehr. Die sächsische Regierung verweigerte der Landeskirche jede Hilfe, sogar die vom Reich bereitgestellten Gelder wurden von ihr lange nicht

108 Das NSKBl berichtete über Landpfarrer, die Ackerbau betreiben mussten und über einen Stadtpfarrer, der in einer Schwerspatgrube arbeitete, um seine Familie zu ernähren. NSKBl 37 (1919), Sp. 574 und 39 (1919), Sp. 603. Viele der Leipziger Pfarrer übten eine Nebentätigkeit bei einer Bank aus. JdH 1 (1925), 97.

109 Vgl. SGVBl 13 (1920), 81–86.

110 Vgl. Rundbrief von Herz an seine Geschwister vom 9. Oktober 1920. StAL Na Herz 9/1.

111 Vgl. SGVBl 15 (1921), 202.

112 Vgl. Eintragung im Amtskalender vom 9. September 1921. UAL Na Herz 2/2. Besprechungen von Herz und Steinbeck zu kirchlichen Steuer- und Finanzfragen fanden bereits am 13. August 1920 und am 3. Mai 1921 statt.

abgerufen. In Leipzig konnte der Kirchgemeindeverband im Herbst 1923 die Pfarrgehälter nicht mehr bezahlen. Johannes Herz hatte am 27. August 1923 eine Nebenbeschäftigung – so wie 90 % der Leipziger Pfarrer – in einer Bank aufgenommen, um den Lebensunterhalt für sich und ihre Familie zu sichern.[113] Nach fünf Monaten beendete er diese Tätigkeit. Wegen Überarbeitung schickte ihn der Arzt im Februar 1924 für 14 Tage zur Kur.

Die Notlage der sächsischen Landeskirche wurde durch Hilfen aus dem Ausland teilweise aufgefangen; aus Holland, Schweden, der Schweiz und den Vereinigten Staaten kam materielle Hilfe. Der älteste Sohn Heinz Herz verbrachte dank dieser sogenannten Pfarrhaushilfe 1924 einige Zeit in Utrecht.

Der Rechtsstreit um die Ablösung der Staatsleistungen dauerte bis 1932. Durch einen Schiedsspruch und das Einverständnis der Landeskirche wurden die Höhe der weiterhin zu zahlenden Staatsleistungen und eine Ablösesumme von fünf Millionen Mark für die vorangegangenen Jahre festgelegt. Die Ablösesumme war ein Kompromiss, den die Landeskirche zu ihren Ungunsten einging. Die Summe sollte von 1933 an in vierteljährlichen Raten zu 200.000 Reichsmark gezahlt werden. Durch die weitere politische Entwicklung in Deutschland wurde die Gesamtsumme nie gezahlt.[114]

1.3 Die Kirchenaustrittsbewegung[115]

Die kirchenfeindliche Politik der Landesregierung zeigte sich nicht nur in der Finanzfrage, sondern auch im Übergangsgesetz für das Volksschulwesen[116] und besonders im Kirchenaustrittsgesetz vom 4. August 1919.[117] Auf der einen Seite wurde der Kirchenleitung mit diesem Gesetz eine große Angst genommen. Böhme hatte bei dem Gespräch mit dem Aktionsausschuss geäußert:

> »Die jetzigen Gewalthaber sagen: So wie die Verhältnisse jetzt stehen, kann es nicht bleiben. Bis jetzt sind die Leute bei der Kirche geblieben, weil sie dabei bleiben mußten. Sie konnten sonst nicht Lehrer, Beamte, etc. werden. 4 ½ Millionen Seelen zählen zur Landeskirche. Nun wird das entscheidende sein, wie

---

113 Vgl. Eusebius redivivus: Leipziger Kirchenchronik auf das Jahr 1923/24, JdH 1 (1925), 97, Zahlen ebd. (93–104). Zum Leipziger Kirchgemeindeverband siehe Kapitel 4.2, 224–228.

114 Vgl. zur Finanzfrage: Karl-Heinz BAIER: Das Problem der Staatsleitungen an die Evangelisch-lutherische Landeskirche Sachsens und dessen Klärung in der Weimarer Republik. Ein Beitrag zum Problem der Trennung von Kirche und Staat nach der Novemberrevolution von 1918. Diss. theol. MS Leipzig 1987. Siehe auch Kapitel 4.3, 259.

115 Zur Kirchenaustrittsbewegung allgemein: Jochen-Christoph KAISER: Arbeiterbewegung und organisierte Religionskritik. Proletarische Freidenkerverbände in Kaiserreich und Weimarer Republik, Stuttgart 1981. Auf die besondere sächsische Situation nach dem Ersten Weltkrieg geht Kaiser nicht ein.

116 Siehe dazu Kapitel 4.4.

117 Vgl. SGVBl 18 (1919), 205f. Dazu die Verordnung, ebd., 206–212.

die Machthaber die Frage stellen: ›Wer ist als Angehöriger der Landeskirche zu betrachten?‹ Wenn die Machthaber verlangen, daß nur die als Mitglieder der Kirche anerkannt werden, die ausdrücklich möglichst schriftlich dieses erklären, dann haben wir mit einem furchtbaren Abfall von der ganzen Kirche zu rechnen. Dann müssen wir mit dem Wegfall der ganzen sozialdemokratischen Bevölkerung rechnen. Es wird darauf ankommen, ob man – nach dem bekannten französischen Muster diesen Schritt so tut, daß man die Bildung von Privatkirchen – Privatvereinen gestattet und besondere Beitrittserklärungen verlangt. Tritt dieser Fall ein, so ist es für die Landeskirche ein vernichtender Schlag. Unter dem Zwange der Revolution ist dann die Kirche in ihrer Ausbreitung auf das Äußerste beschränkt.

Der Gegensatz wäre: daß anerkannt wird, daß man alle als Glieder der Landeskirche ansieht, die jetzt dazugehören, daß man nicht Beitrittserklärungen sondern Austrittserklärungen fordert. Würde das erreicht werden, dann würde das ein großer Segen sein für das Volk und für die Landeskirche. Nicht der 10. Teil derer, die dann das Recht hätten, würden zu dem Entschluß gelangen, der Kirche den Rücken zu wenden. Ich hebe diesen Gesichtspunkt hervor, weil drüben die Herren sich hierüber noch nicht klar sind. Und doch ist diese Beitritts- oder Austrittserklärung der Kernpunkt der Sache.«[118]

Das Kirchenaustrittsgesetz schien im Grundsatz mit den Wünschen der Kirchenleitung übereinzustimmen. Doch diese von der Kirchenleitung präferierte Behandlung der Frage nach der Kirchenzugehörigkeit war zweischneidig. Der Gesetzgeber hatte den Kirchenaustritt sehr vereinfacht. Der Austritt war vom 14. Lebensjahr an möglich, er kostete keine Gebühren und war unbürokratisch zu vollziehen. Ein Nachweis über die eigene Person mit einem Ausweisdokument musste nicht erbracht werden, ebenso konnte ein Erziehungsberechtigter allein über die Zugehörigkeit seiner Kinder zur Kirchgemeinde entscheiden. Das Kirchenaustrittsgesetz zog zusammen mit den Kirchenaustrittsversammlungen einen enormen Mitgliederschwund nach sich.[119]

Die Kirchenaustrittsversammlungen waren nichts grundlegend Neues. Es gab sie schon vor dem Ersten Weltkrieg. Auch damals hatten sich die SESV und namentlich Johannes Herz damit befasst, solche Veranstaltungen besucht, auch Verhaltensregeln für solche Besuche aufgestellt, Kirchgemeinden Hilfe der SESV angeboten und Material gesammelt. Dass die Kirchenaustrittsbewegung vor dem Krieg in Sachsen nicht so erfolgreich war, führte Georg Liebster auch auf das Wirken der SESV, besonders auf die von ihr veranstalteten öffentlichen-

118 Dok. 8, Bl. 7 In: Feurich: Materialien ..., Bd.2.

119 Von 1919 – 1925 traten ca. 270.000 Gemeindeglieder aus der Landeskirche aus, nur 20.000 traten zu ihr über. JdH 9 (1935), 62. In Leipzig waren in der Zeit von 1919 – 1926 reichlich 87.000 Gemeindeglieder ausgetreten. JdH 1 (1925), 95 und JdH 4 (1928), 63.

religiösen Diskussionsabende zurück, die der Arbeiterschaft die Möglichkeit gegeben hatten, die Kirche von einer »besseren Seite« kennenzulernen.[120]

Nach dem Ersten Weltkrieg begann die Austrittsbewegung schleppend, sodass einige kirchliche Vertreter darin keinen Grund zur Sorge sahen, sondern im Gegenteil annahmen, dass die Kirche lediglich von »lauen« Gliedern befreit würde. In den Kirchenaustrittsversammlungen wurde gezielt und agitatorisch dafür geworben, aus der Kirche auszutreten. Zu den Argumenten zählten: die Kirche sei die schwarze Polizei des Kapitalismus, sie vertröste auf das Jenseits, hielte es mit den Reichen, hetze zum Krieg, sei kulturfeindlich, sei sehr reich, gebe aber davon nichts her, helfe nicht, verlange hohe Zuschüsse, hohe Kirchensteuern und sei wissenschaftlich rückständig.[121] Der Erfolg stellte sich bald ein, zumal die Bewegung vielfältige Unterstützung erhielt. In der SPD wurde 1921 die Losung ausgegeben: »Kirchenaustritt ist Parteisache«. 1922 verpflichteten Feuerbestattungsvereine ihre Mitglieder zum Kirchenaustritt.[122] In Leipzig hatte sich ein »Kartell freigeistiger Vereine« gebildet, die über Pressemitteilungen und Flugblätter zum Kirchenaustritt aufriefen.[123]

Von Seiten der Kirche reagierte man mit organisierten Gegenmaßnahmen, wobei neben den kirchlichen Leitungsorganen auch der Volkskirchliche Laienbund eine wichtige Rolle spielte. Apologetische Ausschüsse wurden gebildet, in Leipzig unter der Geschäftsführung von Fiebig, die die Situation beobachteten, Gegenmaßnahmen koordinierten und statistisches Material zur Verfügung stellten. Gegen die Vorwürfe sollten Tatsachen angeführt werden. Eine Verhaltensmaßnahme für die Geistlichen, die solche Veranstaltungen besuchten, lautete: »Nichts Erbauliches, nicht sich ärgern lassen, nicht bekehren wollen. Ohne Konzessionen!«[124] Im gesammelten Material fanden sich die Namen der gegnerischen Redner, Argumente für eine Gegenagitation unter dem Motto: »Angriff ist die beste Parade«, die Hauptargumente der Gegner, eine Liste der Redner, die bereit waren, in den Austrittsversammlungen aufzutreten – an zweiter Stelle Johannes Herz –, Zahlen zur Kirchensteuer und weiterführende Literatur. Des Weiteren wurde ein Flugblatt herausgegeben, das die wesentlichen Vorwürfe richtigstellte oder zu entkräften suchte. Johannes Herz verfasste einen Artikel

120 Vgl. Georg LIEBSTER: Die öffentlichen religiösen Diskussionen. In: Zehn Jahre evangelisch-soziale Arbeit in Sachsen. 15–30, 23.

121 Vgl. Protokoll Apologetischer Ausschuss vom 15. September 1919. EphAL I-C 16, Schrank 1, Fach 2, Bl. 177.

122 Vgl. Mitteilung von OKR Cordes bei der Sitzung des Kirchenausschusses Leipzig am 14. November 1922. EphAL I-C 35, Schrank 1, Fach 3.

123 Vgl. dazu Erich STANGE: Der Aufmarsch der neuesten Kirchenaustrittsbewegung. In: Erich Stange (Hg.): Der Kampf gegen die Kirche. Ein Merkbuch, Berlin 1920, 13–15, 15.

124 Protokoll Apologetischer Ausschuss vom 15. September 1919. EphAL I-C 16, Schrank 1, Fach 2, Bl. 177.

unter der Überschrift: Die Wahrheit über unsere Kirchensteuern.[125] Den großen Kirchenaustrittswellen konnte damit nur bedingt etwas entgegengesetzt werden. Die Synode reagierte mit einer »Verordnung, die Richtlinien für das Verhalten von Geistlichen usw. bei Austritten aus der Landeskirche betreffend«,[126] die den Umgang mit Ausgetretenen im Bezug auf kirchliche Handlungen regelte. So wurde beispielsweise bestimmt, dass auch Kinder von Ausgetretenen getauft werden konnten, wenn die christliche Erziehung von den Eltern zugesagt und durch die Paten gewährleistet würde.

An den hohen Austrittszahlen zeigte sich, dass die Landeskirche vor dem Krieg nicht nur die Arbeiter, sondern auch die Jugend vernachlässigt hatte, was sie nun zu spüren bekam. In der Frage der Jugendarbeit waren liberale Theologen, namentlich Johannes Herz, die sich bereits für die Integration der Arbeiter und Sozialdemokraten eingesetzt hatten, schon vor dem Ersten Weltkrieg tätig geworden.[127] Dass es hier ein Defizit gab, hatte man erkannt. Nun sollten entsprechende Gegenmaßnahmen getroffen werden. Die Zauberformel lautete *clerus minor*: Laien sollten zu Jugendpflegern und Gemeindehelfern ausgebildet werden und Helferschaften entstehen – dazu muss auch das Religionslehrerseminar in Leipzig gezählt werden, das 1919 errichtet worden war, um die Fortsetzung des bekenntnismäßigen Religionsunterrichts zu gewährleisten.[128] So sollten bereits Kinder und Jugendliche mit dem kirchlichen Leben vertraut gemacht und in das Gemeindeleben integriert werden. Zu diesen Bestrebungen passt der Antrag der Minderheit des Verfassungsausschusses in der 10. Landessynode, der das kirchliche Wahlalter für Kirchenvorstand und Synode herabgesetzt wissen wollte, um durch die Übertragung von Verantwortung eine Bindung an die Gemeinde zu erreichen. Am 1. Dezember 1918 wurde eine neue Kindergottesdienstordnung erlassen, im Juni 1920 folgten Richtlinien zur Handhabung.

Für Herz war der Kindergottesdienst eine vertraute und geschätzte Form der Verkündigung, der er Aufmerksamkeit beimaß. Sein Vater, Paul David Herz, hatte während seiner Amtszeit in Zittau den Kindergottesdienst in der Stadt eingeführt. Kurz nachdem Johannes Herz die Pfarrstelle in Leipzig-Gohlis übernommen hatte, hatte er dem Kindergottesdienst in seiner Gemeinde ein eigenes Gepräge gegeben: »Im Kindergottesdienst stellte ich eine Reihe neuer Helferinnen ein, nahm eine neue Gruppeneinteilung vor und führte eine andere Gottesdienstordnung ein.«[129] In der Kinderbewahranstalt der Gemeinde, dem Hildegardstift,[130] hielt er Andachten für die Kinder. In einem Brief an ihn heißt

125 Das gesamte Material findet sich in EphAL I-C-16, Schrank 1, Fach 2, Bl. 17–34.
126 Verordnung vom 20. Februar 1920. SGVBl 2 (1920), 13–15.
127 Vgl. dazu Kapitel 2, 74–76.
128 Vgl. CW 26 (1919), 421.
129 Eintragung im Amtskalender vom 5. Dezember 1915. UAL Na Herz 2/2.
130 Siehe dazu Kapitel 2.

es: »Übrigens, wie man Kindern von Gott erzählen soll, habe ich ja endlich bei Ihnen gesehen.«[131] 1940 wurde Herz von der Gestapo wegen einer Einladung zu einem Mütterabend unter dem Thema »Wie erzählen wir unseren Kindern die biblischen Geschichten?« verhört.[132] In ähnlich engagierter Weise hatte er sich auch mit der Jugendarbeit befasst und konnte im Dezember 1919 von der Weihnachtsfeier der beiden »neugegründeten Jugendvereine« seiner Gemeinde berichten.[133]

2 Nach dem Zweiten Weltkrieg[134]

Die kirchliche Situation nach dem Zweiten Weltkrieg war prekär. Nach den anfänglichen Unsicherheiten, die durch die wechselnde Besatzung entstanden waren, galt es zunächst, unter einer Besatzung und später einer Regierung, deren weltanschauliche Grundlage der atheistische Materialismus war, eine »zerstörte« Kirche wieder lebensfähig zu machen. Die Besatzungsmacht forderte zugleich eine Entnazifizierung der Kirche. Anders als bei staatlichen Institutionen wurde der Kirchenleitung die Entnazifizierung als »Selbstreinigung« in die eigenen Hände gelegt. Durch diesen Umstand ging sie eher moderat und etwas schleppend vonstatten, sodass die Drohung laut wurde, der Kirche die Entnazifizierung wieder zu entziehen. Auch aus den eigenen Reihen wurden Stimmen laut, denen die »Selbstreinigung« nicht weit genug ging. Dazu zählten neben Pfarrern, die im Dritten Reich selbst benachteiligt wurden, die Religiösen Sozialisten. Letztendlich blieb es dabei, dass die Entnazifizierung von der Kirche selbst vorgenommen wurde.[135]

Wie bereits nach dem Ende des Ersten Weltkriegs engagierte sich Johannes Herz auch nach 1945 bei der Erneuerung der Landeskirche. Da er bereits vor 1933 eine klare antinationalsozialistische Haltung eingenommen und auch im Kirchenkampf als eine der Führungspersönlichkeiten der »Mitte« eine deutliche Position bezogen hatte, war er ein für den Neuaufbau unbedenklicher Gewährsmann. So zählte er zu den elf Männern, die im Mai 1945 in Leipzig über eine schnelle Bildung einer vorläufigen Kirchenleitung und deren Zusam-

---

131 Brief von Elisabeth Weber an Johannes Herz vom 17. Februar 1935. UAL Na Herz 31/1.

132 Siehe dazu Kapitel 4.4, 288f.

133 Vgl. Eintragung im Amtskalender vom 22. Dezember 1919. UAL Na Herz 2/2.

134 Die Neugestaltung nach dem Zweiten Weltkrieg wird wegen der thematischen Nähe entgegen der Chronologie schon hier verhandelt.

135 Ausführlich zur Situation der Landeskirche und zur »Selbstreinigung« Markus HEIN: Die Sächsische Landeskirche nach dem Ende des Zweiten Weltkrieges (1945–1948). Neubildung und Selbstreinigung der Pfarrerschaft, Leipzig 2002 (HCh Sonderbd.; 6); etwas gedrängter Georg WILHELM: Die Diktaturen und die evangelische Kirche. Totaler Machtanspruch und kirchliche Antwort am Beispiel Leipzigs 1933–1958, Göttingen 2004, 225–261.

mensetzung berieten.[136] Auf ephoraler Ebene war er 1945 nach dem Rückzug von Oskar Bruhns zum stellvertretenden Superintendenten des Kirchenbezirks Leipzig-Stadt gewählt worden. Dass dabei seine Nähe zu Superintendent Heinrich Schumann ein mitbestimmender Faktor war, ist wohl nicht zu bestreiten. Damit wurde die starke Position der Mitte in Leipzig, die durch die Ernennung Schumanns zum Superintendenten und Bruhns zu seinem Stellvertreter entstanden war, erhalten. Das änderte sich erst, als 1953 mit Herbert Stiehl ein enger Vertrauter Hugo Hahns das Superintendentenamt übernahm.

Wegen des Fehlens eines Landeskirchenausschusses hatte der landeskirchliche Beirat[137] am 27. November 1947 einen Ausschuss gewählt, der die Mitglieder der 16. Landessynode[138] berufen sollte. Diesem gehörte neben dem Landesbischof Hugo Hahn, dem Leiter des Landeskirchenamts Erich Kotte und dem Vorsitzenden des Beirats Albrecht Oepke auch Johannes Herz als weiteres geistliches Mitglied an. Als weiteres weltliches Mitglied war Hugo Hickmann gewählt worden. Herz wurde in die 16. Landessynode berufen und arbeitete dort wieder im Verfassungsausschuss und außerdem im Rechtsausschuss sowie im Sozialausschuss mit.

Ein wichtiges Anliegen der Synode war es, eine deutliche Zäsur zur Vergangenheit unter der NS-Herrschaft zu setzen. Dazu gehörte auch das »Kirchengesetz über die Gültigkeit des kirchlichen Gesetzgebungswerkes der nationalsozialistischen Zeit«. Berichterstatter für die Vorlage in der Synode war Johannes Herz. Er führte aus, dass in dieser Zeit Gesetze und Verordnungen entweder von nichtkirchlichen Instanzen erlassen worden waren oder von Instanzen, die zwar dem Namen nach kirchlich schienen, aber unter kirchenfremden Einflüssen gebildet worden waren. Diese Gesetze und Verordnungen entbehrten nun der rechtlichen Grundlage und seien daher als ungültig anzusehen. Die kirchlichen Behörden würden bereits nach dieser Auffassung verfahren. Der Synode obliege es, »dieser Praxis eine formal-rechtlich unangreifbare gesetzliche Grundlage zu geben.«[139] Das Gesetz wurde in Einzelabstimmung der Paragraphen einstimmig angenommen. Herz betonte am Ende seiner Ausführungen:

---

136 Die Kirchenleitung sollte aus dem Superintendenten von Leipzig-Stadt, einem Vertreter der Theologischen Fakultät, einem Vertreter der Pfarrer, einem Juristen, einem Vertreter der Schule und einem Finanzsachverständigen bestehen. Vgl. Hein: Die sächsische Landeskirche ..., 45.

137 Der landeskirchliche Beirat übernahm die Interimsleitung der Sächsischen Landeskirche von 1945 bis 1950. Vgl. dazu Hein: Die sächsische Landeskirche ..., 104–111.

138 Die ursprünglich 16. »braune Synode« (1933–1934) war nach 1945 aus der Zählung entfernt worden.

139 Akten der 16. Evangelisch-lutherischen Landessynode der Evangelisch-lutherischen Landeskirche Sachsens, Bd. 2, 8. Sitzung, 25. Oktober 1948, 168.

»Wir ziehen damit einen deutlichen Trennungsstrich zu einer Epoche deutscher Geschichte, die nicht nur für unser ganzes Volk, sondern auch für die evangelische Kirche und ganz besonders für unsere Sächsische Landeskirche eine schwere Belastung und eine ernste Gefahr gewesen ist. Wir tun es mit Dank gegen Gott, daß unsere Kirche diese Belastung und Gefahr überwunden hat, und wir tun es zugleich mit der Bitte: Gott möge uns Gnade und Kraft geben, daß unsere Kirche in Freiheit von solchen Belastungen ihren Weg weitergehen und ihren äußeren und inneren Aufbau vollziehen kann.«[140]

Ein weiterer Schritt, um einen Trennungsstrich unter die Vergangenheit zu ziehen, war die Diskussion um eine neue Kirchenverfassung. Diese nahm, wie bereits in der 11. Landessynode, einen breiten Raum ein. Eine erste Vorlage reichte das Landeskirchenamt am 4. Oktober 1948 bei der Synode ein. Besonders auffällig ist, dass die Frage nach dem Recht, die eine Verfassung innerhalb einer evangelischen Kirche haben kann, deren Grundlage doch vielmehr das Wort Gottes ist und deren Aufgabe die Verkündigung desselben, schon aufflammte, als über die Bildung eines Verfassungsausschusses gesprochen wurde. Herz erläuterte in der Aussprache dazu, nach welchen Gesichtspunkten seiner Meinung nach eine kirchliche Verfassung aufgebaut sein müsse. Sie dürfe erstens kein Instrument der Machtausübung sein, sondern des Dienstes. Zweitens müsse sie in evangelischer Weise, nämlich auf Vertrauen unter den Instanzen, aufgebaut sein. Die Verfassung müsse drittens eigenständig und an der eigenen Geschichte orientiert sein und jede Schablonisierung vermeiden. Sie solle viertens kurz und verständlich, »volkstümlich« sein. Und fünftens bedürfe es eines Ausschusses, der die Synode auch außerhalb ihrer Tagungen gegenüber dem Landesbischof und dem LKA vertrete. Die Synode, der Landesbischof und das LKA seien, so Herz, die drei unentbehrlichen Instanzen einer kirchlichen Verfassung.[141] Während der Verhandlungen zur Änderung der Verfassung wurde zweimal ein Verfassungsausschuss gebildet, der zum Teil in weitere Unterausschüsse gegliedert war. Erst im Dezember 1950 kam es zur endgültigen Beratung im Plenum. Angenommen wurde die Änderung der Verfassung am 13. Dezember 1950 gegen drei Stimmen; sie trat am darauf folgenden Tag in Kraft. Warum aus formalen, kirchenrechtlichen Gründen nicht von einer neuen, sondern einer geänderten Verfassung gesprochen wurde, wurde von Carl Ihmels vor der Abstimmung nochmals erläutert:

»Sie erinnern sich, daß wir in der ursprünglichen Vorlage von einer neuen Verfassung gesprochen haben. Der Verfassungsausschuss meint, daß wir den Zusammenhang mit der alten Verfassung hier betonen sollten. Wenn Sie vergleichen, werden Sie ja finden, daß viele Paragraphen der alten Verfassung wörtlich übernommen worden sind. Außerdem haben uns die Ausführungen von dem Konsyn[odalen] Prof. Dr. Hickmann ja gezeigt, daß auch das, was neu ist, als

140 Akten der 16. Landessynode ..., Bd. 2, 169.

141 Vgl. Akten der 16. Landessynode ..., Bd. 2, 11. Sitzung, 28. Oktober 1948, 217f.

notwendige Weiterentwicklung der alten Verfassung angesehen werden muß. Es scheint uns wegen der kirchenrechtlichen Folgen doch wichtig zu sein, daß wir hier nicht von einer neuen Verfassung reden, sondern von einer Änderung der alten Verfassung, von einer Weiterentwicklung.«[142]

In der Präambel war der unveränderbare Bekenntnisstand der Landeskirche festgehalten worden. Die lutherischen Bekenntnisschriften, also die drei altkirchlichen Symbole, die unveränderte Augsburgische Konfession von 1530, die Apologie, die Schmalkaldischen Artikel, die Katechismen Martin Luthers und die Konkordienformel waren aufgeführt. Die Barmer Theologische Erklärung wurde, anders als in anderen Landeskirchen, nicht aufgenommen, weil man in ihr keine Bekenntnisschrift sah. Dieses Festschreiben der Bekenntnisse zeigt, wie sehr man darum besorgt war, das neuerliche Eindringen von Irrlehren zu verhindern.

Starke Meinungsverschiedenheiten gab es bei der Frage nach Amt und Ämtern. Regelrecht gespalten war die Synode bezüglich des Kirchengesetzes über das Amt der Vikarin.[143] Die Differenzen waren so groß, dass der Ältestenausschuss die Vorlage schließlich zurückzog.[144] In der Praxis allerdings gab es kriegsbedingt bereits Vikarinnen, die ein volles Gemeindepfarramt geführt hatten und auch die Sakramente verwalteten. Diese Rechte sollten ihnen durch die Ablehnung der Vorlage wieder entzogen worden. Die Ephoralvikarin der Ephorie Zwickau, Charlotte Sebastian, hatte sich mit einem Brief an alle Synodalen gewandt, in dem sie anführte, dass Frauen in Schweden sogar zur Bischöfin geweiht würden, und darum bat, den Vikarinnen nicht die einmal verliehenen Rechte wieder zu nehmen.[145] Noch einmal zeigte sich die Uneinigkeit in dieser Frage bei der Abstimmung der einzelnen Paragraphen der Verfassung. Während alle Paragraphen einstimmig oder gegen eine verschwindende Minderheit angenommen worden waren, wurde für den § 6 die Abstimmung über die jeweiligen Abschnitte gefordert. Abschnitt drei: »Das Amt eines Gemeindepfarrers darf nur Männern übertragen werden« wurde mit 30 zu 26 Stimmen angenommen. Das war nicht die erforderliche Zweidrittelmehrheit, derer es für eine Verfassungsänderung bedurft hätte, wie aus den Reihen der Synodalen auch angemerkt wurde. Dass die Änderung der Verfassung an diesem Punkt nicht scheiterte, lag darin begründet, dass über die Verfassung als Ganze extra abgestimmt wurde.

---

142 Akten der 16. Landessynode ..., Bd. 3, 3. Sitzung, 13. Dezember 1950, 648.

143 Vgl. Vorlage 35, Akten der 16. Landessynode ..., Bd. 1: Erste Abteilung: Vorlagen des Evangelisch-Lutherischen Landeskirchenamts Sachsens an die Landessynode, A29–A32. Vgl. auch die Diskussion um die Vorlage, Akten der 16. Landessynode ..., Bd. 3, 31. Sitzung, 20. Oktober 1950, 580–600.

144 Vgl. Akten der 16. Landessynode ..., Bd. 3, 32. Sitzung, 23. Oktober 1950, 608.

145 Vgl. Brief von Charlotte Sebastian an Herz. UAL Na Herz 25/2.

Neu eingeführt wurden außerdem die Kirchenleitung, auf die man 1922 verzichtet hatte, die Kirchenbezirke als Selbstverwaltungsorgane auf mittlerer Ebene mit Bezirkskirchenvorstand und Kirchenbezirkssynode. Die Taufe wurde als der Punkt, an dem man die Kirchenzugehörigkeit erwirbt, benannt. Die Verfassung sprach jetzt nicht mehr von Mitgliedern, sondern von Gliedern der Kirchgemeinden, um die existenzielle Dimension zu betonen – auch gegen Mitgliedschaften in Parteien und Vereinen. Außerdem gab es Bestimmungen über den Verlust der Kirchenzugehörigkeit. Hier ist eine Entwicklung erkennbar, in der die enge Bindung der Kirche an den Staat deutlicher als 1922 abgestreift war, unter anderem darin, dass sich das Selbstverständnis von einer Volkskirche, zu der jeder Bürger des Volkes zwangsläufig gehört, gewandelt hatte. Die Zugehörigkeit wurde freiwillig. Musste man vorher seinen Austritt aus der Kirche erklären, so war es nach der neuen Regelung notwendig seinen Eintritt in die Kirche – durch die Taufe – zu erklären. Zudem erlaubte sich die Kirche auch, Glieder auszuschließen.[146]

Die Synode beriet ebenso über die Ordnungen der Gottesdienste. Nach deutsch-christlichen Gottesfeiern und den brutalen und ernüchternden Erfahrungen des Krieges war es notwendig geworden, die Sprache der Gottesdienste der Sprache der Zeit anzupassen. Eine ähnliche Diskussion gab es bereits in der ersten Synode nach dem Ersten Weltkrieg.[147] In der 16. Landessynode standen neben der Agende I[148] auch die Taufordnung und die Konfirmationsordnung zur Debatte. Der Konfirmation und der Vorbereitung auf sie war nach der Trennung von Kirche und Staat seit 1918 eine neue Bedeutung zugewachsen. Die christliche Unterweisung der Kinder im Religionsunterricht war nicht mehr als selbstverständlich vorauszusetzen.[149] Der Konfirmandenunterricht war ein kirchlicher Unterricht, der ein Jahr lang, in der Regel an zwei Tagen in der Woche jeweils für eine Stunde, stattzufinden hatte.[150] Die Konfirmation erfolgte am Sonntag Palmarum. Dieser Termin war an der Schulentlassung orientiert, die – außer

146 Vgl. Kapitel 4.1.1, 174: Nach volkskirchlichem Verständnis gehörte jeder im Volk geborene durch die Geburt zur Kirche, die Taufe wurde als selbstverständlich folgend gedacht. Ausführlich zur Verfassungsänderung Heinrich HERZOG: Die Neugestaltung der Verfassung der sächsischen Landeskirche. In: Evangelisch-lutherisches Landeskirchenamt Sachsens (Hg.): Verantwortung. Untersuchungen über Fragen aus Theologie und Geschichte. Zum sechzigsten Geburtstag von Gottfried Noth, Berlin 1964, 80–92.

147 Siehe dazu Kapitel 4.4.1, 186f.

148 Die Agende I umfasst die Ordnungen der Hauptgottesdienste. In Sachsen Liturgie A für die allgemeinen Zeiten, Liturgie B für die Festzeiten und Liturgie C für die Fastenzeiten im Kirchenjahr.

149 Vgl. Kapitel 4.4, 244f. Besonders bemerkenswert ist dabei die Erkenntnis, dass die Kinder trotz des Besuchs des Religionsunterrichts die Grundlagen des christlichen Glaubens kaum kannten.

150 So § 6 der Konfirmationsordnung vom 31. Dezember 1924. SGVBl 2 (1925), 10.

an höheren Schulen – nach achtjährigem Unterricht zu Ostern erfolgte. Während der Konfirmationshandlung wurden die Konfirmanden, nachdem sie das Apostolische Glaubensbekenntnis gesprochen hatten, gefragt:

> »(1) ob sie sich zu diesem Glauben an Gott unseren Vater, Jesum Christum, seinen Sohn unseren Herrn, und den heiligen Geist vor Gott und den Menschen bekennen wollen, (2) ob sie sich ernstlich mühen wollen, diesem Glauben gemäß zu wandeln, der Sünde abzusagen und ihrem Heiland nachzufolgen, (3) ob sie zu unsrer evangelisch-lutherischen Kirche, die sie durch Gottes Wort und Sakrament zu diesem Heiland führt, die Treue halten wollen.«[151]

Dieses sogenannte Konfirmationsversprechen war von den Konfirmanden mit einem dreimaligen »Ja« zu beantworten.

Nach dem Zweiten Weltkrieg war die Konfirmationsordnung erneut Thema der Synode. Das Erleben der inneren Zerrissenheit und des Kirchenkampfes, wiederum die Erfahrungen des Krieges als innere Faktoren und auch die neue politische Situation als äußerer Faktor machten eine Diskussion der alten Ordnung und des theologischen Verständnisses der Konfirmation notwendig. Der Innere Ausschuss hatte im Herbst 1948 Thesen zur Konfirmationspraxis erarbeitet, die zunächst in die Kirchgemeinden gegeben wurden und dort diskutiert werden sollten. 85 Pfarrkonvente, 235 Kirchenvorstände und 45 Laienkreise antworteten darauf. Die Stimmung innerhalb der Gemeinden bildete durchaus auch die Stimmungslage in der Synode ab, deshalb sollen die Ergebnisse der Umfrage hier kurz vorgestellt werden.[152]

Eine erste These fragte nach der Unaufrichtigkeit der gegenwärtigen Konfirmationspraxis und nach der falschen theologischen Sicht auf die Konfirmation. Die Antworten konnten in drei Gruppen eingeordnet werden. Eine erste Gruppe bezeichnete allein das Aufwerfen der Frage als Fortschritt, sie empfand die Konfirmation »als einen Massenmeineid der Kirche«.[153] Als kurzfristige Lösung wurde die Möglichkeit vorgeschlagen, den Agendenzwang aufzuheben und den Pfarrern Abweichungen vom geltenden Konfirmationsformular zu ermöglichen. Die zweite Gruppe sah eine Reformierung als nötig an, betrachtete aber die Zeit und den Kontext als überaus ungünstig für Veränderungen innerhalb der Kirche. Die außerkirchlichen Kreise, so befürchtete man, könnten so zu einer Missdeutung der Konfirmation gelangen. Darum sei jede Übereile zu vermeiden. Eine Neuregelung sollte auf jeden Fall in Fühlung mit der Vereinigten Evangelisch-Lutherischen Kirche Deutschlands (VELKD) bzw. der EKD geschehen. Die dritte Gruppe, vor allem Pfarrer und Kirchenvorstände aus dem ländlichen Raum, vertrat stark konservative Ansichten und wollte die Konfirmation ohne große Änderung beibehalten:

---

151 § 8 (1) Konfirmationsordnung vom 31. Dezember 1924. SGVBl 2 (1925), 10f.

152 Die gesamte Darstellung in der Synode findet sich in den Akten der 16. Landessynode ..., Bd. 2, 14. Sitzung, 27. April 1949, 251–256, dort auch Zitate.

153 Akten der 16. Landessynode ..., Bd. 2, 14. Sitzung, 27. April 1949, 251.

»Die Kirche hat allen Grund, sich zu freuen über die Konfirmationssitte und sollte alles Jetzige dankbar festhalten. Um der schönen Sitte willen muß auch Unwahrhaftigkeit in Kauf genommen werden. Alle Not liegt nur im augenblicklichen Wirrwarr unserer Zeit begründet und in unserer, d.h. der Pfarrer, Unklarheit über die Konfirmation. Viel geändert braucht an der bisherigen Praxis nicht zu werden. Es bedarf nur einer klaren Definition des Begriffes Konfirmation.«[154]

Neben den Stimmen, die keine Änderung wünschten, gab es die häufig vertretene Ansicht, dass eine katechetische Konfirmation, ein Einsegnungsgottesdienst mit fürbittendem Charakter ohne Gelübde, aber mit Handauflegung, der geeignete Abschluss des Kinderkatechumenats sei. Später solle eine zweite Konfirmation mit Bekenntnis und Gelübde folgen, um die freiwillig nachgesucht werden müsse, die aber auch ganz entfallen könne.

Durch ihre Stellung als Abschluss des Kinderkatechumenats und gleichzeitig am Ende der achtjährigen Schulpflicht, aber auch durch die Verleihung der kirchlichen Rechte, also der Teilnahme am Abendmahl, dem Patenrecht und dem Recht auf kirchliche Trauung, habe die Konfirmation eine starke theologische Aufwertung erfahren, die ihrem Charakter eigentlich nicht entsprach. Nach der gängigen Praxis konnte z.B. das Abendmahl als ein Anhängsel der Konfirmation erscheinen, zu dem man auch erst als Konfirmierter berechtigt ist. Eine solche Ansicht steht allerdings dem lutherischen Sakramentsverständnis entgegen. Um solchen Verzerrungen entgegenzuwirken, wurde die Einführung der Kinderkommunion vorgeschlagen. Auch andere kirchliche Rechte sollten unabhängig von der Konfirmation verliehen werden, wie es für das Wahlrecht bereits zutraf. Hierbei gab es die wenigsten Divergenzen.

Die Frage nach der Verwendung eines Gelübdes bei der Konfirmation brachte dagegen wieder sehr starke Gegensätze, da es die Meinung gab, sie sei der Brennpunkt der ganzen Konfirmationsnot, die sowohl Pfarrer als auch Konfirmanden empfänden. Die Konfirmationsordnung von 1924 hatte ein dreiteiliges Gelübde vorgesehen.[155] Die konservativen Stimmen aus dem Land forderten das Festhalten am Gelübde; ebenso wurde »von theologisch-akademischer Seite [...] mit Ernst darauf hingewiesen, daß eine Armee, die den Fahneneid abschaffen würde, sich selbst abschaffen würde.«[156] Der Konfirmationsnot müsse nicht durch Abschaffen oder Aufweichen des Gelübdes, sondern durch seine Betonung gewehrt werden. Dabei gab es einige Stimmen, die den Begriff »Gelübde« durch »Versprechen« oder »Willenserklärung« ersetzen wollten. Die zweite Gruppe beabsichtigte das Gelübde durch die Antwort »Ja, mit Gottes Hilfe« statt des bis dahin üblichen »Ja« zu entschärfen oder die Frage durch Einschübe zu ergänzen bzw. anders zu formulieren. Die Vorschläge reichten von »Wollt ihr, soweit eure jugendliche Erkenntnis und euer Wille reicht...«

154 Akten der 16. Landessynode ..., Bd. 2, 14. Sitzung, 27. April 1949, 252.
155 Siehe dazu oben, 213.
156 Akten der 16. Landessynode ..., Bd. 2, 14. Sitzung, 27. April 1949, 254.

über »Ist euch gesagt worden...«, »Wisset ihr, daß euch gesagt worden ist...«, »Seid ihr des guten Willens...« bis zu ganz eigenen Formulierungen. Die dritte, liberale Gruppe wollte von einem Gelübde gar nichts wissen. Dies sei über den Pietismus eingedrungen und habe mit lutherischer Lehre nichts gemein. Es gäbe nur ein Gelübde, nämlich das Taufgelübde, das von Gott selbst käme, da er allein ein solches halten kann, weshalb die gesamte kirchliche Praxis von der »Gelübdeinflation« gereinigt werden sollte. Durch die in der Konfirmationsordnung vorgesehene Nachstellung hinter das Credo wirke das Gelübde wie ein *superadditum*. Anstelle des Gelübdes könnten eine Vermahnung, liturgisches Schweigen oder eine Einsegnung treten.

Der sakramentale Charakter der Konfirmation wurde von einer der Gruppen als selbstverständlich angesehen, er sei in der Handauflegung als exhibitive Geistesmitteilung gegeben,[157] außerdem werde die Feierlichkeit und damit die Bedeutung für die Konfirmanden erhöht. Während sich die zweite Gruppe am sakramentalen Charakter nicht störte, stand die dritte Gruppe einer sakramentalen Deutung strikt ablehnend gegenüber, weil der Konfirmation das *mandatum Christi* und die *promissio Dei* fehle. Der pseudosakramentale Charakter der Konfirmation führe im öffentlichen Bewusstsein zur Abwertung des Taufsakraments.

Zur Debatte standen noch die Fragen nach dem sentimentalen Charakter der Konfirmation und der Missbrauch der Konfirmandenabendmahlsfeiern.

Der Innere Ausschuss hatte unter Hinzunahme der Umfrageergebnisse eine Vorlage zur Konfirmationsordnung erarbeitet und diese der Synode im April 1949 vorgelegt.[158] Das ganze mit der Konfirmationsfrage einhergehende Dilemma spiegelte sich in der Vorlage wider, denn so vielfältig wie die Meinungen innerhalb der Landeskirche waren, waren sie auch in der Synode und im Inneren Ausschuss. Die vorgelegte Konfirmationsordnung war der Versuch eines Mittelweges, der gleichermaßen zu bewahren und zu verändern suchte, ohne aber dem einen noch dem anderen Ziel wirklich gerecht zu werden, da sowohl die im Volk und in den Gemeinden verankerte Formen als auch theologische Überlegungen und die Bedürfnisse der neuen Zeit zu ihrem Recht kommen sollten. Am Gelübde war in veränderter Form festgehalten worden; es sollte aber nicht mehr als solches benannt werden, um nicht in Konkurrenz zu dem Gelübde, das von Gott bei der Taufe geleistet wird, zu treten. Es sollte vielmehr eine Willensbildung der Konfirmanden sein und ein inneres Bekenntnis. Dafür, dass es sich dabei um ein Herzensbekenntnis handelt, welches nicht mit einem allgemein geleisteten Gelübde zu verwechseln sei, sollte die neue Formulierung sorgen. Allerdings war bereits die Erklärung für die Synodalen

157 Die exhibitive Form des Segens lautet: »Nehmt hin den Heiligen Geist!«

158 Vgl. Synodalschrift Nr. 25, Vorlage 129. Akten der 16. Landessynode ..., Bd. 1, B 33–B35.

sehr wortreich. Die Erklärung, die man für die Gemeinden zum Verständnis hätte beifügen müssen, wäre dann nochmals entsprechend länger ausgefallen. Die neue Form sollte lauten:

> »Seit eurer Taufe gehört ihr Jesus Christus, dem Gekreuzigten und Auferstandenen. Ihr seid in unserer evangelisch-lutherischen Kirche darauf unterwiesen worden, was dies bedeutet. Ich frage euch, ob ihr mit der ganzen Christenheit auf Erden den Glauben bekennen wollt, der bei eurer Taufe bekannt worden ist und aus dem die Gemeinde Jesu täglich lebt. Wenn dies euer Wille ist, so antwortet: Ja, durch Gottes Gnade.«[159]

Durch die neue Stellung des Konfirmationsversprechens vor dem Credo sollte auch das Gewicht des letzteren gegenüber dem ersten verdeutlicht werden. Nach der Einsegnung unter Handauflegung mit der Zueignung eines Bibelverses erfolgte die Bestätigung durch den Geistlichen mit dem Wortlaut: »[...] bestätige ich euch als Glieder [...]«.[160] Auch hier wurde in der Erklärung vor der Synode das Ringen um einen tragbaren Kompromiss deutlich: Obwohl die Konfirmation keinen konstitutiven Charakter besitzt, sollte eine Bestätigung erfolgen. Deshalb fehlten auch die Formeln »kraft meines Amtes«, »als verordneter Diener der Kirche« und »im Namen des Vaters und des Sohnes und des Heiligen Geistes«, da der Geistliche während der Konfirmationshandlung keinem besonderen kirchlichen Auftrag – wie etwa dem in der Beichte – folge. Da es sich bei der Konfirmation um kein Sakrament handelt, sollte der Gottesdienst auch kein Sondergottesdienst sein, sondern dem liturgischen Kalender folgen. Der Konfirmationstermin blieb der Palmsonntag, obwohl es nicht wenige Stimmen, unter anderem auch die des Landesbischofs Hahn, gab, die eine Verlegung wünschten, zumal im Lauf des Kirchenjahres der Sonntag Palmarum – als Eröffnung der Karwoche – eher ungeeignet erschien, um ein fröhliches Fest zu feiern. Favorisiert wurde der Sonntag Exaudi. Dadurch würde die gezwungene Verbindung von der Eröffnung der Karwoche und der Feier eines Festes gelöst, zumal in Gemeinden mit besonders vielen Konfirmanden schon am Sonntag Judika – dessen Charakter vollständig dagegen spricht, ein Fest zu feiern – die Konfirmationen begannen. Den Ausschlag für den Verbleib am Palmsonntag gab die Unsicherheit, ob die durch die Regierung eingeführte Verschiebung des Schuljahres Bestand haben würde.[161] Eine dann notwendige Rückkehr zum »alten« Konfirmationstermin sahen die Mitglieder des Inneren Ausschusses als den größeren möglichen Schaden.

Diese Vorlage stieß in weiten Teilen auf Unverständnis. Den Hauptstreitpunkt stellte das Gelübde dar. Bei den Gegnern war wohl nicht nur die Sorge um die Gewissensbelastung der zu Konfirmierenden ausschlaggebend; gerade

---

159 Vorlage 129. Akten der 16. Landessynode ..., Bd. 1, B 34.
160 Vorlage 129. Akten der 16. Landessynode ..., Bd. 1, B 35.
161 Das Schuljahr begann in der DDR am 1. September, dem Weltfriedenstag.

die Erinnerung an zwölf Jahre Hitlerdiktatur brachte eine regelrechte Scheu vor Gelübden mit sich. Landesbischof Hahn brachte es auf den Punkt: »In Gelübden sind wir ja Meister geworden im Dritten Reiche, und es dachte sich niemand etwas dabei, auch unter den Jugendlichen.«[162] Nach langer Diskussion wurde die Vorlage an den Inneren Ausschuss zurückgegeben, der sie für die Sitzung am nächsten Tag überarbeiten sollte. Dabei wurde der Vorschlag des Landesbischofs aufgenommen und das Glaubensbekenntnis durch das Einfügen der Erklärungen aus Luthers Kleinem Katechismus gestreckt. Die Konfirmanden sprachen also nach den jeweiligen Artikeln die entsprechenden Erklärungen. Es fand Anklang, dass »man die drei Glaubensartikel nicht in ihrer altkirchlichen Nacktheit herausstellt«,[163] sondern mit den Erklärungen Luthers »auf das rechte evangelische Verständnis des apostolischen Glaubensbekenntnisses«[164] hinwies. Trotzdem meldete Herz Bedenken an, da er die Anforderung, auch die Erklärung »gedächtnismäßig« aufsagen zu können, für die Konfirmanden als schwer zu erfüllen ansah. Des Weiteren wollte er auch die letzten Wochen des Unterrichts nicht damit zubringen, »intellektuelle Schulungen« vorzunehmen. Auch die veränderte Vorlage fand keine breite Zustimmung. Da die Verabschiedung einer neuen Konfirmationsordnung nicht drängte, wurde eine zweite Lesung für die Herbstsynode veranschlagt. Als es am 24. Oktober 1949 zur Verhandlung der neuen Vorlage kam, äußerte Herz seinen Ärger darüber, dass der Innere Ausschuss eine sehr ähnliche Vorlage wie im Frühjahr eingebracht hatte, und beantragte die Konfirmationsordnung einem Sonderausschuss zur nochmaligen Beratung zu übergeben. Ihmels erklärte als Mitglied des Inneren Ausschusses, dass es aus formalen Gründen unmöglich gewesen sei, eine völlig neue Vorlage vorzulegen, da es zwar viel Kritik gegeben habe, aber diese aus verschiedenen Lagern mit unterschiedlichen Änderungswünschen gekommen sei. Die Aufgabe des Inneren Ausschusses habe jedoch nicht darin bestanden, einen Kompromiss aus den vielen Stimmen zu formen. Er forderte die Synodalen dazu auf, über die vorgelegte Ordnung abzustimmen, damit die Sächsische Landeskirche bei den Verhandlungen über die Konfirmation in der VELKD nicht einflusslos bliebe.[165] Am 14. Dezember 1949 wurde die Neufassung der Konfirmationsordnung als Gesetz beschlossen.[166] Die wichtigste Änderung gegenüber der ersten Vorlage bestand im Aufbrechen des Apostolischen Glaubensbekenntnisses durch die Erklärungen aus dem Kleinen Katechismus, die nach dem jeweiligen Artikel von

162 Akten der 16. Landessynode ..., Bd. 2, 14. Sitzung, 27. April 1949, 279.
163 Akten der 16. Landessynode ..., Bd. 2, 15. Sitzung, 28. April 1949, 296.
164 Akten der 16. Landessynode ..., Bd. 2, 15. Sitzung, 28. April 1949, 296.
165 Vgl. Akten der 16. Landessynode ..., Bd. 3, 21. Sitzung, 24. Oktober 1949, 452f.
166 Vgl. Amtsblatt der Evangelisch-Lutherischen Landeskirche Sachsens 15 (1949), A 68f.

den Konfirmanden allein gesprochen wurden. Die Ordnung wurde im Januar 1953 durch die von der VELKD im Juli 1952 verabschiedete ersetzt.[167]

Die Sächsische Landeskirche hatte sich an der Neuordnung der EKD beteiligt; der sächsische Landesbischof Hugo Hahn gehörte dem Rat der EKD an. Diese Aufgeschlossenheit gegenüber der EKD wurde von der 24. Generalsynode der Evangelisch-Lutherischen Kirche im früheren Altpreußen[168] zum Anlass genommen, die Kirchengemeinschaft mit den Kirchen des Lutherrats, also auch mit der Sächsischen Landeskirche aufzukündigen, weil sie dadurch ihren bekenntnismäßigen Charakter verliere.[169] Die Synode wollte eine Spaltung vermeiden und verfasste als Antwort ein »Wort an die Freikirchen«, das vor voreiligen Entscheidungen warnte. Die Grundordnung der EKD sei noch im Werden begriffen, und strittige Paragraphen zum Charakter des Kirchenbunds und der Abendmahlsgemeinschaft seien bereits revidiert. Die EKD stelle keine Kirche, sondern einen Kirchenbund dar, weswegen die Sorge um die Reinheit des Bekenntnisses unbegründet sei. Auch gebe es keine volle Abendmahlsgemeinschaft mit den Kirchen der Union. Diese Erklärung fand Herz zu umfangreich, vor allem im Vergleich zu anderen Verlautbarungen der Synode. Es entstehe der Anschein, dass die Synode sich für die geplanten Zusammenschlüsse mit EKD und VELKD und somit für die Verhandlungen im Verfassungs- und auch im Sozialausschuss, denen Herz jeweils angehörte, gegenüber dem relativ kleinen Gremium der Freikirche verteidigen müsse, besonders weil die Gefahren, die in einem Zusammenschluss lägen, explizit aufgeführt wurden. Herz, der vom Landeskirchenamt beauftragt worden war, die Verhandlungen zur Gestaltung der sozialen kirchlichen Arbeit mit der Leitung der EKD in Stuttgart und Schwäbisch-Gmünd fortzuführen, sah die Schwierigkeit, dass die Landeskirche sich mit dem »Wort an die Freikirchen« für alle weiteren Verhandlungen mit der EKD und der VELKD die Hände binden würde, weil sie darin ihre Position gegenüber EKD und VELKD festschreibe. Wegen seiner Bedenken wurde Herz in die Redaktionskommission gewählt, konnte dort aber seine Position nicht durchsetzen. Auch sein Abänderungsantrag im Plenum wurde nicht unterstützt.[170]

Ein weiteres Arbeitsgebiet, das gleichfalls aus dem föderalistischen Zusammenschluss der Landeskirchen zur EKD resultierte, ergab sich für Herz mit

---

167 Vgl. Amtsblatt der Evangelisch-Lutherischen Landeskirche Sachsens 1 (1953), A 2.

168 Die Lutherische Kirche in (Alt-)preußen entstand als Gegenbewegung zu den Unionsbemühungen Friedrich Wilhelms III. und wurde 1840 von Friedrich Wilhelm IV. als lutherische Freikirche anerkannt.

169 Der unveränderte Bekenntnisstand war in der Präambel der Verfassung der sächsischen Landeskirche festgeschrieben worden. Vgl. Verfassung der Ev.-Luth. Landeskirche Sachsens ..., 1.

170 Vgl. Akten der 16. Landessynode ..., Bd. 2, 7. Sitzung, 19. April 1948, 139–142; 150f.

der Gesangbuchreform, die die Einführung eines einheitlichen Gesangbuches zum Ziel hatte. Das sächsische Gesangbuch enthielt zu diesem Zeitpunkt über 700 Lieder, von denen ungefähr 300 übernommen werden sollten.[171] Das führte dazu, dass viele Synodale um die Aufnahme ihnen besonders lieber Lieder baten. Johannes Herz hatte sich schon mehrfach mit der Zusammenstellung von Liedern und Sprüchen befasst[172] und empfand bei der Auswahl einen Mangel an Vertrauens- und »kraftvollen« Bekenntnisliedern, dazu nannte er noch einige andere Lieder, die er ebenfalls gern im neuen Gesangbuch sähe. Er stellte deshalb den Antrag, die Gesangbuchkommission zu bevollmächtigen, den sächsischen Anhang zum Gesangbuch »maßvoll« zu erweitern.[173] Das Evangelische Kirchengesangbuch erhielt neben dem Stammteil einen Liedanhang für Sachsen, Thüringen und Mecklenburg mit 77 Liedern; die von Herz besonders dringend gewünschten waren nicht dabei.

Ein dauerhaft schwelender Konflikt resultierte aus der Verteilung der kirchenpolitischen Richtungen innerhalb der Synode. Zwei Drittel zählten sich zur BK und nur ein Drittel vertrat als Pfarrbruderschaft die ehemalige Mitte.[174] Diese Minderrepräsentation der in der Zeit von 1933 bis 1945 stärksten Gruppe innerhalb der sächsischen Pfarrerschaft und andererseits der Führungsanspruch der BK-Synodalen führten immer wieder zu Unmut, Reibereien und Streitigkeiten. So berichtete Herz von einer Sitzung des sozialen Ausschusses an den im Ausschuss referierenden späteren sächsischen Sozialpfarrer Wildfeuer:

> »[...] und habe bedauert, daß es [Wildfeuers Referat] bei den Mitgliedern des sozialen Ausschusses, der ja leider eine sehr wenig günstige Zusammensetzung hat, so wenig Verständnis und Widerhall fand. Aber die ganzen Verhandlungen des Ausschusses waren ja offenbar von vornherein daraufhin angelegt, die von der BK protegierte Vogelsche Erklärung als Aktion des Soz[ialen] Ausschusses durchzubringen.«

Herz, der ausgewiesener und anerkannter Kenner in sozialen Dingen war, hatte gegen die »Vogelsche Erklärung« argumentiert und war dafür, nach eigenem Ermessen, scharf angegriffen worden.[175] Interessant ist dabei, dass,

---

171 242 Lieder im Stammteil und 74 im Anhang. Akten der 16. Landessynode ..., Bd. 3, 28. Sitzung, 21. April 1950, 552.

172 In Chemnitz war zusammen mit den Kollegen Wustmann und Wolf ein neuer Spruch- und Liederschatz entstanden, später in Leipzig ein Gesangbuch für Taufen, mit Steiger und Kriewald ein Gesangbuch für Handlungen auf dem Friedhof und für die regelmäßigen Parkandachten.

173 Vgl. Akten der 16. Landessynode ..., Bd. 3, 28. Sitzung, 21. April 1950, 553.

174 Vgl. dazu Kapitel 4.3.

175 Vgl. die Briefe von Hahn an Wildfeuer vom 17. Dezember 1947 und von Herz an Wildfeuer vom 7. November 1949. UAL Na Herz 27/3, dort auch Zitat. An Erich Meyer schrieb Herz, dass »es eine große Gefahr für den gesamten deutschen Protestantismus bedeuten würde, wenn man die kirchliche Entwicklung ganz den

obwohl Wildfeuer selbst der BK angehörte, die »Vogelsche Erklärung« von den BK-Synodalen bevorzugt worden war.[176]

Als persönlichen, kirchenpolitisch bedingten Angriff empfand Johannes Herz auch die Rücknahme seiner Entsendung in die Synode der VELKD und der EKD. Die Landessynode hatte am 29. Oktober 1948 ihre Vertreter für die beiden Synoden gewählt, dazu auch Herz als fünften von fünf geistlichen Vertretern. Bereits bei den Verhandlungen in der Synode war gesagt worden, dass die Gesamtzahl der Vertreter noch nicht feststehe. Um eine mögliche Nachwahl zu vermeiden, wurden fünf geistliche und acht weltliche Vertreter gewählt, wobei der jeweils letzte gegebenenfalls wegfallen würde.[177] Herz schrieb im Dezember 1948, dass die sächsische Landeskirche von selbst, angeblich aus finanziellen Gründen, ihr Besetzungsrecht von fünf auf vier Theologen verkürzt habe.[178] Die Auseinandersetzungen zwischen Mitte und BK setzten sich auf ephoraler Ebene fort, wo mit eifersüchtiger Aufmerksamkeit die paritätische Besetzung der Superintendenturen vorgenommen wurde.

Auch mehrere Jahre nach dem Ende des Krieges gab es Ungewissheit über das Schicksal von vielen Pfarrern und anderen kirchlichen Angestellten. Die Situation war prekär: Es gab 56 Pfarrstellen und eine ungenannte Zahl an Stellen von Kirchenbeamten, deren Inhaber vermisst oder verschollen waren. Die Stellen mussten wiederbesetzt werden, für die betroffenen Gemeinden sollte nach längerer vikarischer Verwaltung wieder eine geordnete Regelung erfolgen, doch kam eine Wiederbesetzung einer Toterklärung des bisherigen Inhabers gleich. So stellte der Rechtsausschuss auf der Frühjahrstagung der Synode 1950 einen Antrag auf die Wiederbesetzung kriegsverwaister Pfarr- und Kirchenbeamtenstellen. Den Bericht zu diesem sensiblen Thema erstattete Herz. Nachdem er kurz die Situation dargestellt hatte, bat er die Synodalen mit einem Lied und Gebet der »innersten Teilnahme an diesen Schicksalen Ausdruck [zu] geben.«[179] Die Vorlage sah vor, dass kriegsverwaiste Stellen wiederbesetzt werden könnten. Die Fürsorge für die Hinterbliebenen der Vermissten sollte wie bisher aus Mitteln der Landeskirche bezahlt werden. Wie im Falle einer Dienstwohnung zu verfahren sei, sollte in den Ausführungsbestimmungen geklärt werden. Falls ein Vermisster zurückkehren sollte, wäre sein Anspruch auf seine vormalige Stelle zwar erloschen, aber er würde bei Stellenbesetzungen durch das Landeskirchenamt bevorzugt werden. Die Synode nahm die Vorlage einstimmig an.

Anhängern der BK und der Barth'schen Theologie überlassen wolle.« Brief von Johannes Herz an Erich Meyer vom 28. November 1947. UAL Na Herz 20/2.

176 Es handelt sich um die Erklärung »Gebt Gott recht« des Berliner Theologieprofessors Heinrich Vogel; als Wort des Bruderrates der EKD abgedruckt in KJ 76 (1949), 95–99. 100–103.

177 Vgl. Akten der 16. Landessynode ..., Bd. 2, 12. Sitzung, 29. Oktober 1948, 228f.

178 Vgl. UAL Na Herz 19/4.

179 Akten der 16. Landessynode ..., Bd. 3, 24. Sitzung, 17. April 1950, 496.

Nicht nur kriegsverwaiste Pfarrstellen mussten wiederbesetzt werden, überhaupt war ein Pfarrermangel zu beklagen, besonders in den Großstädten. In den regelmäßigen Berichten des Landesbischofs wurde wiederholt darauf verwiesen. Verbunden mit diesem Mangel war die Frage des Nachwuchses. Die Ausbildung der Pfarrer fand zu dieser Zeit hauptsächlich an den sechs Theologischen Fakultäten der Universitäten auf dem Gebiet der DDR statt.[180] Studienplätze waren streng kontingentiert, das Studium zentral gesteuert.[181] Herz nutzte daher den Hinweis im Tätigkeitsbericht des Landesbischofs auf der Frühjahrssynode 1952, um etwas zu den Studierendenzahlen, dem Studienverlauf und den Studienbedingungen zu sagen. Er unterlegte den Hinweis auf den Pfarrermangel mit Zahlen. Dabei verwies er nicht nur auf die Zahl der zu besetzenden Pfarrstellen, die er aus dem Pfarrerverzeichnis erhoben hatte, sondern auch auf die der Theologiestudenten, die er als Lehrbeauftragter an der Theologischen Fakultät in Leipzig kannte. Danach waren in Leipzig von 116 Pfarrstellen 42 unbesetzt, in Dresden von 100 Pfarrstellen 26; in Chemnitz lag das Verhältnis bei 58 zu 21. Demgegenüber standen nach den Berechnungen von Herz 834 Theologiestundenten an den Universitäten, 227 davon in Leipzig zur Verfügung. Herz rechnete mit einem Durchschnitt von 50 Absolventen pro Jahr. Das sei nicht ausreichend, um den Bedarf innerhalb der Landeskirche zu decken, obwohl die Zulassungszahlen für das Theologiestudium durch eine Studienplankommission des Staatssekretariats für Hochschulwesen, der Oepke und Herz angehörten, schon erhöht worden seien. Die Dauer des Studiums sei auf fünf Jahre festgelegt, die Sprachausbildung darin integriert, außerdem müssten auch die Theologiestudenten das sogenannte gesellschaftswissenschaftliche Studium absolvieren, doch sei ihnen das Russischstudium mit Rücksicht auf die zu erlernenden alten Sprachen erlassen worden. In den Prüfungen würden keine weltanschaulichen Gewissensfragen, sondern nur Sachfragen gestellt. Herz erkannte darin ein »Entgegenkommen« des Staates und untermalte dies noch zusätzlich mit der Feststellung,

> »daß wir unsere theologischen Arbeit an unserer Leipziger Fakultät in voller Freiheit tun dürfen. Keinerlei Schranken sind uns da gezogen. Wir dürfen auch in Fragen geschichtlicher Art, die heute kontrovers sind, in aller Freiheit unsere Meinung sagen. Es ist mir auch möglich gewesen, für dieses Semester eine Vorlesung über Pädagogik, mit dem bewußten Titel ›Evangelische Pädagogik‹, anzukündigen.«[182]

---

180 Berlin, Greifswald, Halle, Jena, Leipzig, Rostock. Dazu kamen einige aus westdeutschen Universitäten und Absolventen der Kirchlichen Hochschule Berlin. Später konnte man auch an den kirchlichen Hochschulen in Naumburg und Leipzig Theologie studieren.

181 Vgl. Schmutzler: Die Geschichte der Universität ..., 78.

182 Akten der 16. Landessynode ..., Bd. 4, 46. Sitzung, 19. März 1952, 781–783. Die von den staatlichen Stellen für Herz geführte Bezeichnung als »fortschrittliche« ist hier zu erkennen.

Dass Herz den längst eingesetzten weltanschaulichen Kampf nicht wahrnahm, muss hier kritisch angemerkt werden.[183]

Ein konkretes Problem, vor das die Synode bei der Ausbildung der Pfarrer gestellt war, lag in der Herkunft der Theologiestudenten, die nicht mehr wie vor den Weltkriegen vornehmlich aus Pfarrhäusern kamen und somit »dem kirchlichen Leben und der Tätigkeit eines Pfarrers ziemlich fremd gegenüber«[184] standen. Darum sollte das Leipziger Predigerkolleg St. Pauli trotz der angespannten Finanzlage schnell wieder seinen Betrieb aufnehmen, um die nötigen praktischen und technischen Kenntnisse für die Verwaltung eines Pfarramts zu vermitteln.

Gegen Ende seiner Synodalarbeit sah sich Herz mit einem seiner ureigensten Anliegen konfrontiert, denn das Männerwerk Neuhausen brachte über den Synodalen Cieslak einen Antrag ein, »Wege zu suchen, daß sich viele von den verbitterten und entfremdeten Arbeitern wieder zur Kirche zurückfinden.«[185] Die Konkurrenz, die der Kirche dabei erwuchs, war nicht zu verachten, denn die DDR war zumindest nominell ein Arbeiter- und Bauern-Staat. Der Marxismus-Leninismus in der Form des dialektischen Materialismus war zur Ersatzreligion erhoben worden, die bereits im Kindergarten durch ideologische Schulungen indoktriniert wurde. Das System zog sich über Schule und Studium, am Arbeitsplatz und sogar in der Betreuung von Rentnern fort.[186] Keine andere Weltanschauung – schon gar keine christliche –, die dabei geholfen hatte, die Proletarier zu unterdrücken, wie das in jedem DDR-Geschichtsbuch nachzulesen war, durfte daneben Bestand haben, auch wenn die Feindseligkeiten von Zeit zu Zeit weniger offen geführt wurden.

Der Sozialausschuss, an den der Antrag des Männerwerks herangetragen worden war, hatte sich mit dem Thema befasst und zwei Anträge in die Synode eingebracht, von denen der erste, der eine Regulierung für die Vertretung der Arbeiterschaft in den Kirchgemeinden vorsah, abgelehnt worden war. Der

183 Zur Stellung von Herz gegenüber dem SED-Regime siehe ausführlich Kapitel 5.3 und Kapitel 6, 333f.

184 Akten der 16. Landessynode ..., Bd. 4, 46. Sitzung, 19. März 1952, 783.

185 Akten der 16. Landessynode ..., Bd. 4, 54. Sitzung, 4. Dezember 1953, 892.

186 Zur Vereinnahmung siehe Kapitel 4.4, 293f. Vgl. die Ausnahmeregelung für Theologiestudenten bei der Prüfung im gesellschaftswissenschaftlichen Studium, oben, 221. Daneben die Brigadeversammlungen etc. und die Veranstaltungen der Volkssolidarität. Später gesellte sich die Wehrerziehung und Wehrpflicht hinzu. Vgl. schon den Entwurf zum Schulgesetz 1946, in dem es heißt, dass die schulische Erziehung der Jugend ausschließlich durch die öffentlichen Erziehungseinrichtungen des Staates erfolge und dass diese vom Kindergarten bis zur Hochschule gegliedert sei. In: Gert GEISSLER, Frank BLASK; Thomas SCHOLZ (Hg.): Schule: Streng vertraulich! Die Volksbildung in der DDR. Eine Publikation des Ministeriums für Bildung, Jugend und Sport des Landes Brandenburg, Bd. 1: Geschichte, Struktur und Funktionsweise der DDR-Volksbildung, Berlin 1996, 62.

zweite sah vor, eine Arbeitsgruppe außerhalb einer Tagung der Landessynode zu beauftragen, Material zu sammeln, um den Arbeitern das Evangelium ohne dogmatische Überhöhung verständlich nahe zu bringen, z.B. durch Verkündigungsspiele von Spielgemeinden. Ziel sei es, eine Verkündigungsform zu finden, die die Arbeiterschaft erreiche. Das vorgelegte Material sollte Grundlage für die Synode sein, um eine Stellungnahme zur sozialen Frage zu verabschieden.

Da der Antrag ein Gebiet betraf, auf welchem Johannes Herz lebenslang tätig war, ist es nicht verwunderlich, dass er für die Annahme des Antrags warb. Er tat das mit Blick auf die Vergangenheit der evangelisch-sozialen Arbeit, die in Sachsen eine lange Tradition hatte, erinnerte an die sächsischen Pfarrer Paul Göhre, Georg Liebster, Walter Friedrich und Gottfried Naumann als führende Männer der evangelisch-sozialen Arbeit in Deutschland und die SESV als tätigste Landesgruppe des ESK. Ebenso wies er darauf hin, dass in der Weimarer Republik seit 1924 jede Ephorie einen eigenen Sozialpfarrer hatte; nach dem Zweiten Weltkrieg gebe es nur einen Sozialpfarrer, Gerhard Wildfeuer, für ganz Sachsen. Positiv berichtete Herz über den Lehrauftrag für Sozialethik und Sozialpädagogik an der Theologischen Fakultät, den er innehatte, wodurch die Theologiestundenten für das Thema der sozialen Frage sensibilisiert werden sollten. Außerdem habe er beobachtet, dass in großen Kreisen der Arbeiterschaft eine neue Aufgeschlossenheit gegenüber der Kirche herrschte, da alte Ideologien zerbrochen seien und nach einer neuen Orientierung gesucht werde. Darum bestehe eine besondere Verpflichtung, sich dieser Frage anzunehmen.

Der Antrag wurde einstimmig angenommen, interessierte Synodale sollten sich in der Synodalkanzlei oder beim Präsidenten melden, der mit dem Landeskirchenamt zu entscheiden hatte, in welchem Umfang der Sozialausschuss zu einer solchen Arbeitsgruppe erweitert werden könne, was vor allem eine finanzielle Frage war. Zu den entsprechenden Tagungen der Arbeitsgruppe war auch der Sozialpfarrer Wildfeuer hinzugezogen worden. Die erarbeitete Vorlage wurde auf der 63. Synodalsitzung vorgestellt. Nach einer Präambel, die die Entfremdung nicht nur den Arbeitern vorwirft, sondern auch auf die schweren Versäumnisse der Kirche im Hinblick auf die soziale Frage hinweist, werden darin in zehn Thesen Vorschläge unterbreitet, die die Grundlage für die Annäherung von Kirche und Arbeiterschaft sein sollen. Das Hauptaugenmerk lag auf Sensibilisierung nach innen und außen – nach innen, indem die Verkündigung wirklichkeitsnäher und die Predigtsprache erneuert wird. Das Fach »Ethik« sollte in beiden theologischen Examina Prüfungsfach werden, auch sollten Gemeinden sich gegenseitig hinsichtlich ihrer sozialen Einstellung prüfen und ermahnen. Nach außen sollten die Bemühungen der Kirchenleitung um die Anliegen der Arbeiterschaft mehr bekannt gemacht werden, es sollte Arbeiterrüstzeiten geben und das Gebührenwesen sollte vereinheitlicht werden. Die dritte These sprach von der »Entbürgerlichung« des Pfarrerstandes und des Gemeindelebens. Gegen diese Formulierung erhoben sowohl Johannes

Herz wie auch der Synodalpräsident Reimer Mager Einspruch. Das Schlagwort »Entbürgerlichung« hatte in dieser Zeit eine gefährliche Konnotation durch die Politik der DDR-Regierung bekommen, sodass trotz der sachlichen Richtigkeit des Wortes und der Erläuterung in der zweiten Hälfte der These eine andere Formulierung gesucht werden sollte. Der Sozialausschuss erhielt die Vorlage zur Überarbeitung zurück.[187] Die beanstandeten Punkte, vor allem die These drei, waren überarbeitet worden und wurden als Drucksache 279 samt der Empfehlung an junge Theologen, vorübergehend in einem anderen Beruf zu arbeiten, einstimmig dem Landeskirchenamt zur Berücksichtigung übergeben.[188]

Den Abschluss der 16. Landessynode 1953 mit der Wahl des neuen Landesbischofs, erlebte Herz nicht mit. Er nahm während dieser Zeit an der Weltfriedensratstagung in Budapest teil, da er sich

> »vor allem bei der gegenwärtigen neuen Lage doch gerade als Pfarrer und Theologieprofessor verpflichtet [fühlt], keinesfalls dieser Weltfriedensratstagung fernzubleiben, damit die evangelische Kirche der DDR dort nicht unvertreten ist«.[189]

Er hatte deshalb um Urlaub gebeten, dieser war ihm »aus dienstlichen Gründen« gewährt worden.[190] So hatte Herz sich zugleich der Wahl entzogen, aus der als neuer Bischof der Evangelisch-Lutherischen Landeskirche Sachsens am 16. Juni 1953 im dritten Wahlgang Gottfried Noth – ein Vertreter der BK – hervorging.[191]

II Kirchentage und Verbandsarbeit

Vor allem in der Zeit zwischen den beiden Weltkriegen war Johannes Herz in verschiedenen kirchlichen Gremien auf Ephoral-, Landes- und Reichsebene tätig.

1 Der Leipziger Kirchgemeindeverband

In Leipzig war am 15. Oktober 1915[192] ein Kirchgemeindeverband, damals bestehend aus 29 Gemeinden, gegründet worden. Grundlage dafür war das Kirchengesetz über Kirchgemeindeverbände vom 10. Juli 1913, das den Zusammenschluss von Kirchgemeinden zu Verbänden regelte, »um Aufgaben, die auf

187 Vgl. Akten der 16. Landessynode ..., Bd. 4, 63. Sitzung, 19. Oktober 1953, 1034–1037.

188 Vgl. Akten der 16. Landessynode ..., Bd. 4, 64. Sitzung, 20. Oktober 1953, 1043f.

189 Landessynode 1951–53. UAL Na Herz 25/2.

190 Vgl. Akten der 16. Landessynode ..., Bd. 4, 61. Sitzung, 15. Juni 1953, 1011, dort auch Zitat.

191 Vgl. Akten der 16. Landessynode ..., Bd. 4, 61. Sitzung, 16. Juni 1953, 1027.

192 In den Aufzeichnungen von Herz findet sich Neujahr 1916 als Gründungsdatum des Verbandes. Eintragung im Amtskalender vom 3. Januar 1916. UAL Na Herz 2/2. Der 15. Oktober 1915 wird im »Jahr des Herrn« angegeben. JdH 1 (1925), 111.

dem Gebiet der Kirchgemeindetätigkeit liegen, gemeinsam zu erfüllen, ferner zum Zwecke der Steuergemeinschaft oder der Errichtung von Hilfskassen.« Die Verbände wurden mit der Genehmigung ihrer Satzung zu Körperschaften öffentlichen Rechts.[193] Hauptzweck des Kirchgemeindeverbands Leipzig war es, einen Steuerausgleich zu erreichen, um in allen zugehörigen Gemeinden die Ortskirchensteuer in gleicher Höhe erheben zu können. Besonders die ärmeren Kirchgemeinden hatten auf eine solche Steuergemeinschaft gedrängt. Die Zugehörigkeit zum Verband war freiwillig, 1925 gehörten ihm 31 Gemeinden an, Großzschocher, Leutzsch und Wahren nicht.[194] In der Satzung war außerdem als Zweck des Verbandes die Erfüllung weiterer gemeinsamer Aufgaben benannt, wie der Unterhalt des Diakonissenhauses. Die Verwaltung des Verbandes oblag der Verbandsversammlung und dem Verbandsausschuss. Die Gemeindevertreter für die Verbandsversammlung wurden in ihren Gemeinden jährlich mit Stimmzettel gewählt, wobei sich die Anzahl der Vertreter nach der Zahl der Pfarrer richtete, die eine Gemeinde versorgten. 1916 vertraten Herz und zwei weltliche Kirchvorsteher die Gemeinde Gohlis-Nord, später hatte die Gemeinde zwei geistliche und drei weltliche Vertreter in der Versammlung. Die Geschäftsführung hatte der Verbandsausschuss inne, der aus den Reihen der Verbandsversammlung gewählt wurde. Der Ausschuss besaß großen Handlungsspielraum. Wenn eine Kirchgemeinde schriftlich Einspruch gegen eine Ansetzung im Haushaltsplan vorzubringen hatte, war ein Vertrauensmännerausschuss zur Schlichtung vorgesehen. Dem Verbandsausschuss waren mehrere Unterausschüsse zugeordnet. Johannes Herz war im März 1916 in den Unterausschuss für kirchliche Jugendpflege gewählt worden, im Januar 1917 außerdem in den Verbandsausschuss, dem er über viele Jahre angehörte, zeitweilig auch als stellvertretender Vorsitzender.[195] 1926 wurde die Mitgliedschaft von Herz und Karl Nöllert, die sich beide intensiv in die Kirchensteuerfrage eingearbeitet hatten, im Verbandsausschuss per Ortskirchengesetz entgegen der Verbandssatzung um ein Jahr verlängert.[196]

Als nach dem Ersten Weltkrieg die Trennung von Kirche und Staat vollzogen wurde, drohte in Sachsen unter anderem die Übernahme der kirchlichen Friedhöfe durch den Freistaat.[197] Die Leipziger Gemeinden mit Friedhöfen[198] hatten

---

193 Vgl. SGVBl 14 (1913), 377–381, besonders §§ 1 und 4, 377f, dort auch Zitat.

194 Vgl. JdH 1 (1925), 111.

195 Vgl. Eintragungen im Amtskalender vom 14. März 1916, 9. Januar 1917 und 22. April 1921. UAL Na Herz 2/2 und JdH 1 (1925) – 4 (1928).

196 Vgl. JdH 3 (1927), 137.

197 Siehe dazu die Unterredung des Aktionsausschusses mit Böhme und Buck, Kapitel 4.1.1, 176–179.

198 Es handelt sich um die Gemeinden Connewitz, Dölitz, Dösen, Gohlis (Versöhnung), Großzschocher, Leutzsch, Lindenau, Lößnig, Mockau, Paunsdorf, Plagwitz, Schönefeld, Stötteritz, Stünz und Wahren.

sich im Oktober 1919 zu einer Besprechung getroffen. Auf einen Antrag von Herz hin wurde die Gründung eines kirchlichen Friedhofsamtes beschlossen, um die Interessen der Gemeinden gegenüber den Behörden zu vertreten. Die konstituierende Sitzung fand am 23. März 1920 statt.[199] Im Auftrag des Friedhofsamtes war Herz mit einem weiteren Vertreter im Mai 1920 im Rathaus, um mit den Stadtverordneten Verhandlungen zu führen, die aber ergebnislos blieben. Die Überführung der kirchlichen Friedhöfe in Staatseigentum wurde von der sächsischen Regierung nicht umgesetzt, das Friedhofsamt blieb trotzdem erhalten und wurde als ein Unterausschuss des Kirchgemeindeverbands geführt. Es vertrat weiterhin die Gemeinden mit kirchlichen Friedhöfen nach außen. So wurden in der Zeit der Geldentwertung über das Friedhofsamt Verhandlungen mit den Besitzern von Grabpflegestiftungen, deren Zinsertrag die Kosten nicht mehr deckte, geführt, um angemessene Zuschüsse zu erhalten; auch die Gebühren wurden einheitlich angehoben, um zumindest kostendeckend arbeiten zu können.[200]

Die Finanzlage des Verbandes verschlechterte sich nach dem Ersten Weltkrieg zusehends, da die Trennung von Kirche und Staat sich auch in der Einstellung der finanziellen Zuwendungen durch die Regierung vollziehen sollte. Den Kirchgemeinden war es noch nicht gleich möglich, Kirchensteuern zu erheben, da zwar im Artikel 137 der WRV für Religionsgesellschaften das Recht zur Besteuerung ihrer Mitglieder vorgesehen war, aber die sächsische Volkskammer ein entsprechendes Gesetz erst im Sommer 1921 verabschiedete. Johannes Herz war wegen der Gesetzgebung zur Kirchensteuer mehrfach bei Regierungsrat Dr. Steinbeck im Landesfinanzamt vorstellig geworden.[201] Bei der Besprechung im September 1922, bei der auch ein Vertreter des städtischen Finanzamtes anwesend war, wandte sich Herz gegen das geplante Steuerabkommen, das den »Verzicht auf die endgiltige [sic] Kirchensteuererhebung und Erhebung der K[irchen]St[euer] nach [der] Reichseinkommensteuer«[202] vorsah. Zwei Wochen später waren Herz und Nöllert als Vertreter des Leipziger Kirchgemeindeverbandes im Landeskonsistorium, um den Einspruch des Verbandes gegen die neue Kirchensteuerregelung zu begründen. »Die Verhandlungen nahmen einen sehr unbefriedigenden Verlauf.«[203] Auf der nächsten Verbandsversammlung am 12. Oktober wurde das neue Steuerabkommen des Landeskonsistoriums mit den Finanzämtern diskutiert und scharfer Protest dagegen

199 Vgl. Eintragungen im Amtskalender vom 17. Oktober 1919 und 23. März 1920. UAL Na Herz 2/2.

200 Vgl. Protokoll der Sitzung des Kirchenausschusses am 14. November 1922. EphAL I-C 35, Schrank 1, Fach 3.

201 Gespräche fanden statt am 13. August 1920, am 3. Mai 1921 und am 9. September 1922.

202 Eintragung im Amtskalender vom 9. September 1922. UAL Na Herz 2/2.

203 Eintragung im Amtskalender vom 27. September 1922. UAL Na Herz 2/2.

erhoben. Das Thema Kirchensteuer und Finanzlage blieb bestimmend bei den ephoralen Versammlungen. So legte Herz bei der Kirchenausschusssitzung am 14. November 1922 eine Denkschrift zur finanziellen Lage des Leipziger Kirchgemeindeverbandes vor, die an das Landeskonsistorium gegangen war. Auf der Grundlage dieser Denkschrift fand eine Besprechung mit dem Geheimen Rat Wirthgen vom Konsistorium statt. Auch diese Besprechung »nahm sachlich einen wenig befriedigenden Verlauf.«[204] Die durch Inflation und Verweigerung der Hilfe von Seiten der Landesregierung wachsende finanzielle Notlage des Kirchgemeindeverbandes führte zu Sparmaßnahmen wie z.B. einer von Herz vorgeschlagenen und sowohl im Kirchgemeindeverband als auch im Pfarrerverein nach langen Verhandlungen angenommenen Gehaltskürzung, Darlehensaktionen in einzelnen Gemeinden und einer kirchlichen Notopfersammlung.[205] Herz verhandelte im Auftrag des Verbandes im Februar 1923 mit Vertretern der Organisation der kirchenmusikalischen Beamten über die Einziehung von kirchenmusikalischen Ämtern und sonstigen Maßnahmen wegen der Finanznot.[206] Trotzdem konnten die Gehälter für Pfarrer und Kirchenbeamte erst nur unregelmäßig und ab Herbst 1923 gar nicht mehr ausbezahlt werden. Auch nach dem Ende der Inflation durch die Gründung der Rentenbank und Einführung der Rentenmark am 15. November 1923 entspannte sich die finanzielle Lage noch nicht. Bei der Festlegung der Höhe der Kirchensteuer musste der Verband die Einkommensteuerveranlagung von 1922 zugrunde legen, da es keine Einkommensteuerveranlagung für 1923 gab. Dabei entsprachen die zugrunde gelegten Einkommen nicht den realen. Die Kirchensteuern fielen relativ hoch aus, was auch Unmut in der Bevölkerung verursachte. Während die Kirchensteuern im Frühjahr 1924 von fast allen gezahlt wurden, zahlten im Herbst nur ungefähr die Hälfte aller Gemeindeglieder ihre Steuern, und selbst nach einer Mahnung zahlten circa 18 % nicht.[207] Das entsprach 65 % des Haushaltsdefizits des Verbandes.[208] So verwundert es nicht, dass 1924 die Pfarrer und Kirchenbeamten die ausstehenden Gehälter vom Vorjahr nur zum Teil ausbezahlt bekamen.

Die Bedeutung des Kirchgemeindeverbands verringerte sich, als 1926 der in der Kirchenverfassung vorgesehene kirchliche Bezirksverband gegründet wurde. Dieser war im Gegensatz zum Kirchgemeindeverband eine Zwangsvereinigung, der alle Gemeinden der Ephorie angehörten. Zwar war es ausdrücklich nicht die Aufgabe des Bezirksverbandes, eine Steuergemeinschaft zu begrün-

204 Eintragung im Amtskalender vom 27. November 1922. UAL Na Herz 2/2.

205 Vgl. Eintragung im Amtskalender vom 5. und 7. Dezember 1922. UAL Na Herz 2/2. Zur finanziellen Notlage siehe Kapitel 4.1.1, 202–204.

206 Vgl. Eintragung im Amtskalender vom 19. Februar 1923. UAL Na Herz 2/2.

207 Die Steuerzahlungen waren am 15. Mai und am 15. November fällig.

208 Vgl. Hermann Voigt: Die Leipziger Kirchensteuererhebung in den Jahren 1924 und 1925. JdH 2 (1926), 117–120, 118.

den, dafür aber die Übernahme von Aufgaben, die die einzelnen Gemeinden nicht leisten konnten. Dazu zählten besonders die religiöse Unterweisung der Jugend, die Apologetik und Evangelisation, die Volksmission, die christliche Liebestätigkeit, die kirchliche Jugendpflege, die Diasporapflege, die Förderung der wirtschaftlichen Interessen der Kirchgemeinden und die Wohlfahrtspflege der kirchlichen Beamten.[209]

2 Die Freie Volkskirchliche Vereinigung

In der Neuorientierungs- und -gründungsphase der Evangelisch-lutherischen Landeskirche Sachsens nach dem Ersten Weltkrieg gab es verschiedene Gruppierungen, die versuchten, Einfluss auf die Neugestaltung zu gewinnen.[210] Ein Versuch, die kirchenpolitische Linke zu sammeln, war die Gründung der Freien Volkskirchlichen Vereinigung für Sachsen. Am 22. November 1922 hatte Johannes Herz Vertreter der SESV, der sächsisch-kirchlichen Konferenz, des Bundes für Gegenwartschristentum, des Pastorenbundes Gegenwartschristentum und des Evangelischen Bundes nach Chemnitz zu einer Tagung eingeladen. Die Vereinigung sollte ein Gegenüber bilden zu den Zusammenschlüssen der kirchenpolitischen Rechten aus dem Bekenntnistreuen Verein, der Lutherischen Konferenz und der Mitte mit der positiven volkskirchlichen Vereinigung. Man einigte sich auf ein Programm und verabschiedete verschiedene Resolutionen, die, so Herz, von ihm entworfen und mit nur geringen Änderungen angenommen worden waren.[211] Es entstanden verschiedene Ortsgruppen, zum Vorstand der Leipziger gehörten Johannes Herz und Gottfried Naumann. Auf der Sitzung am 30. Mai 1921 wurde die von Herz entworfene Satzung beschlossen und er zum Vorsitzenden der Vereinigung gewählt.[212] Die Tätigkeit der Vereinigung bestand zum großen Teil aus Propagandamaßnahmen zur Wahrung der gemeinsamen Interessen und Ziele, besonders gegen die kirchenpolitische Rechte. So wollte sie volkskirchliche Mindestforderungen in der neuen Verfassung der Sächsischen Landeskirche verankert wissen.

Herz' Arbeit in der Freien Volkskirchlichen Vereinigung führte in der Versöhnungsgemeinde zu Reibereien. Der Inhaber der dritten Pfarrstelle, Kurt Fiedler, machte im Gemeindeverein »einen sehr eigentümlichen und unkollegialen Vorstoß gegen mich [Herz] als den Vorsitzenden der Freien Volkskirchlichen

209 Vgl. Verfassung der evangelisch-lutherischen Landeskirche des Freistaates Sachsen vom 29. Mai 1922, § 36 (3).

210 Siehe dazu die Arbeit des Aktionsausschusses Kapitel 4.1.1, 175–186.

211 Vgl. Eintragung im Amtskalender vom 22. November 1920. UAL Na Herz 2/2. Es waren u.a. Resolutionen zur Kirchgemeindeordnung, zur Schulfrage, zu Finanz- u. Besoldungsfragen und eine Erklärung zur Bekenntnisfrage.

212 Vgl. Eintragung im Amtskalender vom 30. Mai 1921. UAL Na Herz 2/2.

Vereinigung.«[213] Pfarrer Steiner stellte sich bei der folgenden Aussprache auf die Seite von Herz.

Später übernahm der Bannewitzer Pfarrer Johannes Steude den Vorsitz der Vereinigung und nach dessen Tod der Dresdner Pfarrer Karl August Busch. Nach dem Zweiten Weltkrieg versuchte die Vereinigung erneut Einfluss auf die Neuorganisation zu nehmen.[214]

3 Der Deutsche Evangelische Kirchentag[215]

Der ersten gesamtdeutschen kirchlichen Versammlung nach dem Ersten Weltkrieg, der Kasseler Vorkonferenz bzw. dem Kasseler Vorkirchentag gehörte Johannes Herz als Vertreter des Freien Arbeitsausschusses der Evangelisch-lutherischen Landeskirche Sachsens als einer von ungefähr 140 Teilnehmern an.[216] Der Vorkirchentag war auf Drängen Martin Rades zur Vorbereitung eines Allgemeinen Deutschen Evangelischen Kirchentags vom Deutschen Evangelischen Kirchenausschuss[217] und dem Arbeitsausschuss der Konferenz Deutscher Evangelischer Arbeitsorganisationen einberufen worden. Man einigte sich darauf, den Kirchentag als dauernde Einrichtung zu schaffen, entschied sich jedoch gegen die Gründung einer Reichskirche, sondern fasste längerfristig einen Kirchenbund ins Auge unter Betonung der Selbständigkeit der Landeskirchen. Bereits in der Vorbereitung der Vorkonferenz zeigte sich ein zähes Ringen zwischen reformwilligen und konservativen Kräften, wie das in ähnlicher Form auch bei der Neuordnung in Sachsen der Fall war. Die reformwilligen Kräfte sahen in der Novemberrevolution die Chance für eine grundsätzliche Erneuerung der Kirche und strebten diese auch an, besonders radikal Rade, der in der *CW* dazu aufgerufen hatte, Volkskirchenräte zu bilden, um von einer Pastorenkirche zu einer tatsächlichen Gemeindekirche zu kommen mit einer gleichberechtigten Mitbestimmung aller Kirchenglieder,

---

213 Eintragung im Amtskalender vom 5. Februar 1923. UAL Na Herz 2/2.

214 Vgl. dazu Hein: Die sächsische Landeskirche ..., 111–119.

215 Dazu ausführlich Daniel Bormuth: Die Deutschen Evangelischen Kirchentage in der Weimarer Republik. Stuttgart 2007 (Konfession und Gesellschaft; 41).

216 Der Kasseler Vorkirchentag fand am 27. und 28. Februar 1919 statt.

217 Dieser Kirchenausschuss war das Organ der Kirchenkonferenz bzw. Eisenacher Konferenz (1853–1921), das 1905 als Körperschaft öffentlichen Rechts anerkannt wurde. Seit 1903 war er das erste ständige, gemeinsame Organ des gesamtdeutschen Protestantismus. 14 Mitglieder waren von den Landeskirchen entsandt, dazu kam als Vorsitzender der Präsident des Preußischen Evangelischen Oberkirchenrats. Der Kirchenausschuss wurde vom Deutschen Evangelischen Kirchenbund 1922 abgelöst. Dessen geschäftsführendes und vollziehendes Organ erhielt ebenfalls den Namen Deutscher Evangelischer Kirchenausschuss. Dieser hatte 36 Mitglieder, von denen je die Hälfte vom Kirchenbundesrat entsandt bzw. vom Kirchentag gewählt wurde.

die ihre Organe selbst wählen sollten.[218] Die konservativen Kräfte suchten mit allen Mitteln, möglichst viel in die neue Zeit hinüber zu retten, wieder unter dem Stichwort »Rechtskontinuität«.[219] Die konservativen Kräfte behielten die Oberhand, man einigte sich in der Vorkonferenz auf eine »geordnete, rechtliche Fortentwicklung des Bestehenden« und lehnte damit eine grundlegende Neuordnung ab. »Keine kirchliche Revolution, sondern eine Evolution.«[220]

Es wurde ein kirchenregimentlicher Arbeitsausschuss gewählt, der den Kirchentag vorbereiten sollte. Von den freien Ausschüssen waren Johannes Herz und Horst Stephan als Mitglieder vorgeschlagen worden. Alfred Jeremias, der andere Vertreter des Freien Arbeitsausschusses, »drängte sich mit ein. [...] Ich [Herz] wurde, obwohl zunächst auf der Vorschlagsliste stehend, gegen Jeremias herausgewählt.«[221] Bormuth weist darauf hin, dass von den 21 Ausschussmitgliedern lediglich Horst Stephan, Walter Michaelis und Wilhelm Schneemelcher als reformwillig bezeichnet werden konnten und die überwiegende Mehrheit eine gemäßigte Linie in der Neuordnungsfrage vertrat.[222] Die »Herauswahl« von Herz fügt sich in dieses Bild gut ein.

Johannes Herz empfand die Leitung der Vorkonferenz, die in der Hand des Präsidenten des sächsischen Landeskonsistoriums Böhme, der stellvertretender Vorsitzender des Kirchenausschusses war, lag, als schleppend und unbefriedigend, zumal kein Verhandlungsplan vorlag und die Verhandlungen vielfach unübersichtlich wurden.[223] Zusammen mit Stephan, Karl Thieme und Jeremias hatte Herz einen Antrag über die Wahlen zum Kirchentag gestellt, den er in der Debatte auch begründete. Der Antrag Marburg-Leipzig sah vor, die Mitgliederzahl zu verdreifachen, wobei das Verhältnis der Zusammensetzung in etwa beizubehalten wäre. Statt die Kirchenleitungen zum Kirchentag hinzuzuziehen, sollten das synodale und das Laienelement gestärkt werden. Der Vorschlag fand aber keine Mehrheit.[224] Ein weiterer Antrag von Herz und Jeremias bezüglich der Einsetzung eines Ausschusses, der bis zum Kirchentag die kirchlichen Interessen vertreten sollte, erledigte sich.[225]

Im Anschluss an den Kirchentag hatten der Arbeitsausschuss der Konferenz Deutscher Evangelischer Arbeitsorganisationen, der Elberfelder Ausschuss für

---

218 Vgl. CW Nr. 48/49 vom 28. November 1918, 466. Den Aufruf hatten u.a. Otto Baumgarten, Johannes Herz, Emil Fuchs und Friedrich Naumann unterzeichnet.

219 Vgl. die ähnliche Lage in Sachsen Kapitel 4.1.1.

220 Bormuth: Die Deutschen ..., 113, Anm. 397. Vgl. auch Nowak: Evangelische Kirche ..., 68.

221 Eintragung im Amtskalender vom 28. Februar 1919. UAL Na Herz 2/2.

222 Vgl. Bormuth: Die Deutschen ..., 114.

223 Vgl. Eintragung im Amtskalender vom 27. Februar 1919. UAL Na Herz 2/2.

224 Vgl. Niederschrift der Verhandlungen der Vorkonferenz zur Vorbereitung eines allgemeinen deutschen evangelischen Kirchentages, Berlin 1919, 10f.

225 Vgl. Niederschrift ..., 14 und 23f.

eine freie evangelische Volkskirche, der Freie Arbeitsausschuss der Sächsischen evangelisch-lutherischen Landeskirche, der Marburger Ausschuss zur Berufung eines Kirchentages und der Volkskirchenbund Göttingen zu einer freien Besprechung der gegenwärtigen Lage der Kirche eingeladen. Themen waren der Zusammenschluss der Landeskirchen und die Neuordnung der einzelnen Landeskirchen, zum einen im Verhältnis zum Staat und zum anderen im Blick auf die innere Neuordnung. Herz, der sich bei der Neuordnung in der sächsischen Kirche besonders mit der Kirchgemeindeverfassung beschäftigt hatte, äußerte sich auch hier dazu. Zwei Gemeindekörperschaften seien notwendig, eine innere und eine weiter gefasste. Die Pfarrerwahl auf Zeit setze die Pfarrer zu sehr unter Druck, nach einer Probezeit müsse eine Anstellung auf Lebenszeit möglich sein. Das Wahlalter für kirchliche Wahlen sollte auf 20 Jahre festgelegt werden, eine Frauenquote sollte um der Gleichberechtigung willen nicht eingeführt werden, außerdem hätten sich die teilnehmenden Frauen auf dem sächsischen Kirchentag dagegen ausgesprochen.[226] Einfluss auf den Kirchentag und seine Entscheidungen hatte diese Besprechung freilich nicht.

Der »Erste Deutsche Evangelische Kirchentag«, so genannt, weil sich erstmalig Vertreter der Kirchenregierungen, Synoden und freien Arbeitsverbände aller deutschen evangelischen Landeskirchen mit führenden kirchlichen Persönlichkeiten, Männern wie Frauen, zur gemeinsamen Beratung trafen,[227] fand vom 1. bis zum 5. September 1919 in Dresden statt. Zu Beginn galt es, wie auf dem Vorkirchentag beschlossen, den Kirchentag als dauerhafte Institution zu installieren, wobei Aufgaben und Zuständigkeitsbereiche festgelegt werden mussten. Eine Diskussion im Plenum zu der Vorlage, die die Aufgaben und Zuständigkeit des Kirchentages festlegen sollte, gab es im Prinzip nicht. Immerhin beriet ein sogenannter Verfassungsausschuss darüber, allerdings nur, weil sich verschiedene Teilnehmer vehement dagegen wehrten, der Vorlage zu den Aufgaben des DEKT einfach zuzustimmen. Der Kirchentagspräsident Reinhard Moeller hatte nur eine Kenntnisnahme vorgesehen und riet davon ab, die Vorlage, die bereits von den Kirchenregierungen angenommen worden war, zu verändern. Die Zustimmung der Kirchenregierungen zu einer geänderten Fassung sei nicht vorauszusetzen. Klare Worte gegen die Vorstellung Moellers fand der Landrat a.D. Johann Friedrich Winckler, der sagte:

226 Vgl. A.W. SCHREIBER (Hg.): Freie Besprechung über die gegenwärtige Lage der Kirche, Berlin 1919, 52f.

227 Vgl. Vorwort. Verhandlungen des Deutschen Evangelischen Kirchentages 1919. Dresden 1.–5. September 1919, Berlin 1919, 5. Der von 1919–1930 bestehende Kirchentag war eine kirchenamtliche Zusammenkunft. Als Organ des Kirchenbundes nahm er in etwa die Stellung einer Bundessynode ein. Er ist streng zu unterscheiden vom Kirchentag 1848–1872 als einer Versammlung von Laien und kirchlichen Amtsträgern, die dem Bedürfnis nach nationaler und kirchlicher Einheit Ausdruck verlieh, und dem seit 1949 bestehenden Kirchentag.

»Wenn er [Moeller] davor warnt, an dem Wortlaut etwas zu ändern, auf den sich der Arbeitsausschuß geeinigt habe, dann muß man – ich hörte den Zwischenruf von verschiedenen Seiten – allerdings fragen, wozu wir hier sind«.[228]

In gleicher Richtung äußerte sich Heinrich Evers, der den Antrag auf nochmalige Beratung der Vorlage in einem Ausschuss gestellt hatte, und merkte an: »Wenn man der Versammlung nicht das Recht zusprechen will, selbst durch eine Kommission die Vorlage zu beraten, dann hätte man sie lieber nicht einberufen sollen.«[229] Der Verfassungsausschuss brachte dann doch einige Änderungen gegenüber der Vorlage ein.

Als erste Aufgabe des DEKT war die Vorbereitung der Gründung eines Kirchenbundes beschlossen worden, weiterhin unmittelbare Aufgaben wie die Vertretung kirchlicher Interessen auf internationaler und nationaler Ebene sowie der Ebene der deutschen Einzelstaaten und die Diasporaarbeit.[230] Als mittelbare Aufgaben wurden die Unterstützung einer einheitlichen Entwicklung in den Landeskirchen und die Förderung der Inneren und Äußeren Mission angegeben. Der DEKA wurde mit der Wahrung der dem Kirchentag zustehenden Aufgaben betraut.[231]

Auf Antrag von Reinhard Mumm war ein Sozialausschuss eingesetzt worden, in dem kirchlich-soziale wie evangelisch-soziale Vertreter, unter letztgenannten Johannes Herz, paritätisch vertreten waren. Er sollte sich besonders der Frage widmen, welchen Anteil die Kirche an der Lösung der sozialen Aufgabe nehmen könne. Dieser Antrag fand einstimmige Annahme.[232]

Natürlich waren die Trennung von Kirche und Staat und die daraus resultierenden Folgen ein beherrschendes Thema, dabei besonders der Erhalt des evangelischen Religionsunterrichts an den Schulen und die Verfassungsbildungen in den Landeskirchen. Intensiv wurde über das Urwahlsystem für die Synoden diskutiert, wobei nicht geklärt wurde, ob es sich dabei um Verhältniswahlrecht oder Mehrheitswahlrecht handeln sollte.[233] In einigen Landeskirchen waren Urwahlen durchgeführt worden. Die Gegner der Urwahlen fürchteten, dass unkontrollierbaren, unkirchlichen Kräften Tür und Tor geöffnet würden, die der Kirche schaden könnten.[234]

228 Verhandlungen des Deutschen ... 1919, 103.

229 Verhandlungen des Deutschen ... 1919, 102.

230 Vgl. Nowak: Evangelische Kirche ..., 68; Jonathan R. C. Wright: »Über den Parteien«. Die politische Haltung der evangelischen Kirchenführer 1918–1933. Göttingen 1977 (AKIZ B2), 38–42.

231 Vgl. Verhandlungen des Deutschen ... 1919, 295f.

232 Vgl. Verhandlungen des Deutschen ... 1919, 141f.

233 Vgl. dazu auch die Diskussionen in der zehnten Sächsischen Landessynode, Kapitel 4.1.1, 192–195.

234 Vgl. Nowak: Evangelische Kirche ..., 66.

Als Befürworter verwies Johannes Herz darauf, dass diejenigen Landeskirchen, die keine Urwahlen durchführten, als rückständig erschienen. Als Beispiel nannte er den Entwurf des Preußischen Oberkirchenrats, der Urwahlen vorsah, aber auf Druck der meisten altpreußischen Provinzialsynoden einen Vermittlungsvorschlag machte, nach dem die Synode von den Gemeindevertretungen gewählt werden sollte. Die bereits durchgeführten Wahlen, z.B. die in Württemberg, hätten überdies gezeigt, dass der Kirche nicht durch Scharen unkirchlicher Wähler geschadet worden sei.[235] Letztendlich würden solche Wahlen den lutherischen Grundsatz vom Priestertum aller Gläubigen erfüllen. Ein Zwischenruf aus dem Feld der Urwahlgegner betonte »Aller Gläubigen!«, worauf Johannes Herz konterte: »Ja, befinden sich nicht auch unter der Masse derer, die das bisherige Siebsystem vom Wahlrecht zu den Synoden ausschließt, tausende von Gläubigen?«[236] Diese Ungerechtigkeit stehe im Widerspruch zum Anspruch der Kirche, Hüterin der Gerechtigkeit zu sein. Zudem sei es einen Versuch wert, der religiösen und kirchlichen Gleichgültigkeit entgegenzutreten und durch Verantwortung mehr Interesse an der Kirche zu wecken.

Am Ende der Debatte wurde der Antrag Reinhard Mumms angenommen, der erste Absatz, der den Landeskirchen die Entscheidung über das Wahlsystem überließ, mit Stimmenmehrheit, der zweite, der die Einmischung staatlicher Instanzen in das innerkirchliche Leben zurückwies, einstimmig.[237]

Gerade in den Debatten machte sich die unterschiedliche kirchenpolitische Ausrichtung der Teilnehmer enorm bemerkbar. Darum hatten sich am Abend des vorletzten Verhandlungstages die »Freunde der Christlichen Welt« und Vertreter des Protestantenvereins über die Gründung einer liberalen Kirchentagsgruppe verständigt. Herz sollte einen geeigneten Aufruf erarbeiten.[238] Er wurde der Leiter der liberalen Kirchentagsgruppe und blieb über den gesamten Zeitraum der Kirchentage in dieser Funktion. In der liberalen Gruppe sammelten sich diejenigen Kirchentagsteilnehmer, die den Volkskirchlichen Synodalen Vereinigungen, den Verbänden des Freien Protestantenvereins, dem ESK und verwandten Organisationen nahe standen. Die Gruppe hatte keine gemeinsame Theologie, war aber einig im Grundsatz unbedingter Gewissensfreiheit, so die Charakterisierung durch Herz.[239]

Der Kirchentag sollte als Schulterschluss des gesamtdeutschen Protestantismus in der Öffentlichkeit wahrgenommen werden, dazu wurden vor allem Kundgebungen genutzt. Der Dresdner Kirchentag veröffentlichte fünf

235 Bei der in Württemberg erfolgten Urwahl der Synode am 1. Juni 1919 waren die konservativ-konfessionellen Kräfte als klare Sieger hervorgegangen.

236 Verhandlungen des Deutschen ... 1919, 234.

237 Auslöser war die Vorgabe der Braunschweigischen Landesregierung, die für die Synodalwahlen das Urwahlsystem verordnet hatte.

238 Vgl. Eintragung im Amtskalender vom 4. September 1919. UAL Na Herz 2/2.

239 Vgl. UAL Na Herz 21/1.

Kundgebungen: die erste, gerichtet an »das deutsche evangelische Volk«, war ein Aufruf, der Kirche auch in der neuen Zeit treu zu bleiben und sich an ihrem Neubau als Volkskirche zu beteiligen, die zweite protestierte »gegen die Aburteilung des Kaisers durch die feindlichen Mächte«, die dritte beinhaltete eine Ermutigung »für die deutschen Gefangenen«, die vierte richtete sich »an die deutschen Gemeinden in den abzutretenden Gebieten« und beschwor die Verbindung zur Mutterkirche und die Religionsfreiheit sowie das Recht zur kirchlichen Selbstbestimmung. Die fünfte Kundgebung »für die deutsche evangelische Heidenmission« gedachte der Missionare, die gefangengenommen oder aus ihren Missionsgebieten vertrieben worden waren. Einstimmig wurden die Kundgebungen angenommen.[240] Der deutsche Protestantismus trat mit ihnen erstmals geschlossen in die Öffentlichkeit.

Der zweite Kirchentag fand vom 11. bis zum 15. September 1921 in Stuttgart statt. Auch an diesem nahm Herz als Vertreter des Freien Arbeitsausschusses der Evangelisch-lutherischen Landeskirche Sachsens teil. Auf diesem Kirchentag sollte nach den Beschlüssen des ersten der Kirchenbund Gestalt gewinnen. Eine Bundesverfassung war im Vorfeld von einem vom DEKA eingesetzten Rechtsausschuss erarbeitet worden. Franz Böhme versuchte in seinem Referat zu dieser Verfassungsvorlage den Spagat zwischen der Begründung der Notwendigkeit und Bedeutung des Bundes als »Bollwerk eines geeinten evangelischen Deutschlands« auf der einen und der unangetasteten Autonomie der Landeskirchen auf der anderen Seite. Der neue Kirchenbund sollte »das brennende Verlangen nach einer rechtmäßigen Vereinigung des deutschen Protestantismus erfüll[en] und das evangelische Deutschland endlich aus seiner Zersplitterung erlös[en].«[241]

Die in Dresden noch vertretene Auffassung, dass der Kirchenbund erst entstehen sollte, wenn die Verfassungen der einzelnen Landeskirchen in Geltung wären, war bei der Vorbereitung der Bundesverfassung verworfen worden, weil sich abgezeichnet hatte, dass der Prozess der Verfassungsneuordnung ein sehr langwieriger werden würde. In dieser Zeit ein Organ zu haben, das »als verhandlungsfähiger Machtfaktor« gegenüber dem Reich auftreten konnte, erschien unerlässlich. Dementsprechend einmütig verliefen die Verhandlungen. Der Verfassungsausschuss nahm nur unwesentliche Veränderungen an der Vorlage vor und präsentierte sie nach zweitägiger Beratung dem Plenum, wobei der Berichterstatter Max Berner betonte, dass es sich bei der Kirchenbundgründung um »eine Lebensnotwendigkeit handle, die keinen Verzug mehr duldet.«[242] So wurde im Plenum lediglich über die Zahl und Zusammensetzung der Kirchentagsteilnehmer diskutiert. Johannes Herz forderte, dass 25 Vertreter der

240 Vgl. Verhandlungen des Deutschen ... 1919, 306–312.
241 Verhandlungen des Deutschen ... 1921, 101.
242 Verhandlungen des Deutschen ... 1921, 200.

deutschlandweiten Vereinsorganisationen statt der vorgesehenen 15 berufen würden.[243] Er begründete seinen Antrag damit, dass die freien Vereinsorganisationen eine entscheidende Kraft für die Schaffung eines Kirchentags gewesen seien und daher ein »geschichtliches Recht« auf eine angemessene Vertretung hätten. Das kirchliche Leben, so führte Herz weiter aus, hätte gerade in ihnen seinen Ort, weniger in den Kirchenbehörden oder Synoden, deren Vertreter den Großteil der Kirchentagsteilnehmer ausmachen sollten. Neue Arbeitsmethoden und Arbeitsgebiete hätten die Vereine den Kirchen erschlossen, durch sie sei auch die Verbindung zur praktischen kirchlichen Arbeit gegeben. Durch die höhere Anzahl von Vereinsvertretern würde außerdem ein ausgleichendes Gewicht gegenüber den synodalen Teilnehmern, die häufig einer kirchenpolitischen Prägung verpflichtet seien, geschaffen. Des Weiteren sollte man nicht eine bereits überlebte Form des Parlamentarismus festschreiben, sondern eine Kombination aus gewählten und berufenen Vertretern schaffen, die mehr Spielraum ließ als das im Entwurf festgelegte Verhältnis von 5 zu 2.[244] Der Antrag wurde abgelehnt. Bormuth konstatiert, damit habe das protestantische Verbandswesen endgültig seine Bedeutung für die protestantischen Zusammenschlussbestrebungen verloren. Die Vereinsorganisationen würden »je länger desto weniger benötigt, nachdem sie den Landeskirchen dazu verholfen hatten, sich das Organ zu schaffen, auf dessen Grundlage sie ihr Einigungswerk in eigener Regie vollenden konnten«.[245]

Am letzten Verhandlungstag, dem 15. September, wurden die Kirchenbundesverfassung und der Kirchenbundesvertrag angenommen. Die Abstimmung erfolgte durch »Erheben« von den Plätzen, der Vorsitzende stellte »die einmütige und einstimmige Annahme« fest, was mit »lebhafte[m] Bravo und Händeklatschen« aufgenommen wurde. Abgeschlossen wurde die Abstimmung mit der gemeinsam gesungenen ersten Strophe des Liedes »Nun danket alle Gott«.[246]

Diese Abstimmung per Akklamation war vor allem ein starkes Signal nach außen, die den Einigungswillen zu einem geschlossen auftretenden deutschen Protestantismus herausstellte, Bormuth spricht sogar von einer Inszenierung.[247] Meinungsverschiedenheiten von Konservativen und Progressiven waren nicht im Plenum verhandelt worden; die unangetastete Souveränität der Landeskirchen war gegenüber dem »einmütigen und einstimmigen« Beschluss in den Hintergrund getreten, zumindest in der Wahrnehmung. Tatsächlich wurde nicht durch den Beschluss des Kirchentags, sondern erst durch die Unterzeichnung

243 Vgl. Antrag 7g Herz, Verhandlungen Deutscher ... 1921, 204. An den Kirchentagen in Dresden und Stuttgart nahmen jeweils 75 Vertreter der freien Vereinsorganisationen teil.

244 Vgl. Verhandlungen des Deutschen ... 1921, 207–209.

245 Bormuth: Die Deutschen ..., 169.

246 Vgl. Verhandlungen des Deutschen ... 1921, 248, dort auch Zitat. EKG 228,1.

247 Vgl. Bormuth: Die Deutschen ..., 169.

des Bundesvertrags durch die Vertreter der Landeskirchen am 25. Mai 1922 der Deutsche Evangelische Kirchenbund gegründet.

Neben den Verhandlungen über den Kirchenbund stand das Referat von Julius Kaftan über die »neue Aufgabe, die der evangelischen Kirche aus der von der Revolution proklamierten Religionslosigkeit des Staates erwächst« zum Thema. Der Tenor des Referats war die Absage an die Weimarer Republik als dem von der Revolution ausgerufenen religionslosen Staat. Der religionslose Staat fordere »den äußersten Widerstand aller derer heraus, die sich zum christlichen Glauben bekennen«. Um als Volkskirche erhalten zu bleiben, müsse sich die Kirche auch Aufgaben stellen, die eigentlich außerhalb ihrer Bestimmung liegen. So müsse sie um den Erhalt der christlichen Schule kämpfen, damit die christliche Erziehung gewährleistet werden könne. Sie müsse als Kulturträgerin fungieren, da sich der Staat lediglich auf die Pflege der Zivilisation beschränke, wobei die Kultur zwangsläufig verkommen würde. Obwohl sie sich nicht in politischen Parteienstreit einmischen solle, dürfe sie sich ihren Weg nicht durch politische Schlagbäume verbauen lassen.[248] Das Referat fand regen Beifall und Zustimmung. Der Antrag, es billig und mit Unterstützung der Kirchenregierungen zu drucken und unter das evangelische Kirchenvolk zu bringen, wurde durch einen Einspruch Otto Baumgartens abgelehnt. Mumm wies darauf hin, dass die Proklamationen aus der Zeit der Revolution durch die WRV, welche christliche Werte schütze, widerlegt worden seien, und warnte davor, den kirchlichen Gegnern eine Waffe in die Hand zu geben, indem man die Religionslosigkeit des Staates grundsätzlich anerkenne.[249] Martin Rade sprach die Staatsfeindlichkeit in kirchlichen Kreisen an und stellte gegen den Tenor des Referats die Aussage: »Der Staat ist das Staatsvolk. Und das Staatsvolk ist das Kirchenvolk.« Die Kirche solle in Freiheit dem Staat am Staatsvolk dienen, was das Staatsvolk der Kirche zu danken wisse.[250] Kaftan durfte am Ende der Debatte auf die Wortmeldungen reagieren und wiederholte seinen Standpunkt: »Die grundsätzliche Religionslosigkeit des Staates ist eine brutale Tatsache. [...] Es wäre ein schwerer Fehler, wollten wir uns nicht mit allen Kräften rechtzeitig zur Abwehr rüsten.«[251] Die Staatsfeindlichkeit oder zumindest das Misstrauen gegenüber dem Staat blieb signifikant für die protestantische Kirche in der Weimarer Republik.[252]

Kaftan hatte in seinem Referat herausgestellt, dass die christliche Schule die Grundlage für den Erhalt der Volkskirche bilde. Im Vorfeld des Kirchentags hatte der DEKA Leitsätze für eine Kundgebung zur Schulfrage entworfen. Ein extra eingesetzter Schulausschuss erarbeitete diese Kundgebung, die vom Plenum

248 Vgl. Verhandlungen des Deutschen ... 1921, 121–138, dort auch Zitate.
249 Vgl. Verhandlungen des Deutschen ... 1921, 145.
250 Vgl. Verhandlungen des Deutschen ... 1921, 151.
251 Verhandlungen des Deutschen ... 1921, 155f.
252 Zum Verhältnis der Kirche zum Staat vgl. Wright: Über den Parteien ...

einstimmig beschlossen wurde. Die Schulfrage blieb ein Dauerthema für den Kirchentag, da sie bis zum Ende der Weimarer Republik ungeklärt blieb.[253]

Der Soziale Ausschuss, dem Johannes Herz angehörte, hatte einige Anträge eingebracht, darunter einen für die Schaffung eines ständigen Ausschusses für soziale Angelegenheiten beim DEKA. Der Antrag stützte sich auf die in § 17 des Entwurfs der Kirchenbundesverfassung festgeschriebene Möglichkeit, solche Ausschüsse zu bilden, und wurde dementsprechend angenommen. Ein weiterer Antrag sah vor, die soziale Bildung in evangelischen Kreisen besonders bei den »evangelischen Berufsarbeitern« - Pfarrer, Diakone, Jugendarbeiter, etc. - zu erhöhen. Dazu sollten Unterrichtskurse zur Förderung des sozialen Verständnisses veranstaltet werden. Soziale Fortbildungskurse für Pfarrer wurden bereits in der Evangelisch-sozialen Schule in Berlin-Spandau angeboten. Im Zusammenklang damit wurde auch ein Antrag auf die Förderung der Volksbildungsbestrebungen, verbunden mit der Schaffung einer »Evangelischen Zentralstelle für Volksbildung« gestellt.[254] Beide Anträge wurden angenommen. Aufruhr verursachte der Antrag 23 zur Sittlichkeitsfrage, der, obwohl bereits angenommen, ein zweites Mal angesprochen und zur Überarbeitung an den Sozialen Ausschuss zurückgegeben wurde, da einige Herren ihre Zustimmung zum Beschluss ohne Verhandlung im Plenum bereuten. Der strittige Punkt 3 blieb erhalten, da die Befürchtung einiger Herren, dass damit die gewerbliche Prostitution freigegeben werden solle, ausgeräumt werden konnte.[255] Letztendlich blieb es dabei, dass der Kirchentag sich ohne weitere Besprechungen mit seinen Forderungen an die Kirchenregierungen und Gemeinden wenden sollte.

Am Umgang mit der Arbeit des Sozialen Ausschusses lässt sich erkennen, dass die soziale Frage mehr und mehr in den Blick der Kirche gekommen war. Schon in Dresden war mit der Einsetzung eines Sozialen Ausschusses dafür ein Zeichen gesetzt worden. Die Ansichten, auf welche Art die soziale Frage

253 Vgl. Kapitel 4.4, 286f. Zur Schulfrage in der Weimarer Republik insgesamt vgl. Ludwig Richter: Kirche und Schule in den Beratungen der Weimarer Nationalversammlung, Düsseldorf 1996.

254 Beiden Anliegen fühlte sich Johannes Herz schon lange verpflichtet. Siehe dazu Kapitel 1, 36. und Kapitel 3.1, 106-108.

255 Antrag 23: »Der Kirchentag ersucht den Kirchenausschuß, in ihm geeignet erscheinender Weise die Kirchenregierungen und Gemeinden zu bitten: 1. scharfen Widerstand zu leisten gegen die Versuche, die §§ 218 bis 220 des RStrGB. aufzuheben; 2. dahin zu wirken, daß beschleunigt ein Gesetz durchgeführt wird, welches eine bessere Ausheilung der Geschlechtskrankheiten gewährleistet; 3. an einer weiteren Lösung der Prostitutionsfrage in der Richtung mitzuarbeiten, die eine staatliche und städtische Konzessionierung des Lasters und jegliche Form der Kasernierung der Bordelle ausschließt; 4. bei den Regierungen und Parlamenten dauernd vorstellig zu bleiben für ein Gesetz zum Schutz der Jugend gegen Schund und Schmutz.« Verhandlungen des Deutschen ... 1921, 192; zur erneuten Diskussion 194; zur endgültigen Lesung 220.

von der Kirche behandelt werden sollte, gingen weit auseinander. Die Konservativen sahen eher ein sich eröffnendes, breites Missionsfeld. Die Liberalen wollten die bis dato in der sozialen Arbeit vorherrschende tätige Nächstenliebe weiterentwickeln, um zu grundsätzlichen, wirtschaftsethischen Aussagen zu gelangen.

Einen Höhepunkt fanden diese Überlegungen auf dem Kirchentag in Bethel 1924, der den Beinamen »Sozialer Kirchentag« erhielt. Da in Bethel der erste verfassungsmäßige Kirchentag stattfand, wird er in der Zählung etwas irritierend wieder als »Erster Deutscher Evangelischer Kirchentag« geführt.

In Bethel versammelten sich die Teilnehmer vom 14. bis zum 17. Juni 1924. Johannes Herz gehörte diesmal als Generalsekretär des ESK, d.h. als Vertreter einer Vereinsorganisation dazu.[256] Der Soziale Ausschuss hatte im Vorfeld einen Entwurf erarbeitet, der vom Kirchentag als Soziale Kundgebung beschlossen werden sollte. Das überrascht nicht, wenn man bedenkt, dass das Jahr 1923 durch Inflation und die Besetzung des Ruhrgebiets durch Frankreich und Belgien – den »Ruhrkampf« – ein ausgesprochenes Krisenjahr für die Weimarer Republik war. Wilhelm Zoellner, Mitglied des Ständigen Sozialen Ausschusses, hatte im Dezember 1923 den DEKA dazu aufgefordert, eine Stellungnahme zur sozialen Lage insbesondere der Arbeiterschaft zu veröffentlichen. Gerade in der Kirchenprovinz Westfalen war es durch die Besetzung des Ruhrgebiets zu katastrophalen Lebensverhältnissen bei der Arbeiterschaft gekommen. Da ein von allen akzeptierter Entwurf erst Anfang April vorlag, wurde die Kundgebung dem Kirchentag überlassen, um nicht den Anschein zu erwecken, die Kirche wolle sich in den Wahlkampf für die im Mai stattfindenden Reichstagswahlen einmischen.

Die Verhandlungen waren so angelegt, dass die Soziale Kundgebung als Antwort auf die beiden Referate von Artur Titius und Jakob Schoell verstanden werden sollten.[257] Titius sprach über das »Evangelische Ehe- und Familienleben und seine Bedeutung in der Gegenwart«, Schoell über den »Evangelischen Berufsgedanken und das Arbeitsleben der Gegenwart«. Gekennzeichnet waren die »Soziale Botschaft« ebenso wie die Referate durch ihre Zurückhaltung in Bezug auf konkrete Vorgaben, an Regierungen oder Wirtschaftsunternehmen zu appellieren, um eine Änderung der Situation herbeizuführen. Deutlich benannte Ludwig Ihmels diese Einstellung schon in der Einleitung der Berichterstattung:

> »Wir alle wissen, welch eigenartige Versuchung gerade aus der gegenwärtigen wirtschaftlichen Lage für die Arbeiter erwächst. Aber wir übersehen auch nicht, welch Gefahr den Arbeitern gerade heute droht: die Gegensätze wollen sich aufs Neue verschärfen. Nun versteht sich von selbst, daß der Kirchentag kein Recht

---

256 Seit 1923 war Herz Generalsekretär des ESK Vgl. Kapitel 3.2, 144f.

257 Vgl. Verhandlungen des Deutschen ... 1924, 219.

hat, in die eigentlich technisch wirtschaftlichen Fragen hineinzureden. Jesu Wort kommt uns nicht aus dem Sinn: ›Wer hat mich zum Richter oder Erbschlichter unter euch gesetzt?‹ Je sorgfältiger wir uns aber auf das rein religiös-ethische Gebiet beschränken, umso mehr hat die Kirche für die Fragen des sozialen Lebens viel zu sagen.«

Eine wahrhaft soziale Gesinnung komme letzten Endes nur aus dem christlichen Glauben, obwohl es irrig sei, anzunehmen, dass die soziale Frage in dem Moment gelöst sei, in dem alle Beteiligten Christen würden, da die wirtschaftlichen Fragen weiter bestünden. Allerdings wären dann die Voraussetzungen für eine Verständigung von Arbeitnehmern und Arbeitgebern auf einer christlich-ethischen Grundlage gegeben.[258]

Nach einer Einleitung, die sich mit den Themen Ehe und Familie sowie Schule beschäftigte, folgten in der Sozialen Kundgebung Überlegungen zur »Jugendzeit«, die mit besonderen Gefährdungen verbunden sei, und zu den Schwierigkeiten des Mittelstands. Den gewichtigen Schlussteil bildeten Ausführungen zum Wirtschaftsleben mit einem Votum für die Arbeitnehmer und einer Mahnung an die Arbeitgeber, die so zurückhaltend ausfielen, wie es dem Tenor von Ihmels Referat entsprach.

Bereits im Vorfeld war durch den DEKA beschlossen worden, dass die Soziale Kundgebung möglichst große Verbreitung finden sollte. Zu diesem Zweck wurde sie in der kirchlichen Presse veröffentlicht. Im Leipziger Gemeindeblatt wurden einige allgemeine Informationen zu Kirchenbund und Kirchentag sowie die Namen der sächsischen Abgeordneten gedruckt, nicht ohne den Hinweis, dass von ihnen nur ein Fünftel als liberal bezeichnet werden könnte, was die sächsischen Verhältnisse nicht korrekt widerspiegele. Es folgte der Abdruck der »machtvollen Kundgebung«.[259] Der vor dem Kirchentag von Ludwig Ihmels verfasste Bericht zur Sozialen Kundgebung wurde als Broschüre gedruckt. In dieser Form wurde sie an kirchliche Stellen sowie Arbeitnehmer- und Arbeitgeberverbände geschickt. Auf der Tagung der sächsischen Sozialpfarrer in Dresden am 3. Dezember 1924 hielt Johannes Herz ein Referat mit dem Thema: »Welche praktischen Aufgaben stellt die soziale Botschaft des DEKT an Geistliche unserer Landeskirche?« Herz war darüber hinaus beauftragt worden, die »Aufnahme und Wirkung der Sozialen Botschaft des Deutschen

258 Vgl. Verhandlungen des Deutschen ... 1924, 220, dort auch Zitat.

259 Gemeindeblatt für Leipziger Gemeinden, Juli 1925. Das Gemeindeblatt wurde von Hans Vogel, nach dessen Tod von Johannes Müller, für die Leipziger Region herausgegeben. Die Gestaltung der letzten Seite lag in der Redaktionsverantwortung der einzelnen Gemeinden. Der Kopf des Gemeindeblatts war mit einem eigenen Signum und dem Namen der Gemeinde versehen. Zur Gestaltung des Gemeindeblatts der Versöhnungsgemeinde siehe Kapitel 2, 90.

Evangelischen Kirchentages in Bethel« zu beobachten.[260] Sein Resümee war ernüchternd, bewirkte die Soziale Botschaft doch kaum Reaktionen, wofür er die – evangelischen Kreisen typische – Gleichgültigkeit gegenüber sozialen Fragen verantwortlich machte. Auf der anderen Seite äußerten Theologen, sowohl vom linken als auch vom rechten Rand, Kritik. Emil Fuchs schrieb in einem Artikel in der *CW*, dass die Ausführungen zur Sozialen Frage tatsächlich eine Großtat gewesen wären, allerdings vor 20 Jahren.[261] Der Herausgeber der *Allgemeinen Evangelisch-Lutherischen Kirchenzeitung* (*AELKZ*), Wilhelm Laible, sah die geringe Wirksamkeit der Sozialen Botschaft darin begründet, dass die Gottesfrage als eigentliche Not der Gegenwart zu wenig bedacht worden sei. Die Aufgabe der Kirche sei die Sache Gottes, die soziale Frage dürfe nur nachgeordnet eine Rolle spielen.[262]

In der sozialdemokratischen Presse fand die Soziale Botschaft keine Erwähnung. Sie wurde »absichtlich totgeschwiegen,« vermutete Herz. Erst als der Bonner Hilfsprediger Wilhelm Boudriot in der Zeitschrift *Der Arbeitgeber* einen Artikel veröffentlichte, in dem er die Verantwortlichen in der Kirche aufforderte, sich uneingeschränkt auf die Arbeitgeberseite zu stellen, und die Beschäftigung mit der Sozialen Frage als den Spleen einiger weniger bezeichnete, fand die sozialdemokratische Presse darin einen Anlass für eine neuerliche publizistische Kampagne gegen die Kirche. Boudriots Ausführungen wurden als der offizielle kirchliche Standpunkt ausgegeben. Herz sah darin den Versuch, mögliche positive Reaktionen auf die Botschaft des Betheler Kirchentages in der Arbeiterschaft zunichte zu machen. Zudem wurden kirchliche Gegendarstellungen »nach der üblichen Taktik der sozialdemokratischen Presse«[263] verschwiegen. So hatte unter anderem der rheinische Sozialpfarrer, Menn, Boudriots Artikel, den man nicht als kirchliche Stellungnahme betrachten könne, da Boudriot ein Außenseiter sei, zurückgewiesen.[264]

Die Außenwirkung der Sozialen Botschaft hatte sicher nicht den Erfolg, den man sich erhofft hatte. Ihr großes Verdienst war die Schaffung einer gemeinsamen Grundlage für sozial-kirchliche Arbeit, auch wenn die Umsetzung in den

260 Zu den weiteren Ausführungen vgl. Johannes HERZ: Aufnahme und Wirkung der Sozialen Botschaft des Deutschen Evangelischen Kirchentages in Bethel. UAL Na Herz 10.

261 Vgl. Emil FUCHS: Gedanken eines Sozialisten zur Kundgebung des Deutschen Evangelischen Kirchentages »An das Deutsche Volk«. CW Nr. 29/30, 17. Juli 1924, 559.

262 Vgl. Vorwort. AELKZ 2 (1925), 17f.

263 Herz: Aufnahme und Wirkung ..., 4. UAL Na Herz 10.

264 Vgl. Bormuth: Die deutschen ..., 221.

Landeskirchen sehr unterschiedlich ausfiel. Rückblickend bezeichnete Johannes Herz die Soziale Botschaft als Magna Charta sozial-kirchlicher Arbeit.[265]

Die Einführung von Sozialpfarrern in Sachsen war ein Ergebnis des Kirchentages in Bethel und einer Eingabe zur Errichtung eines sozialen Pfarramts der SESV an Konsistorium und Synode, die auf der Frühjahrstagung am 7. Mai 1924 beschlossen worden war.[266] Der soziale Ausschuss der Konferenz Deutscher Evangelischer Arbeitsorganisationen hatte einen Antrag auf »hauptamtliche Anstellung sozialer kirchlicher Berufsarbeiter«[267] gestellt. In dem Antrag, der von Reinhard Mumm, Johannes Herz und A.W. Schreiber als Ausschussvertreter unterzeichnet war, wurde beklagt, dass es keine Berufsarbeiter für soziale Angelegenheiten in den evangelischen Kirchen gebe. Ohne gründliche Kenntnis dieser sozialen Angelegenheit sei die für die Volkskirche so wichtige Arbeit nicht zu bewältigen. Aus diesem Grund solle der DEKA die Kirchenregierungen und die in Frage kommenden Zentralorganisationen bitten, Männer und Frauen, Theologen und Nichttheologen für diese Aufgabe hauptamtlich anzustellen, soziale Kurse zu veranstalten und die entsprechenden Institutionen wirksamer zu fördern, also den Centralausschuss der Inneren Mission, den Gesamtverband evangelischer Arbeiter- und Arbeiterinnenvereine Deutschlands, den ESK, den KSB, die Soziale Geschäftsstelle für das Evangelische Deutschland, die Evangelisch-soziale Schule in Spandau, die evangelischen Jugendverbände und ähnliche. In der Berichterstattung verwies Mumm auf die große Selbstverständlichkeit, mit der die katholische Kirche Arbeitersekretäre anstelle. Der Hinweis Mumms, dass er sich selbst darum kümmern würde, dass der Antrag kein bloßes Lippenbekenntnis bliebe, führte zu Unruhe auf den Bänken des Kirchenbundesrates. In der Aussprache trat der Präsident des DEKA, Moeller, dem Berichterstatter schroff entgegen und verbat sich den Unterton in der Ausführung, der den Eindruck erwecken könnte, dass ein Versäumnis des DEKA oder der Kirchenleitung vorliegen würde:

> »Weder dem Deutschen Evangelischen Kirchenausschuß noch den Kirchenregierungen sollte – und zumal nicht vor dieser Öffentlichkeit – der Vorwurf gemacht werden, daß sie ›Ausreden‹ machten – es sei denn, daß bestimmte Beweise für einen solchen Vorwurf erbracht werden. Ich stelle fest, daß solche Beweise nicht erbracht worden sind. Sie können auch nicht erbracht werden, weil weder das

265 Vgl. Dietmar Wiegand: Volkskirche und Sozialarbeit. Soziales Denken und Handeln in der Thüringer evangelischen Kirche in den Jahren ihres Auf- und Ausbaus. HCh 21/22, 135–153, 139.

266 Das Landeskonsistorium erließ das Gesetz für soziale Pfarrämter am 15. August 1924. Vgl. Mitteilungen der Sächsischen Evangelisch-sozialen Vereinigung 11 (1924), 1.

267 Verhandlungen des Deutschen ... 1924, 197.

Verhalten des Kirchenausschusses noch der einzelnen Kirchenleitungen eine ›Ausrede‹ erfordert.«[268]

Er empfahl den Antrag trotzdem zur Annahme. Dieser Empfehlung folgte der Kirchentag mit großer Mehrheit.

Die Umsetzung in den Landeskirchen war sehr unterschiedlich. Ein gesamtdeutsches Ergebnis war die Einberufung einer Konferenz kirchlich-sozialer Facharbeiter aus allen Landeskirchen, die im Juni 1925 erstmals in Eisenach, später in Erfurt tagte. Auf dieser wurde ein Grundlagenprogramm zur kirchlichen Sozialarbeit, die Eisenacher Richtlinien, entwickelt und den Landeskirchen zur Verfügung gestellt.[269] Die Konferenz wurde zu einer ständigen Einrichtung, die bis 1933 jährlich tagte.[270]

Am Nachmittag des letzten Verhandlungstages wurden die 18 Mitglieder des Deutschen Evangelischen Kirchenausschusses gewählt. Zu ihnen zählte auch Johannes Herz. In diesem Gremium blieb er, bis es unter den Nationalsozialisten aufgelöst wurde. In der Sitzung des DEKA vom 10. und 11. Dezember wurde Herz zum Abgeordneten für die Stockholmer Weltkirchenkonferenz für Praktisches Christentum »Life and Work« gewählt.[271]

An den beiden weiteren Kirchentagen 1927 in Königsberg und 1930 in Nürnberg nahm Herz wieder als Vertreter des ESK teil. In Königsberg gehörte Herz dem Sozialen Ausschuss, dem Wahlausschuss und dem Ausschuss zur Vorberatung des Geschäftsberichts an.

Wie angekündigt, wurde die Umsetzung der »hauptamtlichen Anstellung sozialer kirchlicher Berufsarbeiter« in Königsberg thematisiert. Da Mumm jedoch verhindert war, übernahm Herz diese Aufgabe. Er hielt fest, dass der Betheler Beschluss Wirkung gezeigt hatte, diese allerdings nicht weit genug ginge. Deshalb hatten Mumm und er im Vorfeld mit der Konferenz Evangelischer Arbeitsorganisationen einen Antrag an den Kirchentag gestellt, der, vom Sozialen Ausschuss nur leicht modifiziert, im Plenum eingebracht wurde. Darin wurde zum einen gefordert, dass die Betheler Beschlüsse weiterhin durchgesetzt werden sollten. Zum anderen wurden Vorschläge gemacht, wie die soziale Ausbildung von Theologen und Nichttheologen vonstatten gehen könnte, z.B. durch Berücksichtigung des sozialen Gebiets im Predigerseminar und beim Zweiten Theologischen Examen. Der Antrag wurde ohne Abstimmung angenommen.[272]

---

268 Verhandlungen des Deutschen ... 1924, 201.

269 Vgl. Euchner, Grebing (Hg.): Geschichte der sozialen Ideen in Deutschland ..., 75f.

270 Vgl. Bormuth: Die Deutschen ..., 222f. Der Jahresrhythmus setzt erst 1927 mit der Konferenz in Erfurt-Gotha ein. Verhandlungen des Deutschen ... 1927, 75 und Verhandlungen des Deutschen ... 1930, 113.

271 Zu der Konferenz siehe Kapitel 3.2, 147.

272 Vgl. Verhandlungen des Deutschen ... 1927, 270f.

Ein weiterer Antrag des Sozialen Ausschusses befasste sich mit der sogenannten Aufwertungsfrage. Eine große Zahl von Inflationsgeschädigten hatte sich mit der Bitte um Hilfe an den Kirchentag gewandt. Durch Inflation und Steuernotverordnungen war die Zahl derer, deren Vermögen verloren gegangen war und die dadurch auf die Fürsorge des Staates angewiesen waren, enorm angewachsen. Wie groß die Hoffnung gewesen sein muss, die auf den Kirchentag gesetzt wurde, lässt sich aus dem Bericht von Herz ablesen, in dem er die Inflationsgeschädigten mit Ertrinkenden verglich, die »nach der Tatsache unseres Kirchentags« greifen, wie nach einem Rettungsring, der ihnen aus ihrer Notlage heraushelfen könne.[273] Der Kirchentag sollte und wollte auf diese Not reagieren. Im Bericht zum Antrag des Sozialen Ausschusses zur Aufwertungsfrage wies Herz darauf hin, dass der Kirchentag für alle praktischen Lösungen der falsche Adressat sei, da

> »wir kein Parlament sind, das irgendwie unmittelbar in die staatliche Gesetzgebung eingreifen könnte, daß auch das ethische Problem, das [...] uns natürlich ganz besonders angeht und interessiert, mit soviel anderen Fragen finanzieller, wirtschaftspolitischer und organisatorischer Art verknüpft ist, daß man es nicht aus diesem Fragenkomplex herauslösen kann, und daß für diese anderen Fragen wir ja nicht zuständig sind.«[274]

Gleichzeitig betonte er, welche Maßnahmen der Kirchenausschuss seit 1924 ergriffen habe, indem er auf die entsprechenden Seiten des Geschäftsberichts des DEKA[275] verwies. Um aktuell auf die schwierige Lage zu reagieren, war ein Antrag formuliert worden, der sich allerdings darin erschöpfte, den Behörden und der Öffentlichkeit die durch Aufwertungsgesetzgebung und Inflation geschädigten Volkskreise »aufs Gewissen« zu legen.[276] Dieser wurde ohne Abstimmung angenommen, »nicht etwa nur rein formell, um die Sache rasch zu erledigen, sondern aus dem tiefen Gefühl [der Anteilnahme] heraus, dem der Herr Berichterstatter so nachdrücklich Ausdruck gegeben hat.«[277] Nachdem der DEKA eine Resolution zur Fürstenenteignung verfasst hatte, in der er diese als unevangelisch bezeichnet hatte, war es notwendig geworden, auch für die kleinen Sparer und den Mittelstand Partei zu ergreifen.[278] Schließlich war das Image als Volkskirche nach dem Ersten Weltkrieg von den Evangelischen Landeskirchen stark gepflegt worden. Ein Wort für die Fürsten musste zwangsläufig ein

273 Vgl. Verhandlungen des Deutschen ... 1927, 323, dort auch Zitat.

274 Verhandlungen des Deutschen ... 1927, 324.

275 Vgl. Verhandlungen des Deutschen ... 1927, 34–36.

276 Vgl. Verhandlungen des Deutschen ... 1927, 325f.

277 Verhandlungen des Deutschen ... 1927, 326.

278 Vgl. dazu Bormuth: Die Deutschen ..., 226; Nowak: Evangelische Kirche ..., 128f.; Wright: Über den Parteien ..., 73f.

Wort für die Inflationsgeschädigten nach sich ziehen.[279] Als weiteres wichtiges soziales Anliegen wurde in Königsberg die Feiertagsheiligung angesprochen. Der DEKA war auch in dieser Frage beim Reichsministerium des Innern und beim Reichsarbeitsministerium vorstellig geworden und hatte mit einzelnen Verbänden, wie dem Reichsverband für Sport, Spiel und Leibesübungen, darüber verhandelt.[280] Über die Einhaltung der Sonn- und Feiertagsheiligung wurde auch 1930 in Nürnberg wieder gesprochen. Auf ephoraler Ebene war es ebenfalls ein wiederkehrendes Thema.[281]

Der Höhepunkt des Königsberger Kirchentags war die Vaterländische Kundgebung. Sie war, wie die Soziale Botschaft des Betheler Kirchentags, als Antwort auf die beiden Hauptreferate von Paul Althaus, »Kirche und Volkstum«, und Wilhelm Kahl, »Kirche und Vaterland«, konzipiert.[282] Der konservative Ruck in der Politik, durch die Wahl Paul von Hindenburgs zum Reichspräsidenten 1925 und der ständigen Regierungsbeteiligung der DVP seit 1924, hatte dem deutschen Protestantismus, der sich in weiten Kreisen mit der Republik nur schlecht anfreunden konnte, den Weg für eine Annäherung an sie geebnet. Die Kundgebung selbst war ein Kompromiss, der erst nach langem Ringen zustande kam.[283]

Die Arbeit im DEKA erwies sich als vielseitig. Herz erarbeitete ein Referat über die Arbeitslosigkeit der älteren Angestellten, das als Stellungnahme des DEKA gedruckt wurde.[284] In seiner Sitzung am 31. Mai und 1. Juni 1929 verabschiedete der DEKA einstimmig eine »Erklärung zur zehnjährigen Wiederkehr des Versailler Diktats«. Die »ungeheuerliche finanzielle Belastung« habe Armut und Verbitterung nach sich gezogen. »Der Glaube an menschliche und selbst göttliche Gerechtigkeit ist bei vielen ins Wanken gekommen. Die sittlichen Grundlagen des Volks- und Völkerlebens sind schüttert.« Besonders bedrückend sei das »erzwungene Schuldbekenntnis«, das selbst die Weltkonferenz für

279 Neben der Verlautbarung gab es ein entsprechendes Referat des Kirchentagspräsidenten und Münchner Bankiers Wilhelm von Pechmann, das vollständig als Anhang in den Verhandlungsbericht aufgenommen wurde.

280 Vgl. Geschäftsbericht des Deutschen Evangelischen Kirchenausschusses, Verhandlungen des Deutschen ... 1927, 83–86.

281 Zeugnis davon geben die Eingaben von Herz in seiner Eigenschaft als Sozialpfarrer und gesammelte Zeitungsausschnitte im Zeitraum von 1925–1933 im Ephoralarchiv. EphA I-C 60, 72; 139–149; 164; 170. Zum Sozialpfarrer siehe Kapitel 3.1, 113–117.

282 Die Referate und der Text der Erklärung in Verhandlungen des Deutschen ... 1927, 204–225; 234–250; 338–340. Ausführlich dazu Nowak: Evangelische Kirche ..., 173–177 und Bormuth: Die Deutschen ... 229–243.

283 Vgl. Brief von Herz an Menn vom 18. Juli 1927. AESK A II 7, 138.

284 Vgl. hierzu: Protokolle Sozialer Ausschuß DEKA 1927–1933. UAL Na Herz 23/4. Das Referat wurde gedruckt in: Deutsche Evangelische Rundschau vom 15. September 1929.

internationales Christentum 1926 in Bern für »moralisch wertlos und religiös kraftlos« erklärt habe. Der DEKA fordere deshalb, die »wahren Kriegsursachen« restlos aufzuklären, um »die Belastung des deutschen Volkes mit der Kriegsschuld baldigst« aufheben zu können. Der 28. Juni 1929 solle in allen evangelischen Kirchen als Trauertag begangen werden.[285] In dem zum Kirchentag in Nürnberg vorgelegten Tätigkeitsbericht konnte der DEKA auf internationales Wohlwollen in der Frage von Versailles verweisen.[286] Als Stellungnahme des DEKA zum nordwestdeutschen Industriekonflikt 1928, auch bekannt als Ruhreisenstreit, und zur zunehmenden Arbeitslosigkeit wurden die Referate von Herz, »Ein soziales Problem: die Arbeitslosigkeit der älteren Angestellten«, und von Schoell, »Bittere Tatsachen«, im *Evangelischen Deutschland* gedruckt, wohl wissend, dass sich das Eingreifen in die wirtschaftliche Entwicklung auf karitative Hilfe und Gewissensappelle beschränken musste.[287]

Zur 400-Jahr-Feier des Augsburgischen Bekenntnisses fand der Kirchentag 1930 in Nürnberg statt. Voraus ging eine Konfessionsfeier in Augsburg am 24. und 25. Juni. Thema des Kirchentags und des Hauptreferats waren »Recht und Kraft der deutschen Reformation zur Kirchenbildung«. Geprägt wurde der Kirchentag, so Bormuth, vom neu gewonnenen Selbstbewusstsein der Kirche.[288] Er blieb allerdings sonst recht farblos. Zum »Charakteristikum dieser Tage« wurde der »Fall Eckert«:[289] Bereits im März 1930 hatten die Präsidenten der Europäisch-Kontinentalen, Britischen und Orthodoxen Gruppe des Ökumenischen Rats für Praktisches Christentum (Stockholmer Weltkirchenkonferenz) eine Kundgebung zur Religionsverfolgung in Russland veröffentlicht.[290] Dem Kirchentag lag nun ein ähnlicher Antrag für eine Kundgebung gegen die Christenverfolgung in Russland vor.[291] Über die Kundgebung wurde ohne Debatte abgestimmt, obwohl der Religiöse Sozialist Erwin Eckert sich zu Wort gemeldet hatte. Der Präsident des Kirchentags, Graf Vitzthum von Eckstädt, hatte ihm dieses mit Hinweis auf die bereits im Gange befindliche Abstimmung verwehrt. So blieb Eckert, der als Einziger gegen die Kundgebung stimmte, auch während des sich anschließenden stillen Gebets für die Christen in Russland, zu dem sich die Teilnehmer erhoben, demonstrativ sitzen. Im weiteren Verlauf der Sitzung wurde Eckert das Wort erteilt, wobei Vitzthum von Eckstädt einräumte, die rechtzeitige Meldung Eckerts vor der Abstimmung übersehen zu haben. Eckert widersprach

285 Vgl. Verhandlungen des Deutschen ... 1930, 106f, dort auch Zitate.

286 Vgl. Verhandlungen des Deutschen ... 1930, 107f.

287 Vgl. Verhandlungen des Deutschen ... 1930, 112f.

288 Vgl. dazu Bormuth: Die Deutschen ..., 244–249. Bormuth verweist u.a. auf das 1926 erschienene und violett (!) gebundene Buch »Das Jahrhundert der Kirche« von Otto Dibelius als ein Zeichen des neuen Selbstbewusstseins.

289 Martin Rade, CW 14 (1930), 696.

290 Vgl. Verhandlungen des Deutschen ... 1930, 102f.

291 Vgl. Verhandlungen des Deutschen ... 1930, 258f.

der Kundgebung, da es eine Kundgebung zur Christenverfolgung in Russland sei. Das würde implizieren, dass es eine organisierte und durch die Regierung systematisch geförderte Christenverfolgung gebe. Das sei nicht der Fall, denn Stalin selbst achte darauf. Dass Christen in Sowjetrussland verfolgt werden, sei zwar wahr, aber es sei keine allgemeine Christenverfolgung, sondern habe andere Gründe. Er bedauere dies sehr, aber der russischen Regierung sei kein Vorwurf zu machen, wie auch Luther nicht für die Bauernkriege verantwortlich gemacht werden könne, ebenso wenig wie der Kaiser oder Hindenburg für die Gräuel im [Ersten] Weltkrieg. Diese Ausführungen wurden vom Plenum mit großen Missfallensäußerungen begleitet. Der Präsident bedauerte nach Eckerts Rede, dass er keine Möglichkeit hatte, dessen Redebeitrag zu beenden, da er keine direkten Beleidigungen enthalten habe.[292]

Als der Kirchentag über die Kundgebung zur Kirchenfrage debattierte, wurde, als Eckert sich zu Wort meldete, die Debatte auf Antrag von Wilhelm Philipps gegen eine Minderheit beendet.[293] Eckert verließ darauf unter Protest den Saal. Nachdem der Führer der konservativ-orthodoxen Kirchentagsgruppe I, Simon Schöffel, sich direkt im Anschluss an die Abstimmung gegen dieses Vorgehen, das den parlamentarischen Grundregeln zuwiderlaufe, aussprach, folgten die Führer der liberalen Kirchentagsgruppe III, Johannes Herz, und der mittelparteilichen Kirchentagsgruppe II, Jakob Schoell, mit einem Plädoyer für die parlamentarische Redefreiheit. Herz verwies darauf, dass bereits in der Vorbereitung der Russlandkundgebung darauf aufmerksam gemacht worden war, dass es zu Wortmeldungen kommen könne. Wäre dies nicht erwünscht gewesen, so hätte das im Vorfeld deutlich gemacht werden sollen. Herz verurteilte zwar Eckerts Missbrauch der parlamentarischen Redefreiheit für herausfordernde Angriffe und verletzende Äußerungen, dennoch sei es um der Kirche willen notwendig, dass geistige Auseinandersetzungen in voller Freiheit geführt werden könnten.[294]

4 Im Verwaltungsrat der Evangelisch-sozialen Schule in Spandau

Der DEKA hatte im November 1930 beschlossen, Johannes Herz als seinen Vertreter in den Verwaltungsrat der Evangelisch-sozialen Schule Spandau zu entsenden.[295] Die Soziale Schule war von Ludwig Weber 1912 in Bethel gegründet worden, um den evangelischen Arbeitersekretären die für ihre Arbeit notwendige Bildung zu vermitteln. 1921 war die Schule in die Räumlichkeiten des Johannesstifts nach Spandau verlegt worden. Das Angebot richtete sich nicht mehr aus-

---

292 Vgl. Verhandlungen des Deutschen ... 1930, 280–285.

293 Falsch ist die Darstellung bei Bormuth, dass das Ende der Debatte vom Führer der konservativ-orthodoxen Kirchentagsgruppe I, Schöffel, beantragt worden sei, dieser sprach sich für die Ablehnung des Antrags aus. Vgl. Bormuth: Die Deutschen ..., 258 und Verhandlungen ... 1930, 311.

294 Vgl. Verhandlungen des Deutschen ... 1930, 352.

295 Vgl. Protokolle des DEKA 1. Januar 1933 – Juni 1933. UAL Na Herz 24/1.

schließlich an Arbeitersekretäre; seit 1924 gab es regelmäßig Soziallehrgänge für Theologen, deren Teilnehmerzahlen kontinuierlich stiegen.[296] Herz nahm 1925 an einem solchen Kurs teil und hielt 1927 selbst ein Referat über den ESK.[297] Die Schule stand in enger Beziehung zum Kirchlich-sozialen Bund.

Von der Evangelisch-sozialen Schule wurde Herz im April 1931 zum Mitglied des Verwaltungsrats gewählt. Seither berichtete er über die Arbeit und den Haushaltplan der Schule im DEKA.[298] Am 21. Januar 1933 wurde über eine neue Satzung beraten, die die Schule in einen Verein umwandeln sollte, um sie auf eine sichere finanzielle Grundlage zu stellen. Ein Nebeneffekt wäre gewesen, dass der Einfluss der verfassten Kirchen minimiert worden wäre. Am 28. Februar wurde die Satzung mit einigen Änderungen, die den Kirchen ihre Sitze im Verwaltungsrat sicherten, angenommen.[299]

5 Das Leipziger Kirchbuchamt

Als letztes Beispiel für das breite Spektrum der Tätigkeit von Johannes Herz soll das Leipziger Kirchbuchamt benannt werden. Nach einer entsprechenden Verordnung des Landeskirchenamts vom 9. April 1936 wurde unter der Leitung von Herz damit begonnen, die Kirchenbücher aus Leipziger Gemeinden zu sammeln und teilweise auf Karteikarten zu übertragen. Die Einrichtung eines Kirchbuchamtes diente der Erleichterung des Ariernachweises für die Bevölkerung. Am 1. Oktober 1938 wurde das Kirchbuchamt eröffnet. In der Ephoralkonferenz am 13. Oktober berichtete Herz, dass inzwischen 15 Gemeinden 340 Kirchenbücher abgegeben hätten, natürlich unter dem Vorbehalt des Eigentumsrechts. Verkartet wurden Eintragungen zwischen 1750, da nur bis zu diesem Jahr die Ariernachweise geführt werden mussten, und 1875, dem Jahr, in dem die Standesämter eingeführt worden waren.[300] Die Leitung durch Johannes Herz, der durch Pfarramt, Sozialpfarramt, ESK und anderes bereits sehr ausgelastet war, hatte eher repräsentativen Charakter, die Arbeit wurde von zehn Angestellten erledigt.

296 Vgl. Johannes HERZ: Evangelisch-soziale Schule. RGG^2 2 (1928), 443.

297 Vgl. Eintragung im Amtskalender vom 19. Januar 1925. UAL Na 2/2; UAL Na Herz 8/2; Gemeindeblatt für Leipziger Kirchgemeinden März 1927, 19–21.

298 Vgl. Protokolle des DEKA 1930–31/32. UAL Na Herz 24/1.

299 Vgl. Protokolle des DEKA 1930–31/32. UAL Na Herz 24/2.

300 Vgl. Ephoralkonferenz vom 13. Oktober 1938. EphA I-C18, Schrank 1, Fach 2, 23f.

III Als Mann der »Mitte«

Neben den bekannten Bewegungen in der Zeit des Nationalsozialismus, den Deutschen Christen und der Bekennenden Kirche, bildete sich in Sachsen eine dritte Gruppe, die Mittelgruppe oder einfach die »Mitte«.[301] Die Einnahme einer Mittelposition »ist nicht aus Unentschiedenheit geschehen, sondern aus ernster Überlegung und aus der Verantwortung heraus, den Kirchenstreit nach Möglichkeit von den Gemeinden fernzuhalten.«[302]

Darüber, wie die Deutschen Christen die meisten evangelischen Landeskirchen und später die Deutsche Evangelische Kirche (DEK) gleichgeschaltet haben, ist hinreichend geschrieben worden, auch für die Sächsische Landeskirche gibt es verschiedene Arbeiten, ebenso über das Verhalten des Staates gegenüber der Kirche und Hitlers Kirchenpolitik; darauf soll im Folgenden nicht näher eingegangen werden.[303]

Mit den reichsweiten Kirchenwahlen im Juli 1933 sollten die DC die Mehrheit in den Kirchenvorständen übernehmen. Ein vertrauliches Schreiben des Kreisfachberaters für kirchliche Angelegenheiten bei der Kreisleitung Leipzig der NSDAP, Georg Faber, forderte alle evangelischen Parteigenossen auf,

---

301 Es gab reichsweit auch andere ähnliche Gruppierungen wie die sächsische Mitte, siehe unten, 257f.

302 So die Erklärung von Herz im Brief an Stahn vom 27. Januar 1936. UAL Na Herz 32/4.

303 Vgl. Gerhard BESIER: Die evangelische Kirche in den Umbrüchen des 20. Jahrhunderts. Bd. 1: Kirche am Übergang vom Wilhelminismus zur Weimarer Republik. Von der Weimarer Republik ins »Dritte Reich« – der »Kirchenkampf«, Neukirchen-Vluyn 1994. (Historisch-theologische Studien zum 19. und 20. Jahrhundert; 5,1); DERS.: Die Kirchen und das Dritte Reich. Spaltungen und Abwehrkämpfe 1934–1937. Berlin, München 2001 (Die Kirchen und das Dritte Reich; 3); Joachim FISCHER: Die sächsische Landeskirche im Kirchenkampf 1933–1937, Göttingen 1972; Hermann KLEMM, Gertraud GRÜNZINGER-SIEBERT: Im Dienst der Bekennenden Kirche. Das Leben des sächsischen Pfarrers Karl Fischer 1896–1941, Göttingen 1986. (Arbeiten zur Geschichte des Kirchenkampfes. Ergänzungsreihe; 14); Kurt MEIER: Der evangelische Kirchenkampf Bd. 1–3, Halle 1976 und 1984; DERS.: Kreuz und Hakenkreuz: Die evangelische Kirche im Dritten Reich, München 2008; DERS.: Die theologischen Fakultäten im Dritten Reich, Berlin [u.a.] 1996; DERS.: Evangelische Kirche in Gesellschaft, Staat und Politik 1918–1945. Aufsätze zur kirchlichen Zeitgeschichte, Berlin 1987; DERS.: Die deutschen Christen. Das Bild einer Bewegung im Kirchenkampf des Dritten Reiches, Halle 1967; Wilhelm: Die Diktaturen und die evangelische Kirche.
Einen Überblick bietet Markus HEIN: Zur Geschichte der sächsischen Landeskirche in der ersten Hälfte des 20. Jahrhunderts. In: Manfred Gailus, Wolfgang Krogel (Hg.): Von der babylonischen Gefangenschaft der Kirche im Nationalen. Regionalstudien zu Protestantismus, Nationalsozialismus und Nachkriegsgeschichte 1930 bis 2000, Berlin 2006, 360–382.

»sich unverzüglich bei dem Kirchenamt ihrer Kirchgemeinde (unter Mitnahme des Familienbuches!) in die ›Wählerliste‹ ihrer Kirchgemeinde eintragen zu lassen. Die Eintragung in die Wählerliste ist die Voraussetzung für die Beteiligung an Kirchenwahlen, die vielleicht plötzlich notwendig wird.«[304]

Besonders der Hinweis in Klammern zeigt, wie wenig Kirchenkontakt man den Parteigenossen zutraute.

In der Versöhnungsgemeinde wurde wie allgemein in Sachsen üblich auf eine Wahlhandlung verzichtet und stattdessen der »Einheitsliste der Versöhnungsgemeinde Leipzig-Gohlis-Nord« zugestimmt. Die beiden anderen Listen – »Kirchgemeindlicher Wahlvorschlag« und »Liste Deutscher Christen für die Versöhnungsgemeinde Leipzig-Gohlis-Nord« – wurden kurz vor der Wahl zurückgezogen. »Die Vornahme einer Wahlhandlung hatte sich damit erübrigt.«[305] Dabei hatte Johannes Herz in Erwägung gezogen, gegen die Gleichschaltungsbestrebungen eine echte Wahl durchzuführen. Sein Kollege Hermann Steiner riet ihm eindringlich davon ab, die Wahl anders als verordnet durchzuführen, da im Nachhinein »von oben« nachkorrigiert würde.[306] Die Wahl war von der Führung der NSDAP gelenkt. Die »Einheitsliste« wurde mit Rücksicht auf deren Vorschläge erstellt; von den acht zu berufenden Kirchvorstehern nominierte die Fraktion der DC sechs. Trotz der starken Einflussnahme wurden Parteigenossen, die dem Kirchenvorstand bereits angehört hatten, auf den Vorschlagslisten übergangen.[307] Dass dies mit Bedacht geschah, scheint eher fraglich. Wahrscheinlich war die Ortsgruppenleitung der NSDAP mit der Aufgabe, »Listen von Persönlichkeiten einzureichen, die bei kommenden Kirchenwahlen als ›Deutsche Christen‹ verläßlich christlich, kirchlich und national aufgestellt werden können«, überfordert, zumal jeder Ortsgruppenführer 30 Namen einreichen sollte.[308]

Für die Versöhnungsgemeinde bedeutete das im Endergebnis, dass 16 der 32 gewählten und berufenen Kirchgemeindevertreter auf der Liste der DC gestanden hatten. Dass diese absoluten Zahlen nur bedingt aussagekräftig sind, wird an der Tatsache deutlich, dass 14 der gewählten Kirchvorsteher dem

304 2. Rundschreiben vom Kreisfachberater für kirchliche Angelegenheiten bei der Kreisleitung Leipzig der NSDAP Faber an die Ortsgruppenleiter im Kreis Leipzig vom 11. Mai 1933. Akten der Kirchgemeinde Leipzig Gohlis-Nord F 1.

305 Brief vom Pfarramt der Versöhnungsgemeinde an das Bezirkskirchenamt Leipzig (Superintendentur) vom 21. Juli 1933. Akten der Kirchgemeinde Leipzig Gohlis-Nord F 1.

306 Vgl. Brief von Steiner an Herz vom 18. Juli 1933. UAL Na Herz 31/1.

307 Vgl. Brief von Herz an Walter Kluge vom 29. August 1933. Akten der Kirchgemeinde Leipzig Gohlis-Nord F 1.

308 Vgl. 2. Rundschreiben vom Kreisfachberater für kirchliche Angelegenheiten bei der Kreisleitung Leipzig der NSDAP Faber an die Ortsgruppenleiter im Kreis Leipzig vom 11. Mai 1933. Akten der Kirchgemeinde Leipzig Gohlis-Nord F 1, dort auch Zitat.

Kirchenvorstand vor der Wahl 1933 angehört hatten und dass vier von diesen alten und neugewählten auf der Liste der DC standen.[309]

Johannes Herz stand der nationalsozialistischen Bewegung schon früh kritisch gegenüber.[310] Das änderte sich auch nach deren Machtübernahme nicht. Im Dezember 1933 war an Superintendent Hilbert eine Eingabe von fünf Kirchvorstehern der Versöhnungsgemeinde[311] gerichtet worden, in der die Stellung von Johannes Herz und Hermann Steiner zu Adolf Hitler und dem nationalsozialistischen Staat kritisch angefragt worden war. Daraufhin erklärten die beiden Pfarrer, dass sie »selbstverständlich durchaus auf den Boden des national-sozialistischen Staates Adolf Hitlers sich stellen und diesem Staate ebenso selbstverständlich zu dienen entschlossen sind.«[312] Hilbert sah die Angelegenheit damit als erledigt an; das Landeskirchenamt erhielt eine Abschrift des Vorgangs.

Durch die Kundgebung im Sportpalast am 13. November 1933 hatten die DC viel Rückhalt verloren. Auch die Gräben innerhalb der Sächsischen Landeskirche wurden immer tiefer. In Leipzig begann sich im Januar 1934 eine Gruppe von sogenannten »Zwischenfrontlern« zu sammeln. Sie suchte Kontakt zu den Pfarrern des Notbundes. Die Situation verschärfte sich durch die Selbstauflösung der Synode am 4. Mai 1934, der damit verbundenen Eingliederung in die Deutsche Evangelische Kirche und durch den Beschluss der 28 Thesen von Walter Grundmann durch die Synode, in denen wesentliche Punkte des lutherischen Bekenntnisses aufgegeben wurden. Mit den Thesen, so Grundmann, sollte eine Form für die Kirche gefunden werden, in der sie »wirklich ins Dritte Reich eingebaut« werden könne. Dazu diente z.B. These drei, in der sich die Kirche »zu Blut und Rasse« bekannte und damit den Arierparagraphen für die Kirche anerkannte. In These fünf wurde die »Ehe zwischen Angehörigen verschiedener Rassen« als Verstoß gegen den Willen Gottes deklariert. In den Thesen zwölf und 13 wurde dem Alten Testament eine Minderwertigkeit gegenüber dem Neuen Testament bescheinigt und als Urkunde für den Abfall des jüdischen Volkes von Gott beschrieben. Wegen dieses Abfalls laste auf dem jüdischen Volk ein Fluch. In den Thesen 14 und 15 wurde erklärt, warum die Bekenntnisse der Reformation um neue, nationalsozialistische Bekenntnisse erweitert werden müssten.[313] Die 28 Thesen wurden zur landeskirchlich verbindlichen Arbeitsrichtlinie und später von anderen Landeskirchen – Braun-

309 Vgl. Liste der Deutschen Christen für die Versöhnungsgemeinde Leipzig Gohlis und Liste der gewählten und berufenen Kirchgemeindevertreter. Akten der Kirchgemeinde Leipzig Gohlis-Nord F 1.

310 Siehe Kapitel 1, 55–57.

311 Max Meißner, Bernhard Schlippe, Georg Staufert, Martin Tille und Otto Treff.

312 Protokoll vom 19. Februar 1934. EphAL I-B 130, Schrank 8, 176.

313 Vgl. Walter GRUNDMANN: Die 28 Thesen der sächsischen Volkskirche erläutert, Dresden 1934.

schweig, Mecklenburg, Oldenburg, Schleswig-Holstein – übernommen. Die Landeskirche wurde nach dem Führerprinzip durch den Landesbischof und den Präsidenten des Landeskirchenamts geleitet.

Zu einer ersten gemeinsamen Aktion der »Zwischenfrontler« und der BK kam es, als der Dresdner Superintendent und Vorsitzende der sächsischen BK, Hugo Hahn, von Landesbischof Friedrich Coch wegen Ungehorsam und Aufwiegelung am 7. September 1934 in den Ruhestand versetzt wurde. 28 Leipziger Pfarrer baten in einem Schreiben darum, Hahn wieder in Dienst zu nehmen.[314]

Ende Oktober 1934 beschlossen die sächsischen Notbundpfarrer, die »Dahlemer Haltung« konsequent gegenüber Landesbischof und Landeskirchenamt einzunehmen. Auf der zweiten Reichsbekenntnissynode von Berlin-Dahlem am 19. und 20. Oktober 1934 hatte sich die BK von den bestehenden DC-Kirchenleitungen getrennt und das kirchliche Notrecht aus- und damit zur Bildung eigener Kirchenregierungen aufgerufen. Um die drohende Kirchenspaltung in Sachsen zu vermeiden, sahen sich die »Zwischenfrontler« gezwungen zu handeln. Es folgte eine Zeit dicht gedrängter Ereignisse, da auch das Landeskirchenamt dieses Vorgehen nicht unbeachtet lassen konnte.

Oskar Bruhns schrieb am 5. November 1934 in einem Brief an Johannes Herz, dass sie »zur Konstituierung einer Gruppe der Mitte in kürzester Zeit kommen« müssten und legte fünf Grundsatzthesen bei.[315] Diese Thesen wurden noch mehrfach überarbeitet; am 9. November ging ein von Johannes Herz verfasstes und von 39 Leipziger Pfarrern unterzeichnetes Schreiben an alle sächsischen Pfarrer aus, in dem vor dem durch die kirchenpolitische Entwicklung drohenden Schisma der Landeskirche gewarnt wurde. Noch gebe es die Möglichkeit der »inneren Bereinigung der entstandenen Konflikte« und der »Neugestaltung der Kirche aus rein kirchlichen Kräften«. Um das zu verwirklichen seien folgende Punkte umzusetzen:

> »1. Es muss unverzüglich eine grundlegende Aenderung des Kurses und ein Personalwechsel in den führenden Stellen unserer Landeskirche vorgenommen werden.
>
> 2. Es muss schnellstens eine Zusammenfassung aller aufbauwilligen Kräfte erfolgen, denen die Verpflichtung gegenüber der Kirche und Gemeinde über allen Parteiinteressen steht, und sich in dem Bekenntnis eins wissen: Einer ist unser Meister, wir aber sind alle Brüder.«[316]

---

314 Vgl. Schreiben von 28 Leipziger Pfarrern an Landesbischof Friedrich Coch vom 29. September 1934. In: Fischer: Die sächsische Landeskirche ..., 199.

315 Vgl. Brief von Bruhns an Herz vom 5. November 1934. UAL Na Herz 32/2, dort auch Zitat.

316 Unterschrieben haben in der Reihenfolge: Rau, Mieth, Herz, Leonhardt, Bruhns, Ebert (Nathanael), Fleischer, Roehling, Knabe, Lange, Schröder, Niedner, Rosenthal, Herberger, Wallmann, Schnieber, Pohonc, Abegg, Eger, Heinig, Erich Müller,

Eine konstituierende Besprechung war für den 11. November vorgesehen; ein Notbundpfarrer aus Chemnitz bat Johannes Herz bei dieser Gelegenheit, dass die »Zwischenfrontler« dem Notbund nicht in den Rücken fallen sollten, sondern vielmehr wie bei Königgrätz als zweite Armee hinter dem Berg ständen, um dem Landeskirchenamt zu verdeutlichen, dass es nicht mehr erwünscht sei und zurücktreten solle.[317]

In einem auf den 7. November datierten Rundschreiben des Landeskirchenamts erklärte OKR Adolf Müller, dass die Wahlen des vergangenen Jahres Gültigkeit hätten und dass der Landesbischof nicht daran denke zurückzutreten. Das Landeskirchenamt sei die rechtmäßige Vertretung, das habe auch Reichsinnenminister Frick bestätigt. Die Verweigerung der Anerkennung des Kirchenregiments würde zu Disziplinarmaßnahmen führen.[318] Frick hatte außerdem jede Veröffentlichung, die sich mit der evangelischen Kirche befasste, verboten und damit kritischen Stimmen eine wichtige Plattform entzogen. Vom sächsischen Innenminister Fritsch erfolgte die Zusicherung von Schutz und Beistand nach den allgemeinen polizeilichen Grundsätzen für das offizielle Kirchenregiment.[319]

Am 8. November bildete der erweiterte Landesbruderrat ein Notkirchenregiment für Sachsen, als Bischof wurde Hugo Hahn bestellt. Coch schlug daraufhin den Superintendenten am 13. November vor, den Kirchenstreit vor versammelter Gemeinde mit einer gemeinsamen Abendmahlsfeier am 1. Advent beizulegen. Die Pfarrer der Mitte reagierten prompt. Sie begrüßten die Absicht Cochs, einen dauerhaften Frieden für die Landeskirche zu erreichen und die in Aussicht gestellte Wiedereinsetzung von beurlaubten Superintendenten in ihr Amt. Zugleich betonten sie ihre bereits im Brief vom 9. November zum Ausdruck gebrachte Haltung

> »als unerlässliche Voraussetzung für den kirchlichen Frieden:
>
> 1. Eine grundlegende Aenderung des Kurses der sächsischen Landekirche, wozu wir auch die Aufhebung des Kirchengesetzes über die Uebertragung der Befugnisse der ev.-luth. Landeskirche des Freistaates Sachsen auf die Deutsche Evangelische Kirche vom 4. Mai 1934 rechnen. Wir betonen dabei ausdrücklich, dass auch wir eine einige deutsche ev. Kirche von ganzem Herzen wünschen.
>
> 2. Ein weitgehender Personalwechsel, nicht nur durch Aufhebung der Suspendierungen, sondern auch durch eine grundlegende Aenderung der Zusammensetzung des LKA.

Hering, Burkhardt, Tzschucke, Voigt, Neuber, Materne, Meigen, Beyer, Kriewald, Lehmann, Steiner, Büttner, Naether, Zierold, Schumann, Günther, Hülse, Junge. UAL Na Herz 32/2.

317 Vgl. Brief von Walter Hofmann an Herz vom 10. November 1934. UAL Na Herz 32/2.

318 Vgl. Rundschreiben des Landeskirchenamts OKR Müller. UAL Na Herz 32/2.

319 Vgl. Fischer: Die sächsische Landeskirche ..., 33.

3. Die Zusage, dass bei allen Verwaltungs- und Personalmassnahmen nur rein sachliche und kirchliche Gesichtspunkte massgebend sein werden.
4. Zusammenfassung aller aufbauwilligen Kräfte in der LK zu gemeinsamer Arbeit.«

Erst wenn diese Voraussetzungen erfüllt seien, könne eine gemeinsame Abendmahlsfeier und damit die Bereinigung des Streits vor Gottes Angesicht stattfinden.[320] Von 13 Leipziger Theologieprofessoren wurde ebenfalls eine Erklärung verfasst, die eine gemeinsame Abendmahlsfeier ablehnte, solange »die vorhandenen schweren Gegensätze« nicht tatsächlich überwunden seien.[321]

Aufgrund der Überzeugung, dass ein kirchlicher Friede nur hergestellt werden könne, wenn das bestehende Kirchenregiment zurücktreten würde, verfassten Heinrich Schumann, Oskar Bruhns und Johannes Herz ein Schreiben, um die sächsischen Pfarrer zu diesem Sachverhalt zu befragen. Im »Schreiben an die Amtsbrüder« stellten die Verfasser fest, dass die Deutsche Evangelische Kirche, die die Kirchenhoheit über die Sächsische Landeskirche ausübe, in voller Auflösung begriffen sei. Der Parteienstreit in der Kirche sei so erbittert und unheilvoll wie noch nie.

»Die Sächsische Landeskirche ist innerlich zerrissen und das kirchliche Leben wird auf wichtigen Arbeitsgebieten durch ungeeinte Anordnungen der Kirchenleitung stark gehemmt. Das durch Gewaltmaßnahmen und ungesetzliche Handlungen heraufbeschworene Durcheinander droht unsere Kirche und unser Amt um das Vertrauen des Volkes zu bringen. [...] Die bestehenden Gegensätze durch eine gemeinsame Abendmahlsfeier zu überbrücken ist nicht möglich. [...] Wir richten daher an die Pfarrer unserer Landeskirche die Frage: Schließen Sie sich unserer Überzeugung an, daß der Herr Landesbischof Coch und seine Kirchenregierung das Opfer bringen und ihre Ämter niederlegen müssen?«[322]

Die am Schreiben angebrachten Stimmzettel waren an den Leipziger Notar Rudolf Junghanns zu senden, der als neutrale Amtsperson für die Gültigkeit der Abstimmung stehen sollte.

Bei der Auszählung am 4. Dezember 1934 hatten sich von ungefähr 1200 Befragten 720 Pfarrer für den Rücktritt Cochs und seiner Kirchenregierung ausgesprochen, die Zahl erhöhte sich innerhalb der nächsten Tage auf 769. 63 Pfarrer hatten sich ausdrücklich enthalten und 41 votierten für Coch, circa 330 antworteten nicht. Das Ergebnis wurde Coch am 8. Januar 1935 mitgeteilt, und

---

320 Vgl. Brief an Coch vom 17. November 1934. UAL Na Herz 32/2, dort auch Zitat. Diesmal unterschrieben 47 Leipziger Pfarrer.

321 Vgl. Erklärung Leipziger Theologieprofessoren vom 23. November 1934. Zitiert nach Fischer: Die sächsische Landeskirche ..., 195, dort auch Zitat. Es unterschrieben Alt, Begrich, Clemen, Doerne, Elliger, Ihmels, Leipoldt, Dedo Müller, Oepke, Rendtorff, Schneider, Sommerlath und Stephan.

322 Die Entwürfe und das Schreiben vom 26. November 1934 finden sich in UAL Na Herz 32/2.

er wurde aufgefordert, die Konsequenzen zu ziehen; eine Abschrift war an das Ministerium des Innern in Sachsen, an die Deutsche Evangelische Kirche und den Reichsinnenminister gesandt worden. Unterschrieben hatte das später so genannte »Kleeblatt« Oskar Bruhns, Johannes Herz, Fritz Mieth und Heinrich Schumann, das sich als Führung der Mitte etabliert hatte. Coch erkannte die Abstimmung nicht an und weigerte sich zurückzutreten, was er umgehend mitteilte. Sein Hauptargument war der Vollzug als geheime Wahl, da es so auch nichtamtierenden Geistlichen möglich gewesen sei, abzustimmen. Das »Kleeblatt«, das auf die Wirkung des Vertrauensentzugs durch zwei Drittel der Pfarrerschaft setzte, versuchte es mit weiteren Schreiben. Coch richtete seine Antworten indes an Bruhns. Er erklärte, er

> »als alter Nationalsozialist kenne [...] so etwas wie eine ›Mitte‹ [überhaupt nicht]. Dagegen haben wir immer gekämpft. Das ist jetzt überwunden. Soll es nun ausgerechnet im NS-Pfarrerbund wieder aufwachen? Weder in einer NS-Juristenfachschaft, noch in einer anderen NS-Fachschaft wäre eine grundsätzliche Opposition gegen den Führer der Fachschaft auch nur denkbar.«[323]

Coch blieb im Amt.

Die Formierung einer Mitte hatte dennoch begonnen. Auf den 4. Januar 1935 ist eine »endgiltige Fassung« einer Art Programm der Mitte datiert unter der Überschrift: »Wie behandeln wir die gegenwärtigen kirchlichen Vorgänge und unsere Stellung dazu innerhalb unserer Gemeinden?« Dass die Bischöfe Ludwig Müller und Friedrich Coch zurücktreten müssten, stand außer Frage. Die Bildung der vorläufigen Kirchenleitung unter dem Bischof der Hannoverschen Landeskirche Marahrens wurde begrüßt. Die Gesamtheit der Landeskirche, nicht nur einzelne Gemeinden, sei unter eine »Führung im Sinne von Marahrens« zu bringen.[324]

Am 13. und 14. Mai fand eine Besprechung zwischen Vertretern der BK und der Mitte in Krummenhennersdorf statt, um zu prüfen, ob man gemeinsam eine »vorläufige Kirchenleitung« für Sachsen bilden könne. Da die Mitte darauf bedacht war, dass es zu keiner Spaltung der Kirche käme, sondern dass sich alle Gemeinden der neuen Führung unterstellten, hatte Johannes Herz Richtlinien zur Überwindung der kirchenpolitischen Gegensätze innerhalb der Pfarrerschaft aufgestellt. Der erste Punkt lautete: »Feststehen auf Schrift und Bekenntnis«, der zweite: »Treue zum Dritten Reich und seinem Führer«. Diese beiden Punkte bildeten zugleich die Grenzen, in denen die Pfarrer der Mitte sich zu bewegen bereit waren. Der erste Punkt trennte sie von den DC, der zweite von der BK, die sich zuerst außerhalb der (landes-)kirchlichen Gesetzgebung

323 Brief von Coch an Bruhns vom 26. Januar 1935. Zitiert nach Fischer: Die sächsische Landeskirche ..., 201.

324 Vgl. Endgültige Fassung der »Mitte« vom 4. Januar 1935. UAL Na Herz 32/3, dort auch Zitat.

bewegte, später auch außerhalb der staatlichen. In den weiteren Punkten wurden brüderliche Achtung und geistliche Art der Auseinandersetzung gefordert, ebenso aufrichtiger Wille, die Einheit der Kirche zu behaupten, die ohne den Rücktritt Cochs nicht vollzogen werden könne, ferner wurde die Bildung einer künftigen Kirchenregierung auf breitester Grundlage des Vertrauens gefordert und alle Gewaltmaßnahmen in der Kirche abgelehnt.[325] Die Gespräche führten zu keiner Einigung. Zwar bestand über die Beurteilung der aktuellen Situation Einigkeit, aber die Folgerungen waren verschieden. Die Vertreter der Mitte waren sich, anders als die Vertreter der BK, unsicher, ob für die Allgemeinheit der Pfarrer tatsächlich der *status confessionis* gegeben sei. Fritz Mieth als Vertreter der Mitte erklärte, warum die Mitte einen eigenen Weg einschlagen müsse:

> »Die Sammlung unserer ›Mitte‹ ist durch die Bestellung des Notbundsuperintendenten veranlaßt worden. Wir sahen darin den ersten Schritt zur Loslösung von der Kirche. Wir haben das als einen Irrweg angesehen, als eine verkehrte Taktik von der Dahlemer Haltung aus. Ein Verharren auf dem eingeschlagenen Weg führt unweigerlich zur Freikirche. Es sind nicht taktische Erwägungen, die uns leiten, sondern die Sorge um die Herde, die keine Hirten hat, um die Tausende, die dann überhaupt nicht mehr vom Evangelium erreicht werden.«[326]

Wen Mieth meinte, als er vom Notbundsuperintendenten sprach, ist nicht genau zu ermitteln. Es kommen Hugo Hahn und Gerhard Hilbert in Betracht. Viel spricht für Hilbert, der, nachdem er als Superintendent von Leipzig-Stadt emeritiert worden war, das Dahlemer Notrecht für sich in Anspruch nahm und sich wieder zum Superintendenten erklärte. Für den 6. November 1934 hatte Hilbert die Amtsbrüder zu einer Solidaritätsbekundung aufgerufen. Die Zwischenfrontler versammelten sich am Abend des 5. November, um darüber zu beraten.[327] Vom selben Tag datiert der Brief von Bruhns, in dem er erklärt, dass sie »zur Konstituierung einer Gruppe der Mitte in kürzester Zeit kommen« müssten.[328] Hugo Hahn wurde am 8. November zum Bischof des vom erweiteren Landesbruderrat für Sachsen neu gebildeten Kirchenregiments bestellt.

Dieser Ausgang führte zu Verstimmung auf beiden Seiten. Während die Notbundpfarrer meinten, dass durch die Gruppe der Mitte die Pfarrer nicht mehr gezwungen seien, sich zwischen BK und DC zu entscheiden und den bequemen, aber unwirksamen Mittelweg wählen könnten, sahen die Mittepfarrer

325 Vgl. Richtlinien zur Überwindung der kirchenpolitischen Gegensätze innerhalb der Pfarrerschaft. UAL Na Herz 32/2.

326 Protokoll der Besprechung von Vertretern der Bekenntnisgemeinschaft Sachsen und der Mitte am 13. und 14. Mai 1935. UAL Na Herz 32/3.

327 Zur Verlaufsgeschichte Hilbert vgl. Mandy Rabe: Die »Mitte« im Kirchenkampf in Sachsen. Das Beispiel Leipzigs, Leipzig 2011 (MS). – Leipzig, Universität, Theologische Fakultät, Landeskirchliches Prüfungsamt, Examensarbeit 2011, 16–18.

328 Vgl. oben, 251. Brief von Bruhns an Herz vom 5. November 1934. UAL Na Herz 32/2, dort auch Zitat.

eine drohende Spaltung der Landeskirche durch die strikte »Dahlemer Haltung« der Bekenntnisgemeinschaft. Die Enttäuschung über den misslungenen Einigungsversuch ist noch spürbar in einem Brief, den Erich Kotte zwei Tage nach der Besprechung in Krummenhennersdorf an Johannes Herz schrieb:

> »Schließlich möchte ich Ihnen noch mitteilen, dass in einem Falle der jetzt zur Vollstreckung gebrachten Disziplinargeldstrafen[329] Klage beim Amtsgericht Dresden erhoben worden ist. Ich nehme an, dass Sie wenigstens an dieser Tatsache, wenn Sie und ihre Freunde auch im Übrigen unsere Rechtsauffassung nicht zu teilen vermögen, Interesse haben werden.«[330]

Im Landeskirchenamt war die neue Gruppierung schnell als unangenehmer Gegner erkannt und ernst genommen worden. Ihre vermittelnde Art erlaubte es nur schwer, sie offen anzugreifen. So äußerte OLKR Johannes Liebsch gegenüber der Frau eines dienstenthobenen Pfarrers, dass er »auf die Mittelfrontler [...] gar nicht gut zu sprechen« sei. »Ein klarer, offener Gegner ist mir lieber.«[331]

Dass sich der Widerstand der Pfarrer der Mitte auf innerkirchliche, seelsorgerliche Bereiche beschränkte, war ein Erbe der späten Weimarer Republik, als von den Parteien immer stärker versucht worden war, die Kirchen für ihre Zwecke zu gewinnen und zu sie »politisieren«. Besonders in der Sächsischen Evangelisch-sozialen Vereinigung war das Problem zu Beginn der 30er Jahre intensiv thematisiert worden.[332] Die klare Antwort war, dass ohne Überparteilichkeit die »Kirche als Kirche auf dem Spiele« stehe.[333]

Auch auf der Ephoralkonferenz in Leipzig waren die »völkische Bewegung« und die Stellung der Kirche zu ihr mehrfach zur Sprache gekommen. Das Spektrum in der Leipziger Pfarrerschaft war breit gefächert. Es gab einige, die meinten, die völkische Bewegung in den Dienst der Kirche nehmen zu können. Es herrschte die Angst, wieder den Anschluss an eine Bewegung zu verpassen, wie bei den Sozialdemokraten. Andere waren strikt dagegen; so forderte z.B. Johannes Herz nach einem Referat von Walter Wilm über die »Aufgaben der Volksmission gegenüber vaterländischen Kreisen, die dem Evangelium entfremdet sind«, Distanz gegenüber den Parteien, ähnlich äußerten sich Heinrich Schumann und der Studentenpfarrer Gerhard Kunze.[334]

---

329 Gemeint sind Geldstrafen, die das Landeskirchenamt über BK-Pfarrer verhängte.

330 Brief von Kotte an Herz vom 16. Mai 1935. UAL Na Herz 32/3.

331 Gesprächsprotokoll Liebsch und Frau Tzschucke vom 27. April 1935. UAL Na Herz 32/3.

332 Vgl. z.B. Leistner: »Politische« und »politisierte« Kirche. Mitteilungen der Sächsischen Evangelisch-Sozialen Vereinigung 23 (1932), 7–16.

333 Aé: Zum Hefte. Mitteilungen der Sächsischen Evangelisch-Sozialen Vereinigung 24 (1932), 1. Siehe auch Kapitel 3.1, 115f. Allgemein zur Haltung der Kirche zum Staat in der Weimarer Republik Wright: Über den Parteien ....

334 Vgl. Protokoll der Ephoralkonferenz vom 22. Januar 1931. EphAL I-C 17, Schrank 1 Fach 2, Bl. 102f. Außerdem dazu Wilhelm: Die Diktaturen ..., 52–59.

Ähnliche Vereinigungen wie die sächsische Mitte gab es mehrere im Reich. Dazu zählte auch die Arbeitsgemeinschaft für kirchlichen Frieden und Aufbau, die von dem Berliner Pfarrer Hermann Stahn gegründet worden war. In einem Brief an Herz berichtete er darüber, dass der Reichskirchenminister in einer Erklärung über kirchenregimentliche und kirchenbehördliche Befugnisse von einer Mitte gesprochen habe, die verhältnismäßig stark sei und aus Männern bestehe, die aus sehr beachtlichen Gründen weder bei den DC noch bei der BK mitmachen wollten. Er beklagte, dass diese zweifellos vorhandene Mitte noch wenig fassbar sei und gar keinen Zusammenhang habe. Nachdem er die Grundsätze seiner Arbeitsgemeinschaft dargelegt hatte, bat er Herz, über die sächsische Mitte zu berichten und eventuell Adressen weiterer Mitte-Gruppen zur Verfügung zu stellen. Der Brief schließt mit der Frage, ob eine Zusammenarbeit erwünscht sei.[335] In seiner Antwort beschrieb Herz ausführlich, aus welchem Grund und mit welchem Ziel die Mitte entstanden sei. Ein wichtiger Anlass war der schon zu Beginn des Kapitels genannte Versuch, die Streitigkeiten aus den Kirchgemeinden herauszuhalten. Darum seien die der Mitte Zugehörigen »bewußt zwischen den Kampffronten geblieben«. Die Mitte sei absichtlich nicht eine kirchenpolitische Partei oder Gruppe, um sowohl mit »gemäßigten Notbündlern« als auch »verständigen Deutschen Christen [...] eine gewisse Fühlung« aufrechtzuerhalten. Die »oft [...] mühsame und manchmal fast aussichtslos scheinende« Zusammenarbeit sei hauptsächlich mit »führenden Notbund-Amtsbrüdern« geschehen, was dazu geführt habe, dass »von den Sächsischen Notbundpfarrern die starre Dahlemer Haltung in verschiedenen Punkten aufgegeben und gegenüber doktrinären Alles- oder- Nichtsforderungen eine besonnene Kirchenpolitik gemacht wurde.« Weiterhin verwies Herz auf die Zusammenarbeit im Zuge der Einsetzung des Landeskirchenausschusses. Nach diesen Verhandlungen habe Kerrl den Erlass über die kirchlichen Gruppen ausgehen lassen: »Wenn er dort von der erfolgreichen Arbeit der sogenannten ›Mitte‹ redet, hat er zweifellos in erster Linie unsere Sächsische ›Mitte‹ im Auge gehabt.« Eine engere Fühlungnahme der Mitte-Gruppen, die zum Austausch der Erfahrungen und als »breite Front bei der Aufbau-Befriedungsarbeit« in der DEK dienen könnte, begrüßte Herz.[336]

Am 12. Februar 1936 versammelten sich Vertreter von Mitte-Gruppen aus Kurhessen- Waldeck, Hessen-Nassau, dem Rheinland, dem Freistaat Sachsen, der Provinz Sachsen, Schlesien und Pommern in Berlin, um über eine Vereinigung der Gruppen zu beraten. Es kam zur Bildung der Reichsarbeitsgemeinschaft (RAG) Deutsche Evangelische Volkskirche als Dachorganisation der Mitte-Gruppen unter der Leitung von Hermann Stahn. Er organisierte

335 Vgl. Brief von Stahn an Herz vom 3. Dezember 1935. UAL Na Herz 32/4.

336 Vgl. Brief von Herz an Stahn vom 27. Januar 1936. UAL Na Herz 32/4, dort auch Zitate.

im Mai 1937 eine Zusammenarbeit mit den gemäßigten Deutschen Christen unter Wilhelm Rehm. »Unter Aufrechterhaltung ihrer organisatorischen Selbständigkeit« schlossen sich die Reichsbewegung Deutscher Christen und die Reichsarbeitsgemeinschaft Deutsche Evangelische Volkskirche zu einem Arbeitsring zusammen; Stahn und Rehm wurden gleichberechtigte Vertreter des Arbeitsringes.[337] Diese Liaison fand nicht ungeteilte Zustimmung. »Durch die Bildung des ›Arbeitsrings‹ hat er (Stahn) m[eines] E[rachtens] das kaputt gemacht, was von der RAG Deutsche Evangelische Volkskirche noch vorhanden war«, schrieb der Kasseler Pfarrer und Dekan Johannes Steinweg an Herz. Dass Stahn nicht »der richtige Mann [...] für die Führung der Sache, die uns am Herzen liegt«, sei, habe Steinweg von vornherein angenommen.[338] Auch in der *Jungen Kirche* erschien eine Notiz, dass zwar Stahn und Rehm einen Arbeitsring unter Beteiligung der DC-Reichsbewegung und der Organisation der Mitte beschlossen hätten, die Landesgruppen der RAG »aber erklären den Streik.«[339] Trotzdem blieb der Zusammenschluss bestehen und wurde stetig erweitert, zuletzt um die 1939 schon im Krieg entstandene Reichsarbeitsgemeinschaft für reichskirchlichen Dienst und volkskirchlichen Aufbau. Auch die sächsische Mitte gehörte in diese Arbeitsgemeinschaft, in der sie durch Oskar Bruhns und Karl Aé vertreten war.[340]

1 Der Landeskirchenausschuss

Da spätestens mit der Bekenntnissynode in Berlin-Dahlem der kirchenpolitische Kurs Adolf Hitlers zu scheitern drohte, mussten Änderungen daran vorgenommen werden. Seit dem Frühjahr 1935 gab es Gerüchte, die im Juli bestätigt wurden. Mit dem Erlass vom 16. Juli 1935 wurde das Reichs- und Preußische Ministerium für kirchliche Angelegenheiten ins Leben gerufen. Zum Reichskirchenminister wurde Hanns Kerrl ernannt.[341] Mit dem »Gesetz zur Sicherung der Deutschen Evangelischen Kirche«[342] begann er die kirchliche Neuordnung der DEK und der Kirche der Altpreußischen Union. Auch in Sachsen erhöhten

337 Vgl. Junge Kirche. Halbmonatsschrift für reformatorisches Christentum 5 (1937) Heft 13, 562, dort auch Zitat.

338 Vgl. Brief von Steinweg an Herz vom 12. Juni 1937. UAL Na Herz 33/1, dort auch Zitate. Steinweg war von 1918–1932 Zweiter Direktor im Zentralausschuss für Innere Mission.

339 Junge Kirche. Halbmonatsschrift für reformatorisches Christentum 5 (1937) Heft 13, 562.

340 Vgl. Junge Kirche. Halbmonatsschrift für reformatorisches Christentum 7 (1939) Heft 1, 48; 7 (1939) Heft 11, 487 und ausführlich Meier: Der evangelische ..., Bd. 3, 156f.

341 Vgl. RGBl 1935, 1. Teil, 1029. Aus einer ursprünglich im Reichsinnenministerium angesiedelten Reichsoberbehörde wurde schnell das Reichskirchenministerium. Vgl. dazu ausführlich Besier: Die Kirchen und das Dritte Reich, 287–336.

342 Abgedruckt in: Dokumente zur Kirchenpolitik, Bd. III, Nr. 24/I, 78f.

sich die Hoffnungen von BK und Mitte auf einen Kurswechsel. Es begann die Zeit der Kirchenausschusspolitik.

Zeitgleich wechselten in der sächsischen Landesregierung die Machtverhältnisse zwischen den beiden Rivalen dem Ministerpräsidenten Manfred von Killinger und dem Gauleiter und Reichsstatthalter Martin Mutschmann. Mutschmann hatte 1933 gegen die Landesregierung geputscht, das erhoffte Amt des Ministerpräsidenten aber nicht erhalten. Der SA-Führer und innerparteiliche Konkurrent Mutschmanns, von Killinger, war zum Ministerpräsidenten ernannt worden. Bis Ende des Jahres 1933 war es ihm gelungen, eine sichere Machtbasis zu errichten. Das änderte sich schlagartig, als von Killinger im Zuge des Röhm-Putsch am 30. Juni 1934 verhaftet und als Ministerpräsident beurlaubt wurde. Zu einer von Hitler in den Raum gestellten Wiedereinsetzung kam es nicht. Von Killinger wurde am 28. Februar 1935 als Ministerpräsident entlassen und Mutschmann am gleichen Tag zu diesem ernannt. Martin Mutschmann hatte so seinen Machtbereich enorm vergrößern können.[343] Er machte nun seinen Einfluss gegen die Kirche geltend, indem er ab September 1935 die Staatsleistungen kürzte. Im April 1937 wurden die Zahlungen ganz eingestellt, sodass innerhalb von fünf Jahren fast 15 Millionen Reichsmark Staatsleistungen nicht gezahlt wurden. Proteste gegen dieses Vorgehen blieben zwecklos, da Mutschmann durch das Reichsstatthaltergesetz vom 30. Januar 1935 fast unangreifbar war.[344]

Von der Aufbruchstimmung angesteckt, die Kerrls Neuordnung verursachte, schrieb Herz an den Reichskirchenminister und schlug vor, zur Einigung der Kirche den Deutschen Evangelischen Kirchenausschuss als kirchenführendes Organ wiederzubeleben.[345] Dieser Vorschlag blieb unbeantwortet. Im Dezember schrieb Herz ein wenig gekränkt:

> »Man hat [...] die Heranziehung ehemaliger Mitglieder des DEKA und andere Persönlichkeiten, die eine gewisse kirchenpolitische Erfahrung besitzen, bewußt vermieden, und ich habe wenig Hoffnung, daß bei diesem Verfahren jemals etwas herauskommen wird. [...] Aber man glaubt eben grundsätzlich, uns bei dem Aufbau der dt. ev. Kirche nicht mehr zu benötigen, sondern alles mit neuen Leuten machen zu können«.[346]

---

343 Vgl. Andreas Wagner: Manfred von Killinger. Putschist und SA-Führer (1933–1935). In: Mike Schmeitzner, Andreas Wagner (Hg.): Von Macht und Ohnmacht. Sächsische Ministerpräsidenten im Zeitalter der Extreme 1919–1952, Beucha 2006, 257–278; ders: Martin Mutschmann. Der braune Gaufürst (1935–1945). Ebd, 279–308; ders: Mutschmann gegen von Killinger. Konfliktlinien zwischen Gauleiter und SA-Führer während des Aufstiegs der NSDAP und der »Machtergreifung« im Freistaat Sachsen, Beucha 2001; ders: »Machtergreifung« in Sachsen. NSDAP und staatliche Verwaltung 1930–1935. Köln u.a. 2004 (Geschichte und Politik in Sachsen; 22).

344 Vgl. Fischer: Die sächsische Landeskirche ..., 45.

345 Vgl. Brief von Herz an Kerrl vom 30. September 1935. UAL Na Herz 32/3.

346 Brief von Herz an Faut vom 22. Dezember 1935. UAL Na Herz 33/3.

In Sachsen begannen die Verhandlungen zur »Befriedung« der Landeskirche« am 16. November 1935. Zuvor hatte Hugo Hahn dem Ministerium einen Bericht über die Lage vorgelegt. Die Leipziger Mitte-Pfarrer hatten sich Kerrl als »Vertreter der stärksten Gruppe der sächsischen Pfarrerschaft«[347] vorgestellt. Unterdessen versuchte auch Coch, in Berlin die sächsische Lage als geklärt und einwandfrei darzustellen, sodass die Einsetzung eines Landeskirchlichen Ausschusses nicht nötig sei, doch ohne Erfolg.[348]

Führende Männer der Mitte und der BK hatten sich am 15. November getroffen. Danach wurde eine Erklärung verabschiedet, die den Charakter der Gruppe der Mitte beschreibt:

> »Wir sind nicht Neutrale zwischen den Fronten, sondern haben unsere feste Überzeugung. Wir lehnen die Vermengung von Politik und Kirche ab, wir wollen aber auch nicht durch die Organisierung einer Front eine Aufspaltung der Kirche eintreten lassen.«

Wichtig sei ihnen, die »biblisch klare, bekenntnistreue Haltung ohne Kampf der einander widerstrebenden Gruppen« zu wahren. Dabei leite sie auch ein gesundes Empfinden für Autorität.[349] Dieser Versuch der Mittepfarrer, innerhalb der vorgegebenen staatlichen Autoritäten und Gesetze zu handeln, führte immer wieder zu Spannungen mit der BK. Bei dem Treffen konnten sich Mitte und BK auf einen gemeinsamen Vorschlag einigen, der gegen die Liste der DC in der Verhandlung zur Einsetzung des Landeskirchenausschusses von Kerrl angenommen wurde.[350] Dem neuen Landeskirchenausschuss, der am 28. November 1935 die Leitung der Landeskirche übernahm, gehörten die Superintendenten Johannes Ficker (BK) und Willy Gerber, OKR Adolf Wendelin (beide Mitte) und die Pfarrer Erich Knabe und Horst Fichtner (beide DC) an. Coch blieb als Landesbischof im Amt, doch mit eingeschränkten Kompetenzen. Die Leitung des Landeskirchenamts übernahm Erich Kotte (BK), die Finanzabteilung Willy Kretzschmar (DC). Die Einsetzung des Landeskirchenausschusses verstärkte auch die Zusammenarbeit von Mitte und BK, besonders in der Abwehr deutschchristlicher Angriffe.[351] Im Mai 1936 verfassten die Vertrauensmänner

---

347 Brief von Bruhns, Herz, Schumann und Mieth an Kerrl vom 23. September 1935. UAL Na Herz 32/3.

348 Vgl. Brief von Willy Kohl an Herz vom 21. Oktober 1935. UAL Na Herz 32/3.

349 Vgl. Brief von Gerber an Kerrl vom 29. Oktober 1935. UAL Na Herz 32/3, dort auch Zitate.

350 Schon im August hatte der Pfarrernotbund Leipzig an die »Brüder der Mitte« einen Aufruf zur Beilegung der Differenzen geschickt. UAL Na Herz 32/3. Der Vorschlag war im Wesentlichen von Heinrich Bornkamm erarbeitet worden. Vgl. Fischer: Die sächsische Landeskirche ..., 135, Anm. 19 und 28.

351 Die sächsischen DC hatten sich in Opposition zum Landeskirchenausschuss im Juni 1936 der radikalen Thüringer Richtung angeschlossen. Zur Entwicklung der DC vgl. Meier: Deutsche ..., 155 und Wilhelm: Die Diktaturen ..., 132.

beider Gruppen eine Erklärung, in der dem Landeskirchenausschuss das volle Vertrauen ausgesprochen wurde. Diese Erklärung sollte allen Pfarrern zur Unterschrift zugesandt werden. Durch den Zusammenschluss der Sächsischen Landeskirche mit dem Rat der Evangelisch-lutherischen Kirche Deutschlands wurde der Versand verzögert. Stattdessen gab es ein Rundschreiben, das die wohl im Land bestehende Sorge, dass mit dem Anschluss an den Lutherischen Rat die Eingliederung in die BK vollzogen würde, zu zerstreuen suchte. Aufgrund der Verzögerung erfolgte der Versand der Vertrauenserklärung dann erst nach einem scharfen Angriff und einer Misstrauenserklärung gegen den Landeskirchenausschuss durch die DC auf ihrer Tagung am 28. Juni in Chemnitz. Die Vertrauenserklärung, die von circa drei Viertel der sächsischen Pfarrer unterzeichnet wurde, erhielt dadurch ein noch größeres Gewicht.[352]

Aus dieser Aktion heraus bildeten die Vertrauensmänner von Mitte und BK am 28. November 1936 den Vertrauensrat zur Unterstützung des Landeskirchenausschusses unter dem Vorsitz von Oskar Bruhns.[353] Von Seiten der Mitte gehörten ihm das »Kleeblatt« Bruhns, Schumann, Herz und Mieth, von Seiten der BK Hugo Hahn, Karl Fischer, Georg Prater und Hermann Klemm an. Im Januar 1937 trat der den DC nahestehende Superintendent Karl Semm als »Unabhängiger« in den Vertrauensrat ein. Auch auf ephoraler Ebene wurde versucht, Vertrauensausschüsse zu bilden.[354] Unter der Leitung von Landeskirchenausschuss, Vertrauensrat und Vertrauensausschüssen gelang eine weitgehende Befriedung der Landeskirche.

Die Position der Mitte in Leipzig wurde noch einmal sehr gestärkt, als Heinrich Schumann zum Superintendenten und Oskar Bruhns zu seinem Stellvertreter gewählt wurde.

Das Scheitern der Kirchenausschusspolitik von Kerrl war bereits Ende 1936 zu erkennen. Am 19. November 1936 war Hermann Muhs zuerst kommissarisch und am 19. April 1937 offiziell zum Staatssekretär im Reichskirchenministerium ernannt worden. Kerrl erkrankte bald darauf und zog sich zeitweilig von den Ministerialgeschäften zurück. Er wurde durch Muhs, der klar die DC bevorzugte, vertreten. Im Februar 1937 trat der Vorsitzende des Reichskirchenausschusses, Wilhelm Zoellner, zurück.[355] Die Reaktion darauf war eine von Hitler verordnete Wahl einer Generalsynode. Die Kirche sollte sich »in voller Freiheit nach eigener Bestimmung des Kirchenvolkes eine neue Verfassung und damit eine neue Ordnung«[356] geben können. Obwohl Staat und

352 Vgl. Fischer: Die sächsische ..., 231 und 235.

353 Anders als der von staatlicher Stelle eingesetzte Landeskirchenausschuss war der Vertrauensrat ein aus der Kirche heraus gebildetes Gremium. Er ist nicht zu verwechseln mit dem später auf Reichsebene eingesetzten Vertrauensausschuss.

354 Vgl. Klemm: Im Dienst ..., 295.

355 Vgl. Meier: Der evangelische ..., Bd. 2, 142f.

356 Dokumente zur Kirchenpolitik, Bd. III, 321.

Partei bei der Wahl offiziell eine neutrale Position einnahmen, wurden doch die DC unterstützt, um einen Sieg der BK zu verhindern. Das äußerte sich z.B. darin, dass Wahlveranstaltungen der BK nur in Kirchen stattfinden durften und auch nur, wenn sie vorher angemeldet waren. Diese Einschränkung galt für die DC nicht.[357] Während der Wahlvorbereitungen trat die Tatsache, dass die Mitte fast ausschließlich von Pfarrern getragen wurde und anders als die BK keine Laien gesammelt und organisiert hatte, deutlich zu Tage. In einem Rundbrief forderte Bruhns die Amtsbrüder auf, in Vorbereitung auf die Wahl die Laien der Mitte zu organisieren, wie es führende Männer der BK und der Landeskirchenausschuss mehrfach gefordert hatten.[358] Trotz dieses Versuchs blieb die Mitte vorrangig eine Pfarrergruppe.

Johannes Herz war vom Rat der Evangelisch-lutherischen Kirche Deutschlands als Reichsredner für Wahlkampfveranstaltungen in Mecklenburg und Thüringen vorgesehen.[359] Die Wahlvorbereitungen wurden im Sommer 1937 verboten, als immer deutlicher wurde, dass die DC nicht gewinnen würden. Ein Wahltermin wurde nie bekannt gegeben.

Mit dem Scheitern der Kerrlschen Ausschusspolitik waren auch der Landeskirchenausschuss und seine Arbeit nicht mehr erwünscht. Pläne zu seiner Abberufung gab es schon seit Mai 1937.[360] Innerhalb des Landeskirchenamtes hintertrieb Willy Kretzschmar seit Juni 1937 die Arbeit des Ausschusses. Die Leitung des Landeskirchenamtes wurde Erich Kotte entzogen und zunächst an Ernst Klemlich, später an Johannes Klotsche übertragen. Klotsche war der Adjutant des Landesbischofs Coch. Er hatte am 27. Juli unter Berufung auf einen mündlichen Dienstauftrag Hermann Muhs' die Dienstaufsicht im Landeskirchenamt übernommen und innerhalb der nächsten zwei Wochen versucht, den Landeskirchenausschuss aus dem Amt zu verdrängen. In einem Handstreich übernahm er schließlich das Landeskirchenamt am 9. August, als er mit gezückter Pistole den Mitgliedern des Landeskirchenausschusses den Zutritt zum Landeskirchenamt verweigerte, was ihm den Spottnamen »Revolverklotsche« einbrachte.[361] Am nächsten Tag wurde der Landeskirchenausschuss von Kerrl abberufen. Weder BK noch Mitte erkannten Klotsche als rechtmäßiges Kirchenregiment an. Es gab verschiedene Eingaben an den Reichskirchenminister Kerrl, den Chef der Reichskanzlei Lammers und Hitler.[362]

Herz richtete angesichts dieser Entwicklung ein Schreiben »betreffend die gegenwärtige Lage der Sächsischen Landeskirche« an den Staatssekretär Otto

357 Vgl. Wilhelm: Die Diktaturen ..., 151f.

358 Vgl. Rundbrief von Bruhns vom 30. April 1937. UAL Na Herz 33/1.

359 Vgl. Brief von Geiger an Herz vom 9. April 1937, zustimmende Antwort von Herz vom 16. April 1937. UAL Na Herz 33/1.

360 Vgl. Meier: Der evangelische ..., Bd. 2, 356.

361 Der ganze Ablauf ausführlich bei Fischer: Die sächsische ..., 85f.

362 Vgl. Fischer: Die sächsische ..., 254f.

Meißner.[363] Darin stellte Herz dar, dass von den ungefähr 1200 Pfarrern etwa 800 der Mitte angehörten, welche den Radikalismus von BK und DC ablehnten, aber volles Vertrauen zum Landeskirchenausschuss hätten.

> »Dem Einfluß dieser Mittelgruppe ist es vor allen Dingen zu verdanken, daß sich in Sachsen auch der sächsische Landesbruderrat hinter den L[andes]K[irchen]Ausschuß stellte und freiwillig auf alle kirchenregimentlichen Ansprüche verzichtete. Gerade unsere ständige Fühlungnahme mit der BK hat Sachsen seit Dez[ember] 1935 zu einer Kirche gemacht, in der weithin Ordnung und Frieden herrscht.«

Auch mit Vertretern der DC habe man Gespräche führen wollen, diese seien aber auf Druck von oben von den DC abgesagt worden. In der augenblicklichen Situation bestehe die Gefahr, dass sich viele Mitte-Pfarrer durch die Installation des »Systems Klotsche« der BK zuwenden würden, was eine verhängnisvolle Radikalisierung zur Folge haben würde. Herz bat Meißner abschließend darum, diese Entwicklung durch die Absetzung von »Coch und Konsorten« zu verhindern.[364] Die Eingaben blieben erfolglos, das »System Klotsche« wurde nicht abgesetzt. Rigide ging dieser mit Disziplinarmaßnahmen gegen diejenigen vor, die sich ihm widersetzten. Der Vorschlag, den Vertrauensrat gegen Klotsche als Notkirchenregiment auszurufen, scheiterte am Widerstand der Mitte.[365] Diese hatte sich inzwischen als »Sächsische Pfarrerbruderschaft zum Neubau der Volkskirche« mit festeren Strukturen organisiert. Der Landeskirchenausschuss erklärte im März 1938, dass er zwar praktisch nicht mehr in der Lage sei, seine kirchenregimentliche Funktion auszuüben, sich trotzdem aber weiterhin als legitime Kirchenleitung der sächsischen Landeskirche betrachte.[366]

2 Standortbestimmung nach der 17. Durchführungsverordnung

Die 17. Durchführungsverordnung (DVO) des Gesetzes zur Sicherung der Deutschen Evangelischen Kirche,[367] die am 10. Dezember 1937 erlassen worden war, brachte die immer auf wackligen Füßen stehende Zusammenarbeit von BK und Mitte so stark ins Wanken, dass sich die Wege endgültig trennten. Mit der 17.

---

363 Meißner war Leiter des Präsidentenbüros in der Weimarer Republik und arbeitete 1925 unter Reichsgerichtspräsident Simons, der nach dem Tod Friedrich Eberts die Amtsgeschäfte führte. Diese Bekanntschaft wird Herz unter anderem bewogen haben, Meißner als Adressaten zu wählen.

364 Vgl. Brief von Herz an Meißner vom 2. August 1937. UAL Na Herz 33/2, dort auch Zitat.

365 Vgl. Meier: Der evangelische ..., Bd. 3, 357.

366 Vgl. Erklärung des Landeskirchenausschusses für die evangelisch-lutherische Landeskirche Sachsens vom 16. März 1938. Zitiert nach Fischer: Die sächsische ..., 267f.

367 17. Verordnung zur Durchführung des Gesetzes zur Sicherung der Deutschen Evangelischen Kirche, 10. Dezember 1937, in: Dokumente zur Kirchenpolitik, Bd. III, Nr. 64, 149f.

DVO wurde die Leitung der Landeskirche Sachsens »dem im Amt befindlichen Leiter der obersten kirchlichen Verwaltungsbehörde« übertragen.[368] Damit war aus dem Landeskirchenamt eine reine Verwaltungsbehörde geworden, es gab keine geistliche Leitung mehr. Obwohl Friedrich Coch noch den Titel eines Landesbischofs trug und wieder ins Landeskirchenamt einzog, nachdem der Landeskirchenausschuss abgesetzt worden war, hatte er nur wenig Befugnisse, dazu zählte die freie Wahl der Predigtstätte. Die 13. DVO, auf deren Grundlage der Landeskirchenausschuss die sächsische Kirche geführt hatte, trat mit Inkrafttreten der 17. DVO außer Kraft.[369] Klotsches Position war durch die neue Verordnung außerordentlich gestärkt worden. Die Vertreter der BK verfassten gegen Klotsche und die von ihm veranlassten Disziplinarmaßnahmen eine Kanzelerklärung, die am 13. Februar 1938 verlesen werden sollte. Die Mitte sperrte sich dagegen:

> »Nachdem sich schon seit längerer Zeit für die Zusammenarbeit von BK und Mitte in Sachsen steigende Schwierigkeiten ergeben hatten, haben wir Vertreter der Mitte uns neuerdings von den Plänen der BK«

– nämlich durch demonstrative Bekenntnisakte den kirchlichen Anliegen dieser Kreise öffentlich Gehör zu verschaffen –

> »grundsätzlich geschieden. Wir haben klar und deutlich erklärt, daß wir aus sehr ernsten Erwägungen heraus da nicht mitgehen können und daß nach unserer Überzeugung davon die Kirche nur Schaden haben wird.«[370]

Da durch diese Weigerung die Erklärung von weniger als der Hälfte der Pfarrer verlesen wurde, blieb die Wirkung mäßig; die Stimmung zwischen BK und Mitte wurde weiter getrübt.

Der unterschiedliche Umgang mit der 17. DVO erklärt sich aus der Grundhaltung der beiden Richtungen. Die Mitte blieb immer darauf bedacht, den gesetzlich vorgegebenen Rahmen einzuhalten. Das wird in einem Brief von Herz an den Reichskirchenminister deutlich, in dem Herz Kerrl Vorschläge unterbreitet, wie die 17. DVO ergänzt werden müsse, um eine wirkliche Befriedung der sächsischen Landeskirche zu erreichen. Neben dem Leiter der obersten kirchlichen Verwaltungsbehörde, zu der das Landeskirchenamt durch die 17. DVO geworden war, müsse eine geistliche Leitung eingesetzt werden, die nicht aus einem kirchenpolitischen Lager – damit meinte Herz nur BK und DC – komme und die Wortverkündigung, Seelsorge, theologische Prüfungen, Aus- und Fortbildung unter sich habe.[371] Dieser Bitte wurde nicht entsprochen.

Auf einer Sitzung des Vertrauensrats im Januar 1938 erklärte Bruhns, dass er den Vorsitz niederlegen müsse, weil von Vertrauen keine Rede mehr sein

368 Ebd., 149.

369 Vgl. ebd., 150.

370 Brief von Herz an Pokojewski vom 10. Februar 1938. UAL Na Herz 33/3.

371 Vgl. Brief von Herz an Kerrl vom 11. März 1938. UAL Na Herz 33/3.

könne, eher »Mißtrauen, Aneinandervorbeireden und Mißverstehen. Dazu kommt die Unmöglichkeit nach der Erklärung von Bruder Hahn, dass er sich die volle Handlungsfreiheit vorbehalten müsse, weiterhin mit meinem Namen Handlungen eines Einzelnen oder einer Gruppe zu decken, die doch auf das Konto des Vertrauensrates gesetzt werden.«[372] Trotzdem verständigte sich der Vertrauensrat darauf, zusammen weiterzuarbeiten, nun mit verstärktem Interesse für die Ausbildung der Kandidaten.

Für Kandidaten der Theologie, die sich nicht vom landeskirchlichen Prüfungsausschuss, den sie nicht anerkannten, prüfen lassen wollten, gab es die Möglichkeit, ein Examen in München abzulegen. Der Vertrauensrat hatte dafür einen Fünferrat eingesetzt, dem Johannes Herz seit 1937 angehörte. Neben den Prüfungen, die Herz im Sommer 1938 mit abnahm, galt es vor allem, die Kandidaten, die sich nicht dem Landeskirchenamt unterstellen wollten, in Vikariate zu vermitteln, die allerdings vom Landeskirchenamt nicht anerkannt wurden. Die BK wollte sich dahingehend mit der Mitte einigen, dass die in München geprüften Kandidaten von BK und Mitte durch die zuständigen Superintendenten ordiniert würden. Die der Mitte angehörenden Superintendenten hätten – so der Vorwurf der BK – die Ordination allerdings nicht vollzogen, da sie sich scheuen würden, gegen bestehendes Recht zu verstoßen und »immer noch das Heil von Verhandlungen im Kirchenministerium erwarte[ten]«.[373]

So empfahl auch Johannes Herz denjenigen Kandidaten, für die er keine Stelle fand, bei der eine Unterstellung unter das Landeskirchenamt nicht notwendig war, sich dem Landeskirchenamt zu unterstellen. Lieber sollten sie das Evangelium rein und lauter verkündigen, als auf der Straße zu stehen, Dresden und damit die Kontrolle durch das Landeskirchenamt sei weit weg.[374]

Dieses Vorgehen wurde von Seiten der BK mit großem Unmut beobachtet. Damit würden eine völlige Preisgabe des gemeinsamen Widerstands und die allmähliche Auflösung der Front erfolgen.[375] Drastischer drückte es der Lausitzer Pfarrer Rudolf Heinze aus, der von einer Psychose sprach, der die Münchner Kandidaten verfallen seien, da sie zum Landeskirchenamt gingen, um eine Anstellung zu erhalten. Dabei beriefen sie sich auf den von der Mitte herausgegebenen Schriftsatz »Unsere Haltung«.[376] Die unverrückbare Haltung der BK führte auch innerhalb der Bekenntnisgemeinschaft zu Zerwürfnissen. Im Juli 1939 hatte eine Reihe von BK-Vikaren versucht, in den landeskirchlichen Dienst zu gelangen. Sie hatten Franz Lau, den ehemaligen Studieninspektor des inzwischen geschlossenen Predigerseminars Lückendorf gebeten, für sie die Verhandlungen zu führen. Der Landesbruderrat ging jedoch nicht von seiner

372 Protokoll der Sitzung des Vertrauensrats im Januar 1938. UAL Na Herz 33/3.
373 Bericht von Hahn vom April 1938. Zitiert nach Fischer: Die sächsische ..., 267.
374 Vgl. Akte »Kandidatenbetreuung 1937/1938«. UAL Na Herz 19/3.
375 Vgl. Akte »Kandidatenbetreuung 1937/1938«. UAL Na Herz 19/3.
376 Vgl. Brief von Heinze an Herz vom 7. April 1938. UAL Na Herz 33/3.

Haltung ab. Darüber enttäuscht, legte Lau sein Amt nach einem reichlichen Jahr nieder und trat aus der BK aus. Binnen kurzer Zeit wurde es dann doch möglich, dass Vikare in »ordentliche« Pfarrstellen ordiniert wurden.[377]

In der ersten Hälfte des Jahres 1938 entstand als Reaktion auf die 17. DVO über einen längeren Zeitraum hinweg eine Standortbestimmung unter dem Titel »Die Haltung der Mitte«. Diese besteht aus zwei Teilen. Im ersten Teil wurde die Position allgemein dargestellt, im zweiten konkret in acht Punkten Handlungsanweisungen gegeben, wobei ausdrücklich betont wurde, dass dies keine kirchenregimentlichen Weisungen seien. Mit »Die Haltung der Mitte« grenzte man sich auch gegen die oben schon erwähnten und immer wiederkehrenden Vorwürfe der BK ab, sich durch neutrale Stellung dem Kampf zu entziehen und der kämpfenden Kirche in den Rücken zu fallen, weil so die Pfarrer die Möglichkeit hätten, sich einer Positionierung zu entziehen. Schon in der Einleitung hieß es:

> »Aufgabe der Mitte kann es nicht sein, gegenüber der kirchlichen Not der Gegenwart eine völlig neutrale und farblose Haltung einzunehmen und sich möglichst unbeteiligt und unbehelligt durch die entstehenden Schwierigkeiten hindurchzufinden.«

Stattdessen verwahrte man sich dagegen, den aufgezwungenen Kampf mit »weltlichen Mitteln der Machtanwendung« zu führen. Druck und Gewalt wurden genauso abgelehnt wie generelle Gehorsamsverweigerung, Diffamierung und Verketzerung. Gerade in den weltanschaulichen Kämpfen sei es notwendig, das Evangelium rein zu verkündigen, ohne sich von Parolen oder Verärgerung über Ungerechtigkeit verwirren zu lassen. »Alle solche fremden Elemente bedrohen die Reinheit unserer Verkündigung und machen die Botschaft des Evangeliums unwirksam.« Bei allen Auseinandersetzungen sei zu prüfen, ob sie tatsächlich dem Aufbau der evangelischen Gemeinde dienten oder vielleicht sogar »Volksgemeinschaft zerstört und evangelisches Gemeindeleben erschüttert« würde. Die Fragen des Kirchenrechts und der Kirchenverwaltung spielten nur eine untergeordnete Rolle. Der zweite Teil beginnt mit der Ablehnung des Kirchenregiments Klotsche, weil »das Landeskirchenamt in seiner gegenwärtigen Zusammensetzung nicht im Stande ist, die kirchliche Verwaltung ersprießlich zu führen«. Darum müsse eine »geeignete Kirchenregierung«, wie sie in anderen Landeskirchen vorhanden sei, gebildet werden. Da das Landeskirchenamt eine reine Verwaltungsbehörde sei, seien Anweisungen für Predigt, Gottesdienst, kirchliche Unterweisung, Seelsorge und andere geistliche Aufgaben von dieser Stelle nicht anzunehmen. Unbedenklich sei es, reine Verwaltungsakte wie Urlaubsanträge vom Landeskirchenamt erledigen zu lassen. Als wichtigste Aufgabe wurde die Frage des theologischen Nachwuchses bezeichnet. Kandidaten und Vikare sollten ohne Auflagen und Verpflichtungen, die über das

377 Vgl. Meier: Der evangelische ..., Bd. 3, 496.

Ordinationsgelübde hinausgehen, in den geordneten Vorbereitungs- und Pfarrdienst, also nicht in eine alternative, von der BK oder der Mitte bereitgestellte Vikariats- oder Pfarrstelle, übernommen werden. Hier schloss sich wieder der Hinweis an, dass dadurch keinerlei kirchenregimentliche Befugnisse in Anspruch genommen würden. Im letzten Punkte wurden »so ernste kirchliche Bedenken« gegen kirchenpolitische Kanzelabkündigungen geäußert, dass daran teilzunehmen unmöglich sei.[378]

Die Zusammenarbeit von Mitte und BK wurde durch eine von Johannes Klotsche initiierte Aktion noch mehr getrübt. Klotsche hatte die Idee aus der Thüringischen Landeskirche aufgenommen, dass die Pfarrer einen Eid[379] auf den Führer leisten sollten. Die Eidesleistung sollte gleichzeitig eine Anerkennung des von ihm geführten Landeskirchenamts sein, bei Verweigerung drohte Dienstentlassung. Die entsprechende Verordnung erging anlässlich des Führergeburtstags 1938. Der Aufforderung, den Eid im Bezirkskirchenamt zu leisten, kamen viele BK-Pfarrer nicht nach, sondern sie vereidigten sich gegenseitig in der Leipziger Thomaskirche.

Die Mitte rief hingegen dazu auf, den Eid freudig zu leisten, so wie der Eid früher auf den König abgelegt worden sei.[380] Diese Weisung

> »ist auch überall dort von unseren Freunden beachtet worden, wo man sich nicht von der BK hat ins Schlepptau nehmen und von Weisungen des Landesbruderrates, die uns gar nichts angehen und denen wir uns nach unserer ganzen Haltung unmöglich unterstellen können, hat beeindrucken lassen.«[381]

Die Treueidkampagne wurde nach einer Intervention von Kerrl beendet. Im Vorfeld hatte Martin Bormann erklärt, dass der Eid außerhalb der Kirche keine Relevanz habe.[382] Dennoch war der Riss zwischen Mitte und BK tief. Die regelmäßigen in Leipzig gehaltenen Zusammenkünfte wurden eingestellt. Herz schrieb an einen Kollegen, dass die unbedachten Sonderaktionen, zuletzt die

378 Erste Entwürfe unter dem Titel »Unsere Haltung« von Herz finden sich schon im Dezember 1937, die »Endgiltige Fassung« ist ohne Datum. Im Mai 1938 schrieb Aé an Herz, dass er sich für »Unsere Haltung« eine klare theologische Grundhaltung wünsche. Brief von Aé an Herz vom 19. Mai 1938; Entwürfe und »Endgiltige Fassung« von »Unsere Haltung«. UAL Na Herz 33/3, dort auch Zitate.

379 Die Eidesleistung wurde von den kirchenfeindlichen Regierungsmitgliedern (z.B. Bormann) abgelehnt. Vgl. Meier: Der evangelische ..., Bd. 3, 499f., insgesamt zum kirchlichen Treueeid vgl. Angelika Gerlach-Praetorius: Die Kirche vor der Eidesfrage. Die Diskussion um den Pfarrereid im »Dritten Reich«. Göttingen 1967 (AGK; 18).

380 Vgl. Aufruf an die Brüder der Mitte unterzeichnet von Bruhns, Herz, Mieth und Schumann vom 23. April 1938. UAL Na Herz 33/3.

381 Brief von Herz an Heinze vom 30. April 1938. UAL Na Herz 33/3.

382 Vgl. Rundschreiben Nr. 87/38 an alle Gauleiter vom 13. Juli 1938, in: Dokumente zur Kirchenpolitik, Bd. IV, Nr. 81/II, 201f.

Eidverweigerung, die völlig unnötig und wirkungslos gewesen seien, die Mitte zwinge, sich immer stärker von der BK zu distanzieren.[383]

3 *Entzug des Auslandspasses*

Das Engagement von Johannes Herz für die Mitte hatte für ihn ganz persönliche Folgen: Am 19. April 1937 wurde ihm der Auslandspass entzogen. Nach mehreren abgelehnten Einsprüchen und einer Anfechtungsklage erfuhr Herz, dass die Gestapo ihn zur BK rechne. Um diesen Irrtum aufzuklären, schrieb er mehrfach an das Landeskirchenamt. Er erklärte, dass die Mitte, zu der er zähle, versucht habe,

> »gegenüber der konsequent oppositionellen Haltung der BK, den zur sogenannten Mitte sich zählenden Pfarrern einen Weg zu zeigen, wie der Kirchenkampf entgiftet und kirchliche Aufbauarbeit geleistet werden könne, und wie es möglich sei, mit der Anerkennung der 17. DVO [...] und der daraus sich ergebenden Kirchenleitung doch die Handlungsfreiheit in persönlichen Gewissensfragen zu vereinigen.«

Außerdem gab er eine Stellungnahme zum Schriftstück »Die Haltung der Mitte« ab.[384] Da dies alles nicht den gewünschten Erfolg brachte, wandte sich Herz schließlich an den Reichskirchenminister und schilderte den Sachverhalt. Der Grund für den Entzug könne nur kirchenpolitischer Natur sein, da er als Hauptschriftleiter einer Zeitschrift auf der Berufsliste der Schriftleiter stünde und Mitglied der Reichspressekammer sei, was ja nur nach sorgfältiger Prüfung der politischen Zuverlässigkeit möglich wäre. Aber auch kirchenpolitisch habe sich Herz keine Vorwürfe zu machen, da er nie der BK angehört, in seiner Gemeinde immer den Kirchenfrieden gewahrt, die 17. DVO immer als geltendes Gesetz anerkannt und den Eid auf den Führer ohne Einschränkung geleistet habe. Herz bat Kerrl dringend, die Auslandsgültigkeit seines Passes wieder herzustellen, weil er seinen Sohn in Schweden besuchen wolle.[385]

Kerrl übergab die Angelegenheit dem sächsischen Ministerium für Volksbildung, das vom Landeskirchenamt und von der Gestapo Erkundigungen einholte. Klotsche antwortete, dass es ein Dienstverfahren gegeben habe, bei dem Herz allerdings versichert habe, dass er die staatlichen Bestimmungen anerkennen und sich demgemäß verhalten wolle. Disziplinarische Maßnahmen wären aus diesem Grund unterblieben. Da Klotsche aber die sonstigen Gründe für die

383 Vgl. Brief von Herz an Hundt vom 6. Mai 1938. UAL Na Herz 33/3.

384 Vgl. Brief von Herz an das Landeskirchenamt vom 8. Oktober 1938. UAL Na Herz 22/2, dort auch Zitat. Weiterer Briefwechsel mit dem LKA wegen des Auslandspasses in UAL Na Herz 32/4.

385 Vgl. Brief von Herz an Kerrl vom 19. Dezember 1938. HStADD. MfV. Sachbetreff: Neugestaltung der Verhältnisse der Ev.-luth. Landeskirche Sachsens nach 1933: III 1937–1942 Nr. 13058/41, 160.

Ablehnung nicht kenne, könne er das Gesuch von Herz nicht befürworten.[386] Auch von Seiten der Staatspolizeistelle Leipzig bestanden Bedenken gegen die Wiederherstellung der Auslandsgültigkeit, da Herz als politisch unzuverlässig gelte. Er sei einer der Geistlichen, »die sich nach außen hin als mit dem nationalsozialistischen Staat sympathisierend ausgeben, innerlich denselben aber ablehnen«. Gegen die Selbstauskunft von Herz, nicht zur BK zu gehören, vermeldete die Gestapo, dass er »eine führende Persönlichkeit innerhalb der Bekennenden Ev.-Luth. Kirche« sei. Abschließend wurde festgestellt, dass »Herz [...] äußerst klug und vorsichtig zu Werke« gehe. Es sei zu erwarten, dass er »als Verfechter der Belange der Bekennenden Ev.-Luth. Kirche im Ausland über die kirchliche Lage in Deutschland unwahre bezw. entstellte Berichte geben wird«, darum werde von einer Wiederherstellung der Auslandsgültigkeit abgeraten.[387]

Ein Auslandspass wurde Herz nicht wieder erteilt.

Der Beginn des Zweiten Weltkriegs am 1. September 1939 änderte auch die Situation für die sächsische Landeskirche. Der Kampf des Staates gegen die Kirche wurde zwar wegen der Weisung Hitlers, im Krieg keine innenpolitischen Unruheherde zu erzeugen, nicht mehr mit aller Heftigkeit geführt, er wurde aber auch nicht eingestellt. In Sachsen blieb Gauleiter Mutschmann bei seinem kirchenfeindlichen Kurs; noch 1939 scheiterte der Versuch des Kirchenministers Kerrl, einen Vertrauensrat und damit eine geistliche Leitung einzusetzen, am Veto Mutschmanns. Nach und nach übernahmen Gestapo und SD in Sachsen das Feld, was aber keine Erleichterung für die Kirche bedeutete.[388] CVJM und Jungmännerwerk wurden von Mutschmann aufgelöst, konfessionelle Schulen wurden geschlossen, alle Kindergärten in kirchlicher Trägerschaft wurden der NSV unterstellt.[389] Dazu kamen kriegsbedingte oder entsprechend vorgeschobene Einschränkungen wie das Verbot kirchlicher Druckaufträge wegen Papiermangel, wohingegen antichristliche Schriften weiter erscheinen konnten.[390]

---

386 Vgl. Brief von Klotsche an den Leiter des sächsischen Ministeriums für Volksbildung (MfV) vom 23. Februar 1939. HStADD, MfV. Sachbetreff: Neugestaltung der Verhältnisse der Ev.-luth. Landeskirche Sachsens nach 1933: III 1937–1942 Nr. 13058/41, 164.

387 Vgl. Brief von der Geheimen Staatspolizeistelle an den Leiter des sächsischen Ministeriums für Volksbildung vom 23. Februar 1939. HStADD, MfV. Sachbetreff: Neugestaltung der Verhältnisse der Ev.-luth. Landeskirche Sachsens nach 1933: III 1937–1942 Nr. 13058/41, 167, dort auch Zitate.

388 Vgl. Wilhelm: Die Diktaturen ..., 201f.

389 Vgl. Kapitel 2, 80f. und Kapitel 4.4, 289.

390 Vgl. Heinz Brunotte: Die Auswirkungen der nationalsozialistischen Schrifttums- und Pressepolitik auf die Deutsche Evangelische Kirche. In: Ders.: Bekenntnis und Kirchenverfassung: Aufsätze zur kirchlichen Zeitgeschichte. Göttingen 1977. (AKiZ B; 3). 79–97, 87.

Eine Beruhigung innerhalb der Landeskirche brachte die Berufung von Heinrich Schumann zur Bearbeitung der Personalangelegenheiten ins Landeskirchenamt im Dezember 1939. Die Berufung geschah, als Willy Kretzschmar das Landeskirchenamt leitete, da Johannes Klotsche zur Wehrmacht eingezogen war. Bei der BK löste die Berufung zuerst Empörung aus, da sie sich benachteiligt sah. Auf einer Tagung von BK und Mitte am 21. Dezember 1939 wurde Schumann sogar der Rücktritt nahe gelegt.[391] Nach Gesprächen von BK und Kirchenleitung im Herbst wurde 1940 Georg Prater als Vertreter der BK ins Landeskirchenamt berufen. Das führte dazu, dass die BK das Amt zwar als Verwaltungsbehörde anerkannte, nicht jedoch als geistliche Leitung. So wurde es unter anderem möglich, dass BK-Vikare sich dem Landeskirchenamt unterstellen und somit in ein ordentliches Dienstverhältnis übernommen werden konnten. Nur wenige BK-Vikare nahmen diese Möglichkeit nicht wahr.[392]

Nach dem Ende des Zweiten Weltkriegs erwies sich die Anstellung von Schumann im Landeskirchenamt als vorteilhaft, da seine Person im besetzten Nordwestsachsen eine Kontinuität in der Kirchenleitung gewährleistete und er von den Amerikanern, später von den Russen als Gesprächspartner akzeptiert wurde.

IV Religionsunterricht

1 Der Religionsunterricht in Sachsen und Reformversuche bis 1918

Mit den Fragen von Unterricht und Schule kam Johannes Herz spätestens im April 1900 bewusst in Verbindung, als er nach dem ersten theologischen Examen eine Hauslehrerstelle in Eisenach bei der Familie von Eichel-Streiber angenommen hatte, was für einen examinierten Theologen kein ungewöhnlicher Schritt war. In dieser Zeit setzte er sich zunehmend mit Fragen des Religionsunterrichts auseinander. Die aktuellen Debatten um Schule und Unterricht verfolgte er mit gesteigertem Interesse – »Die ganze jetzt soviel erörterte Frage nach einer Reform des Gymnasiums interessiert mich natürlich bei meiner jetzigen Tätigkeit doppelt«[393] – und fand auch schnell eigene Positionen. Das zeigen Briefe, die er an seinen Vater schrieb: »Bezüglich der Schulfrage scheint mir der neueste kaiserliche Erlaß[394] einen ganz gangbaren Ausweg

391 Vgl. Klemm: Im Dienst ..., 368.

392 Kurz vorher, als Lau sich vergeblich darum bemüht hatte, war es noch unmöglich, BK-Vikare in der Landeskirche unterzubringen. Siehe oben, 265f. Vgl. Meier: Der evangelische ..., Bd. 3, 496.

393 Brief von Johannes Herz an Paul Herz vom 26. September 1900. StAL Na Herz 13/2.

394 Gemeint ist der kaiserliche Erlass über die Schulreform vom 26. November 1900 zur Gleichstellung der Schularten Oberrealschule, Realgymnasium und humani-

zu bedeuten.«[395] Zu diesem Interesse passen seine Überlegungen, nach dem zweiten theologischen Examen zuerst im Schuldienst tätig zu sein und seine Lehrtätigkeit am Schusterschen Institut in Leipzig.[396] Da bereits sein Vater als Seminarlehrer tätig war und seine beiden Brüder – Reinhard und Ernst – nach ihrem Theologiestudium beide den Schuldienst wählten, ist das Interesse, das Herz Schulfragen und dem Religionsunterricht lebenslang entgegenbrachte, nicht ungewöhnlich.

Auch in der Synode war die Schulfrage ein oft behandeltes Thema. 1906 hatten der Pfarrerverein und der Sächsische Lehrerverein eine Petition an die Synode gerichtet, in der die Befreiung von der geistlichen Ortschulaufsicht zugunsten einer ausschließlich fachlichen gefordert wurde. Des Weiteren wurde die Einführung einer Schulbibel, in der das Alte Testament durch ein biblisches Lesebuch ersetzt würde, und die Verringerung des Memorierstoffs verlangt.[397] Der Berichterstatter dazu war der Geheime Kirchenrat Georg Christian Rietschel. Die Synode lehnte den Antrag ab.

Auf einer Konferenz, die 1908 in Zwickau vom Sächsischen Lehrerverein einberufen worden war, nahm die Lehrerschaft eine Reihe von Thesen an. In diesen Zwickauer Thesen forderten die Lehrer:

> »1. Religion ist ein wesentlicher Unterrichtsgegenstand und der Religionsunterricht eine selbständige Veranstaltung der Schule.
>
> 2. Er hat die Aufgabe, die Gesinnung Jesu im Kinde lebendig zu machen.
>
> 3. Lehrplan und Unterrichtsstoff müssen dem Wesen der Kindesseele entsprechen, und Festsetzungen darüber sind ausschließlich Sache der Schule. Die kirchliche Aufsicht über den Religionsunterricht ist aufzuheben.
>
> 4. Nur solche Bildungsstoffe kommen in Betracht, in denen dem Kinde religiöses und sittliches Leben anschaulich entgegentritt. Der Religionsunterricht ist im wesentlichen Geschichtsunterricht. Im Mittelpunkt hat die Person Jesu zu stehen. Besondere Beachtung verdienen außer den entsprechenden biblischen Stoffen auch Lebensbilder von Förderern religiöser und sittlicher Kultur auf dem Boden unseres Volkstums mit Berücksichtigung der Neuzeit. In ausgiebiger Weise sind die Erlebnisse des Kindes zu verwerten.
>
> 5. Die Volksschule hat systematischen und dogmatischen Unterricht abzulehnen. Für die Oberstufe können als geeignete Grundlage für eine Zusammenfassung der in der christlichen Religion enthaltenen sittlichen Gedanken die zehn Gebote, die Bergpredigt und das Vaterunser bezeichnet werden. Der Katechismus Luthers kann nicht Grundlage und Ausgangspunkt der religiösen

---

stisches Gymnasium. Vgl. dazu: Friedrich SCHMEDING: Der kaiserliche Erlaß über die Schulreform vom 26. November 1900. PA 43 (1901), 161–177.

395 Brief von Johannes Herz an Paul Herz vom 10. Dezember 1900. StAL Na Herz 13/2.

396 Siehe Kapitel 1, 26.

397 Vgl. Antrag Nr. 24. Acten der achten Evangelisch-lutherischen Landessynode, Dresden 1906.

Jugendunterweisung sein. Er ist als religionsgeschichtliche Urkunde und evangelisch-lutherisches Bekenntnis zu würdigen.

6. Der religiöse Lernstoff ist nach psychologisch-pädagogischen Grundsätzen neuzugestalten und wesentlich zu kürzen, der Lernzwang zu mildern.

7. Der Religionsunterricht soll vor dem dritten Schuljahre nicht als selbständiges Unterrichtsfach auftreten. Die Zahl der Stunden ist, damit das kindliche Interesse nicht erlahme, auf allen Unterrichtstufen zu vermindern. Die bisher übliche Zweiteilung des Religionsunterrichts in Biblische Geschichte (Bibelerklärung) und Katechismuslehre, sowie die Anordnung des Stoffes nach konzentrischen Kreisen ist abzulehnen. Ebenso müssen Religionsprüfungen und Religionszensuren wegfallen.

8. Der gesamte Religionsunterricht muß im Einklange stehen mit den gesicherten Ergebnissen der wissenschaftlichen Forschung und dem geläuterten sittlichen Empfinden unserer Zeit.

9. Neben der Reform des Religionsunterrichts in der Volksschule ist eine entsprechende Umgestaltung des Religionsunterrichts im Seminar notwendig.«[398]

Diese Forderungen waren eine deutliche Absage an die bisherige Tradition. Als besonders scharfe Reaktion darauf erschien daher ein Schreiben der Königlichen Superintendentur Dresden mit einer Erklärung und der Bitte an alle Kirchenvorstände, sich dieser Erklärung anzuschließen. Darin heißt es:

»Nachdem die in Zwickau versammelte sächsische Lehrerschaft Leitsätze zur Umgestaltung des Religionsunterrichtes aufgestellt und angenommen hat, welche einen Bruch mit dem Bekenntnis unserer Kirche und dem schriftgemäßen Christentum bedeuten würde, fühlen wir die Pflicht, entschieden Widerspruch dagegen zu erheben, daß ein Teil der Lehrerschaft den Kindern einen Religionsunterricht darbieten will, der in nebensächlicher Behandlung der großen Heilstaten der christlichen Religion das Bekenntnis der evangelisch-lutherischen Kirche antastet [...].«[399]

Der Streit um den Religionsunterricht nahm zum Teil groteske Züge an. Als exponierter Gegner der Reformforderungen der Lehrer trat Rietschel auf. Die Debatte wurde öffentlich vor allem in Zeitungen geführt. Wie verhärtet die Fronten waren, soll ein Ausschnitt aus der *Leipziger Lehrerzeitung* zeigen:

»Den originellsten Bericht über die vom Leipziger Lehrervereine veranstaltete öffentliche Alberthallen-Versammlung[400] bringt die in Leipzig erscheinende ›*Allg[emeine] ev.-luth. Kirchenzeitung*‹ [...]. Der Bericht ist in der unglaublichs-

398 Zitiert nach: Leipziger Lehrerverein (Hg.): Die Zwickauer Thesen und Geh. Kirchenrat D. Rietschel ord. Prof. der Theologie an der Universität Leipzig: Material zur Beurteilung des Streites um den Religionsunterricht in der Volksschule, Leipzig 1909, 5f.

399 Der Brief ist vom Geheimen Rat Benz unterzeichnet. Zitiert nach: Vorbemerkung. In: Die Zwickauer Thesen ..., 4f.

400 Die Versammlung fand am 16. März 1909 in der Alberthalle des Kristallpalasts in Leipzig mit ca. 3000 Teilnehmern statt. Die Angaben in Klammern sind redaktionelle Ergänzungen der Leipziger Lehrerzeitung.

ten Weise ›frisiert‹: er entwirft ein Bild der Versammlung, das zwar nicht der Wirklichkeit entspricht, von dem der Berichterstatter jedenfalls annimmt, daß es den Gegnern der Reform des Religionsunterrichts wohlgefallen wird: [...] ›Der Leipziger Lehrerverein hat mit seiner Versammlung vom 16. März in betreff der Zwickauer Thesen einen Misserfolg zu verzeichnen. [...] Die Ödigkeit des ganzen Abends und dann noch die wüsten Ausfälle eines sozialdemokratischen Redners veranlaßten sie (gemeint sind die Vertreter des christlichen Hauses, die die Versammlung besuchten), in Scharen den Saal zu verlassen. (Die abziehenden ›Scharen‹ hat lediglich der Verfasser dieses Berichtes gesehen, wie fromme Gemüter ja leicht Visionen haben. Red. D. L.L.-Z.), so daß fast nur Lehrer und Sozialdemokraten unter sich waren. (Hier kommt der echte Pharisäer zum Vorschein, der Gott dankt, daß er nicht so ist wie diese. Daß sich die Lehrer über den Religionsunterricht auch mit Sozialdemokraten auseinandersetzen, ist schon ein Hauptverbrechen! Red. d.L.L.-Z.). [...] Die eigentliche Niederlage des Abends aber erlitten die Reformer durch P. Lic. theol. Rietschel-Sachsendorf, der sich zufällig in Leipzig aufhielt. In verbindlichster Weise brachte er aus dem vom Leipziger Lehrerverein als Unterlage für den Religionsunterricht empfohlenen Buch ›Im Strom des Lebens‹ den Nachweis, daß der von ihnen geplante Religionsunterricht eigentlich auch von einem Atheisten gegeben werden könnte.«[401]

Bei der außerordentlichen Landessynode 1909 wurde ein Antrag »Pank und Genossen« zum Religionsunterricht verhandelt, der gekennzeichnet war von den Überlegungen des Kultusministeriums über einen neuen Lehrplan für Religion. In dem Antrag heißt es, dass die Synode »die Umgestaltung des Religionsunterrichts in der Volksschule in sachlicher und methodischer Beziehung von religiösen und pädagogischen Gesichtspunkten aus«[402] für angezeigt halte. In diesem Antrag ist ein Entgegenkommen der Synode gegenüber den Forderungen der Lehrerschaft nach Reformen zu erkennen, es werden aber auch klare Grenzen aufgezeigt. In der Begründung erläuterte Oskar Pank, dass bei den Sätzen des Antrags jeweils der erste Teil die »berechtigten Änderungen und wünschenswerten Besserungen in Sachen des Religionsunterrichts«[403] benennt und der zweite Teil die als unveräußerlich erkannten Rechte der Kirche. So z.B. in Punkt zwei des Antrags:

> »Sie [die Synode] widerstrebt nach wie vor nicht der Durchführung einer ausschließlich fachmännischen Staatsaufsicht über die Schule. Aber für die religiöse Unterweisung der heranwachsenden Kirchenglieder hält sie an Pflicht und Recht der Kirche, sie zu beaufsichtigen, fest.«[404]

401 Zitiert nach: Vorbemerkung. In: Die Zwickauer Thesen ..., 16f.

402 Berichte usw. Nr. 1,1. Acten der dritten außerordentlichen Evangelisch-lutherischen Landessynode, Dresden 1909.

403 Verhandlungen der dritten außerordentlichen Evangelisch-lutherischen Landessynode im Königreiche Sachsen, Dresden 1909, 2. Sitzung, am 10. Februar 1909, 52.

404 Acten der dritten ..., 1909, Berichte usw. Nr. 1, 1.

Bemerkenswert ist die klare Forderung Panks, dass den Religionslehrern die gleiche evangelische Bewegungsfreiheit einzuräumen sei wie den Pfarrern.[405] Der Antrag wurde gegen eine Stimme angenommen.

Das Misstrauen einiger Teile der Lehrerschaft gegenüber der Kirche und vor allem ihre Unabhängigkeitsbestrebungen ließen sich damit nicht dämpfen. Im Gegenteil, bei einer Versammlung der Vertreter der sächsischen Lehrer in Dresden 1910 wurde eine Resolution angenommen, die das Ideal des Schulwesens in der konfessionslosen Volksschule sieht. Dabei waren die Leipziger Lehrer führend in der Forderung der vollständigen Ablösung der Schule von der Kirche, wobei auch der Religionsunterricht »konfessionslos« werden sollte.[406]

Hinter dem Streit mit den Lehrern stand auch der Streit zwischen kirchenpolitischen Richtungen wie liberaler und konfessionell-orthodoxer Theologie. Auf der einen Seite standen liberale Theologen, die bei Adolf Jülicher, Martin Rade und Adolf von Harnack gehört hatten. Auf der anderen Seite war gerade die Leipziger Theologische Fakultät ein Hort der Orthodoxie, vertreten durch Professoren wie Georg Rietschel.

Ausdruck solcher stark divergierender Positionen innerhalb der Pfarrerschaft waren die verschiedenen Pastoralkonferenzen, die neben der allgemeinen Meißner Kirchen- und Pastoralkonferenz, die Rietschel leitete, zusammenkamen. In Chemnitz hatte Friedrich Meyer die Sächsisch-kirchliche Konferenz, nach ihrem Gründer auch Meyersche Konferenz genannt, ins Leben gerufen als einen Gegenpol zur bestehenden eher konfessionellen Predigerkonferenz.[407] Die Meyersche, eher liberal geprägte Konferenz hatte sich unter anderem zum Ziel gesetzt, den Religionsunterricht nach den neueren wissenschaftlichen Erkenntnissen zu gestalten. Dieser Konferenz war auch Johannes Herz beigetreten, nachdem er 1904 eine Pfarrstelle in Chemnitz angetreten hatte. Eine Resolution zu Gunsten der Lehrer hatte er im Zuge einer Solidaritätsbekundung zusammen mit anderen, darunter auch Georg Liebster, Gottfried Naumann und Caspar René Gregory, unterzeichnet; in der Chemnitzer Ephorie war Herz allerdings der einzige Pfarrer.[408]

Daraufhin wurde er zu einer Aussprache zu Superintendent Johannes Hoffmann geladen. Das Landeskonsistorium erteilte eine Rüge. Zu einer weiteren Aussprache in die Superintendentur musste Herz, nachdem eine Beschwerde der Bezirksschulinspektion gegen ihn eingegangen war. In seinem Amtskalender notierte er, dass eine Debattenäußerung von ihm bei einer Sitzung des

405 Vgl. Verhandlungen der dritten ..., 1909, 2. Sitzung am 10. Februar 1909, 53.

406 Vgl. dazu »Die Dresdner Beschlüsse«. NSKBl 8 (1910), 117–126 und 9 (1910), 137–140.

407 Zum sächsischen Konferenzwesen siehe Kapitel 1, 40f.

408 Vgl. Leipziger Neueste Nachrichten Nr. 38 vom 7. Februar 1909.

Sächsischen Schulvereins für die Reform des Religionsunterrichts in der sozialdemokratischen *Volksstimme* falsch wiedergegeben worden war.[409]

Bei den Diskussionen in der Predigerkonferenz und in der Meyerschen Konferenz vertrat Herz den liberalen Standpunkt, dass der Religionsunterricht in der Schule nicht zwangsläufig Sache der Kirche sein müsse. Zwei Beispiele sollen das verdeutlichen:

> »Abends in der stark besuchten Predigerkonferenz standen zur Verhandlung die Vorschläge und Anträge des Pfarrervereins zur Abänderung des Volksschulgesetzes und zur Reform des Rel[igions]U[nterrichts]. Die Anträge waren uns nicht zugegangen und vorgelegt, sondern wurden erst in der Sitzung verlesen und nun sollte über 20 Fragen mit Ja oder Nein abgestimmt werden. Ich erklärte mich in längerer Rede am Eingang der Verhandlungen g[e]g[en] diese Art der Behandlung und bat, überhaupt die Abstimmung abzulehnen. Ich fand damit viel Zustimmung. Doch wurde schließlich (bes[onders] durch die beiden Sup[erintendenten]) die Abstimmung wenigstens über die ersten beiden Fragen betr[effs] die Konfessionalität der Volksschule und die kirchl[iche] Beaufsichtigung des Rel[igions]U[nterrichts] durchgesetzt (23 g[e]g[en] 13).«[410]
>
> »Gegen ½ 3 h wurde die Konferenz fortgesetzt, indem Dr. Hennig Thesen über Rel[igions]U[nterricht], Kirche und Schule vorlegte und kurz erläuterte, die eine Viererkommission der Konferenz aufgestellt hatte (Dir[ektor] Arnold, O[ber]L[ehrer] Hennig, O[ber]L[ehrer] Richter, P[farrer] Naumann). Guthe stellte dazu Abänderungsvorschläge im Sinne völliger Verkirchlichung des Rel[igions]U[nterrichts]. Das entfachte eine sehr lebhafte Debatte. Ich formulierte den prinzipiell anderen Standpunkt der Minorität (Freiheit d. SchulRel[igions] U[nterrichts] von der Kirche, Ausbau des Konfirmandenunterrichtes) und fand damit mancherlei Zustimmung. Aber von den Gegnern wurde die Opposition sehr unfein behandelt, vom alten Meyer, der nervös geworden war, direkt mundtot gemacht. Schließlich wurden die Thesen und auch einer der Guthe'schen Abänderungsanträge (letzterer allerdings nur mit einer Zufallsmehrheit von 3 Stimmen) in ziemlich turbulenter Abstimmung angenommen. Von vielen wurde mir aber Zustimmung und Unzufriedenheit mit diesem Verlauf der Meyer'schen Konferenz ausgesprochen.«[411]

Es kam zu dieser Zeit in verschiedenen Ephorien auch verstärkt zu Überprüfungen der Lehrmeinung der Lehrer durch den Superintendenten und den Amtshauptmann. Dabei gab es vermehrt Lehrermaßregelungen, die den Konflikt verschärften. Diese Verschärfung lässt sich nicht nur innerhalb der Lehrerschaft, sondern auch innerhalb der Landeskirche erkennen. Bei der

409 Vgl. Eintrag im Amtskalender vom 2. Juni 1911. UAL Na Herz 2/1. Herz war Mitglied des Schulvereins, hatte es aber abgelehnt, den Vorsitz der Chemnitzer Ortsgruppe zu übernehmen.

410 Zur Predigerkonferenz: Eintrag im Amtskalender vom 14. Februar 1910. UAL Na Herz 2/1.

411 Zur Meyerschen Konferenz: Eintrag im Amtskalender vom 26. April 1911. UAL Na Herz 2/1.

neunten Landessynode 1911 wurde ein Antrag verhandelt, der wieder von »Pank und Genossen« eingereicht worden war. Darin wurde ausdrücklich gefordert, dass der konfessionelle Charakter der Volksschule und insbesondere dem Religionsunterricht zu erhalten sei.[412]

Herz, der dieser Sitzung beiwohnte, notierte in seinen Amtskalender:

> »Nach ausführlicher, warmer und im ganzen gerecht abwägender Begründung durch Pank Annahme der überaus konservativen Erklärung ohne Debatte g[e]g[en] 9 Stimmen u. Notierung des Dankes d. Staatsmin[ister] durch den Präs[identen] des Landeskonsistoriums. Also eine wohl abgekartete Sache.«[413]

Durch den Ersten Weltkrieg wurde die Frage nach der Reform des Religionsunterrichts und der Volksschulgesetzgebung zu einem Nebenthema. Eine Anfrage an das Landeskonsistorium, ob in der Kriegszeit auf die geistliche Schulaufsicht verzichtet werden könne, wurde abschlägig beschieden.[414] Da viele Lehrer eingezogen worden waren, übernahmen Herz und andere Pfarrer Religionsunterrichtsstunden.

2 Kampf um den Erhalt des Religionsunterrichts nach dem Ersten Weltkrieg

Nach dem Ende des Ersten Weltkriegs hatte sich die Situation grundlegend geändert. Kaiser Wilhelm II. hatte abgedankt und war nach Holland ins Exil gegangen. Johannes Herz vermerkte dazu in seinem Amtskalender am 10. November 1918: »Abdankungstag des Kaisers und im Laufe der Woche auch aller übrigen Bundesfürsten. Deutschland wird Republik.«[415] In Sachsen hatten sozialdemokratische Volksbeauftragte die Regierungsgeschäfte übernommen, hier hatten der König und seine Minister am 13. November abgedankt. Mit den Abdankungen ging die Trennung von Kirche und Staat einher, die sich zuallererst und am deutlichsten in der Frage des Religionsunterrichts niederschlug. In Preußen wurden die Dissidentenkinder mit der Verordnung vom 15. November 1918 vom Religionsunterricht befreit. Bereits seit 1859 waren Kinder, die keiner der großen Religionen angehörten, in Preußen vom Religionsunterricht befreit, wenn sie nachweislich einen Religionsunterricht außerhalb der Schule besuchten. Mit dem Kirchenaustrittsgesetz vom 14. Mai 1873 wurde die Möglichkeit geschaffen, keiner Religionsgemeinschaft anzugehören. Kinder dieser Dissidenten waren jedoch verpflichtet, am Religionsunterricht der Schule

412 Vgl. Berichte usw. Nr. 17, 2. Acten der neunten Evangelisch-lutherischen Landessynode, Dresden 1911.

413 Eintrag im Amtskalender vom 11. Oktober 1911, UAL Na Herz 2/1. Der Verhandlungsbericht spricht von einer Gegenstimme. Verhandlungen der neunten Evangelisch-lutherischen Landessynode, Dresden 1911, 15. Sitzung am 11. Oktober 1911, 354.

414 Vgl. Generalverordnung Nr. 176, 30. September 1915.

415 Eintrag im Amtskalender vom 10. November 1918. UAL Na Herz 2/2.

teilzunehmen.[416] In Sachsen wurden diese Belange durch das Volksschulgesetz von 1873 geregelt. Hier stand es den Eltern frei, eine der anerkannten Religionsgemeinschaften auszuwählen, an deren Unterricht die Kinder teilzunehmen hatten. Eine vollständige Befreiung gab es nicht.[417]

In den Hansestädten Hamburg und Bremen wurde der Religionsunterricht zum 1. Januar 1919 ersatzlos gestrichen. In Braunschweig griff die Regierung unter dem Ministerpräsidenten Heinrich Jasper und dem Minister für Volksbildung Otto Grotewohl so stark in den Inhalt des Unterrichts ein, dass das Landeskonsistorium einen eigenen Religionsunterricht anbot, dessen Besuch Voraussetzung für die Konfirmation war. Der Eingriff gipfelte im »Jasperschen Schulerlass« vom 20. Oktober 1923, der die Stellung des Religionsunterrichts als ordentliches Lehrfach bedrohte, was einen Verstoß gegen die Weimarer Reichsverfassung § 149 (1) dargestellt hätte. Besonders zwei Punkte des Erlasses waren dafür ausschlaggebend: Punkt drei, der ab dem 1. April 1924 den bekenntnismäßigen Religionsunterricht in den ersten beiden Grundschuljahren untersagte – diese Regelung war allerdings im Vorfeld wieder aufgehoben worden – und Punkt acht, wonach im Religionsunterricht erteilte Zensuren nicht versetzungsrelevant waren.[418]

Auch in Sachsen umfassten die Bestrebungen zur Trennung von Kirche und Staat, die von der neuen Regierung mit Nachdruck vorangetrieben wurde, die Frage, ob und in welcher Form es Religionsunterricht an Volksschulen geben sollte.[419] Der Volksbeauftragte für Kultus und Unterricht, Wilhelm Buck, hatte per Verordnung die Ortsschulaufsicht aufgehoben, die Dissidentenkinder von der Teilnahme am Unterricht befreit, den Religionsunterricht auf zwei Wochenstunden »Biblische Geschichte« beschränkt und den Katechismusunterricht abgeschafft.[420] Dieses Vorgehen bestärkte diejenigen Lehrer, die seit langem eine Reform forderten. Vor allem der Leipziger Lehrerverein bezog eine unversöhnliche Position, die in den »Leipziger Thesen« ihren Niederschlag fand.[421] Die Lehrer forderten die weltliche Schule, in der die Schüler zu sittlichen Persönlichkeiten erzogen werden, wozu auch ein objektiver Unterricht in Religionsgeschichte gehöre. Die Beeinflussung der Schüler im Sinne eines

416 Vgl. Huber, Huber: Kirche und Staat ... Bd. III, 152.

417 Vgl. Gesetz das Volksschulwesen betreffend vom 26. April 1873, § 6. SGVBl 6 (1873), 353.

418 Vgl. Erlaß des braunschweigischen Ministers für Volksbildung Otto Grotewohl vom 20. Oktober 1923. Huber, Huber: Kirche und Staat ..., Bd. IV, 105f.

419 Zur Trennung der Sächsischen Landeskirche vom Freistaat siehe Kapitel 4.1.1.

420 Vgl. zum Religionsunterricht Huber, Huber: Kirche und Staat ..., Bd. IV, S. 78 (Nr. 60); Dissidentenkinder SGVBl 24 (1918), 385f.; zur Ortsschulaufsicht ebd. Nr. 107 vom 11. Dezember 1918, 389f.

421 Die Leipziger Thesen wurden am 30. März 1919 vom Leipziger Lehrerverein angenommen.

religiösen Bekenntnisses und sämtliche Ansprüche der Kirche auf Mitwirkung wurden abgelehnt. Von kirchlicher Seite wurde zum Teil ebenso unversöhnlich an den bis dato relativ unangefochtenen Positionen festgehalten. Ein anderer Teil der Pfarrerschaft suchte das Gespräch mit den Lehrern und zeigte sich kompromissbereit; zu diesen zählte auch Johannes Herz.

Der Religionsunterricht war ein wichtiger Pfeiler bei dem Versuch, die Kirche als Volkskirche und nicht als Freikirche in die Zeit der Republik zu überführen. Dabei war das Meinungsspektrum innerhalb von Pfarrerschaft, Synodalen und Kirchenleitung weit gefächert, wodurch ein einheitliches, geschlossenes Vorgehen erschwert wurde. Hinzu kam eine Unsicherheit, die durch die undurchsichtigen rechtlichen Verhältnisse entstanden war. Solange es keine Verfassung und keine neue Gesetzgebung des Freistaats Sachsen gab, war unklar, welche Gesetze des Königreichs Sachsen noch Gültigkeit besaßen. So hatte das Landeskonsistorium gegen die Verordnungen Bucks Verwahrung eingelegt und sich dabei auf das Volksschulgesetz von 1873 berufen. Dort war festgelegt, dass Entschlüsse hinsichtlich des Religionsunterrichts im Einvernehmen mit der obersten Schulbehörde und mit der kirchlichen Oberbehörde zu treffen seien.[422] Diese Verwahrung wurde zwar gehört, aber wenig beachtet. Neben den Verordnungen zum Religionsunterricht war auch eine Verordnung über die Einführung der allgemeinen Volksschule erlassen worden.[423] Die Möglichkeit, konfessionelle Privatschulen zu errichten, war dabei ausgeschlossen worden.

Die Stimmung in der Volkskammer, die auch über den Erhalt des Religionsunterrichts in der Volksschule zu entscheiden hatte, war eher kirchenfeindlich, sodass Buck auf die Bestätigung seiner Verordnungen zählen konnte.[424] Mit dem Übergangsgesetz für das Volksschulwesen vom 22. Juli 1919 wurde der Religionsunterricht als ordentliches Lehrfach in Sachsen abgeschafft: »Religionsunterricht wird in der Volksschule nicht mehr erteilt.«[425]

Eine unberechenbare Variable blieb die Entscheidung der Weimarer Nationalversammlung zum Thema. In den sogenannten Weimarer Schulkompromissen hatte man sich darauf geeinigt, dass als Regelschule die Simultanschule mit konfessionellem Religionsunterricht galt. Außerdem war der Religionsunterricht als ordentliches Lehrfach bestätigt worden. Einzelheiten sollten allerdings erst

---

422 Vgl. Gesetz das Volksschulwesen betreffend vom 26. April 1873, § 37. SGVBl 6 (1873), 373.

423 Vgl. SGVBl 24 (1918), 392f.

424 Vgl. Rede Bucks vor der Volkskammer in: Stange: Merkbuch ..., 12.

425 Übergangsgesetz für das Volksschulwesen vom 22. Juli 1919, § 2. SGVBl 15 (1919), 171.

durch ein Reichsschulgesetz[426] geklärt werden. Zu diesem Gesetz ist es nie gekommen.[427]

Als die Vertreter des freien Arbeitsausschusses am 5. Dezember 1918 zur Unterredung bei Buck waren, gehörte auch die Schulfrage zu den behandelten Themen. Die Äußerungen Bucks zum Thema beschränkten sich auf die Mitteilung, dass die Ortsschulaufsicht aufgehoben und die Dissidentenkinder vom Besuch des Religionsunterrichts befreit werden sollten. Über die bereits verordnete Einschränkung des Religionsunterrichts sprach Buck nicht. Zur Gesamtsituation blieben seine Äußerungen vage. Die einzig klare Position war die baldige Trennung von Staat und Kirche und die Einstellung sämtlicher Zahlungen durch das Land Sachsen.[428]

Einige Vertreter des freien Arbeitsausschusses suchten im Januar 1919 auch das Gespräch mit dem Leipziger Lehrerverein, um über die kommende Trennung von Kirche und Schule zu verhandeln, was vom Lehrerverein abgelehnt wurde. Solche persönlichen Gespräche sollten im ganzen Land stattfinden, um »nach Möglichkeit bestehende Spannungen auszugleichen, Mißverständnisse zu beseitigen, Klärung über grundsätzliche Fragen zu gewinnen und gemeinsame Richtlinien aufzustellen.«[429]

In Leipzig kamen trotzdem am 28. Januar 1919 jeweils neun Lehrerinnen bzw. Lehrer und Pfarrer zu einer freien Aussprache zusammen.[430] Dabei wurde man sich schnell einig, dass »die Einheitsschule dem pädagogischen Ideal entspricht und nach der sozialen Seite (ohne Unterschied des Standes) wünschenswert ist.«[431] Problematisch sei dabei die Frage, wie mit Kindern anderer Konfession und Religion umzugehen sei. Bei diesem Treffen sprach sich Herz für einen christlich orientierten Lebenskunde-Unterricht aus, der für alle Kinder zwangsweise zu erteilen sei, ähnlich wie Zeichnen und Gesang. Wenn darüber hinaus konfessioneller Unterricht gewünscht würde, müssten die Kirchen einen fakultativen Unterricht anbieten.[432]

---

426 WRV § 146 (2).

427 Siehe unten, 286f.

428 Siehe auch Kapitel 4.1.1, 178f.

429 Einladung an Superintendent Cordes vom 12. Januar 1919. EphAL I-C 177, Schrank 1, Fach 17, Bl. 5.

430 »Anwesend: Lehrerin F. Bernhardi, Lehrer G. Brück, Lehrer Heinrich Grimm, Lehrer Kunisse, Oberlehrer Lorenz, Schuldirektor Pfeiffer, Lehrerin R. Scharfe, Oberlehrer Wiesemann, Lehrer A. Zetsche, Pfarrer Berger-L.-Schönefeld, Sup. Oberkirchenrat D. Cordes, Pfarrer Herz, Professor Hickmann, Pfarrer D. A. Jeremias, Professor Richter, Pastor Schröder-L.-Schleussig, Pastor Schumann, Pastor Dr. Steiner.« Protokoll der freien Aussprache vom 28. Januar 1919. EphAL I-C 177, Schrank 1, Fach 17, Bl. 9.

431 Ebd.

432 Vgl. ebd, Bl. 11.

Solch ein Miteinander blieb jedoch die Ausnahme. Wie oben bereits erwähnt, wurden im März 1919 die Leipziger Thesen in einer außerordentlichen Vertreterversammlung des Leipziger Lehrervereins beschlossen. Während die Lehrer für eine explizit weltliche Schule arbeiteten, versuchte die Kirche zumindest den Religionsunterricht als ordentliches Lehrfach an der Schule zu erhalten.

Neben den verfassungs- und gesetzgebenden Organen waren die Eltern schulpflichtiger Kinder ein wichtiger Faktor im Streit um den Erhalt des Religionsunterrichts an der Volksschule. Von beiden Seiten wurde intensive Agitation betrieben. Mehrere Flugblätter wurden verfasst, die den Eltern auf drastische Weise vor Augen führen sollten, warum es nur Schulen entweder mit oder ohne Religionsunterricht geben könne. Zur Verdeutlichung einige Auszüge:

> »Sollen Eure Kinder Christen oder Heiden werden? [...] Das ist Verschleierung! Das ist Gewissenszwang«;[433]
>
> »So verhindert die Konfessionsschule, daß bereits in der Jugend der Grund zur Erzeugung eines einheitlichen Volksbewußtseins gelegt wird. [...] Die religiösen Bekenntnisse trennen unser Volk! [...] bewußte Irreführung der Öffentlichkeit [...] Eltern, Erziehungsberechtigte, Freunde der Volksschule! Laßt Euch den Blick nicht trüben! Unterschreibt dieses Flugblatt der Superintendentur nicht!«;[434]
>
> »Allgemeine Einführung der religionslosen Schule würde die christliche Erziehung unserer Kinder ernster Gefahr aussetzen [...] Evangelische Eltern, Erziehungsberechtigte, Freunde der Volksschule! Laßt Euch den Blick nicht trüben! Unterschreibt das kirchliche Flugblatt, das Euch Schulen mit Religionsunterricht und damit die christliche Erziehung Eurer Kinder erhalten will!«[435]

Trotz des Übergangsgesetzes, das die Gründung von Privatschulen verboten hatte, wurden christliche Eltern in Gemeindeabenden und persönlichen Gesprächen aufgefordert, einen Antrag auf die Errichtung von Volksschulen ihres Bekenntnisses zu stellen, da die Reichsverfassung § 146 Abs. 2 dies gewährleistete.[436] Bemerkenswert ist, dass auf den gedruckten Aufrufen, die einen solchen vorbereiteten Antrag enthielten, davor gewarnt wurde, ihn nicht gedankenlos weiterzugeben, sondern ihn »wie einen Schatz«[437] zu hüten.

Am 16. Dezember 1919 hatte Kultusminister Richard Seyfert in der 78. Sitzung der sächsischen Volkskammer eine Rede gehalten, in der er für die Einrichtung von Einheitsschulen mit nach Bekenntnissen getrenntem Religi-

---

433 Flugblatt des Volkskirchlichen Laienbundes für Sachsen. EphAL I-C 177, Schrank 1, Fach 17, Bl. 79.

434 Annonce des Leipziger Lehrervereins. Leipziger Neueste Nachrichten 8. Dezember 1919. EphAL I-C 177, Schrank 1, Fach 17, Bl. 98.

435 Annonce des Apologetischen Ausschusses der Ephorie Leipzig I. Leipziger Neueste Nachrichten 10. Dezember 1919. EphAL I-C 177, Schrank 1, Fach 17, Bl. 101.

436 Vgl. § 3 Übergangsgesetz und Generalverordnung Nr. 277 des Landeskonsistoriums 10. Oktober 1919.

437 Flugblatt des Volkskirchlichen Laienbundes für Sachsen. EphAL I-C 177, Schrank 1, Fach 17, Bl. 79.

onsunterricht eingetreten war. In der gleichen Rede hatte er den Antrag gestellt, dass die Bestimmungen des Übergangsgesetzes für das Volksschulwesen, die mit dem neuen Schuljahr 1920 die weltliche Schule ohne Religionsunterricht als Normalschule erklärt hatten, aufgehoben werden.

Der Diözesan-Ausschuss der Ephorie Leipzig I hatte sich daraufhin an das Landeskonsistorium gewandt, unsicher, ob die begonnene Sammlung von Anträgen für die konfessionelle Volksschule unter diesen neuen Gegebenheiten der Fortsetzung bedurfte. Die Antwort des Landeskonsistoriums war eindeutig, die Sammlung sollte ununterbrochen weitergehen, die evangelische Volksschule war weiterhin zu fordern.[438]

Johannes Herz dagegen hatte, ermuntert von der Rede Seyferts, mit seinem Kollegen Steiner eine Erklärung zum »Schulfrieden« vorbereitet, dafür Unterschriften gesammelt und diese im Januar 1920 veröffentlicht. In der Erklärung wurde betont, dass in der Reichsverfassung die Gemeinschaftsschule mit nach Bekenntnissen getrenntem Religionsunterricht als die Norm festgeschrieben worden sei. Da die sächsische Regierung nach der Erklärung Seyferts nun Ähnliches plane, sollten

> »alle kirchlichen Kreise den Kultusminister auf dem eingeschlagenen Wege [...] [unterstützen]. Wir ersuchen Kirchenbehörden und Kirchgemeinden von der Werbung für besondere Konfessionsschulen gegenwärtig abzusehen und diese Werbeart einzustellen, solange noch irgendwelche Möglichkeit besteht, daß die sächsische Regierung und die Volkskammer die Gemeinschaftsschule mit Religionsunterricht einführen und gewährleisten.«[439]

Mit dieser in der Tagespresse veröffentlichten Erklärung, die mit 34 Unterschriften erschienen war – darunter Mitglieder der Synode, ein Mitglied der Nationalversammlung und ein Mitglied der Volkskammer –, standen Herz und Steiner der vom Konsistorium bestärkten Linie entgegen. Das Protokoll der Ephoralkonferenz vom 9. Januar 1920 lässt vermuten, dass das Schreiben des Konsistoriums zur Rede Seyferts und dem weiteren Vorgehen erst in dieser Sitzung verlesen wurde.[440] Trotzdem war der Unmut über das eigenmächtige Handeln von Herz und Steiner groß. Beide verteidigten ihr Vorgehen und sprachen sich für den von Seyfert vorgeschlagenen Kompromiss aus, waren mit dieser Meinung aber in der Konferenz allein. Cordes erklärte, dass die eigenmächtige Aktion von Herz und Steiner einen schweren Verstoß gegen die Ordnung darstellte. Gegen den Vorwurf der »Illegalität« seines Handelns verwahrte sich Herz. Die Konferenz beschloss, eine Gegendarstellung zu veröffentlichen, in der es heißt, dass der vom Kultusminister in Aussicht gestellte

438 Vgl. Brief des Landeskonsistoriums an die Superintendentur Leipzig I vom 24. Dezember 1919. EphAL I-C 177, Schrank 1, Fach 17, Bl. 112.

439 Erklärung zum Schulfrieden. EphAL I-C 177, Schrank 1, Fach 17, Bl. 117.

440 Vgl. Protokoll der Ephoralkonferenz vom 9. Januar 1920. EphAL I-C 16, Schrank 1, Fach 2, Bl. 186f.

Kompromiss aufgrund der Reichsverfassung eine Selbstverständlichkeit sei und erst die Gewährleistung von staatlichen Bekenntnisschulen den Schulfrieden tatsächlich zu sichern vermöge. Die begonnene Elternabstimmung werde zu Ende geführt, die dafür geleistete Werbearbeit fortgesetzt.[441]

Die Redaktion der *Leipziger Neuesten Nachrichten* umrahmte diese »Kundgebung« mit Worten des Bedauerns über dieselbe und der Unterstützung für die »vortreffliche Erklärung der 34 sächsischen Geistlichen«.[442]

Herz selbst kommentierte das Ereignis in seinem Amtskalender folgendermaßen:

> »P[astor] Steiner u[nd] ich hatten angeregt durch den von Kultusminister Seyfert angebotenen Kompromiß auf Schaffung von Simultanschulen mit konf[essionell] getrenntem Religionsunterricht eine Erklärung zum Schulfrieden aufgesetzt, Unterschriften dafür gesammelt u[nd] die Erklärung veröffentl[icht]. Das hatte bei den unbedingten Vorkämpfen für die konf[essionelle] Schule ziemliche Aufregung verursacht u[nd] wir wurden in der Ephoralkonferenz scharf angegriffen. Die Ephoralkonferenz brachte eine wenig geschickte Gegenerklärung.«[443]

Im *NSKBl* wurde am 18. Januar 1920 unter dem Titel »Zur Schulfrage« darüber berichtet. Nach drei Artikeln von verschiedenen Autoren, die sich zu dem Vermittlungsvorschlag Seyferts äußerten, war die Erklärung zum Schulfrieden abgedruckt und danach die Gegendarstellung der Ephoralkonferenz.[444] Vom Sächsischen Lehrerverein, der weiterhin die weltliche Schule ohne Religionsunterricht forderte, war der Vorschlag Seyferts abgelehnt worden.

In der Verordnung zum Übergangsgesetz für das Volksschulwesen war die Möglichkeit eingeräumt worden, dass an den Schulen Elternversammlungen gehalten und Elternräte gebildet wurden. Das Landeskonsistorium reagierte mit einer Verordnung, in der es Kirchenvorstände und Geistliche aufforderte, ihre Gemeindeglieder anzuhalten, Elternversammlungen zu besuchen und Einfluss auf die Elternratswahlen zu nehmen.[445] Johannes Herz, der als Vater schulpflichtiger Kinder die Möglichkeit hatte, selbst Einfluss zu nehmen, nutzte diese. Bei der Elternversammlung der 36. Volksschule am 19. Mai 1920 wurde er »zusammen mit 6 Anhängern der U[nabhängigen] S[ozialdemokratischen] P[artei] als einziger Bürgerlicher in einen vorbereitenden 7 gliedrigen Ausschuß gewählt.«[446] Bei der Vorbereitung der Elternratswahl setzte Herz nach seinen

---

441 Vgl. Kundgebung der Ephoralkonferenz Leipzig I. Leipziger Neueste Nachrichten 11. Januar 1920. EphAL I-C 177, Schrank 1, Fach 17, Bl. 119.

442 Ebd.

443 Eintrag im Amtskalender vom 1. Januar 1920. UAL Na Herz 2/1.

444 Vgl. NSKBL 3 (1920), Sp. 35–44.

445 Vgl. Verordnung, die Beteiligung an den Elternversammlungen und der Wahl der Elternräte betreffend, 12. Mai 1920. Verordnungsblatt des ev.-luth. Landeskonsistoriums 6 (1920), 8f.

446 Eintrag im Amtskalender vom 19. Mai 1920. UAL Na Herz 2/2.

Aufzeichnungen auch das Wahlrecht für Frauen durch. Gemäß den Anweisungen des Landeskonsistoriums wurden auch in der Gemeinde Gohlis-Nord Elternversammlungen zur Anleitung bezüglich der Elternratswahlen abgehalten. Die Wahl an der 36. Volksschule fiel sehr befriedigend aus.

»Abends von 6-9 Uhr fand die Elternratswahl für die 36. V[olks]Sch[ule] statt. Ich gehörte dem die Wahlhandlung leitenden Wahlausschuß als Schriftführer an. Das Ergebnis war dank der guten Vorbereitung und Werbung ein überraschend erfreuliches. Auf unsere unpolitische Liste (auf der ich selbst an 3. Stelle mit stand) entfielen 650, auf die gegnerische Liste der U.S.P. nur 498 Stimmen, so daß von uns fünf [...] von den Gegnern 4 Vertreter [...] in den Elternrat gewählt waren.«[447]

Herz wurde zum Schriftführer gewählt. Der Elternrat etablierte sich mit eigener Satzung und Geschäftsordnung zu einer mitbestimmenden Größe innerhalb der 36. Volksschule. Dabei kam es auch zu Kompetenzstreitigkeiten mit den Lehrern, z.B. über die Frage, wer die Elternabende leiten sollte, aber auch die Fragen nach weltlicher Schule und Religionsunterricht blieben viel diskutierte Themen.

Der Leipziger Lehrerverein erwies sich als ausdauernder Gegner der kirchlichen Forderungen. Mehrfach wurden in der zweiten Hälfte des Jahres 1920 Erklärungen abgegeben, dass nahezu alle Leipziger Lehrer keinen konfessionellen Unterricht mehr erteilen wollten. Daraufhin wurde nach Anfrage des Leipziger Kirchenausschusses vom Schulamt der Stadt Leipzig beschlossen, dass gemäß der Ministerial-Verordnung vom 15. Mai 1920 Hilfskräfte zur Erteilung von Religionsunterricht eingestellt werden sollten. Das Schulamt arbeitete in dieser Angelegenheit ohne große Eile. Die Superintendentur meldete dem Schulamt, dass sich aufgrund der besonderen Lage in den Leipziger Schulen sämtliche Geistliche der Ephorie bereit erklärt hatten, Religionsunterricht zu übernehmen, auch Emeriti und Kandidaten hatten ihre Bereitschaft erklärt. Außerdem wurde im Kirchenausschuss ein Unterausschuss für Schulfragen gebildet, zu dessen Vorsitzendem Jeremias gewählt wurde. Zum Obmann der Religionsunterricht erteilenden Geistlichen wurde Johannes Herz gewählt.

Die Gruppe der Lehrer, die bereit waren, Religionsunterricht zu erteilen, hatte sich zu einem losen Bund zusammengeschlossen, der Freien Lehrervereinigung für den Religionsunterricht in der Schule. Zwischen dieser freien Vereinigung und Vertretern der Leipziger Ephorien fanden Besprechungen statt. Man einigte sich auf gemeinsame Sätze über den Religionsunterricht, die sich an den Zwickauer Thesen orientieren. Der Religionsunterricht sollte ordentliches Lehrfach für evangelische Kinder sein.

»Als Aufgabe des Religionsunterrichtes betrachten wir Weckung und Pflege des religiös-sittlichen Lebens im Kinde durch die Vermittlung der Gefühls- und

447 Eintrag im Amtskalender vom 21. Juni 1920. UAL Na Herz 2/2.

Gedankenwelt des Evangeliums im Geiste der Reformation und ihrer Weiterbildung.«

Der Lehrplan sollte nach pädagogisch-psychologischen Grundsätzen aufgebaut werden. Die Vereinigung blieb aber in ihrer Wirkung gegenüber dem starken Leipziger und Sächsischen Lehrerverein eher bedeutungslos.[448]

Am 4. November 1920 errang die Kirche einen Sieg im Kampf um den Religionsunterricht. Das Reichsgericht hatte die §§ 2 und 18 des sächsischen Übergangsgesetzes für das Volksschulwesen, das den Religionsunterricht von den Schulen verwiesen hatte, als verfassungswidrig erklärt. Entscheidend dafür war, dass in Sachsen der Religionsunterricht noch ordentliches Lehrfach war, als die Reichsverfassung in Kraft trat. Das Übergangsgesetz für das Volksschulwesen war zwar bereits davor verabschiedet worden, der Stichtag für das Inkrafttreten aber erst für den 1. April 1920 angesetzt gewesen. Die Stellung als ordentliches Lehrfach war dennoch nicht gesichert. Am 8. Januar 1921 hatte das Kultusministerium eine Verordnung erlassen, nach der mit der Anmeldung der Kinder zur Schule auch erklärt werden musste, ob diese am Religionsunterricht teilnehmen sollten. Gegen die Verordnung hatte das Landeskonsistorium Einspruch erhoben, da von einem ordentlichen Lehrfach lediglich eine Abmeldung bei Nichtteilnahme erforderlich sei, wie es auch für den Sportunterricht oder Singen galt.

In Leipzig hatte das Urteil an der Situation wenig geändert. Viele der sächsischen Lehrer machten weiterhin von ihrem Recht Gebrauch, keinen Religionsunterricht erteilen zu müssen, auch solche, die der Kirche verbunden waren. Die Statistik für das Sommerhalbjahr 1922 spricht von 5505 Lehrern in Sachsen, die die Erteilung des Religionsunterrichts verweigerten.[449] Als Alternative zum Religionsunterricht wurde ein Lebenskunde- oder Moralunterricht angeboten. Das Landeskonsistorium sah sich weiterhin in der Pflicht, für die korrekte Erteilung des Religionsunterrichts zu sorgen, und ließ sich Bericht darüber geben. Für Leipzig sammelte Herz diese Berichte in den Jahren 1922 und 1923 und fasste sie jeweils zu einem Abschlussbericht zusammen. Abgesehen von einzelnen Fällen schien der Religionsunterricht zumindest äußerlich den gesetzlichen Vorgaben zu entsprechen. Allerdings, so mutmaßte Herz, war es fraglich, ob gerade an Schulen, die sich sehr gegen das Einstellen von Hilfskräften gewehrt hatten, der Religionsunterricht auch inhaltlich dem entsprach, was sich die Kirche darunter vorstellte. Möglicherweise wurde unter dem Mantel des Religionsunterrichts tatsächlich Moralunterricht gehalten.

448 Vgl. zum ganzen Absatz: Einigung von Schule und Kirche! von Schuldirektor O. Paßkönig. Leipziger Neueste Nachrichten 25. Februar 1920. EphAL I-C 177 Schrank 1, Fach 17, Bl. 155, dort auch Zitat.

449 Vgl. Bericht über den Religionsunterricht an Leipziger Volksschulen von Johannes Herz vom 18. Januar 1923. EphAL I-C 177, Schrank 1, Fach 17, Bl. 331.

Das ließen Beobachtungen vermuten, da Kinder, die den Religionsunterricht besucht hatten, im Konfirmandenunterricht »eine oft erschreckende Unkenntnis an biblischen Geschichten und Gleichnissen Jesu, ganz abgesehen von der absoluten Unkenntnis von Sprüchen und Liedern«, gezeigt hatten. Positiv hebt der Bericht hervor, dass es eine Rückbewegung vom Moralunterricht zum Religionsunterricht gebe.[450] Im September 1923 legte Herz sein Amt als Obmann der Religionsunterricht erteilenden Leipziger Geistlichen nieder, sein Nachfolger wurde der Pfarrer der Bethlehemgemeinde Christian Seyfert.

Herz hatte die Auseinandersetzungen um den Religionsunterricht, wie oben schon gezeigt, nicht nur als Pfarrer, sondern auch als Vater und Elternrat erlebt. Sein Auftreten als Elternrat in der 36. Volksschule war nach seinen Aufzeichnungen streitbar und fand nicht immer Gefallen, wie eine anonyme Karte mit einer Beschwerde gegen Herz, die im Dezember 1920 in der Superintendentur einging, zeigt:

> »Herr Pfarrer Herz von der Versöhnungsgemeinde macht höchst unliebsames Aufsehen durch sein provozierendes Auftreten in Elternratsversammlungen und brüskiert außerdem seine Kollegen! Giebt es da keine Abhilfe? Im Vertrauen auf Sie Ergebenst einige Gohliser Gemeindeglieder.«[451]

In seiner Stellungnahme schreibt Herz, dass er ausschließlich in den Elternversammlungen der 36. Volksschule zugegen und dort auch in den Elternrat gewählt worden sei. Die Aussprache sei nur dann schärfer geworden, wenn vom Lehrerrat Propaganda für die weltliche Schule veranstaltet wurde. Dabei »habe ich mich bemüht, in sachlicher, wenn auch bestimmter Weise für die christliche Schule und evangelischen Religionsunterricht einzutreten.« Die Stellungnahme schließt mit dem Hinweis, dass Herz viel Zustimmung vom christlichen Teil der Elternschaft bekommen habe und dass die neueste Unterschriftensammlung in Gohlis die meisten Unterschriften erzielt habe, was er als Erfolg seiner Elternratsarbeit ansehe.[452]

Am 1. Juni 1921 fand ein Elternabend in der 36. Volksschule statt, in dem über den neuen Reichsschulgesetzentwurf gesprochen wurde, »natürlich« vom Standpunkt der weltlichen Schule aus. Herz, der gegen Äußerungen des referierenden Lehrers Position bezogen hatte, wurde von anderen Lehrern in seiner »persönlichen und amtlichen Stellung aufs Schärfste angegriffen«. Herz drohte daraufhin, sein Elternratsmandat niederzulegen, wenn keine angemes-

450 Vgl. Zusammenfassung der im Auftrage der Superintendentur veranstalteten Umfrage über die Verhältnisse des Religionsunterrichtes an den Leipziger Volksschulen von Johannes Herz vom 24. Februar 1923. EphAL C-I 177, Schrank 1, Fach 17, Bl. 332f, dort auch Zitat.

451 Karte o.D. EphAL I-B 131, Schrank 8, Bl. 23.

452 Vgl. Brief von Herz an die Superintendentur Leipzig I vom 28. Dezember 1920. EphAL I-B 131, Schrank 8, Bl. 24f, dort auch Zitat.

sene Entschuldigung erfolge.[453] Das Verhältnis von Elternrat und Lehrerschaft wurde in der Folgezeit immer gespannter, Grund war wieder ein Kompetenzkonflikt. Eine Aussprache brachte keine Entspannung. Das Ergebnis war, dass der Elternrat während des Elternabends am 21. September 1921 geschlossen seine Ämter niederlegte.

Eine private Episode soll verdeutlichen, wie gespannt damals das Verhältnis und von wie viel Misstrauen der Umgang von Pfarrern und Lehrern geprägt war: In der Klasse des ältesten Sohnes von Herz, Heinz, waren im Sommer 1921 Bücher und Hefte zerrissen und beschmiert worden. Der Klassenlehrer hatte Heinz auf Grund von Ähnlichkeiten der Handschrift als Täter beschuldigt. Herz war von der Unschuld seines Sohnes überzeugt und versuchte die Vorwürfe gegen ihn zu entkräften. Zuerst suchte er das Gespräch mit dem Klassenlehrer, »der sehr brüsk auftrat«[454] und dem Direktor des König-Albert-Gymnasiums. Neben den Gesprächen mit den Lehrern von Heinz holte sich Herz auch Rat von seinem Bruder Reinhard und anderen befreundeten Lehrern. Es wurde ein Schriftgutachten angefertigt, das Heinz als den Schuldigen bestätigte. Heinz erhielt zum Schuljahresende eine 3b in Betragen und einen öffentlichen Tadel. Da das Schriftgutachten nur oberflächlich erstellt worden sei, wollte Herz es nicht anerkennen. Er verlangte Akteneinsicht in der Schule und wandte sich mit einer Beschwerdeschrift ans Kultusministerium in Dresden. Er sprach auch zweimal im Kultusministerium vor, um die gewünschte Akteneinsicht zu erhalten und ein zweites Schriftgutachten anfertigen zu lassen. Durch die Akteneinsicht erfuhr Herz, dass es unter den Schmierereien auch abfällige Bemerkungen über Heinz gab, was seine Unschuldsvermutung bestärkte. Auch das zweite Schriftgutachten entlastete Heinz. Die Angelegenheit zog sich über mehrere Monate hin. Heinz erkrankte, obwohl er nach dem Sommerhalbjahr die Schule gewechselt hatte und sich nicht mehr tagtäglich mit ausgesprochenen oder unausgesprochenen Anschuldigungen konfrontiert sah, im Januar 1922 an einer Neuropsychose. Ob es sich hier um das Austragen eines Konfliktes auf einem Nebenschauplatz gehandelt hat, kann nur gemutmaßt werden.

Die Frage nach dem Religionsunterricht in der Schule blieb in der Zeit der Weimarer Republik eine ungelöste und zudem ein dauerhafter Konfliktherd zwischen Kirche und Schule, sowohl auf Landesebene als auch auf Reichsebene. Es gab mehrere Anläufe zur Schaffung eines Reichsschulgesetzes. Sowohl der Deutsche Evangelische Kirchenausschuss als auch der Deutsche Evangelische Kirchentag formulierten 1921 Erwartungen an das Reichsschulgesetz. Diese Forderungen wurden vom Kirchentag 1927 noch einmal bestätigt. Ein Schulgesetz wurde jedoch nie verabschiedet. Es gab drei Entwürfe: 1921, 1925 und 1927.

453 Vgl. dazu Eintrag im Amtskalender vom 1. Juni 1921. UAL Na Herz 2/2, dort auch Zitat.

454 Eintrag im Amtskalender vom 25. Juni 1921. UAL Na Herz 2/2.

An dem dritten und letzten Entwurf zerbrach 1928 die Regierungskoalition, weil die DVP an dem in der Reichsverfassung festgeschriebenen Vorrang der Simultanschule vor konfessioneller und weltlicher Schule unbedingt festhalten wollte, während Zentrum und DNVP alle Schultypen gleichrangig behandelt wissen wollten.[455]

3 Der Religionsunterricht in der Zeit des Nationalsozialismus

Nach dem Regierungsantritt Hitlers und dem Ermächtigungsgesetz schien das Existenzrecht der Kirche in der Gesellschaft und damit der Religionsunterricht innerhalb der Schule gesichert zu sein. Der Religionsunterricht galt als ordentliches Lehrfach und wurde zweistündig gehalten. Langfristig aber lag Hitler nichts an der Stärkung der Kirche. Der Religionsunterricht war weiterhin Angriffen ausgesetzt, sodass der Landeskirchenausschuss im *Kirchlichen Gemeindeblatt für Sachsen* eine Mitteilung veröffentlichte, in der betont wurde, dass der christliche Religionsunterricht in den Schulen durch den nationalsozialistischen Staat gewährleistet würde. Inhalt des Unterrichts sei die Botschaft von Jesus Christus, aber auch das Alte Testament, welches das Verständnis der neutestamentlichen Botschaft vorbereite.

> »Für einen solchen christlichen Religionsunterricht auf dem Boden der Bekenntnisse unserer Kirche die anschauliche und den jungen Menschen entsprechende Form zu finden, ist Sache der Lehrerschaft. Die Kirche weiß sich für die christliche Erziehung ihrer Jugend verantwortlich. Sie bringt dem Lehrer, der aus freier Entscheidung christlichen Religionsunterricht in diesem Sinne erteilt, aufrichtiges Vertrauen entgegen.«[456]

Im Protokoll der Ephoralversammlung vom 11. April 1940 wurde festgehalten, dass die Lage kritisch sei, weil an manchen Orten der Religionsunterricht von der gesamten Lehrerschaft niedergelegt worden sei. Die Kirche habe aber eine Verpflichtung gegenüber den getauften Kindern. Lehrpläne lägen weder von staatlicher Seite noch von Seiten der DEK vor.[457] Ein halbes Jahr später wurde konstatiert, dass es »vielerorts [...] tatsächlich keinen Religionsunterricht mehr« gab, dass ein Einspruch der Kirche jedoch wenig erfolgreich wäre. Darum sollte das Verantwortungsbewusstsein der Eltern geweckt werden, deren Einspruch größere Aussichten auf Erfolg hätte. Um den Ausfall des Religionsunterrichts

---

455 Zum Reichsschulgesetz: Exkurs zur Schulfrage in Nowak: Evangelische Kirche ..., 81–84; und Johannes Frackowiak: Verfassungsdiskussionen in Sachsen nach 1918 und 1945, Dresden 2005, besonders 59–64.

456 Evangelisch-lutherischen Landeskirchenamt Sachsens (Hg.): Kirchliches Gemeindeblatt für Sachsen April 1937, 44.

457 Vgl. Protokoll der Ephoralkonferenz vom 11. April 1940. EphAL I-C 18, Schrank 1, Fach 2, Bl. 53.

abzufangen, war in weiten Teilen Sachsens der zweijährige Konfirmandenunterricht eingeführt worden.[458]

Die kirchliche Jugendarbeit hatte in allen ihren Ausprägungen immer auf die staatlich verordneten Jugendorganisationen Hitlerjugend (HJ) und Bund Deutscher Mädel (BDM) Rücksicht zu nehmen. Für Jugendveranstaltungen hatten »Reichsjugendführer und Reichsjugendpfarrer [...] als Tage Montag und Freitag festgelegt. An diesen Tagen wird Urlaub vom Dienst der HJ und des BDM gewährt.«[459] Auch die Sonntage, an denen die Konfirmanden den Gottesdienst besuchen sollten, mussten sich nach den Dienstplänen der HJ richten. Eine Beschwerde der HJ-Gebietsführung im LKA soll das verdeutlichen:

> »[...] Jeder mittel- oder unmittelbare Druck auf die Jugend, unter Vernachlässigung ihres HJ-Dienstes, lediglich oder vorwiegend nur für kirchgemeindliche Veranstaltungen zur Verfügung zu stehen, hat zu unterbleiben. Es ist zwecklos, den Jugendlichen von Seiten der Pfarrämter Ausweise betreffs Besuch abendlicher Zusammenkünfte auszustellen, da sie als solche nicht anerkannt werden [...]. In Anbetracht des besonderen Dienstes der HJ ist es zwecklos, wenn sich Geistliche beschweren, daß abends HJ-Jugend noch auf der Straße sein dürfe, während es der Jugend, die kirchliche Jugendveranstaltungen besuche, nicht erlaubt sei.«[460]

Mit der Polizeiverordnung zum Schutze der Jugend vom 9. März 1940 war eine abendliche Ausgangssperre für Jugendliche verhängt worden. Im Krieg wurde die christliche Unterweisung immer weiter eingeschränkt. Der Superintendent von Leipzig-Land Andreas Fröhlich wies in der Ephorensitzung am 3. September 1941 darauf hin, dass der Konfirmandenunterricht auf nur noch sieben Monate begrenzt sei, während zur selben Zeit kaum noch Religionsunterricht erteilt werde. Die Kinder kämen bis zur Konfirmation kaum noch mit christlichen Inhalten in Berührung. Dagegen nahm der Superintendent von Dippoldiswalde Otto Fügner die entgegensetzte Position ein und erklärte, dass es nur eine Jugend, nämlich die Hitlerjugend gebe. Geistliche sollten die Möglichkeit haben, an dieser religiös zu arbeiten, sie dadurch jedoch nicht zu behindern.[461]

Anschaulich wird das argwöhnische Wachen über die alleinige Einflussnahme auf die Kinder und Jugendlichen anhand folgenden Beispiels: Johannes Herz hatte für den 5. November 1940 die Mütter seiner Gemeinde zu einem

---

458 Vgl. Protokoll der Ephoralkonferenz vom 11. September 1940. EphAL I C-18, Schrank 1, Fach 2, Bl. 59.

459 Rundschreiben des LKA, Missive Nr. 34. vom 9. März 1934. Akten des Pfarramts Bannewitz V. 8a, dort auch Zitat.

460 Runderlaß Nr. 71 des LKA vom 27. August 1941. Akten des Pfarramts Bannewitz V. 8b.

461 Vgl. Protokoll der Ephorensitzung vom 3. September 1941. EphAL I-C 11, Bl. 7–10.

Mütterabend eingeladen. In der Einladung, die mit dem Gemeindeblatt verteilt worden war, hieß es:

> »Der evangelische Religionsunterricht in der Schule, der bisher unseren Kindern das christliche Gedankengut vermittelte, ist schon seit längerer Zeit stark eingeschränkt und neuerdings in den meisten Leipziger Schulen ganz eingestellt worden. [...] Auf ihm [dem Mütterabend] wird Pfarrer D. Herz über die Aufgaben sprechen, die dem christlichen Haus durch den Wegfall des Religionsunterrichts in der Schule erwachsen, und die Frage behandeln: Wie erzählen wir unseren Kindern die biblischen Geschichten?«[462]

Für die Folgemonate wurden weitere Mütterabende angekündigt, in denen konkrete Beispiele vorgestellt werden sollten. Am 30. November erschien ein Kriminalbeamter in Herz' Wohnung und fahndete nach einem »Flugblatt«. Es handelte sich um jene Einladung zum Mütterabend. Herz musste mit dem Kriminalbeamten zum Verhör in das Gebäude der SS in der Karl-Heine-Straße 12. Er rechtfertigte die Einladung und wies unter anderem darauf hin, dass er nur das Faktum benannt hätte, dass der Religionsunterricht an den meisten Leipziger Schulen nicht mehr erteilt würde und er absichtlich weder ein Wort der Kritik noch des Bedauerns geäußert habe. Die Superintendentur, der er darüber einen Bericht gab, bat er, die Angelegenheit zu prüfen und gegebenenfalls für ihn einzutreten.[463]

Seit 1937 hatte das Reichsschulministerium damit begonnen, kirchlich-konfessionelle Schulen zu schließen. In der Ephoralkonferenz am 29. Januar 1941 berichtete Fritz Mieth für Leipzig, dass die konfessionellen Schulen geschlossen werden sollen, was unter anderem die zur Inneren Mission gehörende Dumassche Schule betraf; außerdem waren den 15 Fürsorgeeinrichtungen der Inneren Mission die Erziehungsrechte entzogen worden. Ähnlich verhielt es sich mit den evangelischen Kindertagesstätten, die bis zum 28. Februar 1941 der NSV unterstellt werden mussten.[464]

4 *Die Situation nach 1945*

Unter der amerikanischen Besatzungsmacht war der Religionsunterricht als ordentliches Lehrfach an den Schulen erhalten geblieben, wobei den Lehrern freigestellt war, diesen zu erteilen. Als die sowjetische Besatzung folgte, änderte sich der Umgang mit der Frage nach dem Religionsunterricht an der Schule radikal: Stalin wollte keinen Religionsunterricht. In einer Gesprächsnotiz von Wilhelm Pieck aus einer Besprechung mit Stalin über das Manifest der KPD ist zu lesen: »– kein Religionsunterricht in der Schule – Jugend nicht durch Popen

462 EphAL I-B 131, Schrank 8, Bl. 51.

463 Vgl. EphAL I-B 131, Schrank 8, Bl. 48–50.

464 Vgl. Protokoll der Ephoralkonferenz vom 29. Januar 1941. EphAL I-C 18, Schrank 1, Fach 2, Bl. 64. Zum Hildegardstift siehe Kapitel 2, 79–82.

verwirren lassen – Religionsunterricht nur außerhalb der Schule.«[465] Im Befehl Nr. 40 der Sowjetischen Militäradministration in Deutschland (SMAD) vom 25. August 1945 waren Privatschulen verboten worden, sodass konfessionelle Schulen nicht wiedereröffnet oder neugegründet werden konnten.

In den Rundbriefen des Leipziger Konsistoriums wurde immer wieder die Wichtigkeit des Religionsunterrichts betont. In Leipzig fand eine erste Besprechung von Vertretern von Stadt und Kirche zum Religionsunterricht am 18. Juli 1945 statt. Zu den kirchlichen Vertretern zählte neben Superintendent Heinrich Schumann und Jugendpfarrer Wagner auch Johannes Herz. Das Ergebnis war für die Kirche erfreulich. Der Religionsunterricht sollte auf der Grundlage des Lehrplans von 1929 erteilt werden, zwei Stunden umfassen und ordentliches Lehrfach sein.[466] Die Lehrer, die sich bereit erklärten, Religionsunterricht zu geben, sollten diese Stunden auf ihr Lehrdeputat angerechnet bekommen. Fehlende Kapazitäten sollten durch kirchliche Kräfte abgedeckt werden.[467] Dass eine solche Regelung gegen die ausdrückliche Anweisung Stalins Bestand haben könne, war illusorisch. Bei einem Treffen des russischen Kommandanten in Leipzig, Pjotr Solotuschin, und dem späteren Leipziger Oberbürgermeister, Erich Zeigner, am 26. Juli 1945 wurde der russische Standpunkt klargestellt, dass der Religionsunterricht als ordentliches Lehrfach abgeschafft wird.[468] Dabei sollte Vorsicht walten, um die Bevölkerung nicht zu verärgern. Folgerichtig wurde am 6. September 1945 bei einer Besprechung zwischen dem für Volksbildung zuständigen Ministerialdirektor Wilhelm Scheller, dem Leiter der Zentralverwaltung für Wissenschaft, Kunst und Erziehung, Staatssekretär Emil Mencke-Glückert, dem späteren Volksbildungsminister Helmut Holtzhauer und anderen festgehalten, dass die Kirchen selbst für den Religionsunterricht zu sorgen hätten und dass es Privatangelegenheit der Lehrer sei, diesen zu erteilen. Bei der Raumfrage könne man der Kirche entgegenkommen.[469] Auch in dem von KPD und SPD am 18. Oktober veröffentlichten »Aufruf zur demokratischen Schulreform«[470] wurde dieser Kurs bestätigt. Die einzige Partei,

465 Rolf Badstübner, Wilfried Loth (Hg.): Wilhelm Pieck. Aufzeichnungen zur Deutschlandpolitik 1945–1953. Berlin 1994, 51.

466 Vgl. Protokoll der Ephoralkonferenz vom 10. August 1945. EphAL I-C 18, Schrank 1, Fach 2, Bl. 137.

467 Vgl. Besprechung über die Gestaltung des Religionsunterrichts an Leipziger Volksschulen. EphAL I-C 182/1, Schrank 1, Fach 17.

468 Zu Zeigner vgl. Mike Schmeitzner: Erich Zeigner. Linkssozialist und Einheitsfront 1923. In: Schmeitzner, Wagner (Hg.): Von Macht und Ohnmacht ..., 125–158. Zeigners radikale Ablehnung des Religionsunterrichts, 154.

469 Vgl. Protokoll der Besprechung vom 6. September 1945. StadtAL StVuR I, 2260, Bl. 14-17.

470 Abgedruckt in Siegfried Baske, Martha Engelbert (Hg.): Dokumente zur Bildungspolitik in der SBZ 1945–1965, Bonn, Berlin 1966., 3–5. Der »Aufruf« wurde mit unwesentlichen Änderungen als »Gesetz zur Demokratisierung der deutschen

die für die Erhaltung des Religionsunterrichts an den Schulen eintrat, war die CDU. In die Landesverfassung wurde der Religionsunterricht nicht im Kapitel »Volksbildung«, wie von der CDU gefordert, aufgenommen, sondern als Angelegenheit der Religionsgemeinschaften bezeichnet.

Ähnlich wie in der Zeit nach dem Ersten Weltkrieg war der Religionsunterricht für die Kirche ein wichtiges Instrument im Ringen um ihren Platz in der Gesellschaft. Besonders deutlich wird dies durch eine Aussage Schumanns in der Ephoralkonferenz: »Die Schularbeit ist unsere wichtigste Aufgabe. Sie muß faktisch und im Bewußtsein der Bevölkerung sichergestellt werden – allen Schwierigkeiten zum Trotz.«[471] So wurde 1946 extra ein kirchliches Erziehungsamt unter der Leitung von Pfarrer Rüdiger Alberti eingerichtet, um die ordnungsgemäße Durchführung des Religionsunterrichts an den Schulen zu gewährleisten. Im gleichen Jahr wurden neue Lehrpläne erstellt: Johannes Herz war von der Superintendentur Leipzig-Stadt mit der Erarbeitung beauftragt worden. Dieser erarbeitete im Einvernehmen mit drei ortsansässigen Religionslehrern einen Lehrplan für höhere Schulen in Anlehnung an den Vorschlag des Landeskirchenamtes und des Entwurfs von Mencke-Glückert.[472]

Das größte Problem neben den politischen Rahmenbedingungen war der Lehrermangel. Deshalb konnte laut Bericht in der Ephoralkonferenz im Leipziger Norden der Religionsunterricht erst im ersten Drittel des Dezembers beginnen, während im Süden und Osten der Unterricht gut angelaufen sei.[473] Da ehemalige NSDAP-Mitglieder keinen Unterricht, also auch keinen Religionsunterricht erteilen durften, begann die Landeskirche schon im Herbst 1945 mit der Ausbildung von Katecheten. Auch an die Pfarrer erging die dringende Aufforderung, Unterrichtsstunden zu übernehmen. Im Kirchenbezirk Leipzig-Stadt bedeutete das für Pfarrer, vier Religionsunterrichtsstunden in der Woche zu erteilen, für Pfarramtsleiter zwei Wochenstunden.[474]

Schule« am 31. Mai 1946 in Sachsen veröffentlicht. Baske, Engelbert (Hg.): Dokumente zur Bildungspolitik. 7–9.

471 Protokoll der Ephoralkonferenz vom 13. September 1946. EphAL I-C 18, Schrank 1, Fach 2, Bl. 165.

472 Vgl. Brief von Herz an Agnes Martens-Edelmann vom 15. Oktober 1946. UAL Na Herz 36/3 und Brief von Herz an Aé vom 10. Januar 1946. AESK A II 25b, 49. Den Entwurf schickte Herz auch an das – in Württemberg zum Kultusminister ernannte – ESK-Mitglied Theodor Heuss. AESK A II 25b, 2.

473 Vgl. Protokoll der Ephoralkonferenz vom 2. November 1945. EphAL I-C 18, Schrank 1, Fach 2, Bl. 148. Aus einer Statistik vom 11. Januar 1946 ist zu ersehen, dass in 20 Volksschulen der Unterricht läuft, in 23 zu erwarten und in neun unmöglich ist. EphAL I-C 18, Schrank 1, Fach 2, Bl. 149.

474 Vgl. Protokoll der Ephoralkonferenz vom 10. Mai 1946. EphAL I-C 18, Schrank 1, Fach 2, Bl. 156. Auch nach dem Runderlass Nr. 90 vom 23. August 1945 des Landeskirchenamtes, der sechs Unterrichtsstunden für jeden Pfarrer vorsah, blieb es für die Leipziger Pfarrer bei der Regelung vom 10. Mai 1946 von vier bzw. zwei

Gegenüber den Eltern wurde die Bedeutung des Religionsunterrichts dahingehend unterstrichen, dass dessen Besuch die Voraussetzung zum Besuch des Konfirmandenunterrichts und damit zur Konfirmation sei. Diese notwendige Voraussetzung wurde in den Jahren 1948 und 1949 noch einmal besonders betont.[475] Wenn Kinder keinen Religionsunterricht besucht hatten, sollten sie neben dem Konfirmandenunterricht besonderen Religionsunterricht erhalten, an dessen Ende eine Prüfung stattzufinden hat.[476]

Da im September 1946 in Leipzig 184 Klassenzimmer fehlten, versuchte die Stadt auf diese strukturbedingte Weise den Religionsunterricht aus den Schulen zu verdrängen; außerdem verlangte sie Miet- und Reinigungsgebühren. Der Leiter des kirchlichen Erziehungsamts Alberti beugte sich, vorbehaltlich einer allgemeinen Regelung für die Länder und Provinzen der SBZ, dem Druck und erklärte sich bereit, die Gebühren zu bezahlen.[477]

In den folgenden Jahren wuchs der Druck kontinuierlich. Immer wieder wurde über administrative Schritte versucht, den Besuch am Religionsunterricht einzudämmen. Pfarrern und Katecheten wurde zum Teil verboten, die Schule außerhalb der Zeiten für Christenlehre und Religionsunterricht zu betreten. An manchen Schulen durfte die Christenlehre nicht im Anschluss an den Vormittagsunterricht erteilt werden. So wurde im März 1952 der Katechetin der Lukasgemeinde in Leipzig-Volkmarsdorf von der Schulleitung der 16. Grundschule untersagt, in den Vormittagsstunden Christenlehre zu erteilen, obwohl es freie Räume gab.[478]

Auch auf die Kinder wurde Druck ausgeübt. An einigen Schulen in Dresden mussten sich die Kinder, die die Christenlehre besuchten, im Klassenzimmer aufreihen, und alle anderen durften mit dem Finger auf sie zeigen. Von Auszeichnungen waren diejenigen Kinder, die nicht der Pionierorganisation »Ernst Thälmann« angehörten, ausgeschlossen. Unter diesen Umständen verwundert es wenig, dass in einer Ephoralkonferenz die Schulfrage mit dem Kirchenkampf verglichen wurde.[479]

Stunden. Protokoll der Ephoralkonferenz vom 13. September 1946. EphAL I-C 18, Schrank 1, Fach 2, Bl. 165.

475 Vgl. Protokoll der Ephoralkonferenz vom 15. Oktober 1948, vom 14. Januar 1949, vom 18. März 1949 und vom 11. Mai 1949 und vom 19. August 1949. EphAL I-C 18, Schrank 1, Fach 2.

476 Vgl. Protokoll der Ephoralkonferenz vom 18. März 1949. EphAL I-C 18, Schrank 1, Fach 2.

477 Vgl. Protokoll des Volksbildungsamts betr. die Festsetzung von Miet- und Reinigungsgebühren für die Benutzung von Schulräumen für Religions- und Konfirmandenunterricht vom 3. Dezember 1946. EphAL I-C 182/1, Schrank 1, Fach 17.

478 Vgl. Brief von Pfarrer Erich Kliegel an das Kirchliche Erziehungsamt Leipzig vom 4. März 1952. EphAL I-C 182/1, Schrank 1, Fach 17.

479 Vgl. Protokoll der Ephoralkonferenz vom 11. November 1948. EphAL I-C 18, Schrank 1, Fach 2.

Von Johannes Frackowiak ist eine Kontinuität zwischen der Schulpolitik in der DDR und dem sächsischen Übergangsgesetz für das Volksschulwesen von 1919 hergestellt worden.[480] Dagegen ist einzuwenden, dass der Einfluss der russischen Besatzungsmacht und Stalins zu groß waren, als dass die Entscheidungen von KPD und SPD, später der SED als eine eigenständige und aus ihrer Geschichte begründete Willensbildung angesehen werden können, auch wenn deren Bestrebungen eine ähnliche Stoßrichtung hatten und sie der von Moskau vorgegebenen Politik gern folgten.

Der »Marxismus« beanspruchte den ganzen Menschen, auch und gerade die Kinder. Schon in der Schule wurden sie ideologisch indoktriniert.[481] Eine andere Weltanschauung neben dem Materialismus wurde auf Dauer nicht geduldet, so verschwand der Religionsunterricht bzw. die Christenlehre in der DDR an den Schulen bereits in der ersten Hälfte der fünfziger Jahre.

Johannes Herz berichtete 1950 in der Landessynode, dass es ein neues Geschichtsbuch gebe, in dem nachgewiesen werde, dass Jesus nicht gelebt hätte. Dieses Geschichtsbuch war für den Unterricht empfohlen worden, auch in Zeitungsberichten sei diese Meinung als wissenschaftliches Forschungsergebnis veröffentlicht worden. Herz warnte davor, diese Agitation zu unterschätzen, sondern sich für entsprechende Fragen besonders im Konfirmandenunterricht zu wappnen. Als eine Maßnahme hatte Herz, der 1913 gegen die »Christusmythe« von Arthur Drews die Schrift »Hat Jesus gelebt? Eine Antwort auf Drew's Christusmythe« verfasst hatte, an der Theologischen Fakultät die Vorlesung »Die gesellschaftlichen und religiösen Zustände im ersten Jahrhundert als Antwort auf die Frage: Hat Jesus gelebt?« angekündigt. Da diese Vorlesung in der Hauptsache Studenten erreichen konnte, sollte die Synode, so der Vorschlag von Herz, das Landeskirchenamt bitten, die Behandlung dieser Frage zum Pflichtthema in allen Konventen zu machen.[482]

Eine besondere Verschärfung der Situation trat ein, als 1951 in der Schule als ausschließliche Weltanschauung der atheistische Materialismus gelehrt wurde; dabei galt die Erziehung der Kinder zum Hass gegen die Feinde dieser Weltanschauung als Erziehungsziel.[483] Die Synode verfasste daraufhin ein Wort an die Eltern, das sie dazu aufrief, ihren Kinder in dieser schwierigen Gewissensfrage zur Seite zu stehen und ihr Elternrecht in der Schule gegen die Einschränkung der Gewissensfreiheit der Kinder wahrzunehmen. Zugleich wurde ein Wort an die Regierung verfasst, in dem die Aufhebung der Verfassung angeprangert wird. Wenn in der Schule ein Bekenntnis zum atheistischen

480 Vgl. Frackowiak: Verfassungsdiskussionen ..., 315.

481 Siehe dazu Kapitel 4.4.2, 222 und Entwurf zum Schulgesetz 1946. In: Gert Geißler, Frank Blask, Thomas Scholz: Schule: Streng vertraulich! ..., 62.

482 Vgl. Verhandlungen der 16. Landessynode ..., 24. Sitzung, 17. April 1950, Bd. 3, 492.

483 Vgl. Amtliche Rundverfügung des Ministeriums für Volksbildung 31/51.

Materialismus verlangt werde, bestehe die in der Verfassung garantierte Glaubens- und Gewissensfreiheit nicht mehr. Auch gegen die Erziehung zum Hass wurde »vom christlichen Glauben her« Einspruch erhoben. Abschließend forderte die Synode,

> »daß die Allgemeinverbindlichkeit des atheistischen Materialismus ausdrücklich aufgegeben und den Lehrern in den Grundsätzen und in der Praxis der heutigen Schule die Wahrung der Glaubensfreiheit in aller Form zur Pflicht gemacht wird. Es ist allerseits Klarheit darüber zu schaffen, daß Schüler und Eltern keinesfalls benachteiligt oder diffamiert werden dürfen, weil sie die Lehre des atheistischen Materialismus ablehnen.«[484]

Diese Eingabe zeigte auf amtlicher Ebene wenig Wirkung. Ob Kinder benachteiligt oder diffamiert wurden, hing sehr stark von den einzelnen Lehrern ab.

Als 1952 in den 12. Klassen eine Klassenarbeit zu dem Thema: »Heine, ein Vorkämpfer der neuen Gesellschaft« geschrieben wurde, sah sich die Synode gezwungen, sich mit einer Bitte an den Rat der EKD zu wenden. Sie sah durch die Klassenarbeit die Glaubens- und Gewissensfreiheit, die in Artikel 41 der Verfassung der DDR garantiert wurde, durch die »Bekenntnisschule des atheistischen Materialismus« aufgehoben.[485] »Die Synode bittet den Vorsitzenden des Rates der Evangelischen Kirche in Deutschland, dem Volksbildungsminister folgendes vorzutragen: In den 12. Klassen der Oberschulen in der Deutschen Demokratischen Republik wurde für die Kontrollarbeit in Deutsch das Thema gestellt: ›Heine, ein Vorkämpfer der neuen Gesellschaft‹. Dabei sollte ausgegangen werden von dem Gedicht von Heine: ›Ein kleines Harfenmädchen sang‹ aus ›Deutschland ein Wintermärchen‹. Das Gedicht stellt eine auf völligem Missverstehen beruhende Verächtlichmachung des christlichen Glaubens dar, die umso schwerer wiegt, als diese Einstellung nach dem Thema des Aufsatzes für die neue Gesellschaft kennzeichnend sein soll. Damit werden christliche Schüler zu einem Bekenntnis genötigt, das im Widerspruch zur verfassungsmäßig gesicherten Glaubensfreiheit steht und zum Glaubenshaß verführt. Die Synode sieht darin eine Verletzung der Artikel 41 und 6 der Verfassung.«[486]

> »Ein kleines Harfenmädchen sang. Sie sang mit wahrem Gefühle
> Und falscher Stimme, doch ward ich sehr gerühret von ihrem Spiele.
> Sie sang von Liebe und Liebesgram, Aufopfrung und Wiederfinden
> Dort oben, in jener besseren Welt, wo alle Leiden schwinden.
> Sie sang vom irdischen Jammertal, von Freuden, die bald zerronnen,
> Vom Jenseits, wo die Seele schwelgt verklärt in ew'gen Wonnen.
> Sie sang das alte Entsagungslied, das Eiapopeia vom Himmel,
> Womit man einlullt, wenn es greint, das Volk, den großen Lümmel.

---

484 Beide Texte in KJ 78 (1951), 148–150.

485 Vgl. Aufzeichnungen Herz. UAL Na Herz 25/2.

486 Verhandlungen der 16. Landessynode ..., 54. Sitzung, 4. Dezember 1952, Bd. 4, 890f.

Ich kenne die Weise, ich kenne den Text, ich kenn auch die Herren Verfasser;
Ich weiß, sie tranken heimlich Wein und predigten öffentlich Wasser.
Ein neues Lied, ein besseres Lied, o Freunde, will ich euch dichten!
Wir wollen hier auf Erden schon das Himmelreich errichten.
Wir wollen auf Erden glücklich sein, und wollen nicht mehr darben;
Verschlemmen soll nicht der faule Bauch, was fleißige Hände erwarben.
Es wächst hienieden Brot genug für alle Menschenkinder,
Auch Rosen und Myrten, Schönheit und Lust, und Zuckererbsen nicht minder.[487]

487 Heinrich HEINE: Deutschland. Ein Wintermärchen, Caput I. In: Sämtliche Schriften, Bd. 4, München 1997, 577f.

Abb.: Johannes Herz bei der Tagung des CAK anlässlich der außerordentlichen Tagung des Weltfriedensrates in Berlin 1952.

Kapitel 5

Politische Betätigung

I Als linksliberaler Kandidat bei der Landtagswahl 1909

Die politische Karriere von Johannes Herz begann für ihn unerwartet. In seinem Tagebuch findet sich der Eintrag: »Nachmittags war Lehrer Schwefler vom Freis[innigen] Volksverein bei mir und fragte ganz überraschender Weise bei mir an, ob ich ev[entuell] bereit sein würde, eine Landtagskandidatur zu übernehmen.«[1] Der Freisinnige Volksverein war die Chemnitzer Variante der linksliberalen Freisinnigen Volksvereinigung, die 1893 aus der Deutschen Fortschrittspartei hervorgegangen und 1903 mit dem Nationalsozialen Verein von Friedrich Naumann zusammengegangen war.[2]

Die Anfrage der Landtagskandidatur war nicht vorhersehbar, da Herz politisch nicht organisiert war, sich im Gegenteil nach eigener Aussage im Interesse seiner evangelisch-sozialen Arbeit politisch neutral verhalten hatte. Doch waren es gerade seine evangelisch-soziale Arbeit und seine Haltung zur Schul- und Religionsunterrichtsreform, die ihn für die Freisinnigen interessant machten. Diese waren bereit, das Wahlprogramm auf eine breite Basis zu stellen, sodass Themen, die Herz wichtig waren wie »Bodenreform, evangelisch-soziale Vereinigung, Hilfslehrer u.s.w. darin begriffen wären.«[3]

Bevor sich Herz zur Übernahme der Kandidatur bereit erklärte, waren mehrere Gespräche vorausgegangen: am 27. April mit Theodor Norbert Kellerbauer, dem Vorsitzenden des Vereins, am 1. Mai mit Lehrer Schwefler und Herrn Friedheim, dem stellvertretenden Vorsitzenden, am 17. Mai nochmals mit Schwefler und Friedheim. Herz hatte dem Vorstand der Partei in einem Schreiben Bedingungen für eine Annahme der Kandidatur dargelegt. Es sei

---

1 Eintrag im Amtskalender vom 24. April 1909. UAL Na Herz 2/1.

2 Im Nachlass Herz findet sich auch mehrfach die Bezeichnung »Freisinnige Volkspartei«, was irreführend ist, da der Freisinnige Volksverein für Chemnitz der Freisinnigen Vereinigung zuzurechnen war. Doch waren die Programme der liberalen Parteien so ähnlich, dass diese im Bülow-Block miteinander regierten und 1912 auch gemeinsam zur Reichstagswahl antraten. Vgl. Walter Tormin: Geschichte der deutschen Parteien seit 1848, Stuttgart 1968, 111–113. Wolfgang Schmierer: Freisinnige Volkspartei. In: Gerhard Taddey (Hg.): Lexikon der deutschen Geschichte, Stuttgart ^{2}1983.

3 Brief von Herz an Gottfried Naumann vom 4. Mai 1909. AESK B III 7, 25.

darauf hinzuweisen, dass er bisher der Freisinnigen Partei nicht angehört habe, sondern seine evangelisch-soziale Tätigkeit und seine Stellung zu den Schulfragen ausschlaggebend für seine Wahl als Kandidat gewesen seien. Darüber hinaus würde er sich nicht als Parteimann verpflichten, sondern selbst bei einer Wahl lediglich den Status eines Hospitanten einnehmen können. Er würde sich auf keinerlei Einzelheiten des Parteiprogramms festlegen lassen, sondern sich gegenüber allen Fragen volle Freiheit bewahren. Wegen dieser Bedingungen bat er den Vorstand, von seiner Person abzusehen.[4] Trotzdem beschloss der erweiterte Vorstand des Freisinnigen Volksvereins einstimmig, an der Kandidatur von Herz festzuhalten, wobei seine Bedingungen protokollarisch festgeschrieben wurden.

Johannes Herz wog das Für und Wider einer Kandidatur sorgfältig ab. In dem Brief an Gottfried Naumann, den Vorsitzenden der SESV, dessen Rat Herz für die Wahlangelegenheit besonders mit Blick auf die Sächsische Evangelisch-soziale Vereinigung erbat, sind einige dieser Erwägungen nachzuvollziehen. Herz schrieb: »Ich persönlich hätte am liebsten bez[üglich] der Landtagssache ein glattes ›Nein‹ gesagt. Aber ich fragte mich wieder, ob man damit nicht leichtsinnig für unsere Sache eine Chance aus der Hand gäbe.«[5] Unter den gegenwärtigen Verhältnissen[6] sei es vielleicht heilsam, dass ein Pfarrer auf Seiten des Linksliberalismus stehe, zumal er von diesem so stark umworben worden war, auch könnten »unsere evangelisch-soziale Sache«[7] und Herz' theologische und kirchliche Position dadurch gestärkt werden.[8] Auf der anderen Seite sei der Freisinnige Volksverein eine bürgerliche Partei und die Gefahr, dadurch das Vertrauen von Arbeitern und Sozialdemokraten zu verlieren und damit das durch die SESV bis dahin mühsam Erreichte wieder einzureißen, groß. Zudem hatte sich die SESV zu politischer Neutralität verpflichtet.[9] Wenn nun die Kandidatur den Ausschluss aus dem Vorstand der SESV zur Folge hätte, so käme eine solche für Herz nicht in Frage. »Die Sache, für die ich seit 5 Jahren mit arbeite, wäre mir dann doch lieber als der Sprung in eine immerhin dunkle

4 Vgl. Eintrag im Amtskalender vom 17. Mai 1909. UAL Na Herz 2/2. Brief von Herz an Gottfried Naumann vom 23. Mai 1909. AESK B III 7, 26.

5 Brief von Herz an Gottfried Naumann vom 4. Mai 1909. AESK B III 7, 25.

6 Herz benannte zu den Verhältnissen ausdrücklich die Schrift von Rudolf Wielandt: Der politische Liberalismus und die Religion. Eine Mahnung an den deutschen Liberalismus, Göttingen 1908.

7 Brief von Herz an Gottfried Naumann vom 4. Mai 1909. AESK B III 7, 25.

8 In seiner Gemeinde war Herz nicht unumstritten. Ein besonders stark agierender Gegner war die Landeskirchliche Gemeinschaft, deren Vertreter Herz mehrfach beim Superintendenten anzeigten und auch seine Wahl zum Archidiakonus zu verhindern suchten. Siehe Kapitel 1, 33f.

9 Siehe unten, 302f. und oben Kapitel 3.1, 97.

Zukunft.«[10] Die Antwort von Naumann ist nicht erhalten. Dieser brachte wohl einige Bedenken gegen die Kandidatur von Herz vor.[11]

Da aber der Vorstand des Freisinnigen Volksvereins sich mit allen Wünschen und Bedingungen von Herz einverstanden erklärte und sowohl Superintendent Hoffmann als auch Mitglieder der Ortsgruppe der SESV Herz zurieten,[12] fand er sich dazu bereit, die Landtagskandidatur für den zweiten Chemnitzer Wahlkreis anzunehmen. Die Konsequenzen, die sich für seine Arbeit im Vorstand der SESV ergeben könnten, war er, anders als im Brief vom 4. Mai 1909 noch beteuert, »nach dieser oder jener Richtung«[13] zu tragen bereit, verblieb aber vorläufig in seinen Ämtern im Vorstand der SESV.

Neben Naumann kamen nur von wenigen Seiten Bedenken, so von Hauptmann Harré, einem Gemeindeglied und Freund, der Herz vor nachteiligen Folgen für sein Vorwärtskommen durch die Landtagskandidatur warnte.[14] Auch Katharina Herz stand der Angelegenheit skeptisch gegenüber. Sie schrieb an ihre Geschwister:

> »Nun dann wißt Ihr auch noch nicht, daß Johannes für den Landtag aufgestellt ist. Von der freis[innigen] Volkspartei ging es aus und trotzdem Johannes ihr nicht beitreten wird (nur als Hospitant) und trotz seiner sonstigen Schwierigkeiten,[15] die er ihnen nicht vorenthalten hat, beharrten sie doch dabei, sodaß Johannes schließlich glaubte, mit der Annahme der Kandidatur das Rechte zu tun. Aber s'ist eine ernste Sache und wir werden wohl unruhigen Zeiten entgegen gehen. Hier in Chemnitz war keiner, der Johannes abraten wollte, selbst Sup[erintendent] Hoffmann nicht. Eigentlich ist doch Johannes viel zu klein dazu.«[16]

Der Wahlkampf brachte, je näher der Wahltermin rückte, desto mehr Arbeit für Herz, zumal er im September beide Kollegen im Pfarramt zu vertreten hatte. An seine Stiefmutter schrieb er über diese Zeit:

> »Es ist jetzt keine leichte Zeit für mich. Zwar hatte mich der 14-tägige Urlaub ganz hübsch erfrischt, aber hier erwartete mich soviel Arbeit, daß ich kaum aus und ein weiß. Zwei Kollegen gleichzeitig vertreten zu müssen und ganz allein an einer so großen Gemeinde zu sein, ist doch zuviel. Und wenn das wenigstens das Einzige wäre. Aber dazu kommt nun die Wahlgeschichte. 4 Wahlversammlungen habe ich schon gehalten, aber eben 16 wollen noch bis 21. Oktober gehalten sein.«[17]

---

10 Brief von Herz an Gottfried Naumann vom 4. Mai 1909. AESK B III 7, 25.

11 Vgl. Brief von Herz an Gottfried Naumann vom 23. Mai 1909. AESK B III 7, 26.

12 Vgl. Brief von Herz an Gottfried Naumann vom 23. Mai 1909. AESK B III 7, 26.

13 Brief von Herz an Gottfried Naumann vom 23. Mai 1909. AESK B III 7, 26.

14 Vgl. Rundbrief Nr. 279 von Katharina Herz vom 21. Mai 1909. StAL Na Herz 11/1; Eintrag im Amtskalender vom 2. Juni 1909. UAL Na Herz 2/1.

15 Vgl. oben Anm 8.

16 Rundbrief Nr.279 von Katharina Herz vom 21. Mai 1909. StAL Na Herz 11/1.

17 Brief von Johannes Herz an Cäcilie Herz vom 21. September 1909. StAL Na Herz 10/3.

In dem Satz »Es ist keine leichte Zeit für mich« schwingt ein trauriges Ereignis mit. Am 9. September musste bei Katharina Herz wieder einmal ein toter Fötus entfernt werden.[18]

Am 12. September 1909 reiste Friedrich Naumann an, um am nächsten Tag auf einer Wahlkampfveranstaltung zu sprechen, ließ sich aber zunächst von Herz und Friedheim über die Lage des Landtagswahlkampfes informieren. Die Wahlkampfveranstaltung war von ca. 2000 Personen besucht worden. Nachdem sich die vier freisinnigen Kandidaten für Chemnitz vorgestellt hatten, sprach Naumann »eindrucksvoll und hinreißend«.[19] In diesen Tagen war der nationalliberale Kandidat für den zweiten Wahlkreis, Generaldirektor Schliersand, von seiner Kandidatur zurückgetreten, dafür wechselte Langhammer vom ersten Wahlkreis in den zweiten.

Die Wahlkampfveranstaltungen waren äußerst zeitaufwändig und anstrengend, sie endeten selten vor Mitternacht. Anfang November stellte Herz fest, dass er nach drei Wochen den ersten Abend zu Hause verbrächte.[20] Neben den Anstrengungen brachte der Wahlkampf auch ganz neue Erfahrungen; so notierte Herz am 30. September 1909 in seinem Tagebuch: »Bin zum ersten Mal mit einem Automobil gefahren.«[21]

Bei der Wahl unterlag Herz allen anderen Kandidaten. Die Mehrzahl der Stimmen erhielt der »gänzlich unbekannte Sozialdemokrat«[22] Müller mit 7261 Stimmen, trotz des in Sachsen seit 1909 geltenden Pluralwahlrechts,[23] knapp gefolgt vom nationalliberalen Kandidaten Langhammer, der 7089 Stimmen auf sich vereint hatte. Deutlich abgeschlagen dagegen waren der Kandidat der Konservativen mit 3245 Stimmen und Herz, der 2947 von insgesamt 20567 Stimmen erhielt.

Dies, so schrieb er an seine Geschwister,[24] entspräche genau seinen Erwartungen und Berechnungen. Enttäuschung über den Wahlausgang ließ er sich nicht anmerken. Der Ärger über den weiteren Fortgang der Wahlangelegenheit

18 Vgl. Eintrag im Amtskalender vom 9. September 1909. UAL Na Herz 2/1. Katharina Herz hatte mehrere Totgeburten zu beklagen.

19 Rundbrief von Herz an seine Geschwister vom 14. September 1909. StAL Na Herz 9/1.

20 Vgl. Rundbrief Nr. 300 von Katharina Herz vom 3. November 1909. StAL Na Herz 11/1.

21 Eintrag im Amtskalender Herz vom 30. September 1909. UAL Na Herz 2/1.

22 Rundbrief von Herz an seine Geschwister vom 14. September 1909. StAL Na Herz 9/1.

23 Beim Pluralwahlrecht hatten die Wähler je nach Einkommen und Bildung bis zu vier Stimmen. Die Einführung in Sachsen war ein Fortschritt. In Preußen galt bis 1919 das Drei-Klassen-Wahlrecht. Am Versuch, dieses vorsichtig zu reformieren, zerbrach 1909 der Bülow-Block.

24 Vgl. Rundbrief von Herz an seine Geschwister vom 24. November 1909. StAL Na Herz 9/1.

ist deutlicher zu erkennen. Es kam im Wahlkreis zu einer Stichwahl, an der Herz als Kandidat nicht mehr teilnahm. So wurde innerhalb der Partei diskutiert, ob und für wen man votieren wolle, ob es eine Wahlparole geben sollte oder nicht. Herz plädierte eingehend dafür, keinem der Kandidaten rückhaltlose Unterstützung zu gewähren, sondern sich neutral zu verhalten. Sowohl in der Vorstandssitzung als auch in der Hauptversammlung, »wo ich [Herz] vergeblich für die Neutralität bei den Stichwahlen kämpfte«,[25] sprach sich die Mehrheit dagegen aus und befürwortete eine rückhaltlose Unterstützung Langhammers. Dies führte dazu, dass sich Herz mit den Freisinnigen überwarf und aus der Partei am 27. Oktober 1909 austrat.[26]

In der Presse wurde nach der Wahl reichsweit verbreitet, dass wegen der Wahl eine Disziplinaruntersuchung gegen Herz eingeleitet worden wäre.[27] Trotz einer Gegendarstellung von Herz hielt sich das Gerücht längere Zeit. Im *Chemnitzer Tageblatt* war sogar von sozialdemokratischen Neigungen von Herz die Rede,[28] was problematisch war, da das Bekanntwerden solcher Neigungen sehr hinderlich für die Karriere von Pfarrern werden konnte. An seine Stiefmutter musste Herz sehr beruhigende Zeilen schreiben:

> »Es tut mir sehr leid, daß Köhlers dir diese ganz unnütze Aufregung bereitet und einen ganz willkürlichen Zusammenhang zwischen den törichten Zeitungsnotizen und unserem Aufenthalt in Marburg konstruiert haben. Das hat doch wirklich nicht das Mindeste miteinander zu tun. Wir werden es unserem guten Vater unser Leben lang danken, daß er uns die reichen theologischen und fruchtbaren religiösen Anregungen in Marburg empfangen ließ. Und wenn wir dort auch wesentlich von moderner Theologie beeinflußt worden sind, so hat das unser Vater niemals bereut oder uns gar zum Vorwurf gemacht. Aber dieser theologische Liberalismus liegt doch auf einer ganz anderen Linie als der politische Liberalismus. Letzterer ist nicht durch Marburg, sondern erst viele Jahre später durch die Evangelisch-soziale Vereinigung, der ja unser Vater auch angehört hat, in unseren Gesichtskreis getreten. Es war mir ja besonders schwer, daß ich, als die Aufforderung zu politischer Betätigung an mich herantrat, des

25 Eintrag im Amtskalender vom 26. Oktober 1909. UAL Na Herz 2/1.

26 In den Akten findet sich kein Anhaltspunkt über eine ordentliche Parteimitgliedschaft, sondern lediglich der Hinweis, dass Herz der Partei als Hospitant beigetreten sei. Vgl. Vorstandsrundschreiben an die Vorstandsmitglieder der Sächsischen Evangelisch-sozialen Vereinigung von Gottfried Naumann mit Antworten der Vorstandsmitglieder vom 8. November 1909. AESK B III 7, 90.

27 »Mir [Herz] gingen u. a. Ausschnitte aus der Deutschen Tageszeitung, der Tägl. Rundschau, der Königsberger Hartung´schen Zeitung u. a. zu.« Rundbrief von Herz an seine Geschwister vom 24. November 1909. StAL Na Herz 9/1.

28 Vgl. Eintrag im Amtskalender vom 9. November 1909. UAL Na Herz 2/1. Rückblickend bezeichnete Herz die Angelegenheit als Satyr-Nachspiel zum Wahlkampf. Vgl. Beitrag von Herz im Vorstandsrundschreiben an die Vorstandsmitglieder der Sächsischen Evangelisch-sozialen Vereinigung von Gottfried Naumann mit Antworten der Vorstandsmitglieder vom 8. November 1909. AESK B III 7, 90.

guten Vaters Rat nicht mehr einholen konnte. [...] Und ich kann, wo nun der ganze Wahlkampf vorüber ist, mit gutem Gewissen sagen, daß ich mir dabei nichts vergeben habe und persönlich unberührt daraus hervorgegangen bin. Überall, auch von der Kirchenbehörde, ist die ruhige, sachliche und vornehme Art, in der ich den Wahlkampf geführt habe, anerkannt und von vielen Seiten mir mündlich und schriftlich besondere Achtung und Wertschätzung bezeugt worden.«[29]

Im Rundbrief an seine Geschwister klingt das Resümee ernüchternd:

»Und interessant war die Sache. Einmal in so einen Wahlbetrieb ganz hineinschauen zu können, ist etwas, woraus man sehr viel lernen kann. Es wird mir das dauernd wertvoll sein für mein Amt und meine Arbeit, wie für die ganze Beurteilung des öffentlichen Lebens. Darum bereue ich auch keineswegs, die Sache mitgemacht und durchgefochten zu haben. Freilich der Haupteindruck ist ein recht trüber; der tiefe Eindruck von der völligen geistigen und sittlichen Versumpfung unseres politischen Lebens; krasse Unkenntnis und Oberflächlichkeit, schäbige Kampfesweise und Unwahrhaftigkeit auf allen Seiten. Weil der einzelne dagegen machtlos ist, deshalb habe ich zunächst dem politischen Leben völlig Valet gesagt und meine Beziehungen zu der freisinnigen Partei, die ja meinerseits nur bedingungsweise waren, gelöst. Aber ob hier nicht für unsere Kirche große Aufgaben für die Zukunft liegen? Das habe ich jedenfalls gesehen, daß die Achtung vor der Kirche und den Geistlichen nicht durch [...] politische Passivität, sondern nur durch eine offene, gerechte und moralisch unangreifbare Stellung zu den politischen Fragen gefördert wird.«[30]

Auch innerhalb der SESV führte die Kandidatur von Herz zu Diskussionen.[31] Bereits 1906 hatte sich die Vereinigung mit der Frage beschäftigt, ob ein Pfarrer für ein politisches Amt kandidieren dürfe. Eine Resolution, die den Geistlichen volle Unabhängigkeit in der Vertretung ihrer politischen und sozialen Gesinnung einräumte, wurde am 1. Oktober 1906 nach heftigen Diskussionen verabschiedet. Im Jahr darauf hatte sich die Situation zugespitzt. Als Pfarrer sich am Wahlkampf zu den Reichstagswahlen beteiligten, protestierte die Vereinigung in einer weiteren Resolution dagegen, dass die christliche Religion für parteipolitische Zwecke in Anspruch genommen werde, denn das evangelische Christentum habe weder mit sozialdemokratischer noch antisozialdemokratischer Politik etwas zu schaffen. Klar und deutlich war damit die parteipolitische Neutralität der SESV ausgesagt. Eine wirkliche Einigung wurde aber nicht erzielt, der Streit um die Resolution zog sich in der Vereinigung über ein Jahr hin.

Mit der Landtagskandidatur von Herz stand die Frage nach der politischen Neutralität wieder zur Debatte. Zwar war in der Resolution von 1906 den Pfarrern

29 Brief von Herz an Cäcilie Herz vom 9. Dezember 1909. StAL Na Herz 10/3.

30 Rundbrief von Herz an seine Geschwister vom 24. November 1909. StAL Na Herz 9/1.

31 Ausführlich zur Diskussion in der SESV Kranich: Die Sächsische ... 110–114.

das Recht auf politisches Engagement eindeutig zugebilligt worden, wie aber wirkte es sich auf die Arbeit, besonders auf die öffentlichen-religiösen Diskussionsabende der SESV aus, wenn ein aktives Vorstandsmitglied bei einer Wahl kandidierte? Gottfried Naumann und Georg Liebster meinten, Herz könne bei den Diskussionsabenden nicht mehr unbelastet auftreten. Liebster sah, zusammen mit Gerhard Bemmann, sogar die Glaubwürdigkeit der Vereinigung auf dem Spiel stehen. Herz selbst hatte in dieser Phase angeboten, sich aus dem Vorstand zurückziehen zu wollen, wenn die Vereinigung sich für einen harten neutralen Kurs entscheiden würde. Unterstützung erhielt Herz von Walter Friedrich und Wilhelm Schneemelcher vom ESK und verblieb im Vorstand der SESV.[32]

Auf der Herbsttagung der SESV im vogtländischen Plauen am 26. und 27. September 1909 war die politische Neutralität das bestimmende Thema. Grundlage für die Debatte bildeten Thesen zur Neutralität von Naumann und Leitsätze von Herz. In den Thesen von Naumann hieß es u.a.:

> »Die Geistlichen haben, zumal wenn sie unter der modernen Arbeiterschaft evangelisatorisch zu wirken suchen, ernstlich zu prüfen, ob sie nicht besser tun, auf jede politische Propaganda zu verzichten.« Darin klingt die Sorge um die Wirkung bei den Diskussionsabenden an. »Die Geistlichen aber, die aus lokalen Gründen oder infolge besonderer Begabung es für ihre Pflicht halten, dennoch in eine öffentliche politische Tätigkeit einzutreten, haben von vorn herein jede Verquickung von Religion und Politik für ihre Person durch Tat und Wort abzuweisen.«

In der Vereinsarbeit dürften alle Mitglieder ausschließlich religiös wirken.[33]

Die Leitsätze von Herz betonen an erster Stelle die Neutralität der Kirche allen politischen Parteien gegenüber, aber auch die Freiheit zur politischen Betätigung.

> »Der Geistliche – wenn er dem öffentlichen Leben nicht völlig gleichgiltig oder weltfremd gegenübersteht – kann den politischen Parteien gegenüber nicht neutral sein. [...] In wie weit der einzelne Geistliche mit seinem politischen Parteibekenntnis an die Oeffentlichkeit treten oder in den politischen Parteikampf eingreifen soll, ist Sache: a. seines Gewissens; b. kirchlicher und politischer Taktik; c. lokaler Verhältnisse und bedarf in jedem Fall ernstester Erwägung.«

Für die SESV hielt er im letzten Leitsatz fest, dass für ihre religiös-kirchliche Arbeit die politische Neutralität gilt, für die praktisch-soziale aber »zur Erreichung bestimmter Ziele Verbindung mit politischen Parteien« zu suchen seien.[34]

---

32 Vgl. Vorstandsrundschreiben an die Vorstandsmitglieder der Sächsischen Evangelisch-sozialen Vereinigung von Gottfried Naumann mit Antworten der Vorstandsmitglieder vom 25. Mai, 11. Juni, 30. Juni, 10. Juli und 26. August 1909. AESK B III 7, 29, 30, 32, 37 und 58.

33 Vgl. Thesen in AESK B III 7, 73, dort auch Zitate.

34 Vgl. Leitsätze in AESK B III 7, 76, dort auch Zitate.

Auf eine gemeinsame Resolution konnte man sich in Plauen nicht einigen, zu weit gingen die Meinungen auseinander. Einen Konsens aber fand man in dem Vereinsgrundsatz, dass die Vereinigung neutral bleiben solle, während es den einzelnen Mitgliedern frei stünde, politische Stellungnahmen abzugeben oder sich politisch zu engagieren, mit der Einschränkung, dass man als Mitglied der SESV keine Politik zu betreiben und als Politiker Politik und Religion streng zu trennen habe.[35]

Zu einem erneuten Aufflammen der Diskussion im Vorstand der SESV führte das Gerücht über das Disziplinarverfahren, das gegen Herz eingeleitet worden sei.[36] Wie bereits bei seiner Stiefmutter vermochte Herz auch hier die Wogen schnell zu glätten, indem er richtig stellte, dass es sich um einen »zu Wahlzwecken von der Rechten ersonnenen und in die Welt gesetzten Schwindel«[37] wegen der Stichwahl handele. Positiv hob er das Verhalten der Kirchenbehörde hervor, die »klüger [ist] als ihr Ruf. Man hat gelernt, selbst solche Pastoren zu ertragen, die politischer Sympathien für die Sozialdemokratie stark verdächtig sind.«[38] Das Landeskonsistorium hatte am 9. November 1909 in den *Dresdner Nachrichten* eine Mitteilung veröffentlicht, in der es hieß, dass das Gerücht jeder Begründung entbehre und frei erfunden sei.[39]

Das von Herz gezogene Resümee zur Landtagskandidatur ist oben schon erwähnt worden. Das von Katharina Herz soll an dieser Stelle folgen:

> »Froh sind wir auch, daß der Landtag für uns zur Ruhe ist, Hanna du weißt wie die Abende waren, der letzte dauerte bis früh ½ 5, da hörte ich endlich das Auto unten sausen. Und vorgestern wohl, da konstatierte Johannes, daß er seit 3 Wochen den 1. Abend wieder einmal zu Hause war. Zuletzt hat sich Johannes auch sehr geärgert, daß die Partei für diesen Langhammer eingetreten ist. Aber im Übrigen freut er sich, die Sache mitgemacht zu haben, wenn er es auch nicht wieder tun will.«[40]

---

35 Vgl. Eintrag im Amtskalender vom 27. September 1909. UAL Na Herz 2/1.

36 Vgl. Vorstandsrundschreiben an die Vorstandsmitglieder der Sächsischen Evangelisch-sozialen Vereinigung von Gottfried Naumann mit Antworten der Vorstandsmitglieder vom 8. November 1909. AESK B III 7, 90.

37 Beitrag von Herz im Vorstandsrundschreiben an die Vorstandsmitglieder der Sächsischen Evangelisch-sozialen Vereinigung von Gottfried Naumann mit Antworten der Vorstandsmitglieder vom 8. November 1909. AESK B III 7, 90.

38 Beitrag von Herz im Vorstandsrundschreiben an die Vorstandsmitglieder der Sächsischen Evangelisch-sozialen Vereinigung von Gottfried Naumann mit Antworten der Vorstandsmitglieder vom 8. November 1909. AESK B III 7, 90.

39 Vgl. Beitrag von Herz im Vorstandsrundschreiben an die Vorstandsmitglieder der Sächsischen Evangelisch-sozialen Vereinigung von Gottfried Naumann mit Antworten der Vorstandsmitglieder vom 8. November 1909. AESK B III 7, 90.

40 Rundbrief Nr. 300 von Katharina Herz vom 3. November 1909. Stal Na Herz 11/1.

Die von Herz selbstauferlegte politische Abstinenz auf Zeit hielt, bis durch den Ersten Weltkrieg und in seinem Gefolge durch die Revolution die politischen Verhältnisse in Deutschland und in Sachsen auf den Kopf gestellt wurden.

II Vom Ende des Ersten Weltkriegs bis zum Ende des Zweiten Weltkriegs

In der Zeit vom Ende des Ersten bis zum Ende des Zweiten Weltkriegs trat Johannes Herz hin und wieder in politischen Fragen hervor, ein politisches Mandat nahm er in dieser Zeit nicht wahr; allerdings ist es hier schwierig, politisches und kirchenpolitisches Engagement zu trennen. Darum soll an dieser Stelle exemplarisch seine Tätigkeit im kirchlichen Wahlausschuss und als Berater in Kirchenfragen bei der Leipziger Deutschen Demokratischen Partei nach der Revolution 1918 sowie ein Brief zur Euthanasie im Jahr 1940 dargestellt werden.

1 Als Linksliberaler in der Weimarer Republik

Der deutsche Protestantismus war der Weimarer Republik von Anfang an nicht besonders zugetan. Das hatte mehrere Gründe, auch den, dass die neue Regierung von SPD und Zentrum dominiert wurde. Die eine Partei stand für eine kirchenfeindliche Politik, die andere war katholisch.[41] Auch der »Diktatfrieden« von Versailles brachte der jungen Republik keine Sympathien innerhalb der Bevölkerung.

Neben der Trauer um die verlorengegangene Monarchie stand die Angst vor der ungewissen Zukunft der Kirche. Die Arbeiter- und Soldatenräte waren zwar schnell als akute Bedrohung von der Bildfläche verschwunden, aber die SPD und ihr Programm der Trennung von Kirche und Staat blieben ein unberechenbarer, bedrohlicher Faktor in der neuen Situation; im Osten die Sowjetunion und im Westen Frankreich waren drohende Beispiele, und in einzelnen Ländern ging die Trennung sehr rasch vonstatten, besonders in Sachsen, Thüringen und Braunschweig.[42] Mit dem Namen Adolph Hoffmann verband sich die rigorose

41 Zur Einstellung des deutschen Protestantismus zur Weimarer Republik vgl. Nowak: Evangelische Kirche ...; Jonathan R. C. Wright: Über den Parteien ...; Klaus Tanner: Protestantische Demokratiekritik in der Weimarer Republik. In: Richard Ziegert (Hg.): Die Kirchen und die Weimarer Republik, Neukirchen-Vluyn 1994, 23–36; Karl-Wilhelm Dahm: Pfarrer und Politik. Soziale Position und politische Mentalität des deutschen evangelischen Pfarrerstandes zwischen 1918 und 1933. Opladen 1965; ders.: Dem Volkstum verpflichtet – zum Staat in Distanz. Die evangelische Kirche in der Weimarer Republik. In: Dirk Bockermann (Hg.): Freiheit gestalten. Zum Demokratieverständnis des deutschen Protestantismus, kommentierte Quellentexte 1789 – 1989. Festschrift für Günter Brakelmann zum 65. Geburtstag, Göttingen 1996, 271–283.

42 Siehe Kapitel 4.4, 277f.

Verdrängung der Kirche aus dem öffentlichen Leben in Preußen, das blieb allerdings eine Episode.[43]

Die Kirchenleitungen gaben sich zwar politisch neutral, immer wieder wurde die Überparteilichkeit betont, letztendlich hielt man sich aber zu den Parteien, die als kirchenfreundlich galten, wie die Deutschnationale Volkspartei. In ihrem Gründungsaufruf gehörten der nationale Gedanke und das Christentum zusammen. Unterstützung erfuhr die DNVP durch prominente Theologen wie Otto Dibelius und Reinhard Mumm, ebenso durch Gottfried Traub, der wegen seiner Haltung im »Fall Jatho« deutschlandweit bekannt geworden war.[44] Neben der DNVP hatte auch die DVP ein dezidiert kirchenfreundliches Parteiprogramm.

Für wenige liberale Theologen war die Deutsche Demokratische Partei die politische Kraft, der sie die Bewältigung der anstehenden Aufgaben in der neuen Republik zutrauten. Die DDP war am 20. November 1918 aus der Fortschrittlichen Volkspartei und dem kleinen linken Flügel der Nationalliberalen Partei hervorgegangen; ihr erster Vorsitzender war Friedrich Naumann, der jedoch schon im August 1919 starb. Sein Schwiegersohn Martin Rade war von 1919 bis 1920 Reichstagsabgeordneter für die DDP, Gertrud Bäumer hatte von 1920 bis 1932 ein Mandat inne. Weitere Mitglieder des ESK wie Ernst Troeltsch, Otto Baumgarten und Hermann Mulert gehörten der DDP an. Insgesamt stand der ESK der DDP wohlwollend gegenüber, stand doch die Weimarer Koalition insgesamt für die von ihm vertretene Sozialpolitik, ohne dass er allerdings politische Position bezog: Zum einen waren die politischen Ansichten der einzelnen Mitglieder zu weit gefächert – Martin Rade hatte sein Ausscheiden aus dem Aktionsausschuss des ESK unter anderem mit seinem Engagement für die DDP begründet, das für »wertvolle Mitglieder« nicht tragbar sei,[45] zum anderen hatte es der Kongress von jeher vermieden, zur Tagespolitik Stellung zu nehmen, weil er sonst seinen Grundsatz der unpolitischen Haltung aufgegeben hätte.[46] Auch Otto Nuschke, der spätere stellvertretende Ministerpräsident der DDR, war ein führendes Mitglied der DDP.

Nach Friedrich Naumanns unerwartetem Tod brachte die SESV in ihren *Mitteilungen* ein Gedenkheft für Naumann heraus. Darin schrieb Johannes Herz,

43 Hoffmann war 1918 zusammen Konrad Haenisch zum preußischen Kultusminister ernannt worden und fuhr einen dezidiert kirchenfeindlichen Kurs. Er vereinfachte den Kirchenaustritt, der Religionsunterricht wurde Wahlfach und die Zahlungen an die Kirche wurden eingestellt. Vgl. Huber, Huber: Kirche und Staat ..., Bd. IV, 59f. Die Verordnungen, die Buck in Sachsen erlassen hatte, decken sich in hohem Maße mit den Maßnahmen Hoffmanns. Siehe Kapitel 4.1.1, 179f. und 4.4, 277f. Vgl. Wright: »Über den Parteien« ..., 12–23.

44 Zum »Fall Jatho« siehe Kapitel 1, 42f. und Kapitel 4.1.1, 186.

45 Vgl. Brief von Martin Rade an Wilhelm Schneemelcher vom 29. März 1921. AESK A II 2.

46 Vgl. Pollmann: Evangelisch ...., TRE 10 (1982), 646.

dass Naumann »der Lehrmeister und geistige Führer derer, die vor 15 Jahren zur Gründung unserer Sächsischen Evangelisch-sozialen Vereinigung sich zusammenfanden«, gewesen sei. Alle seien aus dem Kreis des von Naumann gegründeten Nationalliberalen Vereins hervorgegangen oder hätten in enger Beziehung zu diesem gestanden.[47] Herz führte die eigene politische Prägung auch auf Einflüsse von Naumann zurück.

Herz hatte nach seiner Landtagskandidatur »zunächst dem politischen Leben völlig Valet gesagt«, allerdings mit dem Gedanken, »ob hier nicht für unsere Kirche große Aufgaben für die Zukunft liegen«,[48] und war durch die völlig veränderte Situation Ende 1918 wieder aktiv geworden. Am 23. Dezember 1918 notierte Herz in seinem Amtskalender, dass er bei der Vorstandssitzung der Leipziger DDP »ohne Zutun« wegen der Kirchenfrage in den Vorstand gewählt worden war.[49] Die Wahl nahm Herz eigenem Bekunden zufolge nach einigem Schwanken an, da er auf diese Weise »manche Aufklärung« leisten und »ein wenig für ein verständnisvolles Angreifen der Kirchenfragen wirken« könne. Die Einsicht, dass »die Achtung vor der Kirche und den Geistlichen nicht durch […] politische Passivität« gefördert würde, hatte Herz während seiner Landtagskandidatur gewonnen.[50]

Um die Interessen der Kirchen im neuen Staat zu wahren, hatten sich auf Reichs- und Landesebene sogenannte kirchliche Wahlausschüsse gebildet. In Leipzig war Herz in den Vorstand des »Ausschusses zur Wahrung kirchlicher Interessen« gewählt worden, »der die verschiedenen Parteien über ihre Stellung zu den kirchlichen Fragen und Forderungen befragt, mit einschlägigem Material versorgt und mit den aufgestellten Kandidaten Verbindung sucht«.[51] Danach wurden Wahlvorschläge an das »kirchliche Wahlvolk« erteilt. Die Fragen, die auch vom Leipziger Wahlausschuss gestellt wurden, lauteten:

> »1. Wie steht ihre Partei zur Frage des christlichen Religionsunterrichts in den Volksschulen und höheren Lehranstalten?
>
> 2. Wie steht ihre Partei zur Erhaltung der Seelsorge in Heer und Marine, in den öffentlichen Krankenhäusern und in den Gefängnissen?
>
> 3. Wie steht ihre Partei zu der bisherigen Rechtsstellung der Kirchen als Korporationen des öffentlichen Rechts, insbesondere zu ihrem Recht der Besteuerung ihrer Glieder?

---

47 Vgl. Mitteilungen der Sächsischen Evangelisch-sozialen Vereinigung 4 (1919), 2, dort auch Zitat.

48 Rundbrief von Herz an seine Geschwister vom 24. November 1909. StAL Na Herz 9/1.

49 Vgl. Eintragung im Amtskalender vom 23. Dezember 1918. UAL Na Herz 2/2.

50 Vgl. Rundbrief von Herz an seine Geschwister vom 17. Januar 1919. StAL Na Herz 9/1, dort auch Zitate.

51 Eintrag im Amtskalender vom 30. Dezember 1918. UAL Na Herz 2/2 und Rundbrief von Herz an seine Geschwister vom 17. Januar 1919. StAL Na Herz 9/1.

4. Wie steht ihre Partei zu der Frage der weiteren Gewährung der Aufwendungen des Staates für die Kirche und zur Sicherung des kirchlichen Eigentums?«

Zugleich wurde den Parteien die Vorstellung des Wahlausschusses über die Ordnung des Verhältnisses von Kirche und Staat nach einer möglichen Trennung zur Kenntnis gebracht. Es wurde unter anderem die Glaubens- und Gewissensfreiheit gefordert, der öffentlich-rechtliche Charakter der Kirche sollte erhalten bleiben, darin eingeschlossen der Sonn- und Feiertagsschutz, der Religionsunterricht an den Schulen, die Ausbildung von Geistlichen und Lehrern an den Universitäten und das Recht der Besteuerung.[52]

Die DDP verwies auf ihr Wahlprogramm, in dem die Trennung von Kirche und Staat festgeschrieben war. Allerdings solle eine Trennung nur unter voller Wahrung der Würde und der finanziellen Selbständigkeit der Kirchen erfolgen. Die Gleichheit und Religionsfreiheit sei ein Grundrecht und damit Ziel der DDP. In der Schulfrage sprach sich die DDP für die Simultanschule aus. Die Antwort der SPD war in unfreundlichem Ton gehalten, während DNVP und DVP klare Zugeständnisse machten.[53]

Am Parteitag der sächsischen DDP am 20. und 21. September 1919 nahm Herz als Delegierter, am Reichsparteitag am 14. und 15. Dezember 1919 als Gast teil. Wie auch bei den Reichstagswahlen verlor die DDP bei der Landtagswahl im November 1920 deutlich, und es kam zu einer »Stärkung der Extreme von links und rechts«.[54] Die Haupttätigkeit von Herz als Berater in Kirchenfragen für die DDP erstreckte sich auf die Stellung der Partei zur Schulfrage – gemeint war das konfessionelle Volksschulwesen – und zum Religionsunterricht.[55] Als der der DDP angehörende sächsische Bildungsminister, Richard Seyfert, am 16. Dezember 1919 in der Volkskammer die Einführung der Einheitsschule mit nach Bekenntnissen getrenntem Religionsunterricht und gleichzeitig die Revision des Übergangsgesetzes für das Volksschulwesen gefordert hatte, hatte sich Johannes Herz mit einer öffentlichen Erklärung hinter diesen Vorschlag gestellt, was besonders unter seinen Amtsbrüdern auf wenig Verständnis gestoßen war, zumal das Landeskonsistorium seine Bemühungen für die Beibehaltung von Konfessionsschulen aufrecht erhielt.[56] Im Frühjahr 1920 unterzeichnete Herz einen Aufruf an die Pfarrer, der sie zum Eintritt in die DDP bewegen sollte. Auch für diese Aktion erntete Herz wenig Verständnis, selbst unter seinen Freunden, zumal er damit »seine politischen Gegner herausgefordert und sie

52 Vgl. Brief des Wahlausschusses an die Parteien vom 31. Dezember 1919. EphA I-C 34, Schrank 1, Fach 3, 100, dort auch Zitat.

53 Vgl. Antworten der Parteien. EphA I-C 34, Schrank 1, Fach 3, 101–104.

54 Eintrag im Amtskalender vom 14. November 1920. UAL Na Herz 2/2.

55 Vgl. Einträge im Amtskalender vom 7. Juni 1921, vom 12. Dezember 1921, vom 24. Februar 1923. UAL Na Herz 2/2.

56 Siehe Kapitel 4.4, besonders 280–282.

auch zu kirchenpolitischen Gegnern gemacht« habe.[57] Müller brachte das Eintreten für Seyfert und den Werbeaufruf sogar mit dem Ausscheiden von Herz aus der Synode in Verbindung.

2 *»Lebensunwertes Leben?«*

Im Nachlass von Johannes Herz befindet sich, unter der später hinzugefügten Überschrift »Auseinandersetzung mit NS-Staat und NS-Ideologie«, die Kopie eines Briefes an Reichsgerichtsrat Eberhard Teuffel aus dem Jahr 1940,[58] der zur Frage des »lebensunwerten Lebens« Stellung nimmt. Dieser Brief ist ein Einzelstück, der direkte Kontext kann nur aus dem Inhalt erschlossen werden. Er soll hier trotzdem zur Sprache kommen, da der sonst sehr vorsichtig agierende Herz recht klare Worte fand.

Johannes Herz war mit der Frage der Euthanasie und Eugenik durch seine Arbeit als Sozialpfarrer und im sozialen Ausschuss des Deutschen Evangelischen Kirchenausschusses schon in den 20er Jahren in Berührung gekommen. Anfang der 30er Jahre nahm er an der Fachkonferenz für Eugenik des Centralausschusses der Inneren Mission in Treysa teil.[59] Die Frage nach Eugenik und Rassenhygiene war mit den Veröffentlichungen zum sozialdarwinistischen Selektionsprinzip gesellschaftsfähig geworden. In den 20er Jahren war in Deutschland eine Diskussion darüber in Gang gekommen, ausgelöst durch die Schrift »Die Freigabe der Vernichtung lebensunwerten Lebens. Ihr Maß und ihre Form« von Karl Binding und Alfred Hoche. Eine entgegengesetzte Position nahm der Leiter des Katharinenhofs in Großhennersdorf Ewald Meltzer ein.[60] Dass diese Diskussion geführt wurde, als Deutschland nach dem Weltkrieg in einer schweren wirtschaftlichen Krise steckte, ist ein nicht zu vernachlässigender Punkt beim Betrachten der Gemengelage. Die Konferenz in Treysa wurde einberufen, als Deutschland sich infolge der Weltwirtschaftskrise wiederum mit

57 Brief von Müller an Herz vom 17. Juni 1920. UAL Na Herz 22/2.

58 Vgl. Brief von Herz an Teuffel vom 12. November 1940. UAL Na Herz 32/1. Alle entsprechenden Bezüge und Zitate dort.

59 Zur Eugenikkonferenz vgl. Kurt Nowak, Michel Schwartz: Eugenik, Sterilisation, »Euthanasie«. Politische Biologie in Deutschland 1895–1945, eine Dokumentation, Berlin 1992; Jochen-Christoph Kaiser: Evangelische Kirche und sozialer Staat. Diakonie im 19. und 20. Jahrhundert, Stuttgart 2008; Ernst Klee: »Euthanasie« im Dritten Reich. Die »Vernichtung lebensunwerten Lebens«. Frankfurt am Main 2010; ders. (Hg.): Dokumente zur »Euthanasie«, Frankfurt 1986; UAL Na Herz 24/3.

60 Die Ausführungen von Binding und Hoche wurden zur Grundlage der »Euthanasie« im Dritten Reich. Vgl. Karl Binding, Alfred Hoche: Die Freigabe der Vernichtung unwerten Lebens. Ihr Maß und ihre Form, Leipzig 1920; Ewald Meltzer: Das Problem der Abkürzung »lebensunwerten Lebens«, Leipzig 1925; außerdem: Orthrun Riha: Die Freigabe der Vernichtung lebensunwerten Lebens. Beiträge des Symposiums über Karl Binding und Alfred Hoche am 2. Dezember 2004 in Leipzig, Aachen 2005.

schwerwiegenden wirtschaftlichen Problemen konfrontiert sah. Dazu kam, dass der deutsche Protestantismus seit der Jahrhundertwende der allgemeinen Wissenschaft und ihrem Autoritätsanspruch sehr offen gegenüberstand, um so den Kontakt zur Problemlage der jeweiligen Zeit zu halten.[61] Die Konferenz in Treysa verabschiedete eine Erklärung zur Eugenik, die diese unter bestimmten Voraussetzungen befürwortete, zugleich aber die Gleichsetzung von erbbiologischer Gesundheit und »Hochwertigkeit« von Leben strikt verneinte. Die Vernichtung von sogenanntem lebensunwerten Leben wurde vehement abgelehnt.[62]

Die Anfrage von Teuffel war durch den Pfarrer der Nikolaikirche Oskar Meder an Herz herangetragen worden. Der erste Teil des Briefs wirkt wie ein Gutachten, wie sie Herz häufig z.B. in seiner Funktion als Sozialpfarrer zu verfassen hatte, sehr distanziert und betont objektiv; ob Teuffel tatsächlich um ein Gutachten gebeten hatte, ist nicht mehr zu verifizieren.

Herz schreibt:

> »Es wird Ihnen vielleicht erinnerlich sein, daß darüber schon Anfang der zwanziger Jahre gerade in Sachsen eine literarische Auseinandersetzung (Binding-Meltzer) erfolgt ist, die zeigte, daß man bei ruhiger und sachlicher Beurteilung in der Angelegenheit verschiedene Standpunkte einnehmen kann. Wer zum Schutze der menschlichen Gesellschaft vor dem Verbrechertum die Todesstrafe in einzelnen Fällen für notwendig hält, wird konsequenterweise auch die Zulässigkeit der Beseitigung sogenannten lebensunwerten Lebens aus hygienischen oder staatspolitischen Gründen nicht ganz ausschließen können. Voraussetzung dabei wäre aber immer, daß eine solche Maßnahme, um aller Willkür und allem Mißbrauch vorzubeugen, nur da ergriffen werden dürfte, wo alle Sicherungen für ein geordnetes Verfahren gegeben sind und wo es sich tatsächlich um völlig lebensunwertes Leben handelt, das in den Zustand völliger geistiger Verblödung herabgesunken ist und für das irgendwelche Angehörige kein Interesse mehr haben und daß die Beseitigung solchen lebensunwerten Lebens von einem spezialärztlichen Gutachten abhängig gemacht und überwacht würde. Nur dann könnte auch eine solche Maßnahme in aller Offenheit und mit gutem Gewissen durchgeführt werden.«

Die eigene ablehnende Haltung von Herz gegenüber der Vernichtung »lebensunwerten Lebens« ist dabei durch den verwendeten Konjunktiv herauszulesen.

Durch einen Fall in seiner Gemeinde aufmerksam gemacht, verfolgte Herz die Todesanzeigen in den Zeitungen und sammelte in drei Wochen drei Folioseiten von ausgeschnittenen und aufgeklebten Anzeigen, die auf »Vernichtung« hinwiesen. Unter den Toten waren auch Weltkriegsteilnehmer,[63]

---

61 Vgl. Kaiser: Evangelische Kirche ..., 153.

62 Vgl. Ergebnis der Fachkonferenz für Eugenik (Rassenhygiene, Erbgesundheitslehre, E.K.) des Centralausschusses der Inneren Mission. In: Klee: Dokumente ..., 46–49.

63 Dabei dachte Herz an Soldaten des Ersten Weltkriegs.

> »bei denen offenbar der geistige Defekt nicht auf irgendwelcher Erbanlage beruht hat, sondern Folge irgendeiner Kriegsverletzung oder eines Kriegsleidens gewesen ist. Auch sonst zeigte der Inhalt dieser Anzeigen und was man gelegentlich über die in Frage kommenden Fälle hörte, dass es sich dabei keineswegs überall um völlig verblödete und vereinsamte Persönlichkeiten gehandelt hat, sondern um Menschen, die mit ihren Angehörigen noch in Verbindung und Austausch standen.«

Herz war auf die »Aktion T4«[64] gestoßen, die von Adolf Hitler im Oktober 1939 mit einem formlosen Schreiben initiiert worden war. Die Aktion war nach der Adresse der Berliner Euthanasie-Bürozentrale in der Tiergartenstraße 4 benannt. Die allgemeine Vorgehensweise entsprach der von Herz in seinem Schreiben rekonstruierten, nur fand die Tötung bereits in den Sächsischen Krankenhäusern statt.[65]

> »Man hat die Anstaltsinsassen, die etwa in der Heilanstalt Dösen untergebracht waren, zunächst nach anderen Anstalten (Hubertusburg, Waldheim, Großhennersdorf) und schließlich nach ein oder zwei solchen Durchgangsstationen, die die Spur verwischten und die Verbindung mit den Angehörigen unterbrachen, nach Hartheim oder Grafeneck verbracht. Dort ist dann plötzlich der Tod und sofort darauf die Einäscherung erfolgt und dann erst den Angehörigen Mitteilung zugegangen. Auffällig ist, daß in der Sterbeurkunde über die Todesursache keine ärztliche Beglaubigung vorliegt, wie es sonst bei Todesfällen in Anstalten und Krankenhäusern allgemein der Fall ist und daß nach dem Urnenbegleitschein die Einäscherung unter Außerachtlassung der gesetzlichen Frist bereits am Tage nach dem Tod erfolgt ist.«

Als Grund für die sofortige Einäscherung wurde die erhöhte Seuchengefahr im Krieg genannt. Dieser zweite Teil ist emotionaler gehalten, Herz tritt als Seelsorger seiner Gemeinde in Erscheinung

Die »Aktion T4« hatte ab dem Sommer 1940, da immer mehr Gerüchte kursierten, zu einer allgemeinen Unruhe in der Bevölkerung und zu verschiedenen Eingaben geführt. Der Richter Lothar Kreyssig[66] meldete schon im Juli 1940 dem Reichsjustizminister Franz Gürtner den Verdacht, dass Kranke massenhaft ermordet würden, und erstattete später Anzeige wegen Mordes gegen Philipp Bouhler, den Leiter der »Kanzlei des Führers«, den Hitler als verantwortlichen Reichsleiter für die »Aktion T4« eingesetzt hatte. Kreyssig wurde nach der Anzeige pensioniert. Von kirchlicher Seite protestierten Friedrich von Bodelschwingh, Pastor Paul Gerhard Braune – Leiter der Hoffnungstaler Anstalten und der Berliner Dompropst Bernhard Lichtenberg, der im Oktober 1941 von

---

64 Zur »Aktion T4« Götz ALY (Hg): Aktion T4 1939–1945. Die »Euthanasie«-Zentrale in der Tiergartenstraße 4, Berlin 1989.

65 Diesen Hinweis verdanke ich dem Leiter der Gedenkstätte Pirna-Sonnenstein Dr. Boris Böhm.

66 Kreyssig war Mitglied der BK und gründete nach dem Zweiten Weltkrieg die Aktion Sühnezeichen.

der Gestapo verhaftet wurde und 1943 auf dem Weg ins Konzentrationslager Dachau starb. Weithin bekannt wurde der Protest des »Löwen von Münster«, Clemens August Graf von Galen: Er verurteilte am 3. August 1941 in einer Predigt die »Aktion T4« öffentlich.

Am 24. August 1941 wurde die »Aktion T4« durch mündliche Weisung Hitlers jedenfalls offiziell abgebrochen. Die Krankenmorde waren damit jedoch nicht beendet, sondern fanden weniger zentral organisiert Fortsetzung bis zum Kriegsende.[67] Bemerkenswert ist, dass Johannes Herz zu einem frühen Zeitpunkt zu der Frage, »die viele in den letzten Wochen und Monaten sehr bewegt und beschäftigt hat,« schriftlich Stellung bezog. Zwar wollte er »an staatspolitischen Maßnahmen, die durch die harten Kriegsnotwendigkeiten bis zu einem gewissen Grade bedingt sein mögen« nicht »billige Kritik üben,« brachte aber doch seine »ernste Sorge« über das Verfahren zum Ausdruck. Diese Conclusio ist wieder im Gutachterton gehalten und wirkt daher distanziert. Einen deutlichen Protest enthält das Schreiben nicht. Dieser Brief an Teuffel hatte für Herz keine unmittelbaren Auswirkungen.

III Kämpfer für den Frieden

Mitten im Ersten Weltkrieg, im Oktober 1917, wurde eine »Erklärung deutscher Protestanten zur Friedensfrage« veröffentlicht. Dieser Erklärung, deren Urheber die fünf Berliner Pfarrer Karl Aner, Walter Nithack-Stahn, O. Pleß, Friedrich Rittelmeyer und R. Wielandt waren, schlossen sich innerhalb kurzer Zeit andere Theologen an, unter anderem Johannes Herz; sie lautete:

> »Wir deutschen Protestanten reichen im Bewußtsein der gemeinsamen christlichen Güter und Ziele allen Glaubensgenossen, auch denen in den feindlichen Staaten, von Herzen die Bruderhand. Wir erkennen die tiefsten Ursachen dieses Krieges in den widerchristlichen Mächten, die das Völkerleben beherrschen, in Mißtrauen, Gewaltvergötterung und Begehrlichkeit, und erblicken in einem Frieden der Verständigung und Versöhnung den erstrebenswerten Frieden. Wir sehen den Hinderungsgrund einer ehrlichen Völkerannäherung vor allem in der unheilvollen Herrschaft von Lüge und Phrase, durch die die Wahrheit verschwiegen oder entstellt und Wahn verbreitet wird, und rufen alle, die den Frieden wünschen, in allen Ländern zum entschlossenen Kampf gegen dies Hindernis auf. Wir fühlen angesichts dieses fürchterlichen Krieges die Gewissenspflicht, im Namen des Christentums fortan mit aller Entschiedenheit dahin zu streben, daß der Krieg als Mittel der Auseinandersetzung unter den Völkern aus der Welt verschwindet.«

67 Vgl. Kurt NOWAK: Widerstand, Zustimmung, Hinnahme. Das Verhalten der Bevölkerung zur »Euthanasie«. In: Kurt Nowak (Hg.): Kirchliche Zeitgeschichte interdisziplinär. Beiträge 1984–2001, Stuttgart 2002, 260–276, (Konfession und Gesellschaft; 25).

Die Unterzeichnung dieser Erklärung war auch in der Rückschau von Herz sein erster bewusster Moment des Eintretens für den Frieden. Wie die meisten anderen Deutschen war Herz von der Kriegsbegeisterung des Sommers 1914 angesteckt gewesen.[68] Später war die Erhaltung des Friedens eines seiner wichtigsten Anliegen. Dabei zählte er zunächst nicht zu den radikalen Friedenskämpfern, die den Frieden um jeden Preis erstrebten. Er äußerte sich mehrfach kritisch zum »Versailler Gewaltfrieden«; besonders wichtig war ihm, dass die Weltkonferenz für internationales Christentum, die 1926 in Bern tagte, das »erzwungene Kriegsschuldbekenntnis« als »moralisch wertlos und religiös kraftlos« bezeichnet hatte.[69] In dem Aufsatz »Krieg und Frieden im Lichte des Evangeliums« von 1940 schrieb er, dass alle menschlichen Versuche, einen Weltfrieden herzustellen, keinen dauerhaften Erfolg erzielt, sondern nur einen kurzen Scheinfrieden zur Folge gehabt hätten.[70]

Eine Radikalisierung scheint bei Herz durch die Eindrücke des Zweiten Weltkriegs und den Verlust seines jüngsten Sohnes, der gefallen war, eingetreten zu sein. So ließ er sich in der SBZ und später der DDR, wenn es um den Frieden ging, geradezu blindlings von den politischen Machthabern, die sich als Bewahrer des Friedens inszenierten, vereinnahmen. Diese wiederum wussten sich auf Befürworter in den Reihen derer angewiesen, die dem neuen System insgesamt ablehnend oder zumindest abwartend gegenüberstanden.

Zwar zeigte sich eine ähnliche Radikalisierung der Einstellung gegenüber dem Krieg und der Atombombe auch bei Albert Schweitzer und Albert Einstein, doch war ihre Situation nicht mit der von Herz vergleichbar, da beide ihre Meinung unabhängig von staatlicher Einflussnahme entwickelten, wofür sie als Kommunisten verdächtigt wurden.

Bei Schweitzer ist noch dahingehend zu differenzieren, dass er den Versuchen der DDR, ihn zu vereinnahmen, nicht deutlich widerstand. Seine Haltung gegenüber der DDR war »im besten Fall pragmatisch und in jedem Fall inkonsequent.«[71] Medikamentenspenden und Ehrungen aus der DDR nahm er gerne an, was ihm Kritik aus dem Westen einbrachte. Von der DDR war eine positive Haltung Schweitzers ihr gegenüber vom ersten Kontakt an intendiert. Er war die Koryphäe, die die »moralische Überlegenheit der DDR über die Bundesrepublik in der Atomfrage beglaubigte.«[72]

---

68 Siehe dazu Kapitel 1, 44f.

69 Vgl. Verhandlungen des Deutschen ...1930, 106f, dort auch Zitate.

70 Vgl. Johannes Herz: Krieg und Frieden im Lichte des Evangeliums. ES 1 (1940), 4f.

71 Nils Ole Oermann: Albert Schweitzer (1875–1965). Eine Biographie, München 2012[3], 285. Oermann widmet dem Verhältnis Schweitzer – DDR ein eigenes Unterkapitel 271–287.

72 Oermann: Albert Schweitzer ..., 279.

Der Hintergrund, auf dem die Friedensbemühungen verschiedener Gruppen und Einzelpersonen entstanden, war systemübergreifend die Verschärfung der Spannung zwischen der Sowjetunion und den USA mit ihren jeweiligen Verbündeten, die bereits kurz nach dem Zweiten Weltkrieg begonnen hatte und mit dem Koreakrieg 1950 einen ersten Höhepunkt erreichte. Deutschland, das die Nahtstelle zwischen Ost- und Westmächten darstellte, war ein strategisch wichtiger Standort. Gegen eine Remilitarisierung entstand unter anderem der Nauheimer Kreis unter Ulrich Noack, von dem eine entmilitarisierte Zone Deutschland gefordert wurde. Die SED instrumentalisierte die Ideen und die Auftritte Noacks für ihre Politik.[73] Auch wichtige Persönlichkeiten der Kirche in den Westzonen – beispielhaft sei Martin Niemöller genannt – schienen wenig Berührungsängste mit dem neuen Regime im Osten zu haben.

Noch anders verhielt es sich mit Emil Fuchs, der seit 1949 neben Herz an der Theologischen Fakultät lehrte und sich ebenfalls für den Frieden stark machte. Er hatte bewusst und offen das sozialistische System gewählt. In einer Rede sagte er, dass er den Westen bewusst verlassen habe, »weil die Herrschenden dort keinen Menschen zu Worte kommen lassen, der seine Stimme für den Frieden erhebt«.[74]

1 Positionierung der Kirche unter sowjetischer Besatzungsmacht und SED

Die Sächsische Kirchenleitung stand den Besatzern und der späteren Regierung zurückhaltend gegenüber und hatte im Runderlass Nr. 89 vom 29. Juli 1946 ihren Pfarrern »um der Unabhängigkeit des geistlichen Amtes willen« davon abgeraten, ihr passives Wahlrecht wahrzunehmen, denn »die staatsbürgerlichen Pflichten und Rechte des Geistlichen finden ihre Begrenzung an den Erfordernissen, denen er als Träger eines geistlichen und kirchlichen Amtes unterworfen ist. (1.Kor. 6,12)«.[75] Die Gültigkeit dieses Grundsatzes wurde mehrfach in Erinnerung gebracht.[76]

---

73 Vgl. Ulrich NOACK (Hg): Die Nauheimer Protokolle. Diskussionen über die Neutralisierung Deutschlands. Die ersten drei Tagungen des Nauheimer Kreises, Würzburg 1950; Rainer DOHSE: Der dritte Weg. Neutralitätsbestrebungen in West-Deutschland zwischen 1945–1955, Hamburg 1974.

74 Emil FUCHS: »Der Christ in der Gegenwart beim Kampf um den Frieden«. Rede, gehalten bei der zweiten Friedenskonferenz sächsischer Pfarrer am 2. Oktober 1950. LVZ vom 3. Oktober 1950. EphAL Staat und Kirche.

75 Runderlass Nr. 89 des Ev.-luth. Landeskirchenamtes Sachsen vom 29. Juli 1946 (KAmtsblatt 49/8). Der Runderlass war mit Blick auf die Kommunal-, Kreis- und Landtagswahlen im Herbst 1946 ausgefertigt worden. 1Kor 6,12: Alles ist mir erlaubt, aber nicht alles dient zum Guten. Alles ist mir erlaubt, aber nichts soll mich gefangen nehmen.

76 Z.B. im Vorfeld der Wahlen zum 3. Volkskongress. Rundschreiben des Ev.-luth. Landeskirchenamts vom 2. Mai 1949.

Die sowjetische Militäradministration schwankte zwischen dem Verbot der Einmischung der Kirchen in die Politik und dem Wunsch nach Unterstützung ihrer Vorhaben durch die Kirche, da sie dieser noch einen hohen Stellenwert innerhalb der Bevölkerung beimaß. Von Anfang an war das Ziel, einen Staat nach sowjetischem Vorbild zu errichten; auch totalitäre Züge waren schon zeitig zu erkennen. Nach einer Besprechung auf der Kommandantur in Leipzig mit Leutnant Schirov, die Herz in Vertretung von Superintendent Heinrich Schumann wahrgenommen hatte, berichtete er, dass die Kirche schärfstens beobachtet würde. Schirov hatte ihn auf verschiedene Äußerungen von Pfarrern angesprochen, die den Besatzern missfallen hatten. »Wir werden überwacht, nicht durch die Besatzungsmacht direkt, sondern durch andere Organe. Die Freiheit unserer religiösen Verkündigung dürfen wir uns nicht nehmen lassen.« Aber:

> »Muß alles, was vom Evangelium her zu sagen ist, in diesem Augenblick und in dieser Form gesagt werden? Wir dürfen auch Verantwortung für die Gesamtkirche bedenken, die wir durch Unvorsichtigkeiten keinesfalls gefährden dürfen.«

Alle Verkündigung sei darauf zu prüfen, ob nicht das Ego statt des Evangeliums die Grundlage sei.[77] Dieses Bemühen, innerhalb der staatlichen Grenzen die Kirche als Kirche zu erhalten, kennzeichnete das Handeln von Johannes Herz bereits in der Zeit des Nationalsozialismus als Vertreter der Mitte.[78] Zur Verantwortung der Christen und der Kirche gehörte für Herz in dieser Zeit auch die Bewahrung des Friedens.

Eine erste Stellungnahme wurde von der Kirche zum Volksentscheid über die Enteignung von Nazi- und Kriegsverbrechern am 30. Juni 1946 erwartet.[79] Das Landeskirchenamt verfasste daraufhin eine Kanzelabkündigung zum Volksentscheid, die zwar keine Wahlempfehlung enthielt, in der aber betont wurde, dass von allen Parteien versichert worden sei, »daß diese schwerwiegende Sache mit großem Verantwortungsgefühl und sauberen Händen« vollzogen werden soll.[80] Im Anschreiben an die Pfarrer stellte Landessuperintendent Franz Lau die schwierige Situation dar. Man wolle den »aufbauwilligen Kräften« nicht im Weg stehen, sich aber gleichzeitig nicht zum willfährigen Lakaien der Regierung machen lassen. Darum habe man sich auf die Position der Seelsorge zurückgezogen. Der Beitrag der Kirche zum Frieden und zum Aufbau eines demokratischen Deutschlands bestehe im »stillen seelsorgerlichen Dienst an

77 Vgl. Protokoll der Ephoralkonferenz vom 16. August 1946. EphAL I-C 18, Schrank 1, Fach 2, 159–161, dort auch Zitat.

78 Siehe dazu Kapitel 4.3.

79 Vgl. Gesprächsprotokolle mit Vertretern der Ev.-luth. Landeskirche Sachsens vom Juni 1946. HStADD, Bestand der Landesregierung Sachsen 1945–1952, MdI. Nr. 236, 282–289.

80 Vgl. Kanzelabkündigung zum Volksentscheid zu verlesen am 16. Juni 1946. EphAL I-C 18 Schrank 1, Fach 2, dort auch Zitat.

den einzelnen Menschen«. Aus dem abschließenden Aufruf zur Fürbitte lässt sich die ablehnende Haltung des Landeskirchenamts herauslesen.

> »Wir wollen weder beim allgemeinen Fürbittengebet noch bei unserem eigenen Beten den Volksentscheid vergessen, und wir wollen bitten, daß Gott unser Handeln gnädig leite. Wir wollen uns wieder zu eigen machen, was wir schon oft betend gesungen haben: ›Hilf, daß ich rede stets, womit ich kann bestehen.‹ Der Herr wache selbst über unsere Verkündigung und über unseren Seelsorgedienst gerade in diesen Wochen.«[81]

In der Leipziger Ephoralkonferenz war die Kanzelabkündigung umstritten. Herz, der sich für die Verlesung aussprach, argumentierte schon hier mit der Verantwortung der Kirche für den Frieden.[82]

Als die SED am 23. Mai 1948 ein Volksbegehren für einen Volksentscheid, in dem Deutschland als föderale unteilbare demokratische Republik bezeichnet wurde, initiierte, wurde ein »Wort der Evangelischen Kirchenleitungen der Ostzone zum Volksbegehren« veröffentlicht. Darin wurde erklärt, dass es eine Gewissensnot gebe, da viele dem Wortlaut des Volksbegehrens zustimmten, »weil sie einen Frieden der Gerechtigkeit ersehnen und die Einheit des ganzen Vaterlandes lieben und suchen«, aber fürchteten, dass ihr »Ja!« für eine Einheitspolitik unter den Vorzeichen der SED missbraucht werde.[83]

2 Der institutionalisierte Frieden

Als der Kirchenleitung bekannt wurde, dass die Friedensarbeit in institutionelle Bahnen gelenkt werden sollte, dass Friedenskundgebungen geplant waren und dass Pfarrer dabei als Redner angefragt waren, wurde in den Ephoralkonferenzen darauf hingewiesen, dass Pfarrer dabei größte Zurückhaltung üben sollten.[84] Diese Warnung kam nicht von ungefähr; als die Wahlen zum dritten Volkskongress anstanden,[85] wurde in einem Flugblatt mit dem Text: »Die evangelische Kirche ruft die Gläubigen zum Ja am 15. Mai.« geworben. Von der Sächsischen Landeskirche war aber keine Aussage zur Wahl gemacht

81 Rundbrief von Lau vom 11. Juni 1946. Der von Wilhelm vorgenommenen Deutung, dass das Anschreiben volle Zustimmung zu dem von der Regierung geplanten Gesetz zur Enteignung aussagt, ist zu widersprechen. Gerade die Fürbitte um das rechte Handeln lässt das Ressentiment erkennen, mit dem Lau dem Gesetz gegenüberstand. Vgl. Wilhelm: Die Diktaturen ..., 274.

82 Vgl. Protokoll der Ephoralkonferenz vom 14. Juni 1946. EphAL I-C 18, Schrank 1, Fach 2, 157f.

83 Vgl. Wort der Evangelischen Kirchgemeinden der Ostzone zum Volksbegehren, an die Pfarrämter des Kirchenbezirks Leipzig-Stadt vom 8. Juni 1948. EphAL Staat und Kirche, dort auch Zitat

84 Vgl. Protokoll der Ephoralkonferenz vom 18. März 1949. EphAL I-C 18, Schrank 1, Fach 2, 217.

85 Von einer Wahl kann nur bedingt gesprochen werden, da bereits mit Einheitsliste gewählt wurde und das Wahlergebnis bis heute angezweifelt wird.

worden.[86] Außerdem wäre ein Votum der Kirche nicht positiv ausgefallen, da auf dem Wahlzettel für den Volkskongress die Aussage: »Ich bin für die Einheit Deutschlands und einen gerechten Friedensvertrag. Ich stimme darum für die nachstehende Kandidatenliste zum Dritten Deutschen Volkskongress.« zu bejahen oder zu verneinen war. Ein landeskirchliches Votum hätte wahrscheinlich einen ähnlichen Impetus gehabt wie die Kanzelabkündigung zum Volksbegehren 1946.

Auf dem dritten Volkskongress wurde die Nationale Front für die Einheit Deutschlands und gerechten Frieden ins Leben gerufen, deren konstituierende Sitzung schließlich am 7. Januar 1950 stattfand. Von Johannes Herz erschien an diesem Tag in der *Leipziger Volkszeitung (LVZ)* ein Artikel, in dem er die Umwandlung der bisherigen Volksausschüsse für Einheit und gerechten Frieden in Ausschüsse der Nationalen Front begrüßte und die Leser dazu aufrief, um des Friedens willen auf alle politischen und weltanschaulichen Differenzen zu verzichten und in die Nationale Front einzutreten.[87]

Die Reaktion des sächsischen Landeskirchenamts auf die Gründung der Nationalen Front war ein Verbot für die Pfarrer, sich in ihr zu engagieren. Dabei stützte es sich auf die fünfte Verwerfung der Barmer Theologischen Erklärung.[88] Es wurde ausgeführt, dass die Kirche schon von ihrem Wesen her für den Frieden eintreten müsse, ebenso für die Einheit des zerrissenen Volkes, aber sie könne das nur auf ihre – nämlich eine kirchliche – Weise tun. Darum könne sie auch nicht in der Nationalen Front mitwirken. Die Kirche könne zu den Fragen des öffentlichen Lebens nur in voller Freiheit und nur aus einer Nötigung des Glaubens heraus Stellung nehmen. Klar wurde das Verbot ausgesprochen:

---

86 Vgl. Brief des Landeskirchenamts Sachsen an alle Superintendenturen vom 13. August 1949. EphAL Staat und Kirche.

87 Vgl. LVZ vom 7. Januar 1950. UAL 37/1.

88 These 5: Fürchtet Gott, ehrt den König. (1Petr 2,17)
Die Schrift sagt uns, daß der Staat nach göttlicher Anordnung die Aufgabe hat in der noch nicht erlösten Welt, in der auch die Kirche steht, nach dem Maß menschlicher Einsicht und menschlichen Vermögens unter Androhung und Ausübung von Gewalt für Recht und Frieden zu sorgen. Die Kirche erkennt in Dank und Ehrfurcht gegen Gott die Wohltat dieser seiner Anordnung an. Sie erinnert an Gottes Reich, an Gottes Gebot und Gerechtigkeit und damit an die Verantwortung der Regierenden und Regierten. Sie vertraut und gehorcht der Kraft des Wortes, durch das Gott alle Dinge trägt.
Wir verwerfen die falsche Lehre, als solle und könne der Staat über seinen besonderen Auftrag hinaus die einzige und totale Ordnung menschlichen Lebens werden und also auch die Bestimmung der Kirche erfüllen. Wir verwerfen die falsche Lehre, als solle und könne sich die Kirche über ihren besonderen Auftrag hinaus staatliche Art, staatliche Aufgaben und staatliche Würde aneignen und damit selbst zu einem Organ des Staates werden.

»Wir können es deshalb nicht billigen, wenn Pfarrer oder Gemeindeglieder in ihrer Eigenschaft als Angehörige einer kirchlichen Körperschaft sich in den Orts-, Kreis- oder Landesausschüssen der Nationalen Front betätigen oder öffentlich für sie auftreten, da eine solche Mitwirkung nicht anders als eine amtliche Vertretung der Kirche verstanden werden kann. Kirche muss Kirche bleiben.«[89]

Johannes Herz schien von diesem Verbot wenig beeindruckt. Er hatte sich den nach der ersten Tagung des Weltfriedensrats 1949 neu gebildeten Friedensräten auf Kreis- und Landes- und seit 1952 (nach Abschaffung der Länder) auf Bezirksebene angeschlossen. Vom 16. bis 21. November 1950 nahm er als Delegierter an der Tagung des WFR in Warschau teil und wurde als Vertreter der DDR in den WFR gewählt. Der Conseil Mondial de la Paix war von Frederic Joliot-Curie,[90] einem eingeschriebenen Mitglied der Kommunistischen Partei Frankreichs, gegründet worden und tagte 1949 zum ersten Mal. Fatal für die Friedensbewegung war, dass sie nach dem Zweiten Weltkrieg an prominenten Stellen von Kommunisten getragen wurde und damit alle Friedensbemühungen – wie die von Schweitzer und Einstein – immer einen politischen Beigeschmack hatten; selbst in der Bundesrepublik Deutschland, wo auch bürgerliche protestantische Kreise die Friedensbewegung getragen haben, stand dem die offizielle Haltung der Regierung entgegen.[91] Der Deutsche Friedensrat – zunächst mit dem Namen »Komitee der Kämpfer für den Frieden« – konnte nur in Abhängigkeit von der DDR-Regierung agieren und sollte ihr dazu dienen, internationale Kontakte zu knüpfen und Einfluss auf Oppositionsgruppen in Westdeutschland zu nehmen. Zur Trägerin des DFR wurde mehr und mehr die Nationale Front.

Am 27. Juni 1950 fand eine Friedenskonferenz sächsischer Pfarrer in Dresden statt, die durch die Nationale Front organisiert worden war. Johannes Herz war als Redner für das Hauptreferat eingeladen; die Nationale Front leistete dafür Chauffeurdienste. Wie wichtig für die staatlichen Stellen die exponierte Teilnahme von Herz an dieser Tagung war, zeigt das Angebot des Leipziger Oberbürgermeisters, ebenfalls einen Chauffeurdienst zu stellen. Solche Friedenskonferenzen fanden auch in Sachsen-Anhalt, Mecklenburg und Brandenburg statt. Die Regierung erhoffte sich Unterstützung für die im Herbst anstehenden Wahlen, bei denen nur per Einheitslisten die Kandidaten der Nationalen Front »gewählt« werden konnten. Von Otto Grotewohl war finanzielle Hilfe für all die Pfarrer in Aussicht gestellt worden, die aufgrund ihrer Teilnahme kirchliche Sanktionen zu befürchten hatten.[92] An der Tagung in Dresden nahmen trotzdem

89 Brief des Landeskirchenamts Sachsen an alle Superintendenturen vom 20. März 1950. EphAL Staat und Kirche.

90 Joliot-Curie war der Schwiegersohn von Marie Curie.

91 Der spätere Bundespräsident Gustav Heinemann trat 1950 wegen der von Konrad Adenauer eingeleiteten Wiederbewaffnung als Bundesinnenminister zurück.

92 Vgl. Neue Zeit vom 17. Juni 1950.

nur 50 Pfarrer teil. Für die staatlichen Stellen war dies dennoch ein Erfolg, da Johannes Herz im Hauptreferat sein bereits im Januar geäußertes Votum zur Nationalen Front bekräftigte.

Das Referat eröffnete Herz mit einer Rechtfertigung:

> »Ich bin gebeten worden, an einer Tagung über aktuelle Fragen der Verteidigung des Friedens und des Kampfes gegen den Krieg, zu der die Einladung vom Landesausschuss der Nationalen Front und von mehreren sächsischen Geistlichen verschiedener Konfessionen unterzeichnet ist, nicht nur teilzunehmen, sondern auf dieser Tagung über das Thema: ›Die Frage des Friedens und die Einheit unseres Vaterlandes vom theologischen Standpunkt aus gesehen‹ zu reden. Ich bin mir der Verantwortung, die ich damit übernommen habe, von Anfang an bewußt gewesen. Ich habe [...] als Pfarrer der sächsischen Landeskirche in allem Wechsel der politischen Verhältnisse immer unverändert den Standpunkt vertreten, daß auch dem Pfarrer das staatsbürgerliche Recht, irgendeiner Partei sich anzuschließen, nicht verwehrt werden kann, daß aber der Pfarrer in seinem Wirken über den Parteien stehen muß. [...] Ich habe den Auftrag, hier zu sprechen, nur unter der Voraussetzung übernommen, daß es sich dabei um eine überparteiliche Veranstaltung handelt, was ja auch dokumentiert ist. [...] Und ich habe andererseits betont, daß es sich [...] für mich hier darum handelt, die Frage des Friedens und der Einheit unseres Vaterlandes vom theologischen Standpunkt aus zu prüfen und darzustellen, d.h. von einem Standpunkt, der [...] eine Weltanschauung vertritt, die im letzten Grunde die Weltgeschichte und unser persönliches Leben verankert sieht in religiösen Gebundenheiten und Verpflichtungen.«[93]

Daran schließt sich eine Darstellung seiner bisherigen Bemühungen um den Frieden an. Nach einer Begriffsklärung, die sich besonders der Unterscheidung von Kampf und Krieg widmet,[94] folgt eine Erklärung, warum sich gerade Christen für das weltliche Thema Krieg und Frieden interessieren müssen. Schon in der Verkündigung Jesu und im Neuen Testament sei die Erhaltung des Friedens eine Forderung, die nicht nur an den Einzelnen, sondern auch an die Gesellschaft gerichtet sei.

> »Jesus hat immer wieder seinen Anhängern das Wirken in der Welt und auf die Welt zur Pflicht gemacht. [...] Ihr sollt euch mit eurem Christentum nicht absondern und verstecken, sondern sollt eure christliche Überzeugung tapfer und unerschrocken in der Welt zur Geltung bringen.«

Dabei habe Jesus schon einen Weltfrieden im Sinn gehabt. Die in der Bergpredigt vorgenommene Radikalisierung des fünften Gebots bedeute eine

93 Johannes Herz: Die Frage des Friedens und die Einheit unseres Vaterlandes vom theologischen Standpunkt aus gesehen. In: Friede sei mit Euch! Eine historische Tagung sächsischer Pfarrer im Landtagsgebäude zu Dresden am 27. Juni 1950, 5–12. UAL Na Herz 37/1. Dort auch alle anderen Zitate.

94 Diese Begriffsklärung erfolgte auch in anderen Veröffentlichungen von Herz zum Thema Frieden.

Erweiterung auf die Fälle, »wo ein Jähzorniger unbewußt zum Totschläger wird oder wo jemand einen seiner Mitmenschen durch die mörderischen Waffen der Gehässigkeit und Verleumdung zu Tode ärgert«. Der Kampf für den Frieden und die uneingeschränkte Ablehnung des Krieges sei daher eine Verpflichtung für Christen. »In den letzten Jahren« habe sich die protestantische Kirche in Deutschland wieder auf diese Botschaft Christi besonnen, wozu drei äußerliche Dinge beigetragen hätten: zum ersten die Trennung von Kirche und Staat, wodurch die Kirche weitgehend frei von »dynastischen und kapitalistischen Interessen« geworden sei, zum zweiten hätten die beiden Weltkriege die Grausamkeit und »ganze Furchtbarkeit des Krieges« aufgezeigt, und zuletzt sei durch die Entwicklung der Vernichtungswaffen aus dem Krieg ein »mechanisierter Massenmord« geworden. Dafür führte Herz unter anderem die Verlautbarungen der EKD-Synode zum Frieden von 1949 und 1950 an.

Der Wert der Kirche für die Mitarbeit »in der Friedensfront« könne nicht überschätzt werden, da es gerade die Kirche aus ihrer religiösen Bindung und sittlichen Verpflichtung heraus vermöge, »die Sinnlosigkeit und Verwerflichkeit alles kriegerischen Handelns« aufzudecken. Da die neuesten Erfindungen der Atomforschung nicht zum Aufbau und der Erleichterung der menschlichen Lebensbedingungen, sondern »in einer aller Vernunft widersprechenden Weise [...] zur bedenkenlosen Vernichtung ungezählter Menschenleben« eingesetzt worden waren, sei es die wichtigste Aufgabe der Kirche, beständig an die allgemeine sittliche Verpflichtung und an die religiöse Verantwortung zu erinnern.

Die Einheit Deutschlands, so der zweite Teil des Referats, werde nur noch durch die Kirche gewahrt, die den Graben zu überbrücken suche, der durch das Volk hindurchgeht. Ein Volk sei »ein durch gemeinsame Sprache, gemeinsame Geschichte und gemeinsame Kultur organisch gewachsenes schöpfungsmäßiges Gebilde, dessen Eigenart, Geschlossenheit und Selbständigkeit respektiert werden muß«. Jesus selbst habe zur Einheit aufgerufen (Mt 12,30[95]), deshalb fordere die Kirche vom theologischen wie vom ethischen Standpunkt aus die Wiederherstellung der Einheit Deutschlands auf dem Wege freier Vereinbarung:[96]

> »Die Vermeidung von unnötiger Zerrissenheit und Schaffung von Einheit scheint mir heute so wichtig zu sein, daß auch ich gegenwärtig bei politischen Wahlen den Verzicht auf einen Wahlkampf und das Bemühen um eine Einheitsliste unter der Voraussetzung, daß dabei allen politischen und weltanschaulichen Einstellungen Freiheit der Meinungsäußerung gewährt und paritätische Behandlung zugesichert wird, für das Gegebene halte. Und ich wüßte nicht, welche

95 Mt 12,30: Wer nicht mit mir sammelt, der zerstreut.

96 Die Wiederherstellung der Einheit Deutschlands forderte Herz bei mehreren öffentlichen Auftritten, z.B. bei der Tagung des WFR am 23. Februar 1951. UAL Na Herz 8.

Einwendungen unter diesen Voraussetzungen vom theologischen Standpunkt aus gegen ein solches Verfahren erhoben werden könnten.«

Auch die verschiedenen kirchlichen Richtungen sollten »über alle Spannungen hinweg die kirchliche Einheit« aufrechterhalten und auf diese Weise mit gutem Beispiel der Politik vorangehen. Nur mit

»vertrauensvoller Zusammenarbeit aller politischen und weltanschaulichen Richtungen« könne die Wiederherstellung der Einheit geschehen. Doch bleibe die dringendste Aufgabe die unbedingte Vermeidung eines dritten Weltkriegs, dazu müssten sich »Menschen aller Nationen, aller Weltanschauungen und aller Wirtschaftsrichtungen zusammenschließen«.

Am Ende der Konferenz wurde eine Resolution zur Ächtung der Atomwaffen verabschiedet, die natürlich zugleich ein Bekenntnis zur neuen Ordnung enthielt.[97]

Die positive Stellung von Johannes Herz zur Einheitsliste kann unter anderem mit den Erfahrungen der Wahlen in den letzten Jahren der Weimarer Republik und der kirchlichen Wahl von 1933 zusammenhängen. Die Einheitsliste war damals die einzige Möglichkeit, einen Kirchenvorstand zu bekommen, in dem auch Vertreter der Gemeinde saßen, die nicht DC waren, obwohl die DC die Zusammensetzung der Liste diktiert hatten.[98] In der Einheitsliste der Nationalen Front, so betonte Herz in seinem Referat, seien alle Gruppen gleichmäßig vertreten; damit sah er die Demokratie ohne einen in seinen Augen nur die Einheitsbemühungen störenden Wahlkampf gewahrt.

Zur Konferenz wurde nicht nur eine Broschüre veröffentlicht, die alle Referate und die abschließende Resolution enthielt, sie fand auch ein breites Echo in den Zeitungen. In der *Leipziger Volkszeitung* und in der Zeitung der Nationalen Front, *Deutschlands Stimme*, erschien die Meldung auf der Titelseite. Im Titel von *Deutschlands Stimme* war eine zerbombte Kirche zu sehen, und in der rechten oberen Ecke prangte eine Vignette, einen Sämann zeigend mit dem Römerbriefzitat »Frieden allen denen, die da Gutes tun« (Röm 2,10). Johannes Herz wurde konsequent als Professor D. Hertz bezeichnet.

Während die Konferenz bei den staatlichen Stellen wegen des klaren Votums für die Einheitsliste als Erfolg verbucht wurde, waren die Leipziger Amtsbrüder von Herz verärgert, was sich in der folgenden Ephoralkonferenz Bahn brach. Johannes Herz versuchte sich zu rechtfertigen, er sei an der Vorbereitung der

97 »Wir haben darum als Christen unvoreingenommen und ohne Vorbehalt auf jeden Ruf zum Frieden zu hören, egal aus welchem politischen Lager er auch kommen mag. Wir fühlen uns als Christen allen verpflichtet, die heute um eine neue Ordnung unseres Gemeinschaftslebens, um eine glückliche Zukunft für unser ganzes Volk und um die Erhaltung des Friedens ringen.« Resolution: »Dienet dem Frieden!« In: Friede sei mit Euch! Eine historische Tagung sächsischer Pfarrer im Landtagsgebäude zu Dresden am 27. Juni 1950, 39. UAL Na Herz 37/1.

98 Zur kirchlichen Wahl siehe Kapitel 4.3, 248–250.

Tagung nicht beteiligt gewesen und habe das Referat auf Wunsch der acht Pfarrer, die die Einladung unterschrieben hatten, gehalten. Dabei sei ihm nicht klar gewesen, dass es sich um eine rein politische Veranstaltung handelte, da er aufgefordert war, nur theologisch zu reden und auch sonst nur überparteilich gesprochen werden sollte. In seinem Referat habe er die überzonale Bedeutung der Kirche betont sowie das allein ihr eigene Vermögen, das schuldhafte Fehlempfinden der Menschen aufzudecken und zu verändern, hervorgehoben. Die anschließende Debatte sei sachlich und ohne Angriffe auf die Kirche oder die christliche Weltanschauung verlaufen. In seinem Schlusswort habe der sächsische Ministerpräsident Max Seydewitz den Wunsch geäußert, dass Kirche und Arbeiterschaft wieder zum Gespräch zusammenkämen. Am Ende seiner Ausführungen bat Herz um Verständnis für seine »aus christlichem Gewissen heraus gebotene Handlung«. Gegen das Schlussargument ließ sich wenig sagen, so wurde mehrfach auf die große Gefahr hingewiesen, die im Missbrauch solcher Äußerungen durch die politische Seite liege.[99]

Von seinem Freund Johannes Müller erhielt Herz einen Brief, in dem dieser Herz ausdrücklich davor warnte, sich von der Nationalen Front und dem Weltkommunismus missbrauchen zu lassen, damit er nicht für die Kommunisten zum Platzhalter würde, wie Friedrich Coch es für die Nationalsozialisten war.[100] An der zweiten Konferenz, die am 2. Oktober 1950 in Leipzig tagen sollte, nahm Herz trotz persönlicher Einladung durch den sächsischen Ministerpräsidenten nicht teil. Er entschuldigte sich mit anderweitigen Verpflichtungen; möglicherweise hatten die Erkenntnis, dass es sich tatsächlich um eine rein politische Veranstaltung gehandelt hatte, und die Warnungen und Mahnungen von Freunden und Amtsbrüdern Wirkung gezeigt und bei Herz Zweifel am Zweck der Pfarrkonferenz aufkommen lassen.

Zur nächsten Auseinandersetzung in der Ephoralkonferenz kam es, als im Zuge der Wahl am 15. Oktober 1950 Falschmeldungen in der Presse erschienen: Superintendent Heinrich Schumann habe sich mit zehn weiteren Geistlichen für die öffentliche Stimmabgabe ausgesprochen, wogegen Schumann betonte, er sei für die geheime Wahl. Auch bei den Presseerklärungen von Gottfried Schmidt, Hans Köhler und Johannes Herz waren gravierende, sinnentstellende Textänderungen vorgenommen worden. Diese Amtsbrüder wurden daraufhin aufgefordert, gegenüber der Presse zurückhaltender zu sein.[101]

Aber schon im Zuge des Zweiten Weltfriedenskongresses erschienen Artikel über Herz wieder in der Presse. Der Weltfriedenskongress sollte in Sheffield stattfinden, war aber von der britischen Regierung kurzfristig verboten worden,

99 Vgl. Protokoll der Ephoralkonferenz vom 7. Juli 1950. EphAL I-C 18, Schrank 1, Fach 2, 240f., dort auch Zitat.

100 Vgl. Brief von Müller an Herz vom 17. Juli 1950. UAL 35/2.

101 Vgl. Protokoll der Ephoralkonferenz vom 3. November 1950. EphAL I-C 18, Schrank 1, Fach 2, 246.

was für die Presse der DDR ein ausgezeichneter Grund war, über die britische Regierung zu wettern. Auch von Johannes Herz, von dem in diesem Zusammenhang nicht als Professor, sondern immer als Pfarrer geschrieben wurde, wurden scharfe Worte gegen das Verhalten der britischen Regierung abgedruckt:

> »Es wäre unnütz gewesen, am ursprünglich für den Zweiten Weltfriedenskongreß vorgesehenen Tagungsort, Sheffield, festzuhalten, da es die englische Regierung von vornherein darauf abgesehen hat, die Abhaltung der Tagung zu verhindern. [...] Der Zweite Weltfriedenskongreß [wurde] nach der deutlichen Ablehnung durch das ›freie demokratische‹ England kurz entschlossen nach Warschau verlegt«.[102]

Auf dieser Tagung wurde Herz in den Weltfriedensrat gewählt. Von Seiten der staatlichen Stellen, der Presse und natürlich der deutschen Friedenskomitees erhielt Herz dafür Aufmerksamkeit, Anerkennung und Lob. Als er in der Ephoralkonferenz seine Wahl bekannt gab, war die Reaktion verhalten. Im Protokoll heißt es lapidar: »Es wird zur Kenntnis genommen.«[103] Stattdessen wurde Herz erneut – diesmal »im Namen der Ephoralversammlung« – gebeten, mit seinen politischen Äußerungen gegenüber der Leipziger Presse zurückhaltender zu sein. Superintendent Schumann hatte der *LVZ* während der WFR-Tagung mitgeteilt, dass Pfarrer sich außerhalb der Kirche nicht öffentlich für den Frieden erklären dürften. Die Schriftleitung der *LVZ* erkundigte sich daraufhin beim Landeskirchenamt, ob das zutreffe. In der Antwort wurde eingeräumt, dass es keine Anweisung aus dem Landeskirchenamt gebe, aber eine Erklärung der EKD die Pfarrer zur Zurückhaltung bei politischen Äußerungen auffordere.[104]

Als 1951 der Kurs des SED-Regimes gegen die Kirche wieder schärfer und besonders in den Schulen großer Druck ausgeübt wurde, verfasste die sächsische Landessynode ein Wort an die Regierung, in dem sie gegen den Verfassungsbruch, der durch den in den Schulen als allein gültige Wahrheit gelehrten historischen und dialektischen Materialismus entstanden war, protestierte und die Aufhebung der Allgemeinverbindlichkeit des atheistischen Materialismus sowie die Aufhebung der propagierten »Erziehung zum Haß« verlangte. Auch ein Wort an die Eltern mit dem Titel »Fürchte dich nicht, sondern rede und schweige nicht!«, in dem die Eltern aufgefordert wurden, ihr Recht wahrzunehmen und gegen die Ideologisierung in den Schulen vorzugehen, gehörte dazu.[105] In der Ephoralkonferenz, in der das Wort verlesen wurde und Anweisungen für das Verlesen von der Kanzel am Bußtag gegeben wurden, brach

102 LVZ vom 16. November 1950.

103 Protokoll der Ephoralkonferenz vom 12. Januar 1951. EphAL I-C 18, Schrank 1, Fach 2, 250.

104 Vgl. Brief des Landeskirchenamts an die Schriftleitung der LVZ vom 18. Dezember 1950. EphAL Staat und Kirche.

105 Beide Erklärungen sind abgedruckt in KJ 78 (1951), 148–150. Zum Wort der Synode siehe auch Kapitel 4.4, 293f.

wieder der Ärger über das Verhalten von Johannes Herz in der Öffentlichkeit auf. Schumann fragte Herz, warum es in der *LVZ* einen entsprechenden Artikel gebe, und bat ihn wieder einmal, von weiteren Veröffentlichungen Abstand zu nehmen.[106] Daraufhin antwortete Herz entrüstet, dass er keinen Artikel in die *LVZ* gegeben habe, im Gegenteil habe er das Wort der Synode mitformuliert. In dieser angespannten Stimmung wurde von den Amtsbrüdern die Position von Herz im WFR thematisiert. Dieser erklärte daraufhin, wie er zu dieser Position gekommen und dass er der Wortführer des deutschen Protestantismus sei. Der WFR sei »eine rein idealistische Organisation«, in der »völlig unpolitische Menschen«, die weder der SPD noch der SED angehörten, arbeiteten. Das Echo aus der Ephoralkonferenz war scharf; es reichte von dem Vorwurf, Sklave der Propaganda zu sein, über die Frage, ob diese Arbeit mit dem kirchlichen Amt vereinbar sei, bis zur Forderung, dass politische Pfarrer suspendiert werden sollten.[107]

Allerdings blieben solche Drohungen für Herz ohne weitere Konsequenzen, sodass er weiterhin ungehindert seiner »Friedensarbeit« nachging. Er schien aber auch den Ärger der Amtsbrüder nicht zu verstehen, was besonders in seinen Entgegnungen zum Wesen des WFR deutlich wird. Die Wahrnehmung seiner eigenen Position und seines Einflusses in diesem Gremium muss als realitätsfremd bezeichnet werden, wenn er als Grund für das Fernbleiben von der Wahl des sächsischen Bischofs 1953 die Tagung des WFR in Budapest angab:

> »Aber ich fühle mich vor allem bei der gegenwärtigen neuen Lage doch gerade als Pfarrer und Theologieprofessor verpflichtet, keinesfalls dieser Weltfriedensratstagung fernzubleiben, damit die evangelische Kirche der DDR dort nicht unvertreten ist«.[108]

Ähnlich hatte Herz sich schon 1950 geäußert, als er beim Landeskirchenamt die Freistellung für die Teilnahme am Weltfriedenskongress in Sheffield beantragte. Er fühle die schwere Verantwortung, die ihm auferlegt sei, glaube aber, dass er die Möglichkeit »auf dem Weltfriedenskongress auch die Meinung der deutschen evangelischen Kirche zu Wort kommen zu lassen,« nicht habe ausschlagen dürfen.[109] In einem Artikel in *Verantwortung. Christliche Wochenschrift* wird erkennbar, warum Herz die Mitarbeit von Christen in den Friedensgremien für unabdingbar hielt: Die allgemeine Friedensbewegung übersehe, dass die Friedensfrage auch eine moralische sei, die gerade von Christen angemessen vertreten werden könne.

---

106 Um welchen Artikel es sich handelt, ist unklar.

107 Vgl. Protokoll der Ephoralkonferenz vom 19. November 1951. EphAL I-C 18, Schrank 1, Fach 2, 263f.

108 Landessynode 1951–53. UAL Na Herz 25/2.

109 Vgl. Brief von Herz an das Landeskirchenamt vom 27. Oktober 1950. EphAL I-B 136, Schrank 8.

»Ganz besonders denen, die in einer christlichen Kirche Verkündigungsdienst zu leisten haben, ist die Aufgabe gestellt, die Friedensfrage von unserer Verantwortung vor Gott und den Menschen aus zu sehen, [...] eine Verantwortung christlicher Solidarität, die uns von Gott für die ganze Menschheit auferlegt ist, [...] eine Verantwortung für die es keine Grenzen gibt und die auch alle Propagandamauern durchbrechen muß.«[110]

Klarer als Herz hatte dessen ehemaliger Kollege an der Versöhnungskirche und Professor für Systematische Theologie, Hans Köhler, die Absichten der SED erkannt.[111] Er schrieb, dass die Kirche sich von aller falschen Friedenspropaganda abwenden müsse.

»Der Kommunismus propagiert heute den Frieden um jeden Preis, aber dieser Friede soll zugleich verbunden sein mit der hemmungslosen Ausbreitung des Kommunismus. [...] Wer sich gegen den Kommunismus zu Wehr setzt, wird als Friedensgegner verschrien.«

Die Kirche müsse auch von den kirchlichen Kreisen abrücken, die sich für die kommunistische Friedenspropaganda einspannen ließen.

»Es geht nicht an, daß einzelne Pfarrer sich als Vertreter der Kirchen in den kommunistischen Organisationen bezeichnen, ohne dazu auch nur den geringsten offiziellen Auftrag zu haben.«[112]

Den letzten Satz hatte Köhler Herz förmlich ins Stammbuch geschrieben. Köhlers Warnung, dass sich so falsche Propheten einschlichen, zu hören, war Herz nicht in der Lage.

Die öffentliche Stellung, die Herz innehatte, erwies sich an einigen Stellen für die Kirche auch als nützlich. So wurde Herz als Verhandlungsführer zu einer Besprechung mit der Leipziger Polizeibehörde mitgenommen, nachdem das Jugendheim Sehlis im April 1952 geschlossen und eine breite Agitation in der Presse ausgelöst worden war. Die Anwesenheit von Herz schien den gewünschten Eindruck zu erzielen. Allerdings wurden die von oben angeordneten Anfeindungen gegen die kirchliche Jugendarbeit fortgesetzt.[113]

Als der »Block der antifaschistischen Parteien und Massenorganisationen« des Stadtbezirks 7 den Pfarrer Kröning als Volksverhetzer in der Superintendentur angezeigt hatte und eine Abschrift an den »Vertreter des Weltfriedensrats« Johannes Herz ging, von dem man sich wohl Unterstützung erhoffte, antwortete dieser in überraschender Deutlichkeit. Er habe das Schreiben »mit Befremden [zur] Kenntnis« genommen. Zunächst wies er darauf hin, dass es der beschuldigte Pfarrer Kröning heiße, nicht Gröning, was Herz zu dem Schluss brachte, dass die »Kreise der Bevölkerung«, die sich bei der Organisation beschwert

110 Verantwortung. Christliche Wochenschrift Nr. 21, 26. Juli 1952, 2.

111 Köhler musste aus der DDR fliehen, um einer Verhaftung zu entgehen.

112 Hans Köhler: Die religiöse Situation der Gegenwart, Berlin 1951, 40f.

113 Vgl. EphAL I-C 34a, 5–8 und Wilhelm: Diktaturen ..., 329–333.

hätten, sehr kirchenfern stehen müssten; zudem gäbe es kein »Evangelisches Kirchenamt«, das sei die Superintendentur Leipzig-Stadt. »Ueber das alles hätten Sie sich bei sorgfältiger Behandlung der von Ihnen vorgetragenen Angelegenheit orientieren müssen.« Weiter sei festzustellen, dass die inkriminierte Äußerung von Kröning »in keiner Weise zu beanstanden« sei, da es sich dabei um eine Umsetzung einer Verordnung der DDR handele.

> »Ich bitte in der nächsten Blockausschußsitzung mein Schreiben den Anwesenden bekanntzugeben und die falsche Auffassung zu berichtigen. Ich tue das in der Ueberzeugung, daß der Friedensarbeit durch die Maßnahmen des Blockes der antif[aschistischen]-demokr[atischen] Parteien und Organisationen im Stadtbezirk 7 nicht gedient ist.«[114]

Herz gehörte auch dem Deutschen Friedensrat an, dieser war im Nachgang des Weltfriedenskongresses in Warschau konstituiert worden; er wurde zu einem der sechs stellvertretenden Vorsitzenden gewählt.[115] Die Beteiligung von Christen und besonders von Pfarrern in den institutionellen Friedensgremien ließ sehr zu wünschen übrig, weshalb man versuchte, diese gezielt anzuwerben; helfen sollte dabei ein an den DFR angeschlossener christlicher Arbeitskreis für den Frieden (CAK). Im September 1951 nahm der CAK Gestalt an. Vorsitzende wurden Johannes Herz, Karl Fischer und der thüringische Synodale und spätere Oberbürgermeister von Weimar Hans Wiedemann. Der CAK tagte einmal im Monat in Berlin, hatte kein Statut und stand allen offen, die sich in irgendeiner Form zur Mitarbeit bereit erklärt hatten. Der CAK war auch ein Sammelbecken für diejenigen Theologen, die wegen ihres blinden Engagements in der Friedensbewegung und ihrer Mitarbeit in der Nationalen Front und anderen Gremien, die behaupteten, sich für den Frieden einzusetzen, in Opposition zu ihren Landeskirchen geraten waren. Emil Fuchs trat bei einer Tagung im Juli 1952 erstmals in Erscheinung und sollte seitdem an der Arbeitsweise und der Ausrichtung des CAK intensiv Anteil haben. Er wurde auf dem kurz darauf stattfindenden Zweiten Deutschen Friedenskongress in den DFR gewählt. Als der CAK im März 1953 beschloss, sich einzureihen in die Friedensbewegung der DDR, war Emil Fuchs die treibende Kraft.

Der CAK veranstaltete im Nachgang der Weltkirchenkonferenz in Evanston 1954 eine Begegnung in Leipzig. An dieser Begegnung nahm auch der Missionsdirektor Wilhelm Nitsch aus dem Kreis Moers teil, der danach mit Herz in Briefkontakt trat. Im ersten Brief stellte Nitsch kritische Fragen zur DDR; er fragte, wie denn von einer Wahl gesprochen werden könne, wenn nur eine Einheitsliste zu bestätigen sei, wieso im Sozialismus Christen und Kinder von

114 Briefwechsel vom April 1954. EphAL Staat und Kirche.

115 Vorsitzender wurde der Rektor der Humboldt-Universität zu Berlin, Walter Friedrich. Neben Herz waren unter anderem Anna Seghers und Arnold Zweig stellvertretende Vorsitzende.

Akademikern nicht zu Erweiterten Oberschule (EOS) zugelassen würden und wie man mit der Politisierung in der Schule umgehe.[116] Die Antwort von Herz wirkt erschreckend konformistisch. Von alledem wisse Herz nichts, auch halte er den dem Brief von Nitsch beigelegten Artikel über eine Eingabe der evangelischen Kirchenleitung gegen die zunehmende Politisierung und einseitige materialistische Ausrichtung der Schule für »psychologische Kriegsführung« der Westpresse. Zwei Jahre zuvor hatte Herz selbst als Mitglied der sächsischen Landessynode die sehr klar formulierte Eingabe an die Regierung der DDR gegen die Umwandlung der Schule in eine Bekenntnisschule des atheistischen Materialismus mitverfasst. Was den Sinneswandel bewirkt hat, ob es Druck von Seiten der SED gab – positiv oder negativ –, war nicht zu ergründen; im Februar 1955 erhielt Herz die Deutsche Friedensmedaille.

Nitsch ließ sich mit dieser Antwort nicht zufriedenstellen und hakte nach. Zur Unterstützung legte er eine Liste von zum Zuchthaus verurteilten Geistlichen bei und einen weiteren Artikel über eine »Massenflucht von Lehrern aus der Sowjetzone«, die inzwischen eine Größenordnung von 70.000 Lehrern erreicht habe, nachdem Ulbricht jeden Lehrer zu einem »Funktionär der Arbeiter- und Bauernmacht« erklärt hatte. Ferner bekräftigte Nitsch seine Informationen über die Nichtzulassung zur EOS. Auch diesmal war die Reaktion von Herz harsch. Das sei alles falsch. Die Verurteilten seien nicht wegen ihrer Verkündigung verurteilt worden, und alle Kinder mit dem entsprechenden Durchschnitt dürften die EOS besuchen. »Völlig unwahr sind die Nachrichten über eine ›Massenflucht an Lehrern‹. [...] Dieser gefährliche psychologische Krieg [ist] vom christlichen Standpunkt genauso wie der Krieg mit Atomwaffen unbedingt zu verurteilen.« Solche Verleumdung der DDR durch die Westpresse sei Kriegshetze. In seinem Referat zur Erhaltung des Friedens hatte Herz die Verleumdung mit zu der Radikalisierung des fünften Gebots in der Bergpredigt gerechnet, wie er in der Rede bei der Pfarrerkonferenz dargelegt hatte.[117] An anderer Stelle schrieb er:

> »[W]ir haben als seine [Jesu] Jünger einen unerbittlichen Kampf zu führen gegen die Ströme der Unwahrhaftigkeit und Ungerechtigkeit, die wie eine moderne Sintflut jetzt über die Welt hinweggehen und ihr Zerstörungswerk tun. Wir haben aller Übertreibung und Verdrehung, aller Gehässigkeit und Verleumdung [...] mutig und entschlossen entgegen zu treten. [...] In diesen Zusammenhang gehört vor allem auch der Kampf gegen alle modernen Formen der Massensuggestion herein, die den Menschen seiner persönlichen sittlichen Verantwortung enthebt, ihn seiner Freiheit beraubt und ihn zum Sklaven macht.«[118]

Möglicherweise hing der harsche Ton, den Herz gegenüber Nitsch anschlug, auch mit der geplanten Einbindung der Bundesrepublik Deutschland in die

116 Vgl. zum Folgenden: Briefwechsel von Nitsch und Herz vom 21. Dezember 1954 bis 16. Februar 1955. UAL Na Herz 35/3, dort auch Zitate.

117 Vgl. Herz: Die Frage des Friedens ..., 4. UAL NA Herz 37/1. Siehe oben, 320.

118 Verantwortung. Nr. 21, 26. Juli 1952, 3.

NATO zusammen.[119] Dieser Schritt musste für den Friedenskämpfer Herz als Schritt auf dem Weg in einen neuen Krieg erscheinen.

Das SED-Regime hatte seinen Anspruch auf die Jugend früh erhoben, dazu zählten die Ideologisierung in der Schule, die Einbindung in die FDJ und der Kampf gegen die Junge Gemeinde. Im Herbst 1954 wurde die Jugendweihe von staatlicher Seite aus propagiert und mit viel Druck in den Schulen beworben. Herz hatte mit dem Kultusminister Johannes R. Becher bei der vom CAK veranstalteten Leipziger Begegnung gesprochen. Becher hatte ihm versichert, dass die Jugendweihe nicht in Konkurrenz mit der Konfirmation treten solle und deshalb für den Abschluss des 17. Lebensjahres geplant sei. Am 7. Dezember 1954 hatte die *LVZ* die Thesen des zentralen Vereins für Jugendweihe Berlin zu deren Durchführung abgedruckt, die ein ganz anderes Bild zeichneten. Der Versuch, diese Diskrepanz mit Becher zu besprechen, scheiterte.[120] Die wachsenden Spannungen mit dem Staat besonders beim Thema Jugendweihe führten dazu, dass der zentrale christliche Arbeitskreis für den Frieden nicht mehr zusammentrat. Herz bemerkte dazu, dass die Haltung der Kirchenleitung, eine Entscheidung zu erzwingen, unklug sei, da bei »Nur-Konfirmation« der Zugang zur Oberschule verwehrt werde; in den Zwanziger Jahren sei die Nachkonfirmation problemlos vollzogen worden.[121] Walter Ulbricht hatte bei der Eröffnung des Jugendweihejahres[122] am 29. September 1957 gefordert, dass alle Jugendlichen an der Jugendweihe teilnehmen müssten, unabhängig von der Weltanschauung, in der sie erzogen seien. Die Jugendweihe war damit faktisch zu einer Pflichtveranstaltung geworden, die eine offensichtliche antireligiöse Ausrichtung hatte.[123]

Die öffentlichen Verlautbarungen, die Johannes Herz in seinen letzten Lebensjahren tätigte, lesen sich als Bekenntnisse zum SED-Regime und zur Sowjetunion. Bereitwillig schrieb er von seinen Begegnungen bei den WFR-Tagungen mit dem Moskauer Patriarchen Alexei I., der ihm versicherte, dass es in der Sowjetunion Religionsfreiheit gebe. Als jedoch sowjetische Truppen 1956 in Ungarn einmarschierten und dem Volksaufstand ein jähes Ende bereiteten, erwies sich der WFR nicht auf ganzer Linie als willfähriges Instrument der Kommunisten. Eine Verurteilung des Einmarsches erfolgte nicht, aber

119 Das Ende der Besatzung, die Stationierung von alliierten Truppen und die Einbindung der Bundesrepublik Deutschland in die NATO wurden in den Pariser Verträgen vom 23. Oktober 1954 geregelt, die am 5. Mai 1955 in Kraft traten.

120 Vgl. Briefwechsel mit Büro des CAK Dezember 1954. UAL Na Herz 35/3.

121 Vgl. Briefwechsel mit Büro des CAK Dezember 1957. UAL Na Herz 36/2. In den Briefen an Nitsch hatte Herz noch dementiert, dass der Zugang zur EOS von politischen Faktoren bestimmt werde.

122 Das Jugendweihejahr war dem Schuljahr angepasst.

123 Vgl. Neubert: Geschichte ..., 118f.

auch keine Befürwortung: Auf eine gemeinsame Erklärung konnte man sich nicht einigen.

> »Die Konferenz hat die schmerzlichen Ereignisse in Ungarn einer Prüfung unterzogen. Sie erkennt, daß es in dieser Frage ernste Meinungsverschiedenheiten sowohl im WFR als auch in den nationalen Friedensbewegungen gibt und daß die gegensätzlichen Ansichten die Formulierung einer gemeinsamen Einschätzung nicht möglich gemacht haben.«

Einmütig wurde das Bedauern über das Blutvergießen geäußert und der Wunsch formuliert, dass die sowjetischen Truppen abziehen, »sobald dies in einem Abkommen zwischen Ungarn und der UdSSR vereinbart ist«, und dass Ungarn die volle Ausübung seiner Souveränität gewährt wird.[124]

Zur Gründung der Nationalen Volksarmee am 1. März 1956 sind keine Äußerungen von Johannes Herz erhalten. Als die EKD-Synode der Ratifizierung des Militärseelsorgevertrags zustimmte, verurteilte Herz sowohl den Abschluss als auch die positive Stellungnahme des Evangelischen Pressedienstes in einer Rede auf dem VII. Parteitag der LDPD:

> »Das ist, der kirchlichen Diplomatik entkleidet, nichts anderes als Ausdruck der Befriedigung der herrschenden Kräfte der EKD über die Allianz zwischen Bonner Staat und evangelischer Kirche. Die Haltung Bischof Dibelius', die Sanktionierung einer für unser Volk wie für die deutsche Christenheit gefährlichen Kriegspolitik, widerspricht gröblich seinem christlichen Auftrag. Wir Christen treten für den Frieden ein. Wir wollen dem inneren und äußeren Frieden in unserem Volke nützen. Dazu haben wir in unserer DDR alle Möglichkeiten, ohne jede Einengung in weltanschaulich-religiösen Fragen.«

Die Militärseelsorge müsse abgelehnt werden, weil sie indirekt den Kampf mit Atomwaffen billige.[125]

Herz' Motivation zu solchen Aussagen lag schwerlich ein Bekenntnis zum Sozialismus oder zum SED-Regime zugrunde, sondern vielmehr eine eingeengte Sicht, die das unbedingte Eintreten für den Frieden zum Ziel hatte und dabei bewusst oder unbewusst Zugeständnisse an die staatlichen Vertreter der Friedenssache zu machen bereit war, weniger aus einem politischen, sondern vielmehr aus einem christlichen Verständnis heraus, wie er es auf der Friedenstagung in Weimar 1953 ausdrückte:

> »Ich glaube [...], daß in dem großen gewaltigen Ringen um den Frieden wir gerade als Christen eine besondere Verantwortung haben. Diese Verantwortung liegt, glaube ich, ganz einfach in einer klareren durch unser Christsein gezeichneten Linie. [...] Daß wir gerade als Christen in dieser weltgeschichtlichen Situation

---

124 Vgl. Bulletin des WFR Nr. 23, 1. Dezember 1956. UAL Na Herz 49/1, dort auch Zitate.

125 Vgl. Diskussionsbeitrag Herz auf dem VII. Parteitag der LDPD in Weimar 1956. UAL Na Herz 51/2, dort auch Zitat.

nicht versagen, das ist eine ganz große Aufgabe, die wir haben und vor die wir uns als Christen von Gott gestellt sehen.«[126]

In den Augen von Herz bedeutete der Abschluss des Militärseelsorgevertrags einen Verrat an der Christenheit, die im Rückbezug auf Jesus Christus die Verpflichtung zum Frieden und zur Versöhnung hätte.[127] Das »Ja« zum Militärseelsorgevertrag schien für Herz gleichbedeutend zu sein mit einem »Ja« zu einem neuen Krieg. Dagegen meinte er Stellung beziehen zu müssen, denn »ein Christ kann nicht über seiner Zeit stehen – er ist mitverantwortlich für die Zukunft der Menschheit«.[128] Herz sah sich in der Pflicht, hier die Stimme Jesu Christi, wie er sie verstand, zu vertreten, wenn andere – wie Dibelius – in seinen Augen darin versagten. Deshalb äußerte er sich entgegen den Anweisungen des Landeskirchenamts und der Bitten der Amtsbrüder im Konvent für die staatlichen Maßnahmen, die nach seiner Meinung dem Frieden dienten.

126 Beitrag Johannes Herz. In: Deutscher Friedensrat (Hg.): Deutscher Friedenstag in Weimar vom 10.–12. Dezember 1953. Rundbrief »Christliche Verpflichtung im Ringen um den Frieden«, Berlin 1954, 18–20, 18f.

127 Vgl. Herz: Die Frage des Friedens .... UAL NA Herz 37/1.

128 Johannes Herz in LVZ vom 13. Juni 1952. EphAL I-B 136, Schrank 8.

Schlussbetrachtung

Das Leben von Johannes Herz steht beispielhaft für das eines liberalen Theologen, der in vier politischen Systemen gelebt und gewirkt hat. Mit der liberalen Theologie gekoppelt ist die soziale Verpflichtung. Folgerichtig ergab sich für Herz die Mitarbeit in den evangelisch-sozialen Gremien seiner Zeit, in der Sächsischen Evangelisch-sozialen Vereinigung und dem Evangelisch-sozialen Kongress. In beiden nahm er bedeutende Positionen ein und entwickelte sich zu einem anerkannten Kenner der sozialen Lage. Seine Stärke lag auf dem Feld der Organisation. Es gelang ihm, die SESV ohne die Unterstützung des ESK im Ersten Weltkrieg als lebendige Vereinigung zu erhalten. In dieser nicht nur wirtschaftlich schwierigen Zeit entstand aus seiner Initiative heraus ein Mitteilungsblatt; den ESK brachte er gegen alle Widerstände dazu, 1918 in Leipzig eine Kongresstagung zu veranstalten. Dass der ESK in der Weimarer Republik nicht zerfiel und sang- und klanglos unterging, sondern zu einer neuen Blüte kam, war nur durch die Übertragung des Generalsekretariats an Johannes Herz möglich. Die Fähigkeiten, die ihn zu einem hervorragenden Generalsekretär machten, verhinderten zugleich, dass er das repräsentative Amt eines Präsidenten glänzend ausfüllen konnte. Zu sehr war sein Auftreten und Handeln von praktischen Erwägungen geprägt; Herz war nicht der Mann für ein repräsentatives Amt. Ähnlich formulierte es auch Martin Rade in einem Brief an Adolf von Harnack, als er 1925 schrieb: »Herz leistet Übermenschliches, aber er allein kann es auf Dauer nicht. Ein potenter Mann muß an die Spitze. Woher nehmen? Es gibt keine potenten Männer mehr.«[1]

Das Charakteristikum des unermüdlichen, kenntnisreichen Arbeiters zieht sich auch durch die anderen Arbeitsfelder von Herz. Ihm oblag die Vorbereitung der ESK-Tagung in Chemnitz 1910. Als Mitglied der zehnten Landessynode war er der Schriftführer des Verfassungsausschusses und zugleich Vertreter im Freien Verfassungsausschuss, der als Beirat für die gesamte Verfassungsreform fungierte. Nach seinem Ausscheiden aus Synode und ständigem Synodalausschuss 1920 wurde ihm – zusammen mit drei weltlichen Kirchvorstehern – vom Leipziger Kirchgemeindeverband die Erarbeitung einer neuen Besoldungsordnung übertragen. Gegen die Kirchenaustrittspropaganda legte er eine Materialsammlung vor. Über den Religionsunterricht an Leipziger Schulen während der Weimarer Zeit erstellte er Berichte. Das von ihm ausgeübte Ehrenamt des

1 Brief von Rade an Harnack vom 9. Juni 1925, in: Der Briefwechsel ..., 799.

Leiters der liberalen Kirchentagsgruppe bestand in erster Linie im Organisieren und Moderieren. 1924 in den Deutschen Evangelischen Kirchenausschuss gewählt, war es Herz aufgetragen, die Annahme der sozialen Botschaft des Betheler Kirchentags auf kirchlicher und staatlicher Ebene zu verfolgen. Er wurde zum Delegierten für die Stockholmer Weltkirchenkonferenz für Praktisches Christentum bestimmt und als Vertreter des DEKA in den Aufsichtsrat der Evangelisch-sozialen Schule Spandau entsandt. Im Evangelisch-sozialen Institut wurde er mit der Verwaltung und geschäftlichen Leitung betraut. Als Teil des Leipziger Kleeblatts mit Heinrich Schumann, Oskar Bruhns und Fritz Mieth sorgte er dafür, dass die Mittelpartei geordnete Züge bekam; er war maßgeblich an der Organisation des Misstrauensvotums gegen Landesbischof Friedrich Coch beteiligt. Die sich zur Mitte zählenden Kandidaten und Vikare wurden von Herz betreut, er nahm das Examen in München ab und versorgte sie, soweit möglich, mit Vikariaten und Pfarrstellen. In dieses Bild fügt sich die Charakterisierung, die Kurt Wiesner in der Gedächtnisvorlesung für Herz benutzte: »Johannes Herz war überall und immer bescheiden, gewissenhaft, verantwortungsbewußt, hilfsbereit, praktisch und pünktlich.«[2] All diese Arbeiten erledigte Herz neben seinem Dienst als Pfarrer, davon mehr als 40 Jahre als Pfarramtsleiter mit den entsprechenden Verpflichtungen und zusätzlichen großen gemeindlichen Aufgaben wie der Einrichtung einer Kinderbewahranstalt – des Hildegardstifts – oder dem Bau der Versöhnungskirche. Es lässt sich erahnen, welchen Arbeitsumfang Herz zu bewältigen hatte, was sich auch auf seine Gesundheit negativ auswirkte: Mehrfach hatte er mit Herzerweiterungen zu kämpfen, ferner wurde ihm vom Arzt einige Male zur Erholung wegen Überarbeitung und zur Verminderung der Arbeitsbelastung geraten.[3]

Ein anderer Charakterzug, der Herz zu einem Mann in der zweiten Reihe machte, war sein Bedürfnis nach Sicherheit. Das zeigte sich zuerst in der Annahme der Hauslehrerstelle, die ihm zunächst wenig verlockend erschien; er wählte das Leipziger Predigerseminar zur Vorbereitung auf das Zweite Theologische Examen, obwohl ihn der dort vorherrschende pietistische Zug abstieß. In diese Reihe gehört auch die überstürzte Übernahme der Pfarrstelle in Waltersdorf gegen den Rat des Vaters. Wenn ihm auch ein anderer Weg attraktiver erschien, wählte er meist den sicheren. Selbst sein Widerstand gegen die DC und den NS-Staat waren von diesem Sicherheitsbedürfnis geprägt. Der Mut zum Risiko hätte gepaart sein müssen mit einem Zug zur Macht; Johannes Herz aber war kein Machtmensch. Dazu gesellten sich seine liberale Prägung,

2 Kurt WIESNER: In piam memoriam Johannes Herz. Wissenschaftliche Zeitschrift der Karl-Marx-Universität. Gesellschafts- und sprachwissenschaftliche Reihe 10 (1961) Heft 3, 451–457, 452.

3 Vgl. z.B. Einträge im Amtskalender vom 4. März 1913, 20. Februar 1922, 11. Januar 1924. UAL Na Herz 2/2.

die mit ihr einhergehende Toleranz und seine auf Verständigung beruhende und nach Verständnis suchende Haltung.

In den Zeiten der Diktaturen, die Herz in der zweiten Hälfte seines Lebens erlebte, wurde die Schwäche einer liberal ausgerichteten Theologie gegenüber einem totalitären System deutlich. In der nationalsozialistischen Diktatur waren es die staatlich vorgegebenen Grenzen, die den Rahmen des Handelns absteckten. Das zeigte sich beim Misstrauensvotum gegen Coch, das letztendlich wirkungslos blieb, weil man auf die Kraft des Wortes und der Verhandlung setzte. Besonders deutlich wurde das, als die BK nach der Übernahme des Landeskirchenamts durch Klotsche 1937 eine eigene sächsische Kirchenleitung einsetzen wollte. Der Versuch scheiterte am zögerlichen Verhalten der Mitte. Der ausgleichenden, vermittelnden Art der Mitte war es aber auch zu verdanken, dass Sachsen aus dem Kirchenkampf relativ unbeschadet hervorging. Unter der SED-Herrschaft schien sich Herz zum willfährigen Instrument der Machthaber zu wandeln. Eine solche Sichtweise wird ihm jedoch nicht gerecht, mehrere Faktoren sind bei der Einordnung zu beachten. Der neue Staat stellte sich selbst als Garanten für soziale Gleichheit und die Erhaltung des Friedens dar, beides Angelegenheiten, die einen Großteil des Lebens von Herz bestimmten. Für Herz war die Verpflichtung zum Sozialen eine Tatsache, die ihn bereits in Kindheit und Jugend geprägt hatte, da sowohl sein Vater und ebenso der Großvater in ihrem Pfarramt den sozialen Gedanken in Wort und Tat pflegten. Die Erhaltung des Friedens war ihm seit 1917 ein dringendes Anliegen.[4] Sein soziales Engagement schien nun sogar hinter seine Friedensarbeit zurückzutreten. Die Aufnahme in den Deutschen Friedensrat und seine Wahl in den Weltfriedensrat krönten diese Bemühungen und unterstützten seine Vorstellungen vom Wert und vom Wirkungsgrad seiner Arbeit. Herz ging es darum, vom christlichen Glauben ausgehend den Frieden zu gestalten, Frieden ohne Christus und Christentum war für ihn undenkbar, »der deutsche Protestantismus durfte im Weltfriedensrat [...] nicht unvertreten sein.«[5] Mit der Erteilung eines Lehrauftrags an der Theologischen Fakultät und der später erfolgten Verleihung des Professorentitels wurde Herz eine Ehre zuteil, die ihm bis dahin verwehrt war; auch dieser Faktor dürfte zu einem positiven Bild des Staates bei Herz beigetragen haben. Zudem war es ihm auf diesem Weg möglich, 1948 erstmalig seinen Sohn in Schweden zu besuchen, da er ein Visum für eine Gastvorlesung in Uppsala erhalten hatte. Die öffentlichen Verlautbarungen von Herz in Zeitungsartikeln sowie der Rede zur Friedenskonferenz 1950 in Dresden und in Veröffentlichungen des Deutschen Friedensrats waren angetan, in ihm einen Unterstützer des Systems zu sehen, dafür wurde er von seinen Amtsbrüdern

4 Vgl. das Selbstzeugnis von Johannes Herz in: Christlicher Arbeitskreis im Deutschen Friedensrat (Hg.): Mein Weg zur Friedensbewegung, Berlin 1959, 13.

5 Ebd., 14f.

in der Ephorie mehrfach zur Rede gestellt. Dass Herz' Handeln nicht in allem der Sympathie für das neue System entsprang, wird in einer Einschätzung von Walter Bredendiek, der ein Zögling des Religiösen Sozialisten Emil Fuchs war und einen christlichen Sozialismus vertrat, also dem SED-Staat aufgeschlossen gegenüberstand, deutlich. Er schrieb, dass Herz zwar die gesamte reiche Tradition des theologischen Liberalismus in die Friedensbewegung hineingetragen habe. Darüber hinaus aber habe er jede aktuelle politische Frage in einen größeren historischen Rahmen eingeordnet, für ihn spielten die ethischen und moralischen Aspekte eines Problems die zu beachtende Rolle:

> »So kam er als Redner oder Diskussionsleiter immer ziemlich bald auf grundsätzliche Erörterungen theologie- und geistesgeschichtlicher Art, die Erbe und Vermächtnis christlicher Arbeit für den Frieden in das Bewußtsein seiner Zuhörer hoben. Freilich war seine Stärke zugleich auch seine Schwäche und Grenze. Indem er nur Kontinuität im Ablauf der geschichtlichen Prozesse sah, indem ihm jedes konkrete Faktum der Zeitgeschichte zu einem Paradigma zeitloser, allgemeiner Wahrheiten (oder auch Irrtümer) wurde, [...] konnte er die neuen Qualitäten, die die Weltgeschichte seit dem Jahre 1917 zu prägen begonnen hatten, nicht voll in sein Denken integrieren. Diese Feststellung ist in keiner Weise abwertend gemeint, [...] er [Herz] bejahte dann auch den Aufbau des Sozialismus in der DDR. Aber er begrüßte die Umgestaltungen weniger, weil sie sozialistische waren, weil mit ihnen der Grundstein für eine Gesellschaft ohne Ausbeutung und Klassenscheidung gelegt wurde, er unterstützte sie vielmehr, weil er in ihnen die Verwirklichung liberal-demokratischer Forderungen zu erkennen meinte.«[6]

Seine Haltung zum SED-Regime wirft einen dunklen Schatten auf den Mann, der den Sozialen Protestantismus im 20. Jahrhundert maßgeblich geprägt und gestaltet hat, sie sollte aber nicht den Blick auf seine großen und wichtigen Leistungen verstellen. Er war in vielen Gremien der Vertreter der liberalen Theologie und der Verfechter des evangelisch-sozialen Gedankens. Mit Herz starb der letzte Vertreter des Sozialen Protestantismus, der aus der Tradition des 19. Jahrhunderts kam. Damit starb aber der Soziale Protestantismus nicht aus – er entwickelte nur neue theoretische Grundlegungen und Handlungsformen.

6 Walter BREDENDIEK: Emil Fuchs und die Anfänge des christlichen Arbeitskreises im Friedensrat der Deutschen Demokratischen Republik. http://www.hans-otto-bredendiek.de/fuchs_friedensrat.html (letzter Zugriff 12. Mai 2011).

Quellen- und Literaturverzeichnis

I Archivalien

Akten der Kirchgemeinde Leipzig Gohlis-Nord
  Erste Pfarrstelle F 1

Akten des Pfarramts Bannewitz

Archiv des Evangelisch-sozialen Kongresses (AESK)
  Akten des Evangelisch-sozialen Kongresses (A)
  Akten der Sächsischen Evangelisch-sozialen Vereinigung (B)

Ephoralarchiv Leipzig (EphAL)
  Schrank 1
  Schrank 2
  Schrank 8
  Staat und Kirche. III Kirchliche Kreise

Sächsisches Hauptstaatsarchiv Dresden (HStADD)
  Königreich und Freistaat Sachsen 1831–1945:
  Ministerium für Volksbildung (MfV)
  Bestand der Landesregierung Sachsen 1945–1952:
  Ministerium des Innern (MdI)

Staatsarchiv Leipzig (StAL)
  Nachlass Herz (Na Herz)
  Akten der SED Kreisleitung KMU

Stadtarchiv Leipzig (StA L)
  Stadtverordnetenversammlung und Rat der Stadt Leipzig:
  Teil 1: 1945–1970 (StVuR I)

Universitätsarchiv Leipzig (UAL)
  Nachlass Herz (Na Herz)
  Personalakte Herz (PA 2254)

Gedruckte Quellen und Literatur

Acten der achten Evangelisch-lutherischen Landessynode, Dresden 1906.

Acten der dritten außerordentlichen Evangelisch-lutherischen Landessynode, Dresden 1909.

Acten der neunten Evangelisch-lutherischen Landessynode, Dresden 1911.

Akten der zehnten Evangelisch-lutherischen Landessynode, Dresden 1919.

Akten der elften Evangelisch-lutherischen Landessynode, Dresden 1920.

Akten der 16. Evangelisch-lutherischen Landessynode der Evangelisch-lutherischen Landeskirche Sachsens 1948–1953, 4 Bd., Berlin.

Aé, Karl: Zum Hefte. Mitteilungen der Sächsischen Evangelisch-Sozialen Vereinigung Nr. 24 (1932), 1.

Agende für evangelisch-lutherische Kirchen und Gemeinden. Bd. 1 Der Hauptgottesdienst mit Predigt und heiligem Abendmahl und die sonstigen Predigt- und Abendmahlsgottesdienste, Hannover 1955.

Aly, Götz (Hg.): Aktion T4. 1939 – 1945. Die »Euthanasie«-Zentrale in der Tiergartenstrasse 4, Berlin 1989.

Andresen, Carl; Ritter, Adolf Martin (Hg.): Handbuch der Dogmen- und Theologiegeschichte. Bd. 3: Die Lehrentwicklung im Rahmen der Ökumenizität, Göttingen [2]1998.

Art. Deutsche Geschichte: 1945 bis 1949. In: BI Universallexikon, Leipzig 1988, 159.

Baier, Karl-Heinz: Das Problem der Staatsleitungen an die Evangelisch-lutherische Landeskirche Sachsens und dessen Klärung in der Weimarer Republik. Ein Beitrag zum Problem der Trennung von Kirche und Staat nach der Novemberrevolution von 1918. Diss. theol. MS, Leipzig 1987.

Badstübner, Rolf; Loth, Wilfried (Hg.): Wilhelm Pieck. Aufzeichnungen zur Deutschlandpolitik 1945 – 1953, Berlin 1994.

Banasch, Georg: Der wandernde Handwerkergeselle in unserer Zeit. http://obc.opole.pl/Content/1102/p-52.pdf, (letzter Zugriff 4. November 2010).

Baske, Siegfried; Engelbert, Martha (Hg.): Dokumente zur Bildungspolitik in der SBZ 1945–1965, Bonn, Berlin 1966.

Bauer, Gisa: Agnes von Zahn-Harnack, Leipzig 2006. (AKThG; 17)

Bautz, Friedrich Wilhelm: Dinter. BBKL 1 (1990), Sp. 1312–1314.

Bebel, August: Christentum und Sozialismus. Eine religiöse Polemik zwischen Herrn Kaplan Hohoff in Hüffe und August Bebel (1873/74). In: Ausgewählte Reden und Schriften, Bd. 1, München 1995, 281-299.

Behrends, Rainer: Die farbigen Glasfenster der Versöhnungskirche. In: Dietze, Henrike; Michel, Dieter; Mühlmann, Sieghard (Hg.): Die Versöhnungskirche in Leipzig-Gohlis. Geschichte und Gegenwart eines Bauwerks der klassischen Moderne. Leipzig 2009, 59–110.

Bentley, James: Albert Schweitzer. Eine Biographie, Düsseldorf 2001.

Besier, Gerhard: Die evangelische Kirche in den Umbrüchen des 20. Jahrhunderts. Bd. 1: Kirche am Übergang vom Wilhelminismus zur Weimarer Republik. Von der Weimarer Republik ins »Dritte Reich« – der »Kirchenkampf«, Neukirchen-Vluyn 1994. (Historisch-theologische Studien zum 19. und 20. Jahrhundert 5,1)

Ders.: Die Kirchen und das Dritte Reich. Spaltungen und Abwehrkämpfe 1934–1937, Berlin, München 2001.

Beutel, Albrecht; Leppin, Volker; Sträter, Udo; Wriedt, Markus (Hg.): Aufgeklärtes Christentum. Beiträge zur Kirchen- und Theologiegeschichte des 18. Jahrhunderts, Leipzig 2010. (AKThG 31)

Benz, Wolfgang: Zwei Staatsgründungen auf deutschen Boden. Deutschland 1945–1949. Informationen zur politischen Bildung (Heft 259). http://www.bpb.de/popup/popup_druckversion.html?guid=SMEYWR (letzter Zugriff 9. Mai 2011).

Binding, Karl; Hoche, Alfred: Die Freigabe der Vernichtung lebensunwerten Lebens. Ihr Maß und ihre Form, Leipzig 1920.

Blanckmeister, Franz: Friedrich Meyer. Ein Leben im Dienste der Kirche, Leipzig 1912.

Bockermann, Dirk (Hg.): Freiheit gestalten. Zum Demokratieverständnis des deutschen Protestantismus, kommentierte Quellentexte 1789 – 1989. Festschrift für Günter Brakelmann zum 65. Geburtstag, Göttingen 1996.

Bormuth, Daniel: Die Deutschen Evangelischen Kirchentage in der Weimarer Republik, Stuttgart 2007. (Konfession und Gesellschaft 41)

Brakelmann, Günter: Der deutsche Protestantismus im Epochenjahr 1917, Witten 1974.

Ders.: Adolf Stoecker. TRE 32 (2001), 195f.

Bredendiek, Walter (Hg.): Zwischen Aufbruch und Beharrung. Der deutsche Protestantismus in politischen Entscheidungsprozessen, Berlin 1978.

Ders.: Emil Fuchs und die Anfänge des christlichen Arbeitskreises im Friedensrat der Deutschen Demokratischen Republik. http://www.hans-otto-bredendiek.de/fuchs_friedensrat.html (letzter Zugriff 21. April 2011).

Bruch, Rüdiger Vom (Hg.): Friedrich Naumann in seiner Zeit, Berlin, New York 2001.

Brunotte, Heinz: Bekenntnis und Kirchenverfassung. Aufsätze zur kirchlichen Zeitgeschichte, Göttingen 1977. (AKiZ B; 3)

Ders.: Die Auswirkungen der nationalsozialistischen Schrifttums- und Pressepolitik auf die Deutsche Evangelische Kirche. In: Brunotte, Heinz: Bekenntnis und Kirchenverfassung: Aufsätze zur kirchlichen Zeitgeschichte, Göttingen 1977. (AKiZ B; 3) 79–97.

Christlicher Arbeitskreis im Deutschen Friedensrat (Hg.): Mein Weg zur Friedensbewegung, Berlin 1959.
Codex des im Königreiche Sachsen geltenden Kirchen- und Schulrechts mit Einschluß des Rechts der frommen Stiftungen und der Ehe. Unter Genehmigung des Königl. hohen Ministerium des Cultus mit Erläuterungen aus ungedruckten Verordnungen versehen, Leipzig 1840.
Cordier, Leopold: Die evangelische Jugend und ihre Bünde. Eine geschichtliche Einführung, Schwerin 1927. (Evangelische Jugendkunde 2)
Ders.: Einer ist unser Meister. Christuspredigt heute, Schwerin 1934.

Dahm, Karl-Wilhelm: Pfarrer und Politik. Soziale Position und politische Mentalität des deutschen evangelischen Pfarrerstandes zwischen 1918 und 1933, Köln 1965. (Dortmunder Schriften zur Sozialforschung 29)
Ders.: Dem Volkstum verpflichtet – zum Staat in Distanz. Die evangelische Kirche in der Weimarer Republik. In: Bockermann, Dirk (Hg.): Freiheit gestalten. Zum Demokratieverständnis des deutschen Protestantismus, kommentierte Quellentexte 1789 – 1989. Festschrift für Günter Brakelmann zum 65. Geburtstag, Göttingen 1996, 271-283.
Deißmann, Adolf (Hg.): Die Stockholmer Weltkirchenkonferenz. Vorgeschichte, Dienst und Arbeit der Weltkonferenz für Praktisches Christentum 19. - 30. August 1925, amtlicher deutscher Bericht, Berlin 1926.
Delbrück, Hans; Harnack, Adolf: Evangelisch-Sozial, Berlin 1896.
Deutscher Friedensrat (Hg.): Deutscher Friedenstag in Weimar vom 10.–12. Dezember 1953. Rundbrief »Christliche Verpflichtung im Ringen um den Frieden«, Berlin 1954.
Dibelius, Franz: Predigt zur Eröffnung der Landessynode am 16. Juli 1920 in der evangelischen Hofkirche zu Dresden, Dresden 1919.
Dibelius, Otto: Das Jahrhundert der Kirche. Geschichte, Betrachtung, Umschau und Ziele, Berlin 1927.
Dietze, Henrike; Michel, Dieter; Mühlmann, Sieghard (Hg.): Die Versöhnungskirche in Leipzig-Gohlis. Geschichte und Gegenwart eines Bauwerks der klassischen Moderne, Leipzig 2009.
Dokumente zur Kirchenpolitik des Dritten Reichs, Bd. III: 1935–1937. Von der Errichtung des Reichskirchenministeriums für die kirchlichen Angelegenheiten bis zum Rücktritt des Reichskirchenausschusses (Juli 1935-Februar 1937). Bearb. von Gertraud Grünzinger, München 1994.
Dokumente zur Kirchenpolitik des Dritten Reichs, Bd. IV: 1937 - 1939. Vom Wahlerlaß Hitlers bis zur Bildung des Geistlichen Vertrauensrates (Februar 1937 - August 1939). Bearb. von Gertraud Grünzinger, München 2000.
Döring, Detlef (Hg.): Universitätsgeschichte als Landesgeschichte. Die Universität Leipzig in ihren territorialgeschichtlichen Bezügen. Tagung der Historischen Kommission der Sächsischen Akademie der Wissenschaften

zu Leipzig vom 7. bis 9. Oktober 2004. Leipzig 2007. (Beiträge zur Leipziger Universitäts- und Wissenschaftsgeschichte : Reihe A Bd. 4)

Drews, Paul: Das kirchliche Leben der Evangelisch-Lutherischen Landeskirche des Königreichs Sachsen, Tübingen , Leipzig 1902. (Evangelische Kirchenkunde 1)

Eger Martin (Hg.): Chemnitz in seiner sozialen Arbeit. Ein Gruß an den Evangelisch-Sozialen Kongreß 1910.

Eine moderne evangelische Kirche und die Versöhnungsgemeinde, Leipzig 1994:

Entwurf zum Schulgesetz 1946. In: Gert Geißler, Frank Blask; Thomas Scholz (Hg.): Schule: Streng vertraulich! Die Volksbildung in der DDR. Eine Publikation des Ministeriums für Bildung, Jugend und Sport des Landes Brandenburg, Bd. 1. Geschichte, Struktur und Funktionsweise der DDR-Volksbildung, Berlin 1996.

Euchner, Walter; Grebing, Helga (Hg.): Geschichte der sozialen Ideen in Deutschland. Sozialismus, katholische Soziallehre, protestantische Sozialethik. Ein Handbuch, Essen 2005.

Evangelisches Gottesdienstbuch, Berlin 2000.

Evangelisch-lutherisches Landeskirchenamt Sachsens (Hg.): Verantwortung. Untersuchungen über Fragen aus Theologie und Geschichte. Zum sechzigsten Geburtstag von Gottfried Noth, Berlin 1964.

Fellmann, Walter: Der volkstümliche Monarch. In: Lühr, Hans-Peter (Hg.): Das »Rote Königreich« und sein Monarch, Dresden 2004. (Dresdner Hefte 2004, Heft 80), 92–98.

Feurich, Walter: Materialien zum Lebenswerk von Carl Mensing. (1863 - 1953): ein Beitrag zur neueren Kirchengeschichte Sachsens. 2 Bde: Bd. 1: Dissertation. Bd. 2: Dokumente. Diss. theol. MS, Halle/Saale 1977.

Ders.: »Überleitung« oder Neuanfang? Zur kirchlichen Umgestaltung in Sachsen 1918/19. In: Bredendiek, Walter (Hg.): Zwischen Aufbruch und Beharrung. Der deutsche Protestantismus in politischen Entscheidungsprozessen, Berlin 1978, 63-89.

Feurich, Walter: Lebensbericht eines Dresdner Gemeindepfarrers, Berlin 1982.

Fischer, Joachim: Die sächsische Landeskirche im Kirchenkampf 1933–1937, Göttingen 1972.

Fitschen, Klaus: Theologische Fakultät. In: Hehl, Ulrich von; John, Uwe; Rudersdorf, Manfred (Hg.): Geschichte der Universität Leipzig 1409-2009. Bd 4: Fakultäten, Institute, Zentrale Einrichtungen, Leipzig 2009, 35–100.

Ders.: Wissenschaft im Dienste des Sozialismus. Die Universität Leipzig vom Mauerbau bis zur Friedlichen Revolution 1961–1989. In: Hehl, Ulrich von;

Heydemann, Günther; Fitschen, Klaus; König, Fritz; Häuser, Franz (Hg.): Geschichte der Universität Leipzig 1409 – 2009. Bd. 3: Das zwanzigste Jahrhundert 1909-2009, Leipzig 2010, 567–778.

Ders.: Gustav Friedrich Dinters Schullehrerbibel. In: Beutel, Albrecht; Leppin, Volker; Sträter, Udo; Wriedt, Markus (Hg.): Aufgeklärtes Christentum. Beiträge zur Kirchen- und Theologiegeschichte des 18. Jahrhunderts, Leipzig 2010 (AKThG 31), 93–99.

Fölsing, Albrecht: Albert Einstein, Frankfurt/ Main 2005.

Frackowiak, Johannes: Verfassungsdiskussionen in Sachsen nach 1918 und 1945, Dresden 2005.

Freie Besprechung über die gegenwärtige Lage der Kirche/ hrsg. von A.W. Schreiber, Berlin 1919.

Fricke, Dieter (Hg.): Die bürgerlichen Parteien in Deutschland. Handbuch der Geschichte der bürgerlichen Parteien und anderer bürgerlicher Interessenorganisationen vom Vormärz bis zum Jahre 1945. Bd. 1: Alldeutscher Verband – Fortschrittliche Volkspartei, Berlin 1968.

Friede sei mit Euch! Eine historische Tagung sächsischer Pfarrer im Landtagsgebäude zu Dresden am 27. Juni 1950.

Friedrich, Walter: Von der Sächsischen Evangelisch-sozialen Vereinigung. ES 7/8 (1904), 105–112.

Ders. (Hg.): Die Sächsische Evangelisch-soziale Vereinigung im Jahre 1904, Dresden 1905.

Fritsch, Werner; Herz, Heinz: Die Deutsche Demokratische Partei. In: Fricke, Dieter (Hg.): Die bürgerlichen Parteien in Deutschland. Handbuch der Geschichte der bürgerlichen Parteien und anderer bürgerlicher Interessenorganisationen vom Vormärz bis zum Jahre 1945. Bd. 1: Alldeutscher Verband – Fortschrittliche Volkspartei, Berlin 1968, 302-332.

Fuchs, Emil: Gedanken eines Sozialisten zur Kundgebung des Deutschen Evangelischen Kirchentages »An das Deutsche Volk«. CW Nr. 29/30 (1924), Sp. 559.

Führer durch die Versöhnungskirche, Leipzig 1932.

Gailus, Manfred; Krogel, Wolfgang (Hg.): Von der babylonischen Gefangenschaft der Kirche im Nationalen. Regionalstudien zu Protestantismus, Nationalsozialismus und Nachkriegsgeschichte 1930 bis 2000, Berlin 2006.

Gerlach-Praetorius, Angelika: Die Kirche vor der Eidesfrage. Die Diskussion um den Pfarrereid im »Dritten Reich«, Göttingen 1967. (AGK 18)

Giesecke, Hermann: Vom Wandervogel bis zur Hitlerjugend. Jugendarbeit zwischen Politik und Pädagogik, München 1981.

Göhre, Paul: Drei Monate Fabrikarbeiter und Handwerksbursche. Eine praktische Studie, Leipzig 1891.

Ders.: Die evangelisch-soziale Bewegung. Ihre Geschichte und ihre Ziele, Leipzig 1896.

Ders.: Die neueste Kirchenaustrittsbewegung aus den Landeskirchen in Deutschland, Jena 1909.

Ders.: Der unbekannte Gott. Versuch einer Religion des modernen Menschen, Leipzig 1919.

Gößner, Andreas; Wieckowski, Alexander (Hg.): Die Theologische Fakultät der Universität Leipzig. Personen, Profile und Perspektiven aus sechs Jahrhunderten Fakultätsgeschichte, Leipzig 2005. (Beiträge zur Leipziger Universitäts- und Wissenschaftsgeschichte: Reihe A 2)

Graf, Friedrich Wilhelm: Kirchenbund. RGG[4] 2 (1999), Sp. 711.

Graf, Gerhard: Vom Wendischen Prediger-Collegium zur Landsmannschaft Sorabia: ein Beispiel studentischer Selbsthilfe durch mehr als zwei Jahrhunderte. In: Lětopis 53 (2006) 3–17.

Ders.: Die Seminare der Lausitzer Prediger-Gesellschaft im Lehrbetrieb der theologischen Fakultät. In: Gößner, Andreas; Wieckowski, Alexander (Hg.): Die Theologische Fakultät der Universität Leipzig: Personen, Profile und Perspektiven aus sechs Jahrhunderten Fakultätsgeschichte, Leipzig 2005. (Beiträge zur Leipziger Universitäts- und Wissenschaftsgeschichte A 2), 323-330.

Ders.: Vom Wendischen Prediger-Collegium zur Landshauptmannschaft Sorabia. Ein Beispiel studentischer Selbsthilfe durch mehr als zwei Jahrhunderte. In: Döring, Detlef (Hg.): Universitätsgeschichte als Landesgeschichte. Die Universität Leipzig in ihren territorialgeschichtlichen Bezügen. Tagung der Historischen Kommission der Sächsischen Akademie der Wissenschaften zu Leipzig vom 7. bis 9. Oktober 2004. Leipzig 2007. (Beiträge zur Leipziger Universitäts- und Wissenschaftsgeschichte : Reihe A Bd. 4), 261–276.

Groß, Reiner: Geschichte Sachsens, Leipzig 2001.

Grundmann, Walter: Die 28 Thesen der sächsischen Volkskirche erläutert, Dresden 1934.

Guyot, Johannes: Nachwort zum Fall Korell. Mit den Verhandlungen der hessischen Landessynode vom 8. bis 10. November 1906 als Anhang, Tübingen 1907.

Haas, Rainer: Soraborum Saluti! 1716. Sorbische Studenten in Leipzig engagieren sich für ihr Vaterland, 2009.

Hahn, Hugo: Kämpfer wider Willen. Erinnerungen des Landesbischofs von Sachsen D. Hugo Hahn aus dem Kirchenkampf 1933–1945. Bearb. und hrsg. von Georg Prater, Metzingen 1969.

Hammer-Schenk, Harold: Kirchenbau IV. 19. und frühes 20. Jahrhundert. 4. Die großen Pfarrkirchen. 3. Das Wiesbadener Programm, TRE 18 (1989), 507.

Harnack, Adolf von: Das apostolische Glaubensbekenntnis. Ein geschichtlicher Bericht nebst einer Einleitung und einem Nachwort. In: Harnack, Adolf von; Nowak, Kurt; Picker, Hanns-Christoph (Hg.): Adolf von Harnack als Zeitgenosse. Reden und Schriften aus den Jahren des Kaiserreichs und der Weimarer Republik, Berlin 1996, 500–544.

Hauschild, Wolf-Dieter: Deutsche Evangelische Kirche. TRE 10 (1982), 656-667.

Ders.: Evangelische Kirche in Deutschland. 6. Die Evangelische Kirche in Deutschland (EKD) 1945–1948. TRE 10 (1982), 668.

Ders.: Deutsche Evangelische Kirche. RGG[4] 2 (1999), Sp. 703f.

Hehl, Ulrich von; John, Uwe; Rudersdorf, Manfred (Hg.): Geschichte der Universität Leipzig 1409-2009. Bd. 4: Fakultäten, Institute, Zentrale Einrichtungen, Leipzig 2009.

Hehl, Ulrich von; Heydemann, Günther; Fitschen, Klaus; König, Fritz; Häuser, Franz (Hg.): Geschichte der Universität Leipzig 1409 - 2009. Bd 3: Das zwanzigste Jahrhundert 1909-2009, Leipzig 2010.

Heidler, Fritz: Die Kirche und das Dritte Reich. Sächsische evangelisch-soziale Blätter 24 (1932), 2–4.

Hein, Markus: Die sächsische Landeskirche nach dem Ende des Zweiten Weltkrieges (1945 - 1948). Neubildung der Kirchenleitung und Selbstreinigung der Pfarrerschaft, Leipzig 2002. (HCh Sonderbd. 6)

Ders.: Zur Geschichte der sächsischen Landeskirche in der ersten Hälfte des 20. Jahrhunderts. In: Gailus, Manfred; Krogel, Wolfgang (Hg.): Von der babylonischen Gefangenschaft der Kirche im Nationalen. Regionalstudien zu Protestantismus, Nationalsozialismus und Nachkriegsgeschichte 1930 bis 2000, Berlin 2006, 360-382.

Heine, Heinrich: Deutschland. Ein Wintermärchen, Caput I. In: Sämtliche Schriften, Bd. 4, München 1997.

Herrmann, Gotthilf (Hg.): Religionsfreiheit. Amtliche Dokumente – Worte führender Männer, Zwickau [4]1935.

Herz, Heinz: Evangelisch-sozialer Kongreß. In: Fricke, Dieter (Hg.): Die bürgerlichen Parteien in Deutschland. Handbuch der Geschichte der bürgerlichen Parteien und anderer bürgerlicher Interessenorganisationen vom Vormärz bis zum Jahre 1945. Bd. 1: Alldeutscher Verband – Fortschrittliche Volkspartei, Berlin 1968, 792–797.

Herz, Johannes (Hg.): Die Jahresberichte der Chemnitzer christlichen Buchhandlung 1909–1913.

Ders.: An die Feldzugsteilnehmer des 2. Bezirks der Johannisgemeinde, Leipzig-Gohlis o.J.

Ders.: Die Chemnitzer öffentlichen Diskussionsabende. ES 4 (1910), 99–114.

Ders.; Wolf, Richard; Wustmann, Georg (Hg.): Christlicher Spruch- und Liederschatz. Für die evangelischen Schulen des Königreichs Sachsen, Chemnitz 1910.

Ders. (Hg.): Sächsische Evangelisch-soziale Vereinigung. Bericht über die Zeit Ostern 1911 bis Ostern 1913, Chemnitz 1913.

Ders.: Hat Jesus gelebt? Eine Antwort auf Drews' »Christusmythe«, Leipzig 1913.

Ders.: Die Aufgaben unserer Kirchgemeinden an der konfirmierten männlichen Jugend, Berlin 1914.

Ders.: Die Bedeutung des evangelisch-sozialen Gedankens. In: Sächsische Evangelisch-soziale Vereinigung (Hg.): Zehn Jahre Evangelisch-soziale Arbeit in Sachsen, Dresden 1914, 50-63.

Ders.: Suchet, so werdet ihr finden. Abschiedspredigt gehalten am 19. September 1915 in der Johanniskirche in Chemnitz, Chemnitz 1915.

Ders.: Arbeiterschaft und Kirche nach dem Kriege, Darmstadt 1916.

Ders.: Die Aufgaben der Frau nach dem Kriege, 1917.

Ders.; Jeremias, Alfred (Hg.): Denkschrift des freien Arbeitsausschusses der sächsischen ev.-luth. Landeskirche zur Mitarbeit bei der bevorstehenden kirchlichen Neuordnung, Leipzig 1918.

Ders. (Hg.): Zum Gedächtnis an Friedrich Naumann, Leipzig 1919

Ders.: Volkskirche und Freikirche. Vortrag auf der Sächsischen Kirchlichen Konferenz, Leipzig 1921.

Ders. (Hg.): Verhandlungsbericht der 26.-36. Tagung des Evangelisch-sozialen Kongresses 1921–1929, Göttingen 1921–1929.

Ders. (Hg.): Verhandlungsbericht der 29. und 30. Tagung des Evangelisch-sozialen Kongresses 1921 und 1923, Iserlohn 1923.

Ders. (Hg.): Verhandlungsbericht der 38. und 39. Tagung des Evangelisch-sozialen Kongresses, 1931 und 1932, Göttingen 1931 und 1932.

Ders. (Hg.): Lieder für Tauf-Gottesdienste, Leipzig 1922.

Ders.: Christliche Kriegs-Literatur, Chemnitz 1924,

Ders.: Der Protestantismus und die soziale Frage. In: Schenkel, Gotthilf Adolf (Hg.): Der Protestantismus in der Gegenwart, Leipzig 1926, 411-452.

Ders.: Der Protestantismus und die soziale Frage. In: Schenkel, Gotthilf Adolf (Hg.): Der Protestantismus der Gegenwart. Stuttgart [2]1927, 467–508.

Ders.: Evangelisch- sozial. RGG[2] 2 (1928), Sp. 437-443.

Ders.: Evangelisch-soziale Schule. RGG[2] 2 (1928), Sp. 443.

Ders.: Sozialpfarrer. RGG[2] 5 (1931), Sp. 650f.

Ders.: Wohnungsfrage. RGG[2] 5 (1931), Sp. 2004-2007.

Ders.: Die evangelische Kirche und die soziale Frage. In: Wirtschaft und Idealismus. Festschrift für Alfred Giesecke zum 60. Geburtstag, Leipzig 1928, 71-88.

Ders.: Der soziale Pfarrer. Aus Georg Liebsters Lebensarbeit, Göttingen 1928. (Evangelium und soziale Frage 1)

Ders. (Hg.): Worte Jesu. Eine Mitgabe fürs Leben zur Erinnerung an die Konfirmation, Göttingen 1929

Ders.: 25 Jahre Sächsische Evangelisch-soziale Vereinigung. Sächsische evangelisch-soziale Blätter 20 (1929), 6–16.

Ders.: Adolf von Harnack und der Evangelisch-Soziale Kongreß, Göttingen 1930.

Ders.; Kriewald, Feodor; Steiner, Hermann (Hg.): Kleines evangelisches Gesangbuch mit einem Anhang christlicher Volkslieder, Leipzig 1930.

Ders.; Grotjahn, Hans Heinrich: Ein moderner evangelischer Kirchenbau. Die Versöhnungskirche in Leipzig, Leipzig 1932.

Ders.: Deutsches soziales Prophetentum: Vortrag in der Aula der Universität Leipzig beim Herbstkonvent der Sorabia am 14. Okt. 1935. ES 4 (1935), 113–130.

Ders. (Hg.): Lieder für Tauf-Gottesdienste, Leipzig 1935.

Ders.: Bleibende Wahrheiten im Wechsel der Zeiten. 25 Jahre evangelische Verkündigung in der Großstadt, Leipzig 1940.

Ders.: Das Leipziger Kirchenbuchamt, Leipzig 1940.

Ders.: Krieg und Frieden im Lichte des Evangeliums. ES 1 (1940), 1-8.

Ders.: Die 50-Jahrfeier des Evangelisch-sozialen Kongresses. ES 3 (1940), 59f.

Ders.: Deutsche Protestanten entschlossen zum Kampf für den Frieden. In: Christlicher Arbeitskreis im Deutschen Friedensrat (Hg.): Mein Weg zur Friedensbewegung, Berlin 1959.

Ders.: Die Frage des Friedens und die Einheit unseres Vaterlandes vom theologischen Standpunkt aus gesehen. In: Friede sei mit Euch! Eine historische Tagung sächsischer Pfarrer im Landtagsgebäude zu Dresden am 27. Juni 1950, 5–12.

Ders.: Der Kampf um den Frieden in der antiken Welt. In: Staatssekretariat für Hochschulwesen in Zusammenarbeit mit dem Amt für Information der DDR (Hg.): Wissenschaftler kämpfen für den Frieden. Eine wissenschaftliche Sammelschrift unter Mitwirkung namhafter Gelehrter, Berlin 1951, 52-72.

Ders.; Simons, Walter; Zimmermann, Waldemar (Hg.): Evangelium und soziale Frage. Schriftenreihe des Evangelisch-sozialen Kongresses, Göttingen.

Herz, Reinhard: Persönliches. Nachruf für Paul David Herz. NSKBl Nr. 11 (1909), Sp. 172f.

Herzog, Heinrich: Die Neugestaltung der Verfassung der sächsischen Landeskirche. In: Evangelisch-lutherisches Landeskirchenamt Sachsens (Hg.): Verantwortung. Untersuchungen über Fragen aus Theologie und Geschichte. Zum sechzigsten Geburtstag von Gottfried Noth, Berlin 1964, 80-92

Hickmann, Hugo: Warum wollen wir die evangelische Volksschule? Dresden 1919.

Höntzsch, Fred: Finis ecclesiae? Sächsische evangelisch-soziale Blätter 24 (1932), 4–9.

Hornig, Gottfried: Lehre und Bekenntnis im Protestantismus: Kulturprotestantismus und liberale Theologie. In: Andresen, Carl; Ritter, Adolf Martin (Hg.): Handbuch der Dogmen- und Theologiegeschichte, Bd 3., Göttingen [2]1998, 202-209.

Huber, Ernst Rudolf; Huber, Wolfgang: Staat und Kirche im 19. und 20. Jahrhundert. Dokumente zur Geschichte des deutschen Staatskirchenrechts, Bd. 4: Staat und Kirche in der Zeit der Weimarer Republik, Berlin 1988.

Hübinger, Gangolf: Kulturprotestantismus und Politik. Zum Verhältnis von Liberalismus und Protestantismus im wilhelminischen Deutschland, Tübingen 1994.

Hübner, Ulrich (Hg.): Palaestina exploranda. Studien zur Erforschung Palästinas im 19. und 20. Jahrhundert anläßlich des 125jährigen Bestehens des Deutschen Vereins zur Erforschung Palästinas, Wiesbaden 2006. (Abhandlungen des Deutschen Palästina-Vereins 34)

Jähnichen, Traugott; Friedrich, Norbert: Protestantismus und soziale Frage. Profile in der Zeit der Weimarer Republik, Münster, Hamburg [u.a.] 2000. (Bochumer Forum zur Geschichte des sozialen Protestantismus 1)

Dies.: Vorwort. In: Dies. (Hg.): Protestantismus und soziale Frage. Profile in der Zeit der Weimarer Republik, Münster 2000.

Dies. (Hg.): Geschichte der sozialen Ideen in Deutschland, Essen 2008.

Dies.: Geschichte der Sozialen Ideen im deutschen Protestantismus. In: Dies. (Hg.): Geschichte der sozialen Ideen in Deutschland, Essen 2008, 958-968.

Jannasch, Wilhelm: Emil Sulze. RGG[3] 6 (1962), Sp. 522f.

Jantsch, Johanna (Hg.): Der Briefwechsel zwischen Adolf von Harnack und Martin Rade. Theologie auf dem öffentlichen Markt, Berlin 1996.

Junghans, Helmar (Hg.): Das Jahrhundert der Reformation in Sachsen, Dresden 2005.

Jürgensen, Johannes: Vom Jünglingsverein zur Aktionsgruppe. Kleine Geschichte der evangelischen Jugendarbeit, Gütersloh 1980.

Kaiser, Jochen-Christoph: Arbeiterbewegung und organisierte Religionskritik. Proletarische Freidenkerverbände in Kaiserreich und Weimarer Republik, Stuttgart 1981. (Industrielle Welt 32)

Ders.; Frie, Ewald: Soziale Reform im Kaiserreich. Protestantismus, Katholizismus und Sozialpolitik, Stuttgart 1997. (Konfession und Gesellschaft 11)

Ders.: Diakonie als sozialer Protestantismus. In: Kranich, Sebastian; Renger-Berka, Peggy; Tanner, Klaus: Diakonissen, Unternehmer, Pfarrer: Sozialer Protestantismus in Mitteldeutschland im 19. Jahrhundert, Leipzig 2009. (HCh Sonderbd. 16) 25–33.

Karlsch, Rainer; Schäfer, Michael: Wirtschaftsgeschichte Sachsens im Industriezeitalter, Dresden, Leipzig 2006.

Karrenberg, Friedrich: Betriebsgemeinschaft. In: ES 4 (1939), 97–105.

Klee, Ernst: »Euthanasie« im Dritten Reich. Die »Vernichtung lebensunwerten Lebens«. Frankfurt am Main 2010.

Kleiner Führer durch das kirchliche Leipzig. Neuwerk Kalender. Ausgabe für die Leipziger Kirchgemeinden 1937.

Klemm, Hermann; Grünzinger-Siebert, Gertraud: Im Dienst der Bekennenden Kirche, das Leben des sächsischen Pfarrers Karl Fischer 1896 - 1941. Göttingen 1986. (AGK E 14)

Koch, G.: Johann Wilhelm Herrmann. RGG^3 3 (1959), 275-277.

Köhler, Hans: Die religiöse Situation der Gegenwart, Berlin 1951.

Kranich, Sebastian: Die Sächsische Evangelisch-Soziale Vereinigung. Von der Gründung 1903 bis zum Beginn des Ersten Weltkrieges 1914. Eine historisch-systematische Studie, Gütersloh 2006. (Religiöse Kulturen der Moderne 13)

Ders.; Renger-Berka, Peggy; Tanner, Klaus (Hg.): Diakonissen, Unternehmer, Pfarrer. Sozialer Protestantismus in Mitteldeutschland im 19. Jahrhundert, Leipzig 2009. (HCh Sonderbd. 16)

Krumwiede, Hans-Walter: Evangelische Kirche und Theologie in der Weimarer Republik, Neukirchen-Vluyn 1990. (Grundtexte zur Kirchen- und Theologiegeschichte 2)

Leipziger Lehrerverein (Hg.): Die Zwickauer Thesen und Geh. Kirchenrat D. Rietschel ord. Prof. der Theologie an der Universität Leipzig: Material zur Beurteilung des Streites um den Religionsunterricht in der Volksschule, Leipzig 1909.

Leistner: »Politische« und »politisierte« Kirche. Sächsische evangelisch-soziale Blätter 23 (1932), 7–16.

Leonhard, Wolfgang: Die Revolution entlässt ihre Kinder, Frankfurt/M., Berlin, Wien 1978.

Leonhardt, Wilhelm: Die rechtliche Stellung der Landessynode im Königreich Sachsen, Leipzig 1904.

Liebster, Georg: Kirche und Sozialdemokratie, Gießen 1908. (Studien zur praktischen Theologie 2,1)

Lipinski, Richard: Die allgemeine Volksschule und der Religionsunterricht in der Republik Sachsen, Leipzig 1919.

Lühr, Hans-Peter (Hg.): Das »Rote Königreich« und sein Monarch, Dresden 2004. (Dresdner Hefte 2004 Heft 80)

Mahling, Friedrich: Kirchlich-soziale Konferenz. RGG² 3 (1929), Sp. 1041-1045.

Mai, Christian: Die künstlerische Ausstattung der Versöhnungskirche durch M. Alf Brumme. In: Dietze, Henrike; Michel, Dieter; Mühlmann, Sieghard (Hg.): Die Versöhnungskirche in Leipzig-Gohlis. Geschichte und Gegenwart eines Bauwerks der klassischen Moderne. Leipzig 2009, 48-57

Meier, Andreas; Ueberschär, Ellen: Jugendweihe - ein Ritual im Wandel der politischen Systeme, Berlin 2004. (Schriftenreihe des Instituts für Vergleichende Staat-Kirche-Forschung 15)

Meier, Kurt: Die deutschen Christen. Das Bild einer Bewegung im Kirchenkampf des Dritten Reiches, Halle 1967.

Ders.: Der evangelische Kirchenkampf. Gesamtdarstellung in 3 Bänden. Bd 1: Der Kampf um die »Reichskirche«, Halle 1976.

Ders.: Der evangelische Kirchenkampf. Gesamtdarstellung in 3 Bänden. Bd. 2: Gescheiterte Neuordnungsversuche im Zeichen staatlicher »Rechtshilfe«, Halle 1976.

Ders.: Der evangelische Kirchenkampf. Gesamtdarstellung in 3 Bänden. Bd. 3: Im Zeichen des zweiten Weltkrieges, Halle 1984.

Ders.: Volkskirche 1918 - 1945. Ekklesiologie und Zeitgeschichte, München 1982. (Theologische Existenz heute [N.F.] 213)

Ders.; Nowak, Kurt (Hg.): Evangelische Kirche in Gesellschaft, Staat und Politik 1918 - 1945. Aufsätze zur kirchlichen Zeitgeschichte, Berlin 1987.

Ders.: Die theologischen Fakultäten im Dritten Reich. Berlin [u.a.] 1996.

Ders.: Kreuz und Hakenkreuz. Die evangelische Kirche im Dritten Reich. München 2001.

Meltzer, Ewald: Das Problem der Abkürzung »lebensunwerten« Lebens, Halle 1925.

Menn, Wilhelm: Soziale Pfarrämter. ES 4 (1924), 44.

Moderow, Hans-Martin: Volksschule zwischen Staat und Kirche. Das Beispiel Sachsen im 18. und 19. Jahrhundert, Köln 2007. (Geschichte und Politik in Sachsen 25)

Mommsen, Hans: Aufstieg und Untergang der Republik von Weimar. 1918 - 1933. München 2001.

Mulert, Hermann; Herz, Johannes (Hg.): Rade, Martin: Vierzig Jahre »Christliche Welt«. Festgabe für Martin Rade zum 70. Geburtstag 4. April 1927, Gotha 1927.

Müller, Johannes: 30 Jahre Sächsische Evangelisch-soziale Vereinigung. In: SKBl Nr. 48 (1934), Sp. 761-764.

Ders.: Verschiedenes aus Stadt und Land. Von der Sächsischen Evangelisch-sozialen Vereinigung. Gemeindeblatt für die Leipziger Kirchgemeinden Juli (1933), 54.

Mumm, Reinhard: Kirchlich-soziale Konferenz. RE 10 (1901), 670-673.

Naumann, Friedrich: Nationales und soziales Christentum. In: Herz, Johannes (Hg.): Ein Auszug aus Friedrich Naumanns Gedankenwelt, Berlin 1935.

Naumann, Gottfried: Die Sächsische Evangelisch-soziale Vereinigung im Jahre 1905, Leipzig 1906.

Ders. (Hg.): Sächsische Evangelisch-soziale Vereinigung. Bericht über die Zeit vom 1. Januar 1906 bis 31. März 1907, Leipzig 1907.

Ders. (Hg.): Sächsische Evangelisch-soziale Vereinigung. Bericht über die Zeit vom 1. April 1907 bis 31. März 1908, Leipzig 1908.

Ders. (Hg.): Sächsische Evangelisch-soziale Vereinigung. Bericht über die Zeit vom 1. April 1908 bis 31. März 1909, Leipzig 1909.

Ders.: Sächsische Evangelisch-soziale Vereinigung. Bericht über die Zeit vom 1. April 1909 bis 31. Dezember 1911, Böhlitz-Ehrenberg 1912.

Neubert, Erhart: Geschichte der Opposition in der DDR 1949–1989, Bonn [2]2000.

Niederschrift der Verhandlungen der Vorkonferenz zur Vorbereitung eines allgemeinen deutschen evangelischen Kirchentages. Cassel-Wilhelmshöhe, den 27. und 28. Februar 1919, Berlin 1919.

Noack, Ulrich (Hg.): Die Nauheimer Protokolle. Diskussionen über die Neutralisierung Deutschlands. Die ersten drei Tagungen des Nauheimer Kreises, Würzburg 1950; Rainer Dohse: Der dritte Weg. Neutralitätsbestrebungen in West-Deutschland zwischen 1945–1955, Hamburg 1974.

Nobbe, Moritz August: Der Evangelisch-soziale Kongreß und seine Gegner, Göttingen [2]1897.

Nowak, Kurt: Evangelische Kirche und Weimarer Republik. Zum politischen Weg des deutschen Protestantismus zwischen 1918 und 1932. Weimar 1981. (AKG[W] 7)

Ders.; Schwartz, Michael: Eugenik, Sterilisation, »Euthanasie«. Politische Biologie in Deutschland 1895 – 1945, eine Dokumentation, Berlin 1992.

Ders.: Kulturprotestantismus und Judentum in der Weimarer Republik, Göttingen 1993. (Kleine Schriften zur Aufklärung 4)

Ders.: Biographie und Lebenslauf in der Neueren und Neuesten Kirchengeschichte. In: Verkündigung und Forschung 1 (1994). 44–62.

Ders.: Geschichte des Christentums in Deutschland. Religion, Politik und Gesellschaft vom Ende der Aufklärung bis zur Mitte des 20. Jahrhunderts, München 1995.

Ders.: Sozialpolitik als Kulturauftrag. Adolf von Harnack und der Evangelisch-soziale Kongreß. In: Jochen-Christoph Kaiser, Wilfried Loth (Hg.): Soziale

Reform im Kaiserreich. Protestantismus, Katholizismus und Sozialpolitik, Stuttgart 1997, 79-93.

Ders.: Widerstand, Zustimmung, Hinnahme: Das Verhalten der Bevölkerung zur »Euthanasie«. In: Ders. (Hg.) Kirchliche Zeitgeschichte interdisziplinär. Beiträge 1984–2001, Stuttgart 2002 (Konfession und Gesellschafte 25), 260–276.

Oermann, Nils Ole: Albert Schweitzer (1875 – 1965). Eine Biographie, München 2012[3].

Pasch, Gerhart H. W.: Sanierung und Umbauten nach 1932. In: Dietze, Henrike; Michel, Dieter; Mühlmann, Sieghard (Hg.): Die Versöhnungskirche in Leipzig-Gohlis. Geschichte und Gegenwart eines Bauwerks der klassischen Moderne, Leipzig 2009, 140–143.

Ders.: Wettbewerb und Baugeschichte. In: Dietze, Henrike; Michel, Dieter; Mühlmann, Sieghard (Hg.): Die Versöhnungskirche in Leipzig-Gohlis. Geschichte und Gegenwart eines Bauwerks der klassischen Moderne, Leipzig 2009, 28-35.

Pollmann, Klaus Erich: Evangelisch-sozialer Kongreß. TRE 10 (1982), 645-650.

Puschner, Uwe: Die völkische Bewegung im wilhelminischen Kaiserreich. Sprache – Rasse – Religion, Darmstadt 2001.

Rabe, Mandy: Die »Mitte« im Kirchenkampf in Sachsen. Das Beispiel Leipzigs, Leipzig 2011 (MS). – Leipzig, Universität, Theologische Fakultät, Landeskirchliches Prüfungsamt, Examensarbeit 2011.

Rade, Martin: Der Evangelisch-soziale Kongreß in Chemnitz. CW 22 (1910), Sp. 520-525.

Ders.: Der Evangelisch-soziale Kongreß in Chemnitz. CW 23 (1910), Sp. 540-543.

Ders.; Herz, Johannes (Hg.): Evangelisches Ringen um soziale Gemeinschaft. 50 Jahre Evangelisch-sozialer Kongreß 1890 – 1940, Leipzig 1940.

Rebenich, Stefan: Theodor Mommsen und Adolf Harnack. Wissenschaft und Politik im Berlin des ausgehenden 19. Jahrhunderts, Berlin 1997.

Richter, Ludwig: Kirche und Schule in den Beratungen der Weimarer Nationalversammlung, Düsseldorf 1996.

Richter, Michael; Schaarschmidt, Thomas; Schmeitzner, Mike (Hg.): Länder, Gaue und Bezirke. Mitteldeutschland im 20. Jahrhundert, Halle 2007.

Richter, Sebastian (Hg.): Universität Leipzig – eine Welt – viele Welten. Katalog in Text und Bild zur Ausstellung Studentische Perspektiven im Rahmen der 600-Jahrfeier der Universität Leipzig, Magdeburg 2012.

Riha, Ortrun: Die Freigabe der Vernichtung lebensunwerten Lebens. Beiträge des Symposiums über Karl Binding und Alfred Hoche am 2. Dezember 2004 in Leipzig, Aachen 2005. (Schriftenreihe des Instituts für Ethik in der Medizin Leipzig e.V 7)

Röthig, Paul: Die Hauptversammlung der SESV zu Dresden am 26. und 27. April 1905. ES 5/6 (1905), 121–127.

Ruppin, Iris: Kinderdiakoninnen im Transformationsprozess. Beruflicher Habitus und Handlungsstrategien im Kindergarten, Wiesbaden 2008.

Sächsische Evangelisch-soziale Vereinigung (Hg.): Zehn Jahre Evangelisch-soziale Arbeit in Sachsen, Dresden 1914.

Sächsische Landeszentrale für politische Bildung (Hg.): Soziale Ideen und Bewegungen, Dresden 2004.

Satlow, Bernt: Für soziale Gerechtigkeit und Frieden. Johannes Herz zum 100. Geburtstag am 13. Juni 1977. In: Standpunkt 5 (1977), 159f.

Ders.: Johannes Herz (1877–1960). In: Namhafte Hochschullehrer der Karl-Marx-Universität. Bd. 3, Leipzig 1983, 46-57.

Ders.: Meyer, Friedrich. NDB 17 (1995), 338f.

Schenkel, Gotthilf Adolf (Hg.): Der Protestantismus der Gegenwart. Stuttgart ^{2}1927.

Schian, Martin: Volkskirche. RGG 5 (1913), Sp. 1745f.

Schiele: Lehrerseminar. Lehrerbildung. 1. Geschichtliches. RGG 3 (1912), Sp. 2017-2032.

Schlemmer, Hans: Der Evangelisch-soziale Kongreß 1918–1940. In: Rade, Martin; Herz, Johannes (Hg.): Evangelisches Ringen um soziale Gemeinschaft. 50 Jahre Evangelisch-sozialer Kongreß 1890 – 1940, Leipzig 1940.

Ders.: Der Geist der Technik und das Evangelium. ES 3 (1940), 71-80.

Schlösser-Kost, Kordula: Wilhelm Menn – der erste Sozialpfarrer des deutschen Protestantismus. Kirche im Wohlfahrtsstaat von Weimar. In: Jähnichen, Traugott; Friedrich, Norbert: Protestantismus und soziale Frage: Profile in der Zeit der Weimarer Republik, Münster , Hamburg [u.a.] 2000. (Bochumer Forum zur Geschichte des sozialen Protestantismus 1), 29–40.

Schmeding, [Friedrich]: Der kaiserliche Erlaß über die Schulreform vom 26. November 1900. PA 3 (1901), 161–177.

Schmeitzner, Mike: Erich Zeigner. Linkssozialist und Einheitsfront (1923). In: Schmeitzner, Mike; Wagner, Andreas (Hg.): Von Macht und Ohnmacht. Sächsische Ministerpräsidenten im Zeitalter der Extreme 1919 – 1952, Beucha 2006, 125–158.

Ders.: Wilhelm Buck. Moderator des »linksrepublikanischen Projekts« 1920–1923. In: Schmeitzner, Mike; Wagner, Andreas (Hg.): Von Macht und Ohnmacht. Sächsische Ministerpräsidenten im Zeitalter der Extreme 1919 – 1952, Beucha 2006, 89–124.

Ders.; Wagner, Andreas (Hg.): Von Macht und Ohnmacht. Sächsische Ministerpräsidenten im Zeitalter der Extreme 1919 – 1952, Beucha 2006.

Schmierer, Wolfgang: Freisinnige Volkspartei. In: Gerhard Taddey (Hg.): Lexikon der deutschen Geschichte, Stuttgart ²1983.

Schmutzler, Nikola: Johannes Herz (1877–1960) und der soziale Protestantismus im 20. Jahrhundert. In: Kranich, Sebastian; Renger-Berka, Peggy; Tanner, Klaus (Hg.): Diakonissen, Unternehmer, Pfarrer: Sozialer Protestantismus in Mitteldeutschland im 19. Jahrhundert. Leipzig 2009. (HCh Sonderbd. 16), 191–203.

Dies.: Die Geschichte der Universität zwischen zwei Neuanfängen 1945–1991. In: Richter, Sebastian (Hg.): Universität Leipzig – eine Welt – viele Welten: Katalog in Text und Bild zur Ausstellung Studentische Perspektiven im Rahmen der 600-Jahrfeier der Universität Leipzig, Magdeburg 2012, 75–84.

Schneemelcher, Wilhelm (Hg.): Verhandlungsbericht der 16.-28. Tagung des Evangelisch-sozialen Kongresses 1905–1920, Göttingen 1905–1920.

Schöbel, H: Statistisches von Chemnitz. In: Eger Martin (Hg.): Chemnitz in seiner sozialen Arbeit. Ein Gruß an den Evangelisch-Sozialen Kongreß 1910. 84-93.

Schurig, Klaus: Erinnerung an den 60. Jahrestag der Änderung der Verfassung der Evangelisch-Lutherischen Landeskirche Sachsens vom 13. Dezember 1950. http://www.evlks.de/doc/Erinnerung_an_60_Jahre_Kirchenverfassung.pdf (letzter Zugriff 9. Mai 2011)

Siegert, Johannes: Sächsische Evangelisch-soziale Vereinigung. Hauptversammlung zu Chemnitz am 28. September 1904. ES 9/10 (1904), 145–148.

Slenczka, Reinhard: Dogma und Kircheneinheit: »Communio in serviendo oecumenica« – Die Bewegung für Praktisches Christentum (Life and Work). In: Andresen, Carl; Ritter, Adolf Martin (Hg.): Handbuch der Dogmen- und Theologiegeschichte. Bd. 3: Die Lehrentwicklung im Rahmen der Ökumenizität, Göttingen ²1998, 447–468.

Sonntag, Ingolf: Eine moderne evangelische Kirche und die Versöhnungsgemeinde, Leipzig 1994.

Staatssekretariat für Hochschulwesen in Zusammenarbeit mit dem Amt für Information der DDR (Hg.): Wissenschaftler kämpfen für den Frieden. Eine wissenschaftliche Sammelschrift unter Mitwirkung namhafter Gelehrter, Berlin 1951.

Stange, Erich: Merkbuch zur Kirchentrennungsfrage in Sachsen, Dresden 1919. (Beiträge zur Kirchentrennungsfrage 2)

Ders. (Hg.): Der Kampf gegen die Kirche. Ein Merkbuch, Berlin 1920.

Ders.: Der Aufmarsch der neuesten Kirchenaustrittsbewegung. In: Stange, Erich (Hg.): Der Kampf gegen die Kirche. Ein Merkbuch, Berlin 1920, 13–15.

Stanke, Volker: Die Gestaltung der Beziehungen zwischen dem Land Sachsen und der Evangelisch-Lutherischen Landeskirche Sachsens von 1945 bis

1949. Dargestellt unter besonderer Berücksichtigung eigentumsrechtlicher Regelungen, Frankfurt am Main, Berlin 1993. (Europäische Hochschulschriften: Reihe 3, Geschichte und ihre Hilfswissenschaften – Histoire, sciences auxiliaires de l'histoire – History and allied studies 543)

Stengel, Friedemann: Die theologischen Fakultäten in der DDR als Problem der Kirchen- und Hochschulpolitik des SED-Staates bis zu ihrer Umwandlung in Sektionen 1970/71, Leipzig 1998. (AKThG 3)

Steude, Johannes: Verhandlungsbericht der 37. Tagung des Evangelisch-sozialen Kongresses 1930, Göttingen 1930.

Ders.: Verhandlungsbericht der 40. Tagung des Evangelisch-sozialen Kongresses 1933, Leipzig 1933.

Supplement zum Codex des im Königreiche Sachsen geltenden Kirchen- und Schulrechts mit Einschluß des Rechts der frommen Stiftungen und der Ehe. Enthaltend die neuere einschlagende Gesetzgebung seit dem Jahre 1840 und Berichtigungen und Nachträge zum Hauptwerke mit Erläuterungen aus ungedruckten Verordnungen versehen. Sammt vollständigen chronologischen und alphabetischen Registern. Bearbeitet von Eduard Schreyer, Secretair im Königl. Ministerio des Cultus und öffentlichen Unterrichts, Leipzig 1852.

Tanner, Klaus: Protestantische Demokratiekritik in der Weimarer Republik. In: Richard Ziegert (Hg.): Die Kirchen und die Weimarer Republik, Neukirchen-Vluyn 1994, 23-36;

Thomas, Ralf: Die Neuordnung der Schulen und der Universität Leipzig. In: Junghans, Helmar (Hg.): Das Jahrhundert der Reformation in Sachsen, Dresden 2005, 113–132.

Tormin, Walter: Geschichte der deutschen Parteien seit 1848, Stuttgart 1968.

Ueberschär, Ellen: Junge Gemeinde im Konflikt. Evangelische Jugendarbeit in SBZ und DDR 1945 – 1961, Stuttgart 2003. (Konfession und Gesellschaft 27)

Urban, Detlef; Weinzen, Hans Willi: Jugend ohne Bekenntnis? 30 Jahre Konfirmation und Jugendweihe im anderen Deutschland 1954 – 1984, Berlin 1984.

Verhandlungen der achten Evangelisch-lutherischen Landessynode, Dresden 1909.

Verhandlungen der dritten außerordentlichen Evangelisch-lutherischen Landessynode im Königreiche Sachsen, Dresden 1909.

Verhandlungen der neunten Evangelisch-lutherischen Landessynode, Dresden 1911.

Verhandlungen der zehnten Evangelisch-lutherischen Landessynode, Dresden 1919.

Verhandlungen der elften Evangelisch-lutherischen Landessynode, Dresden 1920.

Verhandlungen des Deutschen Evangelischen Kirchentages 1919. Dresden, 1. - 5. September 1919, Berlin 1919.

Verhandlungen des 2. Deutschen Evangelischen Kirchentages 1921. Stuttgart 11. - 15. September 1921, Berlin 1921.

Verhandlungen des ersten Deutschen Evangelischen Kirchentages 1924. Bethel-Bielefeld, 14. - 17. Juni 1924, Berlin 1924.

Verhandlungen des zweiten Deutschen Evangelischen Kirchentages 1927. Königsberg i. Pr., 17. - 21. Juni 1927, Berlin 1927.

Verhandlungen des dritten Deutschen Evangelischen Kirchentages 1930. Nürnberg, 26. bis 30. Juni 1930, Berlin 1930.

Versöhnungsgemeinde und Versöhnungskirche: Festschrift zur Weihe der Versöhnungskirche in Leipzig-Gohlis, Leipzig 1932.

Vogel, Hans: Der Reichsschulgesetzentwurf. Gemeindeblatt für die Leipziger Gemeinden Oktober (1927), 74f.

Vogel, Karl: Kirchliche Chronik. Gemeindeblatt für die Leipziger Kirchgemeinden August (1925), o.S.

Voigt, Hermann: Die Leipziger Kirchensteuererhebung in den Jahren 1924 und 1925. JdH 2 (1926), 117-120.

Wagner, Andreas: Mutschmann gegen von Killinger. Konfliktlinien zwischen Gauleiter und SA-Führer während des Aufstiegs der NSDAP und der »Machtergreifung« im Freistaat Sachsen, Beucha 2001.

Ders.: »Machtergreifung« in Sachsen. NSDAP und staatliche Verwaltung 1930-1935, Köln u.a. 2004. (Geschichte und Politik in Sachsen, Bd. 22)

Ders.: Manfred von Killinger. Putschist und SA-Führer (1933-1935).In: Schmeitzner, Mike; Wagner, Andreas (Hg.): Von Macht und Ohnmacht. Sächsische Ministerpräsidenten im Zeitalter der Extreme 1919 - 1952, Beucha 2006, 257-278.

Ders.: Martin Mutschmann. Der braune Gaufürst (1935-1945). In: Schmeitzner, Mike; Wagner, Andreas (Hg.): Von Macht und Ohnmacht. Sächsische Ministerpräsidenten im Zeitalter der Extreme 1919 - 1952, Beucha 2006, 279-308.

Walther, Georg: Erinnerungen an den kirchlichen Kampf mit dem Nationalsozialismus in Leipzig (1933-1945), Leipzig 2005.

Wiegand, Dietmar; Seidel, Thomas A.: Thüringer Gratwanderungen. Beiträge zur fünfundsiebzigjährigen Geschichte der evangelischen Landeskirche Thüringens, Leipzig 1998. (HCh Sonderbd. 3)

Ders.: Volkskirche und Sozialarbeit. Soziales Denken und Handeln in der Thüringer evangelischen Kirche in den Jahren ihres Auf- und Ausbaus. HCh 21/22, 135-153.

Wiesner, Kurt: In piam memoriam Johannes Herz. Wissenschaftliche Zeitschrift der Karl-Marx-Universität. Gesellschafts- und sprachwissenschaftliche Reihe. Heft 3 (1961), 451-457.

Wildermuth, Bernd: Carl Jatho. BBKL II (1990), Sp. 1579f.

Wilhelm, Georg: Die Diktaturen und die evangelische Kirche. Totaler Machtanspruch und kirchliche Antwort am Beispiel Leipzigs 1933 – 1958, Göttingen 2004. (AKiZ B 39)

Wirtschaft und Idealismus. Festschrift für Alfred Giesecke zum 60. Geburtstag, Leipzig 1928

Wright, Jonathan R. C.: »Über den Parteien«. Die politische Haltung der evangelischen Kirchenführer 1918–1933, Göttingen 1977. (Arbeiten zur kirchlichen Zeitgeschichte: Reihe B, Darstellungen 2)

Ziegert, Richard: Die Kirchen und die Weimarer Republik, Neukirchen-Vluyn 1994.

Zimmermann, Waldemar: Der Betrieb als Pflegestätte sozialpolitischer Gemeinschaft. ES 4 (1939), 106–115.

Ders.: Sozialpolitik – Volksschicksal – Weltschicksal. ES 3 (1940), 60-71.

Personenverzeichnis

Aé, Karl Hermann Oskar (1891–1951), 1920 Pfarrer Rodewisch, 1932 Pfarrer Dresden-Plauen, 1948 Superintendent Dresden Land, 1924 Vorsitzender der SESV, Synodaler der 16. Landessynode Sachsen 32. 64. 113. 116. 256. 258. 267. 291

Agsten, Karl Johannes (1873–1903), Sorabe, 1901 Pfarrer Waltersdorf 27

Alberti, Ulrich Ernst Rüdiger (1898–1953), 1937 Pfarrer Leipzig-Thomas, 1946 Leiter des kirchlichen Erziehungsamts Leipzig 291f.

Alt, Albrecht (1883–1956), Professor für Alttestamentliche Wissenschaft in Leipzig, Leiter des Deutschen Evangelischen Palästinainstituts in Jerusalem, Vorsitzender des Deutschen Palästina Vereins 17. 54. 157. 253

Althaus, Paul (1888–1966), Professor für Systematische Theologie in Erlangen 244

Aner, Karl August (1879–1933), 1912 Pfarrer Berlin-Charlottenburg, 1917 Mitverfasser der »Erklärung deutscher Protestanten zur Friedensfrage«, 1930 Professor für Kirchengeschichte in Kiel 312

Arnold, Direktor Chemnitz 275

Baumgarten, Otto (1858–1934), Professor für Praktische Theologie in Kiel, 1911–1921 Vorsitzender des ESK 52. 134. 136f. 139-143. 144. 146. 230. 236. 306

Becher, Johannes R. (1891–1958), Schriftsteller und Politiker, 1945 Mitgründer und erster Präsident des Kulturbunds zur demokratischen Erneuerung Deutschlands, 1954 Minister für Kultur der DDR 328

Bemmann, Johann Gerhard (1869–1943), 1900 Pfarrer Glauchau, 1905 Ruppertsdorf/ Oberlausitz 24. 29. 93f. 103. 111f. 115. 148. 303

Benz, Paul Philipp August (1839–1919), Geheimer Rat, Superintendentur Dresden 272

Berger, Carl Arthur (1878–1951), 1905 Pfarrer Leipzig-Schönefeld 279

Berlepsch, Hans August Kurt Freiherr von (1868–1928), Staatsminister in Sachsen 139

Bernhardi, Therese, Lehrerin Leipzig 279

Bleichert, Emilie Hildegard (1855–1928), Fabrikantenwitwe, Stifterin Hildegardstift 80

Bodelschwingh, Friedrich von d. Ä. (1831–1910) Pfarrer, Leiter der Bielefelder Anstalt für Epileptische 119

Bodelschwingh, Friedrich von d. J. (1877–1946) Pfarrer, Leiter der Bielefelder Anstalt für Epileptische, 1933 Reichsbischof 116. 311

Böhme, Franz Fürchtegott (1856–1932), Präsident des Landeskonsistoriums Sachsen 176-178. 181-183. 185. 193. 196. 199. 204. 225. 230. 234

Bormann, Martin (1900–1945), 1941 Chef der Parteikanzlei, 1943 »Sekretär des Führers« 267f.

Bornemann, Wilhelm (1858–1946), 1898 Professor für Kirchengeschichte und Praktische Theologie in Basel, 1902 Pfarrer Frankfurt am Main, 1922 Professor für Praktische Theologie in Frankfurt, Mitbegründer CW 22

Boudriot, Wilhelm (1892–1948), 1919 Hilfsprediger Bonn, 1932 Pfarrer Offenbach a.M., 1946 apl. Professor für Reformierte Kirchengeschichte in Mainz 240

Brückner, Bruno (1824–1905), 1855 Professor für Praktische Theologie in Leipzig, Gründer der Meißner (Pastoral-) Konferenz, 1869 Mitglied EOK, 1873 Generalsuperintendent Berlin, Sorabe ehrenhalber 23. 40

Bruhns, Oskar Alexander (1881–1946), 1934 Pfarrer Leipzig-Nikolai, 1936 stellv. Superintendent Leipzig-Stadt, Mitglied des Kleeblatts der Mitte, 1935 Vorsitzender Sächsischer Vertrauensrat 58f. 64. 209. 251. 253-255. 258

Brumme, Max Alfred, Künstlername: M. Alf Brumme (1891–1967), Bildhauer und Maler 61. 86-88

Brunstädt, Friedrich (1883–1944), 1911 Professor für Philosophie und Theologie in Erlangen, 1922 Direktor der Evangelisch-Sozialen Schule Spandau, 1925 Professor für Systematische Theologie in Rostock 151f.

Buck, Wilhelm (1869–1945), 1918/19 Volksbeauftragter für Kultus und Unterricht in Sachsen, 1920-23 Ministerpräsident in Sachsen 49. 173f. 177-180. 182-185. 225. 277-279. 306

Busch, Karl August (1886–1952), 1914 Pfarrer Dresden, 1938 Vorsitzender der Freien Volkskirchlichen Vereinigung 229

Classen, Walt(h)er Friedrich (1874–1954), Sozialarbeiter in England, Mitbegründer Volksheim Hamburg 140. 145

Coch, Friedrich Otto (1887–1945), 1933–1945 DC-Landesbischof Sachsen 58f. 251-255. 260. 262-264. 322. 332f.

Cordes, Karl August Seth (1859–1936), 1912 Superintendent Ephorie Leipzig I (Stadt) 140. 190-192. 206. 279. 281

Dalmann, Hermann Gustaf (1855–1941), 1895 apl. Professor für Alttestamentliche Wissenschaft in Leipzig, 1917 Professor für Alttestamentliche Wissenschaft und Palästinawissenschaften in Greifswald 20

Deißmann, Adolf (1866–1937), 1897 Professor für Neutestamentliche Wissenschaft in Heidelberg, 1925 Teilnahme an der Kirchenkonferenz Life and Work in Stockholm, 1927 Teilnahme an der Kirchenkonferenz Faith and Order in Lausanne, seit 1929 Mitglied des ökumenischen Rats für Praktisches Christentum, 1930/31 Rektor der Berliner Universität 137. 147. 158

Delitzsch, Franz Julius (1813–1890) 1867 Professor für Alttestamentliche Wissenschaft in Leipzig, 1886 Gründung des Institutum Judaicum Delitzschianum, Sorabe ehrenhalber 23

Dibelius, Otto (1880–1967), 1925 Generalsuperintendent der Kurmark, 1945–1966 Bischof der Kirche von Berlin-Brandenburg, 1949–1961 Ratsvorsitzender der EKD 63. 170. 245. 306. 329f.

Drews, Arthur (1865–1935), Philosoph 130. 293

Drews, Paul (1858–1912), Professor für Praktische Theologie, Mitbegründer CW 21f. 75

Eckert, Erwin (1893–1972), Arbeiterpfarrer in Mannheim, Religiöser Sozialist, SPD- seit 1931 KPD-Mitglied, 1951 Mitglied im DFR und WFR 152-155. 245f.

Eger, Martin Alfred (1863–1938), 1893 Diakon, 1910 Pfarrer Chemnitz-Jacobi 31. 34. 76. 101f. 106. 126. 129. 134. 251

Eisenhuth, Heinz Erich (1903–1983), Systematischer Theologe, DC- und NSDAP-Mitglied, 1933 Sitz im erweiterten Beirat des ESI, 1937–1945 ordentlicher Professor für Systematische Theologie an der Universität Jena, 1939 Mitarbeiter am Institut zur Erforschung und Beseitigung jüdischen Einflusses auf das deutsche christliche Leben, 1952 Superintendent Eisenach 159

Evers, Heinrich, 1919 Delegierter des Kirchentags in Dresden 232

Faber, Georg (*1889), Pfarrer Leipzig, Kreisfachberater für kirchliche Angelegenheiten bei der Kreisleitung Leipzig der NSDAP 248f.

Fichtner, Paul Horst (1893–1961), 1924 Pfarrer Leipzig-Mockau, 1934 Dresden-Trinitatis, 1936 Dresden-Dom (Frauenkirche), 1935 Mitglied des Sächsischen Landeskirchenausschusses 260

Ficker, Johannes (1878–1945), Vorsitzender der BK in Sachsen, 1935 Mitglied des Sächsischen Landeskirchenausschusses 24. 260

Fiebig, Paul Wilhelm Julius (1876–1949), 1918 Pfarrer Leipzig-Peters, Geschäftsführer des Apologetischen Ausschusses 206

Fiedler, Kurt Paul Moritz (1890–1941), 1919 Pfarrer Leipzig-Versöhnung, 1926 Leipzig-Michaelis 228

Fischer, Karl (1896–1941), 1922 Pfarrer Lauenstein, 1929 Dresden-Trinitatis, 1935 Sächsischer Vertrauensrat-BK 59. 248. 261

Fischer, Karl, Vorsitzender CAK 326

Fischer, Paulus Ludwig (1844–1932), 1897 Superintendent Chemnitz II (Land) 100

Fleißner, Hermann (1865–1939), 1919 Volksbeauftragter Sachsen und Minister für Militärwesen, 1920 und 1924 Minister für Volksbildung Sachsen 173

Fliedner, Theodor (1800–1864), Gründer der Kaiserswerther Diakonissenanstalten 12

Franke, Richard Guido Wilhelm (1872–1953), 1898 Pfarrer Chemnitz-Johannes, 1909 Schöneck, 1915 Reichenbach-Peter-Paul, 1926 Superintendent Zittau, 1930 Superintendent Plauen 31-34. 37. 78

Freyberg, Alfred (1892–1945), 1939–1945 Oberbürgermeister Leipzig 81

Frick, Wilhelm (1877–1946), 1933–1943 Reichsminister des Innern, 1943 Reichsprotektor für Böhmen und Mähren 80. 252

Fricke, Gustav Adolf (1822–1908), 1867–1901 Professor für Neutestamentliche Wissenschaft in Leipzig, Sorabe ehrenhalber 21. 23. 40

Friedheim, Stellvertretender Vorsitzender der Freisinnigen Volkspartei Chemnitz 297. 300

Friedrich, Walter (1869–1939), 1900 Pfarrer Zschorlau, erster Vorsitzender der SESV 29. 95-98. 101. 103. 223. 303

Friedrich, Walter (1883–1968), Professor für Biophysik, 1949–1952 Rektor der Humboldt-Universität Berlin, 1950 erster Vorsitzender des Deutschen Friedenskomitees 326

Fritsch, Karl (1901–1944), 1933–1944 Sächsischer Innenminister 80. 252

Fritze, Georg (1874–1939), Religiöser Sozialist, Leiter des westdeutschen Kreises des Bundes religiöser Sozialisten in Deutschland 152-154

Fröhlich, Andreas (1886–1971), 1932 Superintendent Leipzig II (Land), 1933-34 OKR Dresden 200. 288

Fuchs, Emil (1874–1971) 1905 Pfarrer Rüsselsheim, 1918 Eisenach, Religiöser Sozialist, 1949 Übersiedlung in die DDR, Professor für Systematische Theologie in Leipzig 69f. 130. 152-155. 230. 240. 314. 326. 334

Fügner, Otto (1890–1954), 1926 Pfarrer Possendorf, 1934 Superintendent Dippoldiswalde, 1947 Pfarrer Dresden Leubnitz-Neuostra 288

Gay, Hermann Bernhard (1871–1925), 1902 Pfarrer Großenhain 98

Geibel, 1923 Aktionskomitee des ESK 145

Gerber, Willy (1895–1980), 1931 Superintendent Chemnitz-Stadt (während NS-Zeit teilweise beurlaubt), 1935 Mitglied

des Sächsischen Landeskirchenausschusses, 1953 OLKR Dresden 260
Gey, Arbeitersekretär, Synodaler der zehnten Landessynode Sachsen 195f.
Geyer, Florian, Pfarrer, Mitglied des ESK 153
Geyer, Friedrich August Karl (1853-1937), 1918/19 Volksbeauftragter für Finanzen in Sachsen 173
Giertz, Gewerkschaftssekretär, Synodaler der zehnten Landessynode Sachsen 196
Goetz, Gustav Walter (1867-1958), Geheimrat, 1915 Professor für Kultur- und Universalgeschichte in Leipzig 55. 139. 144f. 156f. 169
Göhre, Paul (1864-1928), erster Generalsekretär des ESK 28. 124. 129f. 130. 132. 223
Göring, Bernhard (1897-1949), 1916 SPD-Mitglied, 1946 maßgeblich an der Vereinigung von KPD und SPD zur SED beteiligt, 1946 Zweiter Vorsitzender des FDGB, Religiöser Sozialist 154
Gradnauer, Georg (1866-1946), 1919 Ministerpräsident Sachsen 173
Gregory, Caspar René (1846-1917), 1891 Professor für Neutestamentliche Wissenschaft in Leipzig, Mitglied im Aktionskomitee des ESK, Mitglied der SESV 17. 20.f. 30. 46. 52. 54. 79. 94. 97f. 124. 129f. 141
Grotewohl, Otto (1894-1964), 1921 Minister für Volksbildung in Braunschweig, 1946 Vorsitzender des Ministerrats der DDR 277. 318
Grotjahn, Hans Heinrich (1887-1962), Architekt 15. 55. 83-85. 87. 89f.
Grundmann, Walter (1906-1976), 1936 ordentlicher Professor für Neutestamentliche Wissenschaft in Jena, 1939 akademischer Direktor des Instituts zur Erforschung und Beseitigung jüdischen Einflusses auf das deutsche kirchliche Leben, DC 250
Guthe, Pfarrer Chemnitz 275
Guthe, Hermann Friedrich Wilhelm Leopold (1849-1936), 1884 Professor für Alttestamentliche Wissenschaft in Leipzig, Mitbegründer des »Deutschen Vereins zur Erforschung Palästinas«, Sorabe ehrenhalber 23

Hahn, Hugo (1886-1957), 1930 Superintendent Dresden II (Land), 1935 Sächsischer Vertrauensrat-BK, 1947 Landesbischof Sachsen 28. 59. 66. 68. 209. 216-219. 251f. 255. 260f. 265
Harnack, Adolf, seit 1914 von (1851-1930), Professor für Kirchengeschichte Leipzig und Berlin, 1902-1911 Vorsitzender des ESK, 1911 Präsident der Kaiser-Wilhelm Gesellschaft (heute Max-Planck-Institut) 13. 17f. 22. 26. 42. 54. 117. 124. 130f. 133f. 137. 139. 143. 149. 274. 331
Heilmann, Ernst (1881-1940), sozialdemokratischer Publizist und Politiker, 1909 Redakteur der Chemnitzer Volksstimme 130f.
Heinrici, Karl Friedrich Georg (1869-1915), 1892 Universitätstheologe in Leipzig 20
Heinze, Oskar Leopold Rudolf (1905-), 1935 Pfarrer Bischofswerda, 1957 Pfarrer Borna, Synodaler der 16. Landessynode Sachsen 265-267
Hennig, Oberlehrer, Chemnitz 275
Herberger, Kurt (1904-1951), 1934 Pfarrer Leipzig-Immanuel, 1940 Leipzig-Gethsemane, 1936 Generalsekretär des ESK 161. 251
Herrmann, Wilhelm (1846-1922), Universitätstheologe Marburg 21. 23. 32. 93
Herz, Cäcilie (+1915), Stiefmutter von Johannes Herz 19f.
Herz, Ernst, (*1887), Stiefbruder von Johannes Herz 19f. 271
Herz, Gertrud (*1892), Stiefschwester von Johannes Herz 19
Herz, Katharina (1878-1955), geb. Satlow, 1903 Heirat mit Johannes Herz

Herz, Lydia (*1885), Stiefschwester von Johannes Herz 19
Herz, Magdalena (*1887), Stiefschwester von Johannes Herz 19. 28
Herz, Paul David (1849-1909), Vater von Johannes Herz, Pfarrer in Oberleutersdorf und Zittau 19-21. 23. 25-29. 71. 93. 207
Herz, Reinhard (1879-1950), Bruder von Johannes Herz, Oberlehrer in Leipzig 19-22. 56. 71. 93. 271. 286
Herz, Wilhelmine Elisabeth (+1882), Mutter von Johannes Herz 19
Hickmann, Hugo (1877-1955), 1908 Professor für Religionswissenschaften in Leipzig, 1945 Vorsitzender des CDU-Landesverbandes Sachsen 176. 187. 192. 209f. 279
Hilbert, Heinrich Oskar Gerhard (1868-1936), 1916 Professor für Praktische Theologie in Rostock, 1925 Superintendent Leipzig I (Stadt) 55f. 90. 250. 255
Hilgenfeldt, Georg Paul Erich (1897-1945), Leiter NSV und WHW 80
Hindenburg, Paul von (1847-1934), 1914 Generalfeldmarschall, 1925 Reichspräsident 244. 246
Hitler, Adolf (1889-1945), 1933 Reichskanzler 56f. 59f. 62. 114. 116. 248. 250. 258f. 261f. 269. 287. 311f.
Hoffmann, Adolph (1858-1930), 1918 preußischer Minister für Wissenschaft, Kunst und Volksbildung 305f.
Hoffmann, Johannes Friedrich (1848-1915), 1899 Superintendent Chemnitz I (Stadt) 31. 35. 46. 100-102. 275. 299
Hofman, Rudolf Hugo (1825-1917), 1871 Professor für Theologie in Leipzig, 1895 Mitbegründer der Meißner Konferenz, führte das Fach Pädagogik an der Theologischen Fakultät ein 20
Holtzhauer, Helmut (1912-1973), 1948-1951 Volksbildungsminister in Sachen 290
Hosemann, Johannes, Präsident des Deutschen Kirchenbundesamts Berlin 152
Hübschmann, Hermann Max Johannes (1867-1930), Jurist, 1904-1908 Erster Stadtrat und stellvertretender Oberbürgermeister von Chemnitz, 1908-1917 Zweiter Bürgermeister, 1917-1930 Oberbürgermeister 38. 127
Hülser, Gustav (1887-1971), Arbeitersekretär 152. 168f.

Ihmels, Carl Heinrich (1888-1976), 1923 Missionsdirektor Leipzig, 1932 Professor für Systematische Theologie in Leipzig, Synodaler der 16. Landessynode Sachsen 210. 217. 253
Ihmels, Ludwig Heinrich (1858-1933), 1902 Professor für Systematische Theologie in Leipzig, 1922/1926 Landesbischof Sachsen, Sorabe ehrenhalber 23. 140. 199. 238f.

Jasper, Heinrich (1875-1945), 1919 Ministerpräsident in Braunschweig 277
Jatho, Carl Wilhelm (1851-1913), 1891 Pfarrer Köln, 1911 aufgrund des Irrlehregesetzes - Vorwurf des Pantheismus - amtsenthoben 42f. 100. 186. 306
Jentsch, Stephan Adolf Leberecht (1858-1946), 1910 Pfarrer Chemnitz-Schloß, Oberkirchenrat 196
Jeremias, Karl Gabriel Alfred (1864-1934), Religionshistoriker, Orientalist, 1890 Pfarrer Lutherkirche Leipzig, 1904 Vorsitzender der Leipziger Ortsgruppe FKSK, Aktionsausschuss, Sorabe 17. 49. 110. 175f. 178-182. 184-186. 230. 279. 283
Jeremias, Regierungsrat Dresden, Aktionsausschuss 176
Joliot-Curie, Frédéric (1900-1958), Physiker, Gründer des Weltfriedensrats 318
Jülicher, Adolf (1857-1938), 1889 Professor für Neutestamentliche Wissenschaft und Kirchengeschichte in Marburg 21. 26. 32. 93. 274

Kahl, Wilhelm (1849–1932), Staats- und Kirchengelehrter, DVP-Reichstagsabgeordneter 244
Kaiser, Jakob (1888–1961), Mitgründer und Vorsitzender der CDU-Ost, 1947 von der SMAD abgesetzt 66
Keller, Realgymnasiallehrer Chemnitz, 1909 Schriftführer, 1912 Vorsitzender des Vereins für Volksbildung 107f.
Kellerbauer, Theodor Norbert (1839–1918), Professor in Chemnitz, Vorsitzender der Freisinnigen Volkspartei Chemnitz 297
Kerrl, Hanns (1887–1941), 1935 Reichskirchenminister 58-61. 161. 257-262. 264. 267. 268f.
Kessler, Gerhard (1883–1963) 1919 Professor für Nationalökonomie in Jena, 1927 – 1933 in Leipzig 145
Killinger, Manfred von (1886–1944), Innenminister Sachsen 1933–1935 259
Kirn, Otto (1857–1911), 1895 Professor für Systematische Theologie in Leipzig, Mitglied der SESV 30
Kittel, Rudolf (1853–1929), 1898 Professor für Alttestamentliche Wissenschaft in Leipzig, Sorabe ehrenhalber 23
Kleemann, Paul, Kaufmann, 1895 Leiter der Landeskirchlichen Gemeinschaft Chemnitz 35
Klemm, Hermann (1904–1983), 1929 Pfarrer Burkhardtswalde, 1935 Sächsischer Vertrauensrat-BK, 1951 Superintendent Meißen, Synodaler der 16. Landessynode Sachsen 59. 248. 261. 270
Klemm, Matthias (*1941), Graphiker, Neuentwurf des Kreuzfensters der Versöhnungskirche 89
Kliegel, Fritz Erich, (*1912), 1943 Pfarrer Leipzig-Volkmarsdorf, 1958 Regis-Breitingen, 1960 Republikflucht 292
Klotsche, Johannes (1895–1965), Oberkirchenrat, seit 1937 Leiter des Landeskirchenamts Sachsen, 1945 Hilfsarbeiter, Gemeinschaftsprediger in Mecklenburg 59. 262-264. 266-270. 333
Knabe, Erich (1882–1940), 1928 Pfarrer Dösen, 1936 Rektor Moritzburg, 1935 Mitglied des Sächsischen Landeskirchenausschusses 251. 260
Köhler, Hans Erhard Franz (1911–1986), bis 1951 Professor für Systematische Theologie in Leipzig und Pfarrer der Versöhnungsgemeinde, 1951 Republikflucht 322. 325
Kotte, Erich (1886–1961), Jurist, 1945 Präsident des Landeskirchenamts Sachsen 56. 209. 256. 260. 262
Kottwitz, Baron Hans Ernst von (1757–1843), Mitbegründer der organisierten Diakonie in Deutschland 12
Kretzschmar, Willy (1890–1962), 1933 OKR für Finanzen 260. 262. 270
Kreyssig, Lothar (1898–1986), 1928 Richter, 1935 Präses der Synode der BK-Sachsen, 1958 Gründer der Aktion Sühnezeichen 311
Kriewald, Feodor (1881–1965), 1927 Pfarrer Leipzig-Versöhnung 24. 59. 219. 252
Kühn, Karl Victor (1870–1945), 1898 Diakon Dresden-Martin-Luther, 1910 Pfarrer Dresden-Jacobi 196
Kuniß, Lehrer Leipzig, Aktionsausschuss 176
Kunze, Gerhard (1892–1954), 1925 Studentenpfarrer Leipzig, 1933 Pfarrer Hannover Bothfeld, 1946 Stadtsuperintendent Hannover 156
Kutter, Hermann (1863–1931), Schweizer Pfarrer, Religiöser Sozialist 152

Laible, Wilhelm, Herausgeber der AELKZ 240
Lammers, Hans Heinrich (1879–1962), 1933 Chef der Reichskanzlei, 1937 mit dem Titel Reichsminister und Chef der Reichskanzlei, beteiligt an der Aktion T4 263
Langhammer, Max (1851–1921), Tapetenfabrikant Chemnitz, 1909 Landtagskandidat für die nationalliberale Partei, 1903–1918 Mitglied in der

Zweiten Kammer des sächsischen Landtags, 1919-1920 für die DDP im Landtag 300f. 304
Lau, Franz (1907-1973), 1932 Pfarrer Regis-Breitingen, 1936 Studiendirektor Predigerseminar Lückendorf, 1939 Dresden-Martin-Luther, 1945 Landessuperintendent Sachsen, 1947 Professor für Kirchengeschichte in Leipzig 64. 266. 270. 315
Leipoldt, Johannes (1880-1965), 1916 Professor für Neutestamentliche Wissenschaft in Leipzig, seit 1939 Mitarbeiter am Instituts zur Erforschung und Beseitigung jüdischen Einflusses auf das deutsche kirchliche Leben, 1953-1963 Abgeordneter der Volkskammer 24. 70. 253
Lemmer, Ernst (1898-1970), Mitgründer und Vorsitzender CDU-Ost, 1947 von der SMAD abgesetzt 66
Liebster, Georg Daniel (1863-1926), 1895 Diakon Leipzig-Lukas, 1914 Pfarrer Thekla, Vorstand der SESV 17. 30. 94. 97f. 103. 105. 109. 111. 114. 128-130. 133. 137. 139. 144. 176. 205f. 223. 274. 303
Lieschke, Robert Theodor (1873-1957), 1902 Pfarrer Plauen-Luther, 1911 Freiberg-Nikolai, 1921 Dresden-Jacobi, Sorabe 23
Lipinksi, Richard Robert (1867-1936), 1919 Vorsitzender des Rats der Volksbeauftragten in Sachsen, 1920 Innenminister Sachsen 173
Löbmann, Franz Anton (1856-1920), Apostolischer Administrator der Lausitz, Apostolischer Vikar der Sächsischen Erblande, Titularbischof 183
Löbner, Arthur (1851-1940), Hofrat, Direktor der sächsischen Textilgenossenschaft, Synodaler der zehnten Landessynode Sachsen 187. 192. 199f.
Loeben, von, Amtshauptmann 110. 181
Löhe, Johann Konrad Wilhelm (1808-1872), Gründer des Diakonissen Mutterhauses in Neuendettelsau 12
Lötze, Kurt Adolf (1864-1917), 1900 Pfarrer Chemnitz-Johannes 32-35. 45. 101f. 198f.
Luft, Elisabeth geb. Herz (*1882), Schwester von Johannes Herz 19
Luft, Gustav Paul (1877-1950), 1912 Pfarrer Beiersdorf, 1933 Wahren, Schwager von Johannes Herz 24
Luthard, Christoph Ernst (1823-1902), 1856 Professor für Lutherische Theologie in Leipzig, Wortführer der neulutherischen Erweckungsbewegung, Sorabe ehrenhalber 23

Mager, Reimer (1906-1966), 1933 Mitglied BK, 1948 Präsident der 16. Landessynode Sachsen, 1949 Mitglied Rat der EKD 224
Mahling, Friedrich August (1856-1933), 1892 Leiter der Stadtmission Hamburg, 1904 Pfarrer Frankfurt a.M., 1909 Professor für Praktische Theologie in Berlin 149. 153
Marahrens, August (1875-1950), Bischof der Landeskirche Hannover und der Vorläufigen Kirchenleitung 154
Martens-Edelmann, Agnes (1889-1982), Juristin, 1931 Leiterin des Rechtschutzvereins für Frauen 64. 170. 291
Maurenbrecher, Max (1874-1930), 1899 Schriftleiter »Die Hilfe«, 1901 Generalsekretär des Nationalsozialen Vereins, 1903 Mitglied der SPD, 1906 Kirchenaustritt, 1909-1916 freireligiöser Prediger 38. 130. 132
Meder, Oskar Guido Gerhard (1885-1947), 1931 Pfarrer Leipzig-Thomas 310
Meier, Oskar (1844-1926), Geistlicher Rat bei der Regierungsbehörde der sächsischen Oberlausitz in Bautzen, Sorabe ehrenhalber 27f.
Meisel, Käte, 1914 Gemeindeschwester der Versöhnungsgemeinde 79
Meißner, Otto (1880-1953), 1919-1945 Leiter der Präsidialkanzlei im Rang eines Staatssekretärs 58. 263

Mencke-Glückert, Emil (1878–1948), 1945 Mitbegründer der LDP, 1946 Staatssekretär, Leiter der Zentralverwaltung für Wissenschaft, Kunst und Erziehung 290f.

Menn, Wilhelm (1888–1956), 1921 Sozialpfarrer in der rheinischen Provinzialkirche 53. 147. 150f. 169. 240. 244

Mensing, Carl Richard (1863–1953), 1890 Pfarrer Dresden-Johannis, sächsischer Aktionsausschuss, 1914 Gründer und Vorsitzender Bund für Gegenwartschristentum 103. 109. 176

Metze, Curt, Maler Leipzig, Entwurf der Sakristeifenster der Versöhnungskirche 89

Meyer, Christian Friedrich (1840–1911), 1883 Superintendent Zwickau, 1898 Vorsitzender Sächsische kirchliche Konferenz 41. 274. 275

Meyer, Erich (1884–1955), Pfarrer Frankfurt a.M., 1948 Gründer Bund freies Christentum 171. 219f.

Mieth, Fritz Hermann (1897–1963), 1927 Jugendpfarrer Leipzig, 1931 Direktor der Inneren Mission Leipzig, Mitglied des Kleeblatts der Mitte, 1935 Sächsischer Vertrauensrat 58f. 162. 251. 254f. 260f. 267. 289. 332

Moeller, Reinhard, Kirchentagspräsident 1919 231f. 241

Muhs, Hermann (1894–1962), 1936 Mitarbeiter, ab 1937 Staatssekretär im Reichskirchenministerium 261f.

Mulert, Christian Hermann (1879–1950), 1920 Professor für Systematische Theologie in Kiel, 1932 Chefredakteur der CW, 1945 Mitgründer der LDP, Sorabe 22. 24. 93. 306

Müller, Adolf (1876–1957), 1933–1935 OKR Sachsen, Landesposaunenpfarrer 252

Müller, Alfred Dedo (1890–1972), 1930 Professor für Praktische Theologie in Leipzig 253

Müller, Johann Fürchtegott d. J. (Hans) (1878–1956), 1909 Pfarrer Röcknitz, 1927 Thekla, 1950 Ruhestand 116f. 239. 332

Müller, Ludwig (1883–1945), 1933 Reichsbischof 254

Müller, Paul Georg (1866–1936), 1912 Superintendent Zwickau 14. 110f. 186. 192. 199-201. 309

Mumm, Reinhard (1873–1932), 1900 Generalsekretär FKSK 97. 149-151. 232f. 236. 241f. 306

Mutschmann, Martin (1879–1947), Gauleiter Sachsen, Reichsstatthalter, 1935 Ministerpräsident 259. 269

Naumann, Friedrich (1860–1919), Mitglied im Aktionskomitee des ESK, Gründer und Vorsitzender des Nationalsozialen Vereins, MdR 12. 15. 17. 30. 52. 54. 95. 111. 117. 120f. 123. 125-127. 137. 139. 141. 146. 149. 155. 157. 163. 230. 297. 200. 206f.

Naumann, Gottfried (1876–1921), 1904 Diakon Leipzig-Trinitatis, 1910 Pfarrer Böhlitz-Ehrenberg, 1913 Leipzig-Gohlis-Nord, 1915 Professor für Praktische Theologie in Straßburg, 1919 Pfarrer Leipzig-Johannis, 1921 Professor für Praktische Theologie in Marburg 36. 45-47. 97-99. 103. 106. 108. 111. 125f. 176. 196. 200. 223. 228. 274f. 297f. 301. 303f.

Neumann, Johannes Balduin (1858- em. 1925), 1903 Superintendent Glauchau 188. 191. 199

Niemöller, Emil Gustav Friedrich Martin (1892–1986), Pfarrer, Gründer des Pfarrernotbunds, Kirchenpräsident der Evangelischen Kirche in Hessen und Nassau 58. 314

Nithack-Stahn, Walter (1866–1942), 1897 Pfarrer Görlitz, 1906 Berlin-Kaiser-Wilhelm-Gedächtniskirche, 1917 Mitverfasser der »Erklärung deutscher Protestanten zur Friedensfrage« 312

Noack, Ulrich (1899–1974), Historiker, 1946 Professor für Neuere und Mittlere

Geschichte in Würzburg, Gründer des Nauheimer Kreises 314
Nöllert, Karl Friedrich Hermann (1865–1931), Mitglied des Leipziger Kirchgemeindeverbands 225f.
Noske, Gustav (1868–1946), 1906–1918 SPD-Reichstagsabgeordneter, 1919 Reichswehrminister 99
Nostitz-Wallwitz, Alfred von (1870–1953), 1909 Amtshauptmann Leipzig, 1918 Innenminister Sachsen 185. 199
Noth, Gottfried (1905–1971), 1942 Pfarrer Dresden-Trinitatis, BK-Landesbruderrat Sachsen, 1953 Landesbischof Sachsen 212. 224
Nuschke, Otto (1883–1957), 1918 Mitgründer DDP, 1945 Mitgründer CDU, 1949 stellvertretender Ministerpräsident DDR 66. 306

Oepke, Albrecht (1881–1955), Theologieprofessor in Leipzig, Synodaler der 16. Landessynode Sachsen 209. 221. 253
Olbricht, (+1912), Rektor der Oberrealschule Chemnitz, Vorsitzender des Volksbildungsvereins 36. 106-108

Pank, Johannes Theodor Oskar (1838–1928), 1883 Superintendent Leipzig II (Land) 273f. 276
Pechmann, Wilhelm Franz Alois Freiherr von (1859–1948), Direktor der Bayrischen Handelsbank, 1919 Präsident der Landessynode Bayern, 1921–1927 Präsident des DEKT, Mitglied im DEKA, BK, 1946 Konversion zum Katholizismus 244
Pflüger, Paul (1865–1947), Pfarrer Zürich, Sozialdemokrat 38. 130-132
Philipps, Wilhelm (1859–1933), Pastor, Leiter der Berliner Stadtmission, 1927 Vorsitzender der deutschen evangelischen Arbeitsorganisationen und Vizepräsident des Kirchlich-sozialen Bundes, Delegierter des Kirchentags 1930 246
Piechowski, Paul (1892–1966), Religiöser Sozialist, Leiter des norddeutschen Kreises des Bundes religiöser Sozialisten in Deutschland 152
Pieck, Wilhelm (1876–1961), 1946 Mitgründer der SED, 1949 Präsident der DDR 289
Pleß, Otto, 1917 Mitverfasser der »Erklärung deutscher Protestanten zur Friedensfrage« 312
Pokojewski, Karl Max Otto (*1900), 1923 Bundeswart Volkskirchlicher Laienbund, 1927 Pfarrer Döbeln, 1939 Wehrmachtspfarrer 264
Prater, Georg (1895–1970), 1929 Pfarrer Dresden-Stadtmission, 1935 Sächsischer Vertrauensrat-BK, 1947 OKR Sachsen 59. 261. 270

Rade, Paul Martin (1857–1940), Pfarrer, Mitglied im Aktionskomitee des ESK, 1900 Professor für Systematische Theologie in Marburg, Gründer und Herausgeber CW 17. 21f. 24. 26. 93. 95. 124. 132. 134. 136. 140. 142f. 146. 148. 161f. 176. 229. 236. 245. 274. 306. 331
Ragaz, Leonhard (1868–1945), Schweizer Pfarrer, Religiöser Sozialist, Universitätstheologe 152
Rahlwes, Ferdinand (1864–1947), Oberhofprediger Meinigen, 1921–1923 Mitglied des Drei-Männer-Kollegiums des ESK 52. 143
Rendtorff, Franz Martin Leopold (1860–1937), 1910 Professor für Neutestamentliche Wissenschaft und Praktische Theologie in Leipzig, Synodaler der zehnten Landessynode Sachsen 156. 194. 253
Richter, Margarete, erste Kinderpflegerin im Hildegardstift 80
Richter, Oberlehrer Chemnitz 275
Richter, Polizeisekretär Chemnitz, Vorstand der SESV 109f.
Rieber, E., deutschkatholischer Prediger Dresden, sozialdemokratischer Redner 31

Rietschel, Georg Christian (1842–1914), Kirchenrat, Universitätstheologe, Direktor des Predigerkollegs St. Pauli Leipzig, Sorabe ehrenhalber 26. 40. 271f. 274

Rietschel, Johannes Ernst (1872–1960), 1904 Pfarrer Sachsendorf, 1912 Leipzig-Peters, 1928 Superintendent Oschatz, Sorabe 273

Ritschl, Albrecht Benjamin (1822–1889), 1864 Universitätstheologe in Göttingen 21. 168

Rittelmeyer, Friedrich (1872–1938), 1902 Pfarrer Nürnberg, 1916 Berlin-Neue-Kirche, 1917 Mitverfasser der »Erklärung deutscher Protestanten zur Friedensfrage«, 1922 Mitgründer der anthroposophischen Christengemeinschaft in Stuttgart 312

Scharwächter, Hermann (1857–1923), Kaufmann, Vorsitzender des Brüderrats für landeskirchliche Gemeinschaftspflege Leipzig 180

Scheller, Wilhelm, KPD, 1945 Ministerialdirektor für Volksbildung in Leipzig 290

Schink, Franz Robert (1854–1920), 1893 Pfarrer Crimmitschau 95

Schirov, 1945 Leutnant SMA Leipzig 315

Schlemmer, Hans Hermann Wilhelm (1885–1958), Oberschulrat, 1921–1923 Mitglied des Drei-Männer-Kollegiums des ESK 52. 140f. 143f. 161-163. 169

Schliersand, Generaldirektor, Landtagskandidat für die nationalliberale Partei 1909 300

Schmidt, Alfred, Studienrat, Kirchvorsteher Leipzig-Versöhnung 79

Schmidt, Gottfried Hermann (1899–1985), 1948 Pfarrer Leipzig-Friedens 322

Schnedermann, Georg Hermann (1852–1917), 1890 apl. Professor für Neutestamentliche Wissenschaft in Leipzig 20

Schneemelcher, Wilhelm (1872–1928), 1902–1922 Generalsekretär des ESK, Herausgeber ES, 1914 Pfarrer Dorotheenstädter Kirche Berlin 47. 52. 98. 106. 112. 125-128. 130. 134-139. 141-145. 148. 150. 230. 303. 306

Schoell, Jakob (1866-1950), 1918 Prälat Reutlingen 17. 68. 169. 238. 245f.

Schöffel, Johann Simon (1880–1959), Präsident der Hamburger Synode, Landesbischof in Hamburg, Delegierter des Kirchentags, Führer der Kirchentagsgruppe I 246

Schreiber, A.W., 1924 Delegierter des Kirchentags 231. 241

Schröder, Kurt Johannes Paul (1876–1937), 1908 Pfarrer Leipzig-Bethanien 251. 279

Schubring, Paul Wilhelm Julius (1869–1935), Theologe und Kunsthistoriker, 1921–1923 Mitglied des Drei-Männer-Kollegiums des ESK 52. 112. 143. 145

Schulze-Tattenpach, Hannes, Künstlername: Odo Tattenpach (1905–1953), Maler, Bildhauer und Innenarchitekt Berlin 56. 88-90

Schumann, Heinrich Eduard (1875–1964), 1913 Pfarrer Leipzig-Thomas, 1921 Vorsitzender Innere Mission Leipzig, 1936 Superintendent Leipzig-Stadt, Mitglied des Kleeblatts der Mitte, 1935 Sächsischer Vertrauensrat-Mitte, 1939 Berufung zur Bearbeitung der Personalangelegenheiten ins Landeskirchenamt Sachsen 58f. 81. 83. 209. 252-254. 256. 260f. 170. 179. 290f. 315. 322-324. 332

Schwefler, Lehrer, Mitglied der Freisinnigen Volkspartei Chemnitz 127. 297

Schwen, Friedrich Adolf (1847–1906), 1890 Pfarrer Röhrsdorf bei Chemnitz, erster Vorsitzender der Chemnitzer Ortsgruppe der SESV 30. 99f.

Schwen, Paul Gotthelf (1897–1949), 1908 Pfarrer Freiberg-Jakobi, Mitglied der SESV 31

Sebastian, Charlotte, Ephoralvikarin Zwickau 211

Seeberg, Reinhold (1858–1935), 1898 Professor für Systematische Theologie in Berlin, Präsident FKSK, später KSB 150

Seetzen, Anton Friedrich Theodor (1868–1943), 1917 Präsident der Landessynode Sachsen, 1927 Präsident des Landeskonsistoriums Sachsen 199

Seghers, Anna (1900–1983), Schriftstellerin, 1951 Stellvertretende Vorsitzende des Deutschen Friedenskomitees 326

Semm, Karl Reinhold (1890–1961), 1924 Pfarrer Bischofswerda, 1935 Superintendent Plauen, 1937 Mitglied des Sächsischen Landeskirchenausschusses-DC 261

Seyfarth, Max, Kaufmann, Kirchvorsteher Leipzig-Versöhnung 79

Seyfert, Christian (1886–1967), 1917 Pfarrer Leipzig-Bethlehem, 1923 Obmann der Religionsunterricht erteilenden Leipziger Geistlichen 285

Seyfert, Richard (1862–1940), 1919–1920 sächsischer Kultusminister, DDP 201. 281f. 308f.

Siegmund-Schultze, Friedrich (1885–1969), 1910 Pfarrer Friedenskirche Potsdam, 1911 Gründer und Leiter Soziale Arbeitsgemeinschaft Berlin-Ost, 1914 Mitbegründer des Weltbunds für Freundschaftsarbeit der Kirchen, 1917 erster Direktor des auf sein Drängen hin eingerichtete Berliner Jugendamts 63. 69. 137. 140

Sieveking, Amalie Wilhelmine (1794–1859), Mitbegründerin der organisierten Diakonie in Deutschland 12

Simons, Walter (1861–1937), 1922 Reichgerichtspräsident, 1925 Präsident des ESK 62. 147. 151. 156. 158-161. 263

Soden, Hans Karl Hermann Freiherr von (1852–1914), 1887 Pfarrer in Berlin-Jerusalem, 1913 Professor für Neutestamentliche Wissenschaft in Berlin, Mitglied im Aktionskomitee des ESK 131

Sohm, Gotthold Julius Rudolf (1841–1917), 1887 Professor für Kirchenrecht und Deutsches Recht in Leipzig, Mitbegründer des Nationalsozialen Vereins, Mitglied der SESV 30. 52. 141

Solotuschin, Pjotr Wassilewitsch (1897–1968), 1945 russischer Kommandant und Chef der Abteilung Volksbildung der SMAD 290

Spranger, Albert Arno (1884–1973), 1912 Pfarrer Marienberg, 1915 Dresden-Trinitatis, 1929 Superintendent Annaberg, 1947 Pfarrer Krumhermersdorf, 1948 Freiberg, Mitglied im Aktionsausschuss 176

Stahn, Karl Hermann (1879–1963), 1913 Pfarrer Berlin-Charlottenburg 248. 257f.

Stalin, Josef (1879–1953), 1922 Generalsekretär der KPdSU, 1941 Ministerpräsident der UdSSR 246. 289f. 293

Stange, Friedrich Erich (*1888), 1913 Pfarrer Pulsnitz 179. 183f. 190. 200. 206. 278

Staufert, Georg, Architekt Leipzig-Gohlis, 61. 86

Steinbeck, 1922 Regierungsrat im Landesamt für Finanzen Dresden 203. 226

Steiner, Hermann (1881–1943), 1917 Pfarrer Leipzig-Versöhnung 57. 60. 229. 249f. 252. 279. 281f.

Steinweg, Johannes, 1918–1932 Zweiter Direktor im Zentralausschuss der Inneren Mission, Pfarrer und Dekan in Kassel 258

Stephan, Horst Emil (1873–1954), 1926 Professor für Dogmatik und Systematische Theologie in Leipzig 17. 156. 159. 230. 253

Steude, Ernst Gustav (1852–1907), Pfarrer, 1899 Seminardirektor Waldenburg, 1905 Seminardirektor Oschatz, 1906 Seminardirektor Plauen, Mitglied der SESV 97

Steude, Paulus Johannes (1889–1938), 1916 Pfarrer Großdrebnitz, 1929 Bannewitz, Vorsitzender der Freien Volkskirchlichen Vereinigung 229

Stiehl, Herbert Alfred (1909–1992), BK, 1947 Pfarrer Dresden-Apostelkirche, 1953 Superintendent Leipzig I (Stadt) 68. 209
Stiehler, Heinrich Adolf Clemens (1861–1919), 1899 Pfarrer Erdmannsdorf, 1906 Leipzig-Lindenau 101
Stier, Ewald (1864–1946), 1902 Pfarrer Alten bei Dessau, 1909 Gründer der Evangelisch-sozialen Vereinigung in Anhalt, 1923 Aktionskomitee des ESK 145
Stöcker, Adolf (1835–1909), Mitgründer des ESK, Mitgründer FKSK 120. 129
Sturm, Heinrich (1860–1917), Jurist, Oberbürgermeister von Chemnitz 1908–1917 108. 126f.
Sulze, Karl Emil Benjamin (1832–1914), Pfarrer und Gemeindetheoretiker, 1872 Pfarrer Chemnitz-Johannes, 1876 Dresden-Dreikönigskirche 32

Teuffel, Eberhard (1887–1945), Reichsgerichtsrat Leipzig, 1936–1942 Mitglied im I. Strafsenat, bis 1945 ohne Senat 309f. 312
Themel, Karl (1890–1975), Aktionskomitee des ESK, Sozialpfarrer in Berlin, Leiter des Deutschen evangelischen Männerwerks 151
Thieme, Karl (1862–1932), 1894 Professor für Systematische Theologie in Leipzig, Hauptmitorganisator der ESK-Tagung 1918 136. 140. 145. 156. 230
Tholuck, Friedrich August Gottreu (1799–1877) 21
Traub, Gottfried (1869–1956), 1901 Pfarrer Dortmund, 1912 amtsenthoben, 1920 rehablilitiert, 1918 Mitglied der DNVP 42. 130. 306

Viebahn, Alexander von, Geschäftsführer der Evangelisch-Sozialen Schule Spandau 156
Vitzthum von Eckstädt, Woldemar Graf (1863–1936), Generalleutnant, 1930 Präsident des DEKT 245
Vogel, Karl Julius Johannes (Hans) (1880–1933), 1913 Pfarrer Böhlitz-Ehrenberg, Sorabe 24. 51. 200. 239
Voigt, Gewerkschaftsführer Dresden, Aktionsausschuss 176

Wach, Adolf (1843–1926), 1875 Professor für Strafrecht, Strafprozessrecht und Zivilprozessrecht in Leipzig, 1899 Vertreter der Landesuniversität in der Ersten Kammer des Sächsischen Landtags 196
Wagner, Adolph (1835–1917), Sozialökonom, Kathedersozialist, Mitgründer des ESK 13. 124. 131. 141
Wagner, Heinz Joachim (1912–1994), 1937 Leipzig-Gedächtnis, 1941 Leiter des kirchlichen Jugendamts in Leipzig, 1961 Professor für Praktische Theologie in Leipzig, 1963 Erster Universitätsprediger in Leipzig 290
Weber, Ludwig (1846–1922), Pfarrer in Mönchengladbach, Mitbegründer FKSK, Gründer der evangelischen Arbeitervereinsbewegung und Gründer der Sozialen Geschäftsstelle für das evangelische Deutschland 149
Wehrmann, Karl Oskar (1869–1932), 1897 Hilfsgeistlicher Landesverein für Innere Mission Dresden, 1899 Bräunsdorf Hilfsgeistlicher der Erziehungsanstalt, 1905 Pfarrer Großschweidnitz 99
Wend, Heinrich Oskar (1861–1931), 1901 Stadtverordneter Chemnitz, 1920 Rektor TU Chemnitz 38. 127. 129. 132
Wendelin, Gustav Albert Adolf (1877–1952), 1911 Pfarrer Dresden Landesverein Innere Mission, OKR, 1935 Mitglied des Sächsischen Landeskirchenausschusses 260
Wichern, Johann Hinrich (1808–1881), Theologe, Sozialreformer, Initiator Innere Mission 12. 69. 119. 121. 163
Wiedemann, Hans, Vorsitzender CAK, Synodaler in Thüringen, Oberbürgermeister in Weimar 326

Wielandt, Rudolph, 1917 Mitverfasser der »Erklärung deutscher Protestanten zur Friedensfrage«, Pfarrer an der Lutherkirche Berlin 298. 312
Wildfeuer, Karl Paul Gerhard (1894-1975), 1929 Pfarrer Dresden-Matthäus, 1947 Sozialpfarrer in Sachsen, 1957 Dresden-St.Pauli 115. 219f. 223
Wilm, Walter (1893-1957), 1930 Volksmissionar des Centralausschusses für die Innere Mission, 1934 Gauobmann der Deutschen Christen im Gau Rheinland, 1935 Mitglied Reichskirchenausschuss 256
Winckler, Johann Friedrich (1856-1943), Landrat a.D., Delegierter des Kirchentages in Dresden 1919, 1920 Präses der sächsischen Provinzialsynode, 1925 Präses der Generalsynode der Evangelischen Kirche der Altpreußischen Union, DNVP 231
Wirthgen, Geheimer Rat im Landeskonsistorium Sachsen 201. 227
Wolf, Bruno Gustav Richard (1859-1945), 1903 Pfarrer Chemnitz-Markus, 1921 Superintendent Flöha 37. 219
Wustmann, Georg Ludwig (1874-1953), 1903 Pfarrer Chemnitz-Schloß, 1914 Chemnitz-St.Pauli 37. 77. 219
Zahn-Harnack, Agnes von (1884-1950), Frauenrechtlerin, Mitglied ESK 161
Zeigner, Erich (1886-1949), 1923 Ministerpräsident in Sachsen, 1946 Bürgermeister in Leipzig 290
Zeißig, Gustav Emil (1868-1929), Sorabe, Mitbegründer und Leiter der Landeskirchlichen Gemeinschaft in Sachsen 197
Ziehen, Julius (1864-1925), 1905 Stadtrat für Schulwesen in Frankfurt, 1916 Professor für Pädagogik in Frankfurt 136. 140
Zimmermann, Waldemar, ESK, 1945 Zonenleiter ESK englische Zone 160. 162. 168-170
Zimmermann, von, Geheimer Rat 108f.
Zinßner, Martin August (1867- nach 1920), 1899 Pfarrer Glauchau, 1911 Somsdorf, Gründungs- und Vorstandsmitglied der SESV, Unterzeichner der Glauchauer Erklärung vom 20. Januar 1904 102f.
Zoellner, Wilhelm (1860-1937), 1905 Generalsuperintendent Westfalen, 1935 Vorsitzender des Reichskirchenausschusses 161. 238. 261
Zweig, Arnold (1887-1968), Schriftsteller, Stellvertretender Vorsitzender des Deutschen Friedenskomitees, 1949 Mitglied WFR 326

Abbildungsnachweis

Universitätsarchiv Leipzig S. 10;
Archiv des Fördervereins Versöhnungskirche-Leipzig S. 72;
Archiv des Evangelisch Sozialen Kongresses S. 92;
Förderverein Versöhnungskirche-Leipzig-Gohlis e. V., © Bertram Kober S. 72. 92. 172;
SLUB Dresden/Deutsche Fotothek, R. & R. Rössing S. 296.

Abkürzungsverzeichnis

AELKZ	Allgemeine Evangelisch-lutherische Kirchenzeitung
BBKL	Biographisch-bibliographisches Kirchenlexikon
BK	Bekennende Kirche
BRD	Bundesrepublik Deutschland
bzw.	beziehungsweise
CAK	Christlicher Arbeitskreis für den Frieden
CDU	Christlich Demokratische Union
CVJM	Christlicher Verein Junger Männer
DC	Deutsche Christen
DDP	Deutsche Demokratische Partei
DDR	Deutsche Demokratische Republik
DEK	Deutsche Evangelische Kirche
DEKA	Deutscher Evangelischer Kirchenausschuss
DEKT	Deutscher Evangelischer Kirchentag
DFR	Deutscher Friedensrat
DNVP	Deutschnationale Volkspartei
DVP	Deutsche Volkspartei
e.V.	eingetragener Verein
ebd.	ebenda
EKD	Evangelische Kirche in Deutschland
EOK	Evangelischer Oberkirchenrat
EphAL	Ephoralarchiv Leipzig
ES	Evangelisch-sozial
ESK	Evangelisch-sozialer Kongress
FKSK	Freie Kirchlich-soziale Konferenz
Gestapo	Geheime Staatspolizei
HCh	Herbergen der Christenheit
HStADD	Hauptstaatsarchiv Dresden
JdH	Jahr des Herrn. Kirchlicher Kalender für die evangelischen Gemeinden Leipzigs
KGV	Kirchgemeindeverband
KGVBl	Kirchliches Gesetzes- und Verordnungsblatt
KJ	Kirchliches Jahrbuch
KPdSU	Kommunistische Partei der Sowjetunion
KSB	Kirchlich-sozialer Bund
LDP(D)	Liberal-Demokratische Partei (Deutschlands)
LVZ	Leipziger Volkszeitung

MdI	Ministerium des Innern
MfV	Ministerium für Volksbildung
MSPD	Mehrheits-Sozialdemokratische Partei
NATO	North Atlantic Treaty Organization
NDB	Neue Deutsche Biographie
NSDAP	Nationalsozialistische Deutsche Arbeiterpartei
NSKBl	Neues Sächsisches Kirchenblatt
NSV	Nationale Volkswohlfahrt
NVA	Nationale Volksarmee
o.J.	ohne Jahr
OKR	Oberkirchenrat
OLKR	Oberlandeskirchenrat
RE	Realencyklopädie für protestantische Theologie und Kirche
RGBl	Reichsgesetzblatt
RGG	Religion in Geschichte und Gegenwart
RStrGB	Reichsstrafgesetzbuch
SA	Sturmabteilung
SBZ	Sowjetische Besatzungszone
SD	Sicherheitsdienst des Reichsführers-SS
SED	Sozialistische Einheitspartei Deutschlands
SESV	Sächsische Evangelisch-soziale Vereinigung
SGVBl	Sächsisches Gesetz- und Verordnungsblatt
SKBl	Sächsisches Kirchenblatt
SMAD	Sowjetische Militäradministration in Deutschland
SMAS	Sowjetische Militäradministration in Sachsen
SPD	Sozialdemokratische Partei
SS	Schutzstaffel
STA L	Stadtarchiv Leipzig
StAL	Staatsarchiv Leipzig
StVuR	Stadtverordnetenversammlung und Rat
SU	Sowjetunion
TRE	Theologische Realenzyklopädie
UAL	Universitätsarchiv Leipzig
UdSSR	Union der sozialistischen Sowjetrepubliken
USPD	Unabhängige Sozialdemokratische Partei
v.	von
vgl.	vergleiche
VKL	Vorläufige Kirchenleitung der Deutschen Evangelischen Kirche
WFR	Weltfriedensrat
WHW	Winterhilfswerk
WRV	Weimarer Reichsverfassung
z.B.	zum Beispiel